VOYAGES
LITURGIQUES DE FRANCE,
OU
RECHERCHES
FAITES EN DIVERSES VILLES
DU ROYAUME,

Par le Sieur DE MOLEON.

Contenant plusieurs particularitez touchant les Rits & les Usages des Eglises:

Avec des Découvertes sur l'Antiquité Ecclesiastique & Payenne.

A PARIS,
Chez FLORENTIN DELAULNE, Libraire, rue Saint-Jacques, à l'Empereur.

M. DCCXVIII.
Avec Approbation & Privilege du Roy.

PREFACE.

LE goût que j'ai toujours eu pour les Rits & les anciens Usages des Eglises de France, m'a engagé à faire plusieurs voyages dans les Provinces de France; j'ai visité la plus grande partie des Eglises & des Cathedrales les plus célebres, & j'ai cru y avoir fait des Découvertes sur l'Antiquité ecclesiastique & payenne, qui pouvoient être de quelque utilité au public & sur tout à l'Eglise. Je me suis attaché principalement à marquer les differens Rits & les pratiques particulieres des Eglises que j'ai vûes; & j'ai tout lieu de croire qu'on les lira avec quelque sorte de satisfaction, & que ceux qui voyageant dans les mêmes lieux que je cite, voudront bien s'arrêter à entendre la grand'Messe ou les Vêpres dans les Eglises Cathedrales, seront édifiez des ceremonies qui s'y font, parce qu'ils seront instruits & prévenus, & qu'ils auront appris les raisons litterales des pratiques & des ceremonies de l'Eglise, & son esprit dans ses prieres.

Au reste on trouvera dans ces Voyages la forme des Cryptes souterraines qui étoient les premieres Eglises du Christianisme; celle des anciens Autels, des Rideaux

PREFACE.

& des Paremens qui les environnoient; l'origine & l'usage de ces Paremens, des Lampes, des Cierges, des Chandeliers. On y verra des Chanoines Prêtres, des Archidiacres ou d'autres Dignitaires, qui chantent encore aujourd'hui la Messe à l'Autel conjointement avec l'Evêque, & qui y communient avec lui sous les deux especes; douze Curez Cardinaux en plusieurs Eglises de France, & d'où vient ce mot de *Cardinaux*; les differens Habits des Chanoines, des Chapelains ou Chantres, des Clercs & des Enfans de chœur; leurs Aumusses sur la tête, sur les épaules, sur les bras; leurs Aumussons, Mitres, Mitelles, Calottes, Bonnets ronds, Bonnets quarrez; les quatre differentes sortes de Surpelis, les Aubes, Tuniques, Chasubles; des Mouchoirs & Manipules attachez au bras gauche des Religieuses consacrées & des Enfans de chœur, & passez entre leurs doigts, & pourquoi: l'origine de l'Habit & du Capuchon des Moines, du Voile des Religieuses; des Religieuses consacrées encore aujourd'hui par l'Evêque; la participation de la sainte Hostie, dont elles se communioient elles-mêmes durant l'Octave de leur Consecration, de celle dont se communioient les nouveaux Prêtres pendant les quarante premiers jours d'après leur ordination; l'origine des nappes de la Ta-

PREFACE. v

ble de la Communion, le baiser de paix & la Communion sous les deux especes qu'on trouve encore en usage en differentes Eglises; la Confirmation donnée par l'Evêque aux petits enfans nouveaux baptisez, la sainte Communion du Calice donnée aux mêmes enfans au jour de leur Baptême, & à ceux qui étoient portez par leurs meres & par leurs nourrices: le Scrutin ou Examen des Catécumenes, & quatre sortes d'inclinations, quatre sortes de prosternemens ou prostrations encore aujourd'hui en usage parmi les Ecclesiastiques & les Religieux & Religieuses: la rigueur exercée à Lyon & à Rouen contre les Chanoines & les Chantres qui manquent en tour d'office à faire leurs fonctions, ou qui pechent contre les mœurs: les differentes sortes d'inclinations, de reverences & de genuflexions, la reverence à la mode des Dames, faite par les Cardinaux saluans le Pape lorsqu'il tient Chapelle, par les Ambassadeurs étrangers saluans le Roi, par les Chanoines & autres Ecclesiastiques de plusieurs Eglises, & par tous les Enfans de chœur de toutes les Eglises Cathedrales de France: l'usage de la Pénitence publique dans les principales Eglises: des Cendres, des Verges & le Cilice exposez dans les Eglises au Mercredi des Cendres: la couche de cendres sur laquelle expiroient les mourans, tant Ecclefiaftiques & Moines, que laïques: dés Lavatoires pour laver les morts avant que de les enfevelir, &c. avec les anciens ufages, rits, pratiques, & les ceremonies les plus confidérables de l'Eglife Gallicane, que j'ai retrouvées par parties : l'origine de la Collation aux jours de jeûnes: des Meffes feches, des Meffes des préfanctifiez ; des Agapes encore aujourd'hui en ufage dans les Eglifes : des pains fondez pour les pauvres, diftribuez aux pauvres dans les Obits & Enterremens: des Maifons, Terres, & Vignes données à l'Eglife pour fournir le pain & le vin neceffaires aux Sacrifices des Autels: pain & vin offerts aux Meffes pour les morts, & portez fur l'Autel ; anciennes Fondations pour avoir part aux prieres de l'Eglife : Chartres de Donations faites aux Eglifes & aux Monafteres, mifes fur l'Autel: Serfs ou Efclaves de l'un & de l'autre fexe donnez aux Eglifes ; manumiffion ou affranchiffement de ces Serfs : Prifonniers délivrez par les Evêques : Serment de fidelité & d'obéiffance rendu par les Evêques Suffragans aux Metropolitains, & par les Abbez & Abbeffes à l'Evêque Diocefain : Religieux & Religieufes qui font encore aujourd'hui fous la dépendance de l'Evêque Diocefain, & qui font l'Office du Diocefe : Proceffions publiques aufquelles les Religieufes affiftoient autrefois avec le

PREFACE.

Clergé & les Moines, où l'on porte des baguettes, des cannes, des bâtons, & où plusieurs Chanoines & autres Ecclesiastiques vont encore nuds pieds: les Processions des grandes Fêtes avant la Messe & Vêpres pour conduire l'Evêque de son Hôtel Episcopal à l'Eglise; celle des Dimanches avant la grand'Messe faite pour asperser les Autels, l'Eglise, le Clergé & le peuple, le Dortoir, l'Infirmerie, le Cimetiere, le Cloître, le Puits, le Refectoir, & en benir la Table: l'Annonce de la Pâque au jour de l'Epiphanie: la description des Eglises & des Monasteres les plus considerables, avec leurs pratiques singulieres: les plus beaux Mausolées du Royaume, d'anciens Cercueils, Tombeaux & Sepulcres des Chrétiens & des Payens: des Urnes dans lesquelles on mettoit les cendres des corps des Payens qu'on avoit brûlez: des Amphitheatres, des Arénes, des Grottes, des Aqueducs, des Bains publics, des Pyramides, des Asyles, d'anciennes Inscriptions tant Payennes que Chrétiennes; & les quartiers & les endroits des Villes, Eglises & Places où tout cela se trouve, & dont on verra plusieurs Figures gravées dans cet Ouvrage.

On pourra peutêtre me blâmer d'y avoir mêlé des Antiquitez profanes avec des choses ecclesiastiques. Mais il sera fort aisé, si l'on veut, d'en tirer de l'utilité & quelque instruction. N'est-ce pas sur les ruines du Paganisme que l'Eglise a été édifiée ? Et quel danger peut-il arriver de faire voir que les Payens adoroient de fausses Divinitez, qu'ils mettoient toute leur gloire à des édifices superbes, à des Statues & à des Inscriptions pour éterniser par là leur nom & leur mémoire ; qu'ils se repaissoient de jeux, de spectacles & d'autres divertissemens publics qui faisoient quelquefois horreur, puisque parmi ces divertissemens affreux il y avoit des combats d'Athletes, de Gladiateurs & de bêtes feroces, ausquelles on exposoit quelquefois les Martyrs pour être dévorez : ce qui se faisoit dans les Arénes au milieu des Amphitheatres. Doit-on trouver mauvais que je marque ceux que j'ai vûs, que j'en fasse en passant la description, aussibien que des Pyramides, des Urnes, & autres choses de cette nature ? Cela ne servira qu'à nous faire mieux concevoir combien notre Religion est plus spirituelle & plus excellente que celle des Payens, & combien il a fallu que les Apôtres & leurs successeurs ayent travaillé pour réduire l'orgueil de ces Sages du monde sous le joug de l'Evangile, & aux humbles maximes d'un Jesus crucifié.

En faisant la description des Villes je ne me suis point amusé à raconter les fables anciennes qu'on debite sur la fondation &

PREFACE.

l'étimologie de quelques-unes, & je crois qu'on ne doit pas les regretter, puisqu'il n'y a en tout cela presque rien de certain. Mais aussi je n'ai pas négligé de rapporter certains mots qui leur sont propres, & leurs privileges & prérogatives.

Le style de ces Voyages est simple, naturel & sans affectation, tel qu'il convient à un voyageur, & le plus concis que j'ai pû. J'ai tâché d'y joindre l'utile à l'agréable, de sorte qu'il n'y ait personne qui n'y trouve de quoi se satisfaire. J'ai marqué à chaque endroit ce qu'il y a de plus curieux & de plus digne de remarque, & j'y ai mis en latin les noms de Villes, de Pays, de Rivieres, en faveur des gens de lettres. Ils les trouveront disposez par ordre alphabetique à la fin du Livre, auquel j'ajouterai aussi une table des principales matieres, pour la commodité d'un chacun.

Comme la plûpart de ces Voyages ont été faits il y a dix ans, & quelques-uns même encore huit ou dix ans auparavant, je prie le Lecteur de les supposer de ce tems-là, afin qu'on ne m'accuse point de fausseté, s'il est arrivé quelques changemens depuis, n'en pouvant pas être garant. Plusieurs Ouvrages dont j'ai été chargé, & quelques affaires qui me sont survenues, m'ont empêché de les publier plûtôt.

TABLE

DES PRINCIPALES VILLES
& Eglises dont il est parlé dans ce Livre.

Vienne en Dauphiné,	page 1
Lyon,	57
Clermont en Auvergne,	107
Bordeaux,	109
Poitiers,	110
Nantes,	111
Angers,	113
Doué en Anjou,	147
Fontevrauld ou Frontevaud,	153
Marmoutier,	162
Tours,	163
Saint-Martin de Tours,	171
Saint-Siran,	175
Bourges,	179
Mâcon,	189
Clugny ou Cluny,	191
Châlons sur Saône,	201
Besançon,	201
Dijon,	201
Auxerre,	203
Sens,	208
Reims,	224
Meaux,	226
Saint-Maur des Fossez,	226
Orleans,	226

TABLE

Saint-Agnan d'Orléans, 243
Jargeau, 259
Saint-Mêmin, 262
Clery, 262
Blois, 262
Huisseau, 262
Le Mans, 264
La Trappe, 280
Chartres, 280
Galardon, 291
Vaux-de-Cernay ; 291
Port-Royal, 292
Paris, 310
Saint-Denys en France, 331
Maubuisson, 332
Les Deux Amans, 333
Rouen, 334
Laôn, 428

APPROBATIONS.

J'Ai lû par l'ordre de Monseigneur le Chancelier un Manuscrit intitulé *Voyages Liturgiques de France*. Cet Ouvrage contient un grand nombre d'observations curieuses, qui me paroissent tres-utiles pour l'intelligence des ceremonies de l'Eglise. Fait à Paris ce sept Juin 1717.

PASTEL.

Approbation de M. Chastelain Chanoine de Notre-Dame de Paris, & député pour la revision des Livres de l'Eglise; de M. de Vert & de M. Auvray.

Monsieur Chastelain Chanoine de l'Eglise Cathedrale de Notre-Dame de Paris, après avoir lû ce Livre en a rendu ce témoignage par écrit : *Il y a des choses excellentes à apprendre dans cet Ouvrage*. A Paris ce 18. Fevrier 1706.

Cl. CHASTELAIN, *Chanoine de l'Eglise de Paris*.

Monsieur de Vert Trésorier & Grand-Vicaire de Cluny, après avoir lû ce Livre, en a rendu par écrit le témoignage suivant : *Cet Ouvrage ne peut manquer d'être tres-utile à l'Eglise, & de faire beaucoup de plaisir à ceux qui aiment & entendent un peu ses matieres. Je ne suis point du nombre de ceux qui trouvent à redire à l'érudition profane dont l'Ouvrage est mêlé ; au contraire elle me paroit tout-à-fait convenir. Je reviens à votre Itineraire, je ne puis assez vous exhorter de le donner au public.* A Abbeville le 8. Septembre 1698.

DE VERT.

Monsieur Auvray Chanoine & Pénitencier en l'Eglise Cathedrale de Rouen, & Docteur en Theologie de la Faculté de Paris : *L'Ouvrage qu'on vous engage de donner au public sur les Rits des Eglises de France, ne peut être que tres-utile & avantageux. Personne ne desire plus ardemment que moy de le voir paroître ; & l'on se peut bien promettre que vous n'y oublierez pas ceux de l'Eglise de Rouen, que vous sçavez si bien, & d'une Eglise qui est votre mere, & en laquelle vous avez pris la naissance spirituelle. Après avoir donné le Jean d'Avranches, peut-on ne les pas sçavoir ? &c.* A Rouen ce 18. Avril 1697.

J. A. AUVRAY.

VOYAGES
LITURGIQUES
DE FRANCE:
OU
RECHERCHES

Faites par le Sieur DE MOLEON
en diverses Villes du Royaume.

CONTENANT

Plusieurs particularitez touchant les Rites &
les Usages des Eglises.

VIENNE.

VIENNE en Daufiné, en latin *Vienna Allobrogum*, Colonie Romaine, est une des plus anciennes villes des Gaules, & où il y a le plus d'antiquitez. Elle est bâtie en demi cercle sur la croupe de trois montagnes au bord du *Rhône*, *ad Rhodanum*, & de la riviére de *Jére*, *ad Jairam*.

Vienne fut non seulement une Colonie Romaine, mais encore dans toute l'apparence le Siége du Préfet du Prétoire des Gaules ; étant nommée la premiere avant Lyon dans la Notice de l'Empire

A

d'Occident, & dans la Lettre que les deux Eglises de Vienne & de Lyon écrivirent au sujet de leurs premiers Martyrs aux Eglises d'Asie & de Phrygie, rapportée par Eusebe au Livre 5. de son Histoire Ecclesiastique chap. 1.

Les Romains s'y plurent beaucoup, comme il paroît par ce qui y reste encore de leurs ouvrages. Tant de beaux restes de Forteresses, d'Amphitheâtres, d'Aqueducs, de Bains, de Grottes, de Pyramides & d'anciennes Inscriptions, sont des marques de sa premiere grandeur. Elle est aujourd'hui presque ensevelie dans ses ruines. Et cependant il n'y a point de Ville en France qui ait encore tant de monumens antiques.

A la porte de la Ville qui est du côté de Lyon, il y a une tour nommée *la Tour de Pilate*, parce que Pilate (si l'on croit la Tradition du peuple) y a fini ses jours. Cela n'est pas certain. Il est vrai qu'Adon Archevêque de Vienne, dit dans sa Chronique, que Pilate fut relegué à Vienne, & qu'il y finit ses jours, s'étant ôté à lui-même la vie par desespoir. Nous souhaiterions avoir sur ce fait un garant plus ancien qu'un Auteur du IX. siecle.

Eglise de S. Sévere.

En avançant on trouve sur la gauche l'Eglise de S. Sévere, où l'on voit des tombeaux ou cercueils de pierre & des épitaphes qui paroissent d'une treshaute antiquité.

S. Sévere ancien Prêtre de Vienne, qui a fait construire cette Eglise, y est enterré selon son épitaphe, [qui n'est pas neanmoins de son temps,] laquelle se lit sur le pavé devant le grand Autel, avec deux autres qui en sont assez proches.

Il y a là beaucoup d'épitaphes de Payens, qui se faisoient enterrer d'ordinaire sur le bord des grands chemins.

S. André le Bas de Vienne.

Dans une Chapelle audeſſous du grand Autel à main gauche, il y a une ancienne Epitaphe grecque d'une Dame Chrétienne, qui mourut ſous le Conſulat de Valentinien & d'Anatolius, [l'an 440.] & fut enterrée le jour de la Paraſcéve ou le Vendredy ſaint, dans l'eſperance de reſſuſciter avec JESUS-CHRIST. On voit par cette Epitaphe qu'il y avoit quelques familles Grecques établies à Vienne, & que la langue Grecque n'y étoit pas alors tout-à-fait inconnue.

Dans une Chappelle voiſine de la précedente, il y a une Epitaphe où le nom d'*Epagathe* eſt marqué deux fois. Ce pouvoit être quelqu'un de la famille de S. Epagathe de Vienne, qui mérita le nom d'*Avocat des premiers Chrétiens*, & qui ſouffrit à Lyon le martyre avec ſainte Blandine &c.

Saint-André le Bas.

L'Egliſe Abbatiale de Saint-André le Bas, eſt d'une excellente architecture. Il y a deux colonnes de marbre d'une hauteur & d'une groſſeur merveilleuſe qui ſoûtiennent la voûte du Chœur; il y a dans cette Egliſe pluſieurs Epitaphes anciennes. On en voit une proche du clocher, qui fait connoître qu'un Roy Conrad a réparé les ruines de cette Egliſe, & qu'il y a établi des Moines, ou qu'il leur a fait de grands biens.

C'étoit un des plus religieux Princes de ſon tems. Il fut Roi de Bourgogne & d'Arles dans le x. ſiécle.

La Table ronde.

Proche de ce Monaſtere, après avoir paſſé la ruë, on trouve un ancien *Aſyle* nommé la Table ronde, apparemment parce qu'il y en avoit une autrefois; il n'y a que quatre piliers élevez ſur une platte forme. On ne pouvoit ſaiſir ni les perſonnes qui s'y étoient retirées, ni les biens qu'on y avoit mis.

Cloître de S. Maurice de Vienne.
Notre-Dame de la Vie.

Un peu plus loin au milieu d'une place, est une Eglise nommée Nôtre-Dame de la Vie ; où l'on dit qu'étoit anciennement le Prétoire où se rendoit la Justice. On y voit encore de fort grandes colonnes d'ordre Corinthien qui soûtiennent le toit de l'Eglise qui est quarrée. Il y a devant le grand Autel le tombeau de Jean-Faber ou le Févre, Archevêque de Tharse.

A côté de cette Eglise est le lieu où l'on rend la Justice ; avec la Conciergerie, dont les prisons sont fort belles : si toutefois il y en a de belles.

On remarque dans un ancien Ordinaire de l'Eglise de Vienne environ de cinq cens ans, que les Religieuses du Monastére de sainte Colombe assistoient autrefois aux Processions des Rogations avec le Clergé de l'Eglise Cathedrale.

Cloîtres de S. Maurice.

A l'entrée de ce qu'on appelle les Cloîtres de S. Maurice, il y a une porte qui conduit à celle d'Avignon. Sur cette porte des Cloîtres il y a une fort ancienne Inscription payenne, gravée sur une grande pierre en fort gros caracteres, qu'on appelloit anciennement lettres onciales La voicy.

DD. FLAMINICA VIENNÆ
TEGULAS ÆNEAS AURATAS,
CUM CARPUSCULIS ET
VESTITURIS BASIUM, ET SIGNA
CASTORIS ET POLLUCIS CUM EQUIS,
ET SIGNA HERCULIS ET MERCURI.
D. S. D.

On voit par cette Inscription que Castor & Pollux aussi bien qu'Hercule & Mercure ont été autrefois adorez à Vienne comme des Dieux ; & qu'ils y avoient non seulement leurs Prêtres nom-

S. Maurice de Vienne.

mez *Flamines*, mais encore des Prêtresses nommées *Flaminiques*. C'en est une qui consacra cette Inscription à la memoire de ces quatre enfans de Jupiter *.

Le grand Portail de l'Eglise Cathedrale de Saint-Maurice de Vienne est fort beau : il est accompagné de deux autres moindres aux deux côtez, & de deux hautes tours qui lui servent d'ornement, & qui servent aussi de clochers.

L'Eglise est fort belle au dedans & bien éclairée, grande, & toute reblanchie, avec des voutes azureés. [Elle est encore plus considérable par la qualité de *Sainte* qu'on lui a toûjours donnée, *Sancta Viennensis Ecclesia*, & d'*Eglise la plus ancienne des Gaules*; comme aussi d'avoir eu 37 ou 38 Archevêques reconnus pour Saints.]

Il n'y a rien sur le grand Autel qu'un petit retable haut d'un pied ou d'un pied & demi. La table de l'Autel est un peu creusée.

Il y a, tout le long des murailles de l'Eglise, des Chapelles. Il y en a une du S. Esprit, nommée aussi *la Chapelle Taberniere* à cause d'une vigne qui a été donnée à cette Chapelle à condition de fournir le vin destiné à l'usage de la Sacristie pour le Sacrifice. [Il y a encore d'autres Eglises ausquelles on a aumôné certaines terres, & certaines vignes, ou maisons, pour fournir le pain & le vin, matiere du Sacrifice de nos Autels.]

On observe sur le pavé de l'Eglise, vers le milieu de la nef en tirant vers le grand portail, des vestiges d'une Chapelle que S. Adon Archevêque de Vienne y avoit fait construire en l'honneur du Sepulcre de J. C. laquelle ayant été transportée

* Pollux neanmoins n'est fils de Jupiter que d'une maniere impropre, étant fils de Leda que Jupiter aimoit, & de Tyndare mari de Leda.

dans le petit Cloître, on a marqué son ancienne place sur le pavé par ces mots gravez en diverses pierres:

Hic
erat Capella
sancti Sepulcri.

Au côté gauche de l'Eglise il y a un Cloître avec un petit Cimetiere au milieu & une petite Chapelle du Sépulcre. Il paroît par plusieurs Epitaphes du milieu du treiziéme siecle, que la vie commune étoit encore alors en usage parmi les Chanoines & autres Ecclesiastiques de cette Eglise, & même au coin du Cloître il y a des vestiges d'un Refectoire, d'un Dortoir, & deux Epitaphes entre autres, où il est parlé de *generali refectione*, & de *Conventu istius Ecclesiæ*. Il y en a une autre qui est bien d'une autre espece : elle est d'un Chanoine nommé Berlion, qui a fondé l'an 1252. un Anniversaire, ou Obit, pour les ames de ceux qu'il avoit trompez ou volez, *pro remedio animarum illorum quos in aliquo defraudaverat, quod fiet in festo Mortuorum*.

Il y a dans la seconde aîle de ce Cloître du côté de l'Orient trois grandes Chapelles. La premiere fut d'abord dediée sous le titre des SS. Martyrs Maccabées, & depuis elle a eu le nom de S. Maurice. Elle est ornée d'anciennes peintures assez belles. Celle qui est la plus remarquable représente une Procession de tout le Clergé de l'Eglise Cathedrale avec ses habits & ornemens. Les Chanoines y ont la chasuble & l'aumusse pardessus (comme à Rouen en hiver;) & le Précenteur, le Chantre, le Capiscol ou Scolastique, & le Maître du Chœur y sont representez avec de longs bâtons (comme des bourdons) pour marque de leurs dignitez ou fonctions.

S. Maurice de Vienne.

Après cette Chapelle & au milieu de cette galerie est la Chapelle de S. Jean-Baptiste, qui étoit la Chapelle des Fons baptismaux, parce qu'on y conféroit autrefois le Baptême aux Catechuménes & aux enfans. Elle est même appellée dans l'ancien Ordinaire de Vienne, *La Chapelle des Patriarches & Prophêtes & de S. Jean-Baptiste*. Il faut bien observer tout cela, afin de bien comprendre ce qui sera marqué dans la suite en plusieurs endroits de cet ancien Ordinaire. La Reine Ermengarde femme du Roy Raoul y fut enterrée, comme il se lit dans une Inscription qui est presque effacée.

Plus loin & vers la porte qui conduit au Palais Archiepiscopal est encore une troisiéme Chapelle dediée en l'honneur de Nôtre-Dame, à l'entrée de laquelle est le tombeau de la Reine Mathilde femme du Roy Conrad, duquel nous avons parlé pag. 3.

Voici l'Epitaphe de cette Reine.

VI. *Kl. Decemb. ob. Magtildis uxor Regis Conradi, qui obiit xiv. Kl. Novemb. & dedit S. Mauritio villam Lusiniacum* CUM SERVIS ET ANCILLIS, *& omnibus appendiciis; & dicta Regina dedit thuribulum magnum totum aureum, & Crucem auream, & dedit coronam lampadarum totam argenteam ante domini sepulcrum: qua Regina jacet intus parietem ante Capellam B. Mariæ Virginis.*

On voit par-là qu'il y avoit encore dans les Gaules au dixiéme siecle des esclaves de l'un & de l'autre sexe, & qu'en donnant des terres à l'Eglise [ou aux Monasteres] on leur donnoit aussi quelquefois les esclaves.

Le saint Sacrement est conservé dans l'Eglise Cathedrale au pied du grand Crucifix dans le Jubé *sub titulo Crucis*, au long de la muraille inté-

A iiij

rieure du Chœur, avec une lampe devant. Il y a dans ce Jubé audessous du saint Sacrement un Autel de la Paroisse, où l'on va chanter la Messe du Jeûne après Primes [autrefois après Sextes] aux Vigiles occupées de l'Office de quelque Saint.

La Chaire Archiepiscopale pour les jours ordinaires, est au bout de la derniere chaise du Chœur, comme à Rouen, fort simple, plus élevée de deux ou trois pieds que celles des Chanoines, avec une stalle de même, à-demi couverte d'un petit fronton de menuiserie, sans daix audessus.

Le Chœur est orné d'une tres-belle & tres-haute menuiserie toute neuve ; il n'y a que deux rangs de stalles. Les Chantres qui sont Prêtres, sont sans aumusses avec les Chanoines, au premier rang d'en haut. Le second est occupé par les autres à la reserve des Clercs & Enfans de Chœur ou Clergeons au nombre de dix, qui n'ont pas même de rebord de siege pour pouvoir s'asseoir, & sont debout durant tout l'Office.

Ces enfans ont la soutanne noire, la tonsure & les cheveux comme tous les Ecclesiastiques qui sont un peu réguliers. Leurs surplis aussi-bien que ceux des Chanoines & des Chantres sont extrèmement courts avec un revers de dentelle au tour du coû & par dessus à peu près comme ces collets ronds de manteaux ou brandebourgs : les manches sont closes comme celles des Chanoines de Lyon.

L'air de leur chant est en partie celui de Lyon, & en partie celui de Rouen. Ils portoient l'aumusse sur les épaules, comme ceux de Lyon, ainsi qu'il se voit dans une Chapelle à côté du Chœur, dans laquelle un Chanoine du siecle passé la porte ainsi. Ce n'est que depuis les guerres qu'ils ont mis l'aumusse sur le bras.

S. Maurice de Vienne.

Je ne sçai pas au vrai depuis quel temps ils ont mis neuf lutrins dans leur Chœur ; mais il est certain qu'ils chantoient autrefois de memoire, & que les Recordations se faisoient encore tous les Samedis pour le bas-Chœur en 1524.

Ils ne chantent point deux petits Offices de suite. Primes se disent à huit heures du matin ; Tierces à neuf, avant la grande Messe ; Sextes après ; à deux heures après midi Nones (qu'on ne chante point les grandes Fêtes ;) Vêpres à trois heures. Et cela est recommandé dans le nouveau Breviaire de Vienne. Il étoit défendu autrefois de dire de suite plusieurs Heures de l'Office divin ; [nous le verrons sur la fin de cette Relation,] & selon le premier esprit de l'Eglise, les Heures grandes & petites se disoient de trois heures en trois heures ou environ ; les trois Nocturnes séparément pendant la nuit, Laudes au point du jour ; Primes à Soleil levant, Tierces sur les neuf heures ; Sextes à midi, cette Heure est même appellée *Meridies* dans les Ordinaires de Lyon & de Soissons ; Nones sur les deux ou trois heures après midi ; Vêpres sur les cinq ou six heures comme on fait encore au College de Cluny à Paris ; & enfin Complies immédiatement avant que de se coucher, comme font encore la plûpart des Religieux.

Aux grandes Fêtes Complies ne sont chantées à S. Maurice de Vienne que par le Sacristain & deux ou trois Chapelains qui lui servent d'aides : le Chœur ne s'y trouve point.

Le Jeudi à Vêpres on n'y fait point la répetition du *Quoniam in æternum misericordia ejus*, après chaque Verset du Pseaume 135.

A tous les Offices, quand l'Officiant a chanté *Deus in adjutorium meum intende*, tous répondent à la quinte en bas *Domine ad adjuvandum me festina. Gloria Patri.* &c. jusqu'à l'*Alleluia* qu'ils chantent plus haut, & qui sert d'Antienne aux petites Heures : car aussi-bien qu'à Lyon il n'y a jamais d'Hymne qu'à Complies ; comme il n'y en a point encore dans toutes nos Eglises les trois derniers jours de la Semaine sainte & durant l'Octave de Pâques.

À la Messe du Chœur le Célébrant, le Diacre & le Soudiacre ont des mîtres aux jours solennels, & ne portent jamais d'aumusse à l'Autel, le Thuriferaire aussi Soudiacre est en aube & en tunique, & les deux Enfans de Chœur ou Clergeons portechandeliers sont en aube.

Le Diacre & le Soudiacre font l'entrée de l'Autel & la confession avec le Prêtre : après quoi le Soudiacre & le Thuriferaire sont presque toûjours au côté droit de l'Autel *in cornu Epistola* regardans le Prêtre de profil à deux pas de l'Autel. Le Diacre est derriere le Prêtre soit au côté soit au milieu de l'Autel, mais éloigné de quatre ou cinq pas. Il ne s'en approche que lorsqu'il est nécessaire.

Les Portechandeliers font presque les mêmes choses & les mêmes cérémonies qu'à Lyon.

Après que l'Evangile a été chanté, le Soudiacre pendant le *Credo* fait baiser aux Chanoines le Livre des Evangiles ouvert, comme au Célébrant.

Après que le Célébrant a encensé les *Oblata* & l'Autel, il fait lui-même le grand encensement tout au tour de l'Autel, (ce que le Diacre fait à Lyon & à Roüen ;) & alors le Diacre lui soûtient des deux mains la châsuble par derriere. Le Prêtre commence cet encensement par le milieu de l'Autel, puis par le côté de l'Evangile, ensuite par derriere l'Autel, & revient par le côté de l'Epitre ; après quoi il est encensé par le Diacre.

S. Maurice de Vienne.

Le Soudiacre ayant reçu la patene va au haut du Chœur jusqu'au *Sanctus*. Et au *Sanctus* il va derriere l'Autel jusqu'à *Nobis quoque peccatoribus*, qu'il revient derriere le Diacre, & lui presente la patene; & le Diacre la presente au Prêtre ou à l'Archevêque.

Quand il y a plusieurs Soudiacres, ils suivent le Soudiacre d'office dans toutes ses démarches.

Au *Pater* le Prêtre éleve l'Hostie avec le Calice à *in cœlo*, & il baisse l'un & l'autre à *in terra* comme à Lyon, conformément à la lettre.

Tout le reste est à peu près comme à Lyon, sinon que le Diacre se tourne vers le Septentrion quand il chante *l'Ite, missa est*. Et le Prêtre ayant donné la benediction & recité l'Evangile *In principio*, s'en retourne avec ses ministres dans le même ordre qu'ils sont venus.

Aux grandes Festes que l'Archevêque célebre la Messe, il a avec lui six Prêtres assistans, sept Diacres, & sept Soudiacres: (ce que le pieux & illustre Archevêque d'aujourd'huy rétablit le jour de la Pentecôte en 1697.) & autrefois sept porte-chandeliers qui n'y sont plus qu'au seul jour de Pâques. Les six Prêtres assistans ont le pas audessus du Diacre & du Soudiacre Chanoines, comme les six Diacres assistans l'ont audessus du grand Soudiacre quoique Chanoine. L'Archevêque monte comme à Lyon dans sa chaire qui est tout au fond & au milieu de la coquille ou abside.

On sera sans doute édifié de trouver ici les plus anciennes pratiques qui s'observoient autrefois dans cette célebre Eglise, tirées de son Ordinaire qui a bien quatre cens cinquante ans. On ne fait aucune mention dans cet Ordinaire de la Feste de la Trinité, de la Feste-Dieu ou du Saint

Sacrement, de S. Bernard, de S. Louis Roy de France, de la Commemoration de tous les fideles Trépassez au deuxiéme de Novembre, ni de la Conception de la Vierge Marie. C'est de-là qu'on juge de l'âge du Manuscrit, comme aussi de l'écriture qui a les caracteres & les marques d'environ cinq cens ans.

Les Festes solennelles y sont marquées par *Cantores & Baudes*. *Cantores* sont le Préchantre & le Chantre qui y tiennent le Chœur. *Baudes* veut dire les grosses cloches, dont la plus grosse se nomme *Bauda*.

Les Dimanches le Prêtre découvert & en chape, fait l'eau-benite au Benitier comme à Lyon, puis il asperse les Autels. Le reste de l'aspersion s'y faisoit & s'y fait encore avant la Messe pendant la Procession par le Célébrant qui est alors couvert de son bonnet. L'on y voit que la Procession qui se fait les Dimanches avant la Messe, n'est précisément que pour asperser tous les lieux, comme l'Eglise, les Cloîtres, le Réfectoire, le Dortoir, la Cuisine, & les assistans, comme on le verra encore ailleurs. On dit même à Vienne *l'Aspersion*, & non la Procession; *sonner l'Aspersion*, *aller à l'Aspersion*. Il y est fait mention dans l'ancien Ordinaire, de toute l'Eglise, de tout le Clergé en sortant du Chœur, des Cloîtres, du Refectoire devant lequel on disoit *Oremus dilectissimi*; & encore de l'autre côté du Cloître, apparemment de l'Infirmerie, autant qu'on en peut juger par l'Oraison *Omnipotens sempiterne Deus mœstorum &c.* On y faisoit & l'on y fait encore des stations en chantant des Répons : & tout cela pour donner temps au Célébrant d'aller asperser de tous côtez, la station ne se faisant que pour l'attendre, & le Répons ne se chantant que pour occuper le Chœur pendant ce temps-là. C'eſt le Diacre qui y eſt marqué pour porter la Croix, & le Soudiacre pour porter le benitier. Ce qui doit faire rougir les moindres Clercs qui tiennent ces fonctions audeſſous d'eux.

Il y a enſuite une Rubrique qu'il ne faut pas oublier ici. Il eſt dit qu'on fera ainſi tous les Dimanches, excepté que quand le Chef de S. Maurice ſera expoſé ſur l'Autel, on ne fera point la Proceſſion dans le Cloître ; [ſans doute afin de ne pas quitter l'Egliſe où la Relique de ce ſaint Patron eſt expoſée]. Tirons de-là cette induction, que le Dimanche dans l'Octave du ſaint Sacrement (ou à une Feſte de Patron) lorſque le Corps de Jesus-Christ le Saint des Saints reſte expoſé ſur l'Autel, la Proceſſion ne devroit point ſortir de l'Egliſe.

A toutes les Féries de l'Avent & depuis la Septuageſime juſqu'à Pâques, on y chantoit & on y chante encore aujourd'hui à Complies, l'Hymne *Chriſte qui lux es & dies.*

On triomphoit les grandes Antiennes O, c'eſt-à-dire, qu'on les repétoit après chaque Verſet de *Magnificat*, comme à Lyon, & comme on fait encore à Rouen trois fois au *Magnificat* & au *Benedictus*, des Fêtes triples ou ſolennelles.

Il y avoit Station à quelque Egliſe tous les Dimanches de l'Avent & aux Quatre-temps.

C'étoient ſouvent des Soudiacres qui portoient les chandeliers : ce qu'on pourra voir dans pluſieurs endroits de l'Ordinaire, & entre autres au Samedi des Quatre-temps de l'Avent & au jour de Noël en trois differens endroits. Aux Feſtes ſolennelles c'étoient même deux Prêtres en chappes, qui portoient les chandeliers devant l'Evêque.

[On avoit bien une autre idée de ces moindres fonctions de l'Eglise autrefois, qu'on n'en a aujourd'hui. Des Soudiacres, des Diacres & des Prêtres mêmes se faisoient un honneur de ce que les moindres Clercs tiennent audessous d'eux. Cela ne vient que d'orgueil, ou faute de connoître combien est grand leur ministere.]

Les Fêtes solennelles l'Archevêque encensoit aux troisiéme, sixiéme & neuviéme Répons (aussibien qu'au *Te Deum*); & après avoir ajoûté le *Gloria Patri*, on les répetoit encore depuis le commencement jusqu'au Verset, afin de lui donner le temps d'achever son encensement.

La nuit de Noël les six premieres leçons étoient chantées par des Chanoines, la septiéme par un Archidiacre, la huitiéme par le Doyen, & la neuviéme par l'Archevêque précedé de deux Prêtres chappez portant deux chandeliers devant lui.

Durant le neuviéme Répons l'Archidiacre se revêtoit dans la Sacristie des plus beaux ornemens. Deux Soudiacres en aube portoient devant lui les deux chandeliers, un troisiéme Soudiacre en tunique portoit l'encensoir, & un quatriéme Soudiacre aussi en tunique portoit le Livre des Evangiles. Et ils alloient ainsi tous cinq au Jubé, où la Genealogie étoit chantée *cum cantu* par l'Archidiacre.

C'étoit l'Archevêque qui disoit la Messe de la nuit avec deux Soudiacres portechandeliers, un Soudiacre thuriferaire, un Soudiacre Chanoine, & un Archidiacre. Avant que de la commencer on alloit faire station à une Chappelle de Nôtre-Dame. On ne disoit & on ne dit encore aujourd'hui au commencement de Laudes, ni Verset sacerdotal, ni *Deus in adjutorium*; mais elles étoient enchassées dans la Messe, & aussitôt après la Communion on les commençoit abſolument par l'Antienne *Natus eſt nobis &c.* avec les Pſeaumes, durant leſquels le Célébrant étoit aſſis. On n'y diſoit ni Capitule ni Verſet: mais après le *Benedictus* avec ſon Antienne, le Célébrant retournoit à l'Autel pour y dire l'Oraiſon de la Poſtcommunion, & le Diacre diſoit, *Benedicamus Domino, alleluia, alleluia.* C'eſt encore aujourd'hui le même rite. C'eſt toujours un Archidiacre qui ſert de Diacre quand l'Archevêque officie: & les quatres Archidiacres ont chacun leurs Feſtes où ils doivent ſervir de Diacre à l'Archevêque. Quelque ſolennelle que fût cette Meſſe, elle l'étoit beaucoup moins que celle de Tierces.

Au point du jour on faiſoit une ſtation à une Chapelle de ſainte Anaſtaſie à l'imitation de Rome. C'eſt peutêtre de là qu'eſt venuë cette Oraiſon ou Memoire de ſainte Anaſtaſie à la Meſſe. C'étoit le Doyen qui la célébroit: le Diacre n'étoit qu'un ſimple Chanoine, & y diſoit à la fin, *Ite, miſſa eſt; alleluia.*

L'Archevêque, qui célébroit encore la grande Meſſe d'après Tierces, avoit ſix Prêtres aſſiſtans, ſept Diacres dont un étoit Archidiacre, ſept Soudiacres, & ſept portechandeliers dont cinq étoient Soudiacres & deux autres étoient Enfans de Chœur ou Clergeons.

C'étoit dans le Chapitre que l'Archevêque ſe revêtoit d'habits pontificaux pendant qu'on chantoit Tierces, & les ſix Prêtres aſſiſtans, les ſept Diacres, les ſept Soudiacres & les ſept portechandeliers ſe revêtoient ou derriere l'Autel ou dans le Reveſtiaire ou Sacriſtie. Tous ceux du grand Chœur étoient revêtus de chappes de ſoye durant la Meſſe, avant laquelle on alloit proceſſionnellement prendre l'Evêque dans le Chapitre en cet ordre : Premierement marchoient les sept porte-chandeliers, puis un Soudiacre qui portoit l'encensoir, & le Chanoine Soudiacre le texte des Evangiles couvert d'or, avec les six Soudiacres assistans. L'Archidiacre ensuite portoit la Croix d'or, suivi des six autres Diacres & des six Prêtres assistans, puis des Chantres, qui ayant reçu la benediction de l'Archevêque, rentroient dans le Chœur, & commençoient l'Introït de la Messe & le Pseaume. Au *Gloria Patri*, toute cette pompe ou ce grand nombre de Ministres ou Officiers entroit dans le Chœur avec l'Archevêque ; & les uns & les autres ayant tous ôté leurs mitres & capuchons ou aumusses [*capellis & mitris remotis*] au milieu du Chœur, l'Archevêque saluoit d'abord l'Autel, puis le côté droit du Chœur, & enfin le gauche, & il étoit pareillement salué des deux Chœurs. Après quoi il s'avançoit devant l'Autel, & y disoit le *Confiteor* avec ses Ministres, les chandeliers étant mis en partie sur l'Autel, en partie au haut & au bas du Chœur.

L'Archevêque étant monté à l'Autel l'encensoit, étant aidé par l'Archidiacre. Ensuite ayant le dos tourné à l'Autel & étant soûtenu par deux Diacres, il donnoit le baiser de paix aux Diacres, aux Prêtres assistans & à son Chapelain revêtu de chappe. Après quoi il montoit à son thrône ou en sa chaire de marbre élevée de quatre degrez derriere l'Autel contre la muraille au milieu & au fond de la coquille ou abside : ce qui se pratique encore aujourd'hui. De sorte qu'il peut être vû du Clergé & du peuple, comme à Lyon.

On y chantoit le *Kyrie eleison* avec les Tropes *Te Christe* &c. [On ne les y chante plus à présent,] &

& le *Gloria in excelsis* à trois Chœurs, dont l'Evêque & ses assistans en faisoient un. Cependant deux Clergeons alloient dans le Chœur y porter les tablettes comme à Lyon pour chanter le Graduel & l'*Alleluia, per rotulos.*

Après l'Oraison *Concede*, deux grands Chanoines Prêtres chantoient & chantent encore les louanges ou acclamations, *Christus vincit, Christus regnat, Christus imperat,* comme à Rouen; & retournant au Chœur avant que de se remettre en leurs places, aussi-bien que ceux qui chantoient soit l'Epitre, soit le Graduel, soit l'*Alleluia*, ils recevoient la benediction de l'Archevêque.

L'Offertoire se chantoit avec plusieurs Versets, comme on fait encore à Lyon, & comme on a fait aussi autrefois à Rouen.

Les six Prêtres assistans récitoient le Canon avec l'Evêque & faisoient les mêmes signes que lui, selon qu'il est marqué dans l'Ordinaire de l'Eglise Cathedrale de l'an 1524. *Suburbani signa faciant durante Missâ ad modum Episcopi; & sic in omnibus aliis majoribus Festivitatibus.*

Immediatement après l'*Agnus Dei*, les Chantres étant debout devant l'Autel, invitoient le Clergé & le peuple à la sainte Table pour y participer à la sainte Eucaristie en chantant le *Venite populi* &c. comme cy-après à Lyon. Ceux du grand Chœur, c'est-à-dire les grands Chanoines & les perpetuels, étant debout autour de l'Autel, & ceux du petit Chœur étant debout devant le Ratelier *, l'Archevêque donnoit le baiser de paix à tous ceux du grand Chœur. Après quoi ceux

* Le Ratelier étoit un grand chandelier de cuivre avec sept cierges, comme cy-après en l'Eglise de S Jean de Lyon.

qui vouloient communier restoient-là & communioient, & les autres s'en retournoient au Chœur. On ajoûtoit à l'Antienne de la Communion les Louanges ou Acclamations, *Hunc diem, multos annos, istam sedem Deus conservet. Summum Pontificem Apostolicæ sedis Deus conservet. Episcopum nostrum Deus conservet. Populum Christianum Deus conservet ; feliciter, feliciter, feliciter. Tempora bona habeant. Multos annos Christus in eis regnet: In ipso semper vivant. Amen.* Et cela pour occuper le Clergé & le peuple pendant qu'on communioit.

[Tout cela se pratique encore à Vienne aux jours de Noël, de Pâques & de la Pentecôte, excepté qu'on ne porte plus les sept chandeliers qu'au jour de Pâques.]

[Comme la Procession qui se faisoit les Dimanches avant la grande Messe, étoit pour asperser l'Eau-benite ; aussi les Processions qui se faisoient aux Fêtes solennelles avant la grande Messe & les Vespres, n'étoient que pour aller querir l'Evêque. Et cela se fait encore à Vienne & en d'autres Eglises en tout ou en partie.]

On annonçoit dans le Synode combien il y avoit de Dimanches entre l'Epiphanie & la Septuagesime, & entre la Pentecôte & l'Avent.

Les Mercredis & les Vendredis il y avoit des Epitres & des Evangiles propres à la Messe.

Tous les Dimanches depuis la Septuagesime jusqu'à Pâques il y avoit Procession ou Station à quelque Eglise de la Ville.

Le Mercredi des Cendres il y avoit aussi Stations.

Après Nones on benissoit les Cendres. Ensuite l'Archevêque (ou en son absence l'Abbé de Saint-

Pierre de Vienne) & son Chapelain revêtus de chappes de soye noire venoient dans le Chœur à la place du Doyen avec le Diacre & le Soudiacre qui portoient les Cendres, & l'Archevêque ou l'Abbé donnoit des Cendres à la maniere de l'Aspersion de l'Eau benite des Dimanches, à tous ceux du Clergé, dont les tonsures devoient être renouvellées, & qui alloient deux à deux dans la nef chantant les sept Pseaumes pénitentiaux. Il n'y est point dit que l'Archevêque prît ou reçût des Cendres, non plus qu'à Rouen. L'Archevêque venoit se prosterner devant le pulpitre. Puis ayant fait venir les Pénitens publics il récitoit les Oraisons accoûtumées, après lesquelles il les mettoit hors de l'Eglise en chantant à haute voix le Répons *In sudore vultûs tui vesceris pane tuo*, Vous mangerez vôtre pain à la sueur de vôtre front. &c. [paroles qui furent dites à Adam quand il fut chassé du Paradis terrestre après son peché.] Et l'Archevêque après leur avoir fermé les portes de l'Eglise, faisoit au peuple un Sermon, après lequel on alloit en Procession.

Le premier Lundi de Carême on commençoit à faire la lecture des Dialogues de S. Gregoire avant Complies, comme on faisoit à Rouen il n'y a pas plus de cent ans, & comme on fait encore à Reims & dans d'autres Eglises voisines. Il est marqué que c'est le devoir du Soudiacre d'encenser [comme à Lyon] & qu'à chaque heure on doit baiser la terre, comme à Rouen on baise chacun son siége lorsqu'on commence chaque Heure.

Tous les jours de Carême avant Complies on disoit l'Office des Morts; ensuite on alloit dans le Chapitre faire une lecture des Dialogues de S. Gregoire, après quoi on alloit boire au Refectoir du vin préparé par les Refectoriers. Ce qui s'appeloit *Potus caritatis*. On n'y mangeoit point encore alors : ce n'a été que depuis.

Le Mercredi de la quatrième semaine de Carême est appelé dans l'Ordinaire de Vienne & dans leur ancien & dernier Missel, *Feria quarta in Scrutiniis*, la quatriéme Ferie des Scrutins ou Examens des Catechuménes. On les fait encore aujourd'hui dans cette Eglise quand il n'y a que des enfans, un Soudiacre en tenant un recite pour lui devant le Prêtre le *Credo*, pour profession de foy. Ce n'est pas sans raison qu'il y a à cette Messe pour Graduel *Venite filii*, &c. *Venez enfans*, &c. Toutes ces cérémonies seroient trop longues à rapporter ici en François. On les trouvera en latin dans l'Ordinaire qu'on espere donner au public.

On disoit le *Te Deum laudamus* le Dimanche des Rameaux, aussi bien qu'à Lyon & dans tout l'Ordre de S. Benoist, les Dimanches de l'Avent & du Carême : & on ne voit pas de raison bien solide pour ne l'y pas admettre.

La benediction des Rameaux se faisoit par l'Archevêque (ou en son absence par l'Abbé de Saint-Pierre) revêtu d'aube, d'amict, d'étole & d'une chappe de soye verte. La Croix étoit nuë à la Procession : on n'y disoit point l'*Attollite portas*.

Le Mercredi-saint à la Messe on disoit & on dit encore presentement à Vienne, comme le Vendredi-saint, toutes ces grandes Oraisons pour toutes sortes d'états.

Le Jeudi-saint après Nones l'Archevêque revêtu de l'aube & de l'amict, de l'étole & d'une chape de soye avec sa mitre & sa crosse alloit aux portes de l'Eglise pour y faire rentrer les Pénitens publics qui attendoient-là qu'on leur fît la grace de les y admettre. Puis il faifoit un Sermon, lequel étant fini l'Archevêque difoit trois fois *Venite filii, Venez mes enfans.* L'Archidiacre difoit le Verfet *Accedite, Approchez-vous.* Et il faifoit entrer les Pénitens. Auffitôt on difoit les fept Pfeaumes pénitentiaux, durant lefquels l'Archevêque étoit profterné devant le pulpitre auffi-bien que les pénitens. Enfuite l'Archevêque difoit les Prieres, Verfets & Oraifons; puis il leur accordoit le Pardon & l'Indulgence. Il n'y a plus à prefent dans cette Eglife d'autre trace de la pénitence publique que les fept Pfeaumes pénitentiaux, avec cette Rubrique dans le Supplément du Miffel, *Feriâ V. in Ecclefia Primatiali ante Miffam fit Officium Catechumenorum & Reconciliatio pœnitentium, & ideo dicuntur feptem Pfalmi pœnitentiales.* On y fait encore aujourd'hui l'Office des Catechumenes.

La bénédiction de l'huile des Infirmes fe fait avant le *Per quem hæc omnia Domine*; & la bénédiction de l'huile des Catéchumenes & du Chrême après le *Pax Domini*. Les Vêpres font enchaffées dans la Meffe, & fe terminent par l'Oraifon de la Poftcommunion.

C'eft le Diacre qui après la Meffe porte le faint Sacrement au lieu préparé, & le rapporte le lendemain au grand Autel pour la Meffe *ex præfanctificatis* encore à prefent, comme à Chartres.

Dans la Cérémonie du *Mandatum* ou du Lavement des pieds des Chanoines, l'Archevêque, fes Miniftres & le Clergé étoient nuds pieds. C'étoit l'Archevêque & le Doyen qui les lavoient, & leur verfoient enfuite de l'eau fur les mains, & leur prefentoient des pains azymes & du vin benis par le Prélat.

Le Vendredi-faint l'Archevêque en chappe de

foye noire & ſes Miniſtres en aubes ſeulement diſent le *Confiteor* dans le Reveſtiaire, puis ils en ſortent tous nuds pieds [encore aujourd'hui] ; viennent ſe proſterner devant l'Autel, & y font quelque priere ; après laquelle s'étant levez, on commence à lire les deux Propheties & à chanter les deux Traits ; puis un Archidiacre chante la Paſſion ſelon S. Jean. [Tout le reſte de l'Office eſt preſque de même que dans l'ancien Ordinaire de Rouen de 650 ans.] Après quoi ils s'en retournent nuds pieds au Reveſtiaire. La Communion étant achevée, le Célébrant prononçoit & prononce encore à haute voix *In nomine Patris & Filii & Spiritûs ſanĉti*. On répondoit *Et cum ſpiritu tuo*. Et encore dans le Miſſel de 1519. on répond aujourd'hui *Amen*. Enſuite les chantres commencent devant l'Autel un Répons avec le Verſet de la repriſe, après laquelle on le repete depuis le commencement juſqu'au Verſet, & l'Archevêque doit encenſer durant ce Répons, dans lequel ſeul conſiſtoient anciennement & conſiſtent encore maintenant toutes les Vêpres de ce jour à Vienne.

Le Samedi-ſaint l'Archevêque étant revétu d'une chappe de ſoye, & l'Archidiacre d'une Dalmatique blanche, précedez des Portechandeliers, du Soudiacre, des douze Curez Prêtres aſſiſtans & du Maître des Enfans, alloient à la Chapelle de Nôtre-Dame dans le Cloître pour faire entrer les enfans qui devoient être baptizez ; & l'Archidiacre diſoit, *Orate Elecli, flectite genua, Levate. Complete Orationem veſtram, & dicite Amen*. Elus priez, mettez vous à genoux. Levez vous. Achevez vôtre priere, & dites *Amen*. Puis on leur imprimoit ſur le front le ſigne de la †

Croix. Et l'Archevêque ayant demandé le nom *
d'un chacun d'eux, disoit l'Oraison ou plûtôt
l'Exorcisme, *Nec te lateat, Satana.* Après quoi
l'Archidiacre disoit : *Catechumeni recedant,* Que
les Catechuménes se retirent ; *Si qui Catechumeni,*
exeant foras ; S'il y a ici quelques Catechuménes,
qu'ils sortent. Après qu'ils étoient sortis, l'Archidiacre après avoir reçu la benediction de l'Archevêque, descendoit avec le Soudiacre dans le
Chœur devant l'Autel pour y faire la benediction
du Cierge Pascal ; durant laquelle ceux du petit
Chœur étoient debout, & ceux du grand Chœur
étoient assis jusqu'à ce que le Diacre dit *Dominus*
vobiscum.

Pendant qu'on faisoit la benediction du Cierge,
le Capiscol ou Scolastique revêtu d'une chappe de
soye faisoit benir l'encens & le feu, & ensuite il
alloit porter les grains d'encens à l'Archidiacre auquel il aidoit à les ficher aux trous du Cierge lorsque le temps en étoit venu ; puis l'Archidiacre
avec le feu nouveau allumoit le Cierge Pascal.
[Quelques fideles emportent chez eux de ce feu
beni, & à Lyon & à Rouen de même.] Alors un
Lecteur montoit au Jubé pour y lire les Propheties, qui étoient entremêlées d'Oraisons & de
Traits, comme elles sont encore aujourd'hui. [Et
les douze Curez chantoient chacun une Oraison
après chacune des douze Propheties selon le Missel
de Vienne de 1519. Aujourd'hui ce ne sont que
deux Prêtres qui les chantent alternativement.]

Lorsqu'on commençoit le Trait *Cantemus Do-*
mino, le Maître ayant pris encore un Prêtre avec
lui & ses enfans, [& peutêtre même tous les chan-

---

* Marque qu'on avoit un nom avant que d'être baptizé.

tres] ils alloient ensuite aux Fonts Baptismaux qui étoient dans la Chapelle de S. Jean-Baptiste [dans le Cloître], & y chantoient la Litanie dont chaque Verset étoit repeté trois fois. [Ce qui s'appeloit *Litania terna*; & c'est de là que nous sont venus les neuf *Kyrie eleison* à la Messe, dont chaque ternaire étoit chanté par le Chantre & par les deux Chœurs alternativement.] La Litanie étant achevée, ils s'en retournoient au Chœur.

Après que les Propheties, Traits & Oraisons étoient achevées, on fesoit approcher ceux qui devoient être baptizez; on mettoit les garçons au côté droit, & les filles au côté gauche; & on disoit sur eux les Oraisons pour les Catechumenes. En allant processionnellement aux Fonts baptismaux, parmi les Prêtres assistans étoit le Curé de S. Jean qui portoit le vase du saint Chrême, les Chantres chantoient la seconde Litanie, à laquelle les deux Chœurs répondoient. Après qu'elle étoit finie, l'Archevêque faisoit la benediction des Fonts conjointement avec les douze Curez, comme encore aujourd'hui à Troye, c'est-à-dire, qu'ils fesoient les benedictions aux † croix, & les aspirations avec l'Evêque, & tenoient comme lui les mains élevées, mais ils ne touchoient ni l'eau ni le cierge, selon qu'il est marqué dans l'Ordinaire de l'Eglise Cathedrale de Vienne écrit en 1524.

Ces Curez n'assistoient à la benediction des Fonts les Samedis veilles de Pâques & de Pentecôte, que parce qu'ils menoient à la Cathedrale les enfans leurs Paroissiens qui étoient à baptizer; parce qu'anciennement il n'y avoit des Fonts baptismaux dans les Villes que dans les Eglises Cathedrales, comme encore aujourd'hui à Florence, a

Pifes, à Parme, à Padouë & encore ailleurs. L'Evêque mettoit dans l'eau du faint Chrême en forme de † croix. Après les interrogations ordinaires fur la foy du Symbole & les autres, le Prêtre baptifoit chacun des enfans par trois immerfions, c'eft-à-dire, en le plongeant trois fois dans l'eau, [*Sub trina merfione*] en invoquant la fainte Trinité, en difant *Et ego te baptizo in nomine Patris*, & on plongeoit l'enfant une fois dans l'eau ; en difant *& Filii*, on le plongeoit pour la feconde fois ; & en difant *& Spiritûs fancti*, on le plongeoit pour la troifiéme fois. Dès qu'il étoit forti des Fonts, le Prêtre prenoit un peu du faint Chrême avec fon poulce, & lui en faifoit un figne de † croix fur le fommet de la tête en lui difant l'Oraifon *Deus omnipotens*. Puis le Prêtre le revêtoit d'une robe blanche en forme d'aube, en lui difant les paroles ordinaires *Accipe veftem candidam* &c. *Reçois cette robe blanche & fans tache, que tu dois porter devant le Tribunal de nôtre Seigneur* JESUS-CHRIST, *fi tu veux avoir la vie éternelle*. Paroles terribles fur lefquelles les Chrétiens devroient bien faire reflexion, & les Pafteurs en inftruire comme des obligations du Baptême : car l'ignorance des obligations du Baptême eft la fource de la méchante vie de la plûpart des Chrétiens.

Après cela fi l'Evêque étoit prefent (dit cet Ordinaire) il donnoit auffitôt le Sacrement de Confirmation aux enfans. *Si Epifcopus adeft, ftatim confirmari oportet infantulum*. Après quoi la Proceffion retournant au Chœur, deux Prêtres chantoient la troifiéme Litanie qui étoit repetée fept fois.

L'Archevêque alloit fe préparer pour la Meffe, & dès qu'il partoit pour venir à l'Autel, le Diacre disoit (& dit encore aujourd'hui) à voix haute, *Accendite*, allumez les cierges [comme les Chantres font encore à Lyon, comme ils faisoient à Rouen il n'y a pas encore cent ans ; & comme on fait encore à Angers aux grandes Fêtes]. Alors on allumoit tous les cierges, & on commençoit le *Kyrie eleison* &c. Tout le reste de la Messe & de Vêpres est comme par tout ailleurs, sinon qu'à la fin le Diacre au lieu d'*Ite, missa est*, disoit à cause de Vêpres *Benedicamus Domino*, sans *alleluia*.

[On est fort surpris de ne point trouver dans cette Messe la Communion des nouveaux Baptizez, qui (comme le prouve fort bien Rosweyde dans les Notes sur S. Paulin, & le Cardinal Bona dans son Livre 2. *de Rebus Liturgicis* c. 19.) se donnoit non seulement aux grandes personnes, mais même aux enfans nouveaux-nez. Cela se voit dans l'ancien Ordre Romain, *cap. de Sabbato sancto*, & étoit encore en usage en France dans le douziéme siecle au temps de Hugues de S. Victor, qui en son Livre premier des Sacremens & Cérémonies Ecclesiastiques chapitre 20. en parlant d'un nouveau baptizé, dit que le Prêtre trempant le bout de son doigt dans le sang de JESUS-CHRIST donnoit sous cette espece le Sacrement de l'Eucharistie aux petits enfans nouveaux baptizez qui ont appris de la nature à succer. *Pueris recens natis idem Sacramentum in specie Sanguinis est ministrandum digito Sacerdotis, quia tales naturaliter sugere possunt.* On peut voir sur cela S. Augustin en son Livre 1. à Boniface, contre l'Héréfie des Pelagiens, c. 22. & en son Epitre à Vital, S. Ambroise, *lib. de Initiandis* c. 8. & S. Paulin, Epit. 32. Tout le monde sçait que le Diacre dans l'Eglise d'Afrique communioit sous la même espece

5. Maurice de Vienne.

les petits enfans * qui étoient au coû de leurs meres; ce qui se pratique encore chez les Grecs.

Non seulement cette pratique de communier les enfans nouveaux baptizez, étoit encore en vigueur au douziéme siecle; mais elle se pratiquoit à Beauvais il n'y a pas trois cens ans, comme on le voit par les Ordinaires de cette Eglise qui sont de ce temps-là, & de là est venu la coûtume de porter encore aujourd'hui au grand Autel ces enfans nouveaux baptizez : ce qui se pratique dans tout le Diocese de Rouen, & en plusieurs autres.]

Le jour de Pâques au dernier coup de Matines on envoyoit les deux Portechandeliers querir l'Archevêque qui venoit revêtu d'une chappe blanche au Sepulcre, & y disoit le *Confiteor*; & après y avoir fait sa priere, il baisoit le Sepulcre & les Autels. De-là précedé des deux chandeliers il venoit baiser le Doyen, & entroit dans le Chœur, & s'y tenant au milieu des Chantres, il disoit, *Resurrexit Dominus*, Le Seigneur est ressuscité; & le Chantre répondoit, *Et apparuit Petro*, & il s'est apparu à Pierre. Et l'Archevêque donnoit le baiser de paix aux deux Chantres. Et tous les autres Ecclesiastiques faisoient la même chose. [Ce baiser de paix en se disant *Resurrexit Dominus* au jour de Pâques, se pratique encore non seulement à Vienne, mais aussi dans la célebre Eglise Collegiale de Chanoines de S. Vulfran d'Abbeville; il se trouve dans l'ancien Ordre Romain *cap. In vigilia sancti Pascha in nocte*; & il n'y a guere plus de cent ans qu'il se pratiquoit encore à Rouen. Dans l'Eglise d'Orient encore à present, tant le Clergé que le peuple ne se saluent point autrement depuis ce

S. Cypr. de Lapsis.

jour jufqu'à l'Afcenfion, qu'en fe difant les uns aux autres Χειϛὸϛ ἀνέϛη, JESUS-CHRIST eſt reſſuſcité.]

Tout l'Office ſe faiſoit en ce jour; & ſe fait encore à Vienne avec le même nombre de Prêtres aſſiſtans, de Miniſtres & de Portechandeliers, que nous avons marquez au jour de Noël; & on chantoit auſſi des neumes à chaque Antienne. Il n'y a que ces trois ou quatre particularitez qui ſuivent.

Après Laudes l'Archevêque ou le Doyen revêtu des habits ſacerdotaux, après avoir beni l'eau, aſperſoit les Autels & le peuple, le Soudiacre portant le benitier. Ils rentroient enſuite dans le Reveſtiaire, & alloient chanter une haute Meſſe à l'Autel du Sepulcre.

Après Tierces M. l'Archevêque ſe revêt de ſes habits Pontificaux pour la Meſſe devant le Sepulcre, & ſes ſix Prêtres aſſiſtans, ſes ſept Diacres, ſept Soudiacres & ſept Portechandeliers derriere l'Autel ou dans le Reveſtiaire. Ils vont querir l'Evêque proceſſionnellement à la Chapelle du Sepulcre dans le même ordre qu'au jour de Noël. Alors le Doyen ayant reçu la benediction de l'Archevêque s'en va avec quelques autres Chanoines par le milieu du Chœur derriere l'Autel, & ils chantent à haute voix *O mors*, que l'on repete après le Verſet, puis ils s'en reviennent au Sepulcre. Là les Portechandeliers diſent à haute voix l'Antienne *Ite, nuntiate* &c. laquelle étant finie, tous ſe tournent vers le Sepulcre. Alors les Chantres ayant le dos tourné au Sepulcre commencent *Quem quæritis?* Qui cherchez-vous? Deux Chanoines répondent *Jeſum Nazarenum*. Les Chantres, *Non eſt hîc, ſurrexit*; il n'eſt plus ici, il eſt reſſuſcité. Et les deux Chanoines chantent *Alleluia, Reſurrexit Do-*

minus, en retournant dans le Chœur, où la Procession étant arrivée, aussitôt les Chantres commencent, comme à Lyon, à voix médiocre l'Introït *Resurrexi*: ce qui est exprimé dans l'ancien Ordinaire par *voce submissâ*. Et lorsqu'ils chantent *Gloria Patri* tout haut, l'Archevêque entre avec toute la pompe ou le grand nombre de ses Ministres, & dit la Messe avec toutes les mêmes cérémonies qu'à Noël, les Laudes ou Louanges, & le *Venite populi* &c. à la Communion. La Messe se terminoit par l'*Ite, missa est, alleluia*.

L'Archevêque toute la journée, excepté pendant la Messe, étoit revêtu d'une chappe sur son aube & son étole avec son manipule, & à toutes les petites Heures aussi-bien qu'après la Messe il étoit reconduit par les deux Portechandeliers chez lui, ayant la mitre en tête & sa crosse en main; & il dînoit ce jour-là ainsi revêtu de ses habits Pontificaux.

Au dernier coup de Vêpres l'Archevêque ainsi revêtu venoit de chez lui dans le Cloître, [& cela se pratique encore aux grandes Fêtes,] precedé des deux Portechandeliers, qui aussitôt s'en alloient au Chœur querir le Diacre portecroix, qui étant revêtu de chappe venoit avec les Portechandeliers, tout le Clergé & les Chantres chappez ayant leurs mitres en tête & leurs bâtons en main, pour conduire processionnellement l'Archevêque à l'Eglise.

Les Vêpres y sont à peu près comme à Rouen: on chantoit le Pseaume *Laudate pueri* en allant aux Fonts, & le Pseaume *In exitu* en revenant; les deux *Benedicamus* de Vêpres & de la Procession accompagnez aussi de deux *alleluia*; après lesquels l'Archevêque donnoit la benediction, en disant *Sit nomen Domini benedictum* &c.

Le Lundi de Pâques on faisoit Station à Saint-Pierre. L'Archevêque chantoit la Messe avec cinq Diacres & cinq Soudiacres. Entre la Prose *Victime* & l'Evangile on faisoit un Sermon au peuple, puis l'Archevêque accordoit l'Indulgence. Durant les coups de Vêpres le Clergé s'assembloit dans la maison de l'Archevêque, & là on trouvoit des tables garnies de miel & d'autres choses avec du vin. Au dernier coup tous se rendoient à la Chapelle de Nôtre-Dame, puis ils venoient à l'Eglise comme au jour d'hier.

Les Samedi & Dimanche *in albis* on faisoit encore la Procession aux Fonts baptismaux, non en chantant des Pseaumes comme aux autres jours, mais un Répons avec une Oraison.

Les trois jours des Rogations, le Clergé & tout le peuple s'assembloit à l'Eglise Cathédrale après Tierces: le Clergé de S. Sévère, les Religieuses de Sainte Colombe, les Religieuses de S. André-le-haut, les Moines de S. André-le-bas & ceux de S. Pierre s'y trouvoient. Lorsqu'ils entroient dans l'Eglise de S. Maurice, on sonnoit toutes les cloches.

L'Archevêque étant debout à la place du Doyen, ou le Doyen s'il étoit Prêtre, sinon le Semainier, aspersoit tout le Clergé, les Religieux & Religieuses lorsqu'ils sortoient du Chœur deux à deux: Un Diacre portoit la banniere, deux Chanoines du petit Chœur portoient deux croix, le Soudiacre semainier portoit une troisiéme croix, le Diacre semainier le Livre des saints Evangiles, & un Clerc portoit les Tablettes où étoient écrites les Litanies. Tous ceux qui portoient les croix étoient (comme à Lyon & au Bec) nuds pieds, & ils avoient la tête couverte de cendres. Le Célébrant y est revêtu de chasuble encore aujourd'hui. Dès que la Procession étoit arrivée à l'Eglise de la Station, un Prêtre & deux Diacres étoient prosternez devant l'Autel jusqu'à ce que la Litanie fût finie. Ils faisoient six ou sept Stations chaque jour. C'étoient tantôt des Chanoines, tantôt des Moines, & tantôt des Religieuses qui chantoient les Litanies. [Nous verrons encore ailleurs des Religieuses qui assistoient à ces Processions.]

Le jour de l'Ascension après Tierce, le Clergé étant en chappes avec l'Archevêque, ou (en son absence) avec l'Abbé de S. Pierre, on faisoit une Procession où l'on portoit toutes les châsses des Reliques. Elle descendoit par les degrez du grand portail, & rentroit par la porte du Cloître. Puis étant tous rangez dans la nef de l'Eglise, l'Archevêque revêtu de ses habits Pontificaux, ou en son absence l'Abbé de S. Pierre, alloit à l'Autel du Sepulcre, précedé de deux Clergeons portechandeliers, de trois Soudiacres aussi portechandeliers, d'un quatriéme Soudiacre Thuriferaire, du grand Soudiacre portant le Livre des Evangiles, de l'Archidiacre portant la Croix d'or, suivi des autres Diacres, puis l'Archevêque. Alors les Chantres ayant le dos tourné au Sepulcre disoient: *Quem creditis?* Deux ou trois Chanoines répondoient, *Christum qui surrexit.* Les Chantres *Jam ascendit.* Les Chanoines, *Alleluia.* Pendant qu'on le chantoit, la Procession rentroit dans le Chœur, & l'Archevêque commençoit la Messe avec les mêmes cérémonies qu'à Pâques, mais sans Prêtres assistans, & sans le *Venite populi.*

A cette Fête il y avoit ceci de particulier. Après l'Offertoire avec les Versets on alloit en Procession dans l'Aumônerie. D'abord marchoit le Portebânitier, les deux Portechandeliers, le Port'encens, en chantant le Répons *Christus resurgens* avec le Verset. On y benissoit les viandes en disant *Edent pauperes* &c. On jettoit de l'eau benite dessus, on les encensoit ; & l'on faisoit un Sermon. Puis l'on achevoit la Messe à la maniere accoûtumée.

Le Samedi de la Pentecôte on faisoit les mêmes cérémonies du Baptême, que le Samedi-saint. Six Prêtres revêtus y assistoient, mais non pas à la Messe. Avant que de la commencer on ne dit plus aujourd'hui l'*Accendite*. Avant la Postcommunion on disoit Vêpres avec le Pseaume *Laudate Dominum omnes gentes*, & le *Magnificat* avec deux Antiennes selon le rite du Samedi-saint, & Vêpres se terminoient par l'Oraison de la Postcommunion. La même chose s'y pratique encore aujourd'hui.

Le jour de la Pentecôte on y voit toutes les mêmes pratiques & cérémonies qu'au jour de Pâques, excepté l'Office du Sepulcre. Avant Vêpres & avant la Messe il y a *Processio ad introducendum Archiepiscopum* de même qu'à Noël, & le *Venite populi* pour l'Eucharistie comme à Pâques & à Noël. Le même rite à Vêpres comme à Pâques, la Procession aux Fonts en chantant le Pseaume *Laudate pueri*, & en revenant le Pseaume *In exitu*. Et encore le Lundi, le Mardi, le Mercredi, le Jeudi & le Vendredi de même. Et en effet ce doit être la même chose : car les deux Samedis de Pâques & de Pentecôte étoient consacrez au Baptême solennel des Catecuménes ; & pendant la Semaine après Vêpres on menoit les nouveaux Baptizez processionnellement aux Fonts du Baptême où ils avoient été regenerez, & là le Prêtre disoit une Oraison sur eux. Qu'on y prenne garde,

l'Oraison

l'Oraison *ad Fontes* est specialement pour eux.

Après l'Octave de la Pentecôte on y lisoit non seulement les Livres des Rois, mais encore ceux des Paralipomenes, comme autrefois à Rouen.

Le jour de Noel après Vêpres, le jour de saint Etienne & le jour de S. Jean l'Evangeliste, on faisoit des processions solennelles pour les Diacres, les Prêtres & les Enfans de chœur, comme autrefois à Rouen. Il y avoit aussi le lendemain à la Messe solennité pour eux. Les Enfans de chœur y avoient leur petit Evêque qui faisoit tout l'Office excepté à la Messe.

Au jour des saints Innocens on chante encore aujourd'hui à Vienne aussi-bien qu'à Lyon le *Te Deum*, le *Gloria in excelsis* & l'*Alleluia* avant l'Evangile, parce qu'autrefois les Chrétiens jeûnoient ce jour-là *more Quadragesimali*.

Le jour de la Purification après Prime, l'Archevêque ou l'Abbé de S. Pierre, revétu d'aube parée, d'amit, d'étole, de manipule & de chappe blanche, avec sa mître & sa crosse, précedé de ses Ministres, vient à l'Autel faire la Bénédiction des cierges, qu'il asperse & encense ; & les Sacristes vont distribuer au Clergé les cierges, qu'un chacun allume ; après quoi l'on fait la procession dans le Cloître.

Le jour de S. Marc il n'est point fait de mention ni de Litanies majeures ni de procession ; & l'on n'y en fait point encore en ce jour à Vienne, non plus qu'à Lyon.

Le second jour de Juin, fête de sainte Blandine & de ses compagnons martyrs, on faisoit une grande solennité à Vienne : elle s'appelloit *la Fête des Miracles*. On faisoit de grandes réjouissances dans des batteaux sur le Rhône. Le Clergé de l'Eglise de S. Severe, celui de la Cathedrale, les Moines, puis les Religieuses de saint André-le-haut, alloient tous en procession à l'Eglise de sainte Blandine, précedez de deux croix & suivis de tout le peuple. On y disoit la Messe des saints Martyrs; après l'Epître de laquelle on chantoit le Graduel, puis on lisoit leurs Actes en maniere d'Epître, tirez de l'Histoire Ecclesiastique d'Eusebe liv. 5. chap. 1. avec ce titre, *Lectio Libri Ecclesiastica Historiæ*. Et on le fait encore aujourd'hui; [ce qu'il faut observer, afin qu'on voye ici la pratique de ce qui est marqué dans S. Gregoire de Tours, que les Actes des Martyrs étoient récitez dans les Offices divins, & quelquefois même dans la Messe.] Après cette lecture de leurs Actes on chante l'*Alleluia* & la Prose, puis le Diacre lit l'Evangile.

Il y avoit trois differentes Messes de S. Jean-Baptiste en comptant celle de la Vigile. On disoit la seconde après Laudes, & la troisiéme après Tierce.

Le 30. Juin, au lieu de *Commemoratio S. Pauli*, il y a *Celebratio*, comme à Lyon *Celebritas*.

Le 1. Août on lisoit le Martyre des Maccabées après l'Epître de la grand'Messe; & on le lit encore aujourd'hui.

Le 8. Août Fête de S. Severe Prêtre de Vienne, l'Eglise Cathédrale alloit la nuit en procession à l'Eglise de S. Severe; *in ipsa nocte statio ad sanctum Severum*.

Le jour de S. Maurice, comme à Noel. Après les premieres Vêpres les Moines de S. André-le-bas viennent à l'Eglise Cathedrale chanter Matines, & ensuite les Moines de S. Pierre pareillement. Après Prime les processions doivent venir à l'Eglise matrice ; & à leur arrivée toutes les cloches doivent sonner. L'Archevêque revêtu de la chasuble & du *pallium*, après avoir encensé l'Autel au commencement de la Messe, va se placer dans sa chaire de marbre blanc derriere le grand Autel. Après la Prose l'Archevêque faisoit un Sermon au peuple, & donnoit l'Indulgence.

On trouve en d'autres monumens que dans le Diocese de Vienne jusqu'à l'an 1100. le Carême commençoit dès le Lundi de la Quinquagesime, que l'on appelle presentement par corruption le *Lundi gras* ; & non pas au Mercredi des Cendres, comme il fait à present : & c'est peutêtre de là qu'est venue dans quelques Communautez la pratique de faire maigre ces deux jours là.

On ne marioit autrefois personne à Vienne depuis les Rogations jusqu'à la Trinité.

Si un Chanoine quitte son Canonicat, il ne peut plus assister à l'Eglise Cathedrale comme honoraire ; au lieu que si c'étoit un Chanoine qui eût été autrefois Enfant de chœur, il auroit droit d'y assister toujours comme Chanoine, parce qu'il a été nourri & élevé *in gremio Ecclesia* ; & même étant pourvû d'un second Canonicat, il reprendroit son ancienne place, comme ayant toujours eu droit d'y assister & d'y garder son rang.

Si un pauvre mort à Vienne en véritable Chrétien, muni des Sacremens, a requis à l'article de la mort d'être enterré dans le petit Cimetiere du Cloître de l'Eglise Cathedrale, il y est enterré en la maniere qui suit. On sonne toutes les cloches de l'Eglise Cathedrale comme pour un Chanoine ; tous les Chanoines & tout le reste de leur Clergé, même l'Archevêque quand il est à la ville, étant précedez de la croix & des chandeliers d'argent, vont lever le corps & l'enterrer avec autant de ceremonies que si c'étoit un Chanoine, hors celles qui sont propres aux Prêtres. La deuxiéme semaine d'après Pâques on dit plusieurs Messes dans la Chapelle du Sepulcre pour ces pauvres défunts. C'est un exemple d'une insigne pieté & charité envers les pauvres ; [nous verrons encore ailleurs quelque chose d'approchant.]

Le Mercredi d'après le quatriéme Dimanche de Carême y est appellé *Feria quarta in scrutiniis*, & on fait encore l'examen des Catechumenes dans l'Eglise Cathedrale en ce jour-là, & au Jeudi-saint l'Office des Catechumenes.

Le Samedi-saint les Fideles emportent du feu nouveau beni dans leurs maisons.

Le Dimanche de *Quasi modo* y est appellé *Dominica in Albis depositis*.

Les Fêtes à neuf leçons en ont douze quand elles tombent au Dimanche, parce qu'alors on n'en fait qu'une de la huitiéme & de la neuviéme ; & pour neuviéme leçon on lit l'Evangile du Dimanche, & les trois leçons de l'Homelie se mettent en une. De même à beaucoup de Fêtes à trois leçons, il s'y en trouve cinq, même dans le tems Pascal ; car on y dit assez souvent les deux & trois leçons de l'Evangile en une ; encore y a t-il dans ce Breviaire des leçons fort longues, dont neanmoins on ne se plaint point à Vienne non plus qu'à Lyon.

Les Fêtes solennelles on ne lit point après Prime le Necrologe, & on n'y fait point les prieres accoutumées pour les défunts : on dit au lieu un verset qui convient au Mystere ou à la Fête.

Le premier Lundi de Carême & la Vigile de Noel dans l'Eglise Primatiale de Vienne, avant la grand'Messe on donne l'absolution à ceux qui ont transgressé les Statuts du Chapitre.

Aux trois Messes de Noel outre l'Epître on chante encore à present une Prophetie selon l'ancien usage de l'Eglise Gallicane, comme on faisoit à Rouen & à Orleans il n'y a pas cent cinquante ans ; mais elle se chante à Vienne après l'Epître.

Pendant l'Avent & depuis la Septuagésime jusqu'à Pâques (excepté les Fêtes) on se sert de couleur noire.

Le Dimanche des Rameaux on se sert de verd, & aux Messes du Jeudi & du Samedi saint, de blanc.

La Salle des Clementines.

A côté du Palais Archiepiscopal est la Salle des *Clementines*, du nom des Ordonnances qui y furent faites dans les assemblées des Peres du Concile General de Vienne qui s'y tint, & où Clement V. présida. Cette grande Salle a bien changé depuis de condition, puisqu'elle sert à serrer le foin d'une Auberge.

Eglise de S. Pierre de Vienne.

Sur le bord du Rhône est l'Eglise de S. Pierre, autrefois tres-célebre Abbaye de l'Ordre de saint Benoît, où l'on dit qu'il y a eu jusqu'à cinq cens Moines. C'est presentement une Eglise Collegiale de Chanoines, où il y a non seulement un Doyen & un Capiscol comme dans la Cathedrale, mais encore un Abbé.

Toute l'Eglise de S. Pierre & tout son enclos sont pleins d'Inscriptions & d'Epitaphes, tant d'illustres Chretiens que de Paiens : & il ne faut pas s'en étonner ; car ces derniers se faisoient enterrer le long des grands chemins hors des villes ;

& ce lieu-là étoit tel, le long du grand chemin d'Avignon; & l'Eglise étoit le lieu de la sepulture non seulement des Abbez de cet ancien Monastere, mais encore des illustres Archevêques de Vienne, entre lesquels sont S. Mamert restaurateur de la solennité des Rogations, & S. Adon auteur d'un Martyrologe & d'une Chronique, le saint & sçavant Alcime Avite, S. Hesichius, S. Domnin, & le bienheureux Burcard.

En cette Eglise qu'on peut appeller la terre des Saints, on n'enterre que les Archevêques de Vienne & les Abbez de S. Pierre; pas même les Chanoines, qui sont enterrez dans la Chapelle de sainte Barbe hors de cette Eglise.

Dans le Porche de l'Eglise de S. Pierre est enterrée Gisele ou Gislette femme de Hugues Comte de Vienne & d'Arles, Roi de Bourgogne & Empereur d'Italie; un certain Girard fort illustre nommé *Pere de la Ville de Vienne*, mort l'an 1050. & l'Abbé Guillaume mort en 1224. Tant étoit grand le respect qu'on avoit dès ce tems-là pour cette Eglise.

La Nef de cette Eglise est d'une belle architecture, & soutenue d'un double rang de colomnes. A l'entrée de la Nef il y a des deux côtez des Epitaphes & Inscriptions paiennes.

Auprès du grand Autel au côté gauche est le tombeau du saint Abbé Leonien, qui, selon son Epitaphe, aiant mené à Vienne durant plus de quarante années la vie de Reclus, attira par sa sainteté auprès de lui plusieurs Moines, & établit aussi à Vienne un Monastere de soixante Religieuses. On le croit le premier Abbé de S. Pierre de Vienne; & Adon le fait Instituteur ou Fondateur des Religieuses de S. André-le-haut.

S. Pierre de Vienne.

Vis-à-vis au côté droit de l'Autel est l'Epitaphe de S. Mamert Archevêque de Vienne, qui n'a rien de particulier, que ces paroles :

Hic triduanum solennibus Letaniis indixit jejunium ante diem quâ celebramus Domini Ascensum.

Il ne faut pas oublier ici que la table du grand Autel est de marbre blanc, un peu creusée ou vuidée par dessus, comme celle du grand Autel de saint Maurice de Vienne, & comme celles des Eglises de S. Jean & de S. Etienne de Lyon.

Derriere le grand Autel il y a aussi-bien que dans l'Eglise Cathedrale de S. Maurice, au milieu de la muraille au fond de l'Abside une Chaire de pierre belle comme du marbre blanc, élevée sur trois degrez, avec ce passage tiré du Pastoral de S. Gregoire : *Desinat locum docendi suscipere, qui nescit docere.* Terrible sentence pour les Pasteurs ignorans ! On n'en voit guére neanmoins pour cela qui refusent ces places, & encore moins qui les veuillent quitter.

Deux colonnes d'une fort belle pierre qui m'est inconnue, & d'une fort grande hauteur, soutiennent la voûte du Chœur, qui est ornée d'une tres-ancienne peinture.

Pyramide à la porte d'Avignon.

Hors la porte nommée d'Avignon, à quatre ou cinq cens pas de la ville, il y a une Pyramide fort ancienne, qui est sur une voûte quarrée soutenue sur quatre gros piliers qui sont chacun sur un soûbassement, & accompagnez de deux pilastres quarrez tant soit peu en relief, qui font une arcade de chaque côté avec des corniches. Ce premier ouvrage a bien vingt ou vingt-quatre pieds de hauteur. Quoique le milieu de la voûte soit tout plat, il soutient neanmoins la Pyramide quarrée, dont la pointe n'est pas parfaite ; elle a bien encore vingt-quatre ou vingt-cinq pieds le tout de pierres fort dures, fort grosses, fort grandes & sans aucun ciment. Il n'y a aucune Inscription : elle est au milieu d'un champ au long d'un petit ruisseau, environ à quatre-vingt pas du grand chemin. *Voyez la Figure 1.*

De là sans rentrer dans ville & allant le long des murailles, on voit au dessus de l'Eglise Cathedrale & du Palais Archiepiscopal, sur le penchant des deux côtés, de vieilles ruines & des restes d'Amphitheatres, de Bains & d'Aqueducs.

Ce quartier est appellé encore aujourd'hui *Rométang* ou *Romestang*, & en latin *Romanorum stagnum*, les Romains y ayant fait un reservoir d'eaux. On ne voit tout autour de là que des restes de leurs ouvrages, qui n'ont pas été faits sans une tres-grande dépense.

L'Hôpital est contigu au Palais Archiepiscopal, d'où il y a une porte de communication à cet Hôpital, fort commode pour un Archevêque dont la charité envers les pauvres est aussi grande que celle du grand Prelat qui gouverne aujourd'hui l'Eglise de Vienne.

LYON.

LYON, en latin *Lugdunum*, a été appellé autrefois *Augusta Sequanorum*, comme qui diroit, Ville principale des Bourguignons. C'est une des plus grandes & des plus célebres villes de France, sur le Rhône & la Saônè, *ad Rhodanum & Ararim*.

L'Eglise de saint Jean de Lyon.

Il y a une fontaine dans le Parvis qui est devant l'Eglise.

La Nef & le Chœur ont une voûte d'une égale hauteur ; mais celle qui est depuis le Chœur & audessus de l'Autel, & va finir en forme de conque ou coquille, c'est-à-dire l'Abside, est plus basse d'environ vingt-cinq pieds. Il ne laisse pas d'y avoir à l'un & à l'autre une galerie qui regne tout autour de l'Eglise. Il y a une aîle de chaque côté, & une seconde aîle où sont des Chapelles. La grande conque ou Abside termine de ce côté-là l'Eglise.

La croisée n'est ni entre la Nef & le Chœur, ni vis-à-vis l'espace d'entre le Chœur & le Sanctuaire ; mais vis-à-vis & au droit de la derniere arcade du Chœur en haut.

Dans la croisée qui est du côté de l'Evangile & proche la Sacristie, est la fameuse Horloge, dont il faut ici faire la description en peu de mots.

Un coq qui termine le dôme bat des aîles, & haussant le coû à la façon des coqs naturels, chante pour avertir que l'heure va sonner.

Aussitôt après, les Anges qui sont dans la frise du dôme sonnent sur les cloches le chant de l'hymne de S. Jean-Baptiste *Ut queant laxis*.

Durant cette harmonie un Ange ouvre la porte d'une chambre, & salue la Vierge ; & d'abord le lambris de cette chambre s'entr'ouvrant, le saint Esprit descend sur elle, & le Pere éternel étant plus haut & ayant donné sa bénédiction pour signifier qu'après le consentement de la Vierge le Mystere de l'Incarnation a été accompli, le saint Esprit retourne au ciel, le lambris se rejoint, l'Ange s'en va & ferme la porte, & le carillon étant fini, l'heure sonne.

Plus bas il y a une niche dans laquelle on voit chaque jour de la semaine differentes figures qui se succedent les unes aux autres à minuit.

Le Dimanche on y voit Jesus-Christ ressuscité, & audessous *Dominica*.

Le Lundi une Mort, & audessous *Feria secunda*.

Le Mardi S. Jean-Baptiste, & audessous *Feria tertia*.

Le Mercredi S. Etienne, & audessous *Feria quarta*.

Le Jeudi un Christ soutenant une hostie sur un calice, & audessous *Feria quinta*.

Le Vendredi un enfant qui embrasse une croix, & au dessous *Feria sexta*.

Le Samedi une Vierge, & audessous *Sabbatum*.

Plus bas on voit un grand Astrolabe qui represente tous les mouvemens des cieux, celui du soleil avec l'heure de son lever & de son coucher, le degré du signe avec lequel il se rencontre, la longueur des jours & des nuits, la durée du crépuscule du matin & du soir ; la lune, son croissant, sa plenitude, son déclin, aussi-bien que son quantiéme.

L'Alhidade qui traverse tout cet Astrolabe marque de ses extrémitez les vingt-quatre heures du jour, aussi bien que le mois & le jour courant.

Sous l'Astrolabe à hauteur d'homme il y a un Kalendrier qui dure soixante-six ans, & qui marque les années depuis la naissance de notre Seigneur, le Nombre d'or, l'Epacte, la Lettre Dominicale, les Fêtes mobiles : & tout cela change dans un moment le dernier jour de l'année à minuit, à ce qu'on assure.

S. Jean de Lyon.

Il y a auſſi un Almanach perpetuel qui marque le jour du mois, les Calendes, les Nones, les Ides, &c.

A la face du côté droit vers le Chœur il y a une aiguille d'une invention fort curieuſe. Elle a ſon mouvement dans une ellipſe ou grande ovale, marquant les ſoixante minutes & les quarts-d'heure, ſans paſſer jamais le bord de la figure, ni s'en éloigner: de ſorte qu'à meſure qu'elle parcourt l'ovale, elle ſe racourcit & s'allonge de chaque bout ſuivant l'inégalité des deux diametres.

Le Chœur eſt orné de marbre au dos des ſieges des Chanoines.

Le Jubé eſt de marbre, & eſt aſſez beau. On y chante les leçons des Matines, excepté aux Feries; & l'Evangile de la Meſſe ſeulement les Dimanches, les Fêtes doubles, les Vigiles, les Quatre-Tems, & pendant l'Avent & le Carême.

L'Epitre eſt chantée au Chœur à la troiſiéme chaiſe d'en haut du côté droit proche le Crucifix par le Soûdiacre aſſis & découvert. Aux Feries elle ſe lit au milieu du Chœur *quaſi in ſemitono Evangelii*.

Il n'y a ni pupitre, ni forme, ni aigle dans le Chœur de cette Egliſe, excepté le pupitre qu'on y met pour les leçons de Matines aux jours de Feries; car on y chante par cœur même les Capitules; & ſi l'Officiant ne les ſait pas par mémoire, il les a dans un papier ou petit Breviaire qu'il cache avec les manches de ſon ſurplis. Ils chantent deux notes & quelquefois trois ſur l'élévation de la médiation des Pſeaumes au 2. 3. 4. 5. 7. & 8ᵉ ton.

A la place où eſt ordinairement la Chaire Epiſcopale dans les Cathedrales, eſt la Chaiſe du

Doyen, feparée des autres par une petite porte qui fert à fortir quelquefois du Chœur quand on va en proceſſion ou faire ſtation à quelque Chapelle de ce côté-là : on fait tres-fouvent à Lyon de ces fortes de ſtations. M. l'Archevêque aſſiſtant à l'Office, le Doyen lui cede ſa place, & alors le Doyen prend celle de l'Archidiacre.

Entre le Chœur & le Sanctuaire au milieu eſt un chandelier à ſept branches appellé *Râtelier*, en latin *Raſtrum* ou *Raſtellarium*, compoſé de deux colonnes de cuivre hautes de ſix pieds, ſur lefquelles il y a une efpece de poûtre de cuivre de travers, avec quelques petits ornemens de corniches & de moulûres, ſur laquelle il y a ſept baſſins de cuivre avec ſept cierges qui brûlent aux Fêtes doubles de premiere & de feconde claſſe. *Voiez la Fig. II.*

Outre ce Râtelier il y a au Jubé trois Couronnes d'argent chargées de trois cierges chacune, & encore quelques autres cierges à Matines, que l'on éteint ſur la fin des Pſeaumes de Laudes, parce qu'il fait plus grand jour ; comme on fait dans nos Egliſes ſur la fin des Laudes des trois derniers jours de la Semaine ſainte : ainſi ce n'eſt point un myſtere ces trois jours-là.

Le grand Autel eſt ceint d'une baluſtrade de cuivre aſſez legere, haute de deux pieds ou deux pieds & demi ; & elle finit au niveau du derriere de l'Autel qui eſt large environ de cinq pieds. L'Autel, dont la table de marbre eſt un peu creuſée pardeſſus, eſt fort ſimple, orné feulement d'un parement pardevant, & d'un autre au retable d'audeſſus. Sur ce retable ſont deux croix aux deux côtez ; Scaliger dit qu'il n'y en avoit point de ſon tems. J'ai vû changer ces deux croix, qui étoient de bois, en croix de cuivre le 25. Juin

1696. Il y a un chandelier avec un cierge à côté de chacune ; ces deux chandeliers s'ôtent quand on y en met d'autres sur l'Autel aux Fêtes les plus solennelles de l'année. On ôte même le retable* quand l'Archevêque célebre la Messe le Jeudi-saint, à Pâques, à la Pentecôte & à Noël, afin qu'on le puisse voir dans sa Chaire Pontificale qui est simple & élevée sur quatre degrez au milieu & au fond de la coquille ou absíde. De là au niveau de l'Autel il y a au long du mur un grand rebord de pierre en demi cercle pour asseoir un grand nombre d'Officiers qui assistent l'Archevêque quand il célebre la Messe, sçavoir six Prêtres, sept Diacres, le Portecroix, le Portecrosse, les Aumôniers ; ce qui s'appelle en grec *Synthronos*, & en latin *Concessus*. Il y a aussi sept Soûdiacres & sept Portechandeliers, mais qui ne s'y asseient point avec les autres. *Voiez la figure de l'Autel & de l'Absíde avec le Trône Pontifical, Fig. III.*

Aux jours que l'Archevêque officie ; avant Matines, la grande Messe & Vêpres, les Chanoines Comtes en surplis précedez de deux Portechandeliers, le vont prendre dans son Hôtel Archiepiscopal, paré d'une chappe, & ses Portecroix & Portecrosse & ses Aumôniers pareillement revêtus de chappes. On le reconduit chez lui de la même maniere ; il n'y a point d'autres croix que la sienne.

Au bout de ce rebord de pierre en demi-cercle dont nous venons de parler, du côté de l'Epître, s'assied tous les jours le Prêtre célébrant, qui a à côté de lui un pupitre pour y lire l'Epître, & la tête nue ou couverte, s'il veut, hors le tems qu'il lit l'Evangile ; car de tout ce qui se chante au

* M. l'Archevêque a fait ôter depuis peu le retable tout-à-fait.

Chœur il ne lit à l'Autel que l'Introït & la Communion. Aux Fêtes doubles il a à sa droite la moitié des Prêtres assistans, puis le Diacre Chanoine couvert de sa mître, & la moitié des autres Diacres assistans. Les autres Prêtres & Diacres assistans sont de l'autre côté vis-à-vis. Les Soûdiacres ne sont jamais assis avec eux; mais ils sont derriere l'Autel, y faisant face pendant l'Epître, le Graduel & l'*Alleluia*. Si la Prose est longue, ils vont au Chœur avec les Portechandeliers.

Derriere le grand Autel & la balustrade de cuivre est un autre Autel plus petit sous le nom de S. Sperat, qui est contigu, (Autel titulaire des Perpetuels ou Semiprébendez Bénéficiers incorporez & titulaires de S Jean de Lyon) auquel Autel on dit tous les jours une Messe quelquefois basse, & quelquefois à haute voix.

Depuis cet Autel jusqu'au fond de la Conque ou Abside est un fort grand espace, au milieu duquel se met sur une espece de pulpitre la chappe pour l'Officiant, & à côté une grande poële pour le feu des encensemens.

L'encensoir est accroché dès le commencement de Vêpres au pilier droit du Ratelier, & la navette est au milieu de l'Autel. Le Thurifcraire qui doit être Soûdiacre & en aube & rabat, sans amit, prend l'encensoir en passant, va derriere l'Autel quitter son surplis qui est pardessus son aube; & quand même il seroit Comte, il met la chappe sur le dos de l'Officiant pendant que le Clerc de Sacristie, qui à la fin du dernier Pseaume a ouvert les portes du balustre aux deux côtez, met la braise dans l'encensoir.

Les Fêtes solennelles l'Archevêque, le Grand-Prêtre ou le Doyen avec leurs ministres vont se

S. Jean de Lyon.

revétir pour la Messe dans le Trésor au côté droit de la croisée.

Quand l'Archevêque officie à Pâques, à la Pentecôte & à Noël, il a avec lui à la grande Messe, outre ses Portecroix, Portecrosse & Aumôniers, six Prêtres assistans nommez communément *les Symmuses*, en latin *Symmistæ*, c'est-à-dire Concelebrans, sept Diacres, sept Soûdiacres & sept Portechandeliers. Des sept Diacres il y en a un Chanoine-Comte, & des sept Soûdiacres il y en a aussi un Chanoine-Comte, lesquels chantent l'Epître & l'Evangile. En l'absence de l'Evêque, c'est le Grand Prêtre, & non le Doyen, qui célebre avec le même nombre d'assistans, à la reserve des Portecroix & Portecrosse.

Les sept Portechandeliers sont du nombre des vingt-quatre Enfans de Chœur, dont douze sont nourris *in gremio & ex sumptibus Ecclesiæ*, & les douze autres ont seulement droit de leur succeder. Ils sont tondus de près, & non rasez; leur habit de chœur est un surplis sur leur soutane rouge; mais ceux qui servent à l'Autel sont en aubes.

Les Chanoines ont sur leur soutane un *surplis* ou *soupelis*, ainsi qu'on prononçoit autrefois, en latin *superpellicium*, & autrefois *subpellicium* & *suppellicium*, comme on le lit dans des livres d'Eglise manuscrits, *quasi sub pellibus*, parce qu'en effet le surplis se mettoit sous l'aumusse faite de peaux fourrées. Ce surplis a de longues manches closes, comme presque tous les Clercs les portoient autrefois, & les Chanoines de Lyon l'appellent un *Froc*. En hyver ils en portent un sans manches ou à manches étroites comme celles d'une aube, & ils l'appellent un *Frochon*, diminutif de froc. Sur ce surplis ou froc ils ont une fort grande aumusse sur les deux épaules, qui va jusqu'à la ceinture, & revient pardevant, où elle est attachée par une petite chainette à un crochet, afin de la tenir en état. Le capuchon de l'aumusse qu'ils ne mettent plus sur la tête, est derriere le coû, ayant cedé sa place au bonnet-quarré, de la maniere qu'il est representé dans la *Figure IV*.

Preuve qu'ils mettoient autrefois le capuchon de l'aumusse sur la tête, c'est qu'on voit aux vitres d'une Chapelle du côté de l'Horloge la figure d'un Chanoine Comte nommé Bernard de Montiou en robe rouge, le surplis jusqu'à mi-jambe, & l'aumusse sur la tête : on la croit du seiziéme siecle.

[Les anciens Chanoines Reguliers des Deux-Amans au Diocese de Rouen portoient pareillement l'aumusse sur la tête avant la Réforme de la Congregation de sainte Geneviéve.]

J'ai dit que les Chanoines de Lyon ont le bonnet-quarré en tête ; mais il en faut excepter les bas-formiers, même Chanoines-Comtes, qui aussi-bien que les autres Clercs & les Enfans de chœur autrement dits *Clergeons*, qui ont retenu les anciens usages, n'en portent point ; mais ils vont de chez eux à l'Eglise la tête nue, & s'en retournent chez eux de même : [marque qu'autrefois on prioit toujours à l'Eglise la tête découverte, selon le précepte de l'Apôtre, 1. *Cor.* XI. 4. Nous en trouvons une preuve dans le Sacramentaire de S. Gregoire de l'édition de Hugues Menard p. 38. *Nullus Clericus in ecclesia stat operto capite* [*nisi habeat infirmitatem*,] *ullo tempore.*

On comprend aisément qu'une aumusse aussi ample qu'est celle des Chanoines de Lyon, ne peut être que tres-incommode pendant les grandes chaleurs: aussi n'en portent-ils point depuis la Pentecôte

côte jufqu'à la Saint-Michel, faifon des grandes chaleurs. Lorfqu'il fait des chaleurs exceffives avant la Pentecôte, on quitte l'aumuffe plûtôt; mais cela ne fe fait point fans une déliberation Capitulaire. [C'eft cette même incommodité qui a fait defcendre aux autres Chanoines l'aumuffe de la tête fur le bras; comme nous avons vû il y a cinquante ans mettre en été la cafaque fur l'épaule ou fur le bras gauche. Nous verrons neanmoins encore ailleurs l'aumuffe fur les épaules & même fur la tête.]

Ils reprennent l'aumuffe à la Saint-Michel où le froid commence à fe faire fentir. Depuis le premier Dimanche de l'Avent à Matines jufqu'à Pâques ils ont fur leur frocon une chappe noire avec une bande rouge & une longue queue traînante, & ils laiffent aller cette queue lorfqu'ils paffent au milieu du Chœur, ou qu'ils font quelque fonction, & pardeffus cette chappe ils ont le grand capuchon ou camail pointu par bas, fous lequel ils ont en tête une efpece de bonnet fourré ou petit aumuffon qui leur couvre toute la tête & le front même.

Les Perpetuels qui ont une aumuffe fort peu differente de celle des Chanoines-Comtes, font affis avec eux aux hautes chaifes. En hyver au lieu du bonnet fourré des Chanoines ils ont fous leur capuchon un bonnet quarré qu'ils n'ôtent jamais à l'Office, pas même à l'élévation de l'Hoftie. On fait que ce n'étoit autrefois qu'une grande calotte, que les Enfans de chœur ont retenue en hyver.

Les Chanoines foit Comtes, foit Perpetuels, auffi-bien que les Enfans de chœur, lorfqu'ils arrivent à leurs places, font la revérence à l'Autel en pliant les genoux comme les femmes & comme les Enfans de chœur des Eglifes Cathedrales, ayant

D

leurs mains & même leurs bonnets quarrez cachez sous les manches de leurs surplis ou frocs, selon qu'il est expressément ordonné dans l'ancien Ordinaire de cette Eglise. C'est par une pareille reverence que les Ambassadeurs saluent le Roi de France, & les Cardinaux le Pape, quand ils entrent dans la Chapelle.

Il n'y a dans l'Eglise de S. Jean de Lyon ni Orgues ni Musique.

Les Dimanches avant la grande Messe on benit l'eau au benitier de la Nef proche le grand portail, les Ministres étant tout autour tous en aubes & en manipules, le Prêtre en chappe avec la mître en tête; le Diacre en aube & étole & la mître en tête, tient le sel dans une coquille; le Soudiacre en aube avec le manipule & la mître, porte la croix, & un Acolythe le livre. L'*Adjutorium* se dit à voix basse, les Exorcismes & les Oraisons à voix haute. On rentre dans le Chœur en chantant le *Miserere* & l'*Asperges me*. le Célébrant asperse l'Autel, la Croix, les Ministres, les Ecclesiastiques; après quoi le Diacre va asperser les Autels d'autour du Chœur, puis le peuple qu'il trouve en son chemin: ensuite on va au Cloître en silence; là le Célébrant asperse le puits qui est au milieu du preau, in *pratello*, comme on en voit en une infinité de Monasteres; il dit une oraison qui convient, monte au Refectoir où il benit non seulement le pain & le vin sur la table des Enfans de chœur, mais encore le feu & la marmite; & cependant le Chœur chante & attend le Célébrant dans le côté du Cloître qui est au midy. En retournant au Chœur, on fait dans la Nef une station, pendant laquelle un Acolythe asperse les Chapelles de la Nef & le peuple qu'il trouve en son chemin jusqu'à la Sacristie, où il remet le bénitier.

S. Jean de Lyon.

[Il faut observer ici qu'au lieu de *pietatis tuæ* RORE qui se trouve aujourd'hui dans nos Missels à la derniere Oraison de la Bénédiction de l'eau qui se fait les Dimanches, il y a dans le Missel de Lyon de l'an 1530. dans un Missel manuscrit d'Auxerre de 400. ans, dans ceux d'Orleans de 1504. de Rouen de 1516. de Vienne en Dauphiné de 1519. de Paris de 1557. & dans les Rituels de Paris de 1526. d'Orleans de 1581. de Chartres de 1604. & dans l'Ambrosien de Milan de 1687. *pietatis tuæ* MORE, c'est-à-dire *par votre bonté ordinaire* ; & c'est la véritable leçon, qui a bien plus de sens que *pietatis tuæ rore ; par la rosée de votre bonté.* Dans le Rituel de Milan il y est outre cela marqué que le Prêtre souffle sur le sel en disant *Exorcizo † te, creatura salis* ; & de même sur l'eau en disant, *Exorcizo te, creatura aquæ.*]

A la bénédiction des Fonts le Samedi-saint & la veille de la Pentecôte, le Célebrant, le Diacre & le Soûdiacre ont pareillement la mître en tête.

Ce sont les enfans de chœur qui mettent les nappes de l'Autel immédiatement avant la grande Messe.

Ce sont toujours de grands Chanoines qui font l'office de Diacre & de Soûdiacre au grand Autel ; on s'en passeroit plûtôt que d'y en admettre d'autres : marque que ces Messieurs ne tiennent pas ces fonctions au dessous d'eux.

Tous ceux du Clergé, même les Chanoines-Comtes, se levent toujours, & se tournent vers l'Autel au *Gloria Patri*, même des petites Heures, & chantent toujours tout droit & d'un ton égal ces mots *Patri & Filio & Spiritui*, tant à la Messe qu'aux autres Offices.

Quand il est double de premiere classe, le Doyen est assisté durant la Messe de deux Prêtres perpetuels revêtus de chafubles, qui fe tiennent contre l'Autel, un de chaque côté : de trois Diacres, dont l'un eft Chanoine-Comte ayant la mître en tête, & les deux autres fans mître ; & de trois Soûdiacres de même.

Le Chœur chante d'abord l'Introït d'un ton affez bas, puis hauffe de deux ou trois tons au *Gloria Patri*, pour avertir le Célébrant & fes Miniftres qu'il eft tems de partir du Reveftiaire. Alors ils fortent tous. Deux Portechandeliers revêtus d'aubes marchent les premiers après l'Huiffier Portemaffe ; après eux les deux Soûdiacres fubformaires ou de la feconde forme ; puis le Soûdiacre Chanoine-Comte la mître en tête, même en prefence du faint Sacrement expofé fur l'Autel, vont à la porte du haut du Chœur, & font là tous enfemble une inclination de tête à l'Autel ; puis les deux Ceroferaires pofent leurs chandeliers *in plano*, au haut du Chœur vers la troifiéme ftalle de chaque côté, & les trois Soûdiacres vont auffitôt fe placer au bas du Chœur au fecond rang des ftalles proche le Crucifix ; la Soûdiacre Chanoine-Comte à la premiere place du côté droit, & un Soûdiacre à fon côté à la feconde place, & l'autre de l'autre côté à la premiere place, ayant auparavant fait une reverence après y être arrivez.

Cependant le Célébrant ayant à fon côté droit le Diacre Chanoine (qui en cette feule occafion femble être en quelque maniere audeffus des Prêtres affiftans qui font toujours vers les cornes de l'Autel) enfuite un Prêtre & un Diacre revêtus, & de l'autre côté de même un Prêtre & un Diacre, fait l'entrée de l'Autel, & ils difent reciproquement le *Confiteor* &c. fur une longue planche appellée *le grand ais*, éloignée de deux pas de la baluftrade de l'Autel.

Le Célebrant entre enfuite avec les deux Prêtres dans le Sanctuaire, baife le milieu de l'Autel, & les Prêtres chacun leur coin ; enfuite le Diacre-Comte va au coin de l'Autel le baifer du côté de l'Evangile, puis par derriere l'Autel revient à fa place, les Diacres revétus étant avec lui fur cette planche en diftance égale l'un de l'autre.

Auffitôt les deux Ceroferaires vont au bout des ftalles proche le Crucifix audeffous des Soûdiacres tournez l'un vers l'autre jufqu'au commencement du *Gloria in excelfis*, (qui eft chanté tout entier par les deux chœurs enfemble ;) alors ils vont querir leurs chandeliers, & les tiennent levez au bout du Chœur proche des Soûdiacres durant les Oraifons jufqu'au *Per Dominum* qu'ils les portent auprès du Ratelier ou Chandelier à fept branches.

Le Soûdiacre-Comte part de fa place du Chœur au dernier *Kyrie*, & va jufqu'à la porte qui eft au haut du Chœur, ayant toujours la mître en tête & les mains jointes les doigts l'un dans l'autre. A cette porte il falue d'une inclination de tête l'Autel, puis étant à côté du Ratelier ou Chandelier à fept branches il ôte fa mître ; & à côté de l'Autel il fait une inclination ; ou fi le faint Sacrement y eft, une reverence ; puis il va prendre au coin de l'Autel le livre des Epîtres, qu'il porte derriere l'Autel.

Le Soûdiacre-Comte étant forti de fa place du Chœur, le Soûdiacre voifin qui eft de fon côté remplit auffitôt cette place vuide, & s'il y en a encore un fecond du même côté, (comme au jour de S. Jean-Baptifte,) il reprend la feconde place, afin d'être uniformes avec ceux de l'autre côté. Ils partent de-là après le *fufcipe deprecationem noftram* du *Gloria in excelfis*, & obfervant les mêmes inclinations & reverences que le Soûdiacre-Comte, ils le vont rejoindre derriere l'Autel.

Toutes les fois que le Célebrant se tourne vers le peuple pour dire *Dominus vobiscum*, les Diacres qui sont sur le grand ais se tournent de même, & saluent le peuple.

Au commencement de l'Oraison le Soûdiacre Chanoine part nue tête pour aller chanter l'Epître à la troisiéme stalle levée du premier rang d'en haut du Chœur du côté droit ; étant assis sur la misericorde*, il lit l'Epître d'un ton mediocre plûtôt qu'il ne la chante.

L'Oraison finie, le Célebrant va s'asseoir avec ses Prêtres assistans & ses Diacres, moitié de chaque côté, & lit l'Epître &c. sur un petit pulpitre de fer qui est à côté de lui.

Les deux Enfans de chœur après l'Oraison ayant mis bas leurs chandeliers au pied du Ratelier, vont à l'Autel querir les tablettes d'argent où sont enchassez le Graduel & l'*Alleluia* sur du velin, & les vont présenter à un Chanoine & à trois Perpetuels qui viennent de se placer aux premieres hautes chaises du côté droit proche le Crucifix au côté de l'Epître, & qui étant appuyez sur leurs stalles chantent le Graduel, & ensuite cedent leurs places à quatre autres, ausquels ils donnent ces deux tablettes pour chanter l'*Alleluia* & le Verset ; [& c'est ce qu'ils appellent chanter *per rotulos* ;] après quoi ils vont reprendre leurs places au Chœur. Le Précenteur est à la premiere place du côté de l'Epître ; & le Chantre à la premiere place du côté de

---

* La misericorde est une plaque de bois grande comme les deux mains, sur laquelle les Chanoines & les Chantres sont appuyez durant le chant des Pseaumes & des Hymnes, & sont censez être debout.

l'Evangile proche le Crucifix, ayant leurs bâtons d'argent à côté d'eux.

L'Epître chantée, le Soûdiacre-Chanoine revient en saluant l'Autel au haut du Chœur, passe sans façon & sans ceremonie devant le côté de l'Autel & devant le Célebrant, va droit porter son livre au Diacre-Comte, qui est assis audessous des Prêtres assistans, & lui fait une reverence en lui donnant son livre dont il doit aussi se servir pour l'Evangile. Puis le Soudiacre prend le livre du Célebrant sur l'Autel, & le va porter par derriere à l'autre côté de l'Autel, c'est-à-dire au côté de l'Evangile ; ensuite il retourne derriere l'Autel, & vient avec ses deux ou quatre Soûdiacres assistans, s'asseoir comme au commencement de la Messe, au bas du Chœur proche le Crucifix. Sur la fin de la Prose les Soûdiacres partent du bas du Chœur, & reviennent derriere l'Autel, où le Soûdiacre d'office ayant pris un coussin, un Diacre assistant l'encensoir & la navette, & le Célebrant y ayant mis de l'encens & l'ayant beni, le Diacre seulement incliné demande la bénédiction au Célebrant ; & ils vont au Jubé en cet ordre : Le Portemasse, les deux Portechandeliers, le Soûdiacre d'office tenant un coussin devant sa poitrine, un des Diacres assistans tenant l'encensoir, puis le Diacre tenant le livre des Evangiles, que personne lorsqu'il passe ne salue. Ils montent au Jubé ; là le Soûdiacre regarde le Diacre en face, puis après ces mots, *Sequentia sancti Evangelii secundùm N.* le Diacre se tourne avec tout le Chœur vers l'Autel, & fait comme le Célebrant un triple signe de croix. On n'encense point le livre ni avant ni après, mais seulement le grand Crucifix du Jubé est encensé de trois coups avant l'Evangile, & de trois coups pareillement après par le Diacre assistant qui tient l'encensoir.

Le Célebrant cependant retourne à l'Autel, & commence le *Credo*, qui est chanté tout entier par les deux Chœurs ensemble, aussi-bien que le *Gloria in excelsis*, comme parmi les Chartreux, & non alternativement comme presque par tout ailleurs : il est bien juste de chanter sa profession de foi entiere, & non à demi.

Pendant le chant du Symbole les deux Ceroferaires & un Soûdiacre thuriferaire précedans le Soûdiacre d'office qui tient le livre des Evangiles fermé sur ce coussin dont les deux houppes servent à contenir le livre, marchent devant le Diacre qui a les deux mains jointes, les doigts les uns entre les autres. Etant arrivez à la porte du haut du Chœur, ils saluent l'Autel par une inclination de tête, ou comme ils disent, par un *à vobis* : puis les Ceroferaires ayant posé leurs chandeliers à terre auprès du Ratelier, le Thuriferaire, le Soûdiacre & le Diacre vont proche l'Autel & y font la reverence ; le Thuriferaire va derriere l'Autel, le Diacre va à sa place au milieu du grand ais, & le Soûdiacre présente *in cornu Epistola* le livre des Evangiles fermé à baiser au Célebrant, & de-là aux Chanoines & aux Perpetuels des hautes chaises seulement, en disant à chacun d'eux : *Hæc sunt verba sancti Evangelii* ; & faisant la reverence après à chaque Dignitaire.

Après le *Credo* & l'*Oremus* de l'Offertoire, les deux Ceroferaires donnent à laver pour la premiere fois au Célebrant, l'un tient le bassin & la burette, & l'autre la serviette grande comme celles dont on se sert d'ordinaire à table : cependant le Chœur chante l'Offertoire avec plusieurs versets d'un Pseaume sur un plein-chant composé.

Si le Soûdiacre n'est pas encore revenu du Chœur où il est allé porter le livre des Evangiles à baiser, un autre Soûdiacre au lieu de lui, présente au côté de l'Autel le calice & la patene tout préparez au Diacre, qui les présente au Célebrant, sans soutenir le calice ; & après qu'il les a offerts tous deux ensemble par une seule Oraison, [comme parmi les Chartreux, les Carmes & les Jacobins,] il pose l'Hostie sur le corporal, & de l'autre partie du corporal il en couvre le calice, comme les Chartreux, qui disent la Messe à peu près comme à Lyon. Il paroît par un Missel d'Orleans de l'an 1504. qu'on y offroit aussi *per unum* l'hostie & le calice, & qu'on le couvroit du corporal.

Ensuite le Célebrant met l'encens dans l'encensoir, & l'ayant beni, il encense la croix de trois coups, & ensuite tout l'Autel comme on fait d'ordinaire dans les autres Eglises ; puis ayant rendu l'encensoir au Diacre, il est encensé de deux coups. De-là le Diacre encense tout autour de l'Autel, hors neanmoins de la balustrade ; & lorsqu'il passe au milieu de l'Autel devant & derriere, il encense de trois coups, comme chez les Chartreux. Les deux Porte-cierges donnent encore à laver au Prêtre au *Lavabo*, comme ailleurs : puis le Diacre revient à sa place ordinaire sur le grand ais hors du balustre, en faisant là avec les autres Diacres une reverence à l'Autel.

Les Prêtres assistans sont toujours aux carnes ou quatre coins & tout proche de l'Autel jusqu'à la fin de la Messe.

Le Soûdiacre Chanoine revenu du Chœur, en observant l'inclination lorsqu'il passe au haut du Chœur & la reverence à côté de l'Autel, va querir le calice, qu'il présente au Diacre. Que si cela est déja fait, il va derriere l'Autel, & se range avec les autres Soûdiacres.

Au *Sanctus* ce Soûdiacre-Chanoine vient prendre la patene, la couvre de la moitié de son manipule, & retourne derriere l'Autel : les deux Ceroferaires apportent chacun un flambeau devant l'Autel, toutefois hors des balustres. Tous les autres petits Clergeons assemblez au milieu du Chœur chantent seuls la strophe, *O salutaris hostia*, toute entiere ; ce qui est assez nouveau.

Quand le Célebrant est prêt de consacrer, le Soûdiacre-Chanoine vient à côté de l'Autel *ex parte Epistola*, pour adorer le saint Sacrement, le Diacre-Comte entre dans le Sanctuaire, & s'étant agenouillé au milieu du degré tient à deux mains la chasuble par les deux côtez, & l'éleve aux deux élévations de l'hostie & du calice : après quoi il se retire à sa place devant le milieu de l'Autel hors de la balustrade, & le Soûdiacre retourne derriere l'Autel.

Le Célebrant ne fait point l'élévation de l'Hostie & du Calice ensemble à *omnis honor & gloria* : mais à ces paroles, *sicut in cœlo*, il l'éleve ; & à *& in terra*, il l'abaisse, conformément au sens de ces mots ; [à Langres c'est à *panem nostrum &c.*] élevant le Calice & l'Hostie dessus, & aussitôt après les avoir remis sur le corporal, faisant une reverence : & le Chœur ayant répondu, *sed libera nos à malo*, le Célebrant chante comme à Milan le *Libera nos, quæsumus Domine, &c.* à peu près sur le chant du *Pater*. Au commencement de cette oraison le Soûdiacre-Chanoine vient au côté droit de l'Autel, & fait voir la patene au peuple pour signal de la communion ; puis aussitôt le Diacre entrant dans le

Sanctuaire, la prend, & la présente au Célébrant à *intercedente beatâ.* Au *da propitius pacem* le Célebrant baise la patene.

[Si c'est l'Archevêque qui célebre la Messe aux grandes Fêtes, il donne la bénédiction solennelle avant l'*Agnus Dei.*]

A l'*Agnus Dei* le Célebrant baise l'instrument de paix qui lui est présenté par le Diacre, qui seul le baise ensuite. Le Prêtre dit *Pax tecum.* Le Diacre répond, *Et cum spiritu tuo.*

On voit par l'Ordinaire manuscrit de l'Eglise de S. Paul de Lyon, qui a environ quatre cens ans, que le Diacre donnoit encore le baiser de paix aux deux Chantres, puis tous les Ecclesiastiques les uns aux autres, & enfin tous les Fideles.

Le Diacre ayant fait la reverence à l'Autel, passe par derriere, & va avec le Soûdiacre à sa gauche du côté de l'Evangile, immédiatement audessous de l'Autel & des Prêtres assistans, hors des balustres, pour être presens à la communion du Prêtre, qui communie *per unum*, c'est-à-dire sous une seule formule ou priere.

On chante aux Fêtes solennelles la Communion avec un verset d'un Pseaume, & le *Gloria Patri*, avec repetition de l'Antienne de la Communion en deux parties ; finissant ainsi le chant de la Messe comme on l'a commencée, c'est-à-dire, selon le rite de l'Introït.

Aussitôt que le Prêtre a communié, le Soûdiacre entre dans le Sanctuaire par le côté gauche, monte à l'Autel, baise l'épaule du Célebrant, puis prend le livre & le coussin, & reporte l'un & l'autre par derriere l'Autel au côté droit. Cependant le Diacre entre dans le Sanctuaire, monte à l'Autel, prend le corporal qu'il plie pendant que le Prêtre purifie le calice ; & aux Fêtes semidoubles & simples & aux Feries ayant mis la patene dessus, le donne couché au Diacre en baisant le nœud ou la pomme du milieu ; le Soûdiacre en le recevant en fait autant, & les reporte sur le petit Autel de saint Sperat, qui tient par derriere au grand Autel. On ne s'y sert point de voile sur le calice ni de palle, non plus qu'aux Chartreux. Le Soûdiacre-Chanoine & les autres Soûdiacres revétus se préparent pour retourner au Revestiaire ou *Revétoire*, comme ils l'appellent à Lyon, précedez des Ceroferaires, & suivis des Diacres & Prêtres au même ordre qu'ils sont venus. On n'y dit point à l'Autel de dernier Evangile.

Le saint Sacrement n'est point gardé dans l'Eglise de saint Jean de Lyon ; & il n'y est jamais exposé qu'au jour de la Fête-Dieu, en celui de la Nativité de S. Jean-Baptiste, & en celui de sa Decollation, depuis sept heures du matin jusqu'à six heures du soir, qu'on va le resserrer dans l'Eglise de Sainte-Croix.

[L'Eglise de S. Etienne est entre les deux, & est contigüe à l'une & à l'autre ; ainsi on entre *ex templo in templum*. On assure que cette Eglise de saint Etienne, qui est bien plus petite que les deux autres, étoit anciennement la Cathedrale : & ce fut à cette Eglise que saint Remi Archevêque de Lyon donna dans le neuviéme siecle un autel de marbre, qui est la pierre du grand Autel de saint Etienne, qui est creusée comme le Lavatoire ou table de marbre qui est dans le Chapitre, sur laquelle on lavoit autrefois les corps des Chanoines après leur mort avant que de les ensevelir. Cette pierre Lavatoire est creusée de trois pouces avec un petit trou à l'un des coins : nous verrons encore la même chose ailleurs.

Dans ces trois Eglises contigües de S. Jean, de S. Etienne & de Sainte-Croix, on dit tout l'Office au son des mêmes cloches, & à mêmes heures, sinon qu'à Saint-Etienne on ne commence Matines que lorsqu'on en est dans la Cathedrale de S. Jean au verset *Hodie si vocem ejus audieritis*, où celui qui chante l'Invitatoire éleve sa voix plus haut. Et dans l'Eglise de Sainte-Croix on ne commence pareillement Matines que lorsqu'on en est dans l'Eglise de S. Etienne au verset *Hodie si vocem*, chanté plus haut que les précedens. Et cela afin que si un Chanoine n'est pas venu assez tôt à S. Jean, il puisse aller à S. Etienne ou à Sainte-Croix : & alors en prenant attestation du *Magister* de Saint Etienne ou de Sainte-Croix, il gagne la distribution comme s'il avoit assisté à S. Jean, même dans le tems de sa résidence rigoureuse pour gagner les gros fruits. [Il pourroit même, s'il se trouvoit dans le quartier de S. Just, de S. Paul ou de S. Nizier, assister à l'Office dans une de ces Eglises Collegiales en habit de Chœur, & gagner la distribution de l'Eglise Cathedrale de S. Jean, comme s'il avoit assisté à S. Jean même. Les Chanoines de ces trois Eglises ont respectivement le même droit & le même pouvoir. Ils vont même en corps aux cinq ou six plus grandes Fêtes de l'année assister à la grande Messe de l'Eglise Cathedrale, & y restent les uns jusqu'après l'Evangile, ou jusqu'à la fin de la Messe des Catechumenes, les autres jusqu'à la communion du Prêtre.]

Aux doubles de premiere classe, l'Invitatoire, le Pseaume *Venite exultemus Domino*. & les versets des Répons de Matines ne sont chantez que par un Chanoine ou un Perpetuel en sa place : & en ces jours-là on ne chante point les petites Heures, pas même Complies, [à moins que ce ne soit pour donner le loisir de se revêtir pour quelque cérémonie, comme d'un Salut du saint Sacrement qui se diroit ensuite ;] chacun les dit en son particulier hors du Chœur.

A Laudes & à Vêpres les Enfans de chœur aussi-bien que ceux de l'Eglise de Vienne, imposent les deux ou trois premiers mots des Antiennes, ensorte que cela fasse un sens ; & des Perpetuels ou des Chanoines, selon les Fêtes, imposent les Pseaumes.

A *Magnificat* l'Officiant encense l'Autel comme à l'Offertoire de la Messe, puis tout autour de l'Autel hors l'enceinte de la balustrade jusques vis-à-vis du siege qu'il occupe à la Messe : après quoi il va ôter sa chappe derriere l'Autel, & revient se placer au haut du Chœur dans une des deux places de son côté, ayant le dos tourné à l'Autel.

Le Soûdiacre Thuriferaire après avoir encensé le Crucifix au Jubé, les Dignitez & le Chœur, va prendre derriere l'Autel le Collectaire ou le livre des Oraisons, il l'apporte à l'Officiant qui est au milieu du Chœur, en faisant une inclination au haut du Chœur avec un autre Chanoine (ou Perpetuel selon les Fêtes,) qui ayant détaché un cierge du Ratelier, va avec le porteur de Collectaire proche l'Officiant, qu'ils saluent tous deux par une reverence *conversi ad invicem*: puis le porte-cierge met sa main droite entre l'Officiant & le cierge, afin d'en faire réflechir toute la lumiere sur le livre. L'Oraison étant finie, ils baisent chacun de son côté le Prêtre à l'épaule, (*ad scapulas*, comme il est marqué dans les anciens Ordinaires,) & ayant fait une reverence, ils vont tous deux derriere l'Autel s'il n'y a point de Procession : s'il y en a, le porteur de Collectaire se range du côté droit contre le rebord ou banc d'en bas. Tous les Enfans de chœur ou Clergeons assemblez comme en peloton derriere l'Officiant chantent le *Benedicamus Domino*, & le Chœur ayant répondu *Deo gratias*. la Procession va sans croix ni chandeliers faire station *ad sanctum Stephanum*, ou à Sainte-Croix, ou à quelque Chapelle de leur grande Eglise.

Les jours de jeûne les Enfans de chœur sont prosternez aux prieres la tête nue contre terre au milieu du Chœur derriere le Semainier, qui dit là l'Oraison à genoux sur un Prie-Dieu.

La Passion se chante sans aucun chant particulier & comme un autre Evangile, de même qu'autrefois à Rouen.

Les Tenebres se disent à l'heure ordinaire de Matines, les Lamentations s'y chantent sans *Aleph, Beth, Ghimel*, de même qu'à Vienne, à Orleans, à Clugny, &c.

Les Enfans de chœur chantent les Propheties le Samedi-saint avec un manipule à la main gauche, c'est-à-dire entre leurs doigts. C'étoit originairement leur mouchoir qu'ils tenoient tout prêt pour s'en servir au besoin en lisant ces Leçons qui sont fort longues.

Aux jours du saint Sacrement & de S. Jean-Baptiste, après un Salut & la benediction donnée, l'Officiant revêtu de chappe reporte processionellement le saint Sacrement dans l'Eglise Paroissiale de Sainte-Croix, précedé du Soûdiacre Chanoine-Comte ayant la mître en tête, & de petits orfrois de tunique sur son aube ; des Enfans de chœur, & de tout le Clergé ; ayant à ses côtez deux Perpetuels qui tiennent les bouts de l'écharpe sur laquelle M. le Doyen porte le Soleil, & un Aumônier derriere qui porte la mître de M. le Doyen, qui l'a en tête en revenant avec la Procession en même ordre, sans rien chanter. [Il n'y a point de Diacre en cette Procession.]

Les jours de Communion generale cinq ou six Prêtres portent plusieurs hosties à l'Offrande ; on ne dit qu'une fois l'*Agnus Dei* ; & on chante le *Venite populi* à la Communion.

Les trois principales Fêtes de l'année, sçavoir Noël, Pâques & la Pentecôte, ausquelles tous les Fideles étoient obligez de recevoir la sainte Communion selon le Decret du Concile d'Agde, canon 18. du Concile d'Elvire en Espagne, & du troisiéme de Tours sous Charlemagne, can. 50. les Chantres après l'*Agnus Dei* invitent encore à present par une Antienne les Fideles de venir à la sainte Table pour y recevoir la sainte Eucharistie. Voici cette Antienne qu'on peut appeller Invitatoire *ad Eucharistiam*, & qui est appellée *Transitorium* dans un Missel de Milan de 1669.

Venite populi ad sacrum immortale mysterium & libamen agendum : cum timore & fide accedamus ; manibus mundis pœnitentiæ munus communicemus ; quoniam Agnus Dei propter nos Patri sacrificium propositum est. Ipsum solum adoremus, ipsum glorificemus cum Angelis clamantes, Alleluia.

Dans un ancien Missel de Lyon de l'an 1530. il n'est point marqué que le Prêtre posât les mains sur l'Hostie & le Calice en disant, *Hanc igitur oblationem*, ni dans trois Missels des Eglises d'Angleterre & d'Ecosse, avant qu'elles se fussent separées de l'Eglise Catholique, ni dans les anciens Interpretes des Offices divins, qui marquent au contraire que le Prêtre étoit incliné *usque ad altare*, en disant *Hanc igitur oblationem*.

Il n'y a qu'une seule fois l'*Agnus Dei*, & point de *Domine non sum dignus*.

La Communion du Prêtre y est, comme elle s'y pratique encore aujourd'hui, *per unum*, comme ils disent, c'est-à-dire, sous une seule formule ou oraison : la voici : *Corpus Domini nostri Jesu-Christi & sanguis ejusdem custodiat me & perducat in vitam æternam. Amen.*

L'Ablution est telle : *Quod ore sumpsimus, Domine, pura mente capiamus, ut de corpore & de sanguine Domini nostri Jesu-Christi fiat nobis remedium sempiternum in vitam æternam. Amen.* Au lieu de *de corpore & de sanguine Domini*, on a mis *de munere temporali* à la place. [Dans tous les Missels de Rouen imprimez au seiziéme siecle on y lit, *de corpore & de sanguine Domini*, comme nous le verrons.

L'Office de l'Eglise de Lyon est fort long, tant pour le chant que pour les leçons, dont quelquefois de trois on n'en fait qu'une.

Les principales Fêtes, les neuf jours avant Noël, le premier Dimanche de Carême &c. on y triomphe l'Antienne de *Magnificat*, c'est-à-dire qu'elle y est entremêlée à chaque verset.

On y chante l'*Alleluia* jusqu'à la fin des Laudes de la Septuagésime : de sorte que *Laus tibi Domine* n'en prend la place qu'à Prime. Cet *Alleluia* ou *Laus tibi Domine* sert d'Antiennes aux petites Heures à Lyon comme à Vienne. On y dit toujours les petites Heures séparément ; Prime à sept heures du matin, la grande Messe entre Tierce & Sexte ; None à deux heures après midi, & Vêpres à trois heures.

On dit le *Te Deum* tous les Dimanches de l'Avent & du Carême ; & il se dit de même dans toutes les Eglises Monastiques qui suivent la Regle de saint Benoît.

La Toussaints n'a point d'Octave, ni aucune Fête qui arrive en Carême.

On ne dit point encore à present l'Office *de Beata in Sabbato* dans l'Eglise de saint Jean de Lyon ; [& on n'a commencé à le recevoir à Paris qu'en 1608.]

A toutes les Feries de l'Avent, du Carême, des Vigiles & des Quatre-Tems, on dit les grandes prieres aux grandes & aux petites Heures.

On n'y commence, comme à Milan, que le premier Lundi de Carême à dire Vêpres *ante comestionem*, avant le repas, avec certaines prieres & Litanies qu'ils disent pendant le Carême : ce qui est encore un reste de la plus ancienne institution du jeûne, avant qu'on y eût ajoûté vers le neuviéme ou le dixiéme siecle les quatre premiers jours.

On chante encore à Lyon l'*Alleluia* à la fin de tous les versets du cinquiéme Pseaume de Laudes le premier Samedi de Carême : & on le chantoit même encore le premier Dimanche de Carême dans l'Eglise Gallicane, comme on le peut voir dans la Liturgie Gallicane de Dom Jean Mabillon, pag. 124. Aussi n'étoit-ce anciennement que le lendemain Lundi que commençoient les longues prieres & le jeûne du Carême.

En Carême le Diacre & le Soûdiacre sont revêtus d'une chasuble comme celle du Prêtre, c'est-à-dire de même forme.

Aux Fêtes à neuf leçons pendant le Carême ils ne disent Vêpres que l'après-midi.

Le Mercredi des Cendres & le Vendredi-saint au matin il y a des verges exposées sur un prie-Dieu au bas de la Nef proche le grand portail de l'Egli-

S. Jean de Lyon.

se Cathedrale, desquelles (à ce que dit un savant Rubricaire * de cette Eglise) l'Archevêque se servoit autrefois à frapper sur la tête des pénitens publics ; & c'étoit apparemment pour leur marquer aussi que ce sont les armes dont ils doivent se servir contre eux mêmes pour expier leurs crimes, comme de la cendre qui leur est imposée, [& du Cilice qui est encore porté en ce jour à Rouen par le Diacre au bout d'un bâton ou d'une canne à la procession que l'on fait *in expulsione pœnitentium*, pour chasser de l'Eglise les pénitens publics ;] suivant ce que dit Guillaume de Mande *Rational. div. Offic. lib.* 7 *cap.* 35 *Cinis & cilicium sunt arma pœnitentium* ; la cendre & le cilice sont les armes dont se doivent servir les pénitens.

Depuis le Dimanche de la Passion, à commencer dès les Vêpres du Samedi précedent, jusqu'aux Vêpres du Samedi-saint (excepté le Dimanche des Rameaux) on chante d'un ton un peu plus bas que d'ordinaire.

Le Samedi-saint les Fideles emportent du feu nouveau chez eux pour allumer leur foyer. *Extinguatur totus ignis existens in ecclesia,* dit le Missel de Lyon de 1530. *& recipiatur ignis novus ; & si aliquis voluerit portare ignem benedictum pro ponendo in foco suo vel alibi, prout ei bonum videbitur, honeste portet.*

La veille de Pâques & de la Pentecôte l'*Accendite* pour allumer les cierges, est chanté par les deux Chantres avant que de commencer le *Kyrie eleison* pour la Messe.

On ne fait point à Lyon non plus qu'à Vienne de Procession de la Litanie majeure le jour de saint Marc.

* M. de la Poippe à present Evêque de Poitiers.

Les trois jours des Rogations l'Officiant, le Diacre, le Soûdiacre, l'Enfant qui porte le rôle des Litanies, le Porte-banniere & les Porte-croix, tant de l'Eglise Cathedrale que des Collegiales de Chanoines, vont nuds pieds à la Procession. Outre cela l'Officiant a en main un bâton pour s'appuyer, & un capuchon qui lui cache toute la tête.

Parmi des Statuts Capitulaires de cette illustre Eglise faits l'an 1251. outre l'obligation commune de resider, on trouve

Que les revenus du Canonicat de celui qui le quitte ou qui meurt, sont partagez entre les autres Chanoines.

Qu'on ne peut posseder deux personats.

Que tous les Prêtres tant Chanoines qu'autres, s'assoieront au rang d'en haut, & les Chanoines Diacres pareillement.

Que nul ne sera admis au Chœur s'il n'est né de legitime mariage.

Depuis le premier coup de Matines jusqu'après la grande Messe, & après Sexte [qui y est appellée *hora meridiana*,] & depuis le second coup de None jusqu'à ce qu'on soit sorti après Complies, il leur est défendu de passer devant l'Eglise qu'en habit de Chœur, de rester dans le parvis ou en d'autres places autour de l'Eglise, si ce n'est qu'on passât à cheval pour aller à la campagne. Au dernier coup de chaque Heure ou Office nul ne doit s'asseoir devant l'Eglise ou devant le Chœur; & pendant qu'on chante au Chœur, nul ne doit être assis ni debout devant l'Eglise. Lorsque l'Office divin est achevé, & que l'on sort de l'Eglise, ceux qui n'y ont point assisté ne doivent paroître ni debout ni assis ni en aucune autre maniere dans l'Eglise, ni dans tous les lieux voisins, ni aux fenêtres de leurs maisons. De même s'ils n'assistent pas à la procession, qu'ils se donnent bien de garde d'être vûs de leurs confreres, lorsque la procession va ou revient.

Et deslors que la nuit est venue, qu'aucun d'eux ne demeure dans une maison de laïque ou devant sa porte, & qu'il ne paroisse plus dans les rues, à moins qu'il ne fust à cheval, & encore accompagné de quelqu'un.

Que ceux qui contreviendront à ces reglemens, ne soient reçus qu'après avoir fait satisfaction dans le Chœur & dans le Refectoir.

Que si quelqu'un à un jour de Fête est sorti hors la ville, il n'entrera point ce jour-là ni dans l'Eglise, ni dans le Cloître, & n'aura aucune part ce même jour-là ni aux distributions ni au Refectoir.

Que si à un jour de Fête il est à la ville, & qu'il n'assiste point à Matines; outre qu'il lui est défendu d'aller ce jour-là dans le Cloître, de sortir en public, & de paroître aux fenêtres, il perd sa distribution qui sera appliquée à l'aumône.

Les honneurs & Dignitez de l'Eglise y sont appellez *Obediences, Obedientiæ.*

Que si quelqu'un des Chanoines & autres qui ont seance aux hautes chaises, a commis quelque faute qui mérite châtiment, il sera châtié par le Doyen dans le Chapitre; ceux du bas Chœur par le Chantre ou par le Magister dans l'Ecole de l'Eglise.

Quand il arrive qu'un Chanoine-Comte ou un Semiprébendé marqué pour chanter l'Invitatoire ou une Leçon ou un Répons, manque de se trouver à l'Eglise, on attend un moment ou deux sans rien dire; (car dans cette Eglise il n'est pas permis de faire l'un pour l'autre,) & aussitôt tout le Clergé se leve, & s'en va derriere le grand Autel dans al Conque ou Abside achever le reste de l'Office en

E iij

pſalmodiant ſeulement ; fût-ce au jour de Pâques même. Cela s'appelle faire le reſte de l'Office *à privat.*

Si c'étoit à la grande Meſſe, ceux des hautes chaiſes reſteroient au Chœur ; mais ceux du ſecond & du troiſiéme banc, c'eſt-à-dire les Chantres ou Subformaires avec les petits Clergeons iroient chanter le reſte de la Meſſe d'un ton médiocre dans la Conque ou Abſide derriere l'Autel, & le Prêtre chanteroit la Préface & le *Pater* d'un ton médiocre & fort lugubre.

Deſlors le défaillant eſt non ſeulement privé de toutes diſtributions durant quinze jours, mais il lui eſt même défendu d'entrer dans l'Egliſe avec ſon habit de Chœur ; ce qui eſt un interdit. Voilà quel eſt le châtiment de ceux qui manquent à remplir leur devoir dans les Offices divins à S. Jean de Lyon.

Egliſe de S. Juſt à Lyon.

Il y a encore quelque choſe de plus rigoureux dans l'Egliſe Collegiale des Chanoines de ſaint Juſt, où l'on obſerve tres-exactement tout ce qui ſe pratique à S. Jean de Lyon. Outre ce que nous venons de rapporter, ſi un Chanoine ou un Perpétuel de S. Juſt impoſe mal une Antienne, on le chaſſe du Chœur pour cet Office, & un autre recommence l'Antienne. Voilà comment en uſent des perſonnes à qui le culte de Dieu n'eſt point indifferent, & qui ne font point ſon œuvre avec négligence, de peur d'encourir la malediction de Dieu, prononcée par la bouche de ſon Prophete. C'eſt là le vrai moyen de contenir chacun dans ſon devoir.

Eglife de Saint Irenée de Lyon.

L'Eglife foûterraine de S. Irenée eft fort profonde & fort obfcure ; & on y defcend d'abord par un efcalier qui va rendre à deux autres qui menent des deux côtez. La place du milieu eft paffablement grande ; & tout au fond il y a trois Autels bâtis fur les corps des faints Martyrs Irenée au milieu, Ipipoy ou Epipoy au côté droit, & Alexandre au côté gauche. Il femble que rien ne manque à ce lieu de tout ce qu'il faut pour une crypte foûterraine ou grande cave où s'affembloient les premiers Chrétiens pour le Sacrifice ou la priere commune ; & je ne doute nullement que ce ne foit-là une des premieres Eglifes où fe font affemblez les premiers Chrétiens de Lyon. Les anciens tombeaux en forme d'auge qui font dans ce cimetiere & audehors dans la rue, me le confirment encore. Il y a toujours deux lampes qui brûlent dans cette crypte jour & nuit devant les tombeaux & les cendres précieufes de ces faints Martyrs.

Aqueducs, Amphithéatre & Arêne.

En continuant le chemin deux cens pas plus loin on voit un peu fur la gauche des reftes d'arcades des aqueducs magnifiques qui fervoient à conduire les eaux dans la ville.

On voit au haut du Jardin des Minimes à main droite des reftes de l'Amphithéatre de Lyon : il n'y a plus que le circuit de l'Amphithéatre qui eft en demi-cercle, qui fubfifte en fon entier. *Fig. V.*

Vers leur Sacriftie & au deffous de l'Eglife étoit l'*Arêne* ou place où l'on martyrifoit les premiers Chrétiens ; & il y a là une Croix érigée depuis en mémoire de cela, qu'on appelle encore aujourd'hui *La Croix des Décollez*, en latin *Crux Decollatorum*.

Abbaye de S. Pierre de Lyon.

L'Abbaye des Religieuses de S. Pierre, dont l'Eglise est aussi ancienne que belle, mérite d'être vûe. Le Chœur des Religieuses qui est en haut, laisse au peuple tout l'espace de l'Eglise libre : [aussi sert-elle de Paroisse.] Ces Religieuses assistoient autrefois aux Processions générales.

Aux deux côtez du grand Autel il y a deux fort anciennes Inscriptions payennes, qui me font juger que c'étoit là un ancien Temple consacré à quelque fausse Divinité.

Eglise Collegiale de S. Paul.

On voit dans l'Ordinaire de l'Eglise Collegiale de S. Paul, écrit il y a environ quatre cens ans, & qui contient toutes les pratiques de l'Eglise Cathedrale de Lyon accommodées aux Usages particuliers de S. Paul.

Qu'on se donnoit encore alors les uns aux autres le baiser de paix.

Que les principales Fêtes de l'année le Clergé de l'Eglise de S. Paul va assister à la grande Messe dans l'Eglise Cathedrale de S. Jean de Lyon.

Que les grandes Antiennes O, huit jours avant Noël sont triomphées, c'est-à-dire chantées solennellement, & repetées ou entremêlées après chaque verset du *Magnificat*.

A toutes les grandes Fêtes *Completorium & Horæ sub silentio*; peutêtre parce qu'on est trop occupé, & que les grands Offices en ces jours-là sont chantez avec tant de solennité, que si l'on vouloit aussi chanter les petites Heures & Complies, on auroit à peine une heure de relâche pendant tout le jour.

Les trois principales Fêtes de l'année, sçavoir Noël, Pâques & Pentecôte, ausquelles tous les Fideles étoient (comme nous avons vû ci dessus) obligez de communier, les Chantres après l'*Agnus Dei* chantoient & chantent encore présentement le *Venite populi &c.* p. 64. *Venez peuples &c.* Ils les invitoient par là de venir se presenter à la sainte Table pour y recevoir la sainte Eucharistie ; ce qu'ils ne faisoient qu'après s'être embrassez les uns les autres *in osculo pacis*, par un saint baiser de paix.

Qu'en ces trois grandes Fêtes c'étoit l'Archevêque qui célébroit la Messe avec six autres Prêtres, sept Diacres, sept Soûdiacres & sept Portechandeliers. Et cela s'observe encore à présent, soit que ce soit M. l'Archevêque qui célebre la Messe, soit que ce soit le Chanoine-Comte nommé par lui, qui représente sa place, & qui officie ces trois jours-là au préjudice même de M. le Doyen.

Que c'étoient trois Prêtres differens (dont M. l'Archevêque en étoit un) qui célébroient les trois grandes Messes de Noël.

Qu'en Carême on ne se servoit que de simples chandeliers de bois, & que les paremens d'Autel étoient de simple toile blanche, ou draps de toile, *pannis albis*, chargez de croix noires. Le Vendredi-saint, où l'on garde l'antiquité, on se sert encore par tout à present d'un pareil drap de toile pour porement à la Messe *ex presanctificatis* ; & à Paris aussi.

Qu'à Ténebres on ne commençoit à éteindre les les cierges qu'à Laudes.

Que la premiere des Litanies le Samedi-saint y est appellée *ad incensum* ; la seconde *ad descensum Fontis*, & la troisiéme *ad introïtum*, sous-entendant

Ecclesia ou *Chori*. Que les Vêpres de ce jour-là y étoient composées (comme elles le sont encore à present) de trois Antiennes & des trois derniers Pseaumes des Vêpres du Samedi.

Que les trois Litanies du Samedi-saint étoient chantées, la premiere le Lundi des Rogations, la seconde le Mardi, la troisiéme le Mercredi. Lorsqu'il faisoit mauvais tems, ces Processions étoient remises (& le sont encore présentement) au Vendredi, Samedi & Lundi suivant. Qu'en ces trois jours tout le Clergé alloit à la Procession nuds pieds [comme autrefois à l'Abbaye du Bec au Diocese de Rouen,] & la tête couverte de cendres, [comme encore aujourd'hui à Milan, où ces Rogations se font toujours la semaine d'après l'Ascension avec jeûne jusqu'après Vêpres les deux premiers jours, & bénédiction & imposition des cendres le premier jour, avec *Recordare homo qui &c.* comme m'en a assuré Monsieur Châtelain.] Présentement il n'y a plus que le Célebrant, le Diacre, le Soûdiacre, l'Enfant de Chœur qui porte le cahier ou rôlle des Litanies, le Portebanniere, le Portecroix de l'Eglise Cathedrale de S. Jean, & les Portecroix des autres Eglises Collegiales de Chanoines, qui aillent pieds nuds à ces Processions. Ce qui est assez rude, parce que les pavez de Lyon sont fort petits & fort aigus, n'étant que des galets que le Rhône entraîne & pousse au bord ou au rivage. En ces Processions(comme à celle de la Fête-Dieu) où l'on va dans la ville, on porte des bâtons ou cannes de la longueur environ de huit pieds, *ad defendendam processionem*, dit l'Ordinaire de Saint-Paul. Il y en a ordinairement deux ou trois pour chaque Clergé. L'un de ces bâtons est porté par le Maître des Enfans de Chœur, & l'autre par un

S. Laurent de Lyon.

des plus anciens Perpetuels ; pour faire garder (difent-ils) le rang & l'ordre dans la marche de la Proceſſion.

Pendant l'Octave de la Pentecôte, comme pendant celle de Pâques, il y a à Vêpres proceſſion à l'Eglife où font les Fonts baptifmaux, foit de l'Eglife de S. Jean en celle de Sainte-Croix ; foit de l'Eglife de S. Paul à celle de S. Laurent.

S. Laurent. Afyle de Lyon.

C'eſt en cette Eglife paroiſſiale de faint Laurent que l'illuſtre Jean Charlier, autrement dit *Jean Gerſon*, Chancelier de l'Univerſité de Paris, eſt enterré dans un caveau. Il mourut à Lyon en revenant du Concile général de Conſtance.

Au quartier de S. Nizier eſt le lieu où il y avoit le droit d'Afyle de Lyon. Il y a une pyramide au milieu, & une fontaine ceinte d'un treillis de fer. Il y a fur une porte une colonne quarrée avec cette Infcription :

HAC ITUR AD SECURITATEM.

CLERMONT.

CLERMONT en Auvergne appellé autrefois en latin *Auguſtonemetum Arvernorum*, & préfentement *Clarus-mons*.

Dans l'Eglife de Clermont le Célebrant ne lit point aux hautes Méſſes ni l'Epitre, ni le Graduel, ni l'Evangile ; mais il les écoute. Dans le Cérémonial de Paris, *aut legit, aut audit* ; comme auſſi à Lyon & chez les Chartreux.

Laudes font enclavées dans la Meſſe de minuit

après la Communion du Prêtre, comme à Vienne, à Paris, à Orleans. La Pastourelle s'y fait encore par cinq Clercs, & par un Prêtre qui conclud la cérémonie. Le Pseaume *Dominus regnavit* y est triomphé, c'est-à-dire entremêlé à chaque verset du *Pastores dicite* &c. Les autres paroles sont à peu près les mêmes qu'on disoit autrefois à Rouen où l'on a aboli toutes ces petites farces ou comedies spirituelles. La Faculté même de Théologie de Paris employa son zele & son autorité pour les abroger; de sorte qu'elles furent abolies dans presque toutes les Eglises quant aux personnages, sans qu'on ait pensé à en changer les paroles qui servent encore aujourd'hui d'Antiennes à Laudes dans la plûpart des Eglises.

La même nuit de Noël après le neuviéme Répons un Diacre revêtu de Dalmatique lit au Jubé la Genéalogie de Jesus-Christ selon S. Matthieu; & la nuit de l'Epiphanie de même après le neuviéme Répons la Généalogie selon S. Luc, après laquelle M. le Chantre étant au Jubé & tourné au midi annonce la Pâque. *Quâ finitâ* (dit le Breviaire) *Cantor in eodem loco dicit : Audiat dilectio vestra, Fratres carissimi, quod Pascha præsentis anni die N. mensis Martii (vel Aprilis) expectamus venturum.*

Quand l'Evêque célebre la Messe aux Fêtes solennelles, il donne la bénédiction avant l'*Agnus Dei*.

Il y a un usage particulier dans ce Diocese là, qui est que lorsqu'on enterre l'après-midi un corps mort qui ne peut être gardé jusqu'au lendemain sans une trop grande infection, on dit à son enterrement une Messe séche, c'est-à-dire sans consécration. Cela montre qu'on ne devroit enterrer personne sans avoir auparavant célebré la Messe pour le défunt *corpore præsente*, comme l'ordonnent encore préfentement la plûpart des Rituels.

A Clermont & dans toute l'Auvergne, à Saint-Martin de Tours, à Riom, à Brioude, [comme auffi dans tout l'Ordre des Prémontrez, & à Sainte-Croix de la Bretonnerie] tout le monde fe met à genoux à ces mots *Defcendit de cœlis. Et incarnatus eft &c.* & ils ne fe relevent qu'à *Et refurrexit*. Ainfi ce font ces deux mots *defcendit* & *refurrexit* qui déterminent à fléchir les genoux & à fe lever ; [de même qu'à Palaifeau Diocefe de Paris, ils fe levent tous à ces mots *Surrexit Chriftus fpes mea* de la Profe *Victima*,] frappez qu'ils étoient du mot *furrexit*, lorfqu'ils entendoient autrefois le latin. A Paris à Vêpres on fe leve à *Scimus Chriftum furrexiffe*.

BOURDEAUX.

IL n'y a rien de fingulier dans toute la Guyenne, finon qu'à BOURDEAUX, qui en eft la ville Capitale, il y a un Seminaire de vingt-quatre jeunes Clercs, fondé par un Archevêque de Bourdeaux au treiziéme fiecle. Ils portent une foutanne tannée, qui eft l'ancien noir en ufage alors pour les Ecclefiaftiques & pour les Moines noirs, comme ceux de Clugny, & qui eft encore refté aux Enfans de Chœur de l'Abbaye de Clugny.

Je tiens cette remarque & encore quelques autres de Dom Claude de Vert Thréforier & Vicaire Général de Clugni, qui étoit fans contredit un des plus habiles hommes de France dans la fcience des Rites & des Pratiques de l'Eglife.

POITIERS.

POITIERS, ville Episcopale sur le Clain, *ad Clanum fluvium.*

Dans l'Eglise Cathedrale de S. Pierre de Poitiers & dans la Collegiale de S. Hilaire, [comme aussi à Savigny Abbaye de l'Ordre de S. Benoît Diocese de Lyon] un des deux Enfans de Chœur va de l'Autel avec son chandelier éclairer au Soûdiacre quand il chante l'Epitre ; l'autre va éclairer au Diacre pour lire l'Evangile ; & ils reviennent tous deux du Jubé après la lecture de l'Evangile avec le Diacre & le Soûdiacre.

A Sainte-Croix de Poitiers les Religieuses en aube & manipule servoient autrefois d'Acolythes à la grande Messe, & éclairoient au Diacre pendant l'Evangile avec le chandelier. Et dans leur Ordinaire on lit : *In die Epiphania dum legitur novissima lectio, induitur Diaconus dalmaticâ, & Acolytha albâ & amictu.*

NANTES.

NANTES sur la Loire & l'Ardre, *Nannetes* & *Nanneta,* siége des Ducs de Bretagne, qui y ont leurs superbes mausolées dans l'Eglise des Carmes.

Il y a Université.

Dans l'Eglise Cathedrale de S. Pierre, le saint Sacrement est au haut du grand Autel dans une tourelle de pierre. On y fait tout l'Office & les cérémonies à la Romaine moderne.

Quand la Fête de S. Marc arrive l'un des jours de l'Octave de Pâques, le peuple chomme la Fête, quoique l'Office en soit remis après l'Octave. On fait neanmoins la Procession toujours le 25. jour d'Avril, auquel elle est attachée, & non à la Fête, mais sans faire d'abstinence. [La même chose se pratique à Rouen & à Beauvais.]

On ne jeûne point à Nantes, non plus qu'à Angers, à Chartres, & à Amiens, le Samedi veille de la Pentecôte: & cela à cause du temps Pascal, suivant l'ancien usage qu'on a retenu en cela dans ces Eglises.

Dans l'Eglise Paroissiale de S. Nicolas, il y a au dessus du grand Autel une vitre d'une grandeur extraordinaire, & qu'on estime avec raison. Elle représente cinquante-six mysteres ou miracles de Jesus-Christ, qui est par tout semblable dans tous les visages qui sont de lui. Il a les cheveux blonds tirans sur le roux, comme quelques anciens nous l'ont laissé par tradition: le tout d'une peinture fort belle & fort au naturel.

ANGERS.

ANGERS sur la Mayenne, *Andegavum ad Meduanam*, a une Université composée de quatre Facultez, & est fameux par ses Carrieres d'Ardoise, dont toutes les maisons sont couvertes.

L'Eglise Cathedrale de S. Maurice.

Dans les Chapelles de cette Eglise les Autels

(felon l'ancien ufage qui nous eft encore refté le Vendredi-faint, & il n'y a pas encore longtems le Samedi-faint auffi) font à nud, & ne font couverts de quoi que ce foit ; de forte que ce n'eft qu'un moment avant que d'y dire la Meffe, qu'on y met les nappes, qui débordent comme celle qu'on met fur une table où l'on dîne ; & il n'y a point de parement.

Au milieu du Chœur vers la Forme des Chappiers, il y a un Aigle de cuivre, où l'on chante les leçons de Matines, & au haut du Chœur un autre Lutrin de cuivre à deux faces, où l'on chante l'Invitatoire. Audevant de ces Lutrins il y a un grand chandelier de cuivre à trois branches avec trois cierges, & un autre chandelier entre-deux, (avec un cierge) auquel eft attaché un tableau ou une table des Offices ou Fondations qui doivent être acquittées pendant la femaine. Ils l'appellent à Angers la *Table des gagnages*, à caufe des diftributions qu'on gagne en affiftant à ces Offices : c'eft ce qu'on appelleroit ailleurs un Tableau des Fondations.

Devant le grand Autel eft une longue colonne de marbre haute de douze à quinze pieds, fur laquelle eft le Cierge Pafcal pendant toute l'année, quoiqu'on ne l'allume plus depuis la Pentecôte.

Les chappes ont le chaperon un peu en pointe ; & les chafubles font fi amples, qu'elles ont bien cinq pieds de largeur, & pour le moins autant de longueur, & ne font qu'un peu échancrées par les bras. Il y a auffi deux livres d'Epitres & deux autres d'Evangiles, qui font affez beaux. Le devant d'Autel & du Retable font d'argent doré, & repréfentent toute la vie de la Vierge en figures de relief. Cela eft fort beau ; auffi n'y met-on jamais

de

de parement. Il n'y a rien deſſus l'Autel qu'une croix ſur le gradin quand on va dire la grande Meſſe, & les deux livres d'Epitres & d'Evangiles aux deux bouts avec les deux inſtrumens de paix. Le Sanctuaire eſt fermé d'une baluſtrade de bois; il n'y a point de rideaux aux côtez, mais la baluſtrade toute cloſe aux deux côtez fait le même effet que les rideaux.

Devant l'Autel il y a quatre baſſins d'argent avec quatre cierges jaunes.

Audeſſus du retable eſt la Châſſe d'argent doré de S. Maurile Evêque d'Angers, laquelle eſt d'une grandeur tout-à-fait extraordinaire; & audeſſus eſt la ſuſpenſion du ſaint Ciboire ſans pavillon, avec un grand dais au deſſus qui couvre tout l'Autel. D'un côté eſt l'image de la Vierge, & de l'autre celle de S. Maurice Patron de cette Egliſe; & à chaque côté deux cierges.

Derriere le grand Autel il y a un autre petit Autel au fond de la Coquille, où l'on dit ordinairement la Meſſe matutinale tous les jours. Du côté de l'Epitre entre ce petit Autel & la Sacriſtie eſt une belle grande cuve en ovale d'une pierre rare & fort extraordinaire, & longue environ de quatre ou cinq pieds, où l'on dit que l'on baptiſoit autrefois les enfans des Ducs d'Anjou.

Je ne parle point ici d'une des urnes ou cruches des Nôces de Cana en Galilée, qu'ils prétendent avoir.

Dans la Nef de l'Egliſe il y a trois anciens cercueils de pierre, dans leſquels ont été mis trois perſonnes, & non en terre.

A main gauche contre la muraille eſt un tombeau élevé d'un pied audeſſus de terre, où ſur une tombe de marbre noir eſt repréſenté un Evêque d'Angers en marbre blanc.

F.

Vis-à-vis au côté droit il y a un cercueil de bois avec des ornemens & des plaques dessus, enchassé en partie dans la muraille, élevé audessus de terre environ de trois pieds, dans lequel fut mis l'Evêque Eulger représenté dessus en mignature avec une mitre tournée de côté & toute cornue : ce qui est particulier à lui seul ; & avec cette inscription que l'on met ici d'autant plus volontiers, que le quatriéme vers qui est pentamêtre a été oublié par Messieurs de Sainte-Marthe dans leur *Gallia Christiana*.

Hic jacet Eulgerius teneris consuetus ab annis
 Linguâ, mente, manu fructificare Deo.
Hujus opus, multis prodesse, docere, monere ;
 * *Extirpare scelus, consolidare fidem ;*
Flentem solari, nudum vestire, superbum
 Frangere, nec quemquam ladere, recta sequi.

Proche ce cercueil est la porte du Cloître, au côté droit duquel en tournant vers l'Occident est encore le Refectoire qui est grand & beau, & qui regne tout d'un côté du Cloître. Il sert aux Professeurs de l'Université à y faire leurs leçons & y tenir leur Ecole. Il y a leur chaire & des bancs ; & on y voit encore une fort grande table du Refectoire. Il s'y tint (à ce qu'on me dit) un Concile de Touraine l'an 1448.

Dans ce Cloître il y a un preau, au milieu duquel il y a un puits comme à Saint-Jean de Lyon.

Autrefois les Chanoines d'Angers portoient des soutannes violettes les grandes Fêtes. Ils ont les manches de leurs surplis fendues & traînantes comme à Paris & dans la Province Senonoise. Les Chanoines [même bas-formiers] & dix Officiers ou Chantres Prêtres ont l'aumusse sur le bras, & ces dix Officiers ont séance aux hautes chaises. Les quatre Diacres & Soûdiacres Chantres ne portent point l'aumusse. Aux Fêtes Episcopales les Dignitez ont des robes rouges sous leurs surplis.

Les Enfans de Chœur au nombre de dix portent la soutanne blanche (comme le Pape.) Lorsqu'il fait froid ou qu'ils sortent en ville, pardessus la soutanne blanche ils ont une robe rouge une année, & une violette une autre année alternativement. Leur bonnet quarré est toujours violet. Ils sont rasez, debout & nue tête à l'Office ; & quand ils chantent seuls, soit un Verset, soit un Répons, ils sont toujours au haut du Chœur, comme à Rouen, au bout d'un banc.

Les Chanoines d'Angers ont encore retenu la coutume de se proclamer eux-mêmes aux quatre Chapitres généraux ; ce qu'ils ne font neanmoins qu'en général. En voici la formule que chaque Chanoine est obligé de prononcer : *Je reconnois, Messieurs, devant Dieu & devant l'Eglise avoir fait beaucoup de fautes au Chœur ; je me soumets à la correction qu'il plaira au Chapitre d'en faire.*

Tous les Chanoines Prêtres demeurant dans la Cité sont en droit d'avoir chez eux un Clerc domestique, lequel en cette qualité a droit d'entrée au Chœur & participation aux distributions des Fondations, comme les autres Officiers & Chapelains.

Les Sacremens sont administrez aux Chanoines & aux autres Ecclesiastiques du Chœur de l'Eglise Cathedrale, en quelque lieu qu'ils demeurent dans la ville, par le grand *Corbelier*, qui est le premier des Officiers ainsi appellé, & en latin *Corbicularius*, ou selon d'autres *Cubicularius*. Anciennement il étoit seul. On croit à Angers que ce pouvoit être l'Infirmier ou le Sacristain.

Le Chapitre enterre aussi tous les Chanoines & autres Ecclesiastiques du Chœur en quelques lieux qu'ils soient morts. Et même il y a dix ou douze ans qu'un Chanoine ayant la sépulture de ses Ancêtres dans une Paroisse d'Angers, le Chapitre l'y enterra sans la participation du Curé de la Paroisse.

L'Office des jours solennels.

Lorsqu'on fait l'Office solennel, tous les cierges sont allumez, on sonne toutes les grosses cloches, qui aussi-bien que la Musique sont des meilleures de France.

Les cinq chappez sortent de la Sacristie, & vont dans le Chœur, précedez de quatre bedeaux; à l'exception de l'heure de Matines, où ils prennent leurs chappes au grand Autel, & où M. le Chantre sort seul de la Sacristie en chappe & entre dans le Chœur avec son bâton & sa mitelle ou son bonnet rond; & c'est peutêtre ce qu'on appelloit anciennement *couronne*.

Après les premieres Vêpres, au commencement de Complies, un Ecclesiastique monte au plus haut rang des stalles, & avertit les Chanoines des Leçons ou Répons qu'ils doivent chanter le lendemain à Matines.

M. le Chantre & ses deux assistans commencent le chant tant des Pseaumes que des Répons; & durant tout l'Office ils sont assis dans les premieres chaises du second rang, à la réserve que M. le Chantre se promene un tour ou deux au commencement de chaque Office. Quand ils commencent un Pseaume ou un Répons, ils vont à la Forme; car quoique le commencement du Répons soit imposé par deux, ils le recommencent toujours eux trois, quand même il auroit été bien imposé.

Les Leçons sont chantées par des Chanoines.

S. Maurice d'Angers.

Ceux qui chantent les Leçons & les Répons, sont chappez, & vont prendre les chappes sur le petit Autel qui est derriere le grand.

Au *Te Deum* les Enfans de Chœur vont de chaque côté au haut du Chœur, & se tournent le visage vers les Choristes ou Psalteurs de leur côté, & chantent tous ensemble le *Te Deum*, quand même ce ne seroit qu'un Semidouble. On ne fait point au *Te Deum* d'autre encensement que celui du troisiéme Nocturne, qui dure encore ; car on fait les encensemens à la fin de chaque Nocturne, comme à Orleans, (autrefois durant la Prose qui les terminoit,) & aussi à la fin de Laudes pendant le *Benedictus*, & de Vêpres durant le *Magnificat*.

Les encensemens se font par deux Chanoines qui vont à l'Autel prendre chacun une chappe. Ils encensent à genoux *intra cancellos* à deux le grand Autel, & ensuite ils le baisent ; puis ils encensent debout chacun de son côté les Reliques, & *extra cancellos* les petits Autels sans les baiser : ensuite ils vont encenser le Clergé, & ils sont enfin encensez eux-mêmes. Ils quittent leurs chappes au grand Autel (si c'est à Laudes ou à Vêpres) le Chanoine Officiant y va en prendre une au *Sicut erat*, & vient précedé de deux chandeliers se ranger au bas du Chœur à la main gauche de M. le Chantre pour y dire la Collecte ou Oraison : car en cette Eglise le Chantre ou autre qui impose le chant, a la droite sur l'Officiant.

Tierces aux jours solennels sont chantées solennellement avec cinq chappes : mais l'Officiant n'en prend point, & il dit la Collecte ou Oraison en sa place ordinaire ; & même en hyver qu'on a le camail, il ne se découvre point pour la chanter ; mais cela est tres moderne, & abusif.

Lorsque le Chœur est tout en chappe, il l'est aussi à Tierces & à la Procession. Les deux petits Diacres & les deux petits Soûdiacres sont debout en tuniques en bas, *in plano*, durant Tierces devant les Enfans de Chœur, ayant le visage tourné vers le Chœur dont ils sont.

Les jours solennels, quoiqu'il ne soit pas Dimanche, on fait après Tierces l'aspersion de l'eau-bénite ; le Chantre en dignité & ses quatre Assistans montent entre le Chœur & l'Autel ; & là deux avec le Chantre entonnent, *Sanctus Deus, Sanctus fortis, &c.* Pendant qu'on le chante, un des Maires-Chapelains chappez fait l'aspersion des Autels & des personnes du Chœur ; & l'autre Maire-Chapelains, qui est celui du côté qu'est le Chœur, dit la Collecte ou Oraison. [C'est ce même Maire-Chapelain qui dit l'Oraison à la station dans la Nef, qui se fait après la procession, supposé que l'Evêque n'officie pas. Maire-Chapelain c'est *major Capellanus.*]

L'Aspersion étant faite & l'Oraison chantée, les Chantres commencent le Répons de la Procession, & on marche en cet ordre : Les deux petits Bedeaux, les deux grands Bedeaux, un Enfant de Chœur chappé portant le benitier, deux autres en tuniques portant les chandeliers, deux Diacres en dalmatiques portans deux croix, s'il y a Fêtage, (sinon une croix & un texte de l'Evangile,) deux autres Diacres portant deux autres textes, un Corbelier chappé & ayant une écharpe sur ses épaules, portant les Reliques d'un Saint, ayant à ses côtez deux Enfans de Chœur en tuniques qui tiennent en leurs mains deux encensoirs fumans, les deux Maires-Chapelains chappez, le Chanoine officiant & le Soûchantre en chappes, le Chantre seul aussi chappé, ayant en main son bâton, & sur sa tête un bonnet rouge couvert de toile de soye. Ensuite marchent deux à deux les Enfans de Chœur, les Psalteurs, les Clercs, Chapelains, Officiers, Chanoines & l'Evêque.

Lorsqu'on est revenu dans la Nef, les Chantres chappez & tout le Clergé se rangent en Chœur au bas de la Nef; les Diacres & autres, le Corbelier portant la Relique, & les Enfans portechandeliers se mettent au haut de la nef tournez vers l'Occident.

Le Chantre (ou l'Evêque, s'il fait l'Office) commençant un autre Répons qui est continué par l'Orgue, l'Evêque, le Chantre, les Dignitez, les Chanoines & les quatre Assistans du Chantre seulement, vont baiser la Relique, & font l'oblation d'une piece de monnoye. Après cela le Chœur acheve le Répons; & quatre Chanoines (ou six Dignitez, s'il y a Fêtage,) s'avançant vers le haut de la Nef, y chantent le Verset du Répons étant tournez vers l'Orient. On dit la Collecte ou Oraison, après laquelle le Corbelier avec la Relique donne la bénédiction à haute voix.

S'il y a Fêtage, lorsque tout le Clergé est retourné dans le Chœur, avant que de commencer la Messe, un petit Chœur de musique chante au haut du Chœur: *Accendite faces lampadarum; eia: Psallite, fratres, hora est: cantate Deo; eia, eia, eia.*

Il y a à la Messe trois Diacres & trois Soûdiacres, sçavoir les quatre revêtus dont nous avons parlé,, & deux Chanoines qu'on appelle *Grand-Diacre & Grand-Soûdiacre.* Le Célébrant, & ces deux-ci se servent d'amicts & d'aubes parées, & ont en tout tems l'amict sur la tête, qu'ils n'abaissent que depuis le *Sanctus* jusqu'à la communion.

Ils vont de la Sacriſtie à l'Autel en cet ordre :

Un Diacre en dalmatique précédé de deux Thuriferaires & de deux Ceroferaires, porte la croix ſuivi de deux petits Soûdiacres & de l'autre petit Diacre, puis du grand-Soûdiacre & du grand-Diacre, & enfin de l'Officiant, tous ſans aumuſſe. [Si c'eſt l'Evêque, le grand-Soûdiacre & le grand-Diacre ſont Archidiacres.]

Quand ils ſont arrivez au bas de l'Autel, ils ſe partagent tous à la droite & à la gauche du Célebrant, trois de chaque côté, la croix demeurant au côté gauche du Prêtre, le grand Soûdiacre ayant le dos tourné à l'Autel tient le livre des Evangiles devant le Prêtre juſqu'à ce qu'il monte à l'Autel, & alors il le lui donne à baiſer.

Le Célebrant eſt aſſis non ſeulement durant le *Gloria in excelſis* & le *Credo*, mais auſſi pendant le Graduel & l'*Alleluia*, ayant à ſa gauche le grand-Diacre, & le Soûdiacre à la gauche du grand-Diacre ; les petits Diacres & Soûdiacres ſont auſſi aſſis vis-à-vis d'eux de l'autre côté. Mais on n'eſt jamais couvert du bonnet quarré dans l'enclos de l'Autel, quoiqu'on y ſoit aſſis.

Pendant qu'on chante l'*Alleluia*, M. le Chantre va annoncer au grand Diacre l'*Ante Evangelium* *, qui eſt ordinairement l'Antienne de *Benedictus*, & laquelle a apparemment ſuccedé aux Proſes ou ſequences qui s'y diſoient autrefois.

Le Diacre dit le *Munda*, & reçoit la bénédiction du Prêtre, lequel alors ſe leve demeurant à ſa place, & puis s'aſſied de nouveau, auſſi bien que les deux petits Soûdiacres & un petit Diacre.

Le grand Diacre ayant commencé l'Antienne nommée l'*Ante Evangelium*, l'Orgue la continue,

* *G. Durand. Rational. l. 4. c. 24.*

& cependant on va au Jubé en cet ordre : En allant deux Thuriferaires parfument d'encens le chemin de chaque côté, suivis des deux portechandeliers, puis un petit Diacre portant la croix, le grand Soûdiacre portant le texte des Epîtres, & le grand Diacre celui des Evangiles, vont tous trois par le côté de l'Epître, & montent au Jubé, où le grand Diacre après avoir encensé de trois coups l'Evangile, le chante ayant le visage tourné vers le Chœur, la croix à sa gauche, le grand Soûdiacre à sa droite, & les deux Ceroferaires à ses côtez.

Après la lecture de l'Evangile, le Diacre & ses assistans reviennent du Jubé par le côté de l'Evangile, au même ordre qu'ils y étoient allez, les deux Thuriferaires encensant pareillement.

A l'Offertoire les Chanoines vont à l'offrande, comme ils ont fait à la station dans la Nef. Les encensemens solennels sont faits comme au *Kyrie*, premierement à l'Autel par le Célebrant, puis au Chœur par le grand Diacre & le grand Soûdiacre, qui sont eux-mêmes encensez par les deux Thuriferaires au même lieu que l'ont été les deux Chanoines qui ont encensé à *Benedictus* & à *Magnificat*.

Aux jours les plus solennels nommez *de Fêtage*, M. le Chantre va présenter à l'Autel l'eau pour la Messe, [comme on faisoit autrefois à Rouen,] & la donne à un petit Diacre.

Quand l'Evêque officie aux grandes Fêtes, il donne à la Messe la bénédiction solennelle immédiatement avant l'*Agnus Dei*.

Après l'*Ite, missa est*, le Célebrant donne la bénédiction, puis aussitôt [tourné qu'il est vers le Clergé] il commence *Deus in adjutorium* pour Sextes, & il ne laisse pas d'aller dire le dernier Evangile au coin de l'Autel.

Les Samedis après Vêpres on fait station dans la Nef devant le Crucifix.

Les Dimanches pendant Tierces un Maire-Chapelain en aube, étole, manipule & en chappe, fait à voix basse la bénédiction de l'Eau à l'Autel au côté de l'Epître, avec les deux portechandeliers, ayant à sa droite la croix portée par un Enfant chappé, & le vaisseau à l'eau étant posé sur la plus basse marche de l'Autel.

Après Tierces le Soûchantre chappé étant entre le Chœur & l'Autel, impose l'Antienne *Asperges me*. Tous ceux qui étoient dans les hautes chaises descendent dans les basses; ceux qui étoient dans les chaises [exceptez les jeunes Chanoines] s'avancent au milieu du Chœur, & y font une ligne ou haye de chaque côté, pour recevoir l'aspersion de l'Eau benite.

On fait la Procession. Un Enfant de Chœur portant le benitier, puis deux autres portant les chandeliers, le Diacre portant la croix, & à son côté le Soudiacre portant le texte; un Chapelain appellé le Garde-Reliques chappé portant une Relique, &c. Le Célébrant en entrant dans le Cloître où sont enterrez les Chapelains & Psalteurs, asperse seulement le pavé de trois coups d'aspersoir, qui lui est présenté par l'Enfant qui porte le benitier à la tête de la Procession.

Toutes les fois que le Célébrant, le Diacre & le Soûdiacre sont en aube, fût-ce à une Procession ou autre cérémonie, ils ont toujours le manipule.

Depuis qu'on a commencé de chanter les Antiennes *O* en Avent, le matin après Laudes on chante jusqu'au jour de Noël exclusivement, *ô Noël*, qu'on repete douze ou quinze fois.

A Noël, Laudes se disent à Angers comme à Or-

S. Maurice d'Angers.

leans, excepté deux Antiennes de la Pastourelle, dont l'une est dite par M. le Chantre, & l'autre par les Enfans de Chœur avant la cinquiéme Antienne de Laudes.

Tous les premiers Dimanches de chaque mois, il se fait une Procession générale au matin après le Sermon du Chanoine Theologal. On va à une des Eglises Collegiales d'Angers alternativement, & on y chante la Messe en musique. Voici la marche de la Procession : Les Cordeliers, les Augustins, les Jacobins, les Carmes, chacun suivant sa croix.

Ensuite marchent cinq croix suivies de cinq Chapitres, puis la croix & le Chapitre des Chanoines Reguliers ; deux croix & deux Chapitres Royaux; & enfin la croix & le Chapitre de l'Eglise Cathedrale.

Pendant le Carême chaque Chapitre fait des processions ou stations les Mercredis & les Vendredis dans differentes Eglises, une à chaque jour. En allant on chante des Répons de pénitence. Lorsqu'on est arrivé, on chante à genoux un Suffrage, des Versets, un Pseaume, & des Collectes ou Oraisons. En revenant on chante la Litanie qui est imposée par le dernier Chanoine & un Soûchantre.

A la fin de Ténebres pendant qu'on chante *Kyrie eleison*, sans tropes, si ce n'est *Domine miserere*, les Enfans de Chœur vont au haut du Chœur, & sont toujours prosternez à platte terre jusqu'à la fin : ce qui est la vraie prostration.

¶ Pendant toute l'année tous se mettent à genoux au Verset *Te ergo quæsumus* du *Te Deum laudamus*, comme à Rouen.

Aux trois Cantiques Evangeliques, tous les Chanoines & autres Ecclesiastiques sont debout & non appuyez sur leurs stalles.

Toutes les fois qu'on dit le *Confiteor* à Primes & à Complies, les Enfans de Chœur viennent se ranger devant l'Officiant ou Semainier, ils se mettent à genoux & se courbent presque le visage à terre, en disant le *Confiteor*, & durant que l'Officiant dit le *Misereatur* & l'*Indulgentiam*. [Ce qui est encore une sorte de prostration : nous en verrons encore de deux autres especes ailleurs.] Si l'Evêque est présent à Primes ou à Complies ; c'est lui qui fait & qui reçoit la confession, & qui donne l'absolution : sinon, c'est le Semainier, & non le Doyen.

Tous les jours de l'année à la fin de Complies, un Enfant de Chœur apporte au bas du Chœur sur le milieu de la Forme des Chappiers le benitier : il présente l'aspersoir au grand Corbelier, qui ayant le dos tourné à l'Autel asperse d'Eau-benite chaque Chanoine & les autres Ecclesiastiques à mesure qu'ils sortent un à un. Si l'Evêque y est présent, le grand Corbelier lui présente l'aspersoir, & le Prélat donne de l'Eau-benite à tous les Chanoines, & le grand Corbelier en donne ensuite aux autres du Clergé.

En Carême à la Messe tant aux Dimanches qu'aux Féries, le Diacre a pardessus son étole un *Orarium* ou grande bande large d'un pied de la même étofe que l'étole, lequel ne passe guére la ceinture. Il a pardessus cet *Orarium* une chasuble assez ample, mais qui ne vient pardevant que jusqu'à la poitrine, comme le camail que les Chanoines ont en hyver. Le Soûdiacre a une pareille chasuble sur l'aube, il la dépouille pour lire seulement l'Epître, puis il la remet aussitôt après sans la plus quitter : mais le Diacre la quitte pour lire l'Evangile, & ne la reprend plus qu'après la communion du Prêtre.

On voit dans un Missel d'Angers manuscrit de

S. Maurice d'Angers.

trois cens ans, qu'on disoit les Dimanches de Carême la Préface commune *per annum*.

Le Jeudi-Saint.

Le Jeudi-saint ce ne sont pas des Archidiacres qui servent l'Evêque à la Messe, mais deux Chanoines qu'il en prie. Lorsqu'il faut benir les Huiles, les Archidiacres sortent du Chœur, & viennent en habit de chœur servir & assister l'Evêque, qui fait cette Bénédiction hors & devant le balustre de l'Autel, & les Chanoines Diacre & Soûdiacre demeurent assis dans l'enclos du Sanctuaire. Les treize Cardinaux Curez de la ville viennent à l'Autel revêtus de chasubles & autres ornemens de dessous, au moment qu'on commence la bénédiction des Huiles, & se placent du côté de l'Evangile tout au bas de l'Autel : & c'est encore leur place les trois jours solennels qu'ils assistent l'Evêque. Ces trois jours étoient autrefois Pâques, saint Maurice & Noël : mais au Synode de 1664. cela fut remis aux Fêtes de S. Maurice, de S. Maurile Evêque d'Angers & Patron, & de saint André Apôtre.

Le Jeudi-saint après la Messe, l'Evêque ayant quitté ses ornemens & reservé son seul rochet & sa croix pectorale, le Doyen ou autre suivant, ayant quitté sa chappe & son camail ; le Boursier ou Receveur du Chapitre leur présente à chacun un tablier de toile qu'il attache autour d'eux. Après quoi l'un & l'autre vont laver le grand Autel & un des petits seulement : & cependant les Chantres chantent les Antiennes ordinaires. Ce qui étant fait, l'Evêque & le Doyen vont dans le Cloître laver les pieds à douze enfans de l'Hôpital. Les Chantres cependant chantent des Antiennes. L'Executeur de Justice se trouve là present, & y fait la fonction de Bedeau, faisant retirer la foule du peuple. La cérémonie étant finie, le Boursier ou Receveur donne à laver les mains à l'Evêque & au Doyen.

A deux heures après midi, le Clergé de l'Eglise Cathedrale étant assemblé, un Diacre accompagné du Soudiacre vient dans le Chœur, & chante l'Evangile *Ante diem festum Paschæ*. Après quoi le Doyen, ou plûtôt un jeune Theologien, fait un discours en latin sur le Mystere du jour. Ce discours fini, le troisiéme Archidiacre lit au ton d'une leçon le Sermon de nôtre Seigneur, commençant par ces mots : *Amen, amen, dico vobis, non est servus super dominum suum*, &c. en finissant par ces paroles, *Surgite, eamus hinc*. Après quoi tout le Chœur se leve, & va à l'Evêché dans une Salle appellée *la Salle du Clergé*, entourée de bancs, au haut de laquelle l'Evêque est assis, lequel se leve pour recevoir le Clergé, qui s'assied, & les Enfans de chœur demeurent debout dans le milieu de la Salle, divisez en deux lignes. Au bas de cette Salle il y a un grand buffet préparé avec des verres, du vin blanc & rouge & de l'eau. Vers le milieu il y a un pulpitre avec un tapis ; & vers le haut une petite table avec une nappe, sur laquelle il y a un bassin d'argent, une aiguére & une serviette dessus. Chacun ayant pris sa place, & tous étant assis, les quatre plus grands Enfans de chœur ayant fait la reverence, vont au buffet & prennent sur leur bras une serviette & chacun deux verres dans leurs mains, dans lesquels ils font mettre par les Officiers de l'Evêque dans l'un du vin blanc, & dans l'autre de l'eau, & ensuite se partageans, ils vont tous quatre en présenter à l'Evêque & à tout le Chœur, & chatun mêle & trempe son vin selon son goût : & dès que quelqu'un a bu, l'Enfant va faire laver le verre au buffet, & en rapporte à un autre ; & ainsi ils font le tour de la table de côté & d'autre. Ce tour etant fait avec du vin blanc, on en recommence un second avec du vin rouge, & enfin un troisiéme avec du vin blanc. (Il est libre de boire ce que l'on veut, ou même point du tout.) Après cela l'Evêque se levant, un Soûchantre lui présente & lui met sur le bras la serviette, & dans la main l'aiguére qui étoit sur la petite table, & ce Soûchantre prenant le bassin, ils vont pour laver les mains aux Chanoines & Dignitez seulement : mais ils s'en excusent. Cela étant fait, le Pénitencier, ou plûtôt un jeune Theologien pour lui, fait un discours latin sur l'institution de l'Eucharistie ; après lequel on retourne dans le Chœur, où l'on dit Complies en silence, c'est-à-dire, chacun en son particulier, & ensuite on chante Ténebres. Dans la cérémonie ci-dessus le Soûchantre donne à l'Evêque, aux Dignitez & aux Chanoines quatre deniers à chacun.

Vendredi-Saint.

Si ce n'est pas l'Evêque qui fait l'Office en ce jour, le Célébrant a au lieu d'aube une grande robe d'étoffe de soye jaune, au bas de laquelle il y a devant & derriere une broderie semblable à une parure d'aube. Il se sert aussi d'une chasuble à l'antique, c'est-a-dire, toute ronde & toute fermée ; elle est violette & d'étoffe fort riche.

On chante dans cet Office deux propheties seulement, & le lendemain [Samedi-saint] on en chante quatre. Les Chanoines qui les chantent prennent pardessus leur chappe noire & leur camail de semblables chasubles antiques de differentes couleurs. [Le Samedi de la Pentecôte on s'en sert aussi, & on les met sur le surplis.]

Le Diacre qui est à l'Autel va au bas du Chœur & y chante l'Évangile de la Passion. Il chante ce qui est narratif. Un Chanoine ayant un amict paré sur la tête & une autre grande robe d'étoffe de soye presque jaune avec la ceinture, semblable à celle ci dessus, est à l'aigle du Chœur, & y chante les paroles de nôtre Seigneur. Le chœur de musique est dans le Jubé, & y chante les paroles des Juifs, comme *Crucifigatur*, & autres semblables.

Le Vendredi-saint, les petites Heures & Vêpres se disent *sub silentio* dans le Chœur.

Le Samedi-Saint.

On dit les petites Heures *sub silentio* dans le Chœur. En ce jour [& le Samedi veille de la Pentecôte] ce sont Messieurs les Chanoines de S. Maurice qui vont processionellement benir les Fonts à l'Eglise Paroissiale qui est à l'entrée de l'Eglise Cathedrale à main droite en entrant. En cette Procession deux Diacres en aubes & en dalmatiques portent les saintes Huiles dans deux grands vases. Ils ont sur la tête un grand voile de soye blanche ou gaze transparente, qui prend sur le dos & pardevant, de l'extrémité duquel ils tiennent les vases ou boëtes. Ils marchent après le Diacre qui est revêtu de chappe, lequel porte le cierge pascal, qui demeure allumé depuis le tems qu'il est beni jusqu'après le Salut du jour de Pâques, c'est-à-dire jusqu'à sept heures du soir.

[Les trois jours des Fêtes de Pâques après Vêpres on y va faire la procession aux Fonts avec les mêmes cérémonies, & les deux Chanoines qui ont encensé

S. Maurice d'Angers.

encensé à *Magnificat*, encensent continuellement les saintes Huiles en marchant. On chante à cette Procession les Pseaumes *Laudate pueri* & *In exitu*, comme ailleurs.]

¶ Vis-à-vis de cette Chapelle qui sert d'Eglise Paroissiale, est la Salle où l'on termina le dernier Concile de Tours, qui fut transferé à Angers à cause de la peste qui arriva à Tours l'an 1583.

Le Samedi de Pâques avant Complies, & le jour de Pâques entre Nones & Vêpres on va encore à l'Evêché faire une potation semblable à celle du Jeudi-saint, mais sans autre cérémonie que la buvette. Le jour de Pâques le Chantre y va avec le bâton & ses quatre assistans; & l'Evêque s'y trouve revêtu de ses habits pontificaux avec la mitre & la crosse. Et ce jour en sortant de la Salle où s'est faite la buvette, l'Evêque étant à la porte s'y arrête; & le Clergé s'arrêtant aussi dans la grande Salle de l'Evêché, & disposé sur deux lignes, les deux Enfans de Chœur qui portent les cierges devant l'Evêque, chantent ces deux premiers vers d'une Hymne,

Salve festa dies, toto venerabilis ævo,
Quâ Deus infernum vicit, & astra tenet.

Et le Clergé le repete lentement en conduisant l'Evêque au Chœur.

Ce même jour & celui de Noël pour l'heure de Tierces, l'Evêque va se revêtir de ses ornemens pontificaux dans la Chapelle Paroissiale qui est au bas de la Nef, où le Chœur tout chappé le va querir; & le trouvant à la porte, on chante selon le même rite, *Salve festa dies* &c.

A PASQUES.

Le Samedi-saint vers le soir l'enclos du grand

Autel est couvert pardessus & pardevant d'un grand drap blanc, & reste ainsi jusqu'à ce que la Resurrection ait été annoncée. Et voici comment cela se fait.

Le troisiéme & dernier Répons de Matines étant fini, les deux Maires-Chapelains du Chœur qui sont chappez avec le Chantre vont à l'Autel, & y étant cachez derriere le drap, deux Corbeliers en dalmatique, ayant l'amit simple sur la tête, & pardessus cet amit une espece de calotte brodée appellée en latin *Mitella*, & des gants ou mitaines en leurs mains, se présentent à l'Autel. Les Maires-Chapelains chantent en les interrogeant, *Quem quæritis?* Les Corbeliers représentans les Maries répondent *Jesum Nazarenum crucifixum*. Les Maires Chapelains, *Non est hîc, surrexit sicut prædixerat; venite, & videte locum ubi positus erat Dominus*. Les Corbeliers entrent, & les Maires-Chapelains continuent de chanter, *Ite, nuntiate discipulis ejus quia surrexit*. Les Corbeliers prennent en entrant deux œufs d'Autruche enveloppez dans une toile de soye, & vont au Chœur en chantant *Alleluia, Resurrexit Dominus, resurrexit leo fortis, Christus filius Dei*. Le Chœur répond, *Deo gratias, Alleluia*. [On faisoit ce même Office du Sepulcre ou de la Resurrection à Rouen avec les mêmes paroles, il n'y a pas plus de cent ou cent cinquante ans : mais on l'y a aboli.]

L'Orgue commence le *Te Deum*. Les deux Corbeliers vont à l'Evêque, aux Dignitez, aux Chanoines & à tout le Chœur dire à l'oreille, *Resurrexit; Alleluia*. A quoi chacun répond, *Deo gratias, Alleluia*.

Jour de faint-Marc.

La Procession de ce jour se fait par le Clergé de l'Eglise Cathedrale & des Chapitres seculiers marquez ci-devant. Les Litanies qui y sont chantées, sont les communes ou peu differentes. Mais après que les six qui les chantent ont invoqué un Saint ou une Sainte, le Chœur ne repete autre chose que *Kyrie eleison*, *Christe eleison*, *Kyrie eleison*. On va dire la Messe avec des ornemens violets dans une Abbaye de Religieuses Benedictines, nommée *du Ronceray*, dont je parlerai dans la suite : le Clergé entre dans le Chœur des Religieuses.

Processions des Rogations.

Ces Processions se faisoient autrefois en habits noirs ou d'hyver. Tous les Chapitres seculiers marquez ci-dessus, les font avec l'Eglise Cathedrale. On y porte deux bannieres de l'Eglise Cathedrale & deux des Royales. On y porte aussi une Châsse où sont des Reliques. Les six Prêtres qui alternativement portent la Châsse deux à deux, font avant que de partir la confession dans l'enclos du grand Autel. L'ancien dit le *Confiteor*, les autres répondent *Misereatur* ; & après avoir dit aussi *Confiteor*, l'ancien dit *Misereatur* & *Indulgentiam* &c.

Les Litanies qu'on y chante sont extraordinaires dans leur composition. Elles sont chantées en revenant par le dernier Chanoine & par le Soûchantre de l'Eglise Cathedrale, & encore par les quatre Chantres Chanoines des quatre Eglises Collegiales.

La Procession du Mardi est assez singuliere.

Elle est appellée par le peuple *La Haye percée*, parce qu'on entre & qu'on traverse beaucoup d'Eglises, où l'on ne fait que chanter un suffrage. Cette cérémonie est fondée (disent-ils sur ces paroles, *Non habemus hîc manentem civitatem* &c. Dans la derniere de ces Eglises on y dit la Messe du Chœur ou de l'Office ; & il n'y en a point d'autres dans les Eglises ou Chapitres qui se trouvent à cette Procession.

La Procession du Mercredi est remarquable en ce qu'outre qu'on passe encore par quelques Eglises, en revenant la Litanie est chantée par huit Dignitez ou anciens Chanoines de l'Eglise Cathedrale, lesquels marchent les premiers, & ensuite les plus anciens ; ensorte que le dernier Chanoine tient la place & le rang ordinaire du plus ancien & du plus digne, de sorte qu'il est le plus proche de l'Evêque. En rentrant dans l'Eglise Cathedrale on met la Châsse au travers de la porte de l'Eglise, & tout le Clergé & le peuple passe pardessous. Le Clergé se range dans la Nef sur deux lignes, & les huit dignitez ou Chanoines chantant les Litanies, se mettent de front au bas de la Nef, & les Sacristes les revêtent de precieuses chappes vertes. Là ils continuent les Litanies, ayant le visage tourné vers la Relique, c'est-à-dire, vers l'Occident. Sur la fin des Litanies, lorsqu'ils chantent *Gloria Patri & Filio*, ils se retournent vers l'Orient, & y demeurent.

Voici encore quelques particularitez de l'Eglise d'Angers. L'Epiphanie & l'Ascension y sont de même classe que Pâques, la Pentecôte & Noël.

C'est à la fin de Nones du Samedi devant la Septuagesime que se termine le chant de l'*Alleluia*, qu'on y chante dans le Répons bref & à la fin du *Benedicamus* deux fois. [Cela me paroît de bon sens.]

Le Mercredi des Cendres, après qu'on a beni les Cendres, on va en Procession à une Eglise, dans laquelle Procession un Diacre ou autre Ecclesiastique en surplis marchant immediatement après la croix porte les Cendres dans un bassin couvert d'un voile violet.

Le premier Dimanche de Carême après Vêpres on fait une station dans la Nef, à la fin de laquelle on voile le grand Crucifix, en disant le Pseaume *Miserere mei Deus*, avec un Verset & une Oraison de la Croix.

Le Vendredi-saint on se sert de couleur violette.

Dans les Eglises du Diocese d'Angers on fait la Procession aux Fonts après Vêpres non seulement les trois Fêtes de Pâques, comme dans la Cathedrale, mais encore le Mercredi, le Jeudi & le Vendredi.

On n'y jeûne point la veille de la Pentecôte selon le premier esprit de l'Eglise.

La Fête-Dieu y est appellée en latin *Festum Corporis Christi* & *Festum consecrationis Corporis Christi*, & en françois *le Sacre*.

Au 6. Août jour de la Transfiguration, le Célebrant après l'Epitre de la grande Messe benit les raisins nouveaux, après quoi ils demeurent sur l'Autel dans deux bassins d'argent ; & à l'*Agnus Dei*, les deux Maires-Chapelains qui sont avec le Chantre les distribuent au Clergé.

Le jour de la Commemoration des Morts un quart ou une demie heure avant Primes, le Maire-Chapelain en semaine revêtu de sa chappe noire & de son camail avec une étole, précedé d'un Bedeau & d'un Enfant de Chœur portant le benitier, asperge generalement toute l'Eglise, les Chapelles, le Portique, le Cloître tout entier, & le Cimetiere de la Chapelle Paroissiale, en disant toujours *Requiescant in pace.*

Abbaye de saint Nicolas.

Dans l'Eglise de S. Nicolas, Abbaye de l'Ordre de S. Benoît, on ne voit point le lieu où est le saint Sacrement. Il y a derriere le retable du grand Autel au milieu une petite armoire où sont renfermez deux ciboires, l'un pour les Religieux, l'autre pour la Paroisse qui est dans l'aîle gauche de la grande Eglise Abbatiale. Quand le Curé en a besoin, il le vient prendre là. Audessus de cette petite armoire qui est simple & sans la moindre sculpture, il y a une image de la Vierge & deux Anges aux côtez sur le retable avec des cierges de part & d'autre.

Abbaye du Ronceray.

Le Chœur de leur Eglise est fort grand, & disposé au bas de l'Eglise. L'on y entre par un bel escalier de pierre, & par une grande porte qui est ouverte au *Sanctus* & aux élevations de la grande Messe tous les jours, les Dimanches lorsque le Prêtre y va faire l'aspersion de l'Eau-benite, & les Fêtes solennelles aux encensemens ; comme aussi lorsque les Chanoines d'Angers y vont en Procession ; car les Religieuses n'ont point encore admis l'étroite clôture. Elles sont toutes consacrées à Dieu par l'Evêque même au jour de leur profession, suivant l'ancien usage & le Pontifical. Feu M. Arnaud Evêque d'Angers en a beni plus de trente. Il y a même là des Religieuses qui y ont des Bénéfices ou des Offices en titre, & qui se resignent en Cour de Rome. Foulques Comte d'Angers leur Fondateur (outre quatre Prêtres qu'il fonda pour desservir l'Eglise de ces Religieuses) leur donna entre autres choses en 1028. des esclaves de l'un & de l'autre sexe pour servir le Monastere.

Eglise Collegiale de S. Julien.

Dans l'Eglise Collegiale de S. Julien le saint Ciboire est suspendu en haut audessus de l'Autel sans pavillon : il y a une colombe audessus, comme encore aujourd'hui à S. Maur des Fossez proche Paris, à S. Liperche au Diocese de Chartres, & à S. Paul de Sens, & autrefois dans l'Eglise de Clugny. [On sait combien ces colombes aux suspensions du saint Sacrement sont anciennes tant dans l'Eglise Grecque que Latine. Il en est fait mention dans le cinquiéme Concile general de Constantinople, Act. 5. dans la Vie de S. Basile le Grand attribuée communément à Amphilochus, chap. 6. S. Paulin, *Epist.* 32. Perpetuus Evêque de Tours dans son Testament, & au livre 2. des Coutumes de Clugny, chap. 30. & livre 1. chap. 9.] Un peu plus bas dans la muraille du côté de l'Evangile, il y a une armoire nommée le *Sacraire* ou *Sacrarium*, où l'on garde encore le Corps de Jesus-Christ pour la Paroisse ; & ainsi dans les autres Eglises Collegiales d'Angers, où il y a par tout des Cloîtres ; marque qu'il y avoit autrefois vie commune & reguliere parmi ces Chanoines.

Dans le cimetiere de cette Eglise de S. Julien au pied de la croix il y a une grosse *Urne* ou pierre qui y sert de pied, haute de trois pieds & demi, quarrée par bas & ronde par le haut avec ouverture ; dans laquelle ont été mises autrefois les cendres d'une ancienne Dame payenne, avec cette inscription du côté du soleil couchant, en gros caracteres Romains grands de quatre doigts en quarré:

UXORI OPTIMÆ TIT. FLAVIUS AUG. LIB. ASIATICUS. *Voyez la Figure VI.*

C'étoit la femme de Titus Flavius l'Asiatique, apparemment l'un des Affranchis de l'Empereur Vespasien, ou de Tite ou de Domitien ses enfans, qui avoient tous trois le nom de *Titus Flavius*, selon la pensée du savant M. de Tillemont, qui dit n'avoir rien trouvé de cet Affranchi dans l'Histoire. Ainsi cette piece doit être du premier siecle. Ces Affranchis prenoient d'ordinaire le nom de ceux qui leur avoient donné la liberté.

Eglise Collegiale de S. Maurile.

A côté d'un assez grand Cimetiere est l'Eglise Collegiale de S. Maurile; Eglise de toutes celles d'Angers où l'on chante le mieux. Le grand Autel, le Porche & le Cloître sont comme à l'Eglise de S. Julien, avec le saint Ciboire en suspension à découvert sans pavillon, *sub titulo Crucis*, qui est assez petite. Les Fonts baptismaux sont d'une fort grande & belle pierre proche la porte, devant laquelle il y a un porche comme aux autres Eglises Collegiales. C'est dans ces porches qu'on fait les Exorcismes pour le Baptême, suivant l'ancien usage, & selon que l'ordonnent les Statuts Synodaux d'Angers. Le reste de l'Eglise est comme dans les autres Collegiales d'Angers: car elles ont presque la même disposition en toutes choses; ainsi qui voit une Collegiale, voit les six autres.

Collegiale de S. Pierre.

En voici une neanmoins qui mérite bien d'être visitée & vûe de fond en comble. C'est l'Eglise Collegiale de S. Pierre, qui est d'une haute antiquité. On en peut juger par les materiaux dont l'Eglise est construite, par ses cryptes & ses anciens cercueils. Il y a la suspension du saint Ciboire au haut de l'Autel, sans pavillon, mais il y a un dais audessus. La Châsse de S. Gohard, en latin *Gohardus* & *Gunhardus*, qui étoit Evêque de Nantes, est audessus, entre les images de S. Pierre qui est du côté de l'Epître, & de S. Paul qui est du côté de l'Evangile. Ces deux figures sont anciennes & magnifiques, & la draperie en est tres-belle, principalement par derriere. On la peut voir, car l'Autel ne tient pas à la muraille ; on tourne autour, comme dans l'Eglise Cathedrale & dans les autres Collegiales où l'on se connoît encore en antiquité, & où l'on n'ignore pas la discipline de l'Eglise. Entre le grand Autel & le Chœur il y a un fort grand Chandelier avec le Cierge Pascal qui y est durant toute l'année, & à côté dans la muraille *ex parte Evangelii*, on garde encore le saint Ciboire dans une armoire ou Sacraire pour la Paroisse Dans le Chœur il y a un grand Chandelier de cuivre à sept branches, qui est ainsi disposé : trois branches sur une ligne, puis une au milieu, & enfin trois sur une ligne pareille à la premiere ; de sorte que ce seul Chandelier a la forme des trois du Chœur de l'Eglise Cathedrale de S. Maurice. *Voyez la Fig. VII.*

Il y a dans la Nef de l'Eglise de S. Pierre deux cercueils de pierre fort anciens, enchassez dans le mur à la hauteur de trois pieds audessus des terres ; comme aussi deux cryptes qui paroissent d'une tres-grande antiquité. Dans celle de dessous le Chœur il y avoit beaucoup de poulies, (& il en est resté encore plusieurs) pour mettre des lampes afin d'éclairer aux Fideles qui s'y assembloient ; car il n'y a aucun jour.

DOUÉ.

Doué en latin *Theoduadum*, *Thedoadum*, & dans quelques anciens titres *Doadum*, est une ancienne ville sur les frontieres d'Anjou vers le Poitou.

Amphitheatre de Doué.

Il y a un Amphitheatre au bout de la ville & au bord de la rue, dans une place ceinte de hautes murailles. L'Arêne ou le milieu où se faisoit le combat des bêtes, est une place de trente-trois pas d'un travers & de trente-cinq de l'autre. On voit dans cette place deux ouvertures de cavernes assez près l'une de l'autre. Il y en a une presque toute comblée, d'où peutêtre sortoient les bêtes feroces, si elles ne sortoient par une porte qui fait face à celle par laquelle on entre, & qui a à ses deux côtez deux petites tourelles.

Cette derniere porte conduit sous trois grottes ou trois lieux soûterrains d'une grande hauteur, creusez dans le roc avec des soupiraux ou larmiers en ligne droite & en ligne oblique pour communiquer du jour.

Mais revenons à l'Amphitheatre. Depuis les Arênes ou l'espace de la place du milieu jusqu'aux murailles, il y a autour (excepté à l'endroit des deux portes) vingt & un degrez taillez dans le roc, chacun de la largeur & hauteur d'un pied ou de treize pouces, toujours en montant comme ceux des escaliers ; & au haut il y a une plateforme ou une allée environ de neuf pieds de large, qui regne tout autour, où l'on mettoit apparemment des sièges plus honorables pour les personnes de qualité. Pour entrer sur cette plateforme, il y avoit en haut dix portes par où l'on pouvoit entrer & sortir, & on les y voit encore bouchées. Pour se placer sur les degrez de l'Amphitheatre, il faut descendre & entrer par une grande porte qui est présentement à demi-bouchée. Sur le rang de chaque degré tout autour il y peut bien tenir deux cens personnes. On peut juger de là que cet Amphitheatre en peut contenir quatre à cinq mille. Ces degrez subsistent encore en leur entier, à la reserve de quelques morceaux de pierre qui s'en sont détachez. Voici à peu près comme est fait cet Amphitheatre, autant que j'ai pu le dessiner. *Voyez la Figure VIII.*

Il y avoit audedans autour des Arênes un grand treillis de fer pour empêcher les bêtes feroces de sauter sur les spectateurs: car ceux du dernier degré d'en bas étoient au niveau de la terre, où l'on voit présentement un jardin potager.

Il ne reste plus en France que cet Amphitheatre qui soit entier, & celui de Nismes en Languedoc qui est aussi presque entier. Les étrangers qui voyagent en ces pays-là, ne manquent pas de les aller voir.

Les Arênes.

C'étoit dans la place du milieu, nommée les Arênes à cause qu'on y semoit un peu de sable pour rendre la terre plus ferme, que combattoient les gladiateurs ou les bêtes feroces; & quelquefois les Juges payens condamnoient les premiers Chrétiens à y être devorez par ces bêtes cruelles, que l'on avoit fait jeûner exprès un jour ou deux pour les rendre plus affamées & plus carnacieres. Entre les Saints & Saintes qui y ont été exposez, S. San-

& Diacre de Vienne, S. Mature, S. Attale, faint Alexandre, & fainte Blandine, le furent à Lyon, & cette derniere fut mife dans un rets; dirons-nous que ce fut pour épargner fa pudeur, ou pour épargner le peu qui en pouvoit encore refter dans les fpectateurs, dont le cœur & les yeux n'étoient guére moins accoutumez à l'impureté qu'à la cruauté?

Pour détourner les premiers Chrétiens de l'une & de l'autre, l'Eglife prit un fort grand foin de leur interdire tous ces fpectacles; & ils n'affiftoient jamais à ces derniers que pour s'animer au martyre par l'exemple des faints Martyrs, ou pour tâcher de ramaffer adroitement quelques-uns de leurs os, ou de tremper leurs mouchoirs ou quelques linges dans leur fang.

FONTEVRAULD,

FONTEVRAULD, Font-evrault, ou Frontevaud, *Fons-Ebraldi*, Abbaye Chef d'Ordre, a ceci de fingulier, que l'Abbeffe eft Superieure générenerale non feulement de toutes les Religieufes, mais encore de tous les Religieux de l'Ordre.

Voici ce qu'il y a de particulier dans leur Ordinaire ou Reglemens faits fous leur premiere Abbeffe vers l'an 1115.

Que les Religieufes malades ne feront point confeffées à leur lit, mais qu'on les portera à une Chapelle pour y être confeffées.

Qu'elles ne recevront l'Extrême-Onction ni le Viatique qu'à l'Eglife, après que le Prêtre aura encenfé l'Autel & le faint Sacrement.

Qu'on sonnera une cloche tant que durera la lecture avant Complies.

Que les Religieuses qui chanteront les Versets, feront l'inclination en rond de toutes parts, *gyrent in circuitu*.

Que les Religieuses se laveront les mains & le visage avant Tierces.

A la grande Messe on ne commençoit à chanter l'Introït qu'aprè que le Prêtre avoit dit le *Confiteor*, que les Religieuses repétoient, & qu'après l'*Indulgentiam*.

Il n'y est point fait mention de l'élévation de l'Hostie ni du Calice, ni qu'on s'y mist à genoux.

La Messe finissoit par l'*Ite, missa est*, ou par le *Benedicamus Domino*.

On voit que l'Eau-benite se faisoit tous les Dimanches pour asperser les Religieuses & tous les Offices de la Maison à la Procession, où l'on faisoit plusieurs stations, comme à S. Jean de Lyon & à S. Lô de Rouen.

Il y avoit des Religieuses consacrées, & elles communioient neuf jours de suite, pendant lesquels elles étoient presque toujours à l'Eglise en priere.

Il y avoit une bénédiction singuliere à table, quand on y servoit du poisson, des fruits nouveaux, du vin nouveau.

On faisoit des lectures dans le Cloître plusieurs fois tous les jours.

En Avent & en Carême au *Gloria Patri* d'après le *Deus in adjutorium* au commencement des Offices divins, les Religieuses baisoient leur siege, & se prosternoient au *Kyrie* ou aux Prieres à la fin de chaque Office. La Messe étoit précedée d'une Litanie chantée *in directum*; & à la Messe elles étoient prosternées sur des bancs depuis la Préface jusqu'à la fin du *Pater*.

Le jour de S. Thomas Apôtre, après le *Benedicamus Domino*, la Chantre annonçoit la Nativité de nôtre Seigneur.

Il semble que la Messe finissoit à l'*Agnus Dei*; où le mot de *Missa* en ces endroits-là doit s'entendre du Canon de la Messe.

Les Religieuses se confessoient même des pechez secrets à leur Abbesse, qui les envoyoit ensuite se confesser à un ancien Prêtre devant quelque Autel.

C'étoit devant la Bibliothecaire qu'on recordoit les Leçons, & devant la Chantre les Répons qu'on devoit chanter à l'Eglise.

Tous les jours de Fêtes à douze leçons une Religieuse alloit à la 4e, à la 8e, & à la 12e Leçon avec une absconse ou lanterne sourde dans toutes les stalles du Chœur voir s'il n'y avoit point quelque Religieuse endormie.

Le Chœur repondoit *Amen* à la fin de l'Evangile.

La nuit de Noël après les Nocturnes, immédiatement avant qu'on commençât la Messe, toutes les Religieuses & les Pensionnaires sortoient de l'Eglise, & alloient au Dortoir & au Cloître se laver: puis elles revenoient à l'Eglise chanter la Messe, dont elles commençoient l'Introït après que le Prêtre avoit dit le *Confiteor*, qu'elles repétoient, & après l'*Indulgentiam*. Il y avoit à cette Messe une Prophetie & une Epître.

Les Fêtes solennelles on encensoit le Chœur des Religieuses à deux encensoirs à *Benedictus* de Laudes, & à *Magnificat* de Vêpres; & cependant deux Religieuses tenoient deux chandeliers élevez à la porte du grand Autel. Le Prêtre chantoit le *Pater*, les Prieres & la Collecte.

Les Religieuses se lavoient encore les mains, le

visage & la bouche avant que d'aller à la Messe du point-du-jour : les enfans & les infirmes y communioient ; l'Abbesse & toutes les Religieuses communioient à la fin de la troisiéme Messe au grand Autel, après que tous les laïques étoient sortis, & que les portes de l'Eglise étoient fermées.

Aux grandes Fêtes l'Abbesse servoit elle-même le premier mets aux Religieuses du côté droit du Refectoire à dîner, & la Doyenne à celles du côté gauche.

Le Mercredi des Cendres elles assistoient nuds pieds à la bénédiction & à l'imposition des cendres & à la Messe.

En Carême elles étoient prosternées le visage en terre durant les deux Pseaumes qu'on disoit dans les Prieres à la fin de chaque Office. C'étoit après Tierces qu'elles alloient au Chapitre.

Le premier Dimanche de Carême après Vêpres on déparoit les Autels, & on ôtoit les croix.

Le premier Lundi de Carême les Officieres se déposoient de leurs offices & emplois dans le Chapitre en rendant les clefs.

A la Procession du Dimanche des Rameaux en rentrant dans l'Eglise toutes les Religieuses passoient sous une Châsse de Reliques.

Le Jeudi-saint & les trois jours suivans elles étoient toutes obligées de communier ; *his quatuor diebus nulla à Communione se subtrahat.*

On y voit en plusieurs endroits que *canere sub silentio*, c'est chanter d'une voix ou d'un ton médiocre, comme quand on psalmodie ; & que *silenter legere*, c'est d'un ton médiocre & plus bas, mais de sorte neanmoins qu'on soit entendu ; *lectio mensæ silenter legatur, ita tamen ut audiatur.*

Le Vendredi-saint elles étoient pieds nuds dès

Primes, & outre l'Office elles difoient les fept Pfeaumes Pénitentiaux & le Pfeautier tout entier. Après Vêpres elles fe chauffoient, & elles alloient enfuite au Refectoire, où elles ne mangeoient que du pain, & ne bûvoient que de l'eau.

Le Samedi-faint on ne difoit Nones que vers la fin du jour, *advefperafcente die dicatur Nona*. Le Diacre faifoit la bénédiction du Cierge Pafcal, auquel on attachoit la Table Pafcale, comme on fait encore à Rouen & à Reims.

Les Religieufes alloient nuds pieds à la Proceffion le jour de S. Marc.

Le jour de l'Afcenfion après la méridienne elles fe lavoient, elles alloient à l'Eglife chanter Nones tres-dévotement, en commençant par l'hymne *Jefu noftra redemptio*, au fon de toutes les cloches, & on encenfoit cependant & on parfumoit les Autels & tout le Couvent. [Et cela pour honorer l'heure de None à laquelle Jefus-Chrift monta au Ciel.]

On voit en beaucoup d'endroits qu'aux jours de jeûnes on difoit la Meffe après midi & après la meridienne.

L'Epiphanie y eft appellée l'*Apparition du Seigneur*; & la Fête de la Purification de la Vierge y eft appellée *la Préfentation du Seigneur*; *in Apparitione & Præfentatione Domini*.

Le jour de S. André à *Benedictus* de Laudes on triomphoit l'Antienne aux quatre derniers verfets du Cantique, comme au jour de la Circoncifion.

Les peres & les meres offroient & engageoient leurs filles pour être Religieufes, en les préfentant au grand Autel, & leur enveloppant la main droite dans la nappe de l'Autel en préfence de l'Abbeffe, fans qu'il leur fût permis de quitter jamais l'habit ni le Monaftere dans la fuite. On

On portoit aussi sur l'Autel la Profession des Religieuses, après qu'elles l'avoient lûe & signée, conçue en ces termes: *Ego soror ill. promitto stabilitatem meam, & conversionem morum meorum, & obedientiam secundùm Regulam S. Benedicti coram Deo & Sanctis ejus, in hoc loco constructo in honore Salvatoris mundi sanctaque Genitricis Mariæ, & in præsentia ill. Abbatissa* Ensuite l'Abbesse leur couvroit le visage d'un voile qui demeuroit ainsi jusqu'à l'*Agnus Dei* de la Messe du troisiéme jour.

Après la mort d'une Religieuse on lavoit son corps, & on le couchoit sur un cilice dans la biere ou le cercueil. Son visage étoit enveloppé d'une guimpe blanche, de telle sorte qu'il ne pût être vû de personne, & on enveloppoit le corps dans un long voile ou suaire qui étoit cousu depuis les épaules jusqu'au bout des pieds. Ensuite l'Abbesse prenoit un cierge beni, & en faisoit degouter en forme de croix depuis la tête jusqu'au nombril, *à summo capitis usque ad umbilicum ventris in modum crucis.* De là est venue cette croix de cire qu'on met à Rouen & ailleurs sur le cercueil & le poële.

MARMOUTIER.

MARMOUTIER, en latin *Majus-Monasterium*, un des plus célebres Monasteres de France, a été fondé par S. Martin Archevêque de Tours. Là est l'Autel de ce Saint, bâti à côté de sa cellule que l'on voit encore pratiquée dans le roc, où à peine un homme peut se tenir debout ou être couché de son long; elle n'est pas plus large que pour y mettre une couchette ou un grabat. On monte à cette Chapelle par un escalier à visse, qui sur un même noyau comprend deux escaliers, l'un rond & l'autre quarré, à côté l'un de l'autre ; de sorte que deux personnes se peuvent trouver ensemble en haut & en bas, sans se voir ni en montant ni en descendant. Il y a toujours une lampe ardente devant cet Autel.

On tourne autour du grand Autel ; le saint Ciboire est suspendu audessus. Le Sanctuaire fort spacieux est fermé d'une balustrade de marbre & de jaspe : les portes en sont de bronze. Il y a devant le saint Sacrement un Chandelier à trois lampes ardentes : & un tres-beau Jubé bien large.

TOURS.

Tours, en latin *Turoni*, situé entre les Rivieres du Cher & de la Loire.

Eglise Cathedrale de S. Gatien.

L'Eglise Cathedrale de Saint-Gatien a un tres-beau Portail accompagné de deux fort belles tours ; & au milieu une rose tres-delicate. L'Eglise est bien proportionnée, n'ayant rien du tout de grossier, avec une aîle seulement autour de la Nef & du Chœur, entre lesquels il y a un Jubé.

Il n'y a rien du tout sur le grand Autel. Audessus de la contretable il y a quelques cierges, & au milieu est la suspension du saint Sacrement avec un petit pavillon au bout d'une petite potence de cuivre.

Les Chanoines en esté ont comme dans les autres Cathedrales, l'aumusse sur le bras ; les Chapelains l'ont noire par le dessus.

Les grandes Fêtes, les douze Enfans de Chœur sont revêtus de tuniques, même les Portechandeliers; & le Portecroix d'une chappe.

Au retour de la Procession dans le Chœur, le Portecroix entre dans le Sanctuaire, pose sa croix processionelle au côté de l'Evangile, les deux Portechandeliers s'arrêtent aux deux côtez de la porte du Sanctuaire ; le Diacre ayant six pas auparavant ôté la chappe au Célébrant, lui passe la chasuble. Alors le Prêtre au milieu du Diacre & du Soûdiacre étant dans le Sanctuaire & ayant salué l'Autel, commence la Messe. Les deux Ceroferaires s'en retournent porter leurs chandeliers au milieu du Chœur, & en même tems trois autres Enfans de Chœur viennent de la Sacristie apporter trois autres chandeliers ; un marche seul avec un grand cierge à son chandelier, & les deux autres suivent à côté l'un de l'autre, & viennent poser leurs chandeliers au milieu du Chœur, & les deux autres derriere à côté de l'Aigle. Devant ces cinq chandeliers d'argent il y a encore un grand chandelier de cuivre à trois branches, où trois grands cierges brûlent. Devant le grand Autel il y a encore un grand chandelier de cuivre suspendu, portant cinq verres de lampes allumées. L'Autel est fort auguste, & couvert d'un grand dais, sous lequel est la suspension du saint Sacrement, mais qui n'est point *sub titulo Crucis*, ainsi que l'ordonne cependant le second Concile de Tours, *can.* 3. Les balustres de cuivre qui ferment le Sanctuaire, ont plus de six ou sept pieds de hauteur. Il n'y a sur l'Autel ni chandeliers, ni croix, sinon à l'égard de la croix quand on y dit la Messe : alors on l'y met un peu auparavant, & le Prêtre l'emporte à la fin.

Après que le Prêtre est monté à l'Autel, le Diacre, si l'Archevêque est au Chœur, lui porte le calice couvert seulement de la palle sans purificatoire, accompagné & précedé des deux Enfans de chœur en tuniques, qui portent chacun une grande burette d'argent de la mesure d'une pinte, où sont l'eau & le vin. Ces grandes burettes sont du tems qu'on communioit sous les deux especes. Le Diacre ayant ôté la palle présente le calice à l'Evêque, qui prend lui-même la burette au vin, en met dans le calice, & pareillement de l'eau qu'il benit : après quoi ils s'en retournent tous trois au même ordre qu'ils sont venus.

On n'encense point l'Autel, mais seulement après l'Offertoire *super oblata*, c'est-à-dire, sur l'hostie & sur le calice.

Le Portecroix est toujours au côté de l'Evangile avec sa chappe.

Au commencement du *Gloria in excelsis*, deux grands Acolythes ou Soûdiacres en chappes blanches viennent avec des encensoirs & de tres-grandes navettes présenter l'encens à M. l'Archevêque, s'il est au Chœur, & de là ils encensent de trois coups le Sanctuaire sans entrer dedans. Ensuite ils encensent trois coups à l'Aigle au milieu du Chœur. Puis le Thuriferaire du côté de l'Evangile va par derriere l'Aigle rejoindre celui du côté droit, & tous deux encensent M. l'Archevêque chacun de trois coups. Après quoi s'étant separez chacun d'un côté sans monter dans les chaises, ils encensent *in plano* tout le Chœur cinq ou six fois, allant & venant durant tout le *Gloria in excelsis*. Ils font la même chose à l'Offertoire & pendant le commencement de la Préface ; & enfin ils s'en retournent dans la Sacristie, & ayant mis bas leurs chappes & leurs encensoirs, ils reviennent au

S. Gatien de Tours. 117

Chœur à leurs places (car on n'encense point, & l'on ne sonne ni cloche ni tymbale aux élévations de l'Hostie & du Calice).

On ne chante rien aux Elévations ; on adore Jesus-Christ en silence. Ce fut Louis XII. qui demanda qu'on chantât *O salutaris Hostia* à Nôtre-Dame de Paris à l'élévation de l'Hostie.

Au *Præceptis salutaribus moniti*, le Portecroix de la Procession, qui (comme j'ai dit ci-dessus) reste toujours à l'Autel en chappe, va prendre le grand bassin à laver & met le voile dedans. Le Diacre y met la patene qu'il couvre de ce voile, & alors cet Enfant de chœur en chappe va au milieu du Chœur auprès du grand Chandelier à trois branches, & tient ce bassin élévé le plus haut qu'il peut. Vers le milieu du *Pater* il quitte cette place & revient à l'Autel, présente ce bassin au Soûdiacre qui prend la patene & la tient quelque tems élevée pour la montrer au peuple, & la donne au Diacre, qui ayant fait de même, monte à la fin du *Pater* à l'Autel pour la présenter au Célebrant.

A l'*Agnus Dei*, le Diacre prend la patene sur le voile, & va la présenter à baiser à l'Archevêque, s'il est au Chœur ; & aussitôt qu'il est revenu, les deux Enfans de chœur qui servent à l'Autel prennent chacun un instrument de paix, qui ayant été baisé par le Célebrant, par le Diacre & le Soûdiacre, est porté par ces deux Enfans aux trois Chappiers, & ensuite à tous ceux qui sont dans les hautes chaises, tant Chanoines que laïques.

Pendant la Postcommunion le Soûdiacre raccommode le calice, & le met sur l'Autel *in cornu Evangelii*. C'est pourquoi on rapporte le livre au côté droit.

La bénédiction étant donnée à la fin de la Messe

H iij

par le Prêtre ou par l'Evêque, s'il est present, le Célebrant ne dit plus rien.

La Messe dite, le Portecroix de la Procession prend sa croix qui étoit au côté de l'Autel *ex parte Evangelii*, vient quatre pas audessous de l'Autel, les cinq Portechandeliers se joignent à lui, & vont à la Sacristie, un, seul ; & les autres, deux à deux. Après eux suit le Portecroix, ensuite un autre Enfant de chœur en chappe portant le bâton du Chantre suivi des Chappiers, après lesquels marchent le Soûdiacre portant le calice, le Diacre, & le Célebrant qui rapporte à la Sacristie la croix qui a servi sur l'Autel pendant la Messe ; & l'Evêque précedé de son Portecroix va tout le dernier.

Aux grandes Fêtes annuelles au *Te Deum* de Matines, M. le Trésorier en chappe est précedé de neuf Enfans de chœur, qui portent chacun un chandelier d'argent, & vont l'un après l'autre de quatre pas en quatre pas ; & étant tous arrivez à l'Autel, le Tresorier pose lui-même sur l'Autel ces neuf chandeliers qui y demeurent durant les Laudes. Hors ce tems-là dans les grands Annuels seulement, il n'y a point de chandeliers sur l'Autel.

Il y a aussi à la Messe aux grandes Fêtes Annuelles sept Portechandeliers qui viennent par la grande porte du Chœur du côté de l'Occident, & de six pas en six pas passent un à un par le milieu du Chœur, suivis de quatre Soûdiacres & de quatre Diacres, & de l'Archevêque ou du Célebrant. Quand l'Archevêque officie, il donne la bénédiction solennelle avant l'*Agnus Dei*. S'il est absent, & qu'un Chanoine dise la Messe aux grands Annuels, il a le même nombre de Diacres, de Soûdiacres, & de Portechandeliers, que l'Archevêque *propter honorem cathedra* : il ne donne point la bénédiction solennelle avant l'*Agnus Dei*, mais la commune & ordinaire après l'*Ite, missa est*.

Aux Messes d'Obits il n'y a aucun cierge allumé, excepté celui qu'un Enfant de chœur tient hors du Sanctuaire sur un chandelier d'argent à deux pas du balustre pendant que le Prêtre chante les Oraisons, & au milieu du Chœur pendant que le Diacre y chante l'Evangile vers le Septentrion, le Ceroferaire étant tourné vers le Diacre, & lui faisant face directement vers le midi.

Le Diacre & le Soûdiacre gardent toujours leur aumusse sur le bras gauche durant toute la Messe, comme à Bourges.

On n'y dit point de dernier Evangile, (ce qui s'observe à toutes les Messes célebrées à haute voix) mais aussitôt que le Prêtre a donné la bénédiction, il s'en retourne avec ses ministres à la Sacristie.

On benit dans cette Eglise les raisins nouveaux au jour de la Transfiguration & de S. Sixte, qui est le 6. Août. Et c'est en ce jour que cette bénédiction est marquée dans le Sacramentaire de saint Gregoire.

La Bibliotheque de cette Eglise qui tient la longueur d'une galerie du Cloître, est toute remplie de beaux Manuscrits posez & enchaînez sur des pupitres tant au milieu que du côté de la muraille. Il y a entre autres un Pentateuque de mille ans, écrit en lettres onciales ou majuscules, & les quatre Evangiles écrits en lettres Saxoniques, qu'on croit là communément être de douze cens ans, & avoir été écrits par S. Hilaire Evêque de Poitiers. Mais il paroît qu'ils se trompent, tant par le caractere qui ne passe point mille ans, que par cette inscription qui est au derriere du livre, écrite en lettres rouges Saxoniques, *Ego Holcundus &c.* au

lieu de quoi quelques-uns lisoient *Ego Hilarius.*
Ce qui aidoit à les entretenir dans cette croyance
(dont neanmoins je les crois à present revenus),
c'est le Testament de Perpetuus Archevêque de
Tours, qui en leur donnant ses livres, marque qu'il
leur léguoit entre autres un livre des quatre Evangiles écrit par S. Hilaire de Poitiers.

S. Martin de Tours.

L'Eglise de S. Martin de Tours est fort grande, mais grossiere & obscure. Il y a trois rangs de vitres assez petites, avec doubles aîles autour de la Nef & du Chœur. Cette Eglise si illustre * par le tombeau de S. Martin, a été desservie d'abord par des Moines jusqu'au neuviéme siecle ; & il y a encore un Cloître au côté de l'Eglise. Il y eut des Clercs du tems de Louis le Débonnaire ; & sous le regne de Charles le Chauve ces Clercs par son ordre & du consentement de la Communauté furent fixez à deux cens, sous le titre de Chanoines l'an 849. Il y a encore à present en cette Eglise près de trois cens Prébendes. Le Clergé est encore composé de cinquante Chanoines, de cinquante Vicaires perpetuels, & de cinquante Chapelains, Chantres & Musiciens, avec dix Enfans de chœur. Outre ces dix Enfans de chœur on y recevoit anciennement un grand nombre d'enfans qu'on élevoit dans l'esprit de la Clericature. On reçoit encore de ces enfans lorsqu'ils demandent à assister à l'Office, & on les installe comme les Bénéficiers ; c'est ce qu'on appelle Choristes.

Tous ces Ecclesiastiques étoient distribuez en quatre rangs ou stations : le quatriéme rang étoit

* Concil. 1. Aurelian.

des Clercs & Enfans de chœur ; ils étoient debou
in plano.

Outre les Mariliers & Bedeaux ou Bâtonniers il y a un pauvre de S. Martin, fondé par Louis XI. Roi de France, & qui est élû par le Chapitre à la pluralité des voix. Il faut qu'il ne lui paroisse aucun bien. Il est logé, vétu, nourri & entretenu de toutes choses, sain & malade, aux frais du Chapitre ; & il ne peut être destitué que pour dereglement de mœurs. Il va aux Processions solennelles devant la croix avec les Bedeaux ou Bâtonniers, & il assiste aussi à l'Office des jours solennels vétu d'une robe mipartie de rouge & de blanc.

Il n'y a rien sur l'Autel ; seulement douze chandeliers derriere. Le saint Ciboire est suspendu au bout d'une crosse, sans image aux côtez. Il y a un parement de contretable audessus de l'Autel, & des rideaux aux côtez, avec des balustres hauts de six ou sept pieds, qui ferment le Sanctuaire.

Derriere le grand Autel est le tombeau de marbre noir, blanc & jaspé de S. Martin, fort simple & sans figure, élevé de terre environ de trois pieds. A toute heure du jour il y a un concours de peuple, qui après y avoir fait sa priere, le baise par respect. Autrefois les Rois de France de la seconde race, avant que d'entreprendre une guerre, venoient prier au tombeau de ce Saint ; & on portoit la Chappe ou Manteau de S. Martin à la tête des armées. Audessus de ce tombeau il y a un Autel de S. Martin, où l'on monte par un escalier de douze degrez de chaque côté, avec des balustres de cuivre de peur qu'on ne tombe en y montant ou en y descendant. Ce petit Autel est fort simple, sans image, pas même de S. Martin ; seulement un parement devant & audessus de l'Autel, une croix sur l'Audeux chandeliers aux côtez & non deſſus : tout cela eſt d'une grande régularité.

On ſe ſert de cire jaune en cette Egliſe, & d'un Breviaire particulier, qui n'eſt ni le Romain, ni celui de Tours : & de même à Saint-Quentin & encore ailleurs. Il y a des cérémonies aſſez particulieres.

Voici un abregé des principales cérémonies de cette Egliſe, tiré de ſon ancien Ordinaire ou Cérémonial écrit l'an 1393.

Les Officiers pour l'Office divin étoient inſcrits dans un tableau enduit de cire, comme à Rouen.

Les Semainiers ne commencent leur Semaine qu'aux Matines du Dimanche.

Il n'y avoit ni *Pater* ni *Credo* au commencement des Offices divins dans aucuns de leurs livres avant la derniere édition de leur Breviaire de 1635. encore n'eſt-ce que pour ceux qui le diſent en particulier : car on ne dit point au Chœur ces prieres préparatoires, le *Domine labia mea aperies*, & le *Deus in adjutorium*, n'étant autres choſes.

Depuis la Pentecôte juſqu'au premier Dimanche d'Octobre, c'eſt-à-dire, pendant l'été que les nuits ſont courtes, on pſalmodioit ou récitoit les Pſeaumes en ton de chœur ſans chant, & on retranchoit les Antiennes de Matines pour abreger l'Office, afin qu'on pût chanter les Laudes vers l'Aurore, qui eſt le tems marqué pour l'Office même. En hyver que les nuits ſont longues, on ajoutoit des Antiennes, & on chantoit les Pſeaumes en pleinchant.

On y diſoit autrefois le *Te Deum* à Matines tous les Dimanches de l'année, même pendant le Carême ; & ce n'eſt que dans la derniere édition du Breviaire de l'an 1635. qu'on l'a retranché aux Dimanches de l'Avent & du Carême.

Le jour des saints Innocens il y a *Te Deum* à Matines, & *Gloria in excelsis* à la Messe.

L'Officiant dit toutes les Oraisons de Laudes & de Vêpres *ad cornu Epistolæ in plano Sanctuarii*, & non à l'Autel, qu'il baise à la fin du *Benedictus* & du *Magnificat*.

Il n'y a jamais d'Antiennes aux petites Heures que l'*Alleluia*, ou *Laus tibi Domine*, selon le tems, comme à Vienne & à Lyon.

La bénédiction de l'eau ni l'aspersion ne s'y fait point les Dimanches: mais seulement le Chapelain qui veilloit à faire administrer les Sacremens aux Pelerins qui tomboient malades, étoit chargé de faire l'Eau-benite. Il y satisfait encore tous les Samedis au grand Benitier placé à la porte du côté du midi, qui est à la croisée de l'Eglise. Il suit pour cela ce qui est marqué dans le Missel Romain, & rien plus. Tous les jours après Complies le Semainier placé entre la Forme du Chantre & du Maître d'école, tourné vers l'Autel, donne de l'eau-benite aux dix Enfans de Chœur rangez devant lui sur une ligne, & à tous les Bénéficiers rangez en forme de croissant. Aussi de-là on alloit autrefois au lit.

Lorsqu'on sort processionellement de l'Eglise, l'on porte toujours le Bénitier devant la Croix, pour faire les aspersions dans les lieux où l'on passe. C'est un des six Prêtres Aumôniers qui le porte tour à tour.

A la Messe le Célébrant porte à l'Autel l'aumusse, qu'il ne quitte qu'après avoir entonné le *Gloria in excelsis*, & les jours feriaux avant le *Dominus vobiscum* : mais le Diacre & le Soûdiacre ne quittent jamais l'aumusse à l'Autel.

A la grande Messe le Diacre met le pain & le vin

sur l'Autel au côté de l'Epitre, comme dans l'Eglise Cathedrale de Rouen. Et c'est pour lui faire place, qu'on porte en ce moment le Missel à l'autre côté de l'Autel.

Il y a à S. Martin de Tours un Missel manuscrit de l'an onze cens cinquante-sept, où S. Martin & sainte Euphemie sont employez dans le Canon.

Le Célebrant récite l'Evangile de S. Jean en retournant à la Sacristie, & le finit en quittant les ornemens par maniere d'actions de graces. Cet usage s'observe à toutes les Messes hautes qu'on dit aux Chapelles aussi-bien qu'au grand Autel.

On ne fait point à S. Martin de Tours la repetition du *Quoniam in æternum misericordia ejus* après chaque verset du Pseaume 135. *Confitemini*, le Jeudi à Vêpres.

C'est le Doyen ou la plus haute dignité presente, qui dit le *Confiteor*, & qui reçoit la confession du Clergé à Complies, qui dit le *Misereatur* & l'*Indulgentiam*, comme dans l'Eglise Cathedrale de Rouen.

Les Antiennes de la Vierge *Salve Regina*, *Regina Cœli*, &c. ne se disent point aux jours où l'on fait la Fête de la sainte Vierge, parce qu'on en fait tout l'Office, ni depuis la Veille de Noël jusqu'à la Fête de l'Octave de l'Epiphanie, parce qu'il est parlé d'elle dans l'Office.

Il y a dans cette Eglise des Fêtes doubles à sept, à cinq & à trois chandeliers; ainsi appellées, parce qu'on y porte ces jours-là ce nombre de chandeliers à la grande Messe devant le Célebrant.

Aux Fêtes de sept chandeliers la solennité commence la veille à Tierces, parce que la Fête vient d'être annoncée dans le Chapitre après Primes. Aussi la Messe de la Vigile a le rite des Doubles.

En ces grandes Fêtes l'Officiant, le Chantre & le Maître d'école, le Chambrier & le Chefcier ont encore l'ancien habit de Chœur, c'est-à-dire, l'amit & l'aube avec la ceinture sous la chappe; le surplis qui n'est que l'aube racourcie, étant beaucoup posterieur au tems de la sécularisation de cette Eglise.

Le chaperon de leur plus ancienne chappe qui sert à Noël, à Pâques & à l'Assomption, est taillé en forme de capuchon, & se termine en pointe.

On ne fait point les encensemens de Vêpres pendant le *Magnificat*; mais dès le premier Pseaume le Chambrier & le Chefcier revêtus d'aubes parées entrent dans le Chœur, précedez de deux Bedeaux & de deux Mariliers, font benir l'encens à l'Officiant, vont se mettre à genoux entre les portes du Sanctuaire, & encensent de trois coups le saint Sacrement; après quoi ils vont baiser l'Autel. De là ils vont toujours en encensant au tombeau de saint Martin, & après l'avoir encensé de trois coups, ils vont faire la même chose en differens endroits de l'Eglise, & entrent ensuite dans le Chœur pour encenser le Clergé chacun de son côté, & pour parfumer l'Eglise.

A Matines les mêmes font pareils encensemens au premier Pseaume de chaque Nocturne, comme si c'étoient trois Offices differens. Aussi les separoit-on autrefois; à la fin de chaque Nocturne l'Enfant de Chœur ferme le Lectionnaire & l'emporte, & celui qui a apporté le cierge, l'éteint, comme si on devoit se retirer du Chœur.

L'Heure de Tierces se chante solennellement, & est commencée par le Célebrant revêtu d'aube parée & de chappe. Le Chantre ayant son bâton entonne l'Hymne & les Pseaumes. Tierces étant finies, on fait la Procession avec station dans la Nef. La Procession étant finie, le Célebrant va dans la Sacristie pour y prendre la chasuble.

Le Célebrant en sort précedé de deux Bedeaux, des sept Portechandeliers en tuniques, de deux Thuriferaires en chappes qui encensent continuellement, de sept Acolythes en tuniques, de deux Soudiacres & de deux Diacres, suivi d'un Bedeau qui leve le bas de la chasuble, parce qu'autrefois les chasubles étoient traînantes & toutes fermées; & ainsi le Célebrant qui porte la vraye-Croix avoit besoin de ce soulagement. Ils vont en cet ordre au tombeau de S. Martin, au pied duquel le Célebrant fait la Confession &c. à la maniere accoutumée, & cela à cause de ces mots *quorum Reliquiæ hîc sunt*, *dont les Reliques sont ici* : car anciennement c'étoit sur les tombeaux des Saints qu'on célebroit les saints Mysteres. Et cela s'y observoit encore au treiziéme siecle tous les Dimanches & toutes les Fêtes à neuf leçons; & pendant ce tems-là les deux Soudiacres étendoient les nappes sur l'Autel.

Ils vont dans le même ordre au grand Autel, où étant arrivez, le Célebrant entonne le *Gloria in excelsis*, qu'on vient lui annoncer, les Enfans de chœur posant leurs chandeliers à terre ; car on ne met rien sur l'Autel que les Reliques des Saints & le livre des saints Evangiles.

Le Célebrant ne récite point à l'Autel ce qui se chante au Chœur, l'écoutant respectueusement.

Après que le Soudiacre a chanté l'Epître, un Diacre & un Soudiacre entrent dans le Chœur, portant en cérémonie le pain & le vin pour la matiere du Sacrifice ; ils sont précedez d'un Bedeau, des deux Portechandeliers, & de deux Thuriferaires en chappes, qui encensent continuellement jusqu'à l'entrée du Sanctuaire.

Le Célebrant & le Clergé se mettent à genoux à *Suscipe deprecationem nostram* du *Gloria in excelsis*; & au *Credo* à *Descendit de cœlis, & incarnatus est...* jusqu'à *Et resurrexit*, qu'on se releve ; & cela par rapport à ces mots *descendit* & *resurrexit*, comme aussi pour adorer l'humiliation de Jesus-Christ dans son Incarnation & dans sa Passion.

Lorsqu'il y a Communion generale, elle se fait après celle du Célebrant : pendant ce tems-là le Clergé est debout dans le Chœur, un Diacre tient la patene pour recevoir les particules qui pourroient se détacher pendant la communion, & un Soudiacre présente le calice avec du vin à ceux qui communient.

Le Diacre ne se tourne point vers le peuple lorsqu'il chante l'*Ite, missa est*, parceque le Prêtre célebre à la vûe & au milieu du peuple, le Sanctuaire n'étant renfermé que par des balustres de cuivre, & cette partie du Chœur que par une grille de fer ; outre qu'il n'y avoit point autrefois de retable à l'Autel.

Le Célebant récite l'Evangile *In principio*, en s'en retournant à la Sacristie.

Au secondes Vêpres des grandes Fêtes, soit de sept, soit de cinq chandeliers, on n'encense point, à moins que le lendemain il ne soit Fête double ou Dimanche. C'est que la Fête finissoit par là, & qu'on reprenoit aussitôt le travail à la fin de ces secondes Vêpres : ce qui étoit cause qu'il y avoit une moindre affluence de peuple & une moindre célebrité. *Voyez* Rouen.

Le Dimanche des Rameaux ils vont en Procession à l'Eglise de saint Pierre du Chardonnet, qui étoit autrefois hors la ville, & l'on chante en revenant le *Gloria, laus*, dans la Chapelle de la Trésorerie bâtie sur l'ancienne porte de la ville, apparemment à cause de l'*Hosanna in excelsis* & du *Cœtus in excelsis*.

Le Jeudi-saint après Primes le Clergé va processionellement au Chapitre, où le Celerier & le Senéchal lavent les pieds des pauvres ; & entre deux & trois heures après midi les pieds des Enfans de chœur, autrefois de tout le Clergé, comme porte leur ancien Rituel.

Ils récitent debout les Pseaumes de Complies attroupez sans ordre au milieu du Chœur ; & on récite de même toutes les petites Heures les deux jours suivans, selon la premiere institution, n'y ayant point anciennement de sieges dans l'Eglise.

Le Vendredi-saint aux Oraisons de la Messe pour differentes sortes d'états, après la monition ou l'avertissement *Oremus*, le Diacre disoit, *Flectamus genua* ; *Mettons-nous à genoux*. Et alors le Célebrant & tous les autres tant du Clergé que du peuple, se mettoient à genoux, & s'y tenoient pendant l'Oraison, le Célebrant seul se relevant & la disant debout ; à la fin de laquelle le Diacre disoit, *Levate, Levez-vous*, immédiatement avant la conclusion *Per Dominum*. Il n'y a plus que le Diacre qui s'y tient à genoux pour le Clergé & le peuple, comme témoin public & cooperateur du Sacrifice *.

Immédiatement après Vêpres du Vendredi-saint (comme à Chartres) on depouille les Autels, & on les lave pour la propreté. Ailleurs c'est le Jeudi-saint.

Le Samedi-saint quand on est parvenu dans la

---

* *Harlay Archiepisc. Rothomag.* Maniere d'entendre la la Messe.

troisiéme

troisiéme Litanie à ces mots *Propitius esto*, un Enfant de chœur qui est debout devant le Chantre, dit trois fois *Accendite* en élevant sa voix à chaque fois; & alors on allume les cierges. La même cérémonie se pratique à Rome lorsque le Pape officie. Et à Angers aux Fêtes solennelles il est chanté par par un petit chœur de musique au haut du Chœur devant l'Autel avant que de commencer la Messe.

Comme on disoit cette Messe dans la nuit ou veille la plus solennelle de l'année, & que l'Eglise étoit éclairée d'un grand nombre de cierges & de lampes, on ne portoit point de chandeliers pour éclairer au Diacre à aller chanter l'Evangile, parce qu'ils étoient alors fort inutiles. Il y a même encore ce jour-là à Lyon & à Rouen un grand nombre de cierges au Jubé.

Le Lundi de Pâques le Clergé de S. Martin va le matin faire station à l'Abbaye de Beaumont, où le Clergé est reçu à l'entrée de l'Eglise par les Aumôniers de l'Abbaye; la grille du Chœur est ouverte, & l'Abbesse & les Religieuses s'y trouvent pour marquer leur respect au Chapitre Fondateur de l'Abbaye. A midi ils vont en robe de cérémonie à Marmoûtier visiter la grotte de S. Martin, où après avoir chanté quelques Antiennes & Oraisons, ils prennent une petite agape dans le Monastere, & retournent à Tours chanter Nones & Vêpres chez eux.

Le lendemain Mardi de Pâques le Clergé de saint Martin va le matin faire station au Monastere de saint Côme, où l'on trouve la principale porte fermée exprès par honneur : on y acheve la Prose de la Résurrection ; les Religieux qui sont assemblez au dedans sous leur croix répondent ; & lorsque le Clergé recommence d'un ton plus haut, les Religieux ouvrent les portes, & marchent à l'Eglise devant le Clergé ; lequel après avoir chanté quelques Antiennes & Oraisons, & avoir pris dans le Monastere quelques rafraîchissemens comme une agape des premiers Chrétiens, ils s'arrêtent auprès du tombeau de Beranger Archidiacre d'Angers, & depuis Maître d'école de l'Eglise de S. Martin, qui se retira dans cette solitude pour y faire pénitence après avoir abjuré ses erreurs. On récite sur son tombeau le Pseaume *De profundis*, le *Pater*, les Versets & Oraisons pour les défunts ; & on s'en retourne dans le même ordre qu'on est venu.

Le jour de S. Marc les Processions de Marmoutier, de S. Julien, de S. Côme, de l'Abbaye de Beaumont, de S. Venant, & de S. Pierre Puellier se rendent à la même heure à l'Eglise de S. Martin, & y entrent par sept portes differentes, avec celle du Chapitre qui retourne de l'Eglise de saint Hilaire. Chaque corps se place dans le lieu qui lui est destiné, & chante les grandes Litanies. Ceux qui parviennent les premiers à l'invocation de saint Martin attendent les autres pour se réunir tous ensemble, & chanter solennellement *Sancte Martine ora pro nobis*, qu'on répete trois fois : après cela chaque Chœur poursuit les Litanies, & les conclut en même tems par le Verset & l'Oraison de S. Martin.

* Le Chapitre de S. Venant étoit un Monastere de Moines, qui fut sécularisé en même tems que l'Eglise de S. Martin sa mere. Et l'Eglise de saint Pierre Puellier étoit originairement une Communauté de filles, dont sainte Monegonde fut Superieure. C'étoit un Hôpital où se retiroient les filles & femmes de distinction qui venoient en pelerinage au tombeau de S. Martin. De là vient S. Pierre Puellier, *à puellis*.

Il y a encore deux autres Hôpitaux, l'un nommé *Hospitale nobilium*, pour loger les hommes nobles; c'est aujourd'hui la Paroisse de S. Clement: & un autre qui servoit de retraite aux pauvres peletins. C'étoit le grand Aumônier, l'un des Dignitaires de l'Eglise de S. Martin, qui avoit l'administration de ces trois Hôpitaux, avec l'aide de trois Clercs d'aumône.

Le 12. de May, jour de la Subvention de saint Martin, en reconnoissance de ce que la ville de Tours assiegée au neuviéme siecle par les Normans & Danois, fut délivrée pas les merites de S. Martin, & de ce que les Chanoines de S. Martin allerent chercher dans les bois & les cavernes les Moines de Marmoutier qui avoient échappez à la fureur de ces Barbares, les retirerent dans le Cloître de saint Martin, & pourvûrent abondamment à tous leurs besoins; ces Religieux viennent tous les ans à pareil jour processionnellement à l'Eglise de S. Martin ayant des baguettes blanches à la main, (originairement des bâtons pour se soutenir,) qu'ils quittent en entrant dans l'Eglise, & qu'ils reprennent à la sortie. Après avoir chanté dans la Nef une Antienne de S. Martin, le Verset & l'Oraison, ils vont au travers du Chœur au tombeau de S. Martin, où ils demeurent quelque tems en prieres; quatre Commissaires du Chapitre les conduisent dans un lieu préparé pour les recevoir, où on leur sert les rafraîchissemens dont ils ont besoin, & ils reçoivent chacun un petit gâteau qu'ils emportent avec eux en marque d'union & de confraternité, & pour conserver la memoire de l'hospitalité qu'ils reçurent d'eux dans une si pressante nécessité. Ils chantent solennellement Tierces & ensuite la Messe avec le Clergé de S. Martin, qui occupe la droite du Chœur, & les Moines de Marmoutier la gauche avec l'ordre de sept chandeliers.

Le Chantre de l'Eglise de S. Martin commence l'Introït, dont l'Orgue & la Musique chantent chacun la moitié. Le Chantre des Religieux chante le Verset & recommence l'Introït, que les Moines continuent; & le Chantre de l'Eglise le *Gloria Patri*, & reprend l'Introït pour la troisiéme fois, que la Musique poursuit; & ainsi du reste de la Messe qu'on chante à trois chœurs. Après Sextes les Religieux s'en retournent à leur Monastere dans le même ordre qu'ils sont venus.

Le Dimanche dans l'Octave du saint Sacrement on ne fait point de Procession, & on ne va point dire le *Confiteor* au tombeau de S. Martin, par respect pour le saint Sacrement.

Le 6. Août jour de la Transfiguration de notre Seigneur Jesus Christ, à la grande Messe le Célebrant après ces paroles du Canon, *sed venia, quasumus, largitor admitte*, benit les raisins nouveaux, présentez sur l'Autel par les Mariliers, par l'Oraison, *Benedic, Domine, & hos novos fructus uva, &c.* ... après avoir dit *in nomine Domini nostri Jesu Christi*, il presse un grain ou deux de raisins, dont il fait couler le jus dans le calice avec le précieux Sang en disant, *Per quem hæc omnia, Domine, semper bona creas, sanctificas, vivificas, benedicis & præstas nobis*. Ensuite les Mariliers vont distribuer les raisins benits à tous ceux qui sont au Chœur.

Le jour de S. Michel on allume du feu dans neuf pots, qu'on pose en neuf endroits de l'Eglise, sçavoir aux quatre coins du Sanctuaire, autour du tombeau de S. Martin & du Chœur, & on y jette de l'encens dedans au commencement de la Messe &

de la Préface. On en diſtribue auſſi quelques grains pendant l'Epitre à tous les Bénéficiers, qui vont à l'Offrande les préſenter au Célebrant. Et tout cela par rapport à l'Offertoire, *Stetit Angelus juxta aram templi, ... & data ſunt ei incenſa multa, & aſcendit fumus aromatum in conſpectu Dei.* Apoc. 8.

Le jour de S. Martin 11. Novembre, depuis les premieres Vêpres du jour juſqu'au lendemain après Complies, il y a *Laus perennis*, comme on faiſoit autrefois tous les jours en cette Egliſe ; c'eſt-à-dire, qu'on y chante toujours depuis le commencement des premieres Vêpres juſqu'à la fin des Complies du lendemain, pluſieurs bandes de Chanoines & de Chantres ſe relevant ſucceſſivement les uns les autres, comme le marque l'ancien Ordinaire ; *ita ut à primis Veſperis uſque ad veſpertinas preces poſt Completorium diei ſit Laus perennis in hac Eccleſia, ut quotidie ſolebat antiquitus : idcirco ſerotinæ preces, ſcilicet Completorium, non dicuntur poſt primas Veſperas.* On n'y dit point de Complies après les premieres Vêpres de cette Fête, ni après les premieres Vêpres de la Tranſlation de S. Martin, à cauſe de l'Office de Matines qui ſuit ; parce que l'Office de Complies étant celui du coucher, ne doit pas être ſuivi d'aucun autre ; le bon ſens demande qu'on ſupprime cet Office ce jour-là, puiſqu'on va chanter les Matines, & qu'on doit paſſer toute la nuit en prieres.

On y fait Fête de S. Gregoire de Tours le 17. Novembre avec Proceſſion & Fête de Chantre.

Outre les trois Clercs d'aumône dont il a été parlé ci-devant, il y en a ſix autres qui doivent être Prêtres. Ils furent inſtituez pour l'aſſiſtance des Bénéficiers malades, & pour aider le Soûdoyen dans l'adminiſtration des Sacremens. L'Ordinaire porte, *Sex.... Eleemosynarii debent eos inungere*: parce qu'alors, comme on le voit dans l'ancien Rituel, chacune des sept onctions se faisoit par chacun des six Prêtres assistans & par le Soûdoyen ou le Semainier en son absence. Et cela étoit tout-à-fait conforme au texte de l'Epitre de S. Jacques *cap.* 5. *Infirmatur quis in vobis ? inducat* PRESBYTEROS *Ecclesia, &* ORENT *super eum,* UNGENTES *eum oleo in nomine Domini , &c.* Quelqu'un parmi vous est-il malade ? qu'il appelle les *Prêtres* de l'Eglise, & *qu'ils prient* sur lui, *l'oignant* d'huile au nom du Seigneur. Les fonctions de ces Aumôniers sont réduites présentement à garder les corps des Bénéficiers décedez, & à porter le benitier aux Processions.

C'étoit ces six Aumôniers qui lavoient & ensevelissoient les Chanoines & les autres Bénéficiers, quand ils étoient morts : mais cela ne s'observe plus présentement.

Outre quatre cierges qui brûloient autour du cercueil, il y avoit des réchaux pleins de feu avec de l'encens pour chasser la mauvaise odeur. Les Dignitaires présentoient à l'Offrande de la grande Messe le pain & le vin, que de jeunes Clercs en surplis portoient dans des calices & patenes, & les autres Chanoines de l'argent. *Sex Priores offerunt panem & vinum, quæ juvenes in superliciis portant in calicibus & patenis**. Enfin à ces enterremens assistoient les Chanoines de S. Côme, les Moines de Marmoutier, & ceux de S. Julien unis de societé avec ceux de S. Martin de Tours, & parmi ceux-ci les Chanoines de S. Venant & de S. Pierre Puellier, & après eux les Religieuses de Beau-

---

* *Ita Manusc.*

mont, trois Communautez fondées par les Chanoines de S. Martin.

Ils avoient un si grand respect pour leur Eglise, qu'ils n'y enterroient pas même leur Doyen ni le Thresorier ; mais dans le Chapitre, les six Prieurs ou Dignitaires, sous les galeries du Cloître, & les autres Chanoines dans le Cloître.

Les Chefciers avoient autrefois le soin du grand Autel, du tombeau de S. Martin & de l'Absíde. Ce sont aujourd'hui quatre Prêtres Mariliers qu'ils ont dotez pour exercer ces fonctions à leur décharge. On appelle la partie de l'Eglise du côté de l'Orient où est bâtie la Chapelle de Notre Dame, *caput Ecclesia*, le chevet de l'Eglise, & vulgairement la Chapelle de Notre-Dame du Chevet. Le Cimetiere où l'on enterroit autrefois les Officiers de l'Eglise & les Pelerins, est audessus.

L'Ordinaire & les plus belles pratiques de cette Eglise m'ont été communiquez par M. Bourrault tres-digne Soûdoyen de l'Eglise de S. Martin de Tours, homme également savant & pieux, zelé pour la discipline & les Rites de l'Eglise.

SAINT-SIRAN.

SAINT-SIRAN en Brenne, *S. Sigirannus in Brena*, est un Abbaye de l'Ordre de saint Benoît. Le *Benedicite* étant dit au Refectoire, aussitôt le Lecteur monte en chaire sans dire *Jube, Domne, benedicere*, parce que la bénédiction & la permission qu'il a reçue le Dimanche après Sextes, lui sert pour toute la semaine. Les Semainiers de cuisine ne prennent point aussi d'autre bénédiction pour toute la semaine que celle qu'ils reçoivent le Dimanche après Laudes. Chacun fait là cette semaine à son tour.

Voici ce qu'ils pratiquent en hyver. On dit Vêpres à quatre heures trois quarts, & après Vêpres on va se chauffer. A six heures dans la chambre commune on fait la lecture pendant une heure de tems, puis à sept heures on sonne Complies, & on va au Chœur : on ne fait que les psalmodier. On les commence par *Deus in adjutorium* : on dit ensuite les Pseaumes *Cùm invocarem. Qui habitat. Ecce nunc.* l'Hymne, le Capitule, le Verset, le *Kyrie eleison*, le *Pater*, l'Oraison, & on finit par *Benedicamus Domino. Deo gratias.* Ensuite le Supérieur asperse d'eau-benite les Religieux : puis ils font leur examen de conscience, & à sept heures & demie ils vont coucher dans une grande chambre commune *, éloignez les uns des autres de quatre ou cinq pieds ; car ils n'ont point de cellules. Au milieu de ce Dortoir est une lampe qui dure toute la nuit. [On voit encore l'ancien Dortoir de Jumieges à quatre lieues de Rouen, & l'ancien Dortoir des Religieuses Benedictines qui étoient autrefois à Sainte-Agnès dans un Fauxbourg de Rome *viâ Nomentanâ*, hors la Porte-Pie ; où l'on couchoit aussi en commun chacun dans son lit sans aucune division de cellules.]

A deux heures & demie ils disent Matines qui durent jusqu'à plus de cinq heures ; ils retournent ensuite tous ensemble dans la chambre commune, où chacun lit en son particulier ; car on ne se recouche point. A six heures & un quart on sonne Laudes une seule fois, parce que tous les Freres sont assemblez : on les chante en plein-chant ; ce

* *Regul. S. Benedicti*, cap. 22.

qui dure une heure ou cinq quarts d'heure. Depuis Laudes jusqu'à Primes ils retournent encore à la chambre commune lire chacun en son particulier.

Primes se disent au lever du soleil ; elles finissent par l'Oraison *Domine Deus omnipotens*, & *Benedicamus Domino*, & ne sont point suivies de la lecture du Martyrologe, qui n'étoit point en usage du tems de S. Benoît, & qu'on se contente de lire au Refectoire à la fin de la Table.

Depuis Primes les Religieux retournent encore lire jusqu'à neuf heures, qu'on chante Tierces, après les avoir sonnées une fois. Après Tierces on va au chauffoir ; & pendant qu'on se chauffe, le Superieur assigne à un chacun le travail ou quelque office. On va travailler jusqu'à Sextes, dont on sonne le premier coup depuis l'Exaltation de sainte Croix jusqu'à Pâques à onze heures & un quart, afin de donner tems aux Freres de se rassembler, & le second coup à la demie. On chante Sextes, & ensuite la Messe, que l'on ne commence pendant la semaine qu'un demi-quart d'heure avant midi, soit que la Messe soit chantée, soit qu'elle soit dite à voix basse.

Les Samedis de Pâques & de la Pentecôte, que la Messe est extraordinairement longue, on ne commence Nones qu'à onze heures & demie, & l'Office de la Messe un demi-quart avant midi, en sorte qu'il est bien quatre heures après midi quand elle est dite. Ce n'a été que pour manger plûtôt, qu'on a avancé cet Office, comme le témoigne Hugues de S. Victor : *Verè antiqui* (dit-il en parlant du Samedi-saint) *jam ferè transacto die Sabbati officium hoc celebrabant ; sed modernorum debilitas ad epulas festinans tempus prævenit constitutum.*

Depuis la Meſſe on retourne au travail juſqu'à Nones, dont on ſonne le premier coup à une heure trois quarts, afin que les Freres ayent du tems pour ſe raſſembler ; puis on ſonne le ſecond coup à deux heures, & tous les Freres viennent chanter Nones.

Nones étant dites, on met un petit intervale de tems afin que chacun pourvoye à ſes neceſſitez, & que les Religieux qui font la cuiſine tour à tour chacun leur ſemaine ſelon la Regle, ayent le tems de dreſſer le potage & de le ſervir. On va donc au Refectoire, & de là au chauffoir & à la Conference.

On ſonne le premier coup de Vêpres à quatre heures & un quart, le ſecond à la demie, & le troiſiéme à quatre heures trois quarts. En eſté on les dit à cinq heures.

Ces Moines de S. Benoît ne ſont d'aucune Congregation Réformée ; mais on peut dire avec verité qu'ils ſont de la plus haute Réforme, puiſqu'ils obſervent la Regle de ſaint Benoît à la lettre & juſqu'à un ïota. Pendant près de ſept mois de l'année ils ne font qu'un ſeul repas, qu'ils ne prennent depuis le 13. Septembre juſqu'au Carême qu'à deux heures & demie après midi, & en Carême à cinq heures & demie du ſoir. Sont-ils plus robuſtes que nous ? ſont-ils levez plus tard que nous ? Accuſons notre lâcheté.

Ils chantent pendant toute l'année tout l'Office en plein chant, excepté Complies ; leur chant eſt tout-à-fait édifiant ; ils chantent preſque tout de memoire.

Cette Abbaye eſt fort ancienne ; Dagobert en fut le Fondateur, & S. Siran, en latin *Sigirannus*, en fut l'Inſtituteur. Elle eſt du Dioceſe de Bourges, & ſous la dépendance de M. l'Archevêque, auquel les Religieux sont soumis suivant le premier esprit.

L'Eglise est en forme de croix Il n'y a point de rideaux au grand Autel, mais seulement un parement devant, & un audessus. Immédiatement audessus il y a une Châsse de Reliques, audessus de laquelle est la suspension du saint Sacrement au bout d'une crosse de cuivre ou de bois doré. Le petit pavillon se defait aisement sans toucher au saint Ciboire : il y a seulement trois ou quatre agrafes à décrocher. Il n'y a sur l'Autel qu'une croix & deux chandeliers aux côtez. L'Eglise est obscure, parce que les vitres sont d'un verre peint & fort épais. Le Chœur est fort grand, & la Nef est trespetite : mais comme les femmes n'y entrent point non plus qu'en celles des Chartreux, il n'est pas necessaire qu'elle soit fort grande.

Les Religieux travaillent tous ensemble dans un même lieu selon le métier qu'ils sçavent. Ils font tout eux-mêmes, souliers, draps, habits, pain, la moisson même, seyent eux-mêmes leurs bleds & grains, labourent & façonnent leurs jardins, qui leur fournissent des légumes & des fruits pour leur subsistance.

BOURGES.

Bourges, en latin *Biturica*, & *Avaricum Biturigum*.

Eglise Cathedrale de S. Étienne.

L'Eglise Cathedrale dediée à Saint Etienne est belle & grande. Le grand portail est fort beau. On y voit la grande porte du milieu accompagnée de quatre autres moindres, enrichies toutes de quantité de petites figures. On monte à ces cinq portes par un escalier de douze degrez qui regne tout au long. Sur les deux dernieres portes de ces cinq sont deux tours assez belles qui ne sont pas neanmoins extraordinairement hautes ni d'une symetrie égale.

Le grand Autel est orné d'un parement devant & d'un autre au dessus, sans quoi que ce soit, que le saint Ciboire qui est suspendu dans un petit pavillon tout rond, & un voile immédiatement au dessous & par devant; ce qui empêche de voir le Ciboire : il y a trois cierges de chaque côté.

Au milieu de l'Autel qui est fort large, on met un escabeau pour poser le Crucifix dessus & appuyer le Canon.

Au pied du cierge qui brûle devant le saint Sacrement est une barre de fer grosse comme le bras, laquelle soutient une petite poutre longue du travers du Chœur, sur laquelle sont trente-deux cierges. De là jusqu'à l'Autel il y a six grands chandeliers de cuivre hauts de quatre ou cinq pieds. Il n'y a ni rideaux ni balustres.

Au haut du Chœur il y a un grand chandelier de cuivre à sept branches. *Voyez la Fig. IX.*

Tout proche de ce grand chandelier il y a une petite table d'Autel où l'on dit presque tous les jours la Messe à la fin de Matines.

Les vitres de l'Eglise sont d'un rouge fort epais & fort obscur.

Les Chanoines en hyver ont le bord du capuchon de leur long camail bordé de fourrure de la largeur de quatre doigts. Aux grandes Fêtes ils ont seulement le surplis, l'aumusse sur le bras, & sur la tête le petit camail fourré, lequel ils mettent sous la chasuble pour dire la Messe. En esté ils ont le bonnet quarré en tête & l'aumusse sur le bras ; & les Chantres aussi qui l'ont renversée, & sont aux hautes stalles, s'ils sont Prêtres ; les Diacres & Soûdiacres au second rang des stalles, l'aumusse aussi renversée, pour les distinguer des Chanoines ; & au troisiéme rang sont les Chanoines Clercs bas-formiers avec leur aumusse ; & au même rang les huit Enfans de chœur vétus de rouge sous leur aube, lesquels hors qu'ils sont assis durant l'Epitre, les Leçons & Répons, se tiennent toujours debout & tête nue à tout l'Office, même aux petites Heures, ausquelles ils assistent tout du long.

Le Diacre & le Soûdiacre ont l'aumusse sur le bras durant la grande Messe, sans la quitter un moment. Le Prêtre n'en porte point. Leurs aubes ne sont point parées, mais seulement leurs amits.

A la fin du *Gloria in excelsis*, les deux Enfans de chœur prennent les deux chandeliers qu'ils ont posez à terre au commencement de la Messe, les tiennent un moment derriere le Soûdiacre, puis vont derriere lui *in cornu Epistola* durant les Oraisons, lesquelles étant finies, ils rapportent leurs chandeliers au lieu marqué ci-dessus. Peutêtre ces deux Portecierges devroient-ils être aux deux côtez du Célebrant, ou un peu derriere lui. Peutêtre que le Diacre & le Soûdiacre n'ayant point voulu les souffrir là, ils les auront peu à peu fait reculer, & enfin passer tout-à-fait derriere. J'observai un jour qu'en effet ces deux Enfans s'étant placez d'abord & tout naturellement aux côtez du Soudiacre, il les fit retirer derriere. Ce qui est certain, c'est qu'ils n'étoient là que pour éclairer.

On sçait qu'on n'a gardé l'usage des cierges à la Messe, quoiqu'il fasse présentement jour lorsqu'on la célebre, que parce qu'autrefois à cause de la persecution on la disoit dans des caves & autres lieux soûterrains : outre que la plûpart des Eglises bâties depuis étoient si obscures, qu'on ne pouvoit se passer de lumieres, même en plein jour. Dans l'Eglise Cathedrale de Chartres & à la sainte Chapelle de Paris, on en a quelquefois besoin en hyver à dix heures du matin.

Pendant qu'on chante le Graduel le Diacre demande la bénédiction au Célebrant qui est au milieu de l'Autel, étant à deux pas de lui *in plano* du côté de l'Epitre sans livre d'Evangiles. L'Évangile est chanté au milieu du Jubé sur un pupitre nud. Pourquoi donc en faire un mystere le Vendredy-saint?

Dès qu'on est revenu du Jubé, les chandeliers disparoissent jusqu'à la fin du *Pater*; peutêtre parce que le Prêtre savoit le Canon par cœur, & ainsi n'avoit point besoin de lumiere.

A l'Offertoire le Célebrant encense à genoux l'Autel de trois coups; puis il est encensé par le Diacre, qui va ensuite encenser autour de l'Autel & du côté du Septentrion le Tresor des Reliques, & ensuite l'Autel de la Vierge derriere le Chœur.

A l'élevation de l'Hostie & du Calice les deux Ceroferaires tiennent deux torches allumées, le Thuriferaire encense; mais on n'y chante ni *O salutaris hostia*, ni quoi que ce soit : on adore en silence suivant l'ancienne pratique de l'Eglise.

A Vépres les deux Chappiers saluent d'abord l'Autel par une inclination profonde au haut du Chœur : puis s'étant retournez, chacun salue son côté du Chœur par une inclination mediocre, & au bas du Chœur ils saluent aussi par une inclination mediocre M. le Doyen; & au bout du premier tour encore de même. Tous les Chanoines & autres Ecclesiastiques les saluent aussi d'abord quand ils passent pour aller au bas du Chœur, comme aussi quand ils commencent à se promener au premier verset du premier Pseaume de Vêpres. Ils ne se promenent que durant les Pseaumes, & non pendant l'Hymne, ni le *Magnificat*, non plus qu'à la Messe.

A la fin du dernier Pseaume les deux Enfans de Chœur allument leurs cierges à celui qui brûle devant le saint Sacrement; ils les tiennent durant le Capitule du côté de l'Evangile vers l'Officiant qui est de ce côté-là ; & lorsque l'Hymne est commencée, ils le conduisent à la Sacristie, parce qu'à l'heure qu'on disoit Vêpres autrefois on avoit besoin de lumiere pour aller & venir. Puis quand l'Officiant a pris une chappe à la Sacristie, ils le reconduisent à l'Autel avec le Thuriferaire, qui porte toujours l'encensoir, excepté dans le moment que l'Officiant encense, qu'il tient sa chappe par le bord.

Après le *Magnificat* & les encensemens, le Sacristain allume une bougie, & la porte à l'Aigle avec le livre des Collectes pour l'Oraison, que l'Officiant y va chanter. Cette bougie allumée marque sans doute que Vêpres se disoient à telle heure, qu'il faloit de la lumiere au moins pour les achever. Deux autres Enfans de chœur derriere les deux Ceroferaires chantent le *Benedicamus Domino*.

On répond à Bourges à tous les Versets *eodem tenore*, aussi-bien qu'à Orleans.

Quand l'Archevêque officie, c'est le grand Archidiacre qui lui porte & tient sa crosse.

Au jour de la Pentecôte il y a à Vêpres Proces-

sion aux Fonts en chantant le Pseaume *In exitu* &
une Oraison, comme à Pâques. Et cela est tout-à-
fait de bon sens, eu égard au Baptême solennel de
la veille de la Pentecôte, pareil à celui de la
veille de Pâques. Il n'y a que trois Pseaumes à Vêpres ce jour-là & pendant toute l'Octave. On ne
dit point le Pseaume *Qui habitat* à Complies, dont
l'Hymne est de la Pentecôte avec l'Oraison *Visita
quæsumus*.

Pendant toute l'année on ne dit point à Complies
la Leçon breve *Fratres sobrii estote*: on y dit le Répond bref *In manus tuas*.

Les Enfans de chœur après Complies vont aux
degrez du grand Autel chanter *O salutaris hostia*,
d'un chant tout particulier, avec un Verset & une
Oraison pour adorer le saint Sacrement.

Tous les Dimanches de l'année y sont doubles ma-
jeurs; & ainsi on en fait toujours l'Office, à moins
qu'il n'arrive une Fête solennelle.

Le Vendredi-saint on s'y sert d'ornemens rouges,
aussi-bien que durant la quinzaine dite de la Passion, comme à Milan.

Le Mercredi des Quatre-Tems de Decembre un
Diacre revêtu d'ornemens blancs, chante à Matines solennellement l'Evangile; & un Prêtre chante
l'Homelie selon l'ancienne coutume de cette Eglise. On dit ce jour-là le *Te Deum*, & on sonne la
grosse cloche.

L'*Hôtel-Dieu* est assez beau, fort loin de l'Eglise Cathedrale, & assez proche de la porte de la ville
du côté d'Orleans: les malades entendent au travers
des balustrades de bois l'Office qui se fait dans l'E-
glise.

NEVERS.

Nevers, en latin *Nivernum*, ville Episcopale sur la Loire.

L'Eglise Cathedrale de S. Cyr.

Le grand Autel est tres-beau, enrichi de deux colonnes de porphyre ou de pierre granite rougeâtre, avec un grand Crucifix, la Vierge & S. Jean en relief pour retable d'Autel, qui est fort large & long. Il n'y a rien dessus ni audessus du retable; les cierges sont aux côtez.

Au bout de l'Eglise il y a un escalier de neuf ou dix degrez, pour monter sous l'Orgue à un Autel qui n'a rien de beau, sinon que l'on tourne autour à l'antique. C'est l'ancienne Abside: car l'Eglise étoit tournée à l'Occident; il y a des bancs de pierre tout autour, & l'ancienne Sacristie qu'ils appellent Tresor, à côté.

Les Fonts Baptismaux sont au bout de l'Eglise & tout proche de la porte.

Aux Semidoubles l'Invitatoire de Matines est chanté par un seul Chanoine Semiprébendé en surplis & en aumusse, & le *Venite* par deux Chantres à l'Aigle proche le banc des Chappiers. Le *Venite* étant fini, le Semiprébendé en surplis & aumusse commence l'Hymne tout proche le banc des Chappiers; puis il se promene tête nue de son côté du Chœur durant l'Hymne. Après avoir commencé l'Antienne, (& le Pseaume étant imposé par un des Chantres du même côté) il se promene en surplis pendant les Pseaumes, ayant le bonnet quarré en tête, & l'aumusse sur le bras.

K

Depuis le Dimanche de la Passion jusqu'au Jeudi-saint, on se sert d'ornemens rouges en cette Eglise.

LIMOGES.

LIMOGES, ville Episcopale sur la Vienne, *Lemovicum ad Viennam.* On voit par le dernier Rituel de Limoges de l'an 1698. pag. 259. que cette Eglise a encore conservé l'ancien usage de l'Eglise, de mettre mourir le malade sur le cilice (ou sur la paille) & la cendre.

MÂSCON.

MAscon sur la Saône, en latin *Matisco ad Ararim*, ancienne ville de France en Bourgogne. Les villageoises des environs portent sur leurs têtes des chapeaux qui ont des bords larges & la tête fort longue, menue & pointue presque en pain de sucre, pour se préserver de la pluye & du soleil, quand elles vont dehors ou viennent à la ville. En voici la forme. *Voyez la Fig. X.*

Eglise Cathedrale de S. Vincent.

Le Chœur de cette Eglise est placé dans la croisée, comme à Lyon. Les piliers en sont fort délicats, & la voute hardie. Le contretable du grand Autel est à la moderne, & plein de colifichets. Le Jubé est de pierre. Il y a Orgue & Musique dans cette Eglise; & au côté droit un Cloître comme dans les Monasteres.

A Mâcon (comme à Vienne) ils disent après

Primes leur Meſſe des Vigiles jeûnées, quand elles tombent un jour de Fête, ſur une table portative au haut du Chœur. Ce ne devroit être neanmoins qu'après Sextes.

A la grande Meſſe du Chœur qui ſe dit après Tierces, le Célebrant, le Diacre & le Soûdiacre Chanoines, auſſi-bien que les deux Chappiers, quand ils ſont Chanoines, ſe ſervent de mitres. [Le Chantre des Egliſes Cathedrales de Rhodez & de Puy-en-Velai & de la Collegiale de Brioude s'en ſert pareillement.]

Il y a quelquefois à la grande Meſſe trois Diacres & trois Soûdiacres comme à Lyon, & on y fait à peu près les mêmes cérémonies.

Après l'*Agnus Dei*, le baiſer de paix ſe fait du Célebrant au Diacre, du Diacre au Soûdiacre, du Soûdiacre à tous les Miniſtres de l'Autel juſqu'aux Portechandeliers, auſſi-bien qu'aux deux Chappiers qu'il va embraſſer au Chœur ; c'eſt-à-dire à tous ceux qui font quelque office (au nombre de douze ou quinze.)

Après l'Offertoire le Thuriferaire va encenſer le Chœur à rebours, c'eſt-à dire, en commençant par le haut du Chœur auprès de la Chaire Epiſcopale. Et il ſemble que cela devroit être ainſi, puiſque ce qui eſt le plus proche de l'Autel doit être le plus digne. Qu'on en juge par les Chaires des Evêques.

On n'y chante rien aux élévations de l'Hoſtie & du Calice : on y adore Jeſus-Chriſt en ſilence.

Les Chanoines de l'Egliſe Collegiale de S. Pierre de Mâcon ont auſſi l'uſage de la mitre quand ils officient au grand Autel.

CLUNY.

CLUNY est une ville sur la Grône dans la Bourgogne, en latin *Cluniacum ad Graunam*. L'Eglise, quand la grande porte est ouverte, paroît être la plus grande qui soit en France: le Chœur est extraordinairement long. Il y a un peu audessous du milieu du Chœur un Jubé quarré d'un côté pour l'Epitre, & un autre de l'autre côté pour l'Evangile; ayant chacun un pupitre de pierre tourné vers l'autre côté. Le Thuriferaire encense le livre d'Evangile durant qu'on le lit, comme font encore les Chartreux, & comme on faisoit aussi autrefois à Rouen.

Il y a trois gros clochers sur le Chœur de cette Eglise & sur la croisée, avec un fort grand nombre de cloches, & deux tours quarrées au frontispice. C'est S. Hugues sixiéme Abbé de Cluny qui l'a fait bâtir. Son tombeau est derriere le grand Autel, & contigu à un petit Autel. Le Saint y est représenté en marbre blanc. Les tables de ces deux Autels & de celui de l'ancienne & premiere Eglise de Cluny nommée *S. Pierre le vieux*, sont de marbre blanc, creusées & enfoncées pardessus environ d'un poûce, comme celles du grand Autel des Eglises de saint Maurice & de S. Pierre de Vienne, & de S. Jean & de S. Etienne de Lyon.

Les tombeaux & mausolées de plusieurs saints & illustres Abbez se voyent autour du Chœur dans les premieres allées de chaque côté. Celui du Pape Gelase II. est au côté droit du Chœur. Des Chapelles assez propres sont sous la troisiéme voûte.

Abbaye de Cluny. 149

Le grand Autel a un tableau & un retable doré qui est fort haut & à la moderne.

Dans le Sanctuaire du grand Autel il y a un fort beau parquet de marqueterie, ou de pieces de rapport. [Tout le plancher du petit Tresor est parqueté de même.]

Au côté gauche du grand Autel est le petit Autel de la Communion sous les deux especes, qui s'y pratique les Fêtes & les Dimanches à l'égard de quelques Ministres de l'Autel. Après que le Célebrant a pris la sainte Hostie & une partie du Sang, & qu'il a communié de l'Hostie les Ministres de l'Autel, ils vont au petit Autel à côté ; & le Diacre y ayant porté le Calice, accompagné de deux chandeliers, tient le chalumeau d'argent par le milieu, l'extrémité étant au fond du Calice ; & les Ministres de l'Autel ayant un genou sur un petit banc tapissé, tirent & boivent le précieux sang par ce chalumeau. [La même chose se pratique à Saint-Denys en France les jours solennels & les Dimanches.] Ce petit Autel s'appelle *la Prothese.*

Les grandes Fêtes il y a deux Diacres & deux Soûdiacres. Le Soûdiacre & le Diacre d'office lisent l'Epitre & l'Evangile, ayant le visage tourné vers le côté du Chœur opposé.

A l'Offertoire le Célebrant descend quelques degrez au bas de l'Autel, & là il reçoit les hosties de ceux qui doivent communier, qui mettent chacun la sienne sur la patene, dont ils baisent le bord interieur : car c'est ainsi que cela se pratiquoit anciennement. Afin que la chose se fasse avec plus de commodité & de bienseance, un Acolythe est à côté, qui tient la boëte des hosties, & chacun de ceux qui doivent communier en prend une & la présente au Célebrant sur la patene. Le Diacre tient le calice à

K iij

côté du Célebrant, & le Préchantre vient mettre du vin dans le Calice, le Diacre y met l'eau. Cela étant fait, le Prêtre, le Diacre & le Soûdiacre retournent à l'Autel, & y pourſuivent la Meſſe, où il n'y a aucun rit particulier, que la Communion ſous les deux eſpeces, dont j'ai parlé ci-deſſus.

Il y a ſix Enfans de Chœur vêtus, non comme les Religieux Réformez, mais comme étoient les anciens, avec des frocs qui ont les manches & le capuchon fort larges, la robe tannée, ou de noir naturel, ancienne couleur de l'habit des Moines de S. Benoît, reſtée à ces Enfans & aux Freres Convers de Cluny, de Citeaux, des Celeſtins, &c. Les Dimanches & les Fêtes chommées & autres encore, ils ſont en aubes à la grande Meſſe avec le manipule. On lit la même choſe dans l'ancien Ordinaire de l'Abbaye de S. Benigne de Dijon & dans Lanfranc. Certains Rubricaires font ſur cela des myſteres où il n'y en a point. L'aube n'ayant point d'autre ouverture que celle d'enhaut pour paſſer la tête, il falloit bien qu'on eût ſon mouchoir à ſa main ou à ſon bras pour s'en ſervir au beſoin. Et tout le monde ſait qu'on en a fait enfin un ornement. Voyez ce que j'en ai dit ſur Lyon, *pag.* 40.

Les grandes Fêtes, ces Enfans ſont auſſi revêtus de tuniques à la Proceſſion & à la grande Meſſe.

Le jour de la Commemoration des Morts a des ſecondes Vêpres.

Chapelle de S. Pierre le vieux.

A l'entrée du grand Cloître qui eſt fort grand & beau, il y a une Chapelle de S. Pierre le vieux, laquelle avançoit autrefois dans le Cloître ; c'eſt la premiere Egliſe de Cluny. La table d'Autel eſt de marbre, & elle eſt creuſée pardeſſus environ d'un poûce ou deux. Derriere cet Autel eſt enterré Bernon premier Abbé de Cluny, ſous un tombeau contigu à l'Autel.

Lavatoire de Cluny.

Au milieu d'une Chapelle fort ſpatieuſe & fort longue, où l'on entre du Cloître dans le Chapitre, eſt le Lavatoire, qui eſt une pierre longue de ſix ou ſept pieds, creuſée environ de ſept ou huit pouces de profondeur, avec un oreiller de pierre qui eſt d'une même piece que l'auge; & un trou au bout du côté des pieds, par où s'écouloit l'eau après qu'on avoit lavé le mort. *Voyez la Fig. XI.*

Quand un Religieux eſt mort, on le lave à preſent ſur une table dans le lieu même où il eſt mort.

Autrefois on lavoit les morts par tout avant que de les enterrer. Voyez Sidonius Apollinaris *lib.* 3. *Epiſt.* 3. Cette pratique eſt tres-ancienne, puiſqu'elle ſe trouve dans les Actes des Apôtres *cap.* 9. *v.* 37. On voit encore dans les Egliſes Cathedrales de Lyon & de Rouen, un auge ou pierre lavatoire où on lavoit les Chanoines après leur mort, faite comme celle qui eſt repréſentée ici : & dans l'Hôpital de la ville de Cluny, au milieu de la Salle des pauvres malades, il y a une pierre où on les lavoit après leur mort comme les Moines. On lave encore à préſent les morts non ſeulement dans divers Ordres Monaſtiques, comme de Cluny, des Chartreux & de Citeaux ; mais auſſi les laïques communément dans le pays des Baſques Dioceſe de Bayonne, & devers Avranches en baſſe Normandie. C'eſt peutêtre de cet ancien uſage qu'eſt reſté dans quelques Paroiſſes de campagne la cérémonie ſuperſtitieuſe de verſer hors de la maiſon où vient d'expirer un mort, toute l'eau qui s'y trouve ; & il faloit bien la jetter autrefois, puisqu'elle avoit servi à laver le corps du défunt. Dans tout le Vivarès les plus proches parens & les enfans mêmes se font un devoir de pieté de porter même à la riviere les corps morts de leurs peres ou parens seulement en chemise, pour les baigner & laver avant que de les ensevelir.

Les Ecclesiastiques & les Moines accompagnoient de prieres cette action. En voici le rite & les prieres. *Egressâ animâ Fratris, incipiat Cantor ℟. Subvenite &c. Kyrie. Collecta, Tibi, Domine, commendamus. Post istam Collectam deferatur mortuus ad lavandum. Provideat autem Prior à quibus & quomodo abluatur. Interim Fratribus seorsum à defuncto ordinatis circa Abbatem &c. Abbas cæteras quæ sequuntur, subsequatur Collectas. Orationes, Deus pietatis. Diri vulneris. Misericordiam tuam, Omnipotens sempiterne Deus. Suscipe Domine. Partem beatæ resurrectionis. Et respondetur à Conventu, Amen. Post lavationem corporis, allato corpore, Abbas resumat stolam, si eam deposuit, & aspergens corpus aquâ benedictâ & thurificans, dicat audientibus omnibus, Pater noster. A porta inferi. ℣. Nihil proficiat. Dominus vobiscum. Collecta, Deus cui soli competit. Tunc efferatur corpus inchoante Cantore ℟. Libera me Domine.* On voit encore aujourd'hui un Lavatoire dans le Chapitre de l'Eglise Cathedrale de Lyon, & un dans le Revestiaire de celle de Rouen.

Le Lavatoire qui est au milieu de cette seconde Eglise de Cluny, ne sert aujourd'hui qu'à exposer le mort quand il est revêtu, jusqu'à ce qu'on en fasse le convoi & le service à l'Eglise pour l'enterrer. Ce Lavatoire étoit autrefois dans un enfoncement qui se voit encore en dehors & tenant à la porte de la grande Infirmerie à main gauche.

Abbaye de Cluny.

Au milieu de cette grande Infirmerie il y a encore un petit enfoncement long environ de six pieds & large de deux & demi ou de trois, bordé de tringles de bois larges environ de trois pouces. *Voyez la Figure XII.*

C'est là qu'on mettoit sur la cendre les Religieux qui étoient à l'extrémité. On les y met encore, mais ce n'est qu'après qu'ils sont morts. [On met aussi sur la cendre les Chartreux dans plusieurs de leurs maisons, & les Religieux de la Trappe avant que de mourir. Cela se voit aussi marqué pour les laïques en plusieurs anciens Rituels. Ce n'est que l'horreur que l'on a de la pénitence & de l'humiliation, qui a fait cesser cette sainte pratique. C'étoit pourtant là un état bien propre à fléchir la justice de Dieu, & à obtenir de lui misericorde.

Derriere & à côté de cette ancienne Infirmerie il y a un Cloître où l'on enterre présentement les Religieux.

Le Refectoire est fort vaste ; la chaise du Lecteur grande & magnifique est au milieu audessus de la table de l'Abbé, qui sonne une petite cloche quand il est tems que la lecture finisse, & qu'on se leve de table.

CHALONS.

CHALONS sur Saône, *Cabilo* ou *Cabilonum ad Ararim*, ville de Bourgogne.

L'Eglise Cathedrale.

Dans l'Eglise Cathedrale les Chappiers ne se promenent point de symetrie, l'un étant au milieu du Chœur pendant que l'autre est au bout ; & point du tout pendant l'Hymne, ni durant le *Magnificat* ; alors ils sont appuyez avec leurs chappes sur leurs stalles au milieu du second rang. Le grand Autel est un des plus simples qui se voyent, n'ayant point de retable audessus, mais seulement un gradin avec une croix au milieu de deux chandeliers. Audessous du Jubé est l'Autel de l'Eglise Paroissiale.

 Les villageoises à trois ou quatre lieues autour de Châlons sur Saône, ont pour coëffure une espece de serviette sur leur tête, qui leur couvre aussi les épaules, & revient pardevant comme les voiles des Religieuses : ce qui paroît digne de la modestie des premiers siecles. On voit par là que les Religieuses ne sont ainsi voilées, que parce que les femmes & les filles l'étoient ainsi autrefois. De même que les Moines ou Religieux ne voulans point suivre la mode, ont retenu l'ancienne maniere de s'habiller avec les cappes & capuchons, pendant que presque tous les hommes ont quitté ces sortes d'habillemens, que ceux de Quillebœuf en Normandie ont encore, ne portant point de chappeau, mais ayant au haut de leur cappe un capuchon dont ils se couvrent la tête. Pareillement dans l'Auragais les paysans ont des coulles & des capuchons pointus comme les Moines, & travaillent ainsi dans les champs : on les prendroit pour des Religieux de la Trappe.

BESANÇON.

B E S A N Ç O N, ville Archiepiscopale & Capitale de la Franche-Comté sur le Doux, *Vesontio ad Dubim fluvium*. Dans l'Eglise Cathedrale de

S. Jean le grand on voit encore l'Abſide. L'Autel eſt au milieu de l'Egliſe, qui eſt tournée à l'Occident. Ils ſuivent beaucoup le Romain moderne.

Il y a cela de ſingulier, que le jour de Pâques & pendant la Semaine ils commencent les Vêpres par neuf *Kyrie eleiſon*.

Le Samedi veille de la Pentecôte on y dit l'*Exultet jam Angelica*, comme le Samedi-ſaint, à cela près qu'il y a quelque choſe du ſaint Eſprit.

Le jour des Morts a de ſecondes Vêpres, quoiqu'il y en ait de premieres pour eux le jour de Touſſaints.

Le Clergé s'agenouille à ce mot *ſupplici* de la Préface de la Meſſe, & ne ſe releve qu'au *Pater*.

DIJON.

DIJON, en latin *Divio*, ſitué ſur les rivieres d'Ouſche & de Suſon, *ad Oſcharum & Suſonem*, eſt la ville capitale & le Parlement du Duché de Bourgogne.

Egliſe de S. Etienne.

L'Egliſe de S. Etienne autrefois Abbatiale, & maintenant ſeculariſée & devenue Collegiale & Paroiſſiale, eſt parfaitement belle. Le grand Autel eſt iſolé au milieu du Chœur, ſans retable. Il y a ſur l'Autel ſeulement un gradin avec ſix chandeliers & un Crucifix haut de huit ou dix pieds avec une petite ſuſpenſion de ſaint Sacrement audeſſus *ſub titulo crucis*. On chante derriere l'Autel : l'Aigle qui ſert de Lutrin y eſt, & bien les deux tiers des stalles, & l'autre tiers audessous, au lieu nommé par les anciens *Peribolum*, où étoit anciennement *Schola Cantorum* (comme à S. Clement à Rome.) Il y a dans cette Eglise de S. Etienne un Abbé qui a droit de porter la mitre & la crosse [de même qu'à S. Pierre de Vienne] & dont la chaise est au fond de la Conque ou Abside ; il a à ses côtez les Chanoines ; ce qui s'appelloit anciennement *Presbyterium* ou *Concessus Presbyterorum*.

Eglise de Saint Michel.

L'Eglise de S. Michel est une Paroisse où les Chappiers se promenent non seulement dans le Chœur, mais encore dans une partie de la Nef, comme il s'observe aussi à S. Erbland de Rouen ; & cela apparemment afin de maintenir le chant & reprendre ceux qui y manquent, comme aussi afin de faire taire les causeurs ; & c'est peutêtre pour cela que les Chantres ont des bâtons en main. Car au Puy-en-Vélay, & en l'Eglise de S. Chaffre, *sancti Theofredi*, Abbaye de l'Ordre de S. Benoît au Diocese du Puy, le Chantre n'a point d'autre bâton qu'une baguette, dont les Chantres frappoient les causeurs, ceux qui étoient immodestes, & ceux qui chantoient ou précipitoient le chant.

Les Chartreux.

Aux Chartreux de Dijon le Lutrin de l'Evangile est une fort grande colonne de cuivre, au haut de laquelle il y a un Phénix ; & autour les quatre animaux d'Ezechiel, qui servent de quatre pupitres, qu'on tourne selon l'Evangile. Vis-à-vis, du côté de l'Epître, est une ancienne chaise grande & magnifique de sculpture pour asseoir le Célébrant durant l'Epître.

Eglises de Dijon. 157

Saint Seine.

L'Eglise Abbatiale de saint Seine est de l'Ordre de S. Benoît. Le grand Autel est sans retable. Il y a seulement un gradin & six chandeliers dessus. Audessus est un Crucifix haut de plus de huit pieds, audessous duquel est la suspension du saint Sacrement dans le Ciboire; & aux deux côtez de l'Autel il y a quatre colonnes de cuivre, & quatre Anges de cuivre avec des chandeliers & des cierges & de grands rideaux. Au côté gauche du grand Autel est le mausolée de Guillaume de Vienne Abbé de Saint-Seine, puis Archevêque de Rouen. Au haut du Chœur il y a un grand Chandelier à sept branches (comme celui de Bourges).

AUXERRE.

Auxerre est une ville Episcopale sur la riviere d'Yônne ou Yône, *Autissiodorum ad Icaunam.*

Eglise Cathedrale de S. Etienne.

Dans l'Eglise Cathedrale de S. Etienne le *Gloria in excelsis* est chanté entierement par les deux chœurs ensemble, comme à Lyon & chez les Chartreux. Le Soûdiacre va avec son livre d'Epitres derriere l'Autel, d'où il ne sort que pour aller au Jubé chanter l'Epitre. Ayant rendu l'Epistolier à l'Enfant qui l'accompagne, il prend le calice couvert seulement d'une palle sans voile, y verse du vin, & l'apporte au coin de l'Autel avec la burette d'eau, dont il met dans le calice avec la bénédiction du Prêtre ; puis il le reporte sur la credence, & le couvre seulement de la palle.

Le Graduel se double comme on fait l'Introït ; c'est-à-dire qu'après le Verset le corps du Graduel est repeté. Aussi est-il appellé *Responsorium* par les anciens.

Le Diacre se tient toujours à la carne ou au côté de l'Autel, regardant le Célebrant de profil, jusqu'à ce que lui ayant présenté l'encens & demandé la bénédiction, il aille au Jubé lire l'Evangile, étant précedé d'un Enfant de chœur, qui porte un voile long environ de deux pieds & demi pour couvrir le pupitre sur lequel l'Evangile doit être chanté, des deux Portechandeliers & du Portecroix ; puis marchent le Thuriferaire, le Soûdiacre, & le Diacre portant le livre des Evangiles élevé fort haut. Ils montent en cet ordre au Jubé, & l'Evangile y est chanté presque au milieu du Jubé vers le Septentrion, tous étant tournez vers l'Evangile, excepté au *Gloria tibi Domine*, qu'ils se retournent vers l'Autel.

Quand il n'y a point de *Credo*, pour gagner du tems, le Soûdiacre (comme on a dit ci-dessus) anticipe & fait la chapelle : ce qui n'est pas dans l'ordre.

Le Soûdiacre donc après avoir présenté au Célebrant & au Diacre le livre des Evangiles à baiser, va à la credence querir le calice & la patene garnis, & couverts d'une palle seulement, qu'il tient élevez assez haut, étant précedé des deux Portechandeliers, & suivi de l'Enfant de Chœur Thuriferaire, qui encense continuellement : ils vont d'abord du côté de l'Epitre par derriere l'Autel ; & puis ils reviennent par le côté de l'Evangile au milieu de l'Autel vers le Chœur.

S. Etienne d'Auxerre.

L'encensement de l'Autel ayant été fait par le Prêtre, le Diacre va continuer le sien par derriere l'Autel; il encense de trois coups le Chœur; puis dans les deux aîles les deux Tresors de Reliques & Vases sacrez, pareillement de trois coups.

Le Diacre & le Soûdiacre au *Pater* referment les rideaux, que l'on avoit tirez au *Sanctus*.

Après le *Pater*, on chante au Chœur le Pseaume *Lætatus sum*, ou *Ad te levavi oculos meos*; & le Célebrant avec ses Ministres à genoux, dit les Oraisons pour la Paix & pour le Roi.

Le Célebrant ne donne point la bénédiction, & ne dit point le dernier Evangile à l'Autel.

Voici encore quelques pratiques de l'Eglise d'Auxerre. On n'y voile point les petites croix en Carême.

Durant le Carême on dit dès le Mercredi des Cendres la Préface du Carême *Qui Quadragesimali jejunio*, à la reserve des Dimanches & des Fêtes, qu'on y dit la Préface commune *per annum*, comme cela se pratiquoit par tout il n'y a pas plus de cent ans, & comme il se pratique encore à Sens.

Le Vendredi & le Samedi saints on dit les petites Heures en son particulier; les Vêpres du Vendredi-saint pareillement, chacun les récitant en particulier dans le Chœur en silence.

Le Lundi des Rogations (s'il est Ferie) avant la Procession on dit la Messe du Dimanche précedent avec des ornemens blancs; & cela est de bon sens: & à la station on chante la Messe *Exaudivit*, avec des ornemens violets.

A la fin de la premiere Messe de Noël, qui se dit la nuit, au lieu d'*Ite, Missa est*, le Diacre chante l'Antienne *Ecce completa sunt*, comme on faisoit autrefois à Rouen. Et à la fin de la troisiéme Messe au lieu de l'Evangile *In principio*, dans les Messes basses on dit l'Evangile *Missus est*, comme au Mercredi des Quatre-Tems de l'Avent. Aux trois Messes de Noël ils disent encore une Prophetie outre l'Epitre, comme on faisoit autrefois par tout.

Le jour de la Commemoration des Morts après Laudes, on fait en son particulier memoire de l'Octave de tous les Saints.

Ce fut dans le premier Concile d'Auxerre assemblé l'an 578. *can.* 25. qu'il fut défendu aux Abbez & aux Moines d'être pareins des enfans au Baptême ; & qu'il fut ordonné *can.* 36. aux femmes de ne plus recevoir à l'avenir la sainte Eucharistie la main nue, mais qu'elles mettroient sur leur main un voile appellé *Dominical*, pour la recevoir dessus. De là sont venues depuis les nappes de communion indifferemment pour les deux sexes.

Par les derniers Statuts du Diocese, & selon l'Ordonnance des Conciles de cette Province, les fiançailles se font avant la publication des bans de mariage, comme au Diocese de Chartres.

On voit dans un Missel manuscrit d'Auxerre, ancien de quatre cens ans, que le 6e jour d'Août on benissoit les raisins nouveaux à la Messe de S. Sixte. Entre la Secrete & la Postcommunion il y a (comme dans le nouveau Rituel de Reims pag. 446.) *Uva à Sacerdote benedicenda sunt antequàm dicatur* Per quem hæc omnia. Benedictio. *Benedic, Domine, & hos fructus novos uvæ, quos tu, Domine, rore cœli & inundantiâ pluviarum, & temporum serenitate atque tranquillitate ad maturitatem perducere dignatus es ; & dedisti ea ad usus nostros cum gratiarum actione percipere in nomine Domini Jesu Christi,* Per quem hæc omnia &c.

Qu'aux mariages après que le Prêtre avoit dit le
Libera

Libera nos., & qu'il avoit rompu l'Hostie en trois parties, il les couvroit de la patene, il récitoit l'Oraison *Propitiare*, & la Bénédiction en forme de Préface, après laquelle il y a *Per Dominum nostrum Jesum Christum filium tuum. His dictis aspergat eos* [Sponsum & Sponsam] *Sacerdos aquâ benedictâ, & signet eos.* C'est à dire qu'il les benisse en faisant un signe de croix sur eux, (comme le Prêtre fait tous les jours sur le peuple à la fin de la Messe.) *Tunc surgant Sponsus & Sponsa. Tunc Sacerdos accipiat Eucharistiam, dicat altâ voce* Pax Dómini sit semper vobiscum; &c. *usque ad Communionem.*

Qu'au lieu d'*Agnus Dei*, ils disoient trois fois aux Litanies des Saints *Agne Dei qui tollis &c.* Et qu'un Enfant de Chœur disoit au milieu du Chœur l'*Accendite* trois fois en haussant toujours sa voix, sçavoir entre chaque *Agne Dei*, par où finissoit la troisiéme Litanie le Samedi-saint & la Vigile de la Pentecôte.

SENS.

SENS, en latin *Senonâ*, sur le confluent de la riviere de Venne dans celle d'Yône, *ad confluentes Venna & Icauna.*

L'Eglise Cathedrale de S. Etienne.

Dans l'Eglise Cathedrale de S. Etienne, vis-à-vis du grand Autel du côté de l'Epître, il y a un fort beau banc, grand & long, composé de cinq sieges toujours en baissant, dont le premier, qui est le plus haut, est pour le Célebrant, & les autres pour les Diacres & Soûdiacres. Immédiatement audessous est la chaire de l'Archevêque, qui

L

est assez belle, & de menuiserie bien travaillée.

Audessus du grand Autel il y a un retable couvert ordinairement d'un parement comme celui de l'Autel : au dessus il y a deux cierges & un fort grand Crucifix, au dessous duquel il y a une petite crosse où est suspendu le saint Ciboire sous un petit pavillon. Il y a quatre colonnes de cuivre avec des Anges, qui sont accompagnées de grands rideaux.

Il y a un Aigle au milieu du Chœur. Au bas sont deux Jubez, comme à Milan & à S. Gervais de Paris, & qui ne regnent pas sur la grande porte du Crucifix, laquelle est fort large, & donne moyen de voir aisément tout ce qui se passe à l'Autel & au Chœur.

Immédiatement audessous du Chœur est la croisée, dans la droite de laquelle est la Paroisse.

Les Chanoines Clercs basformiers y portent l'aumusse comme à Rouen ; & les Enfans de chœur au nombre de huit, y ont la soutanne rouge traînante de quatre doigts par derriere sous l'aube, étant nue tête dans l'Eglise, aussi-bien qu'en y allant & en revenant : les Chanoines basformiers ont la tête couverte d'un bonnet quarré hors de l'Eglise.

Ceux qui chantent les Leçons à Matines, font l'inclination *antè & retro* : ce sont les Chanoines qui chantent les Antiennes, & à Laudes les Enfans de chœur.

Les chaperons des chappes ne sont pas ronds, mais un peu pointus, comme à la plûpart de celles de l'Eglise Cathedrale de Rouen.

On ne dit point à Sens deux petites Heures de suite ; elles sont separées les unes des autres. On y dit Primes à huit heures du matin, Tierces à neuf avant la grande Messe, Sextes après. Entre Nones & Vêpres il y a un quart d'heure d'espace. Il y a un assez bon nombre de Chanoines qui assistent à ces petites Heures aussi-bien qu'aux grandes.

Primes est de toutes les petites Heures l'Office qui est toujours le mieux chanté. Ils ont retenu l'ancien Office de Primes : le Dimanche ils disent le *Magna Prima*, ou *les grandes Primes*; qui outre les nôtres contiennent les six Pseaumes qu'on a distribué à Primes chaque jour de la Semaine, & ils disent tous les jours le *Quicumque* à Primes, comme cela se faisoit il n'y a pas encore cent ans dans toutes les Eglises de France*.

Le Diacre & le Soûdiacre préparent tous les jours l'Autel immédiatement avant la grande Messe, comme dans les Us de Citeaux.

Les Dimanches la bénédiction de l'eau se fait du côté du Septentrion, le visage néanmoins tourné à l'Orient : l'Aspersion se fait de cette sorte.

Après l'Oraison le Célébrant va asperser à genoux le grand Autel de trois coups : le Chantre aux Fêtes Semidoubles, & le Préchantre aux Doubles *& supra*, commence l'Antienne *Asperges me*, qui est poursuivie par le Chœur, & sur laquelle les deux Chœurs chantent alternativement le Pseaume 50. *Miserere*, comme on feroit à Laudes selon le ton de l'Antienne, jusqu'au Verset *Asperges me*, qui est chanté en plein chant en forme d'Antienne comme au commencement. Cependant le Célébrant après avoir aspersé & baisé l'Autel avec inclination, va derriere à l'Autel de S. Pierre, audessus duquel sont les Reliques, & l'asperse debout & le baise. Ensuite il asperse le derriere de la croix du grand Autel, qui est pleine de Reliques ; puis il descend les trois marches de l'Autel de S. Pierre,

* Cela est changé depuis le nouveau Breviaire de l'an 1701.

& il asperse de trois coups les Reliques. Le Célebrant ayant mis un genou en terre sur le dernier marchepied du Sanctuaire, asperse la Croix processionale, & debout les Portechandeliers qui s'y sont venus ranger. Ensuite comme il n'y a que des Archevêques enterrez dans le Chœur, il asperse la premiere tombe, & ensuite le Soûdiacre qui est au bout avec le texte ; puis deux autres tombes d'Archevêques, qui sont jusqu'à l'Aigle, chacune d'un coup avec une petite inclination ; puis une autre tombe audessous de l'Aigle, au bout de laquelle est le Diacre qui est aussi aspersé ; & ensuite les autres tombes qui sont jusqu'à la grande porte du Chœur ; puis l'ancien du Chœur, soit Dignité ou Chanoine, se présente au bout du stalle, & le Célebrant qui est *in plano*, l'asperse de trois coups, & ensuite lui ayant donné l'aspersoir ou goupillon, l'ancien asperse de trois coups le Célebrant, qui s'incline un peu en recevant l'eau benite, après quoi il vient se mettre à la place du Diacre, qui se retire un peu à la gauche, & demeure ainsi à son côté jusqu'à ce que toute l'aspersion soit faite. L'ancien du Chœur asperse le peuple qu'il voit à la porte du Chœur de son côté, & ensuite va asperser tous les Chanoines qui sont dans les stalles ; & ceux qui sont dans les stalles d'en bas se tournans vers les Chanoines, sont aspersez les uns & les autres par l'ancien du Chœur en chemin faisant. Quand il est au bout des stalles du côté droit, s'il voit qu'il y ait des laïques à la porte meridionale, il les asperse de deux ou trois coups. Puis il rend l'aspersoir à l'Enfant de chœur qui porte le benitier *in plano*, lequel Enfant de chœur ayant fait les reverences ordinaires, va présenter l'aspersoir à l'ancien du côté gauche, qui fait l'aspersion pareillement comme on a

S. Etienne de Sens.

fait au côté droit. Après quoi un Enfant de chœur apporte le Collectaire au Célebrant, qui dit une Oraison sans Verset.

A la Procession le Soûdiacre marche après les Chantres, portant son livre tête nue. Le Diacre, pourvû qu'il soit Semiprébendé, se couvre aussi-bien que le Célebrant, eux deux seuls (tout le Clergé étant découvert), & le Célebrant se plaçant [avec son Diacre] à peu près selon le rang qu'il tient au Chœur.

¶ Les Fêtes Annuelles au defaut de l'Archevêque, l'Officiant qui est député du Chapitre, va toujours le dernier à la Procession, quand même il seroit des plus jeunes, ayant le Diacre à côté de lui, qui tient le bout de sa chappe, quoique le Célebrant n'agisse aucunement. Le Préchantre ne porte jamais le bâton aux premieres Vêpres ni à Matines, mais bien à la grande Messe & aux secondes Vêpres.

Les Chappiers commencent derriere l'Aigle l'Introït; ils le repetent après le Verset du Pseaume, & encore après le *Gloria Patri* pour la troisiéme fois.

Le Célebrant étant de retour de la Procession dans la Sacristie avec ses Ministres ou Officiers, y prend la chasuble dont le bas est en pointe, & la croix prenant sur les épaules semble en former une pardevant; le Diacre sa dalmatique, & le Soûdiacre sa tunique, dont les manches sont cousues; & des amits parez de la même couleur, qui couvrent le derriere de la tête, & (quand l'Archevêque n'est point au Chœur,) ils disent dans la Sacristie l'*Introïbo*, le Pseaume *Judica me Deus*, le *Confiteor*, *Misereatur*, *Indulgentiam* &c. puis ils sortent de la Sacristie précedez d'un Acolythe en surplis, qui porte la croix processionelle entre deux Portechandeliers, dont l'un va devant la croix, & l'autre

L iij

après ; le Soudiacre portant sur sa poitrine un couſſin, le Diacre le suivant, & portant le sacré texte des Evangiles fermé & élevé un peu toutefois de côté, & suivis du Célebrant joignant les mains sans bonnet quarré, tous ayant la tête nue.

Le Soûdiacre étant arrivé au milieu du Sanctuaire, fait une profonde inclination à l'Autel, il se tourne du côté du Diacre, qui pose sur son couſſin le livre des Evangiles, qu'il présente auſſitôt à baiser au Célebrant. Après quoi ayant fait à l'Autel une profonde inclination, & une mediocre vers le Chœur ; le Diacre & le Soudiacre découvrent l'Autel, pendant que le Célebrant à genoux & incliné sur le dernier marchepied d'en bas du grand Autel, dit l'*Aufer à nobis &c.* Puis il monte à l'Autel, & le baise au milieu en disant *quorum Reliquiæ hîc sunt.* Le Soudiacre pose le livre des Evangiles au côté de l'Epitre, puis paſſant par derriere l'Autel il retourne au côté de l'Evangile, le Diacre étant du côté de l'Epître ; ils sont ainſi toujours aux carnes ou coins de l'Autel, se faisant face l'un à l'autre, étant éloignez d'un demi pied ou environ de l'Autel, ayant les mains jointes & la vûe baiſſée, excepté quand le Prêtre chante, qu'ils sont derriere lui & au tems de l'Offertoire & de la Consecration, que le Diacre est à côté de lui.

¶ Si l'Archevêque est au Chœur, il vient précedé de sa croix & accompagné de ses Aumôniers au milieu de l'Autel, un peu loin neanmoins : le Célebrant, le Diacre & le Soûdiacre se rangent au côté de l'Autel ; le Soûdiacre étant le plus proche de l'Autel, puis le Diacre, & ensuite le Célebrant qui est le plus proche de l'Archevêque, c'est-à-dire, qui lui répond. Après que l'Archevêque a dit l'*Introïbo,* le *Judica* & l'*Indulgentiam*, jusqu'à l'*Aufer à nobis* exclusivement, il monte à l'Autel, & après l'avoir baisé il s'en retourne au Chœur à sa place, qui est celle du Préchantre, qui se retire pour la lui ceder, c'est-à-dire proche la porte meridionale. Le Diacre en tout tems dit toujours le *Munda* du côté de l'Epître, & ayant un genou en terre il reçoit la bénédiction du Célebrant. Si l'Archevêque est au Chœur, le Diacre va recevoir de lui la bénédiction en passant à la place où est le Prélat.

Le premier Choriste ou Chappier tourné du côté du Clergé commence le *Kyrie*. Si c'est une Fête Annuelle, Semiannuelle ou Double, on y ajoute les tropes *Fons bonitatis*, *Pater ingenite*, &c. ou *Cunctipotens genitor Deus*, ou *Clemens rector*, &c. Ce qui se pratique encore à Lyon, à Soissons, & ailleurs ; & ce qui a donné lieu à ces longues traînées de notes qui nous sont restées au *Kyrie*, lorsqu'on a retranché ces tropes ou especes de strophes mêlées entre *Kyrie* & *eleïson*.

Les deux Enfans laissent leurs chandeliers à cinq ou six pieds loin des marches de l'Autel, & vont au Chœur à leurs places.

Le *Gloria in excelsis* & le *Credo* sont chantez entierement par les deux Chœurs conjointement, comme à Lyon, à Bourges, à Mâcon, à Auxerre, & chez les Chartreux, & non alternativement, mais ne faisant qu'un seul Chœur, parce que (dit « le Rituel de Sens) c'est une profession de foy qu'un « chacun doit faire toute entiere ; & c'est pour cela « même qu'on ne touche point l'Orgue au *Credo*. «

Aux Versets *Adoramus te* & *suscipe deprecationem nostram* du *Gloria in excelsis*, le Célebrant, le Diacre & le Soûdiacre se mettent à genoux, le Clergé étant debout & tourné vers l'Autel.

Les Enfans de Chœur tiennent les chandeliers élevez aux Oraisons & à la Préface.

Quand le Célebrant est assis, il est dans la premiere chaise la plus proche de l'Autel, le Diacre dans la seconde, & le Soûdiacre dans la troisiéme, toujours en descendant plus bas.

On dit à Sens des Proses comme à Lyon les Fêtes Annuelles, Semiannuelles, Doubles, & aux Dimanches privilegiez ; & on les disoit autrefois de même à Paris & à Rouen. Mais on ne doit pas en regretter beaucoup la perte, la plûpart n'étant que de pitoiables rapsodies, témoin celle-ci qui commence par *Alle nec-non & perenne cœleste luia*.

Le Diacre tenant le livre un peu de côté, & ayant le genou droit en terre, dit d'une voix intelligible, *Jube Domne benedicere*. Après avoir reçu la bénédiction du Célebrant, il va processionellement au Jubé, où il chante l'Evangile entre les deux Ceroferaires environ au milieu de la Tribune du côté de l'Epître, tourné au Septentrion, ayant la croix devant lui.

Dans les Eglises du Diocese de Sens où il n'y a point de Jubé, l'Evangile se chante à la principale porte du Chœur, afin qu'il soit entendu de ceux qui sont dans le Chœur & dans la Nef.

Quand le Célebrant après le Credo dit *Dominus vobiscum*, le Diacre précedé de deux Portechandeliers & du Soûdiacre va au petit Autel qui est derriere le grand, prendre le Calice & la patene avec l'hostie couverts de la palle seulement sans voile, & vient comme à Auxerre par derriere le grand Autel du côté de l'Evangile, puis il revient au côté de l'Epître ; le Soûdiacre y met dans le Calice de l'eau, que le Célebrant benit ; puis le Diacre présente au Prêtre la patene avec l'hostie dessus, que le

S. Etienne de Sens.

Célebrant offre en difant *Sufcipe fancte Pater*, &c. Enfuite le Célebrant ayant reçu de la main du Diacre le Calice, le tient élevé ; & le Diacre le foutenant, ils difent enfemble l'*Offerimus tibi, Domine, calicem*, les deux Portechandeliers étant au pied de l'Autel à genoux, & tenant leurs chandeliers élevez jufqu'au *Sanctus*, qu'ils les éloignent de cinq ou fix pieds des marches de l'Autel.

Au *Pleni funt cœli* du *Sanctus*, le Clergé fe met à genoux jufqu'à l'*Agnus Dei*. Deux Thuriferaires fuivis de deux Enfans de Chœur qui portent des flambeaux, viennent à l'Autel, & en tirent les rideaux de chaque côté ; & ils encenfent aux trois élevations, tenant le haut des chainettes de la main gauche, & recevant l'encenfoir dans la main droite dont ils le jettent en haut : car c'eft ainfi qu'ils encenfent toujours, comme à Paris.

Après le *Pater* on chante au Chœur les Pfeaumes *Lætatus fum* & *Deus mifereatur noftri*, le Clergé demeurant à genoux, & le Diacre & le Soûdiacre fur le premier degré de l'Autel derriere le Célebrant qui eft auffi à genoux fur un couffin comme à Auxerre, & qui dit à genoux les Oraifons pour la Paix, pour le Roi, pour le peuple, &c.

Les Enfans de chœur ayant reporté les burettes derriere l'Autel, viennent élever leurs chandeliers durant les dernieres Oraifons : lefquelles finies, le Célebrant fe tourne avec le Diacre & le Soûdiacre vers le Septentrion pendant que le Diacre dit *Ite, miffa eft*. Le Chœur ayant répondu *Deo gratias*, le Célebrant fans donner la bénédiction, ayant fait avec le Diacre & le Soûdiacre au bas de l'Autel une profonde inclination, précedé de la croix & des chandeliers, ils retournent à la Sacriftie dans le même ordre qu'ils étoient venus, le Soûdiacre portant le Missel & le petit pupitre, & le Diacre le Calice & la patene couverts de la palle, ayant tous la tête nue. Si M. l'Archevêque est présent, il donne la bénédiction par *Adjutorium &c.*

Les Enfans de chœur ne prennent point d'eau-benite en sortant de l'Eglise, mais seulement en y entrant : & avec raison.

Il y a à Sens seize Curez, dont il y en a treize qui sont nommez (comme à Angers & à Troyes) *Presbyteri Cardinales*, Prêtres Cardinaux, qui sont les treize Prêtres assistans l'Evêque à la Messe sollennelle. Feu M. de Gondrin Archevêque de Sens les avoit toujours avec lui à l'Autel lorsqu'il célebroit pontificalement la Messe aux grandes Fêtes dans son Eglise Cathedrale. Ils n'y assistent plus qu'aux deux Fêtes de S. Etienne Patron de l'Eglise Cathedrale, à la Dédicace de la même Eglise, & au Jeudi-saint pour les saintes Huiles. Le nom de *Cardinaux* qu'on donne à ces Curez, n'est pas sans fondement. Ils sont appellez *Cardinaux*, & en latin *Cardinales*, parce qu'ils se tenoient aux coins de l'Autel (comme cela s'observe encore à Sens & à Lyon) *ad cardines Altaris* ou *in cardine Altaris*, c'est-à-dire, aux carnes* de l'Autel ; en sorte qu'ils étoient les Prêtres de la carne, & l'Evêque le Prêtre du milieu, *Presbyter de medio*. Les Cardinaux de l'Eglise Romaine, soit Prêtres ou Diacres, étoient aussi à la carne lorsque le Pape célebroit solennellement la Messe.

Les grandes Fêtes où l'Evêque officie aux premieres & aux secondes Vêpres, les deux Chanoines

---

* Carne est un mot françois qui est la même chose que coin ou angle : & M. Châtelain même croit que gond n'a été nommé en latin *cardo*, que parce quil est à la carne de la porte.

qui tiennent le Chœur avec le Chantre & le bas Chœur, vont dans le Tréfor querir l'Evêque revétu pontificalement ; & après l'avoir falué, le Chantre impofe un Répons (convenable à la Fête) lequel on appelle *in deductione Epifcopi*, & ils le conduifent au Chœur par la porte meridionale. Aux fecondes Vêpres c'eft la même chofe, finon que le Préchantre y va auffi, & c'eft lui qui commence le Répons. Quand M. l'Archevêque célebre la grande Meffe pontificalement, il donne la bénédiction folennelle avant l'*Agnus Dei*, & n'en donne point à la fin de la Meffe.

La nuit de Noël on ne fonne qu'à minuit le dernier coup de Matines; après le neuviéme Répons on chante la Généalogie & le *Te D. um*. Enfuite l'Archevêque va avec tout le Clergé chanter dans la Chapelle de la Vierge la Meffe *ad galli cantum*, & les Laudes qui font incorporées dans la Meffe, fans Verfet facerdotal, ni *Deus in adjutorium*, ni Capitule, ni Hymne, comme à Vienne, à Paris, à Orleans &c. Puis le Clergé va dans une autre Chapelle chanter la Meffe de l'Aurore, qui eft célebrée par M. le Doyen. Tout le Clergé va à l'Offrande à la premiere Meffe qui eft moins folennelle que celle de Tierces; mais le Clergé communie à celle de Tierces, qui eft encore célebrée par l'Archevêque De forte que ces trois Meffes font célebrées à trois autels differens, parce que dans la Cathedrale de Sens on ne dit jamais deux Meffes par jour au grand Autel, felon la défenfe qui en a été faite dans un Concile d'Auxerre, qui eft de la même Province, de l'an 578.

Le Mercredi des Cendres c'étoit autrefois un Curé du voifinage qui apportoit à la Cathedrale le cilice pour la Proceffion des Pénitens publics :

& encore à present c'est le Curé de S. Martin à demie lieue de Sens, qui apporte les Cendres auprès de la chaire du Prédicateur, où on les benit. Le Theologal après avoir prêché, publie de la part de l'Archevêque la dispense de manger du lait, du beurre & du fromage. Les Cendres font benites auprès de la chaire; & c'est la que le Theologal les donne. Après quoi tout le Clergé va en Procession vers la grande porte de l'Eglise; & on l'appelle encore aujurd'hui la Procession des Pénitens, [marque qu'on y alloit pour chasser les Pénitens publics, & peutêtre encore pour leur imposer là les Cendres. Car c'est à la porte de l'Eglise qu'on donne les cendres dans les Eglises Collegiales d'Avalon Diocese d'Autun & de Jargeau Diocese d'Orleans, le Mercredi des Cendres: mais on ne les donne à Avalon qu'aux Pénitens publics. A Beauvais on benit & on donne les Cendres non seulement le Mercredi des Cendres, mais encore tous les Vendredis de Carême.]

On dit à Sens la Préface commune *per annum* aux Dimanches de Carême. On se sert de couleur rouge dans la quinzaine de la Passion; & on se met à genoux aux Feries de l'Avent & du Carême au Pseaume *Venite exultemus* de Matines.

Le Jeudi-saint à la grande Messe l'Archevêque est accompagné de deux Chanoines revêtus d'ornemens sacerdotaux, qui disent tout avec lui, & font les mêmes cérémonies que lui, prononçant même avec lui les paroles de la Consecration tant du pain que du calice, & font les signes de croix: ils ne communient pas neanmoins sous les deux especes, mais ils reçoivent à genoux les deux petites hosties, tout comme à l'Ordination des Prêtres. Aux saintes Huiles outre l'Archevêque & ces deux Chanoines, il y a les treize Prêtres Cardinaux, qui sont aux carnes ou aux bouts de l'Autel. Ils n'étoient autrefois que douze, comme on le voit par ce Statut de l'an 1517. *Quando Archiepiscopus celebrat in Annualibus, debent assistere sibi duodecim Presbyteri Cardinales induti sacerdotalibus indumentis ; ac etiam Feriâ quintâ in Cœna Domini, cum duodecim Decanis indutis sacerdotalibus sive infulis.*

Le jour de S. Thomas de Cantorberi on se sert de l'ancienne chasuble de S. Thomas de Cantorbery, qui n'est point échancrée, mais toute ample par bas comme un manteau.

Le Vendredi-saint à la Messe *ex præsanctificatis*, on se sert d'une ancienne chasuble qui est pareillement sans échancrure. Ce jour-ci on montre l'hostie immédiatement avant le *panem nostrum* ; & le *Libera nos, quæsumus Domine* se chante tout haut, comme à Rouen, à Rome & presque par tout.

Aux Enterremens & Obits solennels des Evêques on pose une grande & longue table dans le Chœur, sur laquelle on met quatre calices avec du vin dedans, & quatre patenes dessus avec des hosties. A l'Offertoire deux Chanoines du Tresor ou commis au Tresor, présentent avec des cierges ces quatre calices aux quatre principales Dignitez, qui les vont présenter à l'Autel au Célebrant, qui retient le premier calice & la patene préparez avec le pain & le vin pour le sacrifice.

Les Evêques suffragans prêtent encore à présent le serment d'obéissance à l'Archevêque de Sens.

Le Semainier durant sa semaine devoit être toujours en habit d'Eglise, excepté le surplis, & ne sortoit point du Cloître suivant l'usage & les Statuts du Chapitre de Sens ; de sorte qu'il n'étoit ni en manteau ni en chapeau, dont on se sert pour aller en ville. Et il étoit ainsi retiré pendant qu'il faisoit sa semaine, pour être plus uni à Dieu, *quia* (ajoute un Statut du même Chapitre) *medius est & sequester inter Deum & populum.*

On chante dans l'Eglise Cathedrale certaines choses les plus essentielles des Répons & des Antiennes fort pausement, comme par exemple, *Fera pessima devoravit eum* : ce qui est exprimé dans leurs livres en ces termes, *cum bona prolatione & mensura.*

On ne dit point encore aujourd'hui à Sens la repetition du *Quoniam in æternum misericordia ejus*, après chaque verset du Pseaume 135. *Confitemini.* aux Vêpres du Jeudi, non plus qu'à Vienne & à S. Martin de Tours, ni à Cluni : & elle ne se trouve point dans les Breviaires de Lyon, de Rouen, de Paris, d'Autun & d'Auxerre avant le dernier Siecle. Ce n'est même qu'en 1634. qu'on l'a ajouté dans le Breviaire de Chartres pour se conformer au Breviaire Romain. Et comme l'Eglise de Rome n'a point encore ajouté le *laudate & superexaltate eum in sæcu'a*, après chaque verset du Cantique *Benedicite* (Daniel 3.) aux Laudes du Dimanche ; c'est aussi pour s'y conformer, qu'aucune Eglise que je sache, ne s'est point encore avisée de l'y ajouter, quoiqu'il soit dans la Bible.

Le Rituel de Sens publié en 1694. défend de faire les Exorcismes, lorsqu'on supplée les cérémonies à un enfant baptisé ou ondoyé en péril de mort, en ces termes : *Après qu'on lui aura donné le nom, le Prêtre omettra les Exorcismes, conformément aux anciens Rituels de ce Diocese, ne paroissant pas necessaire de chasser le démon de l'ame d'un enfant où le saint Esprit habite, & qui a été fait enfant de Dieu & membre de Jesus-Christ par la regénération spirituelle. On ne laissera pas neanmoins de faire faire les renonciations au démon*, parce qu'elles ne supposent pas qu'il reste encore dans l'ame ; mais seulement la resolution où l'on est de ne l'y plus jamais souffrir depuis qu'il en a été chassé. Il faut aussi suppléer les onctions. Le Rituel de Malines en 1589. Monsieur de Meaux dans ses Statuts Synodaux, aussi-bien que ceux d'Angers & de Grenoble, ordonnent pareillement qu'on omettra les Exorcismes lorsqu'on suppléera les cérémonies du Baptême à un enfant déja baptisé. Pour ce qui est de suppléer les cérémonies du Baptême, on ne trouve point cette coutume ou pratique dans l'Eglise d'Orient, ni même pour celle d'Occident dans les Conciles generaux ou particuliers avant la fin du douziéme Siecle. Tom. X. Concil. gener. pag. 1802. *Constitutiones Odonis Episcopi Parisiensis*, cap. 3. n. 1. *Doceant frequenter laïcos baptizare pueros in necessitate : & post inundationem, ea facient sacerdotes pueris quæ solent fieri* POST *immersionem.* Tom. XI. Concil. gen. p. 14. Concil. Londonien. an. 1200. c. 3. *Si verò in necessitate puer baptizetur à laïco ; sequentia immersionem, non præcedentia, per sacerdotem expleantur.* On lit encore la même chose *ibid.* p. 545. dans des Statuts Synodaux d'un Evêque anonyme de l'an 1237. *ibid.* dans le Concile de Cologne de l'an 1280. c. 4. *Item Sacerdos, ad quem infans in necessitate baptizatus, deferendus est . . . . faciat ei quæ post baptismum fieri consueverunt.* Ibid. p. 1203. Synod. Nemaus. ann. 1284. *Sacerdos infantem . . . non rebaptizet, nec faciat catechismum, sed inungat eum in pectore, inter scapulas & in vertice, dicendo Orationes quæ dicuntur* POST *baptismum.* Ib. p. 1266. Synod. Exon. ann. 1287. c. 2. *Si parvulus, &c. . . . . non ipsa submersio, nec ipsa præcedentia, sed subsequentia duntaxat per sacerdotem, ut convenit, suppleantur.* Ibid. p. 1450. Synod. Bajoc. an. 1300. c. 4. *Suppleatur quod deest... Exorcismi tamen non dicantur.* Tout cela s'accorde fort bien avec le Rituel de Sens.

Le même Rituel (pag. 158.) ordonne que selon l'ancien usage de l'Eglise les corps tant des Ecclesiastiques que des seculiers, seront enterrez de sorte qu'ils regardent l'Orient, ayant les pieds du côté de l'Autel.

Un peu plus loin que l'Abbaye de S. Pierre-le-Vif, il y a un lieu qu'on appelle *les Arênes*, sous lesquelles il y a encore des grottes ou soûterrains, à peu près comme à Doué en Anjou.

REIMS.

Reims en Champagne sur la Riviere de Vêle; *Remi ad Vidulam*.

Eglise Cathedrale de Notre-Dame.

L'Eglise Cathedrale de Notre-Dame est tres-grande ; les dehors en sont fort beaux ; & son portail gothique est le plus estimé de France : S. Paul y est au côté droit, & S. Pierre au côté gauche, qui étoit autrefois le plus honorable. C'est dans cette Eglise que l'Archevêque de Reims, premier Duc & Pair de France, consacre nos Rois. On y voit encore une abside extraordinairement grande, au fond de laquelle est l'ancienne chaire de l'Evêque, & les places autour de l'abside pour les Prêtres & les Diacres ; mais l'Archevêque ne s'y met point.

On marque à Reims le grade des Fêtes par le nombre

Notre-Dame de Reims. 177

nombre des chandeliers ou cierges, *Festum iij*, ou *v* ou *vij*, *cereorum*, comme à S. Martin de Tours.

On fait tous les jours une grande lecture avant Complies, comme dans l'Ordre de S. Benoît, & comme on faisoit autrefois à Rouen & à Vienne.

Le Samedi-saint on attache au Cierge Pascal l'Inscription d'une Table Pascale à peu près de même que celle qu'on verra ci-après à Rouen.

Le jour de Pâques & pendant la semaine on commence Vêpres par *Kyrie eleison*.

Aux jours des Rogations dans les Eglises où la Procession fait station, on dit une Messe seche ou des Catechumenes, qui consiste dans la Collecte, l'Epître, le Graduel & l'Evangile : & le Prêtre en demeure-là.

On y fait le jour de la Transfiguration la bénédiction des raisins nouveaux dans le Canon de la Messe immédiatement avant le *Per quem hac omnia*. Voyez ce que nous en dirons ci-après sur Orleans.

On voit dans un ancien Rituel de Reims de l'an 1585. que c'étoit l'usage en plusieurs endroits du Diocese de ceindre ou entourer de l'Etole du Prêtre l'époux & l'épouse au jour de leur mariage; pour marquer la jonction des deux. Et ce n'est que le nouveau Rituel de Reims de 1677. qui a retranché cet usage. Dans celui de Milan de 1687. on voit dans la célébration du mariage, qu'après le consentement des deux parties le Curé prend la main droite de l'époux, & la met dans la main droite de l'épouse, pour marque du lien de mariage & de la foi conjugale, & met sur ces deux mains les deux bouts de son Etole croisez en forme de croix ou lien. Un ancien Missel de Beziers & un de Narbonne marquent que le Prêtre à l'Oraison bénédi-

M

ctionale avant l'*Agnus Dei* sur les mariez, leur entouroit le cou & les épaules avec son Etole, comme s'il eût voulu les lier tous deux ensemble. Et dans un Rituel de Beziers un peu plus recent, sçavoir de l'an 1535. on mettoit l'Etole sur leur tête; de là est venu ce voile qu'on leur met sur la tête & sur les épaules. Mais il faut encore remarquer que cette Oraison bénédictionale sur les mariez ne se disoit qu'après la confraction de l'hostie & immédiatement avant le *Pax Domini sit semper vobiscum*. C'est ce qui se voit dans les Missels de Beziers & de Narbonne citez ci-dessus, dans un Missel manuscrit d'Auxerre de 400. ans, dans ceux de Vienne de 1519. d'Orleans de 1504. de Lyon de 1530. d'Autun du même tems, & dans les Rituels de Paris de l'an 1526. d'Orleans de 1581. d'Autun de 1593. de Chartres de 1604. & de Sens de 1694. & le *Libera nos, quæsumus Domine*, est une suite du *Pater*, & n'en doit pas être separé.

Le nouveau Rituel de Reims de 1677. ordonne que suivant l'ancien usage on enterrera également les Prêtres comme les laïques, en sorte qu'ils ayent la tête du côté de la porte ou du bas de l'Eglise, & les pieds vers l'Autel : & on voit les Evêques, les Abbez & les Prêtres sur les anciens mausolées & sur les tombes dans cette situation.

MEAUX.

MEAUX, *Meldi ad Matronam*, ville épiscopale sur la Marne, & capitale de la Brie. Il n'y a rien de singulier que je sache, que les Bénédictions Episcopales avant l'*Agnus Dei*, quand l'Evêque célèbre la Messe solennelle aux grandes Fêtes.

Saint-Maur des Fossez.

SAINT-MAUR DES FOSSEZ, autrefois Abbaye célebre de l'Ordre de S. Benoît, & presentement Eglise Collegiale de Chanoines séculiers à deux lieues de Paris. Le saint Sacrement y est gardé & suspendu dans une colombe d'or au lieu de Ciboire; de même qu'autrefois à Cluny & encore ailleurs. Cette pratique est fort ancienne.

Estampes.

ESTAMPES sur la Juine, *Stampæ ad Junnam*. A l'Eglise des Cordeliers le benitier est au dehors de la porte, comme aux Jacobins du Mans, & non audedans de l'Eglise ; & c'est là la veritable place des benitiers.

ORLEANS.

ORLEANS, *Aureliani ad Ligerim*, sur la Riviere de Loire, est une grande ville bâtie en forme d'arc sur le penchant d'une colline dans une belle situation & un fort bon air.

On voit à l'entrée du pont au pied d'une croix trois statues de bronze ; une de la sainte Vierge qui tient sur elle Jesus-Christ descendu de la croix, celle de Charles VII. Roy de France d'un côté, & de l'autre celle de la Pucelle d'Orleans. Tout le monde sçait que ce fut cette genereuse fille nommée *Jeanne d'Arc*, qui fit lever le siege aux Anglois qui assiegeoient Orleans l'an 1428. sous le regne de Charles VII. qui l'ennoblit elle & toute sa famille. En memoire de cette merveilleuse délivrance on fait tous les ans à Orleans à pareil jour le 8. May une Procession generale en actions de graces.

Eglise Cathedrale de Sainte-Croix.

L'Eglise Cathedrale de Sainte-Croix est travaillée fort délicatement. Il y a au jambage de la Tour des cloches, à main droite en entrant, environ à huit pieds d'élevation de terre, une Inscription ancienne de six cens ans, gravée dans la pierre. C'est l'acte d'une manumission ou affranchissement d'un esclave commé *Letbert*, par *Albert* son maître, qui étoit vassal, ou faisoit valoir quelque ferme de l'Eglise de Sainte-Croix En voici l'inscription : *Ex beneficio Sanctæ Crucis per Johannem Episcopum & per Albertum Sanctæ Crucis casatum factus est liber Letbertus, teste hac sanctâ Ecclesiâ.* Ceux qui ont fait imprimer dans des livres *Lembertus*, se sont trompez & copiez les uns les autres.

Le saint Ciboire est au dessus du grand Autel dans une tourelle de cuivre haute d'environ trois pieds : il n'y a point de rideaux autour de l'Autel. La lampe qui est d'argent & qui a deux ou trois couronnes pour cercles, est au milieu du Chœur, éloignée de l'Autel de plus de vingt pas.

L'Evêque d'Orleans en faisant sa premiere entrée solennelle & prise de possession de son Eglise, délivre tous les prisonniers pour crime, qui se trouvent alors dans les prisons d'Orleans quelquefois au nombre de trois ou quatre cens, & même jusqu'à neuf cens en l'année 1707. & étant assis dans un fauteuil sur un brancard, il est porté sur les épaules de quatre Seigneurs Barons feudataires de l'Evêché à l'aide de leurs serviteurs.

Ces quatre Barons sont encore obligez comme

feudataires du Seigneur Evêque d'Orleans, de lui offrir tous les ans au grand Autel quatre goutieres en forme de bieres pleines de cire, pendant le *Magnificat* des premieres Vêpres de l'Invention de la sainte Croix & de la Dedicace de cette Eglise. Je ne m'amuserai point à rapporter ici la tradition fabuleuse du peuple sur cela.

Depuis ces premieres Vêpres jusqu'au lendemain au soir il y a dans cette Eglise *Laus perennis*, c'est à dire qu'on y chante toujours ; les Chapitres de differentes Eglises & Monasteres se relevant les uns les autres, & y chantant les Matines à trois Nocturnes & les Laudes successivement, chacun à l'heure qui leur est marquée ; sçavoir l'Eglise Cathedrale, les Chanoines de Meung, ceux de Jargeau, ceux de S. Samson d'Orleans, qui, de la part des Jesuites qui possedent cette Eglise & les Prébendes, en sont acquittez par les Jacobins, & les Feuillans de l'Abbaye de S. Mêmin ou de Micy à deux lieues d'Orleans.

En ce même jour, en celui du Jeudi-saint, & en celui de l'Exaltation de la sainte Croix, il y a douze Curez qui (avec quatre Diacres & quatre Soûdiacres revêtus de tuniques) assistent en chasubles, l'Evêque célebrant la Messe : mais ils sont aux carnes ou aux deux bouts de l'Autel, & en sont éloignez de quatre ou cinq pieds, de sorte qu'ils n'entrent dans aucunes fonctions. J'ai de la peine à croire que cela ait toujours été ainsi ; car ils n'étoient pas là pour rien. Voyez Sens, Chartres & Paris.

L'Evêque officiant donne à la grand'Messe la bénédiction solennelle avant l'*Agnus Dei*.

Les Enfans de chœur ont un camail qui ne va au plus qu'à la ceinture. Les Fêtes Episcopales les

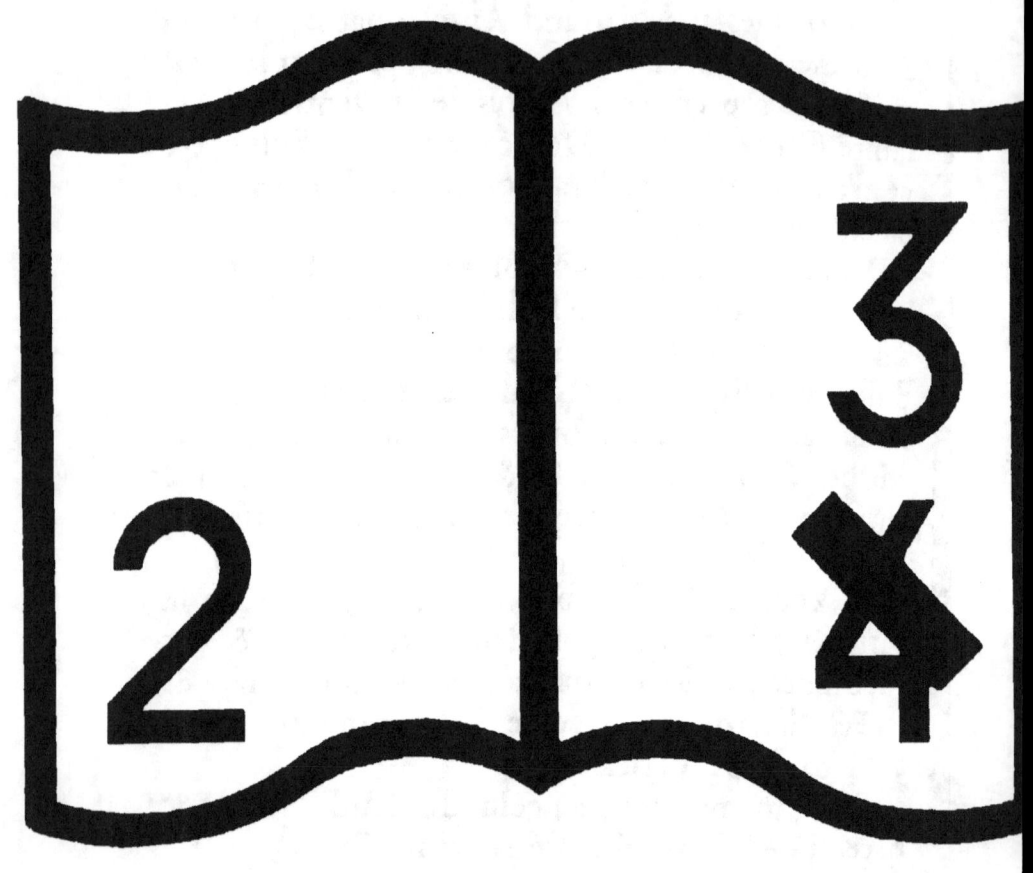

Pagination incorrecte — date incorrecte

NF Z 43-120-12

Dignitez ont la foutanne violette.

Toutes les fois qu'il y a encenfement à Laudes & à Vêpres, l'Officiant revêtu d'une chappe qu'il eſt allé prendre à la Sacriſtie, chante le Capitule au coin de l'Autel à la carne du côté de l'Epître ayant le vifage tourné vers le Septentrion, de forte que l'Autel fert à foutenir fon livre ; & cela parce qu'il étoit peutêtre placé autrefois dans le Sanctuaire, comme le font les Curez de S. Maclou & de S. Vivien de Rouen, & beaucoup de Curez à la campagne ; comme le marque auſſi l'Ordinaire des Carmes, c. 29. ou peutêtre plûtôt afin qu'il fût là tout prêt pour faire l'encenfement qui s'y faifoit pendant le Répons & l'Hymne. Au commencement du *Magnificat* l'Officiant (qui étoit aſſis fur une forme durant le Répons) vient de fa place au milieu de l'Autel, le Port'encens lui préfente la navette & l'encenfoir. L'Officiant ayant mis de l'encens dedans, encenfe l'Autel de trois coups, defcend enfuite dans le Chœur, & encenfe de trois coups à l'Aigle au milieu du Chœur, favoir d'un coup pour le livre qui eſt fur l'Aigle, & les autres pour les deux Chappiers qui font au côtez de l'Aigle. Etant au haut du Chœur *in plano* du côté droit, il eſt encenfé par le Thuriferaire qui eſt vis-à-vis de lui au côté gauche, & qui va enfuite lui baifer le bord de la chappe fur fa main, ou plûtôt fa main qui eſt fous le bord de fa chappe. L'Officiant au milieu après avoir falué le Chœur profondement, retourne à fa place au côté de l'Autel. Cependant le Thuriferaire encenfe les Chanoines aux deux côtez des hautes chaifes, comme à Paris & à Sens, c'eſt-à-dire tenant de la main gauche le haut des chainettes, & jettant l'encenfoir de la main droite dans laquelle il le reçoit. Où il eſt à remarquer qu'au bout du banc, avant qu'il soit au dernier Chanoine de chaque côté, il s'arrête un moment sans encenser, & puis il encense de trois coups ce Chanoine, parce qu'il est une des principales Dignitez. C'est de là que sont venus les trois coups que l'on encense au commencement & à la fin de chaque côté, sans raison dans les Eglises qui ne sont ni Cathedrales ni Collegiales. Ensuite le Thuriferaire descend par la premiere porte du côté gauche, & dès qu'il est descendu, il commence à encenser autour des Chantres qui chantent au milieu du Chœur devant l'Aigle le *Magnificat*, & après avoir fait ce tour, il encense de trois coups au milieu vers l'Aigle, afin d'achever entierement son tour ; & enfin ayant salué le Chœur il va dans la Sacristie.

Sur la fin du *Magnificat* les Portechandeliers sortent de leurs places du Chœur, montent au Sanctuaire, vont aux côtez de l'Autel prendre leurs chandeliers, & viennent au milieu ; l'Officiant fait de même ; ils viennent précedez du Bedeau au milieu & vers le haut du Chœur chanter les Versets & les Oraisons, durant lesquelles tout le monde est debout.

Tous les jours au Verset *Illuminare his qui in tenebris* du *Benedictus* à Laudes, & au Verset *ad revelationem* du *Nunc dimittis* à Complies, le Sacristain apporte au milieu du Chœur une bougie allumée par rapport à ces mots *Illuminare* & *Lumen*. Le Sacristain ou Marilier Clerc n'est pas toujours exact à l'apporter en ce moment : mais c'étoit si bien un usage constant de l'apporter précisément à ces mots *Illuminare* & *Lumen*, que feu M. de Fourcroy Grand-Vicaire d'Orleans le marqua tres-particulierement dans un Sermon qu'il fit à la Purification de la sainte Vierge. Vers la fin de l'Antienne le grand Enfant de chœur présente cette bougie pour éclairer l'Officiant à dire l'Oraison, s'il a besoin de lumiere ; sinon, il l'éteint, & il la donne après l'Office à l'Officiant qui l'emporte chez lui.

Tous les Dimanches de l'année on y fait toujours l'Office du Dimanche, à moins qu'il n'arrive une Fête Annuelle ; & on n'y fait jamais d'Octaves en Avent & en Carême. En Carême on n'y fait jamais l'Office d'aucune Fête, si ce n'est de l'Annonciation & la principale Fête du principal Patron, quand il y échet ; les autres étant en partie anticipées avant le Carême, & en partie transferées après l'Octave de Pâques, suivant le premier esprit de l'Eglise, qui ne pouvoit allier le jeûne avec les Fêtes.

Les Fêtes Annuelles, à la Procession qui se fait avant la grand'Messe, le Scholastique & le Maître d'école marchent devant la croix avec leurs bâtons (en forme de bourdons) après les Enfans de chœur. Lorsque la Procession est à la station devant le Crucifix, un Chanoine Mamertin ou de l'Autel de S. Mamert fait l'aspersion de l'eau benite sur le Clergé.

Au jour de l'Epiphanie, qui est Annuel majeur, après la lecture de l'Evangile, le Diacre (comme à Paris) demeurant au Jubé ou au pupitre, & se tournant vers le Clergé, annonce (suivant le Decret du quatriéme Concile d'Orleans, can. 1.) le jour de Pâques prochain en cette maniere : *Noverit caritas vestra, fratres carissimi, quod annuente Dei & Domini nostri Jesu Christi misericordiâ, die N. mensis N. sanctum Pascha Domini celebrabimus.*

On voit par un Ordinaire manuscrit de l'Eglise d'Orleans de 200. ans, que le Clergé de l'Eglise

Cathedrale alloit en Procession le Mercredi des Cendres après Sextes à l'Eglise de S. Pierre Lentin, & que c'étoit là qu'on donnoit les Cendres: *Die Cinerum fit Processio post Sextam ad Sanctum Petrum Lactentium, & ibi donantur Cineres Canonicis, & illis qui volunt accipere.* Et on y récitoit beaucoup de prieres & d'oraisons.

On voit encore aujourd'hui dans cette Eglise quelques restes de la pénitence publique; mais où l'Evêque ni le Clergé ne prennent aucune part. Le Mercredi des Cendres le Pénitencier après avoir prêché dans la Cathedrale, benit les Cendres, & les met sur la tête de ceux qui se présentent. Le Jeudi-saint après la prédication qu'il fait, il se rend dans la Chapelle de S. Jean derriere le Chœur, où est son Tribunal, & où se trouvent les Pénitens revêtus & couverts les uns de quelques linges, les autres d'écharpes & de couvertures, dont ils se cachent le visage; quelques-uns pourtant y paroissent découverts. Le Pénitencier ayant récité les sept Pseaumes Pénitentiaux, & quelques autres prieres sur eux, ils font tous la Procession deux à deux à genoux autour du Chœur en dehors, se traînant toujours sur leurs genoux, précedez du Soûpénitencier, & suivis du Pénitencier, tous deux revêtus d'étole, récitans les Litanies des Saints. Après qu'ils sont retournez dans la Chapelle, ils vont tous se prosterner aux pieds du Pénitencier & baiser la terre l'un après l'autre: le Pénitencier après avoir prononcé sur eux l'absolution, les asperse d'eau benite; & après leur avoir dit, *Faites pénitence, & ne pechez plus*, tous se retirent. Il s'y en trouve quelquefois jusqu'à trente ou quarante, & même jusqu'à cinquante. En l'année 1697. il n'y en avoit que dix-sept. On y oblige particulierement les meres dont les enfans ont été étouffez par leur négligence.

La veille de Pâques & de la Pentecôte on y chantoit les trois Litanies avant le dernier siecle, comme on fait encore à Rouen.

On ne disoit jamais le *Judica* à l'Autel, mais bien le *Confiteor*.

Le jour de l'Exaltation de Sainte Croix on benit depuis un siecle à l'Offertoire ou au *Per quem hæc omnia* de la grand'Messe, à la volonté du Célebrant, des raisins, qui sont ensuite distribuez aux Chanoines, aux Chantres & aux Enfans de chœur, au lieu de l'instrument de paix : mais les douze Curez (quoiqu'assistans de l'Evêque) n'en ont point. A l'Offertoire de la même Messe on fait l'adoration de la Croix, comme on faisoit dans la Laure de S. Sabas, & à peu près comme on fait dans toutes les Eglises le Vendredi saint, après que l'Evêque ou le Doyen a quitté sa chasuble & sa tunique, & tous les Chanoines pareillement leurs chappes, & qu'ils ont dit ensemble le *Confiteor* au milieu du Chœur.

Aux Simples & aux Feries il n'y a qu'un Portechandelier à la Messe.

Un Ordinaire de l'Eglise Cathedrale d'Orleans manuscrit de 200. ans, nous apprend que tous les Samedis de l'année il y avoit après Vêpres Procession dans la nef devant le Crucifix.

Que tous les Lundis de Carême & tous les jours de l'Octave de Noël il y avoit station à quelque Eglise de la ville. On lit la même chose dans le Necrologe.

La Procession de S. Marc arrivant dans l'Octave de Pâques, n'étoit point remise : mais elle se faisoit le 25. Avril avec abstinence, & l'Office de

S. Marc étoit remis au Lundi d'après *Quasi modo*. La même chose se lit encore dans leur Necrologe le 25. Avril, & encore les six articles suivans.

Qu'il y avoit quelques Obits solennels d'Evêques où trois Chanoines Dignitaires à l'Offrande portoient à l'Autel chacun un calice, comme on fait encore présentement à Sens.

Plusieurs Obits fondez où il y avoit distribution d'argent pour les pauvres par les mains du Semainier.

Une fondation faite pour fournir du vin à toutes les Messes qui se celebrent au grand Autel de l'Eglise Cathedrale de Sainte-Croix d'Orleans.

Laus perennis ou Louange perpetuelle, où l'on chante toujours depuis le 2. May à cinq heures du matin, jusqu'au lendemain 3. May, Fête de l'Invention de Sainte Croix & de la Dédicace de l'Eglise à cinq heures du soir.

Que la Prose *Laudes Crucis attollamus* pour la Fête de l'Invention de Sainte Croix, a pour auteur Hugues Scholastique de l'Eglise Cathedrale de Sainte-Croix d'Orleans. Voyez le Necrologe au 15. des Calendes d'Octobre. On attribue communément cette Prose à Adam de S. Victor de Paris.

A la Fête du principal Patron de la plûpart des Eglises d'Orleans, le Clergé alloit chanter la veille sur le soir dans les Eglises les Matines du Saint, & le lendemain matin la grand'Messe.

On sera sans doute bien aise de voir ici ce que portent les Statuts ou ordonnances du Chapitre de Sainte-Croix pour le reglement de la discipline de cette illustre Eglise.

On y trouve qu'un Chapellain fut puni de prison pendant huit jours, & à y jeûner au pain & à l'eau pour ses insolences; & un Chappier à un jour de prison au pain & à l'eau pour avoir entonné l'Introït *Statuit* au lieu de *Sacerdotes*.

Que ce fut l'an 1287. l'onziéme de Septembre, que Gilles de Patay Evêque d'Orleans, en présence de Guillaume Abbé de S. Benoît de Fleury, & de Laurent Abbé de S. Euverte d'Orleans, de l'Abbé de Baugency, & d'une grande multitude d'Ecclesiastiques & de laïques, mit la premiere pierre à cette belle Eglise Cathedrale de Sainte-Croix d'Orleans. Il en est fait aussi mention dans le Necrologe sur le 3. des Nones de Septembre.

Que le Chapitre affranchit l'an 1497. (ou environ) une fille qui étoit esclave de l'Eglise, elle & les enfans qui en auroient pû naître dans la suite. *Capitulum manumisit Johannam filiam defuncti Johannis d'Arboys ... de conditione Ecclesiæ existentis, nunc uxorem Johannis Constant de Moterello, & à jugo servitutis quo ipsa astringebatur Ecclesia cum sua posteritate ex nunc & in perpetuum liberavit.*

Que cette Eglise (contre l'usage de sa Metropolitaine, qui étoit alors celle de Sens) ne veut pas que les Chanoines Clercs, excepté les Dignitez ou Personats, portent l'aumusse, ni qu'ils ayent la tête couverte dans l'Eglise, afin de les obliger par là à entrer dans les Ordres sacrez.

Que pour gagner le pain de Chapitre il falloit assister à la Messe, ou à Vêpres avec une Heure Canoniale, ou à trois petites Heures, ou être malade, ou être saigné, ou député par le Chapitre pour quelque affaire.

Que les Chanoines sont obligez de chanter au Chœur, & que ceux qui dormiront pendant l'Office divin, ou le diront en particulier, perdront la distribution pour cet Office-là.

Que l'Officiant encensoit alors non pendant

Magnificat, comme aujourd'hui, mais dès qu'il avoit dit le Capitule; que c'étoit l'Enfant de chœur (& non l'Officiant) qui encensoit les Chappiers, & qu'en encensant les Dignitez il leur baisoit ensuite par respect la main aussi-bien qu'à l'Officiant, auquel seul il la baise encore a present, mais à travers de sa chappe.

Que l'Evêque d'Orleans délivroit tous les criminels qui se trouvent à Orleans en son entrée solennelle, qu'il y va nuds pieds depuis l'Eglise de Saint Euverte jusqu'à celle de saint Agnan, où il est chaussé & porté par quatre Chanoines Prêtres de S. Agnan, depuis le Chœur jusqu'à la porte de leur Cloître; & de là par quatre Barons feudataires de l'Evêché à l'aide de plusieurs personnes: Que l'Evêque à la fin de cette cérémonie célebre la Messe solennelle dans sa Cathedrale, & qu'on y chante *Laudes Episcopi*. Ces Louanges sont ces acclamations & souhaits exprimez dans le *Christus vincit, Christus regnat, Christus imperat.... Episcopo Aurelianensi & omni Clero sibi commisso pax, vita & salus æterna. Sancte Evurti, tu illum adjuva. Christus vincit &c. Sancte Aniane, tu illum adjuva, &c.* Et on chante encore ces louanges ou acclamations dans plusieurs Eglises de France, & nommément en celle de Rouen entre l'Oraison & l'Epître, quand l'Evêque officie pontificalement, & où on les trouvera tout au long.

Que ce fut le Pape Sixte IV. qui à l'instante sollicitation de Louis XI. Roy de France ordonna [vers l'an 1472.] sous peine d'excommunication, qu'on sonneroit à midi, comme on faisoit au soir pour le Couvre-feu, & donna trois cens jours d'Indulgence à ceux qui diroient à midi trois fois l'*Ave Maria*: & cette Indulgence s'appella l'*Indulgence de paix*.

Depuis l'an 1582. jusqu'à 1588.

A la pluralité des voix il fut conclu qu'en observant & gardant les Statuts & anciennes coutumes, un neveu de M. l'Evêque d'Orleans ne seroit reçu Chanoine, d'autant qu'il n'avoit l'âge compétent.

Il étoit défendu de loüer les maisons, greniers ni caves du Cloître à des laïques ; ni d'y faire des nôces sans permission du Chapitre.

Tous les Chanoines capitulans obligez de rester au Chapitre jusqu'au tems que le grand Enfant de chœur vient dire Ad Missam, Domini mei.

Défense de sortir de Matines pour entendre la Messe.

Un Chanoine mis en faute pour avoir porté au Chœur un livre autre qu'un Breviaire ou Heures.

Chanoines reçus & qui après se marient, tenus de rendre les fruits perçus pendant qu'ils ont été Chanoines.

Tous les Chanoines obligez de demeurer dans le Cloître : faute de quoi ils payent encore à present tous les ans sept livres dix sols pro domo non habita.

C'étoit le Pénitencier qui étoit le Curé de leurs domestiques, & qui leur administroit les Sacremens.

Depuis 1588. jusqu'en 1594.

Il fut ordonné que les Leçons de Theologie seroient faites par le Theologal dans le Chœur de l'Eglise de Sainte-Croix, & non ailleurs : [& elles s'y faisoient il n'y a pas plus de soixante ans.]

Qu'on rapporteroit au profit du Chapitre ce qu'un Chanoine tire des locataires des maisons du Chapitre de plus qu'il n'en paye de loyer.

Qu'aucun Chanoine ne célébrera Messe ailleurs que dans l'Eglise de Sainte-Croix, si ce n'est par dévotion.

Sainte-Croix d'Orléans.

Que les Chanoines Diacres & Soûdiacres ne pourront entrer par le bas du Chœur pour aler à leur place, qu'en tenant la manche du surplis d'un Chanoine Prêtre.

Depuis 1597. jusqu'en 1610.

Tous les Chapellains de l'Eglise d'Orleans sont tenus de célébrer les Messes de leur Chapelle en ladite Eglise d'Orleans & non ailleurs ; & en avertiront le Sacristain.

Que les Chanoines qui seront ad officium, feront leur office en personne, à peine de perdre les distributions du jour, & à l'amende.

Depuis le 27. Fevrier 1613. jusqu'au 23. Dec. 1615.

Le Pénitencier obligé d'être assidûment en l'Eglise de Sainte-Croix, & défense à lui d'ouir ailleurs autres personnes qu'en ladite Eglise.

Es années 1626. 1627. 1628. 1629.

Injonction à M. le Chantre d'assister & de résider actuellement au Chœur, & de n'en sortir, mais d'y demeurer jusqu'à la fin de l'Office, sous peine de perdre ses distributions.

Aucun des Chanoines ne doit s'absenter du service divin, qu'il n'en ait demandé le congé au Chapitre.

Depuis 1638. jusqu'en 1647.

Ordonné que les Chanoines Ecoliers étudians à Orleans, seront mulctez d'un muid de bled, faute d'assister à l'Eglise les Fêtes & Dimanches.

Du Samedi dernier de Decembre 1650.

Conclusion Capitulaire contenant les obligations du Chantre & du Soûchantre, tirée du Martyrologe de l'Eglise d'Orleans arrêté en l'année 1623. & signé de tous les Chanoines Capitulans en ladite année : *In Festis Annualibus Cantor præcinit in utrisque Vesperis, Matutino & Missa ; Succentor verò in Duplicibus ; & deesse non possunt Officio nisi de licentiâ Capituli.* Et le Chantre & le Soûchantre en prêtoient serment à leur reception.

Le 31. Octobre 1697. il a été ordonné en Chapitre general qu'*à l'avenir on ne tiendra plus Chapitre durant la grand' Messe ni autre Office divin.*

Extrait des principales choses contenues dans le Breviaire d'Orleans manuscrit de 300. ans.

Les deux saints Denys y sont distinguez ; celui d'Athenes le 5. des Nones d'Octobre, & celui de Paris avec S. Rustique & S. Eleuthere chommé le vij. des Ides d'Octobre.

On y trouve comme à Lyon les grandes Prieres au premier Lundi de Carême presque de même que dans le nouveau Breviaire d'Orleans de 1693. avec ces mots de *Terrea* pour dire prostration, & de *Dieta* pour marquer qu'on prend l'Office du jour, c'est-à-dire de la Ferie, & quelquefois du Dimanche.

S. Altin autrefois prétendu premier Evêque d'Orleans ne s'y trouve nulle part, pas même dans les Litanies ni dans le Calendrier : & cela jusqu'à l'an 154.. qu'il est nommé Prêtre dans les Leçons des saints Savinien & Potentien, comme ayant été envoyé prêcher à Orleans & à Chartres avec Eodald : mais il y est dit qu'ils retournerent ensuite par Paris auprès de S. Savinien premier Archevêque de Sens. Encore S. Altin n'y est-il nommé dans le Calendrier ni invoqué dans les Litanies de ce Breviaire, ni même dans celui de 1573. On n'auroit pas manqué à cela, si l'on avoit cru qu'il eût été un saint Evêque d'Orleans, & encore le premier.

[Dans ce Breviaire on ne trouve point la repetition du *Quoniam in æternum misericordia ejus* à la fin de chaque Verset du Pseaume 135. *Confitemini* ; & on ne la trouve point non plus dans les Breviaires & Psautiers manuscrits des Eglises de la Ville & du Diocese d'Orleans.]

On faisoit l'Office de la Vigile de l'Epiphanie au Dimanche quand elle y échéoit, comme par tout ailleurs, cette Fête se faisant même avec plus de solennité en plusieurs Eglises que la Fête de Noël. Voyez l'Histoire Ecclesiastique de M. de Tillemont tome 1. pag. 453. & 454.

Au jour de l'Epiphanie il étoit parlé des trois Mysteres ; de l'Adoration des Mages, du Baptême de Jesus-Christ & de son premier miracle aux Nôces de Cana. On y chantoit après le neuviéme Répons de Matines la Généalogie de notre Seigneur selon S. Luc.

Aux Dimanches *per annum* on y chantoit à Vêpres l'Hymne *O lux beata Trinitas*, comme dans plusieurs autres Eglises.

Au jour du saint Sacrement, qui y est appellé *Solemnitas Eucharistiæ Christi*, il y a trois petites Proses à Matines, sçavoir après le troisiéme, le sixiéme & le neuviéme Répons, avec la reprise du Répons à la fin ; [ce qu'on appelloit, si je ne me trompe, *cum fabricis*, de la reprise d'un Répons de la Fête de Noël, lequel finissoit par *fabrica mundi*.] Ces Proses étoient sans doute pour donner tems aux encensemens qui se faisoient & se font encore aux troisiéme, sixiéme & neuviéme Répons des Fêtes Annuelles.

On chantoit au jour du saint Sacrement *Hæc dies* aux petites Heures après l'Antienne: mais on ne laiſſoit pas d'y dire les Hymnes ordinaires, quoiqu'on n'y dît ni Capitule ni Répons.

C'étoit au dernier Dimanche d'après la Pentecôte qu'on faiſoit la Fête de la Trinité.

Aux premieres Vêpres des Fêtes qui avoient Vigile jeûnée, l'Oraiſon étoit préparatoire, c'eſt-àdire, toujours ou preſque toujours celle de la Vigile. Ces Vigiles avoient en quelque façon des premieres Vêpres, car on s'y proſternoit aux prieres qu'on y diſoit, avec l'Oraiſon neanmoins du Dimanche précedent.

A certaines Fêtes il y avoit un verſet après chaque Antienne des Laudes, ou ſi vous voulez une ſeconconde Antienne, comme on fait encore aujourd'hui à Orleans aux petites Heures de l'Invention de Sainte-Croix, & à celles du ſaint Sacrement, & comme on fait auſſi par tout durant l'Octave de Pâques aux petites Heures.

Au jour de la Commémoration des Morts, il y avoit à Vêpres & à Laudes un Capitule auquel on répondoit *Deo gratias* comme aux autres jours; mais il n'y avoit point d'Hymnes.

Il y a à la fin de ce Breviaire manuſcrit le *Salve Regina miſericordiæ*: on le trouve de même dans ceux d'Orleans de l'an 1513. 1542. 1573. & 1693. C'eſt ainſi que le chantent encore aujourd'hui les Egliſes de Lyon & d'Orleans, les Moines de Cluny, de Cîteaux & les Chartreux; & c'eſt ainſi que l'a écrit celui qui en eſt l'auteur, & qu'on l'a chanté par tout avant le dernier ſiecle, comme on le fera voir un jour par plus de trente autoritez de diverſes Egliſes de différens Royaumes; & ce qu'on peut voir brodé ſur un parement verd du grand

Autel de l'Eglise Cathedrale de Soissons à l'endroit où se mettoit la frange pour couvrir la tringle.

Le Jeudi le plus proche du 23. d'Octobre, il y a un Obit fondé dans l'Eglise de Sainte-Croix pour Messieurs Moreau, à la grand'Messe duquel on offre au grand Autel un pain à benir valant quatre francs, qui est ensuite distribué à tout le Clergé : & l'Enfant de chœur revêtu d'une chappe noire dit en le présentant à chacun, *Requiescant in pace*, & on y répond *Amen*.

En cette même Eglise les Samedis veilles de Pâques & de la Pentecôte, les deux Prêtres Bénéficiers qui ont porté à la bénédiction des Fonts les deux vases des saintes Huiles & du saint Chrême, ayant mis au retour ces deux vases sur l'Autel, se tiennent pendant la Messe aux carnes de l'Autel, se regardant l'un l'autre, jusques vers l'*Agnus Dei*, qu'ils prennent ces deux vases & vont au CHœur les présenter à baiser au lieu de l'instrument de paix à tous les Chanoines seulement, en disant à chacun d'eux, *Ecce sanctum Oleum* ; & chaque Chanoine répond, *Ave sanctum Oleum* : l'autre Prêtre dit, *Ecce sanctum Chrisma* ; & chaque Chanoine répond, *Ave sanctum Chrisma*.

Tous les Lundis à la premiere grand'Messe qui est des Morts, & qui se célebre au grand Autel pour feu M. François de Brillac, le Diacre au Memento pour les Morts dit au Célebrant *Memento Francisci*.

On voit par un Ordinaire de l'Eglise d'Orleans de trois cens ans.

Que l'Evêque embrassoit les Chanoines de la quatrième stalle à la fin des Laudes du jour de Pâques (même en tems d'Interdit).

Qu'on ne difoit la Préface *Qui corporali jejunio* que les jours de Ferie en Carême, mais les Dimanches la Préface commune *per annum*, comme à Sens, &c.

Que le Dimanche des Rameaux & les trois jours des Rogations on portoit à la Proceffion trois bannieres, & un Dragon [pour marquer fans doute le Serpent élevé par Moyfe dans le defert, figure de Jefus-Chrift élevé en croix, au regard de l'Eglife de Sainte-Croix ;] & un Coq [eu égard au reniement de S. Pierre au chant du coq par rapport aux deux Eglifes Collegiales de Chanoines de S. Pierre en ponct & de S. Pierre Puellier, qui affiftent à ces Proceffions avec les Chanoines de l'Eglife Cathedrale de Sainte-Croix].

Qu'on y difoit les Tenebres de grand matin les trois derniers jours de la Semaine-fainte ; & on y lit d'une écriture d'environ deux cens ans, qu'on ne laiffoit aucun cierge allumé à la fin du troifiéme Nocturne, *ita quòd poft tertium Nocturnum nulla [candela] remanent accenfa*; & cela parce qu'on n'en avoit plus befoin, & qu'il faifoit grand jour alors. *Voyez* Lyon.

Que le jour de Pâques & pendant toute la femaine les Chanoines de l'Autel de S. Mamert, les Chapelains & Chantres n'étoient point affis, mais debout, *fed erecti*, [fans doute pour marquer l'état de refurrection de Jefus-Chrift.]

Que toutes les fois que l'Evêque célebroit la Meffe pontificalement aux grandes Fêtes, quatorze Curez de la ville venoient l'y affifter, comme auffi le Jeudi-faint, auquel jour il y avoit fix Prêtres Chanoines de l'Eglife Cathedrale qui célebroient la Meffe & la chantoient conjointement avec l'Evêque, excepté qu'ils ne prononçoient pas les paroles de la Confecration, mais l'Evêque feul qui confacroit une grande hoftie pour lui, & fix petites pour les fix Chanoines, dont il les communioit.

Qu'il y avoit ftation à quelque Eglife non feulement le Mercredi des Cendres & tous les Lundis de Carême, mais encore les jours des Rogations & tous les jours de l'Octave de Pâques & de Noël.

Que l'Evêque tenoit alors fon Synode Diocefain le Jeudi dans l'Octave de la Pentecôte.

Que la Fête de la tres-fainte Trinité fe faifoit non le premier, mais le dernier Dimanche d'après la Pentecôte.

On voit dans le Trefor de l'Eglife Cathedrale de Sainte-Croix, un Livre d'Epîtres manufcrit de fix cens ans, où il y a à toutes les Fêtes Annuelles une Prophetie & une Epître à la Meffe.

On y lit au titre de la premiere Meffe de Noël *Miffa in galli cantu*.

Le lendemain *In commemoratione S. Stephani*, & non pas *in fefto*.

Dans un autre Epiftolier de trois à quatre cens ans il y a pareillement Prophetie & Epître aux grandes Fêtes, & deux Meffes au jour de la Nativité de S. Jean-Baptifte, fans celle de la Vigile.

Dans un Pontifical de fix cens ans on trouve les Bénédictions folennelles que l'Evêque officiant pontificalement donne immédiatement avant l'*Agnus Dei*, & dont l'ufage interrompu fut rétabli par feu M. le Cardinal de Coiflin en 1696. & fe pratique encore à prefent.

On y lit à la Bénédiction de l'eau, *pietatis tuæ* MORE, & non pas RORE.

Dans un autre Pontifical pour le Jeudi-faint manufcrit de deux à trois cens ans, il y a à l'Offertoire l'oblation de l'Hostie & du Calice *per unum*, autrement, sous une seule formule. *Tunc elevatur calix duabus manibus cum patena hostiâ desuper positâ ; & dicatur hæc Oratio :* Suscipe sancta Trinitas hanc oblationem, &c. comme on fait encore à Lyon. *Tunc reponat calicem, & accipiat patenam, & ponat hostiam ante pedes calicis, & cooperiat eum corporalibus. Postea junctis manibus dicat :* Veni sanctificator.

Après le *Simili modo* &c. *reponat calicem in loco suo, & cooperiat corporale. Postea extendat brachia in modum crucis.*

Après le *Libera nos quæsumus Domine*, &c. *Hic tangat hostiam patenâ, & tactâ hostiâ, ponat patenam ad os & oculos, & signet se illâ dicens,* Da propitius pacem &c.

Et la Communion solennelle de l'Evêque immédiatement avant l'*Agnus Dei*.

Enfin, *Communicet se, & sumendo Corpus sub specie panis dicat,* Hæc perceptio, &c.

Extrait des principales choses contenues dans le Rituel d'Orleans, de l'an 1581.

Il y avoit trois Litanies au Samedi-saint, comme dans les anciens Missels d'Orleans.

A la Bénédiction des Fonts on faisoit dégouter le Cierge Pascal dans l'eau en forme de croix. C'étoit au *Kyrie* qu'on sonnoit les cloches de la Messe du Samedi-saint. Les mêmes choses se trouvent dans les anciens Missels d'Orleans.

On faisoit la bénédiction des raisins nouveaux le 6. Août [non à la Messe de la Transfiguration, mais à celle de S. Sixte, parce qu'on attribuoit à S. Sixte la bénédiction ou priere dont on se sert pour benir les raisins.] On voit par ce Rituel, par celui de Reims de 677. par les anciens Ordinaires manuscrits de S. Agnan & de Jargeau, & par les Missels d'Orleans de 1504. de Vienne en Dauphiné de 1519. & de Lyon de 1530. & par un Missel manuscrit d'Auxerre de quatre cens ans, que cette Bénédiction se faisoit [& elle se fait encore aujourd'hui à Reims, à S. Martin de Tours & dans toute la Loraine] immédiatement avant ces paroles du Canon, *per quem hæc omnia, Domine, semper bona creas, sanctificas, vivificas, benedicis & præstas nobis*, qui aussi-bien que les signes de croix se rapportent absolument aux fruits nouveaux, raisins, legumes, pains, &c. & non à Jesus-Christ, auquel on ne peut pas appliquer le *creas*, le *sanctificas* &c. Et ce qu'on a ajouté dans le Canon du Missel Ambrosien, où il y a *largiter*, le démontre assez, quoique les deux dernieres lignes qui y sont se rapportent au Corps & au Sang de Jesus-Christ. Ce *per quem hæc* &c. est la conclusion de la Bénédiction qui se faisoit de ces fruits en cet endroit ; on en a ôté l'Oraison ou Bénédiction, & on a laissé la conclusion. Voyez *Auxerre*.

On faisoit hors la porte de l'Eglise les Exorcismes qui précedent le Baptême. On ne les faisoit point quand l'enfant avoit été ondoyé à la maison : on voit que cet ondoyement se faisoit par aspersion ; mais à l'Eglise c'étoit, ce semble, immersion. *Dicit Presbyter puero*, Et ego baptizo te in nomine Patris, *mergat semel* ; & Filii, *mergat secundò* ; & Spiritûs sancti, Amen. *mergat tertio*. La même chose s'observoit à l'égard des filles. Et on baptise encore par immersion en Orient & à Milan, comme il se voit pag. 33. du Rituel Ambrosien.

Au Canon de la Messe le Prêtre ne tenoit les

mains étendues que jufqu'à ces mots, *diefque noftras in tuâ pace difponas* exclufivement.

En difant l'*Unde & memores* il avoit les bras étendus en forme de croix, comme font encore plufieurs Ordres Monaftiques.

En difant le *Supplices te rogamus*, il étoit incliné devant l'Autel, & il avoit les bras croifez. [La même chofe fe lit dans un Pontifical manufcrit & dans un Miffel d'Orleans de 1504.] Il n'y a ni Bénédiction ni dernier Evangile.

Je trouve neanmoins dans le Miffel de 1504. à la fin de la Meffe la Bénédiction comme la font aujourd'hui la plûpart des Evêques en ces termes: *Erigat fe, & cum patenâ fignet fe, & benedicat populum dicens, Adjutorium noftrum.* ℟. *Qui fecit &c. Sit nomen.* ℟. *Ex hoc nunc &c. Benedicat vos divina majeftas, Pater, Filius, & Spiritus fanctus. Amen.* Mais il n'y a point de dernier Evangile. On trouve dans ces mêmes Pontifical & Miffel, qu'on couvroit encore alors le calice du corporal comme on fait à Lyon & aux Chartreux, & non de la palle, qui eft fort moderne Le Prêtre tenoit la patene un peu élevée durant le *Libera nos. Hic accipiat patenam, & levet eam parum manu dicens, Amen. Libera nos quæfumus Domine.* Et après ces mots *cum omnibus fanctis*, le Prêtre touchoit l'hoftie de la patene, qu'il faifoit enfuite toucher à fa bouche & à fes yeux ; *hic tangat hoftiam patenâ, & tactâ hoftiâ ponat patenam ad os & ad oculos, & fignet fe illâ dicens, Da propitius pacem.* On y voit que le Prêtre difoit le Pfeaume *Judica* en aube & en étole, avant que de prendre la chafuble ; & qu'il offroit l'hoftie & le calice *per unum*, enfemble fous une feule Oraifon. Il n'eft point parlé d'ablution ni dans le Miffel de 1504. ni dans le Rituel de

S. Agnan d'Orléans.

1581. Dans le *Quod ore*, il y a *& corpus & sanguis Domini nostri Jesu Christi fiat nobis remedium sempiternum in vitam æternam*. Amen.

On faisoit autrefois les Dimanches dans le Diocese d'Orleans l'eau-benite comme à Lyon & à Chartres, au benitier proche la porte de l'Eglise; & cet ancien usage s'est encore conservé dans plusieurs Eglises du Diocese, & particulierement dans celles des Aydes & de Fleury à une lieue d'Orleans sur le chemin de Paris.

Eglise Royale & Collegiale de S. Agnan.

L'Eglise Royale & Collegiale de S Agnan étoit autrefois une Abbaye de l'Ordre de saint Benoît, nommée anciennement *S. Pierre aux bœufs*. Cette Eglise étoit déja si célebre du tems de Clotaire II. qu'elle étoit une de celles où l'on alloit faire les sermens les plus importans, comme on le peut voir dans Fredegaire qui vivoit au milieu du huitiéme Siecle. Elle fut beaucoup enrichie par le Roi Robert.

Il y a une Eglise sous terre, où l'on ne célebre aucun Office divin.

Les grandes Fêtes, après que le Célebrant a encensé l'Autel à l'Offertoire, & qu'il a été encensé par le Diacre *ex parte Evangelii*, le Diacre monte en haut sur le premier degré de l'Autel, & de là il encense de trois coups le Chantre; ensuite il va de l'autre côté encenser le premier Chanoine chappé, puis il retourne de l'autre côté encenser l'autre Chappier; ensuite il descend les trois marches de l'Autel, & *in plano Sanctuarii* aussi *ex parte Evangelii* il encense de trois coups [apparemment tout le Clergé]

On ne chante rien à l'élevation de l'Hostie & du Calice.

Voici quelques rites tirez d'un Ordinaire de l'illustre Eglise de S. Agnan d'Orleans, ancien de 450. ans ou environ, qu'on peut dire être celui de la Cathedrale accommodé à l'usage de l'Eglise de S. Aghan.

Il y avoit au Chœur quatre rangs de stallés, comme en quelques Eglises de Flandres, & autrefois d'Ecosse, de Sainte-Croix d'Orleans & de S. Martin de Tours.

Les Enfans de chœur de S. Agnan portoient en ce tems-là des surplis, & ils n'étoient revêtus d'aubes que durant l'Octave de Pâques, & lorsqu'ils faisoient quelques fonctions particulieres, comme de porter l'encensoir, les chandeliers, &c.

Les Samedis & les Dimanches de toute l'année il y avoit Procession à la nef devant le Crucifix, comme encore à present à Angers.

Le Prêtre Semainier, après avoir commencé Tierces, & fait inclination à son voisin pour prier d'achever cet Office pour lui, alloit se revétir à la Sacristie pour la Messe ; & il le fait encore à present.

Le Célebrant, le Diacre & le Soûdiacre se servoient d'aubes parées à la Messe.

Aux Messes des Processions ou stations le Diacre chantoit l'Evangile ayant seulement l'étole pardessus le surplis.

Il n'y a pas plus de 400. ans (& peutêtre y a t-il encore moins) que les Offertoires contenoient plusieurs Versets des Pseaumes, comme à Lyon.

Aux Vigiles des Fêtes il y avoit toujours aux premieres Vêpres une Oraison préparatoire pour la Fête, & c'étoit celle de la Vigile même.

Aux jours des Quatre-Tems on y difoit la Meffe après Nones & immédiatement devant Vêpres, comme en Carême. Ce n'étoit donc qu'après Vêpres qu'ils rompoient alors le jeûne.

Aux Vigiles des grandes Fêtes on ne faifoit point de Mémoire à Laudes *propter Feftum Annuale*. Après Primes le Maître de Grammaire lifoit dans le petit Chapitre la Table où étoient marquez ceux qui devoient lire & chanter quelque chofe le lendemain.

Aux Fêtes principales de l'année que l'Eglife étoit parée, elle étoit gardée de nuit & de jour par les Marguilliers Clercs & par les Marguilliers laïques. Aux premieres Vêpres on n'y faifoit point de Mémoire, pas même d'une Fête Double. C'étoit durant le Répons de Vêpres que deux Chanoines, fçavoir le Semainier & celui qui l'avoit été la femaine précedente, encenfoient les Autels, & les Enfans de chœur encenfoient dans les ftalles d'enhaut en baifant la main du Chantre*, du Soûchantre & du Chefcier. A Matines on chantoit en chappes les Leçons & les Répons, à chacun defquels on ajoutoit le *Gloria Patri* avec la reprife. Le troifiéme, le fixiéme & le neuviéme Répons étoient repetez après le *Gloria Patri* dès le commencement, fans doute pour donner tems à l'encenfement qui fe faifoit durant ces trois Répons en la même maniere qu'à Vêpres.

A la Proceffion d'après Tierces il y avoit trois Prêtres, trois Diacres & trois Soûdiacres, le livre des Evangiles, deux Croix, deux chandeliers; un Port'encens & un Portebenitier.

A la grand'Meffe des Fêtes Annuelles tous étoient revêtus de chappes. Au *Gloria Patri* de l'Introït le

* Ce n'eft que depuis quelques années qu'on ne le fait plus.

Célebrant entroit avec les susdits Ministres par la grande porte d'enbas, & passoit au travers du Chœur. Après avoir dit le *Confiteor* devant l'Autel, deux Prêtres assistans, deux Diacres & deux Soûdiacres s'en retournoient. Le Diacre precedé des deux croix, des deux chandeliers & de l'encensoir alloit au Jubé chanter l'Evangile.

Le *Magnificat* des secondes Vêpres des Fêtes Annuelles étoit toujours triomphé, comme on fait encore à Lyon en certains jours. C'étoit le Soûdoyen qui commençoit cette Antienne, comme aussi celle du *Magnificat* des premieres Vêpres.

Aux Fêtes à neuf leçons c'étoit le Prêtre Semainier qui chantoit le Verset sacerdotal avant Laudes; mais aux Fêtes à trois leçons & aux Feries il étoit chanté par un Enfant de chœur.

Il y a de l'apparence que la nuit de Noël on ne commençoit Matines qu'après minuit comme à Sens: car après avoir chanté Laudes, qui étoient enchassées dans la premiere Messe, on commençoit aussitôt la seconde; & alors on ne devoit pas être loin du point du jour: car il est dit que quand le Célebrant en sera à la Préface, s'il n'est pas jour pour la chanter, il attendra jusqu'au point du jour. *Finito Offertorio* (dit l'Ordinaire de 450. ans) *Succentor incipit altâ voce Lætemur gaudiis. Hoc cantato, si dies appareat, incipit Canonem Sacerdos; sin autem, expectat donec dies appareat. Præfatio & Communicantes ut supra* [*in I. Missa*]. Cette seconde Messe se célebroit à l'Autel qui est derriere le grand, afin de ne pas dire deux Messes sur un même Autel. [Voyez ce que je dis à Sens sur le jour de Noël.] Aux trois Messes de Noël on disoit une Prophetie immédiatement avant l'Epître selon l'ancien rit Gallican.

S. Agnan d'Orléans.

En ce même jour, en celui de Pâques, & le jour de la Pentecôte & de S. Agnan au 17. Novembre, immédiatement après l'Oraison de la Messe, le *Christus vincit* étoit chanté au milieu du Chœur par le Soûdoyen & le Chefcier. Il est encore chanté presque tous les jours de l'année par les Enfans de chœur avant qu'on commence la grand'Messe.

On se prosternoit durant les prieres à la fin de chaque Heure, tant en Carême qu'aux autres jours de jeûne. Cette prostration s'appelloit *Terrea* dans les anciens livres d'Orléans.

Le Mercredi des Cendres il n'est point dit que le Célebrant en prît ou en reçût de personne ; mais il en donnoit à tous ceux du Clergé, le Diacre aspersant chacun à mesure qu'il avoit reçu des Cendres. Après quoi ils faisoient la Procession avec la croix, les chandeliers, l'encensoir, & l'eau benite, & faisoient des stations à plusieurs Chapelles. A la Messe il n'y avoit qu'un chandelier ; & il n'y en avoit jamais deux qu'aux Fêtes à neuf leçons.

On s'y servoit de couleur noire depuis la Septuagesime jusqu'à Pâques.

Les Dimanches de Carême jusqu'à celui des Rameaux on ne portoit point de croix à la Procession. Et effectivement il vaut autant n'en point porter, que de la porter voilée.

Le premier Lundi de Carême & à toutes les Feries suivantes jusqu'au Jeudi-saint, chacun baisoit sa place en entrant au Chœur. On étendoit un grand tapis sur & devant l'Autel, on voiloit les croix & les images. Le Diacre & le Soûdiacre se servoient de chasubles à la Messe. C'est le Diacre qui disoit *Levate* aussi-bien que *Flectamus genua*. Il y avoit un grand voile entre le Chœur & l'Autel jusqu'au Mercredi-saint, qu'on le mettoit bas à ces mots de la Passion, *Et velum Templi scissum est.*

Le Dimanche des Rameaux on benissoit les Rameaux derriere le grand Autel: ensuite on faisoit la Procession, où il y avoit quatre croix, précedées de Bedeaux ayans des baguettes ou bâtons en main pour faire faire place à la Procession, *habentes virgas vel baculos in manibus ut præparent viam Processioni*: voilà justement à quoi servoient les baguettes ou bâtons des Bedeaux. Après eux suivoient le Portebenitier en aube, les quatre croix, les Portechandeliers & les Port'encens, suivis de tout le Clergé. Il y a en cette Procession les mêmes cérémonies qu'à celle de la Cathedrale. C'étoit sur la tour de la porte Occidentale que les Enfans de chœur chantoient avec leur Maître les versets du *Gloria, laus*, & le *Quis est iste Rex gloriæ?* le Clergé étant hors la porte qui étoit fermée. C'étoit le Chantre qui chantoit trois fois l'*Attollite portas*, en frappant avec le bâton de la croix la porte de l'Eglise, d'un coup à la premiere fois, de deux coups à la seconde, & de trois coups à la troisiéme. Après quoi, dès qu'il avoit commencé le Répons *Ingrediente*, la Procession rentroit.

Les trois derniers jours de la Semaine-sainte à Matines il y avoit vingt-quatre cierges comme à Rouen. A la fin de Laudes on chantoit les *Kyrie eleison*, mais sans autres tropes que *Domine miserere nostri*, comme encore aujourd'hui à Angers. A la fin on y ajoutoit seulement le *Christus factus est pro nobis obediens usque ad mortem, mortem autem crucis.* Ensuite on disoit le *Pater* en silence, puis les Pseaumes *Miserere* & *Domine ne in furore*, & l'Oraison *Respice*: après laquelle le Soûchantre frappoit trois coups de maillet. Ensuite après avoir rallumé quelques cierges, on disoit les sept Pseaumes à genoux, puis le Prêtre Semainier ayant pris une étole alloit au coin de l'Autel, disoit les Oraisons de l'Absolute, & donnoit enfin l'Absolution. On récitoit les petites Heures sans Antiennes ni chant : ce que l'Ordinaire appelle *dicere psalmos submissâ voce sine Antiphonâ*, c'est-à-dire, à voix médiocre comme en psalmodiant tout droit.

Le Jeudi & le Samedi-saint au troisiéme Nocturne des Matines on lisoit de l'Evangile & de l'Homelie comme aux autres jours de l'année, sinon qu'on ne lisoit pas le titre *Lectio sancti Evangelii &c.*

Le Jeudi-saint on consacroit autant d'Hosties qu'il en falloit jusqu'au Samedi. *In hâc Missâ* (dit l'Ordinaire) *tot Hostiæ debent consecrari, quot sufficiant usque in Sabbatum*. Le Célebrant alloit les serrer dans une petite armoire pendant les Vêpres qui étoient enchassées dans la Messe. Après Vêpres on découvroit les Autels, qui étoient à nud jusqu'au lendemain après l'Adoration de la Croix.

Pour ce qui est du Lavement des pieds des pauvres, ce sont à peu près les mêmes cérémonies qu'on décrira en parlant de Rouen. Il y a seulement ceci de particulier, qu'après la lecture de l'Evangile, tout le Clergé étant assis, on prêchoit [comme on fait encore aujourd'hui en latin,] & un Marguillier Clerc présentoit au Prédicateur le bâton de la croix pour s'appuyer dessus, s'il vouloit ; *& Matricularius Clericus dat sibi baculum super quem ponitur crux, ut se appodiet super eum si velit*. Cela me fait croire qu'il prêchoit debout. Ensuite de quoi au chant des Antiennes tous les Chanoines depuis les plus grands jusqu'aux plus petits lavoient les pieds des pauvres, à chacun desquels ils donnoient six deniers & du vin à boire. Enfin on apportoit toute l'eau qui avoit servi à laver les pieds des pauvres, & pendant qu'on chantoit l'Antienne *Maria ergo ut lavit pedes Jesu &c.* on versoit cette eau sur la tombe de celui qui a fait cette fondation du *Mandatum*.

Le Vendredi-saint on alloit frapper aux portes de tout le Cloitre avec un bâton ou un maillet de bois pour Matines. Les deux Chanoines Prêtres qui portoient les deux croix chantoient le *Popule meus*, & les deux Diacres qui chantoient *Agios* avoient des chappes rouges. Le Célebrant & les deux Prêtres ci-dessus adoroient la Croix, puis le Diacre & le Soûdiacre, & enfin tout le Clergé en commençant par les anciens. Après quoi le Célebrant alloit avec le Diacre & le Soûdiacre & les deux Portechandeliers seulement (sans encens) querir la sainte Eucharistie reservée du jour précedent, & communioit après avoir chanté à voix médiocre le *Pater*, sans élever l'Hostie. *Dicit voce submissâ, ita ut possit à circumstantibus audiri, Oremus. Præceptis salutaribus moniti ... Pater noster, voce submissâ, scilicet sine notâ.* Il est bon de remarquer cela, qui est la véritable explication de *voce submissâ*. Après Vêpres le Célebrant, le Diacre & le Soûdiacre ayant ôté leurs chasubles & étoles, lavoient les deux principaux Autels; après quoi les Chapelains apportoient leurs pierres d'Autels, & le Célebrant les lavoit. Durant ce tems-là on chantoit le Répons *Circumdederunt*. On ne disoit point ce jour-là Complies au Chœur.

Le Samedi-saint à la Bénédiction du Cierge, le Diacre étoit revêtu d'une aube parée, d'une dalmatique, & d'une chasuble blanche pardessus. Pendant qu'on chantoit la première Prophetie, le Célebrant revêtu d'une chasuble noire venoit à l'Autel. Pendant

S. Agnan d'Orléans.

dant la premiere Litanie le Célébrant quittoit sa chasuble noire, & se revétoit d'une dalmatique blanche & d'une chasuble blanche pardessus. On alloit aux Fonts en chantant la seconde Litanie, & on y portoit encore un gros cierge avec le cierge beni. On ne mêloit point de saint Chrême dans l'eau, à moins qu'il n'y eût quelque enfant tout prêt à baptiser, &c. On retournoit au Chœur en chantant la troisiéme Litanie. A la fin de la Messe le Diacre imposoit l'Antienne de *Magnificat*, & finissoit la Messe & les Vêpres par l'*Ite, missa est*. On quittoit l'habit d'hyver, & on venoit en surplis à Complies.

Le lendemain entre Matines & Laudes on faisoit l'Office du Sepulcre. Rien n'y manquoit: il y avoit jusqu'aux soldats qui avoient gardé le Sepulcre, & qui terminoient toute la cérémonie en rompant leurs lances ou piques à la troisiéme stalle d'auprès M. le Chantre, & alloient par toute l'Eglise avec leurs épées nues. Après quoi le Soûdoyen commençoit le *Te Deum*. Ce jour-là on portoit deux croix aux Processions tant de la Messe que de Vêpres.

Le jour de Pâques & le jour de la Pentecôte, entre Nones & Vêpres, tout le Clergé alloit (il n'y a pas encore vingt ans) querir processionellement M. le Chantre chez lui, & par reconnoissance & par civilité il leur présentoit à boire: faute de quoi cela s'est aboli. C'étoit pourtant un honneur quasi épiscopal, & un des plus beaux qu'une Dignité de Chapitre pût avoir.

A chaque jour des Rogations ils récitoient cinquante Pseaumes, c'est-à-dire, le Pseautier entier dans les trois jours; mais ils ne faisoient Procession que le Mardi avec les bannieres, croix, chandeliers, eau benite & encens.

Au jour de l'Ascension avant la grand'Messe il y avoit Procession avec trois croix, trois Soûdiacres, trois Diacres, & trois Prêtres revétus.

Au jour de la Pentecôte au second *Alleluia*, *Veni sancte Spirtus*, & durant la Prose, on jettoit du haut de l'Eglise en bas, du feu, des étoupes, des fleurs, des oiseaux [& on le fait encore aujourd'huy.]

Il est marqué positivement que quand la Purification arrivoit le Dimanche ou le Lundi avant la Septuagésime, elle avoit une Octave qui finissoit au Samedi à Nones. Marque qu'on ne faisoit point d'Octave depuis la Septuagésime jusqu'à Pâques.

Si la Fête de S. Marc arrivoit aux Dimanches d'après l'Octave de Pâques, on l'y célebroit, & on remettoit au lendemain Lundi non seulement l'Office du Dimanche, mais encore le jeûne & la Procession. *In ipsa die Dominica fiat de Sancto, & in crastino fiat de Dominicâ, & fiat ibidem jejunium & Letania.* Autre est aujourd'hui la pratique du Diocese d'Orleans, on remet l'Office du Saint au Lundi, & la Procession & l'abstinence au Vendredi. Elle n'est pas malaisée à faire.

Les Vigiles jeûnées avoient en quelque façon des premieres Vêpres, où l'on disoit à la vérité l'Oraison du Dimanche précedent, mais on s'y prosternoit aux prieres.

Le 6. Août jour de S. Sixte, on benissoit des raisins nouveaux à la Messe avant que de dire au Canon *Per quem hæc omnia*, comme on fait encore aujourd'hui dans toute la Lorraine ; ce qui prouve que ces paroles se rapportoient aux fruits, & même les signes de croix leur appartenoient aussi.

On commençoit dès les premieres Vêpres de la Toussaints à prendre l'habit d'hyver. Durant cette

Octave on ne faifoit aucune Fête de Saint, pour n'en pas faire en gros & en détail.

A la Proceffion qui fe faifoit le jour des Morts on ne fe contentoit pas de jetter une goutte d'eau benite. Il y a apparence qu'on ne l'épargnoit pas, puifque deux perfonnes en portoient un grand vafe tout plein fur leurs épaules pour en faire l'afperfion fur les fepultures dans l'Eglife, le Cloître, le Cimetiere & le Chapitre. Et il eft marqué qu'on la beniffoit immédiatement avant la Proceffion.

Saint Euverte.

St Euverte eft une Eglife Abbatiale de Chanoines Reguliers. Autrefois les Evêques d'Orleans étoient enterrez dans cette Eglife, comme le témoigne Eftienne de Tournay, qui avoit été Chanoine & Chantre, puis Abbé de cette Abbaye. Il n'y a rien aujourd'hui de fingulier.

Voici feulement quelques pratiques qui s'obfervoient chez les anciens Chanoines Reguliers de cette Maifon il n'y a que deux ou trois cens ans, comme on le voit dans leur Rituel manufcrit de ce tems-là.

A la Proceffion qui fe faifoit les Dimanches après la Bénédiction de l'eau, on afperfoit non feulement le Clergé, mais encore le Refectoire, la Cuifine, le Dortoir, & on y difoit une Oraifon propre à chaque lieu.

Le Mercredi des Cendres, il femble qu'on les impofoit à la porte de l'Eglife; c'étoit du moins dans la Proceffion avant que de rentrer au Chœur.

On trouve dans ce Rituel manufcrit les Bénédictions du feu nouveau, des fruits nouveaux, des raifins, du pain & du vin.

Au Baptême * le Prêtre faisoit les onctions avec le pouce. Le Prêtre imposoit la main sur la tête de l'enfant, & disant *Nec te latet Satana :* les Pareins mettoient pareillement la main sur la tête de l'enfant : *Hic mittat manum super caput pueri, mittant & Patrini.* Ces exorcismes se faisoient au porche ou hors de l'Eglise, puisqu'il y a *deinde intret in monasterium,* au Moutier, c'est-à-dire *à l'Eglise.* Et après les interrogations ordinaires le Prêtre baptisoit l'enfant par immersion en le plongeant trois fois : & à la fin de toute la cérémonie on portoit l'enfant à l'Autel, & le Prêtre récitoit sur lui l'Evangile selon S. Matthieu, chap. 10. v. 13. *Offerebant Jesu parvulos.* Il y a dans cette Eglise une Paroisse & des Fonts baptismaux, comme dans les trois autres Eglises Collegiales de S. Agnan, de S. Pierre en pont & de S. Pierre Puellier.

Dans la visite d'un malade l'Extrême onction y précede la Communion ; & à l'Enterrement on aspersoit & on encensoit le corps du défunt & la fosse, comme on fait encore en quelques Eglises.

A la fin du même manuscrit on voit de quelle maniere on administroit il y a deux cens ans l'Extrême-onction à ces Chanoines lorsqu'ils étoient en danger de mort. L'Extrême-onction précedoit le saint Viatique. Elle étoit administrée au malade par l'Abbé en présence de toute la Communauté. Pendant qu'il récitoit les Oraisons un Chanoine Prêtre alloit querir le saint Viatique dans un calice ou un ciboire couvert d'un grand voile, (*exeant duo de Fratribus ad Ecclesiam, videlicet unus Sacerdos qui deferat Communionem cum calice offertorio cooperto,*) précedé d'un autre Chanoine qui portoit la lanterne & la burette de vin. L'Abbé après

---

* Il y a une Paroisse dans cette Abbaye.

les dernieres Oraisons de l'Extrême-onction, frottoit ses mains avec du sel & les lavoit, & on jettoit l'eau dans la piscine; & enfin l'Abbé communioit le malade après lui avoir fait plusieurs interrogations.

Lorsque le malade étoit prêt de mourir, on étendoit à terre un cilice, & on répandoit dessus de la cendre en forme de croix, & enfin on mettoit dessus le malade. *Dum Frater morti penitùs appropinquaverit, ad terram cilicium extendatur, & desuper cinis in modum crucis spargatur, ac deinde superponatur.* Toute la Communauté y étoit présente, aussi-bien que l'Abbé, qui aussitôt que le malade étoit mort, les Commendaces dites, choisissoit ceux qui devoient laver & ensevelir le corps du défunt. Cette cérémonie étant faite, l'Abbé reprenoit l'étole, aspersoit d'eau benite & encensoit le corps. On le portoit ensuite dans l'Eglise, & on le posoit dans le Chœur.

On ne l'enterroit qu'après l'avoir aspersé d'eau benite, & après l'avoir encensé, comme aussi la fosse, dans laquelle on le descendoit après ces paroles, *Hæc requies mea*, C'est ici mon lieu de repos. L'Enterrement fait, les Chanoines retournoient à l'Eglise en chantant les sept Pseaumes Pénitentiaux, & étant entrez dans le Chœur, ils alloient se prosterner devant les degrez, *& ingressi medium Chorum prosternantur ante gradus*; & on finissoit toute la cérémonie par les Oraisons *Absolve* & *Fidelium*. Après quoi on se retiroit.

S. Pierre en pont, S. Pierre Puellier, S. Pierre Lentin & S. Pierre en sentelée.

Les Eglises Collegiales (autrefois Abbayes) de

S. Pierre *en ponct*, dite en latin *S. Petri virorum* ou *in puncto**, & de S. Pierre Puellier, dite en latin *S. Petri puellaris* ou *puellarum* ; peutêtre parce que dans l'une il y avoit des Moines, & dans l'autre des Religieuses ; ou enfin pour la raison suivante.

On dit que ces deux Eglises ont été les deux Baptistaires, l'un des hommes & des garçons, & l'autre des femmes & filles Catecumenes, & qu'une troisiéme Eglise Paroissiale nommée de S. Pierre Lentin, en latin *S. Petri Lactentium*, étoit le Baptistaire où étoient baptisez les enfans, & où l'on baptise encore ceux dont les meres vont accoucher à l'*Hôtel-Dieu*, qui est voisin & qui mérite d'être vû. Il est desservi par six Prêtres qui chantent tous les jours tout l'Office & y administrent les Sacremens, & par une vingtaine de Religieuses de l'Ordre de S. Augustin, qui ont un soin tout particulier des malades. Il y a dans l'Infirmerie des hommes proche une fontaine une pierre qu'on appelle *la pierre des Morts*, sur laquelle on les met immédiatement après leur trepas, avant que de les porter au lieu où on les ensevelit.

Nous avons vû à Sainte-Croix des gouttieres de cire pour redevances à l'Evêque ; en voici une autre au Doyen de S. Pierre en ponct, laquelle est bien d'une autre espece. Le Seigneur de Bapaume de la Paroisse d'Ouvrouer des champs est obligé de présenter & présente encore au Doyen de S Pierre en ponct tous les ans la veille de l'Ascension pendant le *Magnificat* de Vêpres un belier suranné vétu de sa laine, ayant les cornes dorées, ausquelles doivent être attachez deux écussons aux armes de

---

* Il faut sousentendre *urbis*, au point ou au milieu de la de la ville. C'étoit le son du Couvre-feu de cette Eglise qui étoit pour toute la ville le signal de se retirer.

S. Pierre, & une bourse pendue au cou, dans laquelle il doit y avoir cinq sols Parisis. Il est présené non dans l'Eglise, mais dans le Cloître au côté gauche de l'Eglise. Ce Doyen harangue de la part de tout le Clergé d'Orleans les Papes & les Legats &c. quand ils passent par Orleans. A l'installation des Chanoines de cette Eglise le Chantre fait toucher au nouveau Chanoine l'Antiphonaire qui est sur l'Aigle au milieu du Chœur, pour lui marquer qu'il est obligé de chanter.

Il n'y a rien de singulier à S. Pierre Puellier, sinon que les Chanoines y chantent Vêpres en Carême l'après midi à la même heure que tous les autres jours de l'année ; & ainsi ils ne dérangent point l'Office de Vêpres.

Il y a encore à Orleans une Eglise de S. Pierre en Sentelée, *in Semitâ-latâ, lée* pour *large*, ainsi appellée parce qu'elle est le long du grand chemin d'Orleans à Paris.

Dans l'Eglise de S. Benoît aux grandes Fêtes durant la Communion du peuple on chante un Pseaume sur le ton de l'Antienne de la Communion.

Il y a à Orleans une pratique fort bonne & fort louable : c'est que presque tout le monde se fait enterrer dans les Cimetieres, même les Chanoines de l'EgliseCathedrale ; de sorte qu'on enterre rarement dans les Eglises : & qu'aux Enterremens mêmes des personnes médiocres il y a toujours un grand convoi de personnes tant parens que voisins, qui accompagnent le corps du défunt non seulement jusqu'à l'Eglise, mais encore a la sepulture avec tout le Clergé.

A la Messe de l'Enterrement ou de l'Anniverfaire la femme du défunt, ou à son defaut la plus proche parente du défunt ou de la défunte, tant à la ville qu'à la campagne, offre un cierge, du pain & du vin à l'Offrande. Au jour de la Commémoration des Fideles Trépaſſez j'en ai vû juſqu'à cinquante ou ſoixante dans une Paroiſſe, qui y alloient porter cette offrande, comme font à Milan ces bonnes matrônes qu'ils nomment *Vetulones*, qui portent du pain & du vin pour le ſacrifice à l'Offertoire de la Meſſe.

Ceux qui communient répondent *Amen* pour profeſſion de foi, après que le Prêtre a dit *Corpus Domini noſtri Jeſu Chriſti*, comme à Paris.

On mange de la viande à Orleans les ſix Samedis d'après Noël.

JARGEAU.

JARGEAU dit anciennement en latin *Gargogilum* ou *Jargogilum*, préſentement *Jargolium* ou *Gergolium*, eſt une petite ville ſur la Loire à quatre lieues d'Orleans. Il y a une Egliſe Collegiale de Chanoines.

On lit dans un ancien Ordinaire manuſcrit de leur Egliſe de 400. ans, que le Mercredi des Quatre-tems de Decembre un Prêtre revétu d'une dalmatique & d'une chaſuble blanche pardeſſus, liſoit l'Evangile & l'Homelie au milieu Chœur.

Les Quatre-tems d'Avent & de Carême on n'y diſoit la Meſſe qu'après Nones, de même qu'à la Vigile de S. André, quand elle échéoit en Avent, *propter geminatum jejunium*.

La Généalogie de notre Seigneur y eſt appellée *Generatio*, & le *Kyrie eleiſon*, *Kyriela*. Il y avoit une Prophetie outre l'Epître aux trois Meſſes de Noël.

Jargeau près d'Orleans.

La Paſtourelle ou l'Office des Paſteurs s'y faiſoit encore alors la nuit de Noël à Laudes.

Le Diacre n'y diſoit point *Ite, miſſa eſt* à la premiere Meſſe, mais l'Antienne *Completa ſunt.*

A chaque Suffrage ou Mémoire qu'on faiſoit à Laudes & à Vêpres, on alloit à chaque Autel. Celle de la Croix ſe chantoit devant le Crucifix, celle de la Vierge devant ſa Chapelle, &c. On va ainſi à Lyon chanter les Memoires des Saints dans des Chapelles.

Le Mercredi des Cendres après la Proceſſion on donnoit les cendres à la porte de l'Egliſe, & c'eſt là qu'on les donne encore à préſent.

L'Egliſe y eſt appellée en divers endroits *Monaſterium*, en françois *Montier* ou *Moutier*. De là eſt venue cette façon de parler, *mener la bru au Moutier*, c'eſt-à-dire, *à l'Egliſe*. Il y plus de huit cens ans que ce mot eſt en uſage dans cette ſignification.

Les Leçons de Matines étoient quelquefois laiſſées au choix & à la diſpoſition du Doyen. *Per ferias iſtius hebdomada leguntur Moralia Job, vel Auguſtinus ſuper Pſalterium, vel Joannes Chryſoſtomus.*

Le Dimanche des Rameaux on prenoit ſujet de l'Antienne *Occurrunt turba*, pour aller tous baiſer la Croix. *Cantatur iſta Antiphona* Occurrunt, *& tunc debent omnes occurrere ad adorandam Crucem.* C'étoit auſſi en rentrant dans la ville qu'on commençoit le Répons *Ingrediente Domino in ſanctam civitatem*, conformément à la lettre, de même qu'on n'ouvroit la porte de l'Egliſe qu'après l'*Attollite portas.*

C'étoit dans la Sacriſtie qu'on reſſerroit le Jeudi-ſaint la ſainte Hoſtie reſervée pour le lendemain;

& lorſqu'on l'y portoit on chantoit l'Antienne *Hoc Corpus* &c. Tout cela eſt expreſſif.

Le Vendredi-ſaint à l'Office de la Meſſe *ex præſanctificatis* on liſoit derriere l'Autel la premiere Prophetie, & la ſeconde devant l'Autel. Donc il n'y avoit pas alors de retable à l'Autel. Le Prêtre élevoit fort haut une grande Croix en chantant l'Antienne *Super omnia &c.* & la mettoit enſuite ſur l'Autel en un lieu élevé : tous geſtes & cérémonies conformes à la lettre. Tout cela eſt fort naturel.

Les mots *voce ſubmiſſâ*, à voix baſſe, y ſont expliquez, de ſorte qu'on ſoit entendu des aſſiſtans, *ita ut poſſit à circumſtantibus audiri.* Et les aſſiſtans répondoient *Amen* d'un pareil ton au *Per omnia*, après la fraction de l'Hoſtie le Vendredi-ſaint : *Circumſtantes voce ſubmiſſâ reſpondent, Amen.*

Le Samedi-ſaint c'étoit le Curé de la Paroiſſe qui commençoit à la Meſſe la premiere Prophetie, après que le Diacre revêtu de dalmatique & de chaſuble avoit chanté l'*Exultet* A la Meſſe au lieu de la Paix on baiſoit le Chrême & l'Huile : *omnes deoſculantur Chriſma & Oleum loco pacis.*

Le jour de Pâques après le troiſiéme Répons de Matines on faiſoit l'Office du Sepulcre.

Les trois jours des Rogations avant la Proceſſion on y récitoit le Pſeautier tout entier, cinquante Pſeaumes chaque jour entre Tierces & Sextes. Où en ſommes-nous !

Le jour de l'Aſcenſion deux Chantres chantoient derriere l'Autel l'Introït de la Meſſe, *Viri Galilæi*, &c. C'étoit le Prêtre qui commençoit le Pſeaume *Omnes gentes*. Et après que les Chantres avoient recommencé *Viri Galilæi*, le reſte étoit continué par le Chœur.

Le Samedi de la Pentecôte il y avoit trois Lita-

S. Mêmin, Clery près d'Orleans.

nies comme au Samedi veille de Pâques.

Le 6. Août jour de S. Sixte, on y benissoit les raisins nouveaux à la Messe immediatement avant le *Per quem hæc omnia, Domine, bona.*

Le jour de l'Exaltation de la Croix après l'Offertoire on adore la Croix comme au Vendredi-saint.

Abbaye de S. Mêmin.

S. Mêmin est une Abbaye célèbre sous l'ancien nom de *Micy*, sur la rivière de Loiret proche d'Orleans, en latin *Miciacum* ou *S. Maximini ad Ligeritum*. Il y a dans l'Eglise de ce Monastere un Benitier de forme ronde avec cette inscription grecque gravée sur le bord du bassin,

ΝΙΨΟΝ ΑΝΟΜΗΜΑΤΑ, ΜΗ ΜΟΝΑΝ ΟΨΙΝ.

[La même chose est à Paris au Benitier de saint Etienne d'Egrès, & aussi autrefois à celui de sainte Sophie à Constantinople.]

On lit encore la même chose en retrogradant, ce qu'on peut rendre ainsi en latin, *Lava delicta, non solam faciem* : & en françois, *Ne lave pas seulement ton visage, mais encore tes pechez*. Cette Abbaye a été une pepiniere de saints Abbez & de saints Solitaires.

CLERY.

CLERY, en latin *Clariacus* ou *Clariacum* & *Cleriacum*. Il y a une Eglise qui a la grandeur & la majesté d'une Cathedrale. L'Autel est fort simple, point de chandeliers dessus. Le saint Sacrement est conservé dans un grand tabernacle de bois doré au haut de l'Autel audessus du retable accompagné de deux chandeliers.

C'est Louis XI. Roi de France, qui a fait bâtir

cette Eglise : il y est enterré ; & son mausolée élevé de trois ou quatre pieds en marbre blanc, où est sa statue, est dans la nef au côté gauche entre le Jubé & la chaire du Prédicateur.

BLOIS.

BLOIS, ville épiscopale sur la Loire. Il n'y a rien de singulier que la bénédiction solennelle de l'Evêque avant l'*Agnus Dei*, lorsqu'il célebre la Messe aux grandes Fêtes.

Huisseau.

A Huisseau bourg du Diocese d'Orleans, proche de l'Abbaye de Voisins, il n'y a que ceux qui communient qui vont à l'Offrande. Tout le monde s'y leve à *sursum corda* par geste & conformément & par rapport à *sursum*. De là vient aussi que le Prêtre éleve les mains, & que le chant monte de quelques notes. Il monte encore plus haut à Milan, & il va jusqu'à la quarte.

LE MANS.

LE MANS sur la Sarte, *Cenomanni ad Sartam*, ville capitale du Maine.

Eglise Cathedrale de S. Julien.

Dans l'Eglise Cathedrale de S. Julien il n'y a rien sur l'Autel qu'un retable avec parement, pas même de croix ni de chandeliers : & au dessus du retable une image de la Vierge, & plus haut la crosse

S. Julien du Mans.

de la suspension du saint Sacrement sous une petite croix de cuivre ; & à côté sont les saints Gervais & Protais anciens Patrons de cette Eglise, entre lesquels il y a des cierges.

Les Dimanches à l'eau benite, le Célebrant étant au grand Autel fait la bénédiction de l'eau, puis il asperse à genoux l'Autel avec inclination, & ensuite le peuple qui est là auprès. Puis le Doyen des Enfans de chœur avec le benitier, le Portecroix en chappe précedé des deux Enfans de chœur Ceroferaires, & suivi du Soûdiacre & du Diacre, vont avec le Clergé en Procession dans la nef, où le Célebrant asperse les Chanoines & les Chantres, puis le Portebenitier asperse les Enfans de chœur. De là on va à plusieurs Chapelles faire cinq ou six stations en chantant differens Répons, le Célebrant cependant aspersant d'eau benite quelques tombeaux.

Le Célebrant allant à l'Autel pour dire la Messe porte le livre des saints Evangiles, qu'il donne au Diacre au bas de l'Autel, & que le Diacre lui présente à baiser aussitôt après qu'ils ont fait la genuflexion à l'Autel.

Quand l'Evêque est présent, il vient se rendre à l'Autel dès que le Célebrant y arrive, & là l'Evêque étant seul au milieu de l'Autel & devant, il dit l'*Introïbo* avec le Pseaume *Judica &c.* le Prêtre célebrant & le Soûdiacre s'étant rangez du côté de l'Evangile, & le Diacre du côté de l'Epître, *facie ad invicem conversi*. Après le *Confiteor*, l'Evêque se tourne vers le Clergé & le peuple, & dit l'*Indulgentiam* avec le signe de croix ou bénédiction ; puis le Prêtre monte aussitôt à l'Autel par le côté gauche, & l'Evêque s'en retourne à sa place.

Le Prêtre au *Lavabo* se lave les mains du côté de l'Evangile.

Le Diacre ayant dit l'*Ite, missa est*, & l'Evêque ayant donné la bénédiction, aussitôt le Célébrant s'en retourne avec ses Ministres dans la Sacristie.

Si c'est l'Evêque qui célebre la grand'Messe, il donne la bénédiction solennelle avant l'*Agnus Dei*.

Voici quelques pratiques de l'Eglise du Mans.

Au jour de la Circoncision de notre Seigneur on s'y sert d'ornemens rouges, comme avant l'an 1669. dans tout l'Ordre des Maturins.

A la veille & au jour de l'Epiphanie, de couleur verte.

Aux Fêtes des Pontifes, de vert ; excepté à la Fête de S. Julien premier Evêque du Mans, qu'on se sert de couleur rouge.

Aux Dimanches de la Passion & des Rameaux & durant cette quinzaine on se sert d'ornemens rouges ; même à la bénédiction du Cierge Pascal & des Fonts, & à la grand'Messe du Samedi-saint. On y fait aussi la bénédiction du feu nouveau.

On se sert pareillement d'ornemens rouges à la Fête-Dieu & à la Toussaints.

A tous les Dimanches *per annum*, comme aussi à ceux de l'Avent & du Carême, on se sert de violet.

Au 19. Octobre on disoit la Messe de l'Anniversaire de la consecration de l'Evêque du Mans dernier mort. La même chose se pratiquoit anciennement dans toute l'Eglise Gallicane.

Le Mercredi des Cendres l'Evêque accompagné de quelques Ecclesiastiques expulse de l'Eglise les Pénitens publics, après leur avoir fait une petite exhortation au bas de la nef, & il les reconcilie le Jeudi-saint.

Voici quelques particularitez extraites d'un ancien Rituel de cette Eglise de l'an 1490.

Aux Processions qui se font avant la Messe aux

grandes Fêtes qui ne tombent pas au Dimanche, (quoiqu'on ne fasse pas l'Eau benite) on asperse le peuple; & au lieu de l'Oraison *Exaudi nos* qu'on dit aux Dimanches, on dit *Actiones nostras*.

Aux Baptêmes des garçons il y avoit deux pareins & une mareine; & aux Baptêmes des filles il y avoit un parein & deux mareines.

Aux fiançailles, après que le garçon & la fille avoient promis en face de l'Eglise de s'épouser, ils s'embrassoient en signe de futur mariage; *osculentur se in signum matrimonii futuri*.

Le jour du mariage le Curé va benir le lit nuptial à la maison, puis le pain & le vin, dont il présente à manger & à boire aux nouveaux mariez.

A l'égard des tems ausquels il étoit alors défendu de se marier, les voici. Depuis Nones du Samedi avant le premier Dimanche de l'Avent jusqu'au lendemain de l'Octave de l'Epiphanie; de même après Nones du Samedi avant la Septuagésime jusqu'au lendemain de l'Octave de Pâques; comme aussi depuis Nones du cinquiéme Dimanche d'après Pâques jusqu'au Dimanche de la Trinité. On lit la même chose dans un Rituel d'Autun de l'an 1593. marques du respect que l'on avoit pour les jours de jeûnes & des grandes Fêtes. Le Concile de Trente a restreint cela à l'Avent & au Carême, & aux Octaves de Noël & de Pâques. (*Sess*. 24. *c*. x. *de reform. matrim.*

Le Samedi saint, après la Bénédiction du feu nouveau & du Cierge Pascal, le Prêtre revêtu de chasuble vient à l'Autel & dit le *Confiteor*; après quoi on chante les Propheties & les Traits. Ensuite le Prêtre ayant quitté la chasuble, on chante dans le Chœur la premiere Litanie, dont on repete sept fois le nom de chaque Saint; & c'est ce qu'on appelloit *Litania septena*. En allant aux Fonts on chante la seconde Litanie, dont on repete cinq fois le nom de chaque Saint. A la Bénédiction des Fonts on plonge à l'ordinaire trois fois le cierge dans l'eau des Fonts baptismaux. Et après avoir ôté le cierge, & avoir achevé cette espece de petite Préface, il fait dégoutter le cierge trois fois dans les Fonts en forme de croix. La Bénédiction des Fonts étant achevée comme par tout ailleurs, le Prêtre asperse les Autels & le peuple d'eau benite où le saint Chrême n'a point été mêlé. En retournant au Chœur on chante la troisiéme Litanie, dont le nom de chaque Saint est repeté trois fois. A la premiere Litanie il y a *Sancta Maria*, à la seconde *Sancta Dei genitrix*; & à la troisiéme *Sancta virgo virginum*.

Le Mercredi des Cendres aux Absolutions de Carême, tout le peuple étant assemblé & à genoux, & *ayant les cheveux découverts, crinibus discoopertis*, & le Prêtre étant aussi à genoux, on disoit les sept Pseaumes Pénitentiaux avec la plus grande dévotion qu'il étoit possible, sous l'Antienne, *Vivo ego, dicit Dominus; nolo mortem peccatoris; sed ut magis convertatur & vivat;* avec les Litanies des Saints, les Prieres & les Oraisons.

J'y ai remarqué aussi qu'on donnoit l'Extrême-onction au malade avant le saint Viatique; & c'étoit l'usage par tout. Cela se pratique encore dans plusieurs Monasteres.

Aux Messes pour les défunts on disoit pour Trait les quatre premiers Versets du *De profundis*, si c'étoit pour un Prêtre; & les trois premiers Versets du Pseaume *Sicut cervus desiderat*, si c'étoit pour un laïque.

A la porte de l'Eglise des Jacobins en dehors est
un

un Benitier, suivant l'ancienne inſtitution des Be-
niers depuis qu'ils ont ſuccedé aux fontaines ; &
c'eſt là proprement le lieu où ils devroient être.

LA TRAPPE.

LA Trappe eſt une Abbaye celebre aujour-
d'huy par la grande pieté & auſterite de vie
de ſes Religieux de l'étroite Obſervance de Cîteaux.
C'eſt l'image de la Vierge qui tient la ſuſpenſion
de l'Euchariſtie au deſſus du grand Autel.

En hyver à *Magnificat* de Vêpres, comme on ne
voit plus à lire, on allume pluſieurs abſconſes [ou
lanternes qui ne donnent de la lumiere que d'un
côté,] pour chanter les Antiennes & les Oraiſons.

A la grand'Meſſe les Religieux s'embraſſent par
un ſaint baiſer de paix à l'*Agnus Dei*, & ſe proſter-
nent avant que de recevoir la ſainte Communion.

Le Vendredi-ſaint ils récitent tout le Pſeautier
nuds pieds.

Quand ils ſont en danger de mort, on leur donne l'Extrême-onction, puis le ſaint Viatique ; &
à l'extrémité on les met mourir ſur la paille & ſur la
cendre, ſuivant l'ancien uſage de l'Egliſe & la
pratique des Chartreux encore aujourd'hui.

CHARTRES.

CHARTRES ſur la riviere d'Eure, en latin
Carnutum ou *Carnotum ad Auduram*.

Notre Dame de Chartres.

L'Egliſe Cathedrale de Notre-Dame eſt fort

belle, & celle de sous-terre fort riche, ornée & éclairée de quantité de lampes d'argent. Les dehors de cette Eglise (je dis la Cathedrale) sont fort beaux. Il y a trois porches tres-larges: sur celui de la grande porte sont deux tours que l'on voit de quatre lieues loin.

Le Chœur est un des plus grands & des plus beaux qui se voyent, & rempli d'un tres-grand nombre de chaises, deux rangs de stalles de chaque côté, & un banc fort large pour le troisiéme rang, avec un marchepied de menuiserie.

La chaire de l'Evêque est assez commune, placée du côté de l'Epitre au bout des sieges des Chanoines, comme à Paris & à Rouen, mais sans être couverte, ayant seulement un tapis devant, & dedans un siege pour l'Evêque, qui est fait ainsi. *Voyez la Fig. XIII.*

Le grand Autel est fort large; il n'y a point de balustres, mais seulenent des colomnes de cuivre & des Anges audessus autour du Sanctuaire. Le parement est attaché aux nappes un demi pied sur l'Autel; la frange du parement est tout au haut sur le bord de la table. Audessus de l'Autel il y a seulement un parement au retable, & audessus est une image de la sainte Vierge d'argent doré. Par derriere est une verge de cuivre, & au haut un Crucifix d'or de la grandeur d'un pied & demi, au pied duquel est une autre verge de cuivre qui avance environ d'un pied ou d'un pied & demi sur l'Autel, au bout de laquelle est la suspension du saint Ciboire, selon le second Concile de Tours, *sub titulo crucis Corpus Domini componatur.*

Au coin de l'Autel il y a un petit rideau violet d'un pied ou environ en quarré, suspendu à une petite corde audessus de l'Autel, comme à Orleans.

Le Diacre un peu avant la Confecration le fait venir au milieu de l'Autel, afin (dit-on) que la fainte Hoftie paroiffe à ceux qui étant au bas du Chœur, ne la pourroient voir ; & après l'élevation du Calice il retire ce petit rideau au coin de l'Evangile. Ce petit rideau eft d'un ufage fort ancien en cette Eglife, à ce que l'on dit. Je crois que c'étoit plûtôt pour repréfenter plus vivement au Prêtre au tems de la Confecration Jefus-Chrift en croix, qui étoit au milieu de ce voile, & qui s'appelloit *majeftas* ou *divina majeftas. Inclinet ante majeftatem.*

On tourne autour du Chœur par des aîles qui font aux côtez : mais les vitres, quoique fort grandes, font fi obfcures à caufe de la peinture & de l'épaiffeur du verre, qu'en hyver après la grand'Meffe à dix heures & demie du matin on fe fert encore de bougies dans le Chœur pour chanter Sextes, où l'on ne répond point *Deo gratias* après le Capitule ; l'on ne répond point non plus au Verficule d'après le Répons bref, qui a un neume auffi long que le Verfet des grands Offices. On y répond apparemment tout bas pendant le neume.

Voici le ferment que les Chanoines font à leur reception, qui merite d'être rapporté ici.

Canonicorum Carnotenfium juramentum in receptione fua.

In Capitulo juramentum factum ad caput beatæ Annæ tale eft. Cantor, feu locum ejus tenens, dicit canonizando : *Vos juratis fuper facras iftas Reliquias quòd eftis de legitimo matrimonio procreatus ; item quod eftis liberæ conditionis, nec eftis colibertus, nec filius coliberti ? Item quod pro ifta Præbenda, cujus invefturam expectatis, non dediftis, nec promi-*

sistis, nec alius pro vobis dedit vel promisit vobis scientibus, aurum vel argentum, vel pecuniam aliquam, vel aliud quod per pecuniam aliquam debeat vel valeat comparari: & si promissum fuerit, per vos non solvetur? Item juratis quod in percipiendis distributionibus fraudem aliquam non facietis? Sic vos Deus adjuvet & hæc Sancta.

L'Eau benite des Dimanches ne se fait point, comme en plusieurs autres Eglises, à l'heure de Tierces ; mais dès la premiere Messe, qui se dit à quatre ou cinq heures du matin. Le Prêtre qui la doit dire étant revêtu d'aube & d'étole, va la faire tantôt à un benitier de l'entrée de l'Eglise & tantôt à un autre, & puis il vient asperser à la Chapelle les personnes qui sont là presentes pour entendre la Messe. Avant la grand'Messe l'Enfant de chœur apporte le benitier (ou l'Orceau comme on dit à Chartres, du mot latin *urceus* ou *urceolus*) lorsqu'on est prêt de faire les stations. La Procession sort du Chœur par la porte du Crucifix ; & sans aller dans la nef elle va droit à l'Autel de S. Jean-Baptiste dans la croisée à gauche, le Prêtre accompagné du Diacre & du Soûdiacre, revêtus d'aubes & d'étoles, excepté le Soûdiacre, l'aumusse sur le bras & le bonnet en main, asperse l'Autel, ensuite le Diacre & le Soûdiacre, puis tout le Clergé ; & la Procession ayant fait le tour du Chœur, on y rentre par la même porte. On trouve encore la même chose dans plusieurs Eglises considerables, dont il est parlé en cette Relation : ce qui fait voir que cette Procession des Dimanches avant la grand'Messe n'étoit que pour asperser les personnes & les lieux réguliers.

A la grand'Messe d'abord le Prêtre, le Diacre & le Soûdiacre saluent l'Autel, puis se tournent vers

Notre-Dame de Chartres.

le Chœur & le saluent : ensuite s'étant retournez vers l'Autel ils commencent la Messe, & enfin ils montent à l'Autel. Pendant le *Gloria in excelsis* le Soûdiacre va au Jubé avec le livre des Epîtres, & en même tems le Diacre ayant reçu le livre des Evangiles se retire derriere l'Autel le Prêtre restant seul à l'Autel avec son Prêtre assistant revêtu d'un surplis, lequel se tient au bout de l'Autel pour servir le Célebrant. Le Soûdiacre ayant chanté l'Epître, retourne à l'Autel, & aussitôt le Diacre vient avec le livre des Evangiles, & après avoir reçu la bénédiction du Célebrant, va au Jubé accompagné du Soûdiacre tenant le coussin, de l'Enfant de chœur qui marche devant en encensant, & des deux Portechandeliers. Dès que le Diacre a quitté l'Autel, il éleve des deux mains le livre des Evangiles ; & lorsqu'il passe, le Clergé se leve & se découvre. Le Diacre après avoir chanté l'Evangile au Jubé, étant descendu avec ses ministres, le Soûdiacre tient le livre des Evangiles sur le coussin devant son estomach ; & lorsqu'ils repassent, tout le Clergé se leve. Le Soûdiacre fait baiser le livre des Evangiles ouvert au Célebrant, & ensuite aux Chanoines en leurs places; puis il revient à l'Autel.

Lorsque le Prêtre a encensé l'Autel à l'Offertoire, le Diacre prend l'encensoir que l'Enfant de chœur lui apporte, & descend les marches de l'Autel, & l'ayant encensé de trois coups il baise le coin de l'Autel ; puis continuant d'encenser autour, il encense les deux Tresors de Reliques chacun de trois coups, & revient à sa place. Un peu après l'Enfant de chœur rapporte l'encensoir au Diacre, qui de la même maniere encense le reste de l'Autel, & en baise l'autre coin, puis il encense le Prêtre & le Soûdiacre.

P iij

Après cela le Thuriferaire ou Port'encens ayant reçu l'encensoir des mains du Diacre, il l'encense. Le Diacre a toujours le bonnet à la main, & pendant toute la Messe il ne le quitte que pour porter le livre des Evangiles au Jubé.

Le Soûdiacre au *Sursum corda*, reçoit la platene ou patene qu'on lui apporte avec un voile, & la tient un peu élevée devant lui derriere l'Autel, où il ne voit rien de ce qui s'y fait.

On se tient debout à l'élevation, excepté seulement aux Messes où l'on dit *O salutaris Hostia*, & seulement pendant qu'on le dit.

Le Soûdiacre revient au *Pater* devant l'Autel, & donne la patene sans voile au Diacre qui la tient plus haut que le Soûdiacre, jusqu'à ce que le *Pater* étant fini, il la remet sur l'Autel.

Ensuite le Chœur chante le Pseaume *Exaudiat*, durant lequel le Célebrant, ses ministres & tout le Clergé sont à genoux. Puis le Prêtre communie, & le Diacre prenant les burettes verse les ablutions. Il n'y a qu'en ce seul endroit où le Diacre serve le Prêtre, auquel un enfant donne à laver dans un bassin comme au *Lavabo*, & verse l'eau dans la piscine, afin qu'il ne soit pas obligé de boire la rincure de ses doigts. Cela se faisoit autrefois par tout, & se fait encore aujourd'hui à Lyon & chez les Chartreux qui se sont maintenus davantage dans les anciens usages.

Le Prêtre va au coin de l'Autel dire les dernieres Oraisons, & le Diacre tourné vers le Clergé chante l'*Ite. missa est*: après quoi le Célebrant ayant donné la bénédiction, s'en retourne dans la Sacristie avec ses ministres au même ordre qu'ils sont venus.

Quand l'Evêque officie pontificalement aux grandes Fêtes, il donne la bénédiction solennelle à l'*Agnus Dei*, & non à la fin de la Messe.

Les cérémonies de la pénitence publique au Mercredi des Cendres & au Jeudi-saint sont à peu près les mêmes que celles que nous décrirons en parlant de l'Eglise de Rouen.

[A Milan dans la Messe après ces mots de la Passion, *emisit spiritum*, on ôte les nappes de l'Autel, & on l'essuye seulement.]

Le Jeudi-saint six Archidiacres Prêtres célebrent la grand'Messe conjointement avec l'Evêque, consacrent les saintes Huiles avec lui, & communient sous les deux espèces d'une même Hostie & d'un même Calice. L'Evêque est au milieu de l'Autel, il a trois Prêtres à sa droite, & trois à sa gauche sur la même ligne; ils chantent tous sept unanimement, & pratiquent ensemble toutes les cérémonies de la Messe. Eglise louable d'avoir précieusement conservé une si auguste & si ancienne cérémonie, qui sert à nous faire entendre pourquoi en plusieurs Eglises l'Evêque est assisté les grandes Fêtes de Prêtres & de Curez en célebrant la Messe. A la fin de la Messe le Diacre, sans rien dire, donne la bénédiction avec la sainte Hostie avant que de la porter dans le Tresor où elle doit être reservée dans un Corporalier pour le lendemain.

Le même jour on fait le *Mandatum* ou Lavement des pieds: mais on ne lave les Autels que le lendemain immédiatement avant que de commencer la Messe *ex præsanctificatis*.

Pendant la Semaine de Pâques on fait à Vêpres la Procession aux Fonts. Tous ceux du Clergé de l'Eglise Cathedrale qui ne sont ni Prêtres ni Diacres, fussent-ils Chanoines, y portent une baguette blanche en main, aussi-bien que le Soûchantre qui marche à la tête des jeunes Chanoines. Et cela (dit-on) pour marquer les habits blancs que les nouveaux baptisez portoient pendant l'Octave. En allant & en revenant on y chante le quatriéme & cinquiéme Pseaume de la Ferie.

Quoique cette Eglise jeûne les Vigiles des Apôtres, & qu'elle soit plus féconde en jeûnes que les autres, elle n'observe pas neanmoins de jeûner la veille de la Pentecôte selon l'ancien usage de l'Eglise & des Eglises d'Angers, de Nantes & d'Amiens. En effet les Peres témoignent qu'on ne jeûnoit jamais dans la cinquantaine de Pâques, qui ne finit qu'au soir du Dimanche de la Pentecôte.

Le Mercredi des Quatre-Tems de Decembre pour premiere Leçon de Matines on lit l'Evangile *Missus est* tout entier comme à Sens; ensuite de quoi le Chœur prosterné chante l'Antienne *Salve Regina*, après laquelle on lit de l'Homelie comme à l'ordinaire.

GALARDON.

GALARDON est une petite ville à quatre lieues de Chartres. Il y a cela de particulier dans l'Eglise Paroissiale de cette ville, que l'Autel n'a point de parement au devant, comme presque par tout, mais un simple rideau de la même étoffe que les ornemens, selon l'ancien usage. Car tout le monde sçait que les Reliques des Saints étoient sous les Autels; & pour empêcher que la poussiere ne gastât les Châsses, on mettoit une simple couverture, un rideau au devant de la table d'Autel. C'est pour cela que la plûpart des paremens ont une frange par le haut, qui étoit pour cacher la tringle, comme nous avons vû à Chartres.

VAUX DE CERNAY.

Vaux de Cernay, en latin *Valles Cernaii*, est une Abbaye de l'Ordre de Cîteaux. Il y a plusieurs manuscrits dans la Bibliotheque de ce Monastere, surtout des Missels & autres Livres d'usages. Par l'un de ces Manuscrits il paroît que l'Hymne *Jesu dulcis memoria*, autrefois attribuée à S. Bernard, n'est point de lui, mais d'une dévote Religieuse. Dans un autre qui est des Uz de Cîteaux, mais plus circonstanciez & accommodez apparemment à l'usage particulier de ce Monastere, on y suppose une bougie allumée dans une absconse y être quelquefois necessaire pour éclairer à lire au Prêtre qui célebroit la Messe de Tierce. Le Diacre & le Soûdiacre lavoient leurs mains après l'*Orate fratres*; & ils communioient d'une partie de l'Hostie du Prêtre & du Calice aussi. Le grand voile du Calice y est appellé *Offertorium*. Dans l'un des Missels écrit environ l'an 1200. le Dimanche de *Quasimodo* ou de l'Octave de Pâques y est appellé *Dominica post albas*; & dans ce même Missel, ainsi qu'en deux autres Missels aussi manuscrits d'environ l'an 1280. & même en deux autres Missels à l'usage de cet Ordre, imprimez au dernier siecle, aux Oraisons du Canon on ne trouve *Amen* qu'à la fin de la derniere. Au *Memento* pour les vivans, ces mots *qui tibi offerunt*, ne sont point suivis de ceux-ci, *vel pro quibus tibi offerimus*: & le Vendredi-saint les Ministres de l'Autel communioient avec l'Abbé.

Dans tous les Missels manuscrits il n'y avoit ni Epîtres ni Evangiles, parce que le Prêtre qui célebroit la grand'Messe, ne les récitoit point, mais les écoutoit comme les autres assistans. Dans l'un on les y a depuis ajoutez à la fin, & dans un autre à la marge.

PORT-ROYAL.

Port-Royal *des champs* est une Abbaye de Religieuses de l'Ordre de Cîteaux, entre Versailles & Chevreuse *.

L'Eglise est assez grande, & dans sa simplicité & sa propreté elle inspire le respect & la devotion.

Le grand Autel n'est point attaché à la muraille, y ayant derriere une grande Sacristie fort propre. Au haut du grand Autel il y a une suspension avec le saint Ciboire sous un pavillon au bout d'une crosse de bois, audessous d'une grande croix, & plus bas est une Cene de notre Seigneur, que l'on estime, & qui est de la façon de Champagne.

Il n'y a rien sur l'Autel qu'un Crucifix ; les quatre chandeliers de bois étant hors de l'Autel & aux côtez.

Tout le Sanctuaire & le parquet sont d'une menuiserie fort propre ; le Chœur des Religieuses de même ; & leurs chaises sont entretenues si proprement, qu'on croiroit qu'il n'y a pas vingt ans qu'elles sont faites, quoiqu'il y en ait plus de cent cinquante.**

Il y a encore dans cette Eglise quelques tableaux de la façon de Champagne, & un Benitier assez propre à l'entrée de l'Eglise à main droite.

On voit dans le Cloître plusieurs tombes d'Abbesses & de Religieuses. Il paroît par ces tombes, 1°. Que les premieres Abbesses de l'Ordre de Ci-

* Ce Monastere ne subsiste plus.
** Les Bernardins de Paris ont acheté l'Autel & les chaises du Chœur, & les ont fait placer dans leur Eglise où on les peut voir.

Abbaye de Port-Royal. 235

reaux suivant l'esprit de S. Bernard ne se servoient point de crosse : & l'Abbesse de Port-Royal des champs ne s'en sert point encore aujourd'hui. 2°. Qu'il y avoit dans ce Monastere des Religieuses consacrées par l'Evêque. Il y en a deux représentées sur une même tombe avec une espece de manipule. *Voyez la Figure XIV.*

Voici l'inscription qui est autour :

Hîc jacent duæ sorores germanæ, hujus præsentis Abbatiæ Moniales Deo sacratæ, Adelina & Nicholaa dicta ad Pedem, de Stampis quondam progenitæ: quarum animæ in pace perpetua requiescant. Amen. Obiit dicta Adelina anno Domini M. C C. octog. octavo.

On voit dans cette Abbaye un ancien Necrologe ou Obituaire, auquel est joint le rit de la Consecration ou Bénédiction d'une Religieuse, où on lit entre autres choses, que c'est l'Evêque qui dans cette cérémonie célebre la Messe, & qu'il y communie la Religieuse qu'il benit ; que pour cela il consacre une grande Hostie, qu'il rompt en huit parcelles, de l'une desquelles il communie la Religieuse ; après quoi il lui met dans la main droite couverte d'un Dominical ou petit linge blanc, les sept autres parcelles de la sainte Hostie, dont elle se doit communier elle-même durant l'Octave de sa Consecration ou Bénédiction, [comme les nouveaux Prêtres s'en communioient pendant les quarante premiers jours d'après leur Ordination ou Consecration*.]

Sous la lampe proche le balustre est une tombe de l'an 1327. si je ne me trompe, dont il semble nécessaire de donner ici l'inscription ; ce qu'il y a de plus essentiel étant mal rapporté dans le *Gallia*

---

* Fulbert. Epist. 2. ad Finard. Rituale Rotomag. ann. 1651.

Christiana de Messieurs de Sainte-Marthe.

C'étoit autrefois la devotion des grandes Dames de prendre l'habit de Religieuse dans leur derniere maladie, ou du moins de s'en revétir après leur mort. Cela se voit à Maubuisson proche Pontoise en la personne de la Reine Blanche mere de S. Louis Roi de France, & ici une Dame Marguerite de Levi, femme de Mathieu IV. de Marly de l'illustre Maison de Montmorency, Grand-Chambellan de France, est enterrée en habit de Religieuse avec cette inscription :

Hîc requievit, ibi post cujus nomen habebis.
Margareta fuit Matthæi Malliacensis
Uxor; & hanc genuit generosus Guido Levensis.
Sex parit ista mares. Vir obit. Petit hæc Moniales.
Intra claustrales eligit esse lares.
In requie multa sit Nonna * veste sepulta ;*
Luceat æternâ sibi lux in pace superna.
Anno M. C bis, LX. bis, V semel, I bis. 1327.

A la porte de l'Eglise dans le Vestibule est une tombe d'un Prêtre revétu de ses habits sacerdotaux, d'une chasuble ronde de tous côtez & non échancrée, relevée sur les bras, faisant une pointe devant & derriere: son manipule n'est pas plus large par le bas que par le haut, de même que l'étole qui n'est point croisée sur la poitrine, mais comme la portent encore les Evêques, les Chartreux & les anciens Moines de Cluny, qui en cela n'ont point innové. Son aube a des paremens en bas conformes aux ornemens : ce qui s'appelle dans les Brefs *Alba parata*. On s'en sert encore aujourd'hui dans les Eglises Cathedrales & dans les anciennes Abbayes.

A côté de la porte de l'Eglise & de l'Horloge est

---

* Religieuse.

le petit Cimétiere des domestiques, où il y a deux Epitaphes que l'on croit devoir ici rapporter.

D. O. M.

Hîc jacet EMMANUEL LE CERF, *qui cùm majorem vitæ partem erudiendis populis consumpsisset, vitam evangelicam evangelicæ prædicationi anteponendam ratus, ut sibi moreretur, qui aliis tantùm vixerat, ad pœnitentiam accurrit senex eò festinantiùs, quò seriùs; pondusque ipsum senectutis, quo nihil ad patiendum aptius, & varios corporis morbos in remedium animæ conversos, tanquam opportunum æternitatis viaticum amplexus, mortem humilis; nec se jam sacerdotem, sed laïcum gerens, in hoc quietis portu expectavit, quæ obtigit ferè nonagenario. Obiit 8. Decembris 1674. & in Cœmeterio prope Crucem sepeliri voluit.   Requiescat in pace.*

Autre Epitaphe.

Hîc quiescit JOANNES HAMON. *Medicus, qui adolescentiâ in studiis litterarum transactâ, latinè græcèque egregiè doctus, cùm in Academiâ Parisiensi eloquentiæ laude floreret, & medendi peritiâ in dies inclaresceret, famæ blandientis insidias & superbiam vitæ metuens, Spiritûs impetu subito percitus, patrimonii pretio in sinum pauperum festinanter effuso, anno ætatis xxxiij. in solitudinem hanc, quam diu jam meditabatur, se proripuit. Ubi primùm opere rustico exercitus, tum Christi ministris famulatus, mox professioni pristinæ redditus, membra Redemptoris infirma curans in pauperibus, inter quos ancillas Christi quasi sponsas Domini sui suspexit; veste vilissimâ, jejuniis propè quotidianis, cubatione in asseribus, pervigiliis, precatione & meditatione diu noctuque ferè perpetuâ, lucubrationibus amorem Dei undique spirantibus, cumulavit arumnas medendi quas toleravit per annos xxxvj. quotidiano pedestri xij. plus minùs milliarum itinere, quod sapissimè jejunus conficiebat, villarum obiens agros, eorumque commodis serviens consilio, manu, medicamentis, alimentis quibus se defraudabat, pane furfureo & aquâ, idque clam & solus, & stando per annos xxij. sustentans vitam, quam ut sapienter duxerat, quasi quotidie moriturus, ita inter fratrum preces & lacrymas in alto silentio, misericordias Domini suavissimè recolens; atque in Mediatorem Dei & hominum Jesum Christum, oculis, mente, corde defixus, exitu ad votum suum tranquillo latus, ut aeternùm victurus clausit in Domino, annos natus 69. dies 20. viij Kalend. Mart. anni 1687.*

Les Religieuses selon l'esprit de S. Bernard sont soumises à M. l'Archevêque de Paris, qui est leur Superieur. Elles chantent aussi l'Office selon l'usage de Paris, excepté que pour satisfaire à la Regle de S. Benoît qu'elles professent, en chantant les Pseaumes de la Ferie tous les jours, elles récitent toutes les semaines le Pseautier tout entier, & cela avec l'agrément de feu M. de Harlay Archevêque de Paris.

Les Dimanches il y a bénédiction & aspersion de l'eau benite, que l'Abbesse & les Religieuses viennent recevoir à la grille de la main du Prêtre.

Après le *Credo* le Prêtre descend au bas de l'Autel, & y benit le pain offert par un domestique de l'Abbaye, puis il annonce les Fêtes & les jeûnes, s'il y en a dans la semaine, & fait quelque petite exhortation ou explication de l'Evangile.

A toutes les grand'Messes de l'année le Sacristain ou Thuriferaire à la fin du *Credo*, va à la grille des

Abbaye de Port-Royal.

Religieuses recevoir par le guichet, des mains de la Sœur Sacristine une boëte où il y a le nombre d'hosties qu'il faut consacrer pour autant de Religieuses qui doivent communier ; & il les apporte à l'Autel, & les présente au Célébrant.

¶ Aux grand'Messes pour les Morts le Sacristain va querir à la grille le pain & la grande hostie, & le vin dans la burette pour le sacrifice, & l'apporte à l'Autel : il présente l'hostie au Prêtre sur la patene. après en avoir baisé le bord interieur, & la burette de vin au Diacre qui en verse du vin dans le Calice.

A l'*Agnus Dei*, les Religieuses s'embrassent se donnant le baiser de paix.

Les Dimanches & les Fêtes chommées il y a Communion generale ; & il ne se dit point de Messe en cette Eglise, qu'il n'y ait quelque Religieuse qui y communie.

Dans ce Monastere la devotion pour le saint Sacrement est telle, qu'outre l'adoration perpetuelle à quoi les Religieuses s'engagent sous l'Institut du saint Sacrement, (en consideration duquel elles ont changé leur Scapulaire noir en un blanc chargé d'une croix d'écarlatte sur la poitrine, environ large de deux doigts, & haute d'un demi-pied) elles n'approchent point de la sainte Communion qu'elles ne se soient prosternées auparavant.

Le saint Sacrement n'y est pourtant exposé que pendant l'Octave de la Fête-Dieu, & cela tous les jours après la grand'Messe. Car on n'y dit jamais de Messe à l'Autel où le saint Sacrement est exposé. Nous verrons encore cela ailleurs.

On observe en ce Monastere un silence exact & rigoureux. Hors le cas de maladie on n'y mange jamais de viande, peu de poisson, peutêtre douze ou quinze fois par an. Elles ne boivent que de l'eau, & obfervent le grand jeûne durant le Carême dans toute fa rigueur, comme l'on faifoit du tems de S. Bernard, en ne mangeant qu'à cinq heures du foir à la fortie de Vêpres, qu'elles ne difent qu'à quatre heures à l'ordinaire, quoiqu'elles fe levent la nuit pour chanter Matines, & qu'elles s'occupent durant le jour au travail manuel.

Elles ont une Conference fpirituelle après le dîner, durant laquelle elles ne laiffent pas de travailler, fans qu'il foit permis d'y parler que tout haut.

En efté on leur permet quelquefois d'aller après foupé dans le jardin; mais plufieurs s'en privent; & les autres y vont chacune féparement, ayant ou un livre qu'elles lifent, ou quelque ouvrage qu'elles font.

Matines s'y difent à deux heures après minuit, avec les Laudes, qu'on referve en hyver à fix heures, avant une baffe Meffe qu'on dit alors entre Laudes & Primes. Dans tout le refte de l'année on dit Primes à fix heures, puis une baffe Meffe Conventuelle, enfuite on fait dans le Chapitre la lecture du Martyrologe, du Nécrologe & de la Regle, de laquelle l'Abbeffe explique quelque chapitre une fois ou deux la femaine; après quoi on fait la proclamation des fautes, & on impofe des pénitences convenables.

On dit Tierces à huit heures & demie, enfuite la grand'Meffe; Sextes à onze heures, & aux jours de jeûne d'Eglife à onze heures & trois quarts; après quoi on va dîner, excepté en Carême qu'on ne dîne point; car dîner dans la Regle de S. Benoît, c'eft ne point jeûner. Nones à deux heures en hyver, & à deux heures & demie en efté.

A quatres heures on fonne le premier coup de Vêpres,

Abbaye de Port-Royal.

pres, qui commencent près du quart. Elles finissent à cinq heures ou cinq heures & un quart : car on y chante fort pausément & fort distinctement. A la fin de Vêpres en Carême on sonne le Refectoire, & les Religieuses y vont dîner & souper tout ensemble. On voit là des Religieuses vivre avec ce regime jusqu'à des soixante & douze & soixante & quinze ans & même davantage. Et il n'y a pas longtems qu'un bon Prêtre qui ne mangeoit qu'au soir en Carême, quoiqu'âgé de quatrevingt sept ans, n'y est mort qu'à quatrevingt douze.

Le Samedi-saint après avoir éteint le feu dans toute la Maison, on y porte dans les Offices du feu nouveau & beni.

Les habits des Religieuses sont grossiers ; & il n'y a ni or ni argent sur les ornemens d'Eglise.

On y reçoit les filles *gratis*, & jamais on n'y fait pacte ni convention pour la reception des Religieuses, suivant le premier esprit de ce Monastere, ainsi qu'il paroît par les Actes suivans.

Noverint universi quòd ego Odo de Tiverval miles * *& Thecla uxor mea dedimus* IN PURAM *& perpetuam* ELEEMOSYNAM, *pro remedio animarum nostrarum & antecessorum nostrorum, Ecclesiæ beatæ Mariæ de Portu-Regio & Monialibus ibidem Deo servientibus duos modios bladi, unum scilicet hibernagii, & alterum avenæ in decima nostra de Jouy, singulis annis in festo S. Remigii percipiendos. Sciendum verò est quod Abbatissa & ejusdem loci Conventus unam de filiabus nostris in societatem Monialium* BENIGNE *receperunt. Nos verò ingratitudinis vitium incurrere nolentes, prædictos duos modios dictæ jam domui de voluntate nostra* SINE ALIQUO PACTO,

* Ecuyer ou Gentilhomme.

eleemosynavimus. Quod ut ratum & immobile perseveret, sigilli nostri munimine fecimus roborari. Actum anno gratiæ M. CC. xvj.

Autre.

Reginaldus Dei gratiâ Carnotensis Episcopus, universis primis & posteris præsentem paginam inspecturis salutem in Domino. Notum facimus omnibus tam futuris quàm præsentibus quòd, quoniam Abbatissa & conventus Sanctimonialium de Porregio Acelinam filiam Hugonis de Marchesio militis in sororem & sanctimonialem Dei & caritatis intuitu GRATIS *receperant, postmodum dictus miles in nostra constitutus præsentia, ne dictam filiam suam nuptam Christ parte sui patrimonii relinqueret indotatam, Ecclesiæ de Porregio & Monialibus ibi Deo servientibus dedit & concessit* IN PERPETUAM ELEEMOSYNAM, *pro portione dictæ filiæ suæ unum modium bladi annui redditus in granchia sua de Marchesio vel de Lonvilla singulis annis percipiendum ad mensuram Parisiensem de Dordano, & tres modios vini in vinea sua de Marchesio annuatim percipiendos, & decem solidos in censu suo de Marchesio. Ut autem donum ejus ratum & stabile permaneret, ad petitionem ipsius Hugonis præsentes Litteras in testimonium sigillo nostro fecimus roborari. Actum Carnoti anno Dominicæ Incarnationis M. CC. septimo decimo, mense Aprili.*

Autre.

Noverint universi quòd ego Odelina de Sévre donavi IN PURAM *& perpetuam* ELEEMOSYNAM *domui Portûs-Regis pro anima bonæ memoriæ Ingorami quondam mariti mei, & pro salute animæ meæ, & omnium liberorum & progenitorum meorum; & maximè pro salute & amore Margaretæ filiæ meæ*

Abbaye de Port-Royal.

QUÆ *in eadem domo* RELIGIONIS HABITUM ASSUMPSERAT, *quatuor arpentos vineæ in clauso meo de Sèvre jure perpetuo possidendos. Hanc autem donationem laudaverunt, voluerunt & concesserunt filii mei Gervasius primogenitus, Rogerus & Simon, ad quos eadem donatio jure hereditario pertinebat. Immo & ipsi* EANDEM DONATIONEM OBTULIMUS *cum libro* SUPER ALTARE PORTUS REGIS. *In cujus rei testimonium & confirmationem perpetuam, ego prædicta Odelina, quia prædicti filii mei G. R. & Simon necdum milites erant, &* NECDUM SIGILLA HABEBANT, *de voluntate eorum & assensu præsentem Chartam sigilli mei munimine roboravi. Actum anno Domini M. CC. vigesimo octavo.*

PARIS.

PARIS sur Seine, *Lutetia Parisiorum ad Sequanam*, est (de l'aveu même des étrangers) une des plus grandes & des plus belles villes du monde, & capitale du Royaume de France. Je ne parlerai point ici du Louvre, des Palais & Hôtels, des superbes Bâtimens ni des Bibliotheques ; d'autres l'ont déja fait. Je me contenterai de rapporter ce qu'il y a de remarquable dans les Eglises.

Notre-Dame de Paris.

L'Eglise de Notre-Dame de Paris est la plus grande & la plus magnifique de toutes les Eglises Cathedrales que j'aye vûes. Elle a autour du Chœur & de la Nef une double aîle, & au haut une galetie avec des balustres de fer. Le Chœur est grand,

& est fermé en bas par un Jubé. Au bout des stalles des Chanoines vers l'Autel il y a deux chaires quarrées de bois garnies de cuivre, élevées de quatre ou cinq degrez, mais sans aucun fronton audessus. Celle qui est à main droite est pour l'Archevêque de Paris, & celle qui est à la gauche sert aux Oraisons funebres & au Discours Synodal.

Le grand Autel est isolé de figure un peu octogone par les coins. C'est une table de marbre jaspé tres beau & tres-riche, dont le devant est une peinture à fresque qui représente la sepulture de notre Seigneur. Il y a sur cette table un gradin avec six chandeliers & une croix d'argent au milieu, qui sont d'une grandeur extraordinaire. Sur les deux corniches de ce gradin sont deux Anges de plomb doré de quatre pieds de hauteur, à genoux, les yeux tournez sur l'Autel comme pour adorer. Derriere cet Autel il y en a un autre qu'on nomme l'Autel matutinal, qui est aussi d'un marbre tres-précieux, au fond de l'Abside. Dans l'enfoncement est une croix élevée audessus de laquelle un Ange de plomb doré de cinq pieds de hauteur soutient la calote de la suspension où est le saint Ciboire.

Il y a de fort belles Chapelles & beaucoup de grands tableaux parfaitement beaux de la façon des plus habiles Peintres.

Aux grandes Fêtes.

Un Acolythe qui porte l'encensoir marche le premier devant deux Portechandeliers, suivis du Soûdiacre entre deux Induts ou autres Soûdiacres revêtus, & d'un Diacre pareillement au milieu de deux Diacres aussi revêtus, & enfin le Célebrant, lequel avant que de commencer le signe de la croix baise le livre des Evangiles fermé, qui lui est présenté par le grand Soûdiacre.

Après l'*Introïbo*, le Pseaume *Judica*, le *Confiteor* &c. le Célebrant avant que de monter à l'Autel dit l'*Aufer à nobis* tout entier ; & lorsqu'il monte à l'Autel, avant qu'il en approche, le Soûdiacre lui présente à baiser la vraie Croix qu'il prend dessus l'Autel, en disant, *Ecce lignum Crucis*. Le Célebrant dit, *Adoramus te Christe & benedicimus*, tout du long; puis de suite *Oramus te &c.* en se retournant pour aller baiser l'Autel.

Après l'encensement de l'Autel, le Diacre étant à genoux encense de trois coups le Célebrant.

Pendant qu'on chante le Graduel, on sonne les cloches pour la Messe des Fideles, comme on a fait pendant Tierces pour la Messe des Catecumenes.

Après que le Chœur a chanté *Dignum & justum est*, le Thuriferaire va encenser les Chappiers, puis aux hautes & basses stalles des deux côtez.

Au *Sanctus*, le Soûdiacre monte à l'Autel, y prend la patene, la donne à baiser par dehors au *Spé* ou Doyen des Enfans de chœur, revêtu d'un soc pardessus son aube, tenant au bas & au milieu des marches de l'Autel un grand bassin d'argent couvert d'un voile, & le Soûdiacre l'ayant ensuite baisée pardedans, la met au milieu du voile dans ce bassin que le *Spé* tient ensuite élevé un peu loin de l'Autel.

Au commencement du *Pater*, le *Spé* s'approche des marches de l'Autel, le Soûdiacre prend dans le bassin la patene, qu'il tient découverte à sa main droite envelopée du voile. Au *Panem nostrum*, le Soûdiacre la présente au Diacre, & rend le voile au *Spé*. Le Diacre à genoux présente la patene au Célebrant.

[Quand M. l'Archevêque célebre la grand'Messe

aux Fêtes principales de l'année, il donne la bénédiction solennelle avant l'*Agnus Dei*; & quand il communie le Clergé & le peuple, le Diacre donne à tous les communians du vin pour supplément de la seconde espece dans un calice consacré.]

Après que le Célebrant a dit la derniere Oraison & le *Dominus vobiscum*, le Diacre au milieu des marches étant seul tourné vers le peuple chante l'*Ite, Missa est*.

Le Célebrant donne la bénédiction au peuple, & s'étant mis à genoux devant l'Autel avec tous ses ministres, comme ils ont fait en entrant, il retourne avec eux à la Sacristie au même ordre qu'ils en étoient venus, & recite l'Evangile *In principio* en s'en allant.

La nuit de Noël, les Laudes sont enchassées dans la Messe comme à Orleans & à Vienne.

Au jour de l'Epiphanie, le Diacre tourné vers l'Orient fait l'annonce de Pâques après la lecture de l'Evangile.

Dans le Diocese de Paris tous les Dimanches on fait le Prône entre l'Evangile & le *Credo*, comme à Rouen, & c'est là son véritable lieu.

S'il n'y avoit point de Soûdiacre à la grand'Messe, ce ne seroit pas le Diacre qui liroit l'Epître, mais un Lecteur en aube ou en surplis s'il y en avoit un, comme je l'y ai pratiqué moi-même beaucoup de fois.

Celui qui communie de la main du Prêtre répond *Amen*, comme à Orleans, après ces paroles *Corpus Domini nostri Jesu Christi*, suivant l'ancien usage de l'Eglise Grecque & Latine.

Selon les Rubriques du Missel de Paris, *chap.* 8. *Rubric. general.* il est permis dans les Feries du Carême de dire la Messe même plus tard que midi.

Aux Feries il n'y a qu'un Portechandelier à la grand'Messe. Aux Feries de l'Avent & du Carême & aux autres jours de jeûne le Diacre & le Soûdiacre se servent de chasubles qu'ils mettent de travers, *utuntur planetis transversis* ; le Diacre a aussi l'*Orarium* ou écharpe en forme d'Etole Diaconale ; & aux Dimanches ils se servent de Dalmatique & de Tunique.

On se sert de couleur rouge à Paris aux Fêtes de Pentecôte, du saint Sacrement & de Toussaints, & aux Dimanches d'après la Pentecôte jusqu'à l'Avent, ou d'aurore, ceux qui en ont, non toutefois à la Pentecôte.

Aux Fêtes des Pontifes ils se servent de vert ; pour les saints Abbez & les saintes Veuves, de violet ou de bleu ceux qui en ont.

Les quatre Dimanches de Carême on s'y sert de couleur de cendre & les Feries aussi, à commencer seulement le premier Lundi de Carême.

Durant la quinzaine de la Passion on se sert d'ornemens noirs, mais dont les orfrois sont rouges.

Le Jeudi-saint on se sert de rouge à la Messe. M. l'Archevêque de Paris célebre la grand'Messe conjointement avec deux Dignitez ou anciens Chanoines Prêtres, tous trois en chasubles, & ils y communient aussi tous trois sous les deux especes.

Le Vendredi-saint on ne dit point au Chœur ni les petites Heures ni Vêpres dans l'Eglise Cathedrale.

Durant la Semaine de Pâques on fait après Vêpres la Procession aux Fonts à peu près comme à Rouen.

Le premier Dimanche de l'Avent dans l'Eglise Cathedrale on lit le Prologue de saint Jerôme sur Isaïe pour premiere leçon, avec le commencement d'Isaïe. On en use de même au Dimanche de la Septuagésime.

Le 14. Septembre, jour de l'Exaltation de la sainte Croix, à l'Offertoire de la Messe on dit le *Confiteor, Misereatur, Indulgentiam,* & ensuite on va baiser la Croix comme on fait le Vendredi-saint.

Au jour de la Commemoration des Fideles Trépassez on lit à Matines les titres des leçons comme aux autres jours. Après Tierces on fait la Procession aux tombes, & après la grand'Messe on dit Sextes: mais Nones qui terminent tout cet Office, ne s'y disent qu'à l'heure ordinaire. *Officium defunctorum* (dit le Bref) *terminatur post Nonam, quæ dicitur horâ solitâ paulò ante Horam Vespertinam.* On ne met point de réprésentation des Morts.

Dans l'Eglise Cathedrale de Paris les Enfans de chœur ne portent point de bonnet quarré, non plus qu'à Sens: ils s'en vont de chez eux à l'Eglise la tête nue, & s'en retournent de même chez eux, & ne prennent point d'eau benite en sortant de l'Eglise, mais seulement en entrant.

Les Chanoines qui ne sont pas encore Soûdiacres ont des bonnets quarrez en venant à l'Eglise & en s'en retournant: mais ils sont nue tête en tout temps même en hyver à l'Office, excepté aux Matines qui se disent la nuit Car cette illustre Eglise a la gloire d'avoir encore conservé jusqu'à présent l'ancien usage de dire à minuit Matines ou les Nocturnes, où un bon nombre de Chanoines assiste; & il y en a même des plus qualifiez d'entre eux qui n'y manquent jamais.

Leur habit en esté est le surplis, l'aumusse sur le bras, & le bonnet quarré en tête. En hyver c'est le surplis ou rochet, puis la chappe noire & le grand camail noir de même étoffe: & ils le reprennent à Matines le lendemain de l'Octave de S. Denis le 17. Octobre jour de S. Cerbonné, que le vulgaire appelle par corruption S. Serre-bonnet, à cause que les Ecclesiastiques serrent ce jour-là leurs bonnets quarrez. Cet habit d'hyver étoit autrefois l'habit qu'ils portoient durant toute l'année à Matines & par tout, hors la Semaine de Pâques, excepté qu'au lieu de surplis ils avoient une aube. C'est ainsi qu'ils étoient reçus Chanoines & qu'ils étoient enterrez, comme je l'apprends d'un ancien Cartulaire de l'Eglise de Paris. L'on voit encore aujourd'hui que les Enfans de chœur, qui n'ont point changé les anciens rites, ont encore retenu l'aube, mais aussi que les Choristes ou Chappiers la portent encore dans cette Eglise durant l'Octave de Pâques jusqu'aux Vêpres du Samedi *in albis depositis*.

La maniere de recevoir un Chanoine dans cette célebre Eglise, tirée de cet ancien Cartulaire, aussi bien que le Reglement pour l'Office divin & la vie des Chanoines, merite bien d'être rapportée ici en abregé.

Le Chanoine qui doit être reçu étant entré en Chapitre, & s'étant mis à genoux devant le Doyen, est admis par lui en vertu de ces paroles, *Ecce nos admittimus te in Canonicum & fratrem nostrum*. Puis le Doyen lui présente le livre des Canons (qu'on lit tous les jours à la fin de Primes après le Necrologe) en lui disant, *Et tradimus tibi Regularis Observantiæ formam in hoc volumine contentam*. Aussitôt le nouveau Chanoine se prosterne, & répond *Amen*. Ensuite se tenant à genoux, le Secretaire du Chapitre lui fait toucher le livre des saints Evangiles, sur lequel il promet obéissance au Doyen & au Chapitre, selon qu'il est porté plus amplement dans le Formulaire du Serment qu'il doit faire.

Après quoi il sort du Chapitre, & va dans le Cloître se revêtir des habits de Chanoine, sçavoir de l'aube de lin, qui descend jusqu'aux talons, de la chappe noire & du long camail de pareille étoffe & couleur. Etant ainsi revêtu, il est conduit au Chœur par le Chantre; puis ayant fait à l'entrée du Chœur une inclination vers l'Orient & une aussi vers l'Occident, il est installé à sa place par le Chantre qui dit le Verset *Dominus custodiat introitum tuum & exitum tuum ex hoc nunc & usque in saculum.* Aussitôt le nouveau Chanoine se prosterne en disant le *Pater noster*, & y demeure durant quelques Versets & une Oraison que le Chantre dit devant l'Aigle au milieu du Chœur. Le nouveau Chanoine s'étant relevé reçoit un Pseautier de la main du Chantre, puis va embrasser le Doyen & tous les Chanoines: après quoi il retourne à sa place, à moins qu'il ne fût aussi pourvû d'une Dignité; car alors le Doyen lui diroit, *Amice ascende superius, &c.* & on lui assigneroit aussitôt la place propre à sa Dignité.

Si c'est en esté, après que le Chanoine a embrassé ses confreres, au signal que lui fait le Chantre il quitte sa chappe & son camail, qu'un Acolythe porte dans le Revestiaire.

On voit par un autre article de ce Cartulaire, que les Chanoines étoient obligez à la chasteté, à une résidence perpetuelle & à la psalmodie, & que les Ecclesiastiques ne se faisoient pas alors une devotion d'être tous Prêtres; mais que parmi les Chànoines mêmes il y en avoit quelques-uns d'eux qui étoient Prêtres, d'autres qui étoient toujours Diacres, & d'autres qui restoient tous

Notre-Dame de Paris.

leur vie Soûdiacres; *aliqui eorum Presbyteri, aliqui Diaconi, aliqui Subdiaconi semper existentes*; que les Chanoines Prêtres faisoient chacun leur semaine, & célebroient la Messe à l'Autel chacun à son tour, & que les Diacres & Soûdiacres y servoient par semaine à leur tour.

Ils chantoient les Nocturnes & les Laudes à minuit, comme ils font encore à present.

Au lever du soleil ils chantoient Primes; ils alloient ensuite au Chapitre pour y entendre la lecture du Martyrologe, du Necrologe & de la Regle des Chanoines, qu'ils écoutoient tous fort attentivement étant assis; & après avoir reçu la bénédiction du Semainier, ils alloient acquitter les Fondations s'il y en avoit ce jour-là.

A l'heure de Tierces ils chantoient l'Office de Tierces, & ensuite la Messe. Et à midi, avant que de dîner, ils chantoient Sextes. *In meridie, antequàm reficiantur, hymnum Deo persolvunt qui incipit Rector potens, cum psalmodiâ &c.*

A trois heures après midi, *horâ tertiâ post meridiem*, ils chantoient Nones. Vers le soleil couchant ils chantoient Vêpres plus solennellement que les autres Offices, & on y allumoit un grand nombre de cierges & de lampes, parce que le peuple ayant achevé son negoce y accouroit en foule; *Officium solemniùs persolvunt circa occasum solis cum lucernis ac cereis accensis, ad quod fit major concursus fidelium, quia negotia per urbem peracta sunt*. Et immédiatement après Vêpres ils alloient souper.

Avant que de se mettre au lit chacun se retiroit dans son Oratoire ou à l'Eglise, & y récitoit Complies. [De-là viennent ces deux Oraisons *Illumina* pour l'Eglise, & *Visita* pour la chambre, dans le Breviaire d'Orleans. Les Chartreux encore au jourd'hui ne chantent jamais Complies à l'Eglise, mais les récitent dans leurs cellules avant que de se coucher.

C'étoient là les heures auſquelles l'Egliſe ordonnoit de prier : c'eſt ainſi qu'on récitoit ſéparément chaque Heure des divins Offices, bien loin d'en joindre trois ou quatre enſemble ; & l'on prioit ainſi par intervalles, afin que les Eccleſiaſtiques priaſſent au moins ſept fois par jour comme le Prophete Roy. C'eſt là l'intention de l'Egliſe, que peuvent ſuivre ceux qui ſont animez de ſon eſprit.]

Ils entroient au Chœur enſemble, & en ſortoient de même. Si quelqu'un venoit après que le premier Pſeaume de l'Office étoit dit, il n'oſoit ni s'en retourner à ſa chambre, ni entrer au Chœur, mais il ſe tenoit dehors. Ce qui s'obſerve encore à préſent ; car ils ne peuvent entrer qu'au Capitule, à moins que le Chantre n'entre au Chœur, car alors ils entrent avec lui.

Dieu ſçait dans quelle modeſtie ils y aſſiſtoient, & combien ils étoient rigides obſervateurs de toutes les ſaintes pratiques & cérémonies du Chœur. Tous ceux qui ſervoient à l'Autel, n'oſoient le faire qu'ils ne fuſſent nouvellement raſez.] Alloient-ils en Proceſſion, ils marchoient deux à deux dans une égale diſtance, ayant la vûe baiſſée ; & ils regardoient en quelque façon comme apoſtat un Chanoine qui ſe ſeroit promené dans l'Egliſe pendant que ſes confreres chantoient l'Office divin.

Etoient ils aſſemblez dans le Chapitre ou dans le Reveſtiaire, ils s'y comportoient avec une tres-grande modeſtie. Jamais on n'y entendoit de diſputes, encore moins y diſoit-on des injures. Ils y étoient aſſis & couverts, dans une grande retenue; & après que le Doyen avoit propoſé une affaire, chacun à son rang disoit paisiblement son avis, & le Doyen ayant conclu selon l'avis de la plus saine partie du Chapitre, le Secretaire en écrivoit le *Resultat* sur le Registre, comme on fait encore dans les Chapitres.

Les Vendredis on disoit les defauts & manquemens qui étoient arrivez dans le Chœur durant la semaine, & on en faisoit la correction convenable.

Les Chanoines demeuroient dans le Cloître, & ils n'osoient seulement découcher sans en avoir auparavant obtenu la permission du Doyen.

S'il y avoit quelque demêlé entre les Chanoines, le Doyen les mettoit d'accord; si entre le Doyen & le Chapitre, c'étoit l'Evêque. Le Doyen & le Préchantre prenoient double portion: mais aussi ils ne pouvoient s'absenter du Chœur. *Qui benè præsunt, duplici honore digni sunt.* 1. Tim. 5.

L'argent casuel qui provenoit des legs testamentaires, ou des enterremens, ou de la vente des bois, ne se partageoit point entre les Chanoines; mais on le mettoit dans le Tresor pour l'entretien de la fabrique & des ornemens de l'Eglise.

Le dernier article de ce Cartulaire est également glorieux & honorable à l'Evêque & aux Chanoines, & trop beau pour n'avoir pas place ici. On y voit d'une part l'obéissance que les Chanoines rendoient à l'Evêque; & de l'autre, qu'ils avoient la gloire de ne faire qu'un corps avec lui. *Super omnia autem discant Canonici magnum honorem se debere Episcopo exhibere, memores se olim, ante separationem fructuum & mensæ, ei in omnibus obediviſſe, unumque corpus cum illo constituere: & ut ipse supereminet omnes; cùm est in Choro, nullus prætereat qui non faciat ei profundam reverentiam.* Faut-il après cela s'étonner qu'on fist de si grands biens aux Eglises où Dieu étoit si bien servi?

Notre-Dame de Paris.

Au milieu du Chœur de cette Eglise vers la grande porte, est enterré sous une tombe de cuivre l'illustre Odon ou Eudes de Sully, *Odo de Soliaco*, dont l'inscription temoigne que la sincerité, la pureté, la douceur & la charité pour les pauvres étoient le caractere de son esprit vraiment épiscopal.

Il fit plusieurs grands biens & aux pauvres & à son Eglise, dont celui-ci n'est pas le moindre, de n'avoir jamais eu égard ni à la qualité ni aux prieres dans la collation des Bénéfices, mais à la vertu & à la science. Et c'est comme en usent ceux qui aiment la beauté de la maison de Dieu.

Le frontispice de l'Eglise Cathedrale est accompagné de deux grosses tours fort élevées, dont le dessus est en terrasse ; ce qui fait que de là on peut aisément découvrir tout Paris. Il y a dans ces tours de fort belles cloches. Devant le grand portail ly a une place, au milieu de laquelle il y a une fontaine. Nous dirons ailleurs quel étoit l'usage de ces fontaines proche des Eglises.

Le nouveau Rituel de Paris de l'an 1697 ordonne qu'on communiera dans la Messe tant le peuple que le Clergé ; & que quand on portera à un malade le Viatique & l'Extrême-onction ensemble, on lui administrera premierement l'Extrême-onction.

Cela étoit ainsi dans tous les anciens Rituels de France.

On voit par un ancien Missel de Paris de l'an 1557. que le Mercredi des Cendres, après avoir imposé des cendres à ceux du Clergé, on faisoit une Procession, au retour de laquelle on imposoit les cendres à la porte de l'Eglise. *In reditu Processionis imponuntur cineres ad januam Ecclesiæ ab Episcopo.* La même chose se lit dans l'Ordinaire de l'E-

glise des Chanoines de Jargeau Diocese d'Orleans;
& s'y pratique encore; comme aussi dans l'Eglise
des Chanoines de S. Lazare d'Avalon, où l'on
donne les cendres non à tout le monde comme ailleurs, mais aux seuls Pénitens publics à la porte de
l'Eglise.

Que l'Evêque de Paris mettoit hors de l'Eglise
les Pénitens publics après le Sermon, le Pseaume
50. *Miserere*, & une Oraison: *tunc ubi Episcopus est, ejiciuntur pœnitentes.*

Qu'aux Dimanches de Carême on disoit la Préface commune *per annum*, & non celle du Carême.
J'en dis les raisons ailleurs.

On voit aussi au folio clxij. qu'un des ministres
y faisoit tous les jours l'essay du vin & de l'eau
avant qu'on commençât la Messe; *Sacerdos exigat
à ministro ut gustet tàm vinum quàm aquam*; [comme le grand Enfant de chœur fait tous les jours
dans l'Eglise Cathedrale de Narbonne l'essay du
pain, du vin & de l'eau à l'Offertoire de la Messe;
de même qu'un Cardinal fait l'essay du vin & de
l'eau en l'Eglise de S. Pierre du Vatican, quand le
Pape (ou celui qu'il depute en sa place) célebre la
Messe aux grandes Fêtes.]

Et qu'à la Messe des nouveaux mariez la bénédiction ne s'y faisoit qu'immédiatement avant le *Pax
Domini*; qu'à la fin de la Messe le Prêtre benissoit
du pain & du vin pour agape, dont mangeoient
l'Epoux & l'Epouse; & que le soir le Prêtre alloit
benir le lit nuptial, l'Epoux & l'Epouse y étant
couchez ou assis dessus.

S. Germain des Prez.

Dans l'Eglise de l'Abbaye de S. Germain des Prez

l'Autel isolé est dans la croisée & presqu'au milieu de l'Eglise, sans retable audessus, comme dans celle de S. Etienne de Dijon. Nos Rois de France de la premiere race avoient leur sepulture à S. Germain des Prez, où Childebert, Chilperic I. avec la Reine Fredegonde sa femme, Clovis II. son fils, Clothaire II. & Chilperic II. ont été enterrez. On voit leurs mausolées devant le grand Autel.

Il y a de tres-savans Religieux dans cette Abbaye. Tout le public sçait l'obligation que l'Eglise a à ces doctes Religieux de nous avoir donné des éditions des Peres si correctes, & tant d'autres beaux ouvrages.

Le Refectoire de cette Abbaye est fort grand & tient un côté du Cloître, comme la Bibliotheque en tient l'autre. Elle est remplie d'excellens livres tant imprimez que manuscrits ; parmi lesquels je me souviens d'avoir vû un Missel manuscrit de huit ou neuf cens ans, qui ne contenoit que les trois Oraisons de la Messe & les Préfaces. Donc le Prêtre ne récitoit alors à l'Autel ni l'Epître ni l'Evangile, qui étoient chantez par le Soûdiacre & le Diacre, ni rien de ce qui se chantoit dans le Chœur. Il l'écoutoit. C'est ainsi que chacun faisoit ses fonctions. Mais depuis que les basses Messes ont été si frequentes, on a inseré la basse Messe dans la haute, & on a tout fait dire au Prêtre. Il vaudroit autant lui faire tout chanter : on n'auroit que faire de Diacre ni de Soûdiacre. Sur quoi je me souviens d'avoir lû autrefois dans Navarre, *Præstat Sacerdotem missam solemniter celebrantem Epistolam & Evangelium audire, quàm interim legere*. Que diroit-on d'un homme qui liroit au Sermon pendant qu'un Prédicateur prêcheroit ? On lui diroit sans doute, que n'écoutez-vous &c.

Abbaye de S. Victor.

Dans l'Eglise des Chanoines Reguliers de Saint-Victor & dans la Chapelle de l'Infirmerie sont enterrez plusieurs grands hommes tant Evêques qu'Abbez ou Chanoines Reguliers de cette Maison, qui a été la pépiniere de plus de trente Maisons de Chanoines Reguliers en France. C'est elle aussi qui a produit les celebres Hugues, Richard & Adam de S. Victor, & dans notre siecle l'illustre Santeuil cet excellent Poëte qui a substitué tant d'admirables Hymnes à la place des anciennes qui se ressentoient si fort de la barbarie & du gothisme des siecles passez.

Ces Chanoines Reguliers suivant l'ancienne pratique jeûnent les Mercredis & les Vendredis; ont leur surplis à manches closes, portent l'aumusse sur les épaules, font l'Office conformément à l'usage de Paris, & disent encore Matines à minuit, comme l'Eglise Metropolitaine.

[A l'occasion des surplis à manches closes, il paroît que c'étoit autrefois l'usage commun à Paris (que les Chanoines de S Victor ont gardé) par la premiere vitre de la Bibliotheque du College de Navarre, où se voit un Chanoine avec un surplis de cette sorte.]

Il y a à S. Victor une Bibliotheque publique où il y a de fort bons livres tant imprimez que manuscrits. Elle est ouverte tous les Lundis, Mercredis & Vendredis depuis sept heures du matin jusqu'à dix, & depuis une heure après midi jusqu'à cinq. J'y ay quelquefois vû plus de deux cent personnes qui y étudioient.

R

Les Carmes de la place Maubert.

A l'Eglise des grands Carmes du côté de la place Maubert le benitier est au dehors de la porte de l'Eglise, & non au dedans ; c'est-là la véritable place des benitiers.

S. Estienne du Mont.

Au plus haut quartier de Paris est l'Eglise Paroissiale de S. Estienne du Mont, où est enterré M. Pascal auteur du Livre des *Pensées sur la Religion*. Le grand portail de cette Eglise est fort beau, & la chaire du Prédicateur passe pour la plus belle de Paris. Je vis dans cette Eglise au jour de l'Invention de S. Estienne, troisiéme jour d'Août, l'Abbé de sainte Geneviéve célebrer la Messe pontificalement avec mitre & crosse ; & je remarquai que durant qu'il chantoit la Collecte de la Messe, & qu'il lisoit tout bas l'Epître & ce qui suit, assis à côté de l'Autel, un Chanoine Regulier de sainte Geneviéve tenoit à côté de lui un petit chandelier plat d'argent par un manche pour lui éclairer.

Sainte Geneviéve.

A côté & audessus est la célebre Eglise de sainte Geneviéve Patrone de Paris, dont le corps est derriere le grand Autel dans une Châsse de vermeil doré, soutenue par quatre colomnes Ioniques d'un marbre extraordinaire. Son tombeau se voit dans une cave ou crypte qui est audessous.

On tourne autour du grand Autel comme à S. Germain des Prez. Au pied des degrez du grand Autel est enterrée S.te Clotilde Reine de France*, qui fut

* Sa Châsse qui est de vermeil, se voit dans la Chapelle de son nom.

la principale cause de la conversion de Clovis I. Roi de France, Fondateur de l'Abbaye de sainte Geneviéve, & qui y est enterré au milieu du Chœur.

Dans la nef à main droite se voit l'Epitaphe du fameux Philosophe René des Cartes.

De cette Eglise on peut aller voir la Bibliotheque, qui est fort nombreuse, & qui est augmentée de celle de feu M. le Tellier Archevêque de Reims, & le Cabinet des Medailles & autres raretez.

Le Val de Grace.

Le Val de Grace est la plus belle piece de Paris en fait d'Eglises.

La Sorbonne.

L'Eglise de Sorbonne, la Maison & la Bibliotheque garnie de fort bons livres tant imprimez que manuscrits, meritent d'être vûes. Les Ecoles de Theologie se tiennent dans de grandes Salles de nouveaux Bâtimens qui sont à main gauche de la Place de Sorbonne.

Le Collège de Cluny.

A main droite est l'Eglise du Collège de Cluny. Vêpres s'y disent sur les six heures du soir suivant l'ancien usage; j'ai remarqué qu'à l'Oraison qui se dit à la fin de Vêpres, un des deux Portechandeliers baissoit un peu son cierge, afin d'éclairer à l'Officiant; ce qui se pratique de même à Saint Denys de la Chartre. C'est à peu près comme on fait à Lyon.

En Carême on n'y dérange point l'Office : on y dit Vêpres comme le reste de l'année à six heures du soir, aussi bien qu'à S. Denys de la Chartre.

Ces anciens Religieux de Cluny se servent d'un

nouveau Breviaire qui a fait la planche à plusieurs autres, & qui est un ouvrage digne des savans hommes qui y ont travaillé. On attend avec impatience leur nouveau Missel.

Hôtel de Cluny.

Dans l'Hôtel de Cluny rue des Maturins l'on voit encore quelques ruines des *Thermes* ou *Bains* de l'Empereur Julien; & dans une maison de la rue de la Harpe à l'Enseigne de *la Croix de fer*, l'on voit plusieurs vieilles arcades & une espece de Salle voutée, qui sont d'une tres-haute antiquité, & que l'on croit avoir été autrefois quelque Temple profane, ou des bains.

L'Eglise du Sepulcre.

Dans l'Eglise du Sepulcre on voit tout au fond & même audelà de l'aile droite un Crucifix qui est tout habillé, de même que dans l'Eglise de S. Cosme & S. Damien à Rome, où il est revêtu d'une robe longue jusqu'aux talons ; & on le voit à demi couvert d'une espece de tablier dans les Eglises de Senlis & de Casal entre le Chœur & la Nef.

L'Hôpital de la Salpêtriere.

L'Eglise de l'Hôpital de la Salpêtriere est disposée de sorte que l'Autel est au milieu de cinq grandes allées, comme l'étoit celui qui étoit au tombeau de S. Felix dans le Fauxbourg de Nole, où S Paulin avoit fait bâtir cinq Eglises qui avoient vûe sur un même Autel. Ce seroit une disposition fort commode pour les Hôtels Dieu & les Hôpitaux. Il y a dans celui de la Salpêtriere une pratique qui me semble fort belle, & qui seroit bien de saison dans un siecle où l'on a tellement mis en oubli les vœux du Baptême. La voici.

Le Lundi de Pâques à la Procession qui s'y fait après le *Magnificat* aux Fonts Baptismaux, on y conduit les petites filles de l'Hôpital, & là une petite fille élevée en un lieu fort haut tout proche des Fonts, prononce à voix haute la *renovation des vœux qu'on a faits*, & des obligations qu'on a contractées *au Baptême* ; après quoi tous les pauvres de cet Hôpital vont baiser par respect & par reconnoissance les Fonts Baptismaux. Il seroit à souhaiter qu'on fist dans les Eglises Paroissiales quelque chose de semblable, ou que Messieurs les Curez fissent sur cela quelque instruction ou exhortation à leurs Paroissiens.

Il y a peu à remarquer pour l'antiquité dans les autres Eglises de Paris qui sont en tres-grand nombre.

Le Palais & la Sainte-Chapelle.

Il ne faut pas sortir de Paris sans avoir vu le Parlement, & principalement la grande Salle & la grande Chambre dorée comme aussi la Sainte-Chapelle qui est contigüe à cet auguste Palais où se rend la justice, & qui a été autrefois le sejour ordinaire de nos Rois, & particulierement de saint Louis, qui y a fait bâtir cette Eglise voisine pour y venir commodément à l'Office selon le mouvement de sa dévotion. Les vitres sont fort estimées ; mais elles éclairent si peu l'Eglise, qu'on y a quelquefois besoin de lumiere à dix heures du matin. Ce qu'il y a de plus estimable est le Tresor de cette Eglise, où il y a beaucoup de Reliques & d'autres ornemens & pieces fort rares. Elle est desservie par des Chanoines & des Vicaires perpétuels qui y chantent tous les jours l'Office divin.

L'Abbaye de Saint-Denys.

De Paris on va à Saint Denys en France par les Croix ou *Montjoyes* faites en forme de pyramides, avec les statues de trois Rois à chacune, où l'on fait des pauses quand on porte les corps des Rois défunts pour y être enterrez.

Ce qu'on nomme *Saint-Denys en France*, est une ville où il y a plusieurs Paroisses & Monasteres, & sur tout la tres-célebre & tres-riche Abbaye de Saint-Denys occupée par un grand nombre de Benedictins de la Congrégation de S. Maur, & destinée pour la sepulture des Rois de France, dont la plûpart y ont des mausolées qui sont magnifiques; principalement ceux de François I. de Louis XII. & de la Reine sa femme ; de Henry II. & de Catherine de Medicis son épouse ; de Dagobert Fondateur de cette Abbaye; de Charles II. dit le Chauve, à qui l'Eglise de France est obligée des Reglemens qu'il a faits pour la discipline du Clergé & les mœurs du Christianisme.

Les Rois de France depuis Louis le Gros faisoient porter à la tête de l'armée l'Oriflamme ou Banniere de l'Eglise de Saint-Denys par le Comte du Vexin François, hommager de cette Abbaye.

Je ne m'amuserai point ici à décrire le Tresor de Saint-Denys : il faut le voir de ses yeux pour en avoir une juste idée. Un Religieux de l'Abbaye le montre tous les jours aux étrangers devant & après Vêpres.

Il vaut mieux parler de *l'Eglise* & de ses usages particuliers. L'Eglise est faite en forme de croix, la structure en est assez belle.

Les Fêtes solennelles on y voit à la grand'Messe des ornemens les plus superbes qu'il y ait dans toute la France, un mouchoir au bâton du Chantre, dont il s'essuyoit anciennement, & la communion des ministres de l'Autel sous les deux especes, de la même maniere qu'à Cluny, tant aux Fêtes solennelles qu'aux Dimanches. Les jours les plus solennels de l'année on y chante quelquefois la Messe toute entiere en langue Grecque ; & en d'autres seulement l'Epître & l'Evangile en Grec & en Latin [comme autrefois à Rome à toutes les grandes Fêtes de l'année, parce que ces deux langues y etoient fort usitées, & qu'il y avoit beaucoup de Grecs dans toute l'Italie, & principalement à Venise, à Florence & à Rome ; & on le fait encore à present quand le Pape célebre pontificalement*.] Et on chante tout le reste en latin.

Il y avoit autrefois tous les jours de l'année *Laus perennis*, comme à Marmoutier, & encore ailleurs.

Abbaye de Maubuisson.

A Pontoise est l'Abbaye de Maubuisson, en latin *Malodunum*, ou comme veut M. Châtelain *Malodumus*, sous le nom de Notre-Dame la Royale, *Sancta Maria Regalis*, fondée l'an 1241. par la Reine Blanche mere de S. Louis, laquelle avant que de mourir prit l'habit & le voile de Religieuse, dans lequel elle fut portée en terre, revétue pardessus de son habit de Reine avec la couronne en tête pardessus le voile. Elle est enterrée au milieu du Chœur de cette Abbaye sous un tombeau de cuivre. Il y a encore entre le Chœur & l'Autel quelques tombeaux de plusieurs Princes & Princesses.

* Anselm. Havelberg. Dialog. lib. 3. c. 16.

L'Eglise des Deux-Amans.

A quatre lieues de Rouen est l'Eglise des Deux-Amans sous le titre de sainte Madelene aux pieds de Jesus Christ en croix. Cette Eglise & Maison est occupée par les Chanoines Réguliers de la Congrégation de sainte Geneviéve. Avant que ces Réformez y entrassent, les anciens Chanoines portoient leur aumusse à tête ronde sur la tête & sur les deux épaules, comme on le peut voir par la *Figure XV.*

ROUEN.

ROUEN, ville capitale de la seconde Lyonnoise, ou de la Province de Neustrie, dite Normandie depuis que les Normands s'en rendirent maîtres, située sur le bord de la Riviere de Seine, *ad Sequanam*, est une des plus belles villes du Royaume. Elle est appellée en latin *Rotomagus*, & chez les anciens quelquefois *Rotomus* & *Rodomus*.

Cette ville est une des plus grandes & des plus peuplées du Royaume ; le Quay qui est tout pavé & taluté passe pour le plus beau Quai de France ; & dans le tems de paix on le voit tout bordé de navires. C'est une beauté que de voir toutes les marchandises qui s'y déchargent, & qui viennent des pays étrangers avec qui cette ville a commerce : ce qui y attire aussi des peuples de tant de nations differentes.

Il y a plusieurs belles places, entre autres celle du *Marché aux veaux*, où l'on croit que Jeanne d'Arc dite la Pucelle d'Orleans, a été brûlée au lieu où l'on voit sa statue audessus d'une Fontaine sous une arcade en forme de tourelle percée à jour de tous côtez & soutenue de trois colonnes.

Clameur de Haro.

Les habitans de Rouen & de toute la Province de Normandie ont un beau privilege qu'il ne faut pas omettre ici, qui est celui de *la clameur de Haro*, lorsqu'il s'agit d'un homicide, d'un vol, d'un peril pressant d'une violence que l'on fait à quelqu'un. Par ce cri ou cette clameur le criminel ou celui qui fait violence est obligé de s'arrêter, ou l'on a droit de l'arrêter jusqu'à ce qu'un Sergent ou Huissier soit venu, & il est contraint de venir devant le Juge sans autre ajournement. Tous ceux qui entendent le cri de *Haro* doivent prêter secours sur le champ, à faute de quoi ils sont condamnez en une amende envers le Prince ou Seigneur feodal qui a haute justice. Par le même privilege une personne qu'on arrête prisonnier, en vertu de la clameur de *Haro*, oblige l'Huissier ou Sergent de le mener pour être oui devant tel Président ou Conseiller du Parlement qu'il lui plaît, ou autre Juge du Bailliage, qui ordonne sur le champ en quelque lieu qu'il puisse être (même dans la rue), qu'il entrera prisonnier, ou qu'il aura la liberté en donnant caution, ou à sa caution juratoire, selon que le cas y échet. Que si l'Huissier ou Sergent refuse de le mener pour être oui devant celui qu'il requert, en vertu d'un second cri de *Haro* il appelle à son aide les bourgeois ou voisins, qui sortent quinze ou vingt de leurs maisons, & poussent & les Sergens & celui qu'ils arrêtent jusques chez le Juge qui est reclamé pour juger si l'emprisonnement est valable ou non.

Il y a à Rouen Parlement, Chambre de Comptes, Cour des Aides & plusieurs autres Jurisdictions. Au Parlement on dresse encore à l'ancienne maniere les Expeditions de la Chancellerie, par *rouleaux* écrits d'un seul côté, & collez bout à bout; ce qu'on appelloit *volumina*, & d'où est venu le mot de *volume*.

Eglise Cathedrale de Notre-Dame.

Il y a tant dans la ville que dans les fauxbourgs trente-six Eglises Paroissiales & environ cinquante Maisons religieuses de l'un & de l'autre sexe: & dans le Diocese vingt six Abbayes & quantité de Prieurez, Chapelles & Maladeries; dix Eglises Collegiales de Chanoines, & 1388 Paroisses ou Cures distribuées sous six Archidiacres & vingt-sept Doyens ruraux, & sous le Doyen des Curez de la ville & banlieue, qu'on appelle *le Doyen de la Chrétienté*, en latin *Decanus Christianitatis*, qui est nommé par l'Archevêque, & doit être Curé de la ville *intra muros*, & non des fauxbourgs. Il n'a pas seance parmi les Chanoines de la Cathedrale dans le Chœur de leur Eglise, mais il a droit de porter l'habit de Chanoine.

L'Eglise de Rouen a toujours été tres-illustre. Dès le quatriéme siecle elle étoit florissante en pieté, selon le témoignage que lui rend S. Paulin dans sa lettre 18. à S. Victrice, où il parle tres-avantageusement du peuple de Rouen. Au douziéme siecle elle étoit plus célebre que toutes les Eglises non seulement de Normandie, mais encore d'Angleterre & d'Aquitaine, comme le témoigne Richard II. Roi d'Angleterre, Duc de Normandie & d'Aquitaine. Elle a été qualifiée *sainte*, *sancta Rotomagensis Ecclesia*, par les Rois de France & d'Angleterre, & par divers Prelats. Enfin elle étoit encore considerable par sa pieté au douziéme siecle, puisque S. Thomas Archevêque de Cantorbery se recommanda aux prieres, aux jeûnes & autres bonnes œuvres de cette Eglise & de tout le peuple de Rouen.

Le vaisseau de l'Eglise Cathedrale a quelque chose de grand & d'auguste, avec des galleries qui regnent tout autour en dedans audessous des vitres d'enhaut. Sa longueur est de quatre cens huit pieds, sçavoir la nef de deux cens dix pieds, le Chœur de cent dix, & la Chapelle de la Vierge de quatrevingt huit pieds: la croisée en a de largeur cent soixante & quatre: le tout assez bien proportionné, & pavé de grandes pierres de liais. Il y a une aîle de chaque côté du Chœur & de la Nef. A côté de ces deux ailes il y en a encore une autre qui est toute occupée de Chapelles de chaque côté. Elles sont assez belles & assez propres, & ont été decorées & ornées depuis trente ou quarante ans par les liberalitez de plusieurs Chanoines qui ont eu soin en même tems de rendre l'Eglise beaucoup plus claire qu'elle n'étoit. Ces Chapelles servent présentement à dire des basses Messes. Comme on n'en disoit gueres au tems que cette Eglise a été bâtie, on peut dire avec verité que ces lieux servoient à ceux qui hors les divins Offices vouloient prier & méditer en particulier, & encore pour enterrer les personnes considerables soit en pieté [soit en dignité] comme nous le voyons par la lettre trente-deuxiéme de S. Paulin qui avoit fait bâtir quelques Eglises à Nole, qui avoient assez de rapport à la disposition de la nôtre. Car on voit que le grand Autel étoit sous une grande conque ou coupole, & qu'à côté il y avoit encore deux moindres coupoles, dont l'une servoit de Sacristie, & cela est ainsi dans l'Eglise Cathedrale de Rouen; & l'autre servoit à mettre les livres saints

& les Ecrits des Peres. Cette autre coupole ne sert pas à Rouen à cet usage, mais de Chapelle, parce qu'elle seroit trop petite pour pouvoir contenir les livres de la Bibliotheque de l'Eglise Cathedrale, qui sont en fort grand nombre. On l'a placée à l'extrémité du côté gauche de la croisée: on y monte par un escalier de pierre avancé dans l'Eglise, & qui est assez bien travaillé. Au dessus de cet escalier sont ces deux vers qui sont de S. Paulin, & qui étoient pareillement sur la porte de la Bibliotheque de l'Eglise de S. Felix de Nole :

Si quem sancta tenet meditandi in Lege voluntas.
Hîc poterit residens sacris intendere Libris.

dont voici la traduction.

Si du siecle trompeur tu méprises les fables,
De la loi du Tres-haut si tu fais ton plaisir,
Prens ces livres sacrez, & dans un saint loisir
Goûte de l'Eternel les douceurs ineffables.

Les Chanoines de l'Eglise Cathedrale ont rendu publique cette Bibliotheque; & il y a un Bibliothecaire ou Commis gagé qui (hors les Dimanches & Fêtes, les Jeudis & le mois d'Octobre) depuis huit heures du matin jusqu'à midi, & depuis deux heures après midi jusqu'à cinq, présente les livres à tous ceux qui en demandent, pour la commodité desquels il y a de longues tables au milieu, & des bancs aux côtez. Le vaisseau de la Bibliotheque est assez grand, & fort bien éclairé. Il y a de fort bons livres enfermez dans des armoires garnies de fil d'archal. Au dessus de ces armoires on voit les tableaux ou portraits de ceux qui les ont donnez : entre lesquels est le Sieur Acarie qui la commença en donnant sa Bibliotheque. Aussi par un esprit de reconnoissance à la fin de graces après le dîner que les Chanoines font tous ensemble dans ce lieu le jour de l'Ascension, le Chanoine qui a fait la bénédiction de table, dit: *Prions pour le repos de l'ame de M. Pierre Acarie qui a donné commencement à cette Bibliotheque.*

La Pyramide ou Aiguille est une des plus belles pieces d'architecture que nous ayons en France, & qui donne de l'admiration à ceux qui la regardent. La hauteur de la lanterne est de cent cinquante-deux pieds, la hauteur de la Pyramide (qui est toute couverte de plomb aussi-bien que l'Eglise) est de trois cens quatre-vingt pieds.

Le Chœur est fermé par un Jubé accompagné de deux Chapelles d'une tres-belle menuiserie, qui sont toutes battues en or.

J'ai déja dit que les Chapelles & Oratoires étoient en partie pour enterrer des personnes de marque & de pieté; c'est ce que nous allons voir.

Dans la grande Chapelle qui est derriere le Chœur, on voit au côté droit le magnifique Mausolée des deux Cardinaux d'Amboise Archevêques de Rouen, oncle & neveu, qui sont représentez en marbre blanc à genoux en habits de Cardinaux, avec un grand nombre de figures placées dans leurs niches, de marbre blanc en relief, & travaillées avec beaucoup de délicatesse. Il est haut de vingt & un pieds, & large de seize. Autour du tombeau sont ces quatre vers.

Pastor eram Cleri, populi Pater; aurea se se
  Lilia subdebant, Quercus & ipsa mihi.*
Mortuus en jaceo, morte extinguuntur honores:
  At virtus mortis nescia, morte viret.

* Le Pape Jules II. de Rovere.

Ces deux Cardinaux sont enterrez au pied de ce Mausolée sous une tombe de marbre noir & blanc. Celui en l'honneur duquel ont été faits ces quatre vers, étoit non seulement Cardinal & Archevêque, mais encore Ministre d'Etat & Intendant des Finances sous Louis XII. Roi de France, & Legat du Pape en France & à Avignon. On dit de lui qu'il *étoit un Ministre sans orgueil & sans avarice, & Cardinal avec un seul Benefice.* Nous avons de George II. d'Amboise un Concile tenu l'an 1522. pour la discipline ecclesiastique : on ne peut rien voir de plus beau.

De l'autre côté & vis-à-vis de ce Mausolée est celui de Louis de Brezé premier Chambellan du Roi, & grand Senéchal de Normandie, qui n'est ni moins riche ni moins élevé & étendu que celui des Cardinaux d'Amboise.

Du même côté est le tombeau de Guillaume de Flavacourt Archevêque de Rouen, qui fonda le College du Saint-Esprit pour six Chantres ou Chapelains, tint plusieurs Conciles dont nous avons les Canons, & fit de tres-grandes aumônes aux pauvres principalement dans une année de cherté. Il mourut l'an 1306. le 6. d'Avril.

Au côté droit de cette Chapelle est le sepulcre de Raoul ou Radulphe Roussel Archevêque de Rouen, qui eut un grand zele pour le rétablissement de la discipline ecclesiastique, & pour corriger les abus qui s'étoient glissez dans l'Eglise par une fausse dévotion. Ce fut pour cela qu'il assembla à Rouen l'an 1445. un Concile contenant quarante & un Canons, que nous avons encore, & qui sont fort beaux Il mourut l'an 1452.

Tout proche est le tombeau du célebre Archevêque Odon Rigauld, qui fit tant de biens à l'Eglise de Rouen, & n'eut pas moins de soin du spirituel que du temporel. Il réforma l'Eglise Collegiale de Notre-Dame de la Ronde l'an 1255. à la priere de S. Louis Roi de France, & en dressa les Statuts de Réformation. A la tête des Actes qu'il dressoit, il se qualifioit, *Frater Odo permissione divinâ Rotomagensis Ecclesiæ minister indignus*. Avant que d'être Archevêque il avoit été Cordelier, & il avoit retenu par humilité les mots de *Frater* & de *Minister indignus*, qu'il avoit appris dans l'Ordre de saint François. Il visitoit tres-souvent son Diocese, & il avoit fait non seulement un denombrement des Bénéfices & Cures de son Diocese, mais encore des Paroissiens de chaque Eglise. J'ai vû autrefois une copie de ce Poulier qu'il avoit dressé.

Il est à remarquer que leur bâton non plus que celui des anciens Evêques & Abbez, n'est point courbé, comme on le voit sur leurs tombes & mausolées qui passent trois cens ans : il y avoit seulement au bout une espece de pomme comme au haut d'une canne. Depuis on l'a fait à la maniere d'une houlette, & enfin on en a recourbé le bout comme nous le voyons aujourd'hui.

J'ajouterai qu'aux crosses des Evêques & des Abbez, aux bâtons des Chantres & aux Croix Processionales il y avoit des mouchoirs pendus ; & il y en a encore aujourd'hui au bâton du Chantre de S. Denys, & à la Croix Processionale des Jacobins & de beaucoup d'Eglises de la campagne, afin que ceux qui les portoient pussent s'en essuyer & s'en moucher, les hommes n'ayant alors ni hauts de chausses ni poches : mais on mettoit tout aux bâtons ou à la ceinture, comme font encore les Prêtres célebrans & quelques Religieux leur mouchoir, & ces derniers leur chapelet, leurs clefs,

&c. les femmes leur bourſe & leurs clefs. L'on attachoit encore ce mouchoir ſur la manche ; de là vient que le manipule, qui originairement étoit un mouchoir, eſt encore attaché ſur la manche ; d'où vient qu'on diſoit, & qu'on dit encore quelquefois *ſe moucher ſur la manche* ; & que quelques enfans malpropres le font encore naturellement.

Dans l'ancienne Chapelle de S. Romain, au détour de la petite Sacriſtie dans la nef du côté du midi, on voit à la moitié de la muraille qui regarde l'Autel une figure en relief de Raoul ou Rollon premier Duc de Normandie.

De l'autre côté [dans la Chapelle de ſainte Anne] proche de la porte ſeptentrionale on voit auſſi en relief la figure de Guillaume Longue épée ſon fils, qu'on dit avoir donné aux Chanoines le pain de Chapitre, ainſi que le marque ce vers de ſon Epitaphe :

Panem Canonicis in honore Dei Genitricis
Contulit.

Derriere cette Chapelle eſt le Chapitre, au milieu duquel eſt enterré l'Archevêque Guillaume ſurnommé *Bonne ame*, qui l'avoit fait bâtir. Il mourut l'an 1110. & fut mis ſous un tombeau de marbre noir, avec cette Epitaphe dans la muraille qui regarde l'Orient :

Relligio tua, larga manus, meditatio ſancta,
  Nos, GUILLELME, *tuum flere monent obitum.*
Quòd pius Antiſtes fueris Clerique benignus,
  Interiora docent, exteriora probant.
Eccleſiæ lumen, decus & defenſio Ieri,
  Circumſpectus eras, promptus ad omne bonum.
Fratribus hanc ædem cum Clauſtro compoſuiſti,
  Nec tua pauperibus janua clauſa fuit.

Contulit

Contulit ad victum tua magnificentia Fratrum,
  Ecclesias, decimas, rura, tributa, domos ;
Exemploque tuo subjectos dedocuisti
  Verba pudenda loqui, turpia facta sequi.
Fine bono felix, biduo ter solveris antè
  Quàm pisces Solis consequerentur iter.

En retournant par la porte du Chapitre dans l'Eglise, on voit une espece de grand tombeau long environ de six pieds, dont le couvercle est de bois noirci, & qui paroît de loin être un tombeau de marbre noir. Ce n'est autre chose que le Baptistaire. Il est fort à propos devant & tout proche de la Chapelle de S. Jean-Baptiste [comme il étoit aussi à Vienne dans la Chapelle du même Saint.]

Dans l'Aile du côté gauche du Chœur on voit sous une petite coupole la Chapelle de S. Pierre & de S. Paul, où sont deux tombeaux d'Archevêques représentez en habits pontificaux, de marbre blanc. On ne sçait au vrai qui ils sont ; car il n'y a point d'inscription. Tous ces Archevêques ont le regard tourné vers l'Orient, comme sont tous ceux que j'ai vûs par tout ailleurs faits avant le seiziéme siecle. Par là on voit que l'usage contraire d'enterrer aujourd'hui les Evêques & les Prêtres le visage tourné à l'Occident, est tout-à-fait récent. Les nouveaux Rituels de Reims, de Sens *p.* 158. de Metz, & l'Ambrosien ordonnent qu'on les enterrera tournez à l'Orient, comme les laïques.

Dans la Nef devant le Crucifix est la tombe de S. Maurile qui mourut l'an 1067. Voici son Epitaphe composée par un Chanoine nommé Herluin, & qu'on y a gravée sur une lame de cuivre.

S

Humani cives lachrymam nolite negare
Vestro Pontifici Maurilio Monacho.
Hunc Remis genuit, studiorum Legia nutrix
Potavit trifido fonte philosophico.
Vobis hanc ædem cœptam perduxit ad unguem,
Lætitiâ magnâ fecit & Encænia.
Cum tibi, Laurenti, vigilat plebs sobria Christi,
Transit, & in cœlis laurea festa colit.

Il tint plusieurs Conciles, il acheva la construction de l'Eglise de Rouen & la dédia, & il eut un fort grand zele pour le culte divin & les cérémonies de l'Eglise. Le Diacre à certains jours va après l'Offertoire encenser le tombeau de ce saint Prélat.

Sous la même tombe a été enterré le cœur du Cardinal Guillaume d'Estouteville Archevêque de Rouen, qui y avoit choisi sa sepulture.

Dans le Chœur on voit proche l'Aigle de cuivre un tombeau de marbre noir, qui étoit plus magnifique avant le pillage des Huguenots. Le cœur de Charles V. Roi de France, bienfacteur de l'Eglise Cathedrale y est enterré sous ce tombeau, audessus duquel est représenté ce Prince couché de son long tenant son cœur en sa main.

Au côté droit du grand Autel derriere un des rideaux on voit le tombeau où fut enterré le cœur de Richard Roi d'Angleterre & Duc de Normandie & d'Aquitaine, surnommé *Cœur de lyon* pour sa generosité. Il en eut jusqu'à la mort, puisqu'il ordonna qu'on délivrât de prison celui qui étoit auteur de sa mort, & qu'on lui donnât même cent sols.

De l'autre côté tout vis-à-vis pareillement derriere le rideau on voit un tombeau sous lequel est enterré son jeune frere Henri, fils de Henri II. Roi d'Angleterre & Duc de Normandie.

Tous les jours à la grand'Messe (hors les Simples & les Feries) le Diacre encense ces trois tombeaux après l'Offertoire ; & l'Officiant en fait autant à *Benedictus* de Laudes & à *Magnificat* de Vêpres.

Derriere le grand Autel on voit encore au milieu de la conque ou abside [comme à Lyon & à Vienne] un reste du trône de l'Archevêque, où il étoit anciennement les Fêtes solennelles. C'est une chaire de pierre avec huit degrez pour y monter.

Tout proche de là & à côté on voit à un pilier un tableau ou une table enduite de cire, sur laquelle on écrit avec un poinçon les noms de ceux qui doivent faire l'Office de Semainier ou Célebrant, de Diacre, de Soûdiacre, ou Portechappes. Ceux qui sont écrits au tableau, & qui manquent à faire les fonctions qui leur sont prescrites, sont punis d'une grosse amende pecuniaire sans remission.

Si le grand Autel n'avoit pas un retable élevé si haut, on pouroit dire qu'il seroit le plus auguste qu'il y eût en France. Il est détaché de la muraille, ainsi que l'ordonne le Rituel de Rouen. La table de l'Autel est une des plus grandes que j'aye jamais vûes. Elle a audevant un parement, & un autre audessus au retable.

A la même hauteur sont quatre grands rideaux soutenus sur quatre grandes colonnes de cuivre fort bien travaillées, audessus desquelles sont quatre Anges pareillement de cuivre, qui portent des chandeliers & des cierges qu'on allume aux Fêtes Doubles & Triples. Il n'y a point de cierges ni sur l'Autel ni sur le retable. Audessus du retable il y a aux deux côtez deux images de la Vierge, à la place des deux croix qui sont à Lyon : & entre ces deux

S ij

statues de la Vierge il y a un grand tableau d'un Crucifix qu'on estime, & qu'on dit être de la façon de Michel Ange tres-célebre Peintre. Audessus de ce tableau est une petite avance triangulaire sur laquelle il y a un Ange à genoux qui tient de ses deux mains le saint Ciboire suspendu sous un petit pavillon, & encore sous un grand dais audessus, qui le couvre aussi-bien que tout l'Autel.

[Un tres-ancien Prêtre m'a assuré qu'autrefois le saint Sacrement n'étoit point gardé au Chœur pour les malades, mais seulement dans l'Eglise Paroissiale de S. Etienne, comme à Lyon & à Vienne.]

Dans l'abside il y a deux petits Autels aux deux côtez du grand.

Devant le grand Autel sont trois bassins ou lampes d'argent où il y a trois cierges, dont celui du milieu brûle jour & nuit, & les deux autres sont allumez durant les Offices divins.

Entre ces trois lampes & l'Aigle qui est au haut Chœur, il y avoit avant le pillage des Huguenots un grand chandelier de cuivre à sept branches.

Au bout des chaises des Chanoines on voit au côté droit la grande chaire de l'Archevêque pour les jours qu'il officie pontificalement. Elle est beaucoup plus élevée que toutes celles que j'ai vûes, & tres-magnifique, qnoique fort ancienne, ayant été construite par l'ordre du Cardinal d'Estouteville vers l'an 1467. aussi-bien que les chaises du Chœur qui sont assez belles.

Les Enfans de chœur sont vétus de rouge sous leur aube, ils ont aussi la calote & le bonnet quarré rouge, & sont rasez.

On peut voir à une vitre dans la Chapelle de saint Romain la forme des anciens bonnets des Chanoines & autres Ecclesiastiques ; ils étoient presque ronds.

Les Chanoines bas-formiers portent l'aumuſſe tant en hyver qu'en eſté, comme ceux qui ſont dans les Ordres ſacrez, mais non pas les Chantres ou Chapelains qui n'en portent point s'ils ne ſont au moins Soûdiacres. Celle des Chapelains eſt de couleur rouſſe comme de liévre: celle des Chanoines eſt de gris & menu vair comme dans toutes les Egliſes Cathedrales, & ils la portent à Rouen ſur le bras gauche, comme preſque par tout ailleurs, même en allant à l'Autel.

Aux Fêtes épiſcopales les Dignitez & les Chanoines qui ſont Conſeillers du Parlement ont des robes rouges ſous leur ſurplis.

En hyver tous les Chantres, Chapelains & Enfans de chœur ont la chappe noire à longue queue avec une bande d'étoffe rouge au bord des deux côtez par le devant, & un grand camail pointu par bas. Tous les Chanoines, tant ceux qui ſont dans les Ordres ſacrez, que ceux qui n'y ſont pas, ont de même un camail long & une chappe d'étoffe noire avec queue, ſinon que la bande de leur chappe eſt de velours rouge. Outre cela ils ont comme à Lâon le petit camail fourré ou aumuſſon à tête ronde de gris & menu vair qui leur couvre ſeulement la tête & les épaules, & qu'ils mettent pardeſſus leur chappe & deſſous leur grand camail noir, dont ils rabaiſſent le capuchon derriere leur coû, ne s'en ſervant qu'en tems de pluye & de neige pour couvrir & conſerver l'autre. Les huit petits Chanoines de quinze marcs, les Chapelains & Chantres qui ſont dans les Ordres ſacrez ont auſſi un aumuſſon de même, ſinon qu'il eſt de couleur rouſſâtre comme leur aumuſſe d'eſté. Les uns & les autres quittent leur chappe noire & leur grand camail noir quand ils vont prendre chappe à la Sacriſtie pour faire la fonction de Chappier, & n'ont que leur aumusson sous la chappe, pour n'avoir pas deux chappes l'une sur l'autre.

Les Chanoines & Chapelains Prêtres, Diacres & Soûdiacres, ont l'aumusson ou camail fourré par dessus la chasuble ou tunique, à moins que le Célebrant ne porte une croix à l'Autel ; car alors ils vont tête nue, & ont leur camail fourré à la main. Ils ne l'ont en tête qu'en allant à l'Autel & en revenant, & pendant qu'ils y sont assis, comme durant le *Gloria*, le *Credo* &c.

Les Enfans de chœur qui portent les chandeliers & l'encensoir en hyver ôtent auparavant leur chappe & leur camail, & servent en aubes.

Il n'y a que les grands Chanoines qui puissent servir de Soûdiacre & de Diacre, & dire la Messe au grand Autel ; pas même un Aumônier du Roi n'y pouroit dire une basse Messe en présence de sa Majesté, à moins que ce ne fût un Evêque que le Chapitre en auroit prié.

Le Chapitre est composé de dix Dignitez & de cinquante & un Chanoines en comptant l'Archevêque, qui est aussi Chanoine, & qui en cette qualité a voix en Chapitre : il y tient la premiere place & y préside. Tous les Canonicats & toutes les Dignitez de l'Eglise Cathedrale sont à sa nomination, excepté le haut-Doyenné, qui est électif par le Chapitre.

Il y a outre cela huit petits Chanoines des quinze marcs & des quinze livres, qui n'ont point de voix en Chapitre, & n'ont place qu'au second rang des stalles avec les Chapelains, Chantres & Musiciens.

Il y a aussi quatre Colleges de Chapelains & Chantres, dont l'un nommé d'Albane, fut fondé par Pierre de Cormieu Cardinal d'Albe (qui avoit été auparavant Archevêque de Rouen) pour dix Chantres, dont quatre seroient Prêtres, trois Diacres & trois Soûdiacres, qui devoient demeurer ensemble dans une même maison, ou sous un même toit, & vivre en communauté. Il n'y a pas cinquante ans qu'on y vivoit encore de la sorte avec lecture durant le repas.

Il leur est défendu par des Statuts *de hanter les tavernes, les jeux de paulme, de boules, & autres lieux publics, & brelans ou berlans ; d'amener des chiens à l'Eglise sous peine d'amende pecuniaire ; de louer leurs chambres du College, & de porter de Breviaires ni aucuns livres au Chœur, ni de lire pendant l'Office ; & de ne point commencer un verset, que l'autre côté n'ait entierement achevé de chanter le sien.*

Ils sont obligez de sçavoir le Pseautier & le chant par cœur ; car on chante de memoire dans cette illustre Eglise comme dans celle de Lyon : il n'y a qu'un Livre pour les Leçons, & un autre pour les Capitules & les Collectes. Les grands Chanoines mêmes qui chantent quatre ou cinq Répons aux Fêtes Semidoubles & *suprà*, & qui portent chappes aux Fêtes Doubles & Triples, sont obligez de sçavoir par cœur tout ce qu'ils chantent, aussi-bien que les Musiciens, à moins qu'ils ne chantent la Messe sur le livre.

Dans l'Eglise de Rouen les secondes Vêpres sont toujours moins solennelles que les premieres en quelque Fête que ce soit. Et cela apparemment parce que immédiatement après les secondes Vêpres cessoit la solennité de la Fête, après quoi il étoit permis de reprendre les œuvres serviles. Ce qui se pratiquoit encore vers la fin du onziéme siecle, comme je l'apprends de Dom Godin savant Benedictin, en ses Notes sur un Concile de Rouen tenu en 1072. des

Conciles de Compiegne & de Lyon, & des Capitulaires de Charles le Chauve & de Louis le Debonnaire, qui obligeoient de cesser le travail manuel dès les premieres Vêpres; & cela à l'imitation de ce que Dieu avoit ordonné aux Juifs, *A vespera ad vesperam celebrabitis Sabbata vestra.* Quoique cette police ait changé depuis à l'égard de la cessation du travail, qui ne s'observe plus que depuis un minuit jusqu'à un autre minuit, l'Eglise neanmoins a toujours retenu son ancienne pratique dans la célébration des Dimanches & des Fêtes, en commençant à les célebrer dès les premieres Vêpres. Je ne sçai pas précisement depuis quel tems cela a changé pour la police exterieure en Normandie. Il ne faut pas qu'il y ait fort longtems, puisque les bonnes vieilles femmes de la campagne en Normandie s'abstiennent encore de filer les Samedis après midi. Bien plus, à Rouen même les artisans de la plûpart des métiers n'oseroient travailler les veilles des Vêpres solennelles depuis le premier son des premieres Vêpres selon leurs Statuts; & s'ils sont trouvez travaillans par les Gardes ou Jurez du métier, qui font exprès ces jours-là leurs visites, ils sont condamnez en amende. C'est ce que j'ai observé plusieurs fois à Rouen. En ces principales Fêtes les portes de la ville sont fermées à la reserve du petit guichet.

Voici quelques pratiques & cérémonies tirées de l'ancien Ordinaire & Cérémonial de Rouen, qui a près de six cens cinquante ans.

Les Chanoines de Rouen vivoient en Communauté, au moins jusques vers l'an 1000. & ils s'appelloient *Freres.* On voit par l'Epitaphe de Guillaume surnommé Bonne-ame, mort l'an 1110. qu'ils avoient un Cloître,

Fratribus hanc adem cum clauſtro compoſuiſti.

Ils ne difoient Vêpres que vers le commencement de la nuit, *imminente nocte*, auffi-bien qu'autrefois dans l'Eglife de Paris. D'où vient que cet Office eft appellé *Lucernarium* ou *Lucernalis Hora*, parce qu'effectivement on fe fervoit de lumiere pour chanter les Oraifons. Voyez *Bourges & Lyon*. Et c'eft pour le même fujet qu'on y porte les chandeliers, des cierges allumez ou des bougies. Enfin c'étoit lorfqu'on allumoit les chandelles.

C'étoit durant le Verfet devant *Magnificat* qu'on encenfoit l'Autel. Le Verfet *Dirigatur oratio mea ficut incenfum* en eft apparemment la raifon litterale. Auffi ce Verfet n'eft-il point employé aux jours de Feries qu'on n'encenfe point. Hors les Dimanches & les Fêtes après l'Antienne de *Magnificat*, on y difoit toujours les prieres avant l'Oraifon, comme font encore aujourd'hui les Chartreux & la célebre Eglife de Lyon. Après Vêpres ils s'emploioient encore au travail manuel.

Avant que de commencer Complies on faifoit une lecture tirée des Conferences de Caffien, ou des Dialogues de S. Gregoire, ou autres, contenant des exemples des Saints propres à exciter au bien. *In Completorii hora nos contra noctis infidias munientes... quam lectio præcedit de exemplis Sanctorum Patrum excitandas in bono animas fratrum.*

Ils fe levoient à minuit (comme on fait encore à Paris (pour dire les Vigiles ou Nocturnes, qu'on a depuis appellé Matines. Et cela a duré à Rouen jufque vers l'an 1325. qu'on les dit plus tard à caufe de certaines frayeurs de la nuit dont on fut travaillé en ce tems-là, dit la Chronique de S. Lô. On trouve neanmoins dans d'autres Memoires manufcrits que l'an 1324. fut fait un Statut dans l'Eglife de Rouen, par lequel il fut ordonné que Matines ne se diroient plus à minuit, à raison qu'un Chanoine venant à Matines, fut tué par un voleur.

On les commençoit d'abord par *Domine labia mea aperies*, comme on le voit par l'ancien Ordinaire de Rouen : *Quia somno dominante hucusque conticuimus, Dominum deprecamur, ut labia nostra ad laudem suam pronuntiandam aperire dignetur.* Je lis aussi dans Amalaire, *Congruè juxta consuetudinem Romanæ Ecclesiæ, à somno surgentes dicimus primò, Domine labia mea aperies.* Ce verset est appellé ailleurs *Versus apertionis*, parce que c'étoit par lui qu'on commençoit à ouvrir la bouche immédiatement après s'être levé pour chanter les louanges de Dieu. Et à proprement parler, le *Domine labia mea aperies* est une préparation ou disposition pour dire l'Office. Ce que certains devots veulent qu'on dise auparavant, n'est qu'une disposition à la disposition, contre cet axiome de philosophie, *non datur dispositio dispositionis*. Les Laudes ont le même rite que les Vêpres.

Toutes les fois qu'on chantoit le *Gloria Patri*, les Chanoines & autres Ecclesiastiques se tournoient vers l'Autel & s'inclinoient, comme font encore les Chanoines de Lyon & les Enfans de Chœur dans toutes les Eglises Cathédrales.

L'Antienne de Primes étoit tirée d'un des Pseaumes, comme celle de Complies, en quelque Fête que ce fût : & il n'y a pas encore cent ans que cela est changé.

Après Primes durant le cours de l'année, & après Tierces en Carême, les Chanoines alloient au Chapitre, où l'on faisoit la lecture du Martyrologe [& on l'y fait encore présentement hors les Fêtes solennelles] puis du Necrologe ou Obituaire, & enfin de la Regle des Chanoines. *Inde recitetur lectio*

Regulæ Canonicalis. Deinde culpæ examinentur, examinatio canonicaliter exerceatur. On y examinoit les fautes, & on les punissoit selon qu'elles le méritoient, comme on le voit encore par un Ordinaire de quatre cens cinquante ans, où il est dit : *Post hæc solent recitari marantia & offensa diei & Horarum præcedentium, & ibi puniri.*

Les Chanoines n'osoient sortir du Chœur sans la permission du Doyen, ni les autres Ecclesiastiques sans la permission du Chantre.

On disoit alors à Rouen la Messe presque tout à fait comme à Lyon. Les Feries il n'y avoit qu'un Portechandelier comme à Tours, à Orleans, &c. Aux Fêtes il y en avoit deux. Le Célebrant avec ses ministres sortoit de la Sacristie au *Gloria Patri* de l'Introït comme à Lyon. Après le *Confiteor* le Célebrant baisoit le Diacre & le Soûdiacre. Après une Oraison le Célebrant faisoit une inclination au Diacre, le Diacre au Soûdiacre, & le Soûdiacre au Chœur avec des inclinations reciproques. Puis le Célebrant montoit à l'Autel, & le Diacre aussi qui ayant baisé les deux coins de l'Autel présentoit le livre des saints Evangiles à baiser au Célebrant qui baisoit aussi le milieu de l'Autel. Le Prêtre alloit ensuite au côté droit de l'Autel suivi du Diacre qui se tenoit debout jusqu'à ce que le Célebrant lui fist signe de s'asseoir. Ils s'asseïoient dès qu'on commençoit le *Kyrie eleison* ; marque que le Célebrant ne lisoit pas à l'Autel l'Introït ni le *Kyrie*.

Les Ceroferaires placez du côté du midi tenoient leurs chandeliers élevez vers le Septentrion. Au commencement du *Kyrie* ils les mettoient bas à la même place. Ils les tenoient élevez au même endroit pendant que le Prêtre chantoit les Oraisons, & ils étoient là tournez fort à propos pour éclairer au Célebrant. Quelquefois on y ajoutoit un troisiéme cierge, apparemment aux Fêtes doubles. Aux grandes Fêtes il y avoit sept Portechandeliers. Après l'Oraison ils les plaçoient du côté de l'Orient vers l'Occident.

Quand le Diacre n'avoit point de fonctions à faire à l'Autel, il étoit au Chœur, comme dans l'Eglise de Lyon.

Au *Gloria in excelsis* le Célebrant encensoit l'Autel. C'est présentement pendant le *Kyrie* [& l'Acolythe va encenser le Clergé durant le *Gloria in excelsis* & durant le *Credo*].

Dès que le Soûdiacre commençoit l'Epître, le Célebrant s'asseïoit, & faisoit signe au Diacre de s'asseoir aussi. *Incipiente Subdiacono Epistolam, Sacerdos juxta altare sedeat, & Diacono in loco suo sedere innuat.* On voit bien par là que le Prêtre ne la lisoit pas à l'Autel [ni même ailleurs, puisqu'il n'y a rien de marqué]. L'Epître & l'Evangile aux jours de Fêtes étoient chantez au Jubé, aussi-bien que le Graduel & l'*Alleluia*, qui étoient chantez comme à Lyon *per rotulos*, dans des tables d'yvoire. C'est ce me semble ce que l'ancien Ordinaire appelle *tabulas osseas quas tenent in manibus*.

Au tems que le Diacre & le Soûdiacre se servoient de chasubles pliées, c'est-à-dire, les Samedis des Quatre-tems & durant tout l'Avent & le Carême, excepté les jours de Fêtes, le Soûdiacre se devêtoit de sa chasuble avant la lecture de l'Epître, & il la reprenoit lorsqu'il l'avoit lûe. Le Diacre immédiatement avant que de lire l'Evangile mettoit sa chasuble de travers sur l'épaule gauche, & la lioit dessous le bras droit, & la portoit ainsi jusqu'à la Communion, qu'il la revêtoit pardevant comme au commencement de la Messe. [C'est ce qui s'observe encore présentement.]

Notre-Dame de Rouen.

Lorsqu'il étoit tems d'aller au Jubé le Célebrant mettoit de l'encens dans l'encensoir, & encensoit l'Autel : [il ne l'encense plus dans ce moment, mais dès qu'il est monté à l'Autel durant les *Kyrie*.] Puis le Diacre ayant demandé & reçu la bénédiction du Prêtre, alloit au Jubé portant le livre des Evangiles appuyé sur l'épaule gauche, étant précedé du Soûdiacre qui tenoit un coussin, des Portechandeliers & du Port'encens. [C'est encore la même chose aujourd'hui, sinon que le Soûdiacre ne porte point de coussin.] Le Diacre monté dans le Jubé au lieu le plus élevé entre les deux chandeliers chantoit vers le Septentrion l'Evangile après l'avoir encensé. Ils revenoient du Jubé dans le même ordre qu'il y étoient allez.

Après la lecture de l'Evangile on éteignoit les cierges des chandeliers.

Le Célebrant étoit encensé après que le Soûdiacre lui avoit présenté le livre des Evangiles à baiser, que le Diacre baisoit ensuite ; puis le Soûdiacre aux jours de Dimanches & de Fêtes l'alloit porter à baiser au Clergé. Cela se fait encore aujourd'hui, sinon que le Diacre ne le baise point, je n'en vois pas la raison : il le baise ailleurs. Le Soûdiacre le baise tout le dernier.

L'Antienne de l'Offertoire avoit toujours des versets comme à Lyon, & il y en a encore qui sont restez à quelques Messes des Dimanches, & principalement aux Messes des Morts. Il étoit défendu par un Ordinaire plus moderne de l'Eglise de Rouen sous peine d'anathême de les omettre, à moins que le Prêtre ne fût prêt de dire la Préface. *Statutum est in Ecclesia Rotomagensi per totum annum versus Offerendarum secundùm suum ordinem cantare, & sub anathemate jussum ne dimittantur propter Cleri negli-*

gentiam ; nisi Presbyter fuerit promptus ad Per om‑ nia. Alors on en omettoit quelques-uns. Quand cela arrive à Lyon on n'en omet point, mais on chante plus rondement aux derniers verſets, comme je le vis pratiquer au jour de la Nativité de S. Jean-Baptiſte, où il y avoit quatre verſets à l'Offertoire avec la repetition de l'Antienne ou premier verſet depuis l'aſterique * ſeulement, comme on fait à l'Offertoire de la Meſſe pour les Morts.

Le Soûdiacre préſentoit le pain & le vin au Diacre, & le Diacre au Prêtre, comme encore aujourd'hui. Le Chantre alloit aux grandes Fêtes préſenter l'eau couverte d'une ſerviette au Diacre, qui en verſoit dans le Calice, comme le Chantre fait encore à Angers aux Fêtes les plus ſolennelles ou de Fêtage. Aux autres jours c'étoit l'Acolythe qui la préſentoit, & la préſente encore à préſent.

Le Calice n'étoit pas au milieu du corporal, comme il eſt aujourd'hui, mais au côté droit de l'Hoſtie & ſur la même ligne de longueur. On lit la même choſe dans l'Ordre Romain, dans Amalaire, le Micrologue & Raoul de Rivo. Le Calice étoit couvert non d'une palle, mais du corporal, comme on fait encore aujourd'hui à Lyon & chez les Chartreux qui n'ont point innové en cela.

Le Prêtre enſuite encenſoit les Offrandes, & rendoit l'encenſoir au Diacre, qui après avoir encenſé autour de l'Autel, encenſoit le Célebrant, puis rendoit l'encenſoir à l'Acolythe qui alloit encenſer le Clergé & le peuple.

Le Diacre prenoit ſur l'Autel la patene, la préſentoit au Soûdiacre, & le Soûdiacre la donnoit à garder dans un voile à un Acolythe, s'il y en avoit, comme à Paris & à Tours ; ſinon il la tenoit lui-même, comme cela ſe fait aujourd'hui à Rouen.

J'ai dit que c'étoit le Diacre qui la prenoit de deſſus l'Autel ; car il n'étoit pas permis au Soûdiacre d'ôter de l'Autel rien de ſacré. *Non licet enim,* (dit l'ancien Ordinaire) *quidquam ſacri ab altari auferre alicui niſi Diacono vel Sacerdoti.* Cela s'obſerve encore aujourd'hui exactement dans l'Egliſe Cathedrale, où le Soûdiacre apporte même le Calice ayant les deux mains enveloppées d'un voile, & le reporte de même à la Sacriſtie durant les dernieres Oraiſons de la Meſſe, après que le Diacre l'a purifié & le lui a accommodé dans le grand voile ; de ſorte que le Soûdiacre ne le touche point du tout, ſelon qu'il étoit défendu par le Canon 21. du Concile de Laodicée.

Tout le reſte juſqu'au Canon n'a rien de ſingulier. Durant le Canon le Diacre, le Thuriferaire & les Portechandeliers étoient debout & inclinez derriere le Célebrant ; mais le Soûdiacre étoit incliné devant le Prêtre, lui faiſant face comme à Lyon. Marque qu'il n'y avoit pas alors de retable ni de tableau audeſſus de l'Autel, mais que l'Autel étoit une ſimple table entierement detachée, ſans retable audeſſus, comme eſt encore celui des Egliſes Cathedrales de Lyon, de Chalons ſur Saône & de Blois, & l'Autel de la Meſſe matutinale à Bourges & à Mâcon. Aux Fêtes ſolennelles qu'il y avoit ſept Soûdiacres, ils ſe tenoient ſur une même ligne derriere l'Autel faiſant face au Prêtre ; & les ſept Diacres étoient ſur une même ligne derriere le Prêtre.

Dans l'ancien Ordinaire de Rouen ni dans l'Ordre Romain, ni dans aucun des anciens Auteurs ou Interpretes des Offices divins, il n'eſt fait aucune mention de l'Elevation de l'Hoſtie & du Calice ſéparément ; mais ſeulement de celle qui ſe fait immédiatement avant le *Pater* ou au *Pater.*

Il est marqué dans le Missel de Rouen de l'an 1516. que le Prêtre à l'Oraison *Supplices te rogamus*, étoit incliné profondément devant l'Autel ayant les mains non jointes comme aujourd'hui, mais croisées [la main droite sur la gauche] jusqu'à *ex hac altaris participatione*. La même chose se trouve dans trois Missels d'Angleterre & d'Ecosse, avant leur séparation d'avec l'Eglise Catholique, dans ceux d'Orleans de 1504. de Vienne de 1519. de Lyon de 1530. Et on peut dire (à ce que je crois) dans tous les Missels de France jusqu'au tems de Pie V. qui a fait dans son Missel ce changement qui a été suivi presque par tout.

Au *Per quem hæc omnia, Domine*, le Diacre s'approchoit de l'Autel, & il ôtoit le corporal de dessus le Calice qu'il découvroit avec le Prêtre.

Il est marqué que le Prêtre touchoit avec l'Hostie les quatre côtez du Calice : *Oblatâ quatuor partes Calicis tangat*. Et cela se trouve aussi dans l'ancien Ordre Romain & dans Ives de Chartres, Epître 233. [Les nouveaux Rubricaires en feroient aujourd'hui un grand scrupule à un Prêtre, & prennent grand soin d'avertir qu'on se donne bien de garde que l'Hostie ne touche le Calice en disant *sanctificas*, & le reste. Et cela sans doute parce qu'ils n'en sçavent pas la raison].

Le Diacre aidoit au Prêtre à élever le Calice sur lequel étoit l'Hostie, comme il lui avoit aidé à l'Oblation, parce que la coupe du Calice étoit alors plus large à cause de la plus grande quantité de vin qu'on y mettoit pour la Communion des Fideles, qui alors participoient aussi à cette espece, comme nous l'allons bientôt voir.

Et comme le Diacre avoit aidé au Prêtre à découvrir le Calice, il lui aidoit aussi à le couvrir du Corporal,

poral, qui étoit beaucoup plus ample qu'il n'est aujourd'hui. Aussitôt après le Diacre baisoit l'Autel & ensuite l'épaule du Célébrant. *Diaconus altare osculetur, & dextram Sacerdotis scapulam.* Ce baiser à l'épaule est encore en usage dans l'Eglise de Lyon en differentes occasions.

Il n'est point dit dans l'ancien Ordinaire de Rouen, que le Prêtre adorât à genoux la sainte Hostie, mais seulement que les Diacres & les Soûdiacres demeuroient inclinez depuis le *Te igitur*, jusqu'à *Sed libera nos à malo*. Il est marqué dans trois Missels d'Angleterre & d'Ecosse que le Prêtre en élevant la sainte Hostie l'adorera par une inclination de tête, de même que les Chartreux. Et autrefois le Clergé ne l'adoroit pas autrement à Saint-Jean de Lyon: aussi la genuflexion n'y est point marquée dans leur Missel de 1530. non plus que dans le Missel pour les Eglises d'Ecosse avant leur séparation: car on y lit, *Omnes Clerici post Offertorium stant conversi ad altare quousque completur totum Officium Missæ*. Il n'y est nullement marqué qu'ils se missent à genoux à l'Elevation ni à aucun autre endroit de la Messe.

Le Prêtre disoit l'Oraison Dominicale & terminoit l'Office de la Consecration par la réponse du Clergé qui disoit *Sed libera nos à malo. Clero* (dit l'ancien Ordinaire) *Sed libera nos à malo respondente, officium Consecrationis perficiat.*

Alors le Diacre & le Soûdiacre cessoient d'être inclinez.

Au *da propitius pacem*, l'Acolythe présentoit la patene au Soûdiacre; puis le Soûdiacre au Diacre, & le Diacre au Célébrant, qui rompoit l'Hostie en trois, comme aujourd'hui.

Au premier *Agnus Dei*, les Portechandeliers

rallumoient leurs cierges. Quand le Chœur chantoit le second *Agnus Dei*, en Avent & en Carême, le Diacre revêtoit sa chasuble comme au commencement de la Messe. [Présentement ce n'est qu'après la Communion du Prêtre.]

Pendant l'*Agnus Dei* un Chanoine venoit à l'Autel recevoir du Célébrant le baiser de paix, & l'alloit donner au plus ancien de chaque côté. Deux du second rang recevoient le baiser de paix de deux du rang d'enhaut, & deux du troisiéme rang d'enbas le recevoient de deux du second rang : & ils se baisoient tous de sorte, que sans se remuer de leurs places le plus jeune recevoit le baiser de son voisin qui étoit plus ancien que lui, en se faisant les uns aux autres une inclination.

C'étoit par ces baisers chastes & saints, *per oscula casta & sancta*, que l'on se disposoit à la Communion. Voici comment elle se faisoit.

Le Prêtre après avoir rompu l'Hostie en trois, en mettoit la moindre parcelle dans le Calice, & les deux autres sur la patene, comme on fait encore aujourd'hui. D'une des deux grandes parcelles il s'en communioit, lui, le Diacre & le Soûdiacre ; & l'autre grande parcelle étoit reservée pour le Viatique des mourans, *tertia, Viaticum morientis*. S'il n'étoit pas besoin d'en garder, & qu'il y en eût déja, le Prêtre ou quelqu'un des Ministres la consumoit. Et non seulement le Prêtre, le Diacre & le Soûdiacre communioient d'une grande & même parcelle de l'Hostie, mais même le peuple, *per comestam à Sacerdote vel à populo*, dit l'ancien Ordinaire. Le Prêtre ne faisoit aucune difficulté de faire part de son Hostie au peuple qui l'ayant offerte avec lui y a droit.

Le Prêtre & les Ministres de l'Autel communioient sous les deux especes séparement : le Prêtre, comme les Prêtres font encore aujourd'hui ; le Diacre & le Soûdiacre recevoient le baiser du Prêtre, puis ils lui baisoient la main au moment qu'il leur présentoit une parcelle de la sainte Hostie pour leur mettre dans la bouche. Ensuite de quoi le Prêtre prenoit avec la petite parcelle de l'Hostie une partie du Sang, & donnoit le reste à boire au Diacre & au Soûdiacre, comme on fait encore à Cluny & à Saint Denys en France. S'il y avoit trop de cette espece pour les Ministres, le Célébrant trempoit dedans les Hosties dont il communioit le peuple. C'est ce que j'apprends de l'ancien Ordinaire de Rouen de six cens quarante ans ; & ce qui s'y est peutêtre pratiqué plusieurs siecles depuis, n'y ayant pas de preuves du contraire.

Le Prêtre après la Communion ne prenoit aucune ablution ; mais seulement pendant que les Ministres de l'Autel communioient du Calice, un Acolythe apportoit un autre vase pour laver les mains du Prêtre ; comme on fait encore aujourd'hui à Lyon, à Chartres & chez les Chartreux, & comme on faisoit encore à Rouen avant le dernier siecle, afin qu'il ne fût pas obligé de prendre la rinçûre de ses doigts.

Le Soûdiacre aidoit au Diacre à purifier le Calice & la patene. [C'est le Diacre seul qui le fait aujourd'hui dans l'Eglise Cathedrale de Rouen comme dans celle de Lyon, pendant que le Soûdiacre porte le livre de l'autre côté de l'Autel.] Et un Acolythe recevoit le Calice & la patene enveloppez dans un grand voile.

Il n'est point dit que le Prêtre lût l'Antienne appellée *Communion* ; mais seulement l'Oraison precedée & suivie du *Dominus vobiscum*, & enfin de l'*Ite, missa est*, ou du *Benedicamus Domino*, qui étoit chanté par le Diacre. *Clero respondente Deo gratias, Officium finiat.* C'étoit par là que la Messe finissoit, ainsi que tous les divins Offices. Ce qu'on y a ajouté ensuite est fort moderne & depuis environ un siecle ou un siecle & demi, comme on le peut voir par les anciens livres d'Eglise. Le peuple de Rouen n'y est pas même encore accoutumé. Dès que le Prêtre a donné la bénédiction, tout le monde s'en va. Enfin s'il y a Sextes à dire, on commence aussitôt le *Deus in adjutorium* au Chœur, sans avoir aucun égard si le Prêtre récite le dernier Evangile. Et l'on a vû ci-devant que le Célébrant ne le récite point encore aux hautes Messes dans la plûpart des Eglises.

Notre ancien Ordinaire m'apprend qu'on ne disoit guére la Messe avant neuf heures du matin, ni après trois heures après midi, sans quelque necessité. Aux jours de jeûne on ne la disoit que vers les deux ou trois heures après midi ; car on étoit encore alors à jeun.

Depuis l'Avent jusqu'à Noël, & depuis la Septuagesime jusqu'à Pâques, s'il arrivoit une Fête au Dimanche, on la remettoit au lendemain.

Aux Fêtes solennelles de l'année à la premiere Veille ou au premier son on sonnoit toutes les cloches, comme on fait encore aujourd'hui, & on encensoit l'Autel à chaque Nocturne : ce qui se pratique encore à Paris, à Orleans, & à Angers. De même on encensoit l'Autel au *Te Deum*, & on l'encense encore présentement à toutes les Fêtes triples, ausquelles on triple l'Antienne aux Cantiques *Benedictus* & *Magnificat*, durant lesquels on encensoit & on encense encore à deux encensoirs ; sinon aux secondes Vêpres des Triples de seconde classe qu'on n'encense qu'à un.

La nuit de Noël on ne commençoit à sonner le premier coup de Matines qu'à dix heures du soir, *primâ noctis vigiliâ*. On chantoit les trois Evangiles du troisiéme nocturne avec l'encens & les chandeliers, comme on fait encore à présent. Le principal Prêtre de l'Eglise, *major Ecclesiæ Sacerdos*, revêtu d'une dalmatique & d'une chasuble lisoit solennellement la Généalogie de Jesus-Christ. On la chante aujourd'hui aussi bien que le jour de l'Epiphanie, d'un fort beau chant, & avec une tres-ancienne chasuble non échancrée, mais sans dalmatique ; il y a au lieu un Soûdiacre revétu de tunique.

Immédiatement après le *Te Deum*, le Clergé & le peuple sortoit pour s'aller laver à la fontaine avant que de commencer la Messe, comme aussi dans les Coutumes de Cluny & de Fontevrauld.

Les trois Messes de Noël étoient [comme à Lyon & chez les Chartreux] célébrées par trois Prêtres differens.

La seconde Messe ne se chantoit qu'au point du jour, *incipiente diluculo*, dit l'Ordinaire, (comme on fait encore aujourd'hui dans les Eglises Paroissiales :) mais dans la Cathedrale on la chante de suite après Laudes, lesquelles ne se devroient effectivement chanter que vers le point du jour aussi-bien que la seconde Messe. Il y avoit ce jour-là trois assemblées, & ainsi il y avoit trois Messes : autant d'assemblées, autant de Messes.

Quand les basses Messes ont été une fois introduites, les simples Prêtres ont cru qu'ils n'avoient pas un moindre pouvoir de dire trois Messes que les Curez. De là sont venues les trois Messes que la plûpart des Prêtres particuliers difent.

On faifoit aux Fêtes folennelles la Proceffion avant la grand'Meffe, & tout le Clergé reftoit en chappes à la Meffe.

Je paffe quantité de chofes de l'ancien Ordinaire qui n'ont rien de beau ni d'utile.

Page 40. j'y remarque que *dîner c'eft ne point jeûner*. Et on voit que le jeûne confiftoit à ne pas dîner: car aux jours de jeûne on ne faifoit que fouper, en Carême fur les cinq ou fix heures du foir, aux autres jeûnes vers les trois heures après midi. Nous avons vû ci-deffus cette pratique dans l'Abbaye de Saint-Siran, page 138. Et les prieres de la bénédiction de la table pour le foir font encore reftées au repas qu'on fait d'ordinaire à midi aux jours de jeûne, comme on le peut voir dans tous les Breviaires: ce qui eft une preuve bien convaincante.

Le jour de l'Epiphanie il y avoit à Matines trois Evangiles & une Généalogie auffi-bien que la nuit de Noël, avec les mêmes cérémonies. Les Antiennes & Répons du troifiéme Nocturne étoient du Baptême de Jefus-Chrift.

Le jour de la Purification on alloit à une autre Eglife ou Chapelle benir les cierges. [C'eft aujourd'hui à l'Autel de la Croix ou de fainte Cecile dans la Cathedrale.]

Le jour des Cendres il n'eft point dit que l'Archevêque reçût ni s'impofât des cendres, non plus qu'à Vienne, ni à Orleans autrefois.

Ce jour-là & pendant tout le Carême on chantoit Primes au Soleil levé: on ne tenoit Chapitre qu'après Tierces, & enfuite on difoit la Meffe du matin, après laquelle on difoit Sextes. Ce qui s'obferve encore.

On voit par l'Ordinaire qu'en ce tems-là on ne

vouloit pas dire deux petites Heures de suite, de sorte qu'on laissoit entre Sextes & Nones quelque espace de tems. [On voit encore cela en vigueur aujourd'hui à Lyon, à Vienne & à Sens;] & le Rituel de Rouen y exhorte les Ecclesiastiques. Il étoit même défendu d'avancer Nones de l'heure à laquelle elle doit être dite; *Nona* (dit l'Ordinaire pour le Carême) *horâ suâ dicatur, quam Missa diei sequatur.* Après Nones on disoit la Messe du jour, à trois heures après midi. Après la Messe on disoit les Vêpres des Morts, [à présent on y ajoute encore les Vêpres de la Vierge] & enfin les Vêpres du jour. On voit par là qu'il étoit bien cinq à six heures du soir quand on alloit manger ; & c'étoit ainsi qu'on disoit véritablement Vêpres avant que de manger, *Vesperæ ante comestionem.* Nous avons vû plusieurs Monasteres de l'un & de l'autre sexe qui l'observent encore fort exactement aujourd'hui, parce qu'ils agissent dans la simplicité du cœur, & ne rafinent point. Par tout ailleurs on a eu l'adresse d'avancer Vêpres pour avancer le repas ; & dans la plûpart des Eglises elles sont dites dès dix ou onze heures. En vérité cela n'y vient pas. Il faut dire à la louange de l'Eglise Cathedrale de Rouen, qu'elle est celle de toutes les Eglises de France qui ait le moins avancé, & qu'il est quelquefois une heure après midi quand les Vêpres finissent. Ce que j'yai vû arriver plusieurs fois dans des Fêtes Semidoubles en Carême ; & si l'on n'avoit pas chanté les trois Vêpres avec précipitation, il auroit été assurément près de deux heures quand on seroit sorti du Chœur.

Après Vêpres on alloit prendre sa refection. Avant Complies au son d'une cloche tout le Clergé s'assembloit ; on chantoit les Vigiles des Morts. Ensuite on faisoit la lecture de la Conference qu'on lisoit d'ordinaire des Dialogues de S. Gregoire le Grand ; [& il n'y a gueres que cent ans que cela se faisoit encore.] Puis on sonnoit encore une cloche pour Complies.

Si on ne fait plus aujourd'hui de lecture de Conference [qui, selon la Regle de S. Benoît & l'usage de quelques Monasteres de son Ordre, duroit une heure,] du moins en sonne-t-on encore la cloche aux jours de Feries avant Complies durant deux heures : ce que j'entends d'une heure ou environ pendant la lecture, & une heure durant les Vigiles des Morts. Si on ne veut pas que ce soit cela, qu'on nous dise donc pourquoi cette cloche sonne : car dès qu'elle a cessé, une autre plus grosse sonne pour Complies ; & tout cela quadre avec l'ancien Ordinaire. C'est ainsi que Dieu a permis qu'on ait continué de sonner la cloche, quoique la lecture ne s'y fasse plus, peutêtre comme un signe qui doit servir un jour à son rétablissement.

Après chaque Heure de l'Office on ajoutoit un Pseaume Graduel pour les freres, *pro fratribus*, & puis le Pseaume *De profundis* pour les défunts avec quelques Oraisons, comme on le pratique encore aujourd'hui à Lyon dans les Feries, outre le Pseaume 50. *Miserere mei Deus*, qui s'y disoit il n'y a pas encore cent ans à Rouen à toutes les petites Heures aussi-bien qu'à Vêpres & à Laudes.

A la fin de Laudes & de Vêpres on faisoit en Carême une Memoire pour les pechez, il n'y a pas plus de cent ans.

On ne faisoit point de Fêtes en Carême ; mais on faisoit seulement aux Vêpres du Samedi, à Laudes & à la Messe du Dimanche, mémoire des Saints dont les Fêtes étoient échûes durant le cours de la Semaine: *In Vesper.s & Matutinis* (dit cet ancien

Ordinaire) *nulla Sanctorum commemoratio fiat, nisi tantùm in Vesperis Sabbati & Matutinis vel Missa Dominicæ dici, in quibus est Sanctorum agenda memoria, quorum Festa in præterita evenerint hebdomada, secundùm Laodicensis Concilii Decreta, quæ cum aliis quamplurimis statuunt aliter in Quadragesimâ nullius Sancti recolere Festa.*

Le Mercredi des Cendres après Nones le Clergé & le peuple ayant fait leur confession devant l'Autel, & ayant reçu pénitence, se prosternoient, & recevoient l'absolution de l'Archevêque ou du principal Prêtre de l'Eglise. Il imposoit les cendres à un chacun, & l'aspersoit d'eau benite. Ensuite il chassoit les Pénitens publics, & les mettoit hors de l'Eglise. [On en donnera ci-après les cérémonies telles qu'elles s'y pratiquent encore aujourd'hui.]

Après l'expulsion des Pénitens publics, on faisoit Procession à une Eglise ou Chapelle, où étant arrivez & les Antiennes étant finies, tous se prosternoient contre terre, & disoient l'Oraison Dominicale. Ils disoient en cette humble posture le Pseaume 50. *Miserere mei Deus*, avec les Prieres & l'Oraison. Après quoi deux Enfans se levant chantoient la Litanie, qu'on poursuivoit en retournant au Chœur : puis on célébroit la Messe. Cette Procession se faisoit & se fait encore tous les Mercredis & les Vendredis de Carême. Et c'est un reste de celles qui se faisoient autrefois tous les jours aux Eglises stationales où on alloit dire la Messe.

Le Mercredi de la quatriéme Semaine de Carême avoit quelque chose de particulier. On ajoutoit à la Messe une Prophetie & un Graduel ; car on faisoit [comme on fait encore aujourd'hui à Vienne] l'examen ou Scrutin des Catecumenes : on les instruisoit, on les interrogeoit sur la foi & sur les mœurs ;

& on leur donnoit à apprendre l'Oraison Dominicale & le Symbole, qu'ils étoient obligez d'apprendre & de réciter le Samedi-saint avant que d'être baptisez ; *quod in Sabbato sancto debent reddere.*

Les Vêpres du Mercredi-saint étoient sonnées avec toutes les cloches. Il y avoit le Jeudi & les deux jours suivans à Matines un grand chandelier ou herse avec vingt-quatre cierges derriere l'Autel ; marque qu'il n'y avoit point alors de retable. A présent qu'il y en a un avec un grand tableau, cette herse avec vingt-quatre cierges est mise au milieu devant l'Autel, & on en éteint un cierge à chaque Pseaume & à chaque Leçon. Dans les Paroisses & dans les Monasteres il n'y a que treize ou quinze cierges, & l'on n'en éteint qu'à la fin de chaque Pseaume. Mais bien loin d'éteindre des cierges dans ces Eglises Paroissiales & Monacales, & dans presque toutes les Eglises de France, où l'on commence ces jours-là les Matines sur les quatre heures après midi, on devroit au contraire en allumer vers le soir ; car c'est alors qu'on a plus besoin de lumieres pour éclairer, qu'à quatre heures après midi. On n'a pas pris garde à cela quand on a cessé de dire cet Office sur la fin de la nuit. Il y aura peutêtre des mystiques qui ignorant les véritables raisons d'institutions, y trouveront des mysteres pour ces trois jours-là : comme si on y faisoit autre chose que ce qu'on faisoit autrefois tous les jours. Je me suis trouvé à Matines dans la célebre Eglise de S. Jean de Lyon, & j'y ai vû éteindre plusieurs cierges vers les derniers Pseaumes de Laudes, & c'étoit au jour même du saint Sacrement. Qu'on m'y trouve donc quelque mystére autre que le jour étant plus grand, il falloit moins de lumiere. Mais enfin notre Eglise Cathedrale ne fait rien ici contre le bon sens en éteignant des cierges peu à peu dans ces trois jours : car elle a la gloire de n'avoir point quitté ces trois jours-là la coutume de dire cet Office la nuit. Le Vendredi-faint c'est à quatre heures du matin, & le Jeudi & le Samedi-faint c'est à cinq. C'est sur le modele de la mere que les filles se devroient regler.

En ces trois jours on ne chantoit point le *Gloria Patri* non plus qu'aujourd'hui, parce qu'on chanta* d'abord dans l'Eglise les Répons & les Pseaumes sans *Gloria Patri*, & qu'on ne s'est pas encore avisé de l'ajouter en ces trois jours-ci non plus que dans l'Office des Morts.

A la fin de Laudes on éteignoit même le dernier cierge, parce qu'il faisoit jour, & qu'on n'en avoit plus besoin. Mais comme il falloit allumer des cierges pour l'Office de la Messe, on allumoit du feu nouveau & beni ; & on le fait encore ces trois jours-ci dans l'Eglise Cathedrale, non plus dans le porche, mais dans l'Eglise Paroissiale de S Etienne la grande Eglise, qui est proche la porte Occidentale à main droite. On le fait aussi dans toutes les Paroisses le Samedi-faint, assez inutilement ce me semble, puisqu'il y a déja un cierge allumé dans une Chapelle, ou une lampe devant le saint Sacrement : si ce n'est que la cérémonie est devenue necessaire par l'application édifiante que les mystiques en ont faite.

Le Jeudi-faint le peuple s'assembloit à midi : tout le Clergé alloit au porche de l'Eglise, on y benissoit le feu nouveau ; l'Evêque y convoquoit les Pénitens publics, & enfin il les faisoit rentrer dans l'Eglise, & les reconcilioit en leur donnant l'absolution. [Cela se pratique encore aujourd'hui à Rouen ; j'en marquerai la cérémonie ci-après.

*Amalar. c. 1, de ord. Antiph.

Enfin l'Evêque faisoit la consecration du Crême & de l'Huile à la Messe, dans laquelle on disoit le *Gloria in excelsis* quand l'Evêque étoit présent. On la chantoit sous le rite Semidouble; le Diacre & le Soûdiacre avoient la dalmatique & la tunique : on n'y donnoit point la paix.

Quand le Célebrant tenoit le Calice pour communier au Sang de Jesus-Christ, il chantoit l'Antienne *Calicem salutaris* pour servir d'Antienne aux Pseaumes de Vêpres. Alors on sonnoit toutes les cloches : après quoi elles ne sonnoient plus jusqu'au *Gloria in excelsis* du Samedi-saint. Encore aujourd'hui dans la Cathedrale on sonne Vêpres à l'*Agnus Dei* de la Messe ; mais dans les Paroisses on ne sonne plus depuis le *Gloria in excelsis*, qu'on sonne le dernier coup de la Messe. Durant ces deux jours au lieu de cloches on se sert de tablettes que le vulgaire appelle *Tartevelles*. Il faut remarquer ici que quoique les Vêpres sonnent d'ordinaire dans l'Eglise Cathedrale ce jour-là avant midi, on sonne encore à midi les douze coups de la grosse cloche ce jour-là comme aux autres jours de l'année. C'est sans doute une marque que cette Eglise ne perd jamais de vûe que les Vêpres appartiennent toujours à l'après-midi, & que ce son de midi est censé les devoir preceder. On encensoit l'Autel à *Magnificat*, & on finissoit Vêpres par l'Oraison de la Postcommunion.

Le Clergé & le peuple communioit des Hosties qu'on avoit consacrées, dont on reservoit la moitié sur un Autel dans des corporaux soigneusement enfermez, pour les communier encore le lendemain Vendredi-saint : car non seulement on permettoit le Vendredi-saint la Communion tant au Clergé qu'au peuple, mais il y avoit ce semble quelque espece d'obligation pour le Clergé. Il n'y a pas plus de cent ans que cela a cessé, comme on le peut voir par tous les anciens Missels de Rouen & des autres Eglises de France.

Un cierge brûloit devant ces Hosties sacrées jusqu'à la fin de Laudes qu'on l'éteignoit.

Le Vendredi-saint la Messe & la Communion étoient *ex præsanctificatis*, comme tous les Vendredis de Carême à Milan.

Le Vendredi & le Samedi-saint (dit notre Ordinaire) on ne fait point le Sacrifice de l'Eucharistie ; *Isto biduo non celebratur sacrificium* ; & encore plus clairement au Jeudi-saint, *Ab ipsa die usque ad Missam noctis Dominicæ non fit Sacramentorum consecratio*.

Après les Vêpres du Jeudi-saint on alloit manger. Après le repas on s'assembloit à l'Eglise, on découvroit les Autels, & en chantant un Répons on les lavoit avec du vin & de l'eau bénite, & on lavoit seulement d'eau les murailles & le pavé de l'Eglise. Ensuite on alloit dans une grande chambre faire le *Mandatum*, c'est-à-dire que l'Archevêque & les plus anciens Chanoines lavoient & essuyoient les pieds des pauvres, puis ceux des Chanoines & des autres Ecclesiastiques. Durant cette cérémonie on chantoit des Antiennes qui lui étoient propres, & à la fin le Diacre revêtu d'aube & de dalmatique comme à la Messe, avec les cierges allumez & l'encens, chantoit l'Evangile *Ante diem festum Paschæ* en ton d'une leçon. Après quoi on alloit comme en Procession au Refectoire, où le Diacre continuoit à lire l'Evangile où il avoit quitté jusqu'à la Passion. L'Archevêque ou le Doyen présentoit à chacun du Clergé un verre de vin, ou du vin dans une coupe, que nous verrons encore en usage dans d'autres Eglises de Rouen ; *Unicuique fratrum vel Episcopus vel Decanus phialam vini exhibeat.* Après cela l'Archevêque, le Diacre & les autres qui avoient servi de ministres s'asseïoient, & on disoit Complies en silence.

Le Vendredi-saint, excepté Matines qu'on chantoit, on disoit toutes les Heures en silence, Vêpres même & Complies chacun en son particulier. Après les Matines du Vendredi-saint tout le Clergé alloit dans le Cloître dire le Pseautier. Après l'avoir dit, ils revenoient à l'Eglise, où après s'être assis ils faisoient oraison en silence chacun à son particulier jusqu'à l'Heure de Nones, qu'on alloit benir au portail de l'Eglise du feu nouveau comme hier. [Ce qui se fait encore ces trois jours-ci dans la Cathedrale de Rouen aussi-bien qu'en celle de Reims.] Après quoi on rentroit au Chœur, & on commençoit l'Office de la Messe par la lecture d'une Leçon tirée de l'Exode, puis d'Osée avec deux Traits : & ensuite on lisoit la Passion selon S. Jean en ton de Leçon, excepté les propres paroles de notre Seigneur qu'on chantoit comme on avoit coutume de chanter l'Evangile. Puis le principal Prêtre de l'Eglise disoit les Oraisons &c. comme on fait encore aujourd'hui.

On chantoit le *Popule meus*, & *Ecce lignum Crucis*. Aussitôt que le Prêtre découvroit la Croix, tout le Clergé se prosternoit. Ensuite le Prêtre & ses ministres, puis tout le Clergé & le peuple venoient adorer le Crucifix, couchez à platte terre tout de leur long, qui est selon S. Augustin l'état de la plus grande adoration. *Adoratio omnium ita fiat* (dit l'Ordinaire) *ut uniuscujusque venter in terra hæreat: dum enim* (juxta Augustinum in Psalmo xliij.) *genu flectitur, adhuc restat quod humilietur : qui autem sic humiliatur, ut totus in terra hæreat, nihil in eo ampliùs humilitatis restat.* Je l'ay vû encore pratiquer à Rouen à des personnes bien instruites. Les deux Chanoines qui ont chanté le *Popule meus*, sont prosternez pendant l'adoration de la Croix, comme les Chartreux avant que de célebrer la Messe. Après cette cérémonie on lavoit le Crucifix avec de l'eau & du vin, dont le Clergé & le peuple bûvoient après la Communion.

C'étoient les deux Prêtres en chasubles qui avoient porté la Croix, qui alloient querir les saintes Hosties reservées du jour précedent, & qui les apportoient au grand Autel, où le Célebrant les encensoit, & chantoit seulement *Præceptis salutaribus moniti*, jusqu'au *Sed libera nos à malo*. Ensuite tous communioient depuis le plus grand jusqu'au plus petit; *posteà à majore ad minorem omnes communicentur.* Nous verrons ailleurs qu'il n'étoit pas même permis de s'en dispenser, & qu'il falloit pour cela une permission du Superieur.

Ensuite on sonnoit les tablettes, & chacun disoit Vêpres en silence en son particulier; après quoi on alloit au Refectoire prendre sa refection au pain & à l'eau, *ad refectionem panis & aqua pergant.* C'est ainsi que vivoient des Chanoines ce jour-là il y a six cens ans. [Et nous verrons que plus de deux cens ans après c'étoit encore la même chose, ou que tout au plus on n'y ajoutoit quelques herbes crues.]

Ils retournoient à l'Eglise pour dire Complies en silence chacun en son particulier.

Le Samedi-saint on chantoit Matines, & on disoit les petites Heures en silence comme le jour précedent.

Il n'étoit pas permis alors de commencer la Messe du Samedi-saint que vers le soir, comme on le voit par un Concile de Rouen tenu l'an 1072. parce que cette Messe appartient à la nuit de la Resurrection de notre Seigneur ; *ad noctem enim Dominica Resurrectionis respicit.* Et en effet la bénédiction du Cierge Pascal & la Préface de la Messe marquent & supposent qu'il est nuit. J'ai dit ci-devant page 137. les raisons qui ont fait avancer. Je trouve dans le Canon précedent du même Concile, que *celui qui mange en Carême plûtôt que trois ou quatre heures après midi, ne jeûne point.*

Le Samedi-saint donc sur les trois heures après midi au son de la tablette le peuple s'assembloit à l'Eglise. Le Clergé alloit en Procession à la porte de l'Eglise pour y allumer le feu nouveau & le benir, & on portoit de ce feu dans les maisons des Chrétiens, où l'on avoit auparavant éteint le feu du foyer. Et encore aujourd'hui sur les dix heures du matin cela se pratique dans l'Eglise Cathedrale & dans les Paroisses les mieux reglées, où l'on en donne aux peuples qui en sont instruits. De ce feu nouveau on en allumoit à l'Eglise un cierge mis au bout d'une longue baguette, au haut de laquelle il y avoit la figure d'un Serpent. L'Archevêque ou l'Officiant la tenoit par le bas, & le Diacre par le milieu, & on retournoit au Chœur en chantant le Pseaume *Dominus illuminatio mea.* Tout cela se pratique encore aujourd'hui à Rouen tant dans l'Eglise Cathedrale que dans les autres Eglises bien reglées; sinon qu'il n'y a point de Serpent au bout de la baguette.

C'est grand dommage qu'il manque ici un feuillet ou deux dans le manuscrit de l'ancien Ordinaire, qui nous auroit appris de belles choses de la bénédiction du Cierge, des Propheties, Traits & Oraisons, des trois Litanies, de la benédiction des
Fonts

Fonts, & du Baptême des Catecumenes & des enfans. Il recommence par dire que l'on revêtoit d'aubes ou d'habits blancs les Neophytes ou nouveaux baptisez, & qu'on leur donnoit à chacun un cierge en main ; qu'ils portoient ces habits blancs durant huit jours, & les quittoient le Samedi appellé *in albis depositis* ; ce qui s'appelloit ailleurs *La Desauberie*.

Toute la Messe du Samedi-saint & Vêpres y étoient comme à présent, & comme par tout ailleurs, sinon qu'on n'encensoit l'Autel qu'au *Gloria in excelsis* ; que le Clergé & le peuple y communioient, *communicato Clero & populo* ; & qu'on encensoit l'Autel à *Magnificat*.

Après le repas on revenoit dire Complies.

A dix heures de nuit on sonnoit toutes les cloches, & on disoit Matines. Après le troisième Répons on faisoit l'Office du Sepulcre, à peu près comme on fait encore aujourd'hui à Angers. [On a sagement aboli ces sortes de représentations, qui ne seroient pas du goût de notre siecle.]

Dès ce tems-là on repetoit trois fois l'Antienne de *Benedictus*, aussi-bien que celle de *Magnificat*, comme à présent à toutes les Fêtes Triples.

Après une Procession qui se faisoit après Nones le jour de Pâques & les cinq jours suivans dans la nef devant le Crucifix ; on faisoit, comme on fait encore à présent, la Procession aux Fonts après Vêpres.

Le dernier jour de l'Octave de Pâques étoit solennel comme le premier, comme il l'étoit aussi chez les Juifs selon l'ordre que Dieu leur en avoit donné. *Levit. c. 23. v. 35. & 36.*

Les Dimanches d'après Pâques on disoit trois Nocturnes avec neuf Leçons.

On faisoit Procession ou Station devant le Cru-

V.

cifix le Samedi après Vêpres & les Dimanches après Laudes jusqu'à Noël. Depuis Pâques jusqu'à la Pentecôte on y chantoit de la Resurrection ; & depuis la Pentecôte jusqu'à Noël un Répons de la Croix. A ces Dimanches depuis Pâques jusqu'à l'Ascension la Messe matutinale étoit du Dimanche, & la grande Messe étoit de la Resurrection, *Resurrexi*, comme au jour de Pâques. Cela est ainsi dans plusieurs Missels du dernier siecle. Ce n'est que depuis cent ans qu'on a changé pour s'accommoder au Missel Romain.

Les Dimanches du Tems Pascal, aussi-bien qu'à ceux de l'Avent & du Carême, s'il arrivoit une Fête, on la remettoit au lendemain. *Si in Dominicis hujus temporis [Paschalis] festivitas evenerit, in crastino celebranda reservetur.* Et en effet le saint tems de Pâques ne doit ceder en rien à celui de l'Avent & du Carême. [A Orleans & à Châlons en Champagne on fait également Memoire des Feries du Tems Pascal, comme de celles de l'Avent & du Carême; & on n'y fait jamais de Fêtes les Dimanches, à moins que ce ne soit des Fêtes Annuelles, comme Noël, la Toussaints &c. parce que les Dimanches sont particulierement consacrez au Seigneur & en mémoire de sa Resurrection.]

Si la Litanie majeure, qui est le 25. d'Avril, arrivoit dans l'Octave de Pâques [ou aux Dimanches d'après Pâques,] alors on n'observoit aucun jeûne ni abstinence, & on n'en faisoit aucune Memoire autre qu'une Procession qui ressentoit la Fête, *nisi Festiva tantùm Processio*, où l'on ne chantoit rien de triste ni qui ressentît la pénitence. C'est ce qui s'observe encore aujourd'hui à Rouen : car en ce cas on va à la plus prochaine Eglise en chantant le Répons *Christus resurgens*. Dans l'Eglise de la station un Répons ou une Antienne du Saint Patron avec le Verset & l'Oraison ; puis on revient à sa propre Eglise en chantant la Litanie des Saints : & après qu'on est rentré dans sa propre Eglise, on chante l'Antienne, le Verset, & l'Oraison du Saint qui en est le Patron ; & puis c'est tout. Cette Procession pour les fruits de la terre s'est toujours faite au 25. Avril ; & autrefois les Payens en faisoient de même avec des prieres à leurs Dieux en pareil jour pour leurs biens de la terre. C'est une découverte de M. Châtelain.

Mais *si elle arrive en un autre tems* (dit l'ancien Ordinaire) *que tous jeûnent, excepté les petits enfans & les infirmes.* Car autrefois tous ceux qui avoient sept ou huit ans passez étoient obligez aux jeûnes (il n'y a pas plus de cent ans) dans la Province de Normandie. C'est ce que j'apprens de deux Breviaires, dont l'un est de Rouen de l'an 1578. & l'autre d'Avranche de l'an 1592. au commencement desquels je trouve devant le Calendrier l'Ordonnance suivante : *Sacerdotes Ecclesiarum præcipiant* OMNIBUS ÆTATEM ADULTAM HABENTIBUS *instituta jejunia observari, ut jejunium Quadragesimæ &c. & omnia prædicta prohibeant expressè & sub pœna peccati mortalis.* Ce jeûne au jour de S. Marc a été depuis changé en abstinence, afin de ne pas jeûner dans le Tems Pascal suivant le premier esprit de l'Eglise. Il y a encore en Normandie des familles où l'on a toujours fait de tout tems & où l'on fait encore aujourd'hui le grand jeûne en Carême, c'est-à-dire un seul repas au soir ; & dans le Diocese d'Autun il y a des Paroisses dans chacune desquelles il y a douze, & même jusqu'à soixante valets de charue ou batteurs en grange qui sont au travail dès le point du jour, & qui à sept heures du soir n'ont encore pris aucune nouriture, comme m'en a assuré un * de leurs Curez : Dieu prenant plaisir à conserver cet esprit de ferveur dans de certaines familles & dans de certaines personnes, pour confondre la lâcheté des autres. Ce qui fait voir que la chose n'est pas impossible. On en doit être convaincu par tout ce que nous en avons rapporté en differens endroits de cette Relation. On le sera pleinement quand on sçaura qu'en Irlande on ne mange qu'au soir durant tout le Carême, & qu'à Rouen un grand Chanoine & un Chapelain sont encore à jeun à quatre ou cinq heures du soir au jour de l'Ascension, où le tems étant beaucoup plus chaud qu'en Carême, une si longue abstinence doit être par consequent plus insupportable.

Comme on ne mangeoit aux jours de jeûnes ordinaires durant l'année qu'après Nones, l'ancien Ordinaire marque qu'au jour de S. Marc on ne partoit qu'à midi pour aller en Procession de l'Eglise Cathedrale à S. Ouen ; que le Prêtre, le Diacre & le Soûdiacre y étoient en aubes, étoles & manipules : ce qui s'observe encore à présent dans la Cathedrale & dans les autres Eglises qui sont bien reglées. Il n'est point dit qu'on fût à genoux à l'Eglise de la station durant les prieres, ni dans l'ancien Ordinaire, ni dans le plus recent, où il est marqué qu'on y dira la Messe *Exaudivit* ; mais qu'après être revenu de la Procession on disoit Nones sur les deux heures après-midi, & qu'on alloit ensuite prendre son repas. La même chose se pratiquoit aux trois jours des Rogations.

Le our de l'Ascension étoit solennel comme Pâques. Il y avoit neuf Leçons ce jour-là, comme aux

* Le savant M. Bocquillot à present Chanoine d'Avalon, & auteur de l'excellent Traité historique de la Liturgie.

Dimanches du Tems Pascal.

On ne commençoit à lire les Actes des Apôtres dans l'Eglise de Rouen que depuis l'Ascension jusqu'au premier Dimanche d'après la Pentecôte. Et c'est-là vrayement son tems, cette histoire n'ayant commencé qu'alors, & ce qu'elle contient de plus considerable s'étant passé dans ces jours-là.

Le jour de la Pentecôte on chantoit des hymnes. A Tierces on allumoit tous les cierges : l'hymne étoit commencée par trois Chanoines en chappes, lesquels encensoient cependant l'Autel. Nous verrons ci-après cette solennité devenue encore plus grande.

Le dernier jour de l'Octave de la Pentecôte étoit solennel comme le premier, & comme à Pâques. *Dies octavus* (dit l'Ordinaire) *ut primus celeberrimè agatur.*

On célebroit les Quatre-tems de même que le tems du Carême, comme à Orleans. Le Samedi quand on donnoit les Ordres, le Chantre tenoit le Chœur à la Messe qui ne s'achevoit que dans la nuit du Dimanche ; car la Messe de l'Ordination des Prêtres ne se disoit que le soir à l'heure de Vêpres, qui fait partie du Dimanche, dit l'Ordinaire de Rouen. [De-là vient qu'on y disoit l'Evangile du Dimanche, qu'on y a gardé jusqu'à présent.) *In Missa vespertinali quidem horâ, quæ pars est Dominicæ Resurrectionis, à B. Leone summo Pontifice cæterisque sanctis Patribus Ordinum consecratio fieri constituitur, quæ jejunis à jejunantibus conferatur.* Ce ne sont que ces trois dernieres paroles qui sont cause qu'on l'a si fort avancée. Neanmoins *Ante Nonam fieri* (poursuit l'Ordinaire) *sacrâ autoritate prohibetur.*

L'Ordination ou confecration des Evêques se faisoit toujours le Dimanche. On voit dans un ancien Pontifical manuscrit de l'Eglise Cathedrale de Rouen, qui a environ sept cens ans, de quelle maniere on consacroit un Evêque. On y lit que le Doyen, le grand Archidiacre, le Chantre & le Chancelier marquoient ceux qui devoient servir de ministres à l'Evêque, ainsi qu'on avoit accoutumé aux grandes Fêtes, *sicut in majoribus mos est festivitatibus*, dit l'Ordinaire. Il y avoit deux Acolythes avec deux encensoirs, sept Acolythes qui portoient chacun un chandelier avec un cierge, sept Soûdiacres avec des livres d'Evangiles, sept Diacres qui portoient des Reliques des Saints; & il y avoit douze Prêtres revêtus de chasubles.

On ne peut pas douter que ce Pontifical ne soit propre à l'Eglise de Rouen, puisqu'on y lit ces paroles : *Interrogatio* : *Vis sanctæ Rotomagensi Ecclesiæ mihique & successoribus meis obediens esse & subditus ?* ℞. *Volo.*

Interrogatio : *Vis mihi & Ecclesiæ meæ professionem facere, sicut mos* ANTIQUITUS *constitutus obtinuit ?* ℞. *Volo, & paratus sum in omnibus obedire.*

Cet ancien usage s'observe encore à présent dans l'Eglise Cathedrale de Rouen, où l'on compte comme un droit de cette Eglise l'obligation où sont les Evêques suffragans de la Province de lui prêter serment d'obéissance comme à l'Eglise Metropolitaine & Primatiale de Normandie, confirmé par une tres-ancienne possession, comme on le voit par l'ancien Pontifical allegué ci-dessus, qui marque même que c'étoit *un usage tres-ancien*, par les Bulles des Papes, & par des Arrêts de la Cour du Parlement, entre les mains de M. l'Archevêque, s'il y est ; ou s'il est absent, entre les mains du Célébrant dès qu'il est monté à l'Autel avant que de lire l'Introït. Et quand il ne seroit que Ferie, on diroit la Messe sous le rite des Doubles avec *Gloria in excelsis* & *Credo* ; & le Chantre tiendroit le Chœur : ce qu'il ne fait qu'aux Doubles & aux Triples.

Voici la formule du serment que fait l'Evêque suffragant sur le livre des Evangiles :

Ego N. Episcopus [Lexoviensis] Venerabili Ecclesiæ Rotomagensi ac Reverendissimo Patri Domino N. Archiepiscopo & suis successoribus canonicè intrantibus reverentiam & obedientiam me perpetuò exhibiturum promitto, & manu meâ confirmo. Et il signe son nom dans un Manuscrit couvert d'yvoire, qui est conservé dans la Sacristie de l'Eglise Cathedrale, dans lequel il y a quantité de souscriptions d'Evêques suffragans, & d'Abbez & d'Abbesses du Diocese de Rouen.

A la premiere Messe solennelle que M. Colbert Archevêque de Rouen chanta en sa Cathedrale après la reception du *Pallium*, il y eut deux Evêques suffragans qui lui prêterent le serment d'obéissance avant que de lire l'Introït. Sans la prestation de ce serment les Evêques suffragans ne sont point reconnus dans l'Eglise Metropolitaine, ils ne sont point admis aux Assemblées Provinciales, & ne sont point capables d'être députez de la Province pour les Assemblées du Clergé. Non seulement ils doivent la prestation du serment d'obéissance, mais encore à dîner à Messieurs du Chapitre ; au lieu duquel ils donnent d'ordinaire cent écus ; & c'est apparemment ce qu'on appelle *droit de past* ou de repas, *jus pastûs*.

L'an 1694. au jour de la Pentecôte, la nouvelle Abbesse de S. Amand de Rouen, Ordre de saint Benoît, prêta le même serment d'obéissance à la grande Meſſe du jour de la Pentecôte ; ce qui ſe fit avec aſſez de ſolennité. Cette Abbeſſe y vint accompagnée de douze de ſes Religieuſes, qui prirent place au ſecond rang des ſtalles des Chapellains, & l'Abbeſſe au rang des ſtalles d'enhaut, au même lieu où ſe place un Évêque ſuffragant quand il ſe trouve ou à l'Office ou pour pareille cérémonie. D'abord elle eut le tapis de pied ſimplement. Durant les *Kyrie* on mit au milieu de la marche au bas de l'Autel le fauteuil de M. l'Archevêque, lequel ayant le dos tourné à l'Autel reçut entre ſes mains le ſerment d'obéiſſance de l'Abbeſſe qui étoit à genoux. Elle fut conduite à l'Autel par le Doyen, le Chantre, le Tréſorier & le grand Archidiacre, qui ſont les quatre premieres Dignitez, & reconduite auſſi à ſa place du Chœur, où elle trouva à ſon retour le carreau qu'un Bedeau y porta auſſitôt qu'elle eût prêté le ſerment. L'Abbeſſe y entendit la Meſſe avec ſes douze Religieuſes.

Revenons à notre ancien Ordinaire de Rouen. Nous en étions reſtez au Traité *de feſtivitatibus Sanctorum*. Il n'aime pas qu'on faſſe trop de Fêtes, de peur qu'elles ne ſoient ennuyeuſes & à dégoût : auſſi ne veut-il pas qu'on les retranche toutes ; mais qu'on garde un certain milieu. [Outre les Fêtes de notre Seigneur, celles de la Purification, de l'Annonciation, de l'Aſſomption & de la Nativité de la ſainte Vierge, il y en a tres-peu ; & deux cens ans après il y en avoit encore moins.] Voici comme il commence, & c'eſt ce qu'il y a de plus particulier: *Oportet nos feſtivitates Sanctorum diſcernere qualiter celebrentur, ne ſint nobis faſtidioſæ ſi ſuperflue agimus: aut ſi nimis reticemus, eorum juvamine careamus.* Il ordonne le jeûne la veille de l'Aſſomption, dont il veut que le grade ſoit audeſſus des autres Fêtes de

Notre-Dame de Rouen.

la Vierge, de sorte que les autres soient moindres : je ne sçai en quoi ; car il dit ensuite qu'on fera avec la même solennité des Fêtes de l'Annonciation, de la Purification, de la Nativité de la Vierge, & de la Toussaints ; si ce n'est qu'il dit que ces Fêtes-ci n'auront ni Vigiles ni Octaves. C'est Sixte IV. qui donna à cette derniere une Octave en 1480. & il y a des Eglises qui n'en font point encore.

Le jour de la Commemoration de tous les Fideles Trépassez, on disoit l'Office du jour outre celui des Morts : ce qu'on observe encore dans le Breviaire Romain & aussi dans quelques autres. Il n'y avoit ni Hymnes, ni Invitatoires. Il semble qu'il y avoit des secondes Vêpres. Il y a quelques mots de manque dans le Manuscrit qui ne peuvent guére être autre chose. Ce qui me confirme dans ma conjecture, c'est que les secondes Complies y sont marquées tout au long comme les autres Heures de cet Office. On en dit encore aujourd'hui les secondes Vêpres non seulement à Cluny, mais aussi dans les illustres Eglises de Vienne, de Tours & de Bezançon.

Aux Fêtes Semidoubles on ne disoit point Matines de la Fête, mais de la Ferie.

Il faut rapporter présentement plusieurs pratiques & cérémonies tirées d'un Ordinaire de l'Eglise de Rouen & de quelques Pancartes environ de deux cens ans, qui sont encore à présent en usage, excepté quelques-unes dont j'aurai soin d'avertir.

Avant que de chánter & après avoir chanté une Leçon ou un Répons au Jubé, on fait à l'Aigle une inclination en demi tour, *Semigyrus*.

Les Dimanches de l'Avent & du Carême le Diacre outre la chasuble pliée a aussi l'*Orarium*.

Suivant cet Ordinaire, à toutes les Feries du

Carême jufqu'au Jeudi-faint, lorfqu'on commence quelque Office, les Chanoines, les Chapelains & les Enfans de chœur font un figne de croix fur leur place & la baifent : ce qui fe fait auffi quand on entre au Chœur après que l'Office eft commencé.

Il y a auffi aux Feries de Carême un grand rideau violet qui eft tendu tout au travers & au haut du Chœur durant tout l'Office Ferial (depuis le Lundi de la premiere Semaine de Carême jufqu'à la Paffion du Mercredi-faint, qu'il eft féparé en deux lorfque le Diacre dit ces paroles, *& velum Templi fciffum eft.*) Ce rideau eft tiré feulement à l'Evangile, & depuis le *Sanctus* jufqu'à l'élevation du Calice.

Avant les Complies du Carême un petit Chanoine faifoit la lecture de la Collation il n'y a pas encore cent cinquante ans. On la faifoit de même à Bayeux, à Vienne & à Salifbery en Angleterre ; & on fait encore cette grande lecture dans l'Eglife de Reims & dans prefque toute la Province. C'eft cette lecture qui a donné le nom au petit repas qu'on fait le foir en Carême. A Complies c'eft le Doyen qui dit le *Confiteor*, & reçoit la confeffion du Clergé, s'il eft préfent, il dit l'*Indulgentiam* ; & à la fin de Complies il afperfe d'eau benite le Clergé, hors les Dimanches : s'il n'y eft pas, c'eft le Semainier ou le Journeyeur.

La Préface *Qui corporali jejunio*, n'étoit que pour les Feries avant le dernier fiecle, comme on le voit dans tous les anciens Miffels de Rouen, d'Orleans & autres ; & aux Dimanches de Carême on difoit la Préface commune *per annum*, comme il fe pratique encore aujourd'hui à Sens, à Auxerre, &c. parce qu'on ne jeûne point les Dimanches du Carême, & qu'en ces jours-là on mangeoit même encore de la viande au commencement du douziéme siecle. Voyez la Vie de S. Godefroy Evêque d'Amiens, qui mourut l'an 1118. écrite par Nicolas, Moine de S. Crespin de Soissons, qui vivoit du tems de saint Godefroy, & rapportée per Surius tom. 6. au 8. Novembre, liv. 3. chap. 12.

Dans tous les Missels de Rouen imprimez au dernier siecle, dans le *Quod ore sumpsimus*, au lieu de *munere temporali*, il y a *de Corpore & de Sanguine Domini nostri Jesu Christi*. Il n'y a qu'une seule purification ou ablution avec le vin comme à Lyon & chez les Chartreux.

La derniere ablution avec l'eau & le vin ne s'y faisoit point alors, & on n'obligeoit point le Prêtre de boire la rinçûre de ses doigts. Il alloit laver ses mains à la piscine ou lavoir qui étoit proche de l'Autel, *Sacerdos vadat ad lavatorium*. La même chose est marquée dans le Missel des Carmes de l'an 1574. Et le Rituel de Rouen veut qu'il y en ait proche de tous les Autels, comme à l'Eglise de S. Etienne des Tonneliers de Rouen. *Reversus ad Altare dicat Communionem & Postcommunionem; deinde se vertat ad populum, dicens: Dominus vobiscum, & Ite, missa est*. Après quoi le Prêtre donnoit la bénédiction par laquelle la Messe finissoit. *Et benedictione acceptâ recedatur*, disent les anciens Missels de Rouen du seiziéme siecle. Aussi fait-on encore aujourd'hui à Rouen, où les peuples s'en vont dès que la bénédiction est donnée. Aussi le Prêtre ou le Diacre les a-t-il congediez par l'*Ite, missa est*. En 1576. l'on ne disoit point encore à Rouen le dernier Evangile selon S. Jean. Ce ne fut que dans le Missel de 1604. qu'on l'introduisit: encore le Prêtre ne le disoit-il alors qu'en se dépouillant de sa chasuble. *Vertit se ad populum* (dit ce Missel de 1604.) *& ei bene-*

dicit manu: interim exuitur casulâ, dicendo, Dominus vobiscum, & Evangelium secundùm Joannem. On a vû ci-devant que dans la plûpart des Eglises dont j'ai parlé, on n'y dit point encore de dernier Evangile dans les hautes Messes.

Pendant les quinze jours de la Passion on ne dit point le Pseaume *Judica* au commencement de la Messe, parce qu'on ne le disoit point il n'y a pas encore longtems au pied de l'Autel ; & on ne l'y dit jamais à Milan, à Sens, ni chez les Chartreux, ni chez les Carmes, ni chez les Jacobins. Le Pseaume *Judica* qui commence la Messe du Dimanche de la Passion, a empêché qu'on ne l'y ait mis, pour éviter la repetition.

Depuis environ deux cens ans on n'éteint plus à Rouen le dernier cierge sur la fin des Laudes du Jeudi, du Vendredi & du Samedi-saint : on le cache jusqu'à ce que l'Officiant ait dit l'Oraison. Il frappoit trois coups pour signal qu'on le rallumât, selon l'Ordinaire des Carmes. *Expletâ Oratione, qui facit Officium, sonitum trinâ percussione faciat in signum ut lumen extinctum reaccendatur.* Aussitôt après dans les Eglises conventuelles on prenoit la discipline. *Perlato autem lumine à Sacristâ, recipiantur disciplinæ.* Aussi dans quelques Eglises un chacun frappe plusieurs coups.

On voit par cet Ordinaire à la Messe du Jeudi-saint que l'Archevêque de Rouen avoit encore alors sa chaire Pontificale derriere l'Autel, comme à Vienne & à Lyon.

Au jour du Vendredi-saint on dit les quatre petites Heures, Primes, Tierces, Sextes, & Nones, aux quatre coins du Chœur, c'est-à-dire une à chaque coin. Les Vêpres se disent dans le Sanctuaire & tout autour ; & Complies au milieu du Chœur autour du tombeau de Charles V. Roi de France, à voix mediocre.

Avant qu'on commence l'Office du Vendredi-saint on met une grande nappe sur l'Autel, qui deborde & le couvre pardessus & de tous les côtez, selon l'ancien usage de tous les jours: car on ne mettoit les nappes sur l'Autel que lorsqu'on étoit prêt de dire la Messe. C'est ce que j'ai observé ci-dessus à Angers, & ce qu'on pratique encore dans plusieurs Monasteres de l'Ordre de Cluny. Ou n'y met point de parement d'Autel, parce qu'ils n'étoient pas en usage dans les premiers siecles de l'Eglise, & il n'y en a point encore dans l'Eglise Cathedrale d'Angers. On peut compter que presque tout ce qui se pratique de singulier dans ces trois jours, est de la plus haute & de la plus pure antiquité. Le saint Sacrement reservé pour les malades n'est point à l'Autel, parce qu'on ne l'y gardoit jamais, mais ailleurs, comme nous verrons qu'on faisoit pendant toute l'année dans plusieurs Eglises de Rouen. De même on ne dit durant ces trois jours ni *Deus in adjutorium* ni *Gloria Patri*, ni Capitules, ni Hymnes dans ces Offices, parce qu'on ne les disoit point dans les premiers siecles de l'Eglise; qu'ils y ont été ajoutez dans la suite, & qu'on ne s'est point encore avisé de les ajouter dans l'Office de ces trois jours, non plus que dans l'Office pour les Morts. Pour appeller les Fideles à l'Office divin on se sert de maillets de bois dans l'Eglise Cathedrale, dont on frappe contre les portes de l'Eglise; & dans les autres Paroisses de tablettes ou tartevelles, parce que c'étoit l'ancien usage de s'en servir avant que les cloches fussent inventées. Enfin on commence la Messe par les Propheties le Vendredi & le Samedi-saint, parce qu'on commençoit la Messe dans les premiers siecles de l'Eglife par la lecture de l'ancien Teftament: ce qu'on a retenu auffi le Samedi Vigile de la Pentecôte.

Il y a une pratique à Rouen qui eft fort ancienne, & que nous trouverions fans doute dans l'ancien Ordinaire de fix cens quarante ans, fi l'on n'en avoit pas déchiré quelques feuillets à cet endroit-là. C'eft l'Infcription de la Table Pafcale fur un beau velin, que l'on attache à hauteur d'homme autour d'une groffe colonne de cire haute environ de vingt-cinq pieds, au haut de laquelle on met le Cierge Pafcal entre le tombeau de Charles V. & les trois lampes ou baffins d'argent. Cette Table étoit (à ce que je m'imagine) autrefois lûe tout haut par le Diacre après qu'il avoit chanté fon *Pafchale Præconium*, dont elle étoit apparemment une partie. Du moins étoit-elle expofée, comme elle eft encore préfentement, à la vûe de tout le monde depuis Pâques jufqu'à la Pentecôte inclufivement. Il en eft fait mention dans le livre vi.e des divins Offices de l'Abbé Rupert chap. 29. dans le Livre intitulé *Gemma animæ* d'Honoré d'Autun, au Traité *de antiquo ritu Miffæ*, chap. 102. dans Guillaume Durand *Ration*. liv. vi. c. 80. & dans Jean Beleth, livre des divins Offices chap. 108. en ces termes: *Annotatur quidem in Cereo Pafchali annus ab Incarnatione Domini: infcribuntur quoque Cereo Pafchali Indictio vel Æra, atque Epacta*. Quand j'ajouterai qu'on y marquoit non feulement l'année & l'épacte, mais encore les Fêtes mobiles, combien il y a que l'Eglife de Rouen eft fondée, qui en a été le premier Evêque, combien il y a qu'elle eft dédiée, l'année du Pontificat du Pape, celui de l'Archevêque de Rouen, & celui du Roi; ce n'eft rien dire: il faut la donner ici telle qu'elle étoit en l'année 1697.

TABULA PASCHALIS.

Anno Domini 1697.

Annus ab origine mundi	5697.
Annus ab universali Diluvio	4052.
Annus ab Incarnatione Domini	1697.
Annus à Passione ejusdem	1664.
Annus à Nativitate B. Mariæ	1711.
Annus ab Assumptione ejusdem	1647.
Annus Indictionis	5.
Annus Cycli solaris	29.
Annus Cycli lunaris	7.
Annus præsens à Pascha præcedente usque ad Pascha sequens est communis abund.	
Epacta	7.
Aureus numerus	7.
Littera Dominicalis	F
Littera Martyrologii	G
Terminus Paschæ	14. April.
Luna ipsius	16. April.
Annotinum Paschale	22. April.
Dies Rogationum	13. Maii.
Dies Ascensionis	16. Maii.
Dies Pentecostes	26. Maii.
Dies Eucharistiæ	6. Junii.
Dominica à Pentecoste usque ad Adventum	26.
Dominica prima Adventûs	1. Decemb.
Littera Dominicalis Anni sequentis	E
Annus sequens est 1698. communis ord.	
Littera Martyrologii anni sequentis	t
Dominica à Nativitate Domini usque ad Septuagesimam anni sequentis	4.
Terminus Septuagesimæ anni sequentis	26. Januar.
Dominica Septuagesima anni sequentis	26. Januar.

Dominica 1. *Quadragesimæ anni sequentis* 16. *Febr.*
Dies Paschæ anni sequentis 30. *Mart.*
Annus ab institutione S. Melloni 1437.
Annus à transitu ejusdem 1388.
Annus ab institutione S. Romani 1066.
Annus à transitu ejusdem 1053.
Annus ab institutione S. Audoëni 1051.
Annus à transitu ejusdem 1008.
Annus à Dedicatione hujus Ecclesiæ
  Metropolitanæ 633.
Annus ab institutione Rollonis primi Ducis
  Normanniæ 785.
Annus à transitu ejusdem 779.
Annus à coronatione Guillelmi primi Ducis
  Normanniæ in regno Angliæ 623.
Annus ab obitu ejusdem 609.
Annus à Reductione Ducatûs Normanniæ
  ad Philippum II. Franciæ Regem, 493.
Annus ab alia Reductione Ducatûs Norman-
  niæ ad Carolum VII. Franciæ Regem, 247.
Annus Pontificatûs SS. Patris & DD.
  Innocentii Papæ XII. 5.
Annus ab Institutione R. Patris & DD.
  Jacobi-Nicolai Archiepisc. Rotomag. &
  Normanniæ Primatis, 7.
Annus à nativitate Christianissimi Principis
  Ludovici XIV. Franciæ & Navarræ Regis, 59.
Annus regni ipsius, 54.

Consecratus est iste Cereus in honore Agni immaculati, & in honore gloriosæ Virginis ejus Genitricis Mariæ.

C'étoit bien à propos qu'on publioit cette Table la nuit de Pâques, puisque c'étoit le premier jour de l'année durant plusieurs siecles jusqu'à l'an 1565.
qu'on

qu'on commença l'année au premier jour de Janvier suivant l'Ordonnance de Charles IX. Roi de France. Cette Table est une espece de Kalendrier Ecclesiastique. C'est à M. le Chancelier de l'Eglise Cathedrale de Rouen à l'écrire, ou à la faire écrire à ses dépens.

Et ce n'étoit pas seulement dans cette Eglise ; il y a tout lieu de croire qu'on en mettoit une pareille dans les Eglises Collegiales, ou du moins dans les Abbatiales, comme dans celles du Bec; car il en est parlé dans les Statuts que le Bienheureux Lanfranc qui en étoit Prieur, a faits pour être observez dans les Monasteres de l'Ordre de S. Benoît, dans les Coutumes de Cluny, & dans les Us de Cîteaux.

Il y a aussi une pareille colonne de cire avec le Cierge Pascal (mais sans Table Pascale) dans les Eglises de S. Ouen, de Notre-Dame de la Ronde, & de S. Sauveur de Rouen.

Dès que le Cierge Pascal est allumé le Samedi-saint, il brûle continuellement jour & nuit jusqu'au soir du jour de Pâques, conformément à la lettre, *ad noctis hujus caliginem destruendam indeficiens perseveret.... flammas ejus lucifer matutinus inveniat.* ; durant la Messe & Vêpres de toute l'Octave & des Fêtes Doubles du Tems Pascal jusqu'à l'Ascension, pendant la Messe des Dimanches, & durant tout l'Office des Fêtes triples qui se rencontrent dans le Tems Pascal jusqu'à l'Ascension, & depuis la Procession & la bénédiction des Fonts du Samedi Vigile de la Pentecôte jusqu'au soir du jour de la Pentecôte, qui est proprement l'accomplissement des cinquante jours du Tems Pascal ou de la *sainte Quinquagesime*, comme l'appellent les Peres.

Autant que j'en peux juger, on ne disoit point encore alors le Pseaume *Judica* au bas de l'Autel.

Voici ce qu'on lit dans cet Ordinaire nouveau au Samedi-saint : *Archiepiscopus vel Sacerdos cum Diacono & Subdiacono, candelabris & thuribulis veniat, & confessione humiliter dictâ, alte incipiat* Gloria in excelsis Deo *absque tropis ; & prosternat se omnis Chorus.* Et il ajoute, *Et interim omnes campanæ pulsentur, & dehinc per omnes Abbatias & Parochias totius civitatis.* La même chose est ordonnée dans le Rituel ; & il semble qu'il est de l'ordre que la maîtresse Eglise commence à donner le signal : cependant faute qu'on n'y tient pas la main, il y a des Eglises Paroissiales & Monacales où l'on sonne plus d'une heure avant la Cathedrale.

Voici une des plus belles pratiques qu'on sçauroit voir, qui étoit encore en usage à Rouen il n'y a pas cent cinquante ans. C'est qu'à la Procession qui se fait le jour de Pâques à la fin de Laudes devant le Crucifix dans la nef, l'Archevêque baisoit tous les Chanoines en disant à chacun d'eux, *Resurrexit Dominus.* La même chose se pratique encore aujourd'hui non seulement dans l'Eglise Cathedrale de Vienne en Dauphiné & dans l'Eglise Collegiale de S. Vulfran d'Abbeville ; mais encore dans tout l'Orient, où tant le Clergé que le peuple ne se salue point autrement ce jour-là qu'en disant Χριστὸς ἀνέστη, *Jesus-Christ est ressuscité.*

L'Archevêque donnoit encore alors la bénédiction solennelle avant l'*Agnus Dei*, comme font encore aujourd'hui les Evêques dans plusieurs Eglises de France. Il faut esperer du zele de M. l'Archevêque de Rouen qu'il la rétablira, comme a fait depuis peu M. l'Evêque d'Orleans.

Dans cette Messe & dans celle des Fêtes solennelles on y chantoit les tropes & les laudes ou louanges *cum tropis & laudibus.* Je crois avoir déja dit que les tropes étoient des strophes ou paroles entremêlées entre *Kyrie* & *eleïson*, comme *Kyrie orbis factor*, ou *Fons bonitatis*, qu'on chante encore à Lyon, à Sens & ailleurs. On en a retranché les paroles, & on en a cependant conservé les notes : c'est ce qui fait aujourd'huy cette grande traînée de notes sur une seule syllabe au *Kyrie*. Les laudes ou louanges sont les acclamations qui commencent par *Christus vincit*, *Christus regnat*, *Christus imperat &c. Ludovico Regi Francorum pax, salus & victoria. &c.* qu'on chante à Rouen entre l'Oraison & l'Epître toutes les fois que M. l'Archevêque célebre la Messe pontificalement aux Fêtes Triples de la premiere classe. Peutêtre est-ce encore une Antienne qui commençoit par *Hunc diem*, & qu'on chantoit immédiatement après la Communion dans l'Eglise de Vienne.

Voici le *Christus vincit* tout au long tel qu'il se chante toutes les Fêtes solennelles, quand M. l'Archevêque célebre la Messe pontificalement.

Deux grands Chanoines chantent au milieu du Chœur :

CHristus vincit, Christus regnat, Christus imperat.

Le Chœur répond, *Christus vincit, Christus regnat, Christus imperat.*

℣. *Exaudi Christe.* ℟. *Christus vincit*, &c.

℣. *N. Summo Pontifici & universali Papa vita & salus perpetua.*

℟. *Christus vincit, Christus regnat, Christus imperat.*

℣. *Salvator mundi*, ℟. *Tu illum adjuva.*

℣. *Christus vincit,* &c. ℟. *Christus vincit,* &c.

℣. *Exaudi Christe.* ℟. *Christus vincit,* &c.

℣. N. Rotomagensi Archiepiscopo, & omni Clero sibi commisso, pax, vita & salus æterna.

℟. Christus vincit, Christus regnat, Christus imperat.

℣. Sancta Maria, ℟. Tu illum adjuva.

℣. Sancte Romane, ℟. Tu illum adjuva.

℣. Christus vincit, &c. ℟. Christus vincit, &c.

℣. Exaudi Christe. ℟. Christus vincit, &c.

℣. N. Regi Francorum pax, salus & victoria.

℟. Christus vincit, &c.

℣. Redemptor mundi, ℟. Tu illum adjuva.

℣. Sancte Dionysi, ℟. Tu illum adjuva.

℣. Christus vincit, &c. ℟. Christus vincit, &c.

℣. Exaudi Christe, ℟. Christus vincit, &c.

℣. Episcopis, & Abbatibus sibi commissis, pax, salus, & vera concordia.

℟. Christus vincit, &c.

℣. Sancte Martine, ℟. Tu illos adjuva.

℣. Sancte Augustine, ℟. Tu illos adjuva.

℣. Sancte Benedicte, ℟. Tu illos adjuva.

℣. Christus vincit, &c. ℟. Christus vincit, &c.

℣. Exaudi Christe. ℟. Christus vincit, &c.

℣. Cunctis Principibus, & omni exercitui Christianorum, pax, salus & victoria.

℟. Christus vincit, &c.

℣. Sancte Maurici, ℟. Tu illos adjuva.

℣. Sancte Georgi, ℟. Tu illos adjuva.

℣. Christus vincit, &c. ℟. Christus vincit, &c.

℣. Tempora bona veniant, pax Christi veniat, regnum Christi veniat.

℟. Christus vincit, Christus regnat, Christus imperat.

℣. Ipsi soli laus & jubilatio per infinita sæcula sæculorum, Amen.

℟. Ipsi soli laus & jubilatio, &c.

℣. *Ipsi soli laus & imperium, gloria & potestas per immortalia sæcula sæculorum. Amen.*

℟. *ipsi soli laus & jubilatio per infinita sæcula sæculorum. Amen.*

On commençoit Vêpres par *Kyrie eleêson* au jour de Pâques & pendant la Semaine il n'y a pas encore cent ans, conformément à l'ancien Ordre Romain, à l'ancien & au nouvel Ordinaire de Rouen, aux Livres des divins Offices, de celui qui est attribué à Alcuin, de Rupert, d'Honoré d'Autun, de Guillaume Durand, à un ancien Breviaire des Jacobins, à l'Ordinaire des Carmes, aux Breviaires de Rouen de 1491. & de 1578. Enfin on le fait encore aujourd'hui dans les Eglises & Dioceses de Besançon, de Châlons sur Marne & de Cambray, de la Province de Reims & chez les anciens Carmes & les Prémontrez.* J'écris *eleêson* comme dans le Breviaire de Cluny, parce que c'est ainsi que le chantent les Musiciens de la Cathedrale de Rouen, & qu'on le chante dans toutes les Eglises des Pays bas, & qu'il doit être prononcé.

On disoit ce jour-là Vêpres comme on les dit encore aujourd'hui à Rouen & presque par tout ailleurs, avec trois Pseaumes & Antiennes Alleluïatiques, le Graduel *Hæc dies* & l'*Alleluia*, avec le Verset, sans Prose.

Après le *Magnificat*, l'Oraison & le *Benedicamus*, on fait la Procession aux Fonts. Deux Prêtres

---

* A *Quasimodo* & le reste de l'année on dit *Deus in adjutorium*, qui est l'ancien commencement des Solitaires : car on y dit *meum* au singulier. Kyrie eleeson *hemas* étoit le commencement pour le Clergé, où l'on est toujours ensemble ; car *hemas* est au plurier. C'est ce que m'écrivit sur cela feu M. l'Abbé Châtelain.

en aubes y portent les ampoules ou vases des saintes Huiles & du saint Chrême, ayant chacun sur le cou un grand voile ou écharpe dont les extrémitez leur servent à les tenir ; & au lieu d'eux un Diacre en aube & en dalmatique porte le Cierge beni. Ils marchent tous trois sur une même ligne, ayant la tête couverte de leur bonnet quarré, quoique tous les autres soient découverts. Je pense que la raison est qu'ils sortent de la Sacristie la tête couverte, parce que rien ne les oblige alors à avoir la tête nue, & qu'ayant les deux mains occupées à tenir les vases des saintes Huiles & le Cierge, ils ne peuvent plus se découvrir. [Nous avons vû de même le Soûdiacre de Lyon porter la croix à la Procession ayant la mître en tête, même en présence du saint Sacrement.] Puis le reste du Clergé avec le Soûdiacre & le Diacre, & enfin l'Officiant. En allant on chante le Pseaume *Laudate pueri* avec l'Antienne Alleluïatique, puis autour des Fonts le ℣. *Laudate pueri Dominum, laudate nomen Domini*. L'Officiant dit l'Oraison *ad Fontes* pour les nouveaux baptisez. Ensuite on chante le Pseaume *In exitu Israel de Ægypto*, qui est triomphé aussi-bien que le Pseaume *Laudate pueri*, & la Procession va par l'aile de l'Eglise à la porte occidentale, & revient achever le Pseaume dans la nef où l'on fait station. Aprés quoi la Procession rentre dans le Chœur en chantant en faux bourdon l'Antienne *Lux perpetua lucebit sanctis tuis Domine*, &c. le Verset & l'Oraison ; & les Enfans de chœur, *Benedicamus Domino, Alleluia, Alleluia*.

Cette Procession se fait encore aujourd'hui ponctuellement dans l'Eglise Cathedrale & dans les Eglises Paroissiales qui sont bien reglées. Dans les autres on n'y porte point les saintes Huiles, mais seulement le Cierge Pascal sans Diacre ni Soûdiacre. Cette Procession est fort propre à faire souvenir les Chrétiens des vœux de leur baptême. On peut voir ce que j'en ai dit ci-devant en parlant de l'Hôpital general de Paris nommé la Salpêtriere. On faisoit autrefois cette Procession à Rome, puisqu'elle est marquée dans l'ancien Ordre Romain, dans le livre des divins Offices communément attribué à Alcuin, dans le Rational des divins Offices de Guillaume Durand, dans l'ancien Ordinaire de Rouen de plus de 640. ans, dans un autre de 400. ans, dans un de 200. ans & dans les anciens Breviaires de Rouen dès années 1491. & 1578. comme aussi dans la plûpart des Eglises dont je parle dans cette Relation. Cette pratique est donc fort ancienne & fort louable.

Tous les Samedis depuis Pâques jusqu'à l'Ascension, on y faisoit & on y fait encore à present après Vêpres station dans la nef devant le Crucifix qui est encensé de trois coups par l'Officiant en chappe pendant qu'on chante le Répons *Dignus est Domine Deus noster accipere &c.* Il n'y a point de croix à cette station [apparemment parce qu'on y est toujours devant le Crucifix, mais seulement le Thuriferaire & les deux Portechandeliers.

Tous les Dimanches depuis Pâques jusqu'à l'Ascension, après Laudes on fait une pareille Procession ou station devant le Crucifix, avec la croix, banniere & les chandeliers, mais sans encens; outre la Procession qui se fait avant la grand'Messe.

Le jour de la Pentecôte à Tierces sept Chanoines Prêtres revêtus de chasubles pardessus leurs surplis, accompagnez du Diacre & du Soûdiacre pareillement Chanoines revêtus de dalmatique & de tunique, avec les deux Portechandeliers, viennent dans l'enceinte de l'Autel au pied de la marche, & li celui du milieu chante *Deus in adjutorium*, & ils chantent tous sept ensemble à genoux la premiere strophe de l'Hymne *Veni creator Spiritus*, durant laquelle ils encensent avec des encensoirs. Le Chœur chante la seconde strophe, les sept Prêtres la troisiéme, & ainsi alternativement. L'Hymne étant finie, les sept Prêtres ayant le visage tourné vers le Clergé l'encensent pendant qu'ils chantent entierement une Antienne, le Clergé & le peuple étant à genoux depuis le commencement du *Veni creator* jusqu'à la fin de l'Antienne. Après quoi le Chantre commence le Pseaume *Legem pone*. Les sept Prêtres, le Diacre & le Soûdiacre récitent ensemble Tierces dans le Sanctuaire; ensuite de quoi ils s'en retournent dans la Sacristie. Ce qui se pratique aussi dans les Eglises Paroissiales qui sont bien reglées.

Pendant l'Octave à Tierces le Prêtre qui doit célebrer la grand'Messe, le Diacre & le Soûdiacre revêtus comme pour la Messe, excepté la chasuble & les tuniques, viennent avec les deux Portechandeliers au bas du Chœur proche de la forme, le Prêtre officiant commence le *Deus in adjutorium* pour Tierces. Ils prennent lui & le Diacre chacun un encensoir, & s'étant mis à genoux avec le Soûdiacre, ils commencent l'Hymne *Veni creator*, & poursuivent cette premiere strophe avec le côté gauche du Chœur, & encensent cependant. Le côté droit du Chœur chante l'autre strophe, & ainsi du reste alternativement tant aujourd'hui que durant la Semaine, que le Chœur change chaque jour de l'Octave aussi bien que dans celles de Noël & de Pâques, où l'Office ne se fait point par Semainier, mais par Journeyeur, appellé en latin *Dietarius*. Le Chantre impose le Pseaume *Legem pone* sur

Notre-Dame de Rouen.

l'Antienne *Repleti sunt.* Et cependant l'Officiant s'assiet avec ses Ministres sur la forme, & après les Pseaumes & l'Antienne, il chante debout le Capitule, & l'Oraison après le Répons bref, & finit Tierces par *Benedicamus Domino.* Et aussitôt le Chantre commence l'Introït de la Messe.

Aux Fêtes de Pâques, de Pentecôte, de l'Assomption, de la Dédicace de l'Eglise, & de S. Romain, tout le Clergé étoit en chappes à la Procession, & restoit en chappes à la grand'Messe, où il y en avoit neuf qui étoient sur une même ligne au milieu du Chœur. Ils ne sont plus que cinq.

Pénitence publique observée à Rouen.

Il n'y a peutêtre point d'Eglise en France où la Pénitence publique s'observe avec plus d'exactitude & de cérémonie que dans l'Eglise de Rouen. Ce reste de l'ancienne discipline est trop beau pour ne pas trouver place ici. Voici comme elle se pratique dans cette Eglise.

Extrait d'un Mémoire de M. de la Fosse Grand-Pénitencier de l'Eglise de Rouen, de l'an 1673.

« Nous mettons ici à la Pénitence publique toutes sortes de personnes, hommes, femmes, jeunes gens; & depuis le commencement de cette année j'y ai obligé deux jeunes hommes de vingt ou vingt-cinq ans, pour avoir proferé quelques blasphemes en présence de plusieurs personnes de leur Paroisse avec qui ils travailloient.

« Les crimes pour lesquels on met pour l'ordinaire à la Pénitence publique, sont pour enfans étouffez, noyez ou brûlez avec notable négligence de leurs parens, concubinages publics, blas-

» phemes horribles proferez avec scandale, &c.
» J'attends de divers lieux de ce Diocese quelles sa-
» tisfactions ont été faites par des Gentilshommes
» qui se sont battus dans les Eglises.

» La maniere de pratiquer cette pénitence ou sa-
» tisfaction publique est differente; parce que je
» l'enjoins ordinairement pour être faite sur les
» lieux où la faute a été commise, outre la compa-
» rence que les Pénitens sont obligez de rendre en
» l'Eglise Cathedrale le Mercredi des Cendres &
» le Jeudi-saint du Carême suivant, parce que m'é-
» tant renvoyez par leurs Curez pour être absous
» de ces cas reservez, je leur ordonne d'entendre
» leur Messe Paroissiale au porche ou portail de
» leur Eglise un ou plusieurs jours de Dimanches
» & Fêtes avant que de recevoir l'absolution. Je
» fais ce renvoi par un billet en la maniere suivan-
» te : *Lator præsentium, vel præsens mulier genuflexa*
» *orabit ad fores Ecclesiæ proximis tribus diebus Do-*
» *minicis dum Missa Parochialis celebrabitur; deinde*
» *Feriis 4. Cinerum & 5. in Cœna Domini proxima*
» *Quadragesimæ horâ octavâ matutinâ conveniet ad*
» *præsentem Cathedralem Ecclesiam : quorum executio*
» *venerabili D. Parocho commendatur. Datum &c.*
» Et ensuite, *N. Pœnitentiarius Rotomagi.*
» Ils ne manquent pas de se trouver en ma Chapel-
» le au jour & à l'heure prescrits. Les plus éloignez
» viennent le jour precedent aux Vêpres, & m'ap-
» portent pour l'ordinaire lettres de leurs Curez
» qui attestent comme ils ont satisfait à ce qui leur
» étoit prescrit.

» Pour les Pénitens de la ville je leur fais pour
» l'ordinaire entendre leur Messe de Paroisse *ad fo-*
» *res interiores Ecclesiæ*, à cause que les portaux des
» Eglises aboutissent sur les rues : ce qui ne laisse

pas cependant de les faire assez remarquer, quand on voit des Dames en coëffes ou écharpes de soye quitter leur banc pour assister à la porte d'une Eglise à la Messe & à l'Office divin.

CEREMONIE DU JOUR DES CENDRES
pour l'imposition de la Pénitence publique.

Le Mercredi matin le Sermon Archiepiscopal se fait en la chaire placée au haut de la nef assez proche de la porte du Chœur. Cette même chaire par une cérémonie particuliere est ensuite approchée dans une arcade peu éloignée du grand Portail, afin que les Pénitens qui ne peuvent pas entrer dans l'Eglise avec les autres pour y assister aux divins Mysteres, puissent du moins entendre la parole de Dieu pendant le Carême. Donc le Mercredi des Cendres M. l'Archevêque vêtu pontificalement, ou en son absence le premier du Chapitre, va dans le Chœur faire la bénédiction des Cendres & l'imposition au Clergé : ensuite de quoi ils descendent processionellement dans la nef avec la croix, les chandeliers, & un cilice posté en forme de banniere par le Chanoine Diacre ; où étant tous postez en station, le Chanoine Diacre fait lecture d'une longue Leçon qui s'adresse aux Pénitens, & qui contient les raisons que l'Eglise a de leur imposer cette pénitence, & quels en doivent être les exercices. Voici en abregé le sens de cette Exhortation latine :

LA voix de vos freres que vous avez fait mourir crie devant Dieu. La sainte Eglise est dans le deuil & la tristesse pour la perte de ses enfans ; mais elle est encore plus affligée de celle de vos

» ames. C'est ce qui l'oblige de vous chasser aujour-
» d'hui de son sein, & de livrer vos corps au dé-
» mon, afin que vos ames soient sauvées au jour de
» notre Seigneur Jesus-Christ. Je vous exhorte
» donc de vous appliquer avec beaucoup d'ardeur
» & de vigilance à expier & réparer les crimes que
» vous avez commis, afin qu'étant délivrez de la
» puissance du démon, vous puissiez rentrer sous
» la protection de la sainte Eglise vôtre mere.

Et ensuite après s'être servi des paroles de saint Leon pour leur représenter l'horrible état où le péché les a réduits, & où ils sont dans cette séparation des Sacremens & de la Communion de l'Eglise, l'obligation qu'ils ont de s'acquitter de leur pénitence avec tant d'ardeur & de fidelité, qu'on ne soit pas obligé de la prolonger, il leur marque quelles sont les choses qu'ils doivent faire.

» Vous devez (leur dit-il) pendant tout le tems
» de votre pénitence porter le cilice, ne manger
» point de viande, jeûner au pain & à l'eau, vous
» abstenir selon l'ordre de vos Curez d'aller à che-
» val & à la guerre, des bains, de vous faire le poil
» & de vous abstenir de la compagnie de vos fem-
» mes autant qu'elles vous le voudront permettre;
» ne restant autre chose à faire à celui qui s'est ren-
» du criminel en usant des choses qui lui étoient
» défendues, que de s'abstenir de celles qui sont
» permises; & tenez pour tout assuré que nous ne
» pouvons user d'indulgence à votre égard, ni vous
» relâcher aucune de ces actions de pénitence, si
» vous ne les rachetez par de longues & de ferven-
» tes prieres, par nourriture des pauvres, & par
» d'autres bonnes œuvres.

La voici en latin :

Pénitence publique à Rouen.

VOx sanguinis fratrum vestrorum quos interfecistis clamat ad Dominum, sancta Ecclesia de amissione filiorum contristatur; sed acriùs dolet de animarum vestrarum interitu. Unde oportet vos ab ejus communione projicere, & corpora vestra juxta Apostolum tradi satanæ, ut salvi sint spiritus in die Domini. Inde vos moneo ut absque tepore & torpore, quæ pravè commisistis, summâ vigilantiâ emendare studeatis, quatenus à potestate satanæ erepti, sub tutelam matris vestræ scilicet sanctæ Ecclesiæ redire valeatis, &c.

Modum itaque satisfactionis, ut à sanctis Patribus definitus est, accipite. Tempore pœnitentiæ vestræ cilicio uti debetis, à carne abstinere, in pane & aquâ jejunare. Secundùm judicium & institutionem Sacerdotum vestrorum, ab equitatu, à militia, à balneis & tonsura, & ab uxorum vestrarum cohabitatione, quantum quidem ipsæ permiserint, coërcere vos oportet. Restat enim, testante sacrâ Scripturâ, ut qui illicita perpetrat, à licitis se abstineat. Nec in his, pro certo teneatis, vobis indulgere possumus; nisi orationis assiduitate, pauperum sustentatione, aut aliis bonis operibus redimantur.

Cette Leçon ou plûtôt cette Exhortation étant lûe, M. l'Archevêque ou l'Officiant se sied dans un fauteuil qui lui est préparé au bout du côté droit du Clergé. Ensuite un des Bedeaux vient en ma Chapelle*, où les Pénitens attendent tenant en main chacun un cierge allumé. Il les conduit en cet état au travers du peuple assemblé en grand nombre pour cette cérémonie; ils passent au travers de tout le Clergé, pour se prosterner à genoux devant l'Officiant assis, qui leur souffle leurs

* C'est celle de S. Jean-Baptiste.

» cierges, & vont ensuite & au même ordre à la
» grande porte de l'Eglise qui est entrouverte.
» Tous étant sortis l'un après l'autre, j'accompa-
» gne M. l'Archevêque ou l'Officiant, afin de fer-
» mer ensemble la porte, lorsque le dernier des Pé-
» nitens est sorti ; puis nous venons joindre le Cler-
» gé, où je prens la place de mon ordre pour re-
» tourner processionellement dans le Chœur, où
» l'on célebre la Messe.

CEREMONIE DU JEUDI ABSOLU, pour la Réconciliation publique.

Les Pénitens du Mercredi des Cendres, & autres qui ont été renvoyez pendant le Carême, se rendent le Jeudi Absolu sur les huit heures du matin en la Cathedrale dans la Chapelle du Pénitencier ; ils rapportent leurs cierges qu'on leur a éteints le Mercredi des Cendres.

Lorsqu'on a célebré l'Office de Nones, le Clergé vient processionellement en la nef conduit par M. l'Archevêque en habits pontificaux, ou en son absence par le premier du Chœur, qui prend cette journée qui est Archiépiscopale aussi-bien que le Mercredi des Cendres; le Diacre fait lecture de la Leçon qui commence *Adest, venerabilis Pontifex*, &c. qui contient proprement une requête que le Diacre fait à l'Evêque au nom de tous les Fideles & de toute l'Eglise, de reconcilier les Pénitens, & de leur accorder la grace de l'Absolution qu'elle lui demande pour eux avec humilité, & dont ils se sont rendus dignes par leurs larmes & leurs gémissemens continuels, par leurs jeûnes & les autres exercices de leur pénitence.

Lorsqu'on chante cette Leçon, le Bedeau vient prendre les Pénitens pour les conduire hors de l'E-

Pénitence publique à Rouen.

glise, pour se rendre à la grande porte par laquelle ils avoient été expulsez le Mercredi des Cendres : & lorsque M. l'Archevêque ou l'Officiant commence *Venite*, & que le Clergé le repete alternativement trois fois, & acheve *Venite filii, audite me, timorem Domini docebo vos*, on ouvre la grande porte aux Pénitens, qui se prosternent l'un après l'autre devant M. l'Archevêque ou autre Officiant qui leur donne le baiser de paix : & cependant le Diacre & le Soûdiacre prennent les cierges éteints des Pénitens, les allument à ceux des Acolythes, & les redonnent aux Pénitens, qui vont en file au travers du Clergé pour se placer dans un parquet qui leur est préparé devant la chaire au haut de la nef, comme le Mercredi des Cendres, où ils entendent le Sermon qui se fait par le Pénitencier ou par quelque autre commis de sa part : le Clergé y assiste & un tres-grand nombre de peuple qui est fort édifié de ce qui se passe en cette action.

Après le Sermon que les Pénitens entendent à genoux, les cierges ardens en main, le Chantre commence le *Domine ne in furore*, & le Clergé present continue alternativement les sept Pseaumes pénitentiaux, à la fin desquels M. l'Archevêque ou l'Officiant précedé de deux Acolythes avec leurs cierges allumez montent en la chaire pour faire l'Absolution generale comme elle est prescrite dans le Manuel. Les Pénitens ensuite retournent en la Chapelle du Pénitencier, qui les renvoye en paix après un mot d'exhortation.

Pour le nombre des Pénitens, je me souviens que j'en présentai l'année derniere à M. notre Archevêque environ quarante.

A Rouen ce 6. Fevrier 1673.

Signé DE LA FOSSE, Chanoine, Theologal & Pénitencier de Rouen.

En l'année 1697. il y avoit trente-huit Pénitens publics à l'Eglise Cathedrale de Rouen.

Processions de Rouen.

Voici en abregé ce qu'il y a de plus considerable dans les principales Processions de l'année, tiré de l'Ordinaire de deux cens ans ou environ, & qui se pratique encore aujourd'hui à la reserve de quelques petites circonstances que j'aurai soin de marquer.

Tous les Mercredis & les Vendredis de Carême après Nones, le Clergé avec le Soûdiacre, le Diacre & le Prêtre revêtus d'aubes, de manipules & d'étoles, va processionellement en chantant les Litanies des Saints d'un ton assez triste, en station dans une Chapelle. Y étant arrivez, on interrompt les Litanies pour dire les Prieres & les Suffrages. Ils y étoient autrefois tout-à-fait prosternez durant ces Prieres. Aujourd'hui ils le font encore, mais d'une maniere moins humiliante : il y a là quelques bancs de travers, sur lesquels sont courbez tous ceux du Clergé, qui sont à genoux ainsi prosternez durant ces Prieres C'est ce que nous verrons encore ailleurs, & ce qu'on appelloit *prostratio super formas*, ou *se incurvare super formas*. Ce qui approche bien de l'ancienne prostration. Les Prieres & les Oraisons étant achevées, les deux Chapelains reprennent la Litanie où ils en étoient demeurez, & la continuent jusqu'à ce que tous se soient rangez à leurs places ; alors ils la finissent, & aussitôt on commence la Messe. Ces deux jours de stations étoient consacrez à de plus longues prieres & à des jeûnes plus austeres.

Les Processions se font à Rouen avec beaucoup de

de gravité & de pompe. Il y en a cinq ou six qui font trop belles, pour n'en pas parler ici.

Le Dimanche des Rameaux on fait une Procession assez singuliere, qu'on nomme *La Procession du Corps saint*. En voici le rite. Entre trois & quatre heures du matin le Sacriste de l'Eglise Cathedrale descend la suspension, & met le saint Ciboire dans une espece de tabernacle ou lanterne mipartie de menuiserie & de verre, attachée à un brancard, qu'il pose proche la porte meridionale du Chœur sur une table ornée d'un tapis & de deux chandeliers avec des cierges allumez. Il est là exposé à la veneration des Fideles qui y accourent de toutes parts de la ville pour accompagner le Corps saint de Jesus-Christ au lieu où il doit être porté. Cependant on dit Matines ; & vers la fin des Laudes sur les cinq heures & demie, deux Chapelains de la Commune revêtus d'aubes au son de la grosse cloche en volée portent ce brancard sur leurs épaules au milieu de douze grandes torches fournies aux dépens de M. l'Archevêque avec les armoiries du Prélat, avec une affluence incroyable de peuple, mais sans autres personnes du Clergé que les deux Chapelains : Messieurs du Chapitre zelez pour les anciens usages n'ayant pas même voulu accepter une fondation pour l'accompagner avec nombre de Clergé. Ils vont par la grande rue des Carmes à l'Église de S. Godard, qui est parée des plus belles tapisseries de la ville. Ils posent ce brancard au milieu du Chœur sous un riche dais, & il reste là jusqu'à neuf heures du matin. En la Cathedrale vers les sept heures & demie du matin, après Tierces & l'aspersion de l'eau benite, le Célébrant le Diacre & le Soûdiacre revêtus, sans chasuble & sans tuniques, précedez de la Croix découvert

& des chandeliers allumez, descendent dans la nef avec le Clergé, qui s'y range en deux hayes devant le Crucifix, pendant que le Célebrant avec ses Ministres monte à l'Autel de la Croix (mieux connu sous le nom de sainte Cecile) & y benit les palmes pour tous les Chanoines, qui en ont chacun une, & les rameaux pour les Chantres, Chapelains & Enfans de chœur. Pour cette bénédiction on dit une Messe seche, composée d'une Antienne, puis d'une Oraison, d'une Epître chantée au Jubé par le Soûdiacre revêtu d'une tunique & ayant le visage tourné vers le peuple ; d'un Graduel, de l'Evangile *Cùm appropinquasset &c.* chanté aussi au Jubé par le Diacre en dalmatique ; d'une Oraison, d'une Préface, de trois Oraisons, & enfin de deux Antiennes & d'une Oraison.

Après que la distribution des Rameaux est faite par deux Prêtres en surplis, tous tenans leurs palmes ou rameaux en main, ils vont processionellement à l'Eglise de S. Godard, *ad sanctum Gildardum*, en chantant des Répons & Antiennes. Lorsqu'ils y sont arrivez, on fait un Sermon [aujourd'hui] dans l'Eglise de S. Laurent qui est voisine; autrefois c'étoit dans un grand Cimetiere qui est entre ces deux Eglises. On construisoit pour cet effet dans ce Cimetiere du côté de la *rue de l'Ecole* une tribune de charpente grande au moins de vingt pieds en quarré, pour y prêcher au milieu d'une si grande affluence de peuple. Je l'ay vûe plusieurs fois, & il n'y a pas plus de quarante ans qu'on a cessé tant à cause de l'inconstance du tems, que parce que le Prédicateur en étoit presque toujours enrhumé ou incommodé : de sorte qu'on fait toujours à présent la prédication dans l'Eglise de S. Laurent qui est proche. La prédication étant

Proceſſions de Rouen.

finie, le Clergé de l'Egliſe Cathedrale retourne à Saint Godard, où cinq Chapelains étant devant la châſſe où eſt le ſaint Sacrement, chantent quelques Verſets ou Antiennes auſquelles ſes Miniſtres & le Chœur répondent alternativement, le Célebrant étant à genoux avec ſes Miniſtres, & encenſant le ſaint Sacrement.

Après l'Antienne *Hoſanna filio David*, le Chantre commence l'Antienne *Cœperunt omnes turba*, & la Proceſſion retourne d'une maniere fort pompeuſe. Les rues par où elle paſſe ſont tendues de tapiſſeries. Les plus conſiderables Bourgeois de la ville & une foule de peuple ſuivent la Proceſſion; & les Cinquanteniers & les cent Arquebuziers y ſont, qui bordent la Proceſſion pour empêcher la confuſion. Lorſqu'on eſt arrivé au lieu où étoit l'ancienne porte de la ville nommée *La porte de ſainte Apolline*, Patrone de l'Egliſe des Carmes qui eſt voiſine, (& quelquefois auſſi nommée *La porte du grand pont*) on fait ſtation à un repoſoir; & les Enfans de chœur & les Muſiciens montent à une chambre voiſine, [c'étoit autrefois ſur la tour même de la porte] *cùm Proceſſio ad portam civitatis ornatam venerit, ſex pueri turrim aſcendant*; & chantent les Verſets *Gloria, laus & honor* &c. Et pendant que M. l'Archevêque chante *Gloria, laus*, avec le Chantre, les revêtus & le Chœur; il encenſe continuellement le ſaint Sacrement qui eſt au repoſoir. Ces Verſets étant finis, le Chantre commence le ℟. *Ingrediente Domino in ſanctam civitatem*, & la Proceſſion entre dans la ville (dit l'Ordinaire) c'eſt à dire dans l'ancienne enceinte de la ville. Puis a l'entrée de l'aître ou du parvis le Chantre commence le ℟. *Collegerunt Pontifices*. Quatre Prêtres revêtus de chappes noires [autrefois rouges & vertes] chantent devant la porte de l'Eglise le Verset *Unus autem ex ipsis* ; enfin les deux Prêtres Chapelains revêtus mettent au travers de la porte le brancard sur lequel est posé le Corps de notre Seigneur dans la lanterne & le tiennent ferme, de sorte que tout le Clergé & le peuple entre dans l'Eglise en passant par dessous le saint Sacrement.

Aussitôt on découvre le grand Crucifix, & l'Archevêque, le Chantre, le Diacre & le Soûdiacre en flechissant le sgenoux chantent *Ave Rex noster*, que le Chœur repete. Enfin on entre dans le Chœur ; & si l'Archevêque est présent, il donne la bénédiction au peuple, [on resserre le saint Sacrement] & on commence la Messe.

Le Lundi des Rogations après Sextes (dit l'Ordinaire) qu'on se dispose pour la Procession, à laquelle sont obligez d'assister & assistent le Clergé & le peuple de la ville avec leurs châsses de Reliques, leurs croix & leurs bannieres, & se rendent pour cet effet à l'Eglise mere & metropolitaine, *ad metropolitanam & matrem Ecclesiam convenire tenentur.* Pendant que les Processions de ces Eglises y arrivent, on tire du Tresor de l'Eglise les châsses des Reliques des Saints, qui sont portées sur le grand Autel l'une après l'autre par deux Chapelains de la Commune revétus d'aubes. Elles sont accompagnées jusque vers l'enceinte du Sanctuaire par deux Enfans de chœur portans des cierges, par le Diacre & le Soûdiacre revêtus à la reserve de la tunique, & par le Semainier ou Journeyeur officiant aussi revêtu d'aube, d'étole & de manipule violette, qui encense cependant chaque châsse depuis le Tresor jusqu'à l'entrée du Chœur vers l'enceinte du Sanctuaire, pendant que les Chantres chantent une Antienne propre au Saint ou à la Sainte dont est la Relique. Là l'Officiant étant arrêté avec ses ministres, chante aussi le Verset & l'Oraison propre au Saint ou à la Sainte dont est la châsse, qu'on pose sur le grand Autel. Quand toutes les châsses sont apportées sur l'Autel, & que le Clergé de la ville est assemblé, la Procession part de l'Eglise Cathedrale sur les neuf heures & demie du matin, c'est-à dire à l'heure de Sextes commencées, sans craindre par delicatesse les ardeurs du soleil, comme en d'autres pays où pour l'éviter on part dès sept heures du matin, expliquant le *post Sextam*, après six heures du matin.

D'abord marchent sous leurs bannieres les châsses de trois ou quatre Paroisses avec leur Clergé, & trois ou quatre châsses de l'Eglise Cathedrale avec deux flambeaux ou cierges à côté de chacune. Puis suivent toutes les croix & bannieres de toutes les autres Paroisses. La croix & banniere de l'Eglise de S. Maclou la plus grande Paroisse de la ville, est celle sous laquelle marche tout le Clergé nombreux de toutes les Eglises Paroissiales de Rouen en droite ligne, en deux hayes, avec les Curez de la ville qui marchent les derniers.

Après eux marchent les Chanoines Reguliers de la Madelene & de saint Lô, qui avoient pris place au Chœur avec les Chanoines de la Cathedrale d'un côté ; après eux suivent les Benedictins tant reformez qu'anciens de l'Abbaye Royale de S. Ouen, qui avoient aussi place de l'autre côté du Chœur avec les Chanoines de la Cathedrale : ces Eglises ayant association ensemble, comme je le dirai en leur lieu.

Après eux un Bedeau du Chapitre porte la grande banniere de l'Eglise Cathedrale, & après lui suit un Acolythe qui porte la croix proceſſionale à laquelle eſt attachée une petite banniere ſous laquelle marche tout le Clergé de l'Egliſe Cathedrale, compoſé des Enfans de chœur, des Chapelains en fort grand nombre, des Chantres ou Choriſtes qui ſont auſſi Chapelains.

Au milieu des Chantres, ſelon l'Ordinaire, marchoit M. le Chantre précedé des deux Curez des Egliſes de S. Denys & de S. Vigor, ayant en main des baguettes blanches pour garder la marche des Chapelains tant en allant qu'en revenant ; puis les Chanoines dont les derniers ſont le Diacre & le Célebrant, après leſquels ſuivent deux grands Dragons que le vulgaire appelle *Gargouilles* ; [& on en porte de pareils dans pluſieurs autres Egliſes de France, comme à Paris, à Laon, &c.] ſuivent les châſſes [ou Fiertes, ainſi dites du mot latin *feretrum*,] de Notre-Dame & de S. Romain au milieu des ſymphonies de pluſieurs inſtrumens de muſique, ſuivies des plus riches marchands de la ville & du peuple. Quand la Proceſſion paſſe pardevant la porte d'une Egliſe, & à la porte de l'Egliſe de la ſtation, le Clergé eſt encenſé par le Curé ou le Vicaire.

[Ces baguettes que ces deux Curez portoient autrefois pour garder la marche de la Proceſſion, n'étoient pas ſingulieres à l'Egliſe de Rouen : nous en avons vû auſſi à Lyon *ad defendendam* ou *cuſtodiendam Proceſſionem*, pour maintenir la marche de la Proceſſion, pour faire laiſſer le paſſage libre, pour empêcher la confuſion. Les autres Curez de la ville & beaucoup d'autres Eccleſiaſtiques en ont auſſi ; les Dignitez & les anciens Chanoines de même. Mais comme toutes ces choſes dégenerent dans la ſuite, ils les ont depuis racourcies, n'étant plus que de la longueur de deux pieds ou deux pieds & demi. Enfin on a depuis eu honte de les porter toutes nues, & on y a ajouté des fleurs en haut, puis enfin auſſi au milieu de la baguette.

Autrefois les Benedictins du Bec en allant à ces trois Proceſſions des Rogations portoient des baguettes ou bâtons ou pour ſe ſoutenir, ou pour ôter du chemin ce qui pouvoit les incommoder à marcher: car ces Proceſſions ſe faiſoient autrefois nuds pieds, comme on le peut voir dans l'Ordre Romain [& je l'ay remarqué ſur Lyon]. Comme l'Abbaye du Bec eſt du Dioceſe de Rouen, & qu'elle n'en eſt pas fort éloignée, qu'on y ſuivoit une bonne partie des rites de Rouen, il ſe pouroit bien faire que ces baguettes que porte aujourd'hui une partie du Clergé, c'eſt-à-dire, tous ceux à qui on en donne ou qui en achettent, étoient plus longues & plus groſſes, & pour le même uſage. Les Moines de S. Martin des Champs de la Congregation de Cluny à Paris portent encore chacun une baguette ou bâton aux Proceſſions des Rogations, ceux de S. Benigne de Dijon; de même à Liſieux & dans tout l'Ordre de Cluny. Cela aide à confirmer cette conjecture; & on n'aura peutêtre pas de peine à donner dedans, quand on ſaura qu'à Rouen on va le Mardi des Rogations à Saint-Gervais hors la ville, où il y a à monter, & qu'on alloit autrefois le lendemain Mercredi à l'Egliſe Abbatiale du Mont de ſainte Catherine, qui eſt une montagne tres-haute, tres-rude & tres pénible à monter; de ſorte que des bâtons étoient fort commodes pour monter & pour deſcendre. J'en laiſſe le jugement à ceux qui ſont ſavans dans les Rubriques.]

Reprenons la ſuite de notre Proceſſion du Lundi. Elle va faire ſtation à l'Egliſe Paroiſſiale de S. Eloy.

Dès que la Procession y est entrée, il s'y fait un Sermon, qui ne s'y faisoit apparemment autrefois qu'après l'Évangile d'une Messe seche qu'on y célebroit peutêtre comme à Mets en Lorraine : car le Célebrant à la reserve de la chasuble, le Diacre & le Soûdiacre y sont revétus comme aux Feries pour y dire la Messe. [A Vienne le Célebrant y marche revétu même de la chasuble.] Le Sermon étant fini, on dit les prieres à genoux [autrefois tous étant prosternez] devant l'Autel : après lesquelles trois Chantres ou Chapelains chantent la Litanie des Saints, jusqu'à ce qu'on soit rentré dans le Chœur de l'Eglise Cathedrale où on la finit.

L'Ordinaire de l'Eglise Cathedrale ajoute ici : *Nota quòd qualibet die trium dierum Processionis Religiosi S. Audoëni tenentur mittere per suos servitores ad domum Cantoris Ecclesiæ Rotomagensis vel ejus locum tenentis, horâ prandii unum panem magnum, unum galonem boni vini, honestum ferculum piscium, & unum magnum flaconem de pinguedine lactis, sicque in duobus primis diebus reportantur vasa, & in tertia die dimittuntur, & pertinent Cantori.*

Le Mardi des Rogations la Procession va à l'Eglise de S. Gervais avec les mêmes cérémonies que hier ; il y a Sermon, lequel étant fini, on dit à genoux [autrefois tous étant prosternez devant l'Autel] les prieres, après lesquelles on chante le Répons *O constantia Martyrum*, lequel étant fini, trois Chanoines chantent la Litanie qui commence par *Humili prece & sincerâ devotione ad te clamantes Christe exaudi nos*, que le Chœur repete après chaque couple ou combinaison de strophes composées chacune d'un vers hexametre & d'un pentametre, qui contiennent les noms des Saints selon leur ordre, dont la composition est aussi pitoyable, que le chant en est charmant.

La Procession va sur le bord des fossez dans lesquels il y a des tours, des écoutes ou voûtes, & plusieurs échôs qui retentissent du ce beau chant avec ses cadences. On ne peut rien entendre de plus agreable ni de plus charmant. Les Chantres continuent la Litanie jusqu'à ce qu'étant arrivez au Chœur de l'Eglise Cathedrale ils la finissent par les deux dernieres strophes, dont la derniere est greque.

Le Mercredi des Rogations on va en Procession à Saint-Nicaise [autrefois à l'Eglise Abbatiale du Mont sainte Catherine avant qu'elle fût détruite] à la même heure & avec les mêmes cérémonies que Lundi, pareillement avec Sermon. En retournant trois Chanoines chantent d'abord la Litanie *Ardua spes mundi*, qu'on repete après une strophe composée d'un vers hexametre & d'un pentametre, qui contiennent les noms des Saints selon leur ordre, dont la composition n'a rien de beau non plus que le chant. Mais quand on est venu à un certain carrefour, trois Prêtres Chapelains en commencent une autre dont le chant est plus beau, & qui fait un fort bel effet avec les reprises. En voici l'ordre. Les trois Prêtres Chapelains chantent *Rex Kyrie, Kyrie eleïson, Christe audi nos*. Le Chœur repete la même chose. Puis les trois Prêtres Chapelains au milieu de la Procession chantent *Sancta Maria ora pro nobis*. Après quoi trois Diacres Chapelains de même chantent *Rex virginum Deus immortalis*. Trois Soûdiacres Chapelains de même ajoutent, *Servis tuis semper miserere*. Le Chœur, *Rex Kyrie, Kyrie eleïson, Christe audi nos*. Et ils poursuivent ainsi tous neuf la Litanie le long du chemin jusques dans le Chœur, où on la finit. Au retour on dit Nones, & ensuite on va dîner, car il est bien midi & audelà.

Procession pour la délivrance d'un Criminel le jour de l'Ascension de notre Seigneur.

C'est un des plus beaux droits de l'Eglise de Rouen que le pouvoir qu'elle a de délivrer un criminel & tous ses complices tous les ans au jour de l'Ascension : ce qui attire dans la ville un tres-grand nombre de personnes qui veulent voir cette cérémonie. S'ils veulent satisfaire entierement leur curiosité, il faut qu'ils aillent sur les neuf ou dix heures du matin à la grande Salle du Parlement par le grand escalier qui est dans la Cour du Palais. Ils verront au bout de cette Salle une petite Chapelle fort propre où le Curé de S. Lô célebre une Messe solennelle chantée avec Orgues & la Musique de l'Eglise Cathedrale avec les douze Enfans de chœur : à laquelle assistent tous Messieurs les Présidens & Conseillers du Parlement revétus de robes rouges. Il faut y remarquer les reverences qu'ils font à l'Offrande. Après la Messe ils vont dans la grande Chambre dorée, où on leur sert magnifiquement à dîner vers midi.

Après leur dîner, c'est à dire sur les deux heures après midi, le Chapelain de la Confrerie de S. Romain va en surplis, aumusse & bonnet quarré présenter en grand'Chambre de la part de Messieurs du Chapitre de l'Eglise Cathedrale le billet de l'élection qu'ils ont faite d'un prisonnier detenu pour crime (hors ceux de leze-Majesté & de guet à pens). Ce qui ayant été examiné, le prisonnier ouï & interrogé (son procès instruit & rapporté) est condamné au supplice que mérite son crime. Puis en vertu du privilege accordé en consideration de S. Romain, sa grace lui est donnée, & il est délivré entre les mains dudit Chapelain, qui conduit le criminel tête nue à la place de la vieille Tour, où la Procession étant arrivée, l'Archevêque assisté du Célebrant, du Diacre & du Soûdiacre & de quelques Chanoines, monte au haut du perron avec eux & avec les deux Prêtres qui portent la Fierte ou Châsse de S. Romain, laquelle étant posée sous l'arcade sur une table decemment ornée, l'Archevêque ou à son defaut le Chanoine officiant fait une exhortation au criminel qui est à genoux nue tête, lui représente l'horreur de son crime, & l'obligation qu'il a à Dieu & à S. Romain par les merites duquel il est délivré: après quoi il lui commande de dire le *Confiteor*, puis il lui met la main sur la tête & dit le *Misereatur* & l'*Indulgentiam*; ensuite de quoi il lui fait mettre ses épaules sous un bout de la châsse, & étant ainsi à genoux la lui fait un peu élever. Aussitôt on lui met une couronne de fleurs blanches sur la tête; après quoi la Procession retourne à l'Eglise de Notre-Dame dans le même ordre qu'elle est venue, le prisonnier portant la châsse par la partie anterieure. Aussitôt que la Procession est rentrée dans l'Eglise, & que le criminel a posé la châsse sur le grand Autel, on dit la grande Messe quelque tard qu'il soit, quelquefois à cinq ou six heures du soir. L'Archevêque fait encore au prisonnier une petite exhortation, & il est conduit devant les Dignitez & au Chapitre où on lui fait encore une exhortation, & de là on le mene à la Chapelle de S. Romain, où il entend la Messe. Ensuite il est conduit à la Vicomté de l'Eau, où on lui donne la collation, & de là chez le Maître de la Confrerie de S. Romain, où il soupe & couche. Le lendemain sur les huit heures du matin le criminel est conduit par le Chapelain dans le Chapitre, où le Pénitencier ou un autre Chanoine lui fait encore une exhortation, puis l'entend de confession; & on lui fait prêter serment sur le livre des Evangiles, qu'il aidera de ses armes Messieurs du Chapitre, quand il en sera requis : après quoi on le renvoye libre.

Procession du jour de la Fête-Dieu.

Avant que de commencer Tierces, le Sacriste descend la suspension du saint Ciboire, dans lequel il prend une grande hostie & la met dans l'ostensoire ou soleil. L'Officiant aussitôt chante *O salutaris hostia*, en encensant le saint Sacrement : après quoi on dit Tierces, tous étant tête nue & debout sans s'appuyer sur leurs stalles. Ce qui marque le profond respect que les Chanoines de Rouen ont pour Jesus-Christ, comme ils le doivent. Et en effet si l'on est debout devant le Roi, à combien plus forte raison doit-on l'être en présence du Roi des Rois.

Tierces étant finies, on fait la Procession, tout le Clergé y étant en chappes, & les Enfans de chœur en tuniques : elle sort par la porte méridionale, & revient par la grande porte occidentale. Ce sont deux Chanoines revêtus de chasubles blanches qui portent le saint Sacrement sur un brancard sous un riche dais porté par quatre petits Chanoines, ayant à côté deux Acolytes qui portent des flambeaux allumez, devant eux deux Enfans de chœur qui encensent le saint Sacrement, & encore deux autres derriere eux qui l'encensent pareillement. Au retour de la Procession il se fait une station au milieu de la nef ; le saint Saerement y est posé sur le brancard qu'on tient de travers sur deux hauts treteaux, & tout le Clergé & le peuple

Processions de Rouen. 349

passe pardessous le saint Sacrement ; & cependant l'on chante pour l'entrée du Chœur l'Antienne *O quàm suavis est Domine.* Après qu'elle est finie, l'Archevêque donne la bénédiction s'il est présent ; on resserre le saint Sacrement, & on commence la Messe. Car en cette Eglise on est fort attaché à conserver l'ancienne discipline.

Ce soir là même on dit un Salut fondé depuis environ quarante ans ; & depuis environ trente ans deux autres le Dimanche au soir & le Jeudi de l'Octave au soir, de la fondation de deux Chanoines. Toute l'Eglise est illuminée de cierges qui y sont en tres-grande quantité. On fait la Procession audedans de l'Eglise tout autour : le saint Sacrement y est porté par l'Officiant en chappe sous le dais avec deux torches ou flambeaux à côté, & quatre Enfans de chœur qui encensent comme à la Procession du matin. Après quelques prieres l'Officiant donne la bénédiction du saint Sacrement sans rien dire, à moins que ce ne soit l'Archevêque.

[Le même jour chaque Paroisse fait le matin la Procession sur son territoire, le Clergé étant fort nombreux, & y ayant quatre Eglises Paroissiales qui ont chacune près de cent Ecclesiastiques, les autres quarante, trente, quinze ou vingt.]

Exposition du saint Sacrement pour le Roy.

Hors ce que j'ai marqué ci-dessus on n'expose jamais le saint Sacrement à découvert dans l'Eglise Cathedrale, si ce n'est pour une tres-grande necessité, comme lorsque le Roi court risque de sa vie soit à la guerre, soit en maladie. Alors on y expose le saint Sacrement en la maniere & avec les circonstances suivantes.

On avertit le Dimanche précedent au Prône des Eglises Paroissiales qu'à un tel jour commenceront les Prieres des Quarante-Heures avec Exposition du saint Sacrement pour la conservation de la sacrée Personne du Roi.

Outre cela, la veille des Quarante-Heures à huit heures du soir on sonne en volée ou en branle près d'un quart-d'heure les deux plus grosses cloches de l'Eglise Cathedrale (excepté George d'Amboise), pour en avertir.

La nef est tendue des plus belles tapisseries de la ville. L'Autel de la Chapelle de Notre-Dame des Vœux qui est proche le Jubé audessous du Crucifix, est paré des plus beaux ornemens, est tout couvert de chandeliers de vermeil doré, & a un tres-riche dais audessus; & c'est là où le saint Sacrement est exposé. Par ce moien là on ne dérange rien, on ne change point les rites de l'Office qui se dit toujours au Chœur. On ne célebre aucune Messe en présence du saint Sacrement; Dieu n'en est pas moins adoré pour cela. Au contraire c'est pour lui procurer une plus grande adoration & plus de respect, que Messieurs du Chapitre en usent ainsi. Il ne faut pas croire qu'ils laissent là seul le saint Sacrement. Depuis l'enceinte de l'Autel jusqu'au pilier de la Lanterne on met de chaque côté deux grandes barricades qui empêchent le monde d'entrer dans un parquet ou une place quarrée que forme cette espece de balustrade. Un grand tapis de Turquie couvre cette grande place, où il y a deux prie-Dieu avec deux tapis dessus pour deux Chanoines; derriere eux un banc couvert pareillement d'un tapis pour marquer la place où se doivent mettre quatre Chapelains; & encore derriere ceux ci un autre plus petit banc pour marquer la place où doivent se

Processions de Rouen. 351

mettre deux Enfans de chœur. Ils sont là tous huit à genoux & tête nue à prier & adorer en silence le saint Sacrement durant une heure de tems, après laquelle huit autres prennent les places de ces huit premiers, & ainsi des autres successivement d'heure en heure depuis le matin jusqu'au soir, où il y a toujours une tres-grande affluence de peuple qui y viennent faire leurs prieres & leurs adorations.

Le matin en exposant le saint Sacrement on chante pour toute chose l'*Ave verum*, & le soir sans faire de Procession on chante un Salut composé de l'*Ave verum*, ou de *Pange lingua*, avec l'*Exaudiat* & quelques prieres pour le Roi, puis l'Officiant donne la bénédiction sans rien dire, à moins que ce ne fût l'Archevêque. Ce jour-là, quand même il seroit Dimanche, il n'y a jamais de Sermon. Et cela est de bon sens, & conforme à ce que Dieu demande dans ces occasions ; *Sileat omnis caro à facie Domini, quia consurrexit de habitaculo sancto suo.* (Zachar. 2.) *Que tout homme soit dans le silence devant la face du Seigneur, parce qu'il s'est avancé vers nous de son sanctuaire.* Ainsi l'adoration en silence est ce qui convient le mieux à Jesus Christ exposé sur nos Autels : ç'a toujours été l'ancienne pratique de l'Eglise, & elle est encore observée dans plusieurs, comme je l'ai remarqué en divers endroits de cette Relation.

Procession generale après Vêpres, au jour de l'Assomption 15. Août.

C'est assurément la plus nombreuse & la plus belle de toutes les Processions generales qui se font à Rouen. Tout le monde sçait que c'est pour le vœu du Roi Louis XIII. & en action de graces pour l'heureuse naissance du Roi tres-Chretien Louis XIV.

Il y a deux Couvens de Capucins, deux Couvens d'Augustins chaussez & déchaussez, des Recollets, de Pénitens-Picquepuces, de Minimes, de Cordeliers en fort grand nombre, de Carmes, & de Jacobins ; sans préjudice des rangs.

Après eux vont toutes les Croix & tout le Clergé nombreux des Paroisses de la ville. Suivent les Chanoines Reguliers de la Madelene & de saint Lô, & les Benedictins de S. Ouen. Enfin le Clergé de l'Eglise Cathedrale, avec M. l'Archevêque qui donne sa bénédiction à une foule innombrable de peuple qui borde les grandes rues par où l'on passe.

Les étrangers qui veulent voir tout le Clergé de la ville, les beaux ornemens & les belles cérémonies de l'Eglise Cathedrale, doivent préferer ce jour à tout autre. On peut encore ajouter à celui-ci le jour de l'Ascension ; mais il y a plus de confusion & moins de devotion. Les jours de Pâques, du saint Sacrement, & de la Dédicace de l'Eglise le premier jour d'Octobre, sont encore des jours où l'on peut voir les riches ornemens, les belles cérémonies, & le grand nombre de cierges de cette Eglise, qui l'éclairent de nuit comme s'il étoit jour.

Il n'y a peutêtre point d'Eglise en France qui soit plus magnifique en luminaire que l'Eglise Cathedrale de Rouen. On s'y sert de cire jaune toute neuve qui rend une fort bonne odeur, & qui est vraiment la cire vierge, n'ayant point passé par la lexive.

Le 14. Septembre, jour de l'Exaltation de sainte Croix, on fait dans l'Eglise Cathedrale avant la grand'Messe Procession dans la nef, où le Célebrant

brant fait à l'Autel de la Croix la bénédiction du Vin nouveau qui est dans un grand bassin d'argent. Après la bénédiction on en remplit la burette du vin pour le Sacrifice de la grand'Messe, & du reste le Sacriste en donne à ceux qui en veulent, avec une cuillere d'argent.

Au jour de la Dédicace, premier Octobre, avant la grand'Messe il y a Procession en chappes autour de la nef au dedans de l'Eglise, & non au dehors ; ce qui est de bon sens.

Des Sermons de l'Eglise Cathedrale.

A tous les Sermons qui se font dans l'Eglise Cathedrale il y a un Auditoire fort nombreux, quoique de tous ces Sermons il n'y en ait que deux qui soient sonnez ; savoir celui du Synode, & celui de S. Sever Evêque d'Avranches, dont la Fête se célebre le premier jour de Fevrier. C'est un Chanoine à tour de tableau qui le doit faire, ou mettre quelqu'un à sa place. Ce dernier se fait d'une maniere assez extraordinaire. Le Prédicateur monte au Jubé, se place sous la petite arcade de charpente qui soutient le Crucifix, étant revêtu d'aube, d'étole, d'une chappe, & ayant le bonnet quarré en tête, soit qu'il soit Seculier, soit Regulier, fût-ce un Capucin ou un Recollet. Il a à côté de lui au Jubé les Reliques du Saint exposées & accompagnées de luminaires. On les rapporte en bas après la Prédication pour être honorées du concours du peuple qui se trouve à cette cérémonie. [Ce fut de même au Jubé qu'on exposa au tems de S. Augustin des Reliques de S. Etienne premier Martyr, dans l'Eglise d'Uzale en Afrique, comme on le peut voir dans l'Appendice du septiéme tome de S. Augustin, page 27. de la nouvelle édition, chapitre 3. *de miraculis S. Stephani*. Ainsi il est de l'honneur de Messieurs du Chapitre de conserver un usage qui est fondé sur une si haute antiquité.

Sermons Archiepiscopaux.

Il y a des Sermons Archiepiscopaux, qui sont ainsi appellez parce que c'est à l'Archevêque à les faire, ou à faire prêcher en sa place. Ces jours sont le premier & le quatriéme Dimanche de l'Avent, le Dimanche de la Septuagésime, le Mercredi des Cendres, le premier & le quatriéme Dimanche de Carême. Ils se font dans la Procession avant la Messe, à la station qui se fait dans la nef avant que d'entrer dans le Chœur, depuis neuf heures & un quart ou environ jusqu'à dix heures & un quart ou dix heures & demie. Durant cette heure-là il est défendu de dire aucunes Messes ni autre Service divin dans les Eglises Paroissiales, afin que le peuple ne soit point détourné d'aller entendre la voix de son Evêque. Et ce n'est point du tout la peine d'aller chercher Messe durant ce tems-là ni dans l'Eglise Cathedrale ni dans les Paroisses.

Reception de l'Archevêque de Rouen, Primat de Normandie à sa premiere entrée ou prise de possession.

Le nouvel Archevêque prend possession de son Eglise nuds pieds, quelque froid qu'il fasse. Il va processionnellement de l'Eglise Paroissiale de S. Herbland où sa chaussure lui est ôtée par le Sacristain de cette Eglise. Il marche ainsi pieds nuds le long des boutiques des Orfévres sur un peu de

Première entrée de l'Archevêque de Rouen.

paille qu'on a semée pour lui épargner la boue. Le Clergé de l'Eglise Cathedrale rangé en deux hayes dans l'aître ou parvis le reçoit, après que le Doyen lui a fait baiser le livre des saints Evangiles, & que l'Archevêque a prêté le serment ordinaire, mettant les mains sur le livre, en ces termes : *Je N. par la patience de Dieu Pasteur de cette Eglise de Rouen, jure sur les saints Evangiles que je la protegerai avec courage, & la défendrai contre ceux qui attaqueront ou opprimeront les personnes ou les biens qui en dépendent, & que je garderai fidelement les droits de cette même Eglise, ses franchises, privileges, statuts & coutumes approuvées, & que je n'en alienerai point les biens ; & ne permettrai point qu'ils soient alienez ; au contraire s'il y en a d'alienez, je ferai mon possible pour les retirer. Ainsi Dieu m'aide & ces saints Evangiles.*

Nonobstant la Bulle de l'exemption du Chapitre, il a droit de visiter [une fois seulement] le Chapitre de son Eglise Cathedrale, comme il fait les autres Eglises de son Diocese. Il peut même y recommencer une seconde visite, pourvû qu'il ait auparavant visité tout son Diocese, & les six autres de la Province.

Dignitez de la Cathedrale de Rouen.

M. le Haut-Doyen est la premiere Dignité du Chapitre après l'Archevêque ; & quand il est present à Primes & à Complies, c'est lui qui fait & reçoit la Confession, & qui donne l'eau benite en Carême à la fin de Complies.

M. le Chantre officie en chappe avec son bâton à la grand'Messe des Fêtes Triples & Doubles, & aux Obits solennels. Il doit faire taire ceux qui causent dans le Chœur, & il a droit de correction legere sur ceux du Clergé, qui est specifiée jusqu'à un soufflet. Il avoit droit de tenir ou de faire tenir Ecoles de Chant.

Le Chancelier est l'Intendant ou Maître des Ecoles, & est par consequent ce qu'on appelle dans les autres Eglises Capiscol, Ecolâtre, ou Scholastique. C'est lui qui a soin de faire la Table chronologique qui se met au Cierge Pascal, & de faire la Matricule, ou d'y commettre quelqu'un en sa place. C'est aussi à lui de faire prévoir les leçons de Matines aux Enfans de chœur & autres Clercs [& même aux trois Soûdiacres Chanoines qui chantent les leçons du premier Nocturne aux Matines des grandes Fêtes ;] & il les doit tous entendre quand il en est requis.

Le Pénitencier fait le Sermon du Jeudi-saint; & la réconciliation des Pénitens publics lui appartient.

Il n'y a point dans cette illustre Eglise comme dans d'autres, des Vicaires perpetuels, Semiprebendez ou Chanoines serfs pour faire l'office de Semainier pour les autres. Les Chanoines de Rouen qui en valent bien d'autres s'en tiennent si honorez, qu'ils ne souffriroient pour rien au monde qu'un Soûdiacre, un Diacre, ou un Prêtre autre qu'un grand Chanoine eût célébré la Messe, ou y eût servi au grand Autel. Il n'y auroit plûtôt ni Diacre ni Soûdiacre.

On a un tel respect pour le Semainier dans l'Eglise Cathedrale de Rouen, que quand un Chanoine fait la Semaine en son rang selon l'orde du Tableau, aucun autre Chanoine n'ose passer devant lui dans les chaises ni au milieu du Chœur, & il prend un autre chemin pour entrer en sa place ordinaire. S'il fait pour un autre Chanoine, on n'observe pas cette distinction. On m'a assuré qu'autrefois le Semainier durant sa semaine demeuroit & couchoit dans une chambre à côté de la Sacristie, qu'on appelle aujourd'hui la chambre du Sacriste, ainsi separé de la societé des hommes pour être plus uni à Dieu, & être plus en état de lui offrir ses prieres & ses sacrifices pour le peuple.

Il y a quelque chose de plus. C'est que le Semainier, suivant une pratique de toute antiquité, étoit obligé le Samedi dernier jour de la semaine après Nones, de venir au milieu du Chœur, & là étant prosterné en terre, il rendoit humblement graces à Dieu, & lui demandoit pardon des omissions & des fautes qu'il pouvoit avoir faites dans son Office de la semaime: à quoi il étoit obligé sous peine d'excommunication fulminée par Sixte IV. si le Semainier sortant refusoit de le faire, dont neanmoins le Chapitre pouvoit l'absoudre après qu'il auroit satisfait. L'an 1409. le Doyen & le Chapitre s'adresserent au Pape Innocent VIII. pour moderer cette pratique, & lui alleguerent que cette coutume & cérémonie de se prosterner ne se faisoit pas simplement en s'agenouillant & s'inclinant profondement, mais en se couchant de son long sur le pavé au milieu du Chœnr [qui alors n'étoit pas natté en hyver]: ce qu'ils lui représenterent être bien rude, bien difficile & dangereux aux vieillards & aux infirmes, & qu'au lieu de faire en cette sorte le prosternement au milieu du Chœur, il se pouroit faire devant le grand Autel; & c'est ce qui se pratique aujourd'hui. Le Semainier sort de sa place du Chœur lorsqu'il a achevé Nones & qu'on commence les Vêpres du Samedi, & s'approchant du grand Autel il demeure à genoux & un peu incliné sur le marchepied pendant le premier Pseaume, durant lequel il fait sa priere, laquelle étant achevée il baise l'Autel, & retourne à sa place.

Le Semainier est le seul qui ait en hyver de la lumiere dans une absconse ou lanterne sourde au Chœur pour lire les Absolutions & Bénédictions à Matines, & le Capitule & l'Oraison des Laudes.

Outre cette absconse il y en a une autre fort grande d'argent, dans laquelle il y a une bougie allumée tant en hyver qu'en esté durant les trois Nocturnes. Un grand Enfant de chœur au premier ou second Pseaume de Matines la porte assez haut au milieu du Chœur ou au Jubé devant un Chapelain ou Chantre Acolythe ou Soûdiacre, qui porte le grand Lectionaire ou livre des Leçons. Cette lanterne qu'on porte aussi-bien en esté qu'en hyver pour lire les Leçons, & même la veille de l'Assomption, seul jour de l'année qu'on y dit Matines après Vêpres, est une marque que les Chanoines de Rouen ne perdent jamais de vûe que cet Office devroit être dit en pleine nuit.

Cérémonies observées dans les Offices.

Il est tems de marquer ici de quelle maniere & avec quelles cérémonies on fait cet Office & les autres.

Aux Fêtes Triples il y a d'abord deux Chanoines en Chappes pour commencer les Pseaumes. Quatre autres aussi en chappes qui chantent le Répons tant aux premieres qu'aux secondes Vêpres, restent pour finir les Vêpres, les deux autres se retirant derriere eux durant le Capitule, & s'en retournant à la Sacristie dès que les quatre chappez ont commencé le Répons. A Matines quatre Chanoines chantent l'Invitatoire & le Pseaume *Venite*, & ils restent tous quatre jusqu'à la fin des Laudes. Deux élevent le Pseaumes de Matines, & les deux autres imposent les Pseaumes des Laudes.

Aux Doubles deux Chanoines en chappes gouvernent le Chœur à Matines & à Vêpres.

Aux Semidoubles ce sont deux petits Chanoines ou Chapelains qui vont dans la Sacristie prendre chappes pour chanter le Répons des premieres Vêpres, & ils restent jusqu'à la fin de Vêpres. Ils sont aussi en chappes à Matines & à la grand'Messe ; mais ils n'ont point de chappes aux secondes Vêpres. C'est le Soûchantre qui impose les Pseaumes, l'Hymne & le *Magnificat* en sa place.

Les Chappiers aux Matines des Semidoubles apprennent du Soûchantre le commencement de l'Antienne & le ton du Pseaume. C'est pour cela que chaque Chappier va devant lui un peu avant la fin du Pseaume lui faire inclination. Alors le Soûchantre se leve de sa place, & lui dit par exemple, *Respice*, *de octavo* ; ou *Impleat*, *de quarto*, sousentendant *tono*. Et ce Chappier a soin à la fin du Pseaume d'aller annoncer le commencement de l'Antienne à celui qui la doit imposer, & d'entoner le Pseaume quand il en est tems. En l'imposant il se tourne du côté du Chœur dont il est ; & il est bien raisonnable qu'il se tourne vers ceux à qui il annonce ou impose le Pseaume.

Quand les Enfans chantent les Versets au milieu du Chœur, ils font la reverence non seulement à l'Orient & à l'Occident ce qui s'appelle *antè & retrò* ; mais encore au Midi & au Septentrion, ce qui s'appelle *in ambitu*, en rond.

Les Fêtes Triples autrefois on encensoit à Rouen à chaque Nocturne. Maintenant on ne porte à Matines ni les chandeliers ni l'encens qu'au Premier Evangile, c'est-à-dire, à la septiéme Leçon ; excepté la nuit de Noël qu'on porte les chandeliers & l'encens aux trois dernieres Leçons parce qu'elles font de l'Evangile.

Aux Fêtes Triples l'Officiant encense encore l'Autel au *Te Deum*. On encense à deux l'Autel & le Chœur à *Benedictus* de Laudes & à *Magnificat* des premieres & des secondes Vêpres, [excepté aux secondes Vêpres des Triples de seconde classe, que l'Officiant encense seul.] Celui qui encense avec l'Officiant reste à côté de lui jusqu'à ce que tous les chappez s'en retournent avec eux à la Sacristie.

Tant à Laudes qu'à Vêpres & à la grand'Messe l'Enfant de chœur encense dans les hautes chaises des deux côtez tenant l'encensoir à deux mains par le haut des chaînettes : ce qui demande de l'adresse pour ne pas laisser retomber l'encensoir sur les genoux ; il ne laisse pas neanmoins de pousser l'encensoir assez haut.

A la grand'Messe.

Les Fêtes Triples le Chantre en chappe avec son bâton gouverne le Chœur. Il annonce au Célébrant le *Gloria in excelsis* & le *Credo*. Pendant le *Gloria in excelsis* il avertit deux Chapelains pour chanter le Graduel au Jubé, d'où ils descendent après l'avoir chanté, & ils retournent dans la Sacristie. Quatre Chanoines en chappes y chantent l'*Alleluia*, & accompagnent au Chœur le Chantre durant le reste de la Messe jusqu'à la communion. Il faut observer les reverences qu'ils font proche la forme en allant à l'Offrande & en revenant : elles ne sont pas communes.

A la Messe des Doubles c'est la même chose, sinon que pour chanter l'*Alleluia* il n'y a que deux Chanoines en chappes, & qu'on ne va point à l'Offrande.

Aux Semidoubles deux petits Chanoines des quinze marcs ou deux Chapelains en chappes gouvernent le Chœur. Le Graduel est chanté au Jubé par deux Enfans de chœur, l'*Alleluia* au même lieu par deux Chanoines en chappes, lesquels s'en retournent après que l'Evangile est chanté. En certains Dimanches privilegiez ce sont deux Chapelains en aubes qui chantent le Graduel; aux Dimanches de Carême où le Trait est bien long, il est chanté entre les lampes & le tombeau de Charles V. par quatre Chanoines chappez qui le commencent & le finissent tous quatre ensemble, les autres Versets étant chantez par les deux d'un même côté alternativement. Ils entendent là l'Evangile, après quoi ils retournent dans la Sacristie.

Aux Fêtes Simples & aux Feries un Chapelain en chappe gouverne le Chœur durant la Messe qui est chantée au haut du Chœur du côté de l'Epître; & c'est à peu près la place où étoit dans l'Ordre Romain *Schola cantorum*. Le Graduel, l'*Alleluia* ou le Trait sont chantez de mémoire à l'Aigle par les Enfans de chœur, chacun son verset.

Les Dimanches avant Tierces, (ou s'il est Fête Triple, après Tierces) la bénédiction de l'eau & l'aspersion se fait au coin du tombeau de Charles V. proche de l'Aigle par celui qui doit célébrer la Messe, étant revêtu d'aube, d'étole & de manipule de la couleur du jour, & tourné au Septentrion. Sur la fin de la bénédiction l'Acolythe Portecroix, [selon le Rituel de Rouen ce devroit être le Soûdiacre] & les deux Portechandeliers suivis du Soûdiacre revêtu de tunique, qui porte sur sa poitrine le livre des Evangiles, & du Diacre revêtu de dalmatique, sortent de la Sacristie & viennent se ranger proche des lampes du Chœur. L'Officiant va jetter de l'eau benite au grand Autel, puis à la croix processionale, au Diacre, au Soûdiacre, aux tombeaux des Rois de France & d'Angleterre, & enfin à tout le Chœur, le grand Enfant de chœur portant après lui le benitier. L'Officiant s'étant venu ranger derriere le Diacre aux pieds du tombeau de Charles V. dit tourné à l'Autel le Verset & l'Oraison, à la fin de laquelle le Sacriste le revêt de la chappe qu'on avoit mise toute pliée au bout du tombeau. [De sorte qu'en cette occasion aussi-bien qu'en toute autre on n'attend jamais un moment après l'Officiant ni après aucun des Officiers; autrement ceux qui feroient attendre ou qui manqueroient seroient mis en amende. C'est ce qui fait que toutes choses se font dans cette Eglise fort ponctuellement & avec une tres-grande exactitude.]

On fait ensuite la Procession : mais soit qu'on la fasse au dedans de l'Eglise, soit au dehors, le grand Bedeau marche toujours devant la croix avec le Doyen des Enfans de chœur, qui asperse continuellement tant dans l'Eglise que dehors les lieux & les personnes qui s'y peuvent rencontrer. Marque que la Procession se fait pour asperser les lieux & les personnes. [Dans les Paroisses bien reglées non seulement l'Acolythe qui précede la croix asperse les personnes qu'il rencontre dans la rue, mais encore tout le Cimetiere où sont enterrez les fideles.] On fait station dans la nef devant le Crucifix en chantant un Répons dont le Verset est chanté au Jubé par deux ou quatre Chanoines ou Chapelains ayant le visage tourné vers le Clergé ou vers la grande porte occidentale. Le Répons étant fini, le Chantre impose l'Antienne ou le Répons sans Verset, pour l'entrée du Chœur.

Pendant la Procession on sonne la Messe des Catecumenes, ou pendant Tierces aux jours qu'il n'y a pas Procession. Aux jours de jeûne ou d'Avent c'est pendant Sextes, en Carême pendant Nones.

A moins que le Célebrant en allant à l'Autel pour célebrer la Messe, ne porte une croix, le Soudiacre, le Diacre & le Célebrant, tous trois toujours grands Chanoines, ont en esté l'aumusse sur le bras gauche, & la tête couverte du bonnet quarré ; & en hyver pardessus la chasuble ou tunique ils ont l'aumusson qui leur couvre la tête & les épaules. Mais dès qu'ils sont arrivez au pied de l'Autel soit en hyver, soit en esté, ils quittent leurs aumusses, bonnets ou aumussons.

Les Enfans de chœur à genoux tiennent leurs chandeliers élevez jusqu'à ce que le Prêtre monte à l'Autel. Aussitôt ils vont querir les livres d'Epîtres & d'Evangiles qui sont couverts d'argent, & les apportent sur les deux coins de l'Autel ; celui des Evangiles au côté gauche (qui anciennement étoit le plus noble) & qu'on appelle aujourd'hui le côté de l'Epître ; & le livre des Epîtres au côté droit, que nous nommons aujourd'hui le côté de l'Evangile.

Le Prêtre encense l'Autel pendant les *Kyrie*, & le Thuriferaire encense le Chœur durant le *Gloria in excelsis* & le *Credo*.

Pendant le *Gloria in excelsis* & le *Credo* le Célebrant & le Diacre sont assis & couverts de leurs bonnets quarrez ou de leurs aumusses, aussi-bien que le Soudiacre quand il y est. On s'y met à genoux comme à Auxerre & à Lysieux, à *suscipe de-*

precationem nostram; & le Célebrant, le Diacre & le Soudiacre s'y mettent aussi, s'ils sont à l'Autel, mais s'ils sont assis ils se découvrent seulement, & s'inclinent pendant qu'on chante ces trois mots.

Avant le dernier siecle il y avoit des Epîtres & Evangiles propres tous les Mercredis & les Vendredis.

Les Enfans de chœur après avoir tenu debout leurs chandeliers élevez durant les Oraisons, & les avoir mis bas, font la reverence à l'Autel, & vont pendant l'Epître à côté du tombeau de Charles V. sans neanmoins descendre la marche (soit que l'Epître soit chantée au Jubé ou à l'Aigle) attendre là le Soudiacre, qui ayant donné à un des deux Enfans le livre des Epîtres à reporter à la Sacristie, y va avec eux.

Les Enfans de chœur ayant pris dans la Sacristie les burettes, le grand bassin d'argent & la grande serviette, viennent à l'Autel suivis du Soudiacre qui tient le calice & la patene entre ses deux mains tellement couvertes du grand voile qui lui prend pardessus l'épaule, qu'il ne touche ni le calice ni la patene, quand même il seroit dans l'ordre de Prêtrise. Cependant le Diacre ôte le livre du côté gauche ou meridional de l'Autel, & le porte à l'autre côté pour lui faire place à mettre le calice. Car il est à remarquer que dans l'Eglise Cathedrale on le met à l'endroit même où étoit le livre, & non pas sur la credence ou buffet, qui ne sert qu'à mettre les burettes, le grand bassin à laver, & la serviette. Et voila la raison litterale pourquoi on change de place le Missel, comme aussi parceque le côté meridional de l'Autel est plus commode au Prêtre pour célebrer. *Microlog. c. 9.*

Aussitôt le Diacre fait benir l'encens au Céleofant; il dit le *Munda*, lui demande la bénédiction en tenant le texte sur sa tête; puis étant précédé du Thuriferaire, des deux Portechandeliers, du Soûdiacre qui ne porte rien, va au Jubé portant le livre des Evangiles appuyé sur son épaule gauche. Lorsqu'il passe, tous les Chanoines & autres du Clergé se levent par respect & saluent le livre des saints Evangiles. Le Diacre étant monté au Jubé sur un lieu élevé, après avoir encensé de trois coups le livre des Evangiles, chante l'Evangile étant tourné vers le Septentrion entre les deux chandeliers, tout le Clergé étant debout & tourné vers le Diacre. Après l'Evangile ils reviennent tous au même ordre qu'ils étoient allez, & en repassant ils sont saluez de même par tout le Clergé, sinon que c'est le Soûdiacre qui porte le livre des Evangiles qu'il présente ouvert à baiser au Prêtre, & ensuite fermé aux Chappiers du côté droit & dans les hautes chaises du même côté toutes les fois qu'il y a *Credo* à la Messe, puis aux Chappiers du côté gauche & dans les hautes chaises du côté gauche.

Un peu avant l'Evangile & durant l'Evangile on sonne la Messe des Fideles.

Aux Fêtes simples & aux Feries mêmes le Diacre encense le livre des Evangiles avant que de le chanter, & le Prêtre encense les *Oblata* ou Offrande conformément au premier Canon d'un ancien Concile de Rouen tenu au neuviéme siecle, qui dit en propres termes : *Ut tempore quo Evangelium legitur, finitoque Offertorio, super oblationem incensum ponatur, decrevimus.* Je crois que ce *tempore quo Evangelium legitur*, doit s'entendre de tout le tems qu'on chante l'Evangile. Car c'est ainsi que le pratiquent les Chartreux & encore quelques autres Eglises, où l'on encense toujours ou presque toujours le livre d'Evangile durant tout le tems que le Diacre le chante.

Aux grandes Fêtes le Célebrant avec le Diacre & le Soûdiacre descend au bas de l'Autel, & donne à baiser la patene: c'est le Soûdiacre qui reçoit les Offrandes, & qui les porte sur l'Autel, aussibien que dans les Eglises Paroissiales. Il y en a quelques-unes où on les met à côté du Corporal.

Les deux Portechandeliers présentent au Diacre le vin, & au Soûdiacre l'eau, laquelle selon le Rituel de Rouen doit être versée de sorte qu'il y ait bien les deux tiers de vin. Il y a certains scrupuleux qui comptent les goutes d'eau, & qui seroient bien fâchez d'en avoir mis plus de deux ou trois. Le Rituel de Rouen nous releve d'un tel scrupule. Le Diacre présente le calice au Prêtre en baisant le nœud ou la pomme du milieu, & soutient encore aujourd'hui le bras du Prêtre d'une main, & de l'autre le pied du calice, qui comme nous le voyons dans quelques lettres de S. Gregoire le Grand étoit autrefois fort pesant & fort grand, & où il y avoit beaucoup de vin, parce qu'après la consecration il servoit à la communion non seulement du Prêtre, mais encore de tout le Clergé & de tout le peuple. Aussi les burettes étoient-elles grandes à proportion: on n'a qu'à voir celles de Tours, ci-dessus page 116. On voit bien par là que ce n'étoit pas sans raison qu'on aidoit au Prêtre à soutenir le calice. C'est une cérémonie qui nous est restée pour nous faire comprendre ce qui se faisoit autrefois & ce qui y a donné lieu. De même après que le Diacre a couvert de la palle le calice, le Célebrant ayant beni l'encens encense les *Oblata*, puis la croix & tout l'Autel. Par une pareille raison, comme la chasuble du Prêtre étoit autrefois toute ronde & non échan-

Notre-Dame de Rouen.

crée, mais ample comme un long manteau, qu'elle n'avoit qu'une seule ouverture en haut pour passer la tête, & qu'elle couvroit les bras & les mains comme tout le reste du corps, (comme il y en a encore de cette sorte dans l'Eglise Cathedrale de Rouen & dans d'autres) le Diacre & le Soûdiacre étoient obligez dans de certaines occasions de relever par les côtez la chasuble du Célebrant pour l'aider dans ses fonctions. Et quoique la plûpart des chasubles soient échancrées aujourd'huy & ayent des ouvertures pour passer les bras, on ne laisse pas de retenir encore l'ancienne coûtume de relever & soutenir la chasuble du Prêtre par les côtez aux encensemens & aux élevations de l'Hostie & du Calice, pour soulager le Prêtre dans l'Eglise Cathedrale, où les chasubles couvrent tous les bras.

Après l'encensement de l'Autel, le Célebrant rend l'encensoir au Diacre qui l'encense, & va encenser autour de l'Autel par derriere, & les tombeaux des Rois, pendant qu'un petit Enfant de chœur tient à deux mains un grand bassin d'argent sur sa tête, que le Thuriferaire verse l'eau sur les mains du Prêtre, & que l'autre petit Enfant de chœur présente au Célebrant la grande serviette toute étendue. Tout est ici serieux, tout y ressent sa grandeur, & le repas sacré que l'on va faire à la table du Seigneur. Dès que le Thuriferaire a donné à laver au Prêtre, il suit le Diacre, qui après les encensemens lui rend l'encensoir. Ensuite il met la patene dans le grand voile du Soûdiacre, qui la tient couverte jusqu'au *Pater*.

A la Préface & au *Pater* les Acolythes tiennent leurs chandeliers elevez.

Au *Sanctus* le Diacre tire les rideaux, afin qu'on

puisse voir l'Hostie & le Calice pour les adorer aux élevations qu'on en fera, durant lesquelles deux Acolythes tiennent des flambeaux allumez, les Ceroferaires tiennent les chandeliers élevez, & le Thuriferaire encense. Et cependant on sonne plusieurs grosses cloches pour avertir les fideles absens qui n'ont pu par maladie ou autrement se rendre à l'Eglise, qu'ils ayent à adorer chez eux en esprit le Corps & le Sang de Jesus-Christ.

On fait l'élevation de l'Hostie & du Calice ensemble à *Omnis honor & gloria*, le Chœur étant à genoux, le Diacre élevant la chasuble, les Acolythes tenant leurs chandeliers élevez, & le Thuriferaire encensant comme aux deux élevations précedentes.

Au commencement du *Pater* le Soûdiacre tient avec son voile la patene découverte, & au milieu du *Pater* il la donne au Diacre, qui la tient sans voile, élevée fort haut, & la fait voir à découvert à tous les assistans comme le signal de la Communion prochaine, en leur faisant voir qu'il n'y a rien dans ce bassin, que leurs Offrandes sont sur l'Autel, & en les avertissant par là qu'ils se disposent à y venir recevoir le Corps de Jesus-Christ, s'il n'y a rien qui les en empêche. Le peuple répond le dernier Verset de l'Oraison Dominicale, par où l'on voit qu'il a part à toutes ces prieres que le Prêtre dit. Le Diacre referme les rideaux.

A Rouen on dit le *Libera nos quæsumus Domine* à voix basse, si ce n'est au jour du Vendredi-saint qu'on le dit à voix haute : marque (suivant ce que j'ai dit ci-dessus) qu'on le disoit autrefois tous les jours à voix haute, comme on fait encore à Lyon & à Milan. Ainsi c'est en vain que les nouveaux Rubricaires nous cherchent ici des mysteres. Ceux

de

de Lyon n'en trouveroient-ils pas aussi, pour peu qu'ils s'en voulussent donner la peine. Et à dire le vrai, il n'y en a point là; cette diversité n'étant venue que depuis l'usage des basses Messes; dont on a introduit plusieurs pratiques dans la haute Messe.

A l'*Agnus Dei* on sonne encore plusieurs cloches; & cette sonnerie s'appelle *le Boutte-hors, qui est la sonnerie de Sextes*, ainsi qu'on le lit dans une grande Pancarte de l'an 1476. qui est dans le Chapitre attachée contre la muraille.

Nous avons vû ci-dessus qu'on ne s'approchoit point de la Communion à Rouen aussi-bien qu'ailleurs, qu'après s'être embrassé les uns les autres. Le baiser ni l'instrument de paix n'y est plus en usage.

Le Rituel de Rouen après avoir marqué les Fêtes Triples de premiere classe comme jours de Communion pour les jeunes Ecclesiastiques, ajoute: Il seroit à souhaiter que les Diacres & Soûdiacres communiassent aussi toutes les autres Fêtes Triples, & tous les Dimanches, au moins quand ils servent à l'Autel; & les Prêtres nouvellement ordonnez encore plus souvent, pour s'insinuer dans les saints Mysteres, à l'imitation des anciens qui se communioient * de l'Hostie qu'ils avoient reçûe en leur ordination pendant quarante jours subsecutifs.

Dès que l'Antienne de la Communion est chantée, les Enfans de chœur s'en vont. C'étoit par là que finissoit anciennement la Messe.

Le Diacre verse du vin pour la purification, & encore le vin pour l'ablution, & le Soûdiacre l'eau. Après que le Célébrant l'a prise, le Diacre dans l'Eglise Cathedrale purifie le calice, & le met en-

* Fulbert. Epist. 2. ad Finard.

tre les mains du Soûdiacre enveloppées du voile, de sorte qu'il ne touche point les vases sacrez, quand même il seroit Prêtre : car alors il n'est consideré que comme Soûdiacre.

Le Diacre tourné vers le peuple, le congedie par l'*Ite, Missa est* ; & tout le monde s'en va dés qu'on a reçu la bénédiction du Prêtre, qui recite l'Evangile de S. Jean à l'Autel, n'y ayant que les Chantres qui restent pour chanter Sextes.

Comme nous venons de parler du Prêtre, du Diacre & du Soûdiacre, il faut dire ici que le Clergé de l'Eglise de Rouen étoit partagé en trois bandes, de Prêtres, de Diacres & de Soûdiacres, [sans les moindres Clercs] comme je le vois dans la chartre de la Translation du corps de S. Romain dans une Châsse tres-prétieuse, parce que l'Eglise de Rouen avoit dépoüillé l'autre qui étoit de fin or, pour subvenir dans une nécessité urgente aux besoins des pauvres qui périssoient de faim [selon cette sentence de S. Ambroise : Si l'Eglise a de l'or, ce n'est pas pour le garder, mais pour en subvenir aux necessitez des pauvres. *Aurum Ecclesia habet* (dit ce Pere) *non ut servet, sed ut eroget, & subveniat in necessitatibus* *]. Dans cette Chartre ou Acte de l'an 1179. on voit (dis-je) qu'avec le Doyen, le Chantre & quatre Archidiacres, il y avoit encore vingt-neuf Chanoines présens à cette Translation, desquels il y en avoit sept Prêtres, sept Diacres & quinze Soûdiacres. Nous avons vû ci-devant le même usage dans plusieurs autres Eglises. Aujourd'hui tout le monde court au Sacerdoce, parce qu'on y a attaché de plus grands revenus.

Il n'y a rien de singulier ni d'extraordinaire dans la reception des Chanoines de Rouen, qui se

---

* Ambros. Offic. l. 2. c. 28.

fait par l'attouchement du livre des saints Evangiles pour le spirituel, & des pains pour le temporel. Il y a seulement à remarquer que cette Eglise a toujours observé & observe encore comme une regle inviolable, de n'y admettre jamais aucun bâtard de quelque qualité qu'il puisse être : jusque-là qu'il fallut de nécessité que Richard I. Roi d'Angleterre prît pour femme Gonnor, & fist legitimer Robert son fils naturel pour le rendre capable d'être Chanoine & depuis Archevêque, le Chapitre s'y étant vigoureusement opposé, & depuis encore en d'autres occasions.

Les Chanoines gagnent tous les jours le pain de Chapitre en assistant au *Venite* de Matines : ce qui est une marque & un reste de la vie commune qui étoit anciennement parmi eux.

Chapitre general de la Cathedrale.

Le Chapitre general de l'Eglise Cathedrale de Rouen commence tous les ans le lendemain de l'Assomption. Durant les quatre premiers jours de l'ouverture, qui sont solennels, le lieu du Chapitre est tendu de tapisseries. C'est le Haut-Doyen, ou en son absence le plus ancien Chanoine qui y préside & qui en fait l'ouverture. Tous les officiers & les serviteurs que le Chapitre établit tous les ans, s'y déposent de leurs charges entre les mains de la Compagnie, & rendent les clefs, les seaux, & autres marques de leurs Offices. Le sixiéme jour d'après l'Assomption on fait lecture des anciens Statuts en présence des Chanoines, Chantres, Chapelains, Habituez & Enfans de chœur, qui sont tous obligez d'y assister. Celui qui préside au Chapitre fait un discours sur l'observance des Sta-

A a ij

tuts, & il fait reprimande à ceux qui le meritent. On peut dire que ce Chapitre après Lyon est un des plus rigoureux de France à punir les fautes de ses membres, tant petites que grandes. Quand quelqu'un a fait quelque faute considerable, durant quinze jours & ordinairement à quelque grande Fête on lui ôte l'aumusse & on le réduit à être tête nue à tout l'Office au rang des bas-formiers, fût-il Prêtre, sans gagner aucune distribution durant ce tems-là. C'est ce que j'ai vû plusieurs fois.

Voici quelques Reglemens du Chapitre de Rouen pour la discipline.

Au Chapitre de l'an 1548. le Statut *de se faire raser la barbe aux jours ordonnez*, fut renouvellé *sus peine d'amende; & défense de porter des chemises frangées ou dentelées par le colet & par les manches, & des chausses ouvertes & enrichies de velours, ni de souliers de velours.*

Il fut *ordonné* au Chapitre l'an 1596. *que tant les Chanoines que les Chapelains qui seroient trouvez en courts manteaux & habits indécens seroient amendables en 10. sols applicables à la Fabrique, à la charge du sieur Promoteur pour l'execution de ladite amende.*

En renouvellant les anciens Statuts du Chapitre il *fut derechef défendu aux Chapelains de porter des manteaux courts, & se promener dans l'Eglise durant le divin Service; ains porter habits honnêtes & décens de dignité sacerdotale; & à Messieurs les Chanoines de porter robe de camelot de soye, burail d'Ipres, ou autre matiere de soye pardessous leur surplis; ains seulement robe de drap ou de serge, sur peine de telle punition ou amende arbitraire à la volonté de Messieurs du Chapitre.*

Les Prébendes de cette Eglise ne sont pas égales. Elles consistent pour la plûpart en Fiefs-nobles; &

les Chanoines ont droit de *Committimus* aux Requêtes du Palais. On voit dans plusieurs Chartres de donations faites à cette Eglise, des hommes de corps, des serfs de l'un & de l'autre sexe, des franchises, immunitez, sauvegardes, & protections, dont le Chapitre de Rouen a eu grand soin de maintenir les droits dans toutes les occasions qui s'en sont présentées. Un de leurs droits encore est d'administrer les Sacremens à tous les Chanoines, Choristes, & serviteurs de Chapitre, en quelque lieu de la ville qu'ils soient, & de lever leurs corps après leur mort pour les enterrer.

Enterremens, Obits, & les trente Chanoinesses de l'Eglise de Rouen.

Nous avons assez parlé des Chanoines, de leurs droits, & de leurs Offices ; il est tems de dire un mot de leur enterrement. Il se fait le plus ordinairement sur les quatre heures après midi au son des cloches. L'Officiant & le Diacre y sont toujours revêtus d'aubes, d'étoles & de manipules, & le Soûdiacre d'aube & de manipule, ayant en tête le bonnet quarré & l'aumusse sur le bras en esté, & l'aumusson ou camail de fourrure sur la tête en hyver. Tout le Clergé de la Cathedrale précedé de la croix & des chandeliers va lever le corps en quelque endroit de la ville que ce puisse être. Il est porté par quatre ou six Chapelains qui ont l'aube au coû si c'est un Prêtre, & quatre Chanoines tiennent les quatre coins du poisle ou drap mortuaire. Le corps est posé dans le Chœur au milieu d'une représentation de chandeliers d'argent garnis de cierges & de gros flambeaux. On chante les trois Nocturnes & les Laudes de l'Office des Morts ; après quoi on l'enterre au chant des Pseaumes avec les autres prieres & cérémonies prescrites dans le Rituel. Ces aubes, étoles & manipules de l'Officiant, du Diacre & du Soûdiacre sont une marque qu'on n'enterroit jamais sans offrir le Sacrifice, le corps présent. Voyez ce que j'ai dit de Clermont, ci-devant page 76.

Il ne reste plus qu'à dire un mot des Obits. Il y en a de solennels à cinq chappes, & d'autres moindres à trois ou à deux chappes. Entre tous ceux-là qui sont en assez grand nombre, je ne m'arrêterai qu'à deux qui ont quelque chose de singulier & digne de remarque.

Tous les 25. de chaque mois au tintement de la grosse cloche de Georges d'Amboise on dit un Obit solennel pour ce Cardinal Archevêque de Rouen. Il a ceci de singulier le lendemain à la Messe, que le Diacre au *Memento* pour les Défunts dit au Célebrant *Memento Cardinalis Georgii de Ambasia.* Et cela est apparemment fondé sur ce qui se lit au 47ᵉ Chapitre du Livre VIII. des Constitutions Apostoliques, qui peut être du quatriéme siecle, *Postquam Diaconus absolvit orationem, sic dicit: Pro quiescentibus in Christo fratribus nostris rogemus;* & enfin sur l'ancien usage de la récitation des Diptyques tant dans l'Eglise Grecque que dans la Latine.

Il y a trois autres Obits qui se disent le 15. Janvier jour de S. Maur, le 23. Juin veille de S. Jean-Baptiste, & le 11. Juillet jour de la Translation de S. Benoît, ausquels assistent *trente Chanoinesses* qui vont à l'Offrande. C'est le nom qu'on donne à trente Filles ou Veuves qui possedent des Prébendes qu'on nomme les *trente Prébendes de S. Romain.* On croit qu'elles travailloient autrefois au linge de l'Eglise & qu'elles blanchissoient, & qu'alors le rovenu en étoit plus grand. Comme aujourd'hui le revenu n'en est pas fort considerable, aussi les charges n'en sont pas grandes, & consistent seulement à assister à ces trois Obits. L'assistance commence la veille aux Vigiles, & continue le lendemain à la grand'Messe, où elles vont toutes à l'Offrande. Il se fait distribution de six livres par Messieurs du Chapitre à celles qui sont présentes. M. l'Archevêque leur paye le gros de leur Prébende. C'est de lui qu'elles prennent des Provisions, & elles peuvent resigner. Ce qui rend leurs Prebendes plus estimables, c'est qu'en vertu des privileges de Messieurs du Chapitre, ausquels elles participent en ce chef-là, elles ont droit de *Committimus*, ou leurs causes commises aux Requêtes du Palais: ce qui fait que ces Prébendes sont recherchées même par des personnes accommodées, plûtôt pour cette consideration, que pour le revenu qu'en vient, qui n'est environ que de cent sols ou six francs pour chacune.

Archevêques de Rouen & Personnes illustres.

Cette célebre Eglise a eu dans son corps d'illustres personnages, entre lesquels il y a eu trois Papes, sçavoir Martin IV. Clement VI. Gregoire XI. vingt-sept Cardinaux, entre lesquels ont été Jean Cholet Fondateur du College des Cholets à Paris, le pieux & docte Pierre d'Ailly un des premiers hommes de son tems, Chancelier de l'Université, grand Aumonier & Confesseur de Charles VI. Roi de France, & enfin Archevêque de Cambray; Gilles Descamps qui fut Cardinal & Evêque de Coutances, Prosper Colonne qui étant enfin devenu Archidiacre de l'Eglise Romaine eut l'honneur de couronner trois Papes, les deux Cardinaux Georges d'Amboife Archevêques de Rouen, François de Tournon depuis Archevêque de Lyon, & enfin Doyen des Cardinaux, & Antoine Sanguin Cardinal de Meudon, grand Aumônier de France, Evêque d'Orleans, & enfin Archevêque de Touloufe ; près de quatrevingt Archevêques ou Evêques, entre lefquels il y en a eu plufieurs fort célebres que j'omets volontiers pour dire que l'Eglife de Rouen a eu pour Chanoine l'illuftre Pierre de Blois affez connu par fes ouvrages. J'en ai quelques preuves parmi mes papiers : mais il fuffit pour cela de lire fon Epître 151. à l'Archevêque Gaultier, & fa fignature au pied du Procès verbal dreffé pour une Tranflation des Reliques de faint Romain faite l'an 1179..il y figne parmi les Diacres. Il y a eu dans le dernier fiecle beaucoup d'autres Chanoines en cette Eglife illuftres en piété & en doctrine, entre lefquels on doit nommer M. Jean Prevoft Treforier de l'Eglife Cathedrale, qui a rendu de trop grands fervices à l'Eglife de Rouen, pour ne pas faire connoître fon nom à la pofterité. Il y en a encore aujourd'hui plufieurs qui honorent cette Eglife par leur doctrine & leur piété. Leur modeftie ne me permet pas de les nommer ici.

Il y a peu d'Eglifes qui ayent maintenu avec plus de vigueur la difcipline ecclefiaftique, qu'a fait celle de Rouen par fes Conciles & fes Statuts Synodaux, qui font en grand nombre, & qu'on a recueillis en un volume *in* 4°. Auffi a-t-elle eu de tres-doctes & de tres-illuftres Prelats qui l'ont gouvernée, dont il y en a douze Saints. Les plus célebres font, S. Mellon Apôtre & premier Evêque de Rouen, S. Victrice qui éleva l'Eglife de Rouen à un tres-haut degré de piété, S. Romain

Notre-Dame de Rouen.

Patron de la ville & de tout le Diocese, S. Ouen, S. Ansbert qui tint l'an 693. un Concile National dont les Actes furent dressez par un Lecteur nommé Ragnomir; S. Remy, Wenilon, S. Maurile qui tint plusieurs Conciles, qui fit achever l'Eglise Cathedrale de Rouen, & la dédia; Jean de Bayeux plus connu sous le nom de Jean d'Avranches qui dédia son livre des divins Offices à saint Maurile son prédecesseur, & assembla plusieurs Conciles fort considerables; Guillaume surnommé Bonne-ame, qui tint plusieurs Conciles, & fit bâtir à ses dépens le Chapitre où il est enterré; Rotrou qui fit la paix entre S. Thomas Archevêque de Cantorbery & Henry II. Roi d'Angleterre; Gaultier, Robert Poulain, Maurice, Pierre de Colmieu qui a fait tant de beaux Statuts Synodaux, & qui a fondé dans l'Eglise Cathedrale de Rouen le College d'Albane pour dix Chantres, Odon Clement, & Odon Rigaud qui avoit été Cordelier, & qui augmenta de beaucoup le temporel & le spirituel de l'Eglise de Rouen; Guillaume premier de Flavacourt qui assembla plusieurs beaux Conciles, & fit de grands biens aux pauvres & à son Eglise dans laquelle il fonda les six Chantres du College du S. Esprit; Gilles Ascelin de même qui institua aussi à Rouen l'an 1317. la Fête du saint Sacrement; Pierre Roger qui fut depuis Pape sous le nom de Clement VI. qui a fondé dans l'Eglise de Rouen le College des Clementins pour seize Chantres, Raoûl ou Radulphe Roussel qui tint en 1445. un célebre Concile contenant 41. Canons; Guillaume d'Etouteville & Georges I. d'Amboise qui ont fait de grands biens à l'Eglise de Rouen, & lui ont donné des plus grosses cloches de France; Georges II. d'Amboise & Charles I. de Bourbon, qui ont laissé à l'Eglise de Rouen plusieurs ornemens & deux beaux Conciles.

Sacristie de la Cathedrale, Fontaine, Chambre du Semainier.

Dans la Sacristie au côté droit du Chœur on voit les Châsses & les Reliques des Saints, qui y étoient autrefois en bien plus grand nombre avant le pillage des Huguenots ; comme aussi les ornemens pontificaux & sacerdotaux, principalement ceux qui ont été donnez par Guillaume Roi d'Angleterre & Duc de Normandie, & par le Cardinal Georges d'Amboise. Il y a des mitres d'un tres-grand prix pour l'or, les diamans, & les perles précieuses. Il y a une croix & deux chandeliers en ovale de vermeil doré des plus beaux qu'on puisse voir ; quantité de riches & anciens ornemens de toutes les façons, parmi lesquels il y a deux anciennes chasubles toutes rondes par bas sans aucune échancrure, mais qui ont seulement une ouverture par le haut pour passer la tête. L'une est blanche & sert encore deux fois par an pour chanter les Genealogies de Noël & de l'Epiphanie ; l'autre est violette, & sert au Célebrant les Samedis de Pâques & de Pentecôte durant les Propheties, Traits & Oraisons. Toutes les autres chasubles, même les modernes, sont fort amples, & couvrent entierement les bras du Prêtre. Voici ce qu'en ordonne le Rituel de Rouen : *Sacrarum vestium ea forma servetur quam Patrum institutio & Cathedralis Ecclesiæ veneranda præscribit antiquitas, videlicet ut casula seu planeta in tantam hinc inde amplitudinem extendantur, ut brachia tota saltem obtegant ; ideoque ex commoda & plicabili materia fiant, ut facilè per fimbrias levari possint, nec celebrantem impediant.* tom. 1. pag. 386. Les Tuniques de même cousues par les côtez jusqu'à la ceinture, & pardessous les bras jusqu'aux poignets, comme en ont pour habit les bourgeois & les gens de qualité autour de Pau dans le Bearn, avec bandes ou orfrois brodez. Il y a encore deux anciennes chappes rouges qui ont des chaperons ou capuchons pointus, qui servent aux Fêtes Semidoubles des Martyrs aux premieres Vêpres, à Matines, & à la Messe, comme aussi à la Procession qui se fait aux grandes Fêtes avant la grand'Messe. On sçait que ce chaperon ou capuchon se mettoit sur la tête.

A côté de la Sacristie il y a sous la coupole une fontaine qui fournit l'eau nécessaire pour les Messes & l'eau-benite, pour laver les mains avant que d'aller à l'Autel; comme aussi pour le necessaire du Semainier qui ne sortoit point en public durant sa semaine, mais hors des heures de l'Office demeuroit en retraite jour & nuit dans une chambre qui est à main droite de cette fontaine, & qu'on appelle aujourd'hui la *Cirerie*; le tout joint aux lieux communs pour les besoins absolus de la vie, mais autrefois particuliers pour lui, afin de trouver tout son necessaire dans cette retraite. On lui fournissoit là à boire & à manger aux frais du Chapitre: ce qui est changé aujourd'hui en argent, & ce qui fait pour lui une somme de vingt-deux livres, outre ce qu'il gagne comme un autre. Il y a un Lavatoire en forme d'auge avec un trou percé à côté, où on lavoit les corps des Chanoines défunts comme à Lyon.

Sonnerie, grand Portail, Tours, Parvis, Fontaine de la Cathedrale de Rouen.

De là il faut aller voir ces dix ou douze belles cloches qui sont si harmonieuses & si bien d'accord, avec la fameuse cloche nommée *Georges d'Amboise*, qui est dans l'autre tour, qu'on entend de huit lieues loin sur la riviere. Les étrangers qui vont à Rouen ne manquent pas de l'aller voir. Elle pese trente-six à quarante mille.

A six heures & demie du soir les Samedis & les Dimanches, les Fêtes chommées & la Veille, on sonne le Couvrefeu. On tinte d'abord une cloche trois coups à trois differentes reprises, qui font neuf coups, puis on la sonne en branle ou en volée environ l'espace d'un *Miserere*. A certaines grandes Fêtes on sonne un carillon fort harmonieux; la Veille de l'Epiphanie entre cinq & six heures du soir on sonne de dix-sept sortes de carillons; aux autres jours ce n'est qu'une cloche plus ou moins grosse selon le grade de la Fête qu'on célebre: avec cette autre difference, que le jour que M. l'Archevêque est arrivé à Rouen après quelque absence, on sonne une cloche bien plus grosse que la Fête ne ne le requert, pour signal qu'il est arrivé.

Il y a dans le Chapitre de l'Eglise Cathedrale une grande Pancarte intitulée, *Declaration de la Sonnerie ordinaire de l'Eglise de Notre-Dame de Rouen*, ordonnée en Chapitre general l'an 1476. où il y a deux ou trois articles qui me paroissent dignes d'être observez, & qui pouront aider à éclaircir certaines choses qu'on ne connoit plus présentement. Les voici. *Es Fêtes Trip̂es on ne sonne l'heure de Complies.* Est-ce qu'on ne les disoit point ces jours-là non plus qu'à Lyon? Ou étoit-ce que la solennité de l'Office avec le Sermon reculoit l'Office de Vêpres de ces jours-là jusque vers l'heure de Complies, & qu'on les disoit tout de suite ? Quelque Chanoine nous l'apprendra. Si cela est ; c'est ce qui aura donné lieu dans la suite du tems de joindre Complies à Vêpres tous les autres jours de l'année : car il est constant qu'en 1476. les Complies étoient separées des Vêpres. Voici ce qu'en dit la Pancarte : *En toute autre Fête soit de trois Leçons ou de neuf, ou* per Ferias, *entre cinq & six heures du soir se fait une sonnerie qui s'appelle* COMPLIE, *& doit avoir quarante traits : en laquelle il y a deux sons ; le premier son, soit Ferial ou Fête de trois leçons ou de neuf leçons, se fait à trois cloches, Marie, Robin de l'Huys, & un des saints Benoîts. Le second son sans intervalle depuis que le premier est sonné, s'il n'est Double, se fait à une seule cloche qui se nomme Complie ; & s'il est Double, avec elle sonne l'une des saints Benoîts.*

Le son de six heures & demie ou de sept heures du soir, dont nous avons parlé ci-dessus, ne se sonnoit alors que vers huit heures [& c'est encore à cette heure-là que l'on sonne à Rouen à la veille d'un Jubilé ou des Prieres des Quarante-Heures.]. *Le dernier son de toute la journée (* continue la Pancarte *) s'appelle* LE SON DE COUVREFEU [dit en latin IGNITEGIUM], *qui se sonne au soir entre sept & huit heures à une cloche tant seulement, s'il n'y a carillon, & doit avoir sixvingt traits.* Ce dernier son étoit pour la priere & pour la retraite, ou enfin le Couvrefeu pour aller coucher ; de sorte qu'il n'étoit plus permis de sortir de la maison après que cette cloche étoit sonnée. C'est ce que j'apprends d'un ancien Concile de la Province de Normandie tenu à Caën l'an 1061. can. 2. *Ut qu8-*

tidie serò per signi pulsum ad preces Deo fundendas quisque invitaretur, atque occlusis foribus domorum ultrà vagari ampliùs vetitum admoneretur. Et en effet il ne sied guére à un vrai Chrétien de sortir tard dans les rues.

Dehors de l'Eglise Cathedrale de Rouen.

Il est tems de sortir de l'Eglise Cathedrale pour en observer les dehors. Il y a d'abord le grand Portail Gotique du côté de l'Occident. Il est accompagné de deux autres moindres aux côtez. C'est par ce plus grand que se font toutes les entrées solennelles, comme aussi celle des Pénitens publics au Jeudi-saint. Il n'est pas aisé de faire la description de ce Portail. Il est orné d'un assez bon nombre de statues qui portent des marques funestes de la fureur des Calvinistes. Audessus il y a une galerie de communication, avec une espece de balustrade & d'appuy à claire voye. C'étoit dans cette galerie que deux Chanoines en aubes chantoient autrefois au jour de l'Ascension le ℞. *Viri Galilæi, quid admiramini aspicientes in cœlum?* Au retour de la Procession solennelle qui se fait l'après midi au sujet de la délivrance du prisonnier. C'est encore au milieu de cette galerie qu'on voit aux trois jours des Rogations & en celui de l'Ascension une tres-ancienne banniere suspendue au dehors, qui représente cette Délivrance du prisonnier. C'est par cette galerie qu'on passe pour aller d'une tour à l'autre.

A côté du grand Portail à main droite est une fort belle tour percée à jour, haute de deux cens trente pieds, où est la fameuse cloche nommée *George d'Amboise*. Cette tour s'appelle *la tour de beurre*, comme à Bourges, parce qu'elle a été bâtie des deniers qui furent donnez par les Fideles pour la permission d'user de beurre & de lait en Carême, que le Pape Innocent VIII. leur octroya aux instantes prieres du Cardinal Guillaume d'Estouteville Archevêque de Rouen, à condition qu'ils feroient quelques aumônes à l'Eglise de Rouen. De sorte que ce n'est que depuis deux cens ans qu'on use de beurre & de lait a Rouen durant le Carême ; & on n'y en use encore aujourd'hui qu'en vertu de cette même dispense qu'on publie au Prône des Messes Paroissiales, à condition que chaque chef de famille donnera cinq deniers à la fabrique de l'Eglise Cathedrale. A cette dispense l'Archevêque ajoute celle de manger du fromage : & l'on publie l'une & l'autre le Dimanche de la Quinquagesime. Je me souviens qu'il y a environ trente ans que M. l'Archevêque ayant oublié d'envoyer assez tôt la dispense pour le fromage, on n'osa en manger durant les quatre premiers jours jusqu'au premier Dimanche de Carême qu'elle fut publiée. Après ces adoucissemens de l'ancienne severité de la discipline de l'Eglise, on a grand tort de se plaindre de la rigueur du Carême.

 Devant le grand Portail il y a une grande place presque quarrée, que l'on appelle *le Parvis* ou *Aître de Notre Dame*, du mot latin *Atrium*. Elle est pavée & fermée de murailles à hauteur d'appuy avec deux grandes croix de pierre aux deux coins à l'entrée, & des barrieres aux quatre coins du Parvis pour empêcher que les charettes ou les chevaux n'y passent. Il y a au milieu de cette grande place une belle fontaine (en forme de tour) qui jette de l'eau des quatre côtez par quatre tuyaux, & remplit un fort grand bassin de pierre qui est octogone, si je m'en souviens bien. Ces sortes de fontaines étoient destinées pour se laver les mains & même la bouche avant que d'entrer dans l'Eglise, comme nous

le voyons dans S. Paulin, dans S. Jean Chryſoſto-
me, dans Euſebe de Ceſarée & dans Baronius. J'ai
vû encore des perſonnes tres-bien vétues, hommes
& femmes, ſe laver les mains & le viſage à cette
fontaine dont nous parlons, avant que d'aller à
Matines dans l'Egliſe Cathedrale à des jours de
Fêtes. On voit de ces fontaines avec des baſſins dans
le parvis & proche les portes de la plûpart de nos
anciennes Egliſes de France. Il y en a une grande
quantité à Rouen proche les Egliſes; & j'ai vû autrefois à toutes des baſſins qu'on a mieux aimé achever de ruiner, que de les reparer. On s'y lavoit les
mains & le viſage ou au moins la bouche, parce
que c'étoit par où on recevoit le Corps de Jeſus-
Chriſt; les Payens ayant eu même toujours ſoin de
ſe purifier avant que d'approcher de leurs Dieux.
On tient que cette fontaine étoit autrefois proche
du grand portail. L'eau benite qui eſt aujourd'hui
à la porte des Egliſes (& qui devroit être en dehors
comme à l'Egliſe des Cordeliers d'Eſtampes & des
Jacobins du Mans) a ſuccedé à l'uſage de ces fontaines; & comme l'on avoit accoutumé de s'y laver
les mains & le viſage, on a ſeulement retenu la coutume de tremper une partie de la main dans le benitier, & d'en laver une partie de la main droite, & la principale partie du viſage, comme le
front & la bouche. On en prend par raiſon en entrant, & la plûpart des bonnes gens en prennent par
habitude en ſortant, étant plus frappez de la vûe du
benitier que des raiſons pourquoi ils en prennent,
& que ſouvent ils ignorent, parce que les Curez
ne ſe mettent guére en peine de les en inſtruire.

Audeſſous de la fontaine il faut conſiderer audeſſus de l'Egliſe cette belle Pyramide ou Aiguille
haute de 380. pieds.

Devant

L'Hôtel-Dieu de Rouen.

Devant le Portail qui est du côté du midi il y a une place quarrée nommée de la Calende ou Calendre, qui étoit autrefois un *lieu d'Immunité & d'Asyle*, appellé dans un ancien Registre du Chapitre de l'an 1504. *Locus immunitatis ex antiquo*, où il y a une grande croix posée.

L'Hôtel-Dieu de Rouen.

A côté de cette place est l'Hôtel-Dieu, dont l'Eglise porte le nom de sainte Marie Madelene. C'est un Pricuré Regulier qui est à la nomination du Roi. Il a droit de Paroisse pour quelques maisons, & de nommer à dix ou douze Cures; & il a de plus, haute, basse & moyenne Justice sur environ cent Paroisses. Il y a dans ce Prieuré un double Couvent, l'un de quinze ou vingt Chanoines Reguliers qui font le Service divin à l'Eglise, & administrent les Sacremens aux malades; & l'autre d'environ trente Religieuses Chanoinesses Regulieres, qui servent les malades. Les Rois de France & d'Angleterre ont fait de grands biens à cet Hôtel-Dieu: ils lui ont donné trois cens soixante & cinq charretées de bois à prendre dans les forêts voisines, toute exemption d'entrées de boissons, d'impôts & de subsides, & un muids de sel. Charles V. Roi de France a fait des biens considerables à cette maison. Aussi en reconnoissance tous les jours sur les six heures du soir, aussitôt que l'Office de Complies est achevé, l'Officiant dit à haute voix: *Ames devotes, priez Dieu pour Charles V. Roi de France, & pour nos autres Bienfaiteurs.* Et une Religieuse va dire la même chose dans les Salles des malades.

SAINT-OUEN.

L'Eglise Abbatiale de Saint-Ouen est une des plus grandes & des plus belles qui soit en France. On ne se lasse point d'admirer la délicatesse & la magnificence de sa structure. Elle a 416. pieds de longueur en comptant la Chapelle de la Vierge. Elle paroît n'avoir pas toute la largeur qu'il seroit à souhaiter, n'étant que de 78. pieds, y compris les deux collateraux : le tout pavé de grandes pierres de liais. Elle est fort bien percée, & des mieux éclairées qui soient en France, y ayant trois rangs de grandes vitres, & trois belles roses, une à la grande porte occidentale & deux autres au bout de la croisée qui est de 130. pieds, & sur le milieu de laquelle s'éleve une tour toute percée à jour, & travaillée avec une tres-grande délicatesse. Il y a une galerie qui regne tout au tour de l'Eglise en dedans, avec une belle balustrade à hauteur d'appuy. Il y a un fort beau Jubé de pierre, qui ferme le Chœur où il y a deux rangs de belles chaises de menuiserie. Le grand Autel est assez simple, séparé de la muraille avec deux rideaux aux côtez, une balustrade de bois, quatre piliers & quatre Anges dessus, comme à celui de l'Eglise Cathedrale. Audessus du retable est la suspension du saint Ciboire, & les images de S. Pierre & de S. Paul premiers Patrons, entre deux ou trois cierges de chaque côté. Il y a trois lampes ou bassins devant le grand Autel avec trois cierges comme à la Cathedrale, & une grande colonne de cire audessus de laquelle on pose le Cierge Pascal.

Avant que la Reforme de la Congregation de S. Maur y fût, les anciens Moines y chantoient tout l'Office par mémoire comme dans l'Eglise Cathedrale. Depuis un siecle ou deux ces anciens Moines ont un bonnet quarré sous le chaperon ou la coule de leur froc. Ce bonnet étoit l'ancienne calote.

Pour voir toute la beauté de l'Eglise audedans, il faut se mettre sous l'Orgue à la porte occidentale ; & pour en remarquer toute la beauté des dehors, il faut considerer le portail & vestibule qui est au bout de la croisée au midi, & puis entrer dans le Cloître qui est fort grand : elle y paroît dans toute sa beauté.

Dans l'allée du Cloître qui est du côté de l'Eglise on voit deux rangs de pulpitres*, dont l'un est de pulpitres de bois, & l'autre de pulpitres de pierre pratiquez dans les colonnes qui soutiennent la voûte. C'étoit là que les Religieux s'assembloient pour étudier, pour lire & pour copier des livres. [De là nous sont venus ces Manuscrits qu'on trouve dans les Bibliotheques des Abbayes. On y voit encore une grande armoire pratiquée dans la muraille pour serrer les livres. L'Abbé ne se dispensoit point de se trouver à ces exercices. On y voit encore au bas de l'escalier de l'Eglise au Cloître, son banc & son pulpitre de menuiserie qui a un fronton ou chapiteau de sculpture en bois.

Le savant Emery Bigot de Sousmenil, de qui j'avois l'honneur d'être aimé, m'a dit autrefois avoir vû dans les Archives de ce Monastere une lettre manuscrite de S. Gregoire le Grand adressée aux *Chanoines de S. Pierre de Rouen*. D'où il faut conclure que cette Eglise a été d'abord occupée par des Chanoines ; ou que si elle a été d'abord occupée par des Moines, (dont je ne crois pas qu'il y ait aucune preuve) elle étoit occupée du tems de

* On a ôté ces pulpitres depuis quelques années.

S. Gregoire le Grand, c'est-à-dire environ soixante ans après sa fondation, par des Chanoines qui auroient succedé aux premiers Moines. Mais le premier sentiment me paroît plus vraisemblable, & est appuyé par l'Auteur de la Vie de sainte Clotilde, à la fin du n. 13. *to.* 1. *Act. SS. Ord. S. Bened. Ibi adgregavit non modicam congregationem Clericorum Deo servientium.* On a vû de pareils changemens aux Abbayes de S. Sâens & de Fecamp, & encore ailleurs.

A côté de la porte du Monastere est le Palais Abbatial que fit construire de pierres de taille & de briques Antoine Bohier Abbé de S. Ouen, Archevêque de Bourges & Cardinal. C'est où logent les Rois, les Reines, les Princes & les Princesses du Sang, quand ils viennent à Rouen.

S. AMAND.

L'Abbaye de S. Amand de Rouen est de l'Ordre de S. Benoît. Les Religieuses appellées quelquefois *les Amies-Dieu de S. Leonard*, étoient autrefois consacrées ou benies par l'Evêque. Elles sortoient il n'y a pas encore cent ans, pour assister aux Processions generales des Rogations avec tout le Clergé, comme faisoient les Religieuses de Vienne & autres. Elles sortoient pareillement au jour de S. Leonard pour chanter l'Office de sa Fête dans une Chapelle voisine de leur Monastere, & qui étoit de leur dépendance; de même à l'enterrement des Abbez & des Prieurs de S. Ouen, de sainte Catherine du Mont, & depuis de S. Julien & de S. Lô, avec lesquels elles avoient association, & elles y chantoient le premier Nocturne. Aussi après la mort de l'Abbesse les Religieux de ces

Maisons ont-ils encore coutume de venir chanter chacun leur Nocturne de l'Office des Morts, & les Religieuses en chantent les Laudes. Elles chantoient tous les jours à deux heures de nuit les Matines à notes, & faisoient maigre durant toute l'année; vivant dans un silence fort rigoureux qu'on peut appeller le gardien de la discipline monastique.

Il y avoit dans ce Monastere des Doyennes ou Dixenieres selon la Regle de S. Benoît : mais on ne leur y donnoit pas ce nom. On appelloit la premiere *Prieure* simplement ; une autre *Seconde-Prieure*, ou peutêtre *Soûprieure* ; une autre *Tiers-Prieure*, & une autre *Quart-Prieure*. Ces dernieres n'avoient point d'autre rang que celui de leur reception.

SAINT-LO.

Saint-Lô, *S. Laudus*, est occupée par des Chanoines Reguliers de l'Ordre de S. Augustin. Il y a eu dans cette Eglise des Chanoines seculiers, avant qu'il y en eût de Réguliers, qui n'y furent substituez que vers l'an 1144. Elle est présentement occupée par les Chanoines Réguliers de la Congregation de sainte Genevieve, dont on sçait assez le genre de vie, sans qu'il soit besoin d'en parler ici.

Les anciens qui les ont précedez portoient en esté sur le bras une aumusse d'étoffe violette, doublée & bordée de fourrure blanche, & en hyver par-dessus leur chappe violette ils portoient le long camail pointu par bas de même couleur ; & ils se servoient d'aubes parées à l'Autel.

Je ne sçai quand ils ont commencé à se servir de bonnet quarré & d'aumusse ; il n'en est point fait mention dans la Maniere de recevoir chez eux un

Novice il y a cent quatre-vingt ans, mais bien d'une soutane, d'un surplis, & d'une chappe ou d'un camail, *Posteà induatur cappa sive caputium.* Quoi qu'il en soit, il y a preuve qu'ils avoient la chappe noire & non violette il y a quatre cens ans. Le Novice faisoit son épreuve en habit seculier. Le jour de sa prise d'habit étoit aussi celui de sa profession ; & ces deux cérémonies se suivoient l'une l'autre, ou plûtôt n'en étoient qu'une. Ils ne couroient point alors de maison en maison ; mais ils promettoient la stabilité dans celle-ci, comme on le peut voir par la prononciation de leurs vœux. La voici : *Ego frater N. offerens trado meipsum divinæ pietati in Ecclesia beati Laudi serviturum secundùm Regulam S. Augustini, & promitto obedientiam Domno N. Priori præfatæ Ecclesiæ, & successoribus ejus canonicè intrantibus.* [Et cela étoit par tout à peu près de même.]

Après une Antienne & une Oraison il étoit admis dans la commune société des Freres, & il recevoit d'eux tous le baiser de paix, en commençant par le Prieur. Enfin après une autre Oraison le Prieur lui faisoit prêter serment qu'il garderoit les droits de l'Eglise, les Statuts de l'Ordre, & le secret du Chapitre. Et par là finissoit toute la cérémonie.

Comme ces anciens Chanoines Réguliers faisoient l'Office de Rouen conformément aux Regles de l'Eglise établies par tant de Canons de Conciles * qui ordonnoient que non seulement toutes les Eglises d'un même Diocese, mais encore celles de toute la Province se servissent des mêmes livres,

---

* Concil. Venet. ann. 465. can. 15. Epaon. an. 517. c. 27. Gerund. an. 517. c. 1. Bracar. II. an. 563. c. 1. Tolet. IV. an. 633. c. 2. Tolet. XI. c. 3. Rotomag. an. 1189. c. 1.

du même chant & des mêmes cérémonies que l'Eglise Métropolitaine; j'ai crû que nous pourions tirer quelques lumieres (fur les Rites de l'Eglise de Rouen) d'un ancien Ordinaire de cette Eglise de Chanoines Réguliers, lequel étant de quatre cens ans tient le milieu entre les deux desquels j'ai rapporté les Rites ci-devant en parlant de l'Eglise Cathedrale de Rouen.

Voici ce qu'il contient de plus particulier.

Au premier Dimanche de l'Avent le Chantre avec la premiere Leçon de Matines chantoit le Prologue de S. Jerôme fur Ifaïe.

Les Dimanches avant Tierces le Prêtre Semainier faifoit la bénédiction de l'eau: l'Officiant afperfoit les Autels & le Chœur. Après quoi la Proceffion alloit de l'Eglise dans le Cloître, & y faifoit station pendant que l'Officiant accompagné du Portebenitier alloit afperfer d'eau benite tous les Offices de la Maifon, premierement le Chapitre, puis le Dortoir, & les autres lieux réguliers, comme il étoit plus amplement marqué dans leur Collectaire. *Moveat Proceffio, & dicatur hæc Antiphona,* Miffus est. *Tunc eat Sacerdos cum bajulo aquæ benedictæ, qui afpergat aquam per officinas, primò in Capitulo ubi dicat Orationem* Abfolve quæfumus Domine, *deinde in Dormitorio &c. ficut in Collectario habentur. In ftatione Clauftri &c.* Qu'on joigne ceci avec l'afperfion de l'eau benite qui fe fait aux Dimanches dans les Eglifes Cathedrales de Lyon, de Vienne, du Mans, de Chartres, de Rouen; on fentira auffitôt que la Proceffion des Dimanches n'étoit que pour afperfer les Autels, les lieux reguliers, & les perfonnes, & que la station qui s'y faifoit, n'étoit que pour donner le tems à l'Officiant d'achever l'afperfion, & que le Répons qu'on y chantoit étoit pour occuper cependant le Chœur, comme je crois l'avoir déja dit ci-devant.

Après la Procession qu'on finissoit par un Verset & une Oraison aux degrez du Sanctuaire, l'Officiant commençoit Tierces là-même; & ensuite on disoit la Messe qui finissoit par *Benedicamus Domino*. Aussitôt le Lecteur de table venoit aux degrez du Sanctuaire demander la bénédiction avec les mêmes prieres qu'on récite dans l'Ordre de saint Benoît.

Pendant l'Avent le Diacre & le Soûdiacre étoient revêtus de chasubles pliées tant aux Feries qu'aux Dimanches. Ils les ôtoient & les mettoient au même tems & en la même maniere qu'à la Cathedrale.

Durant tout l'Avent ils s'abstenoient de manger ni viande ni graisse : ils jeûnoient même jusqu'après Nones, en ne mangeant qu'une fois le jour : *Per totum Adventum singulis diebus jejunamus, bis in omnibus Dominicis solummodò comedentes.* Ils pouvoient user d'œufs & de fromage; encore semble-t-il que ce ne fût que par condescendance, *caseus & ova conceduntur.* On verra dans la suite encore de plus grandes mortifications dans ces anciens Chanoines.

Ils avoient comme à l'Eglise Cathedrale, une Table enduite de cire, sur laquelle ils écrivoient avec un poinçon les noms de ceux qui devoient faire quelque office ou fonction. Quoiqu'ils y fussent écrits, & qu'elle fût exposée en un lieu évident, on ne laissoit pas de la lire à la fin du Chapitre après la petite Leçon. On récitoit ensuite les noms de ceux qui étoient morts ce jour-là, s'il y en avoit; puis on disoit *Benedicite*, & on traitoit des affaires de l'Ordre.

La Vigile de Noël on ornoit le Chapitre, & là

Saint-Lô de Rouen.

tous étant assemblez après Primes, dès que le Lecteur du Martyrologe avoit prononcé *In Bethleem Judæ Jesus-Christus Filius Dei nascitur*, ils se prosternoient en terre, & y faisoient une petite priere chacun selon sa dévotion. Au signal du Prieur ils se relevoient tous, & le Lecteur poursuivoit. La même chose se pratique encore dans beaucoup de Monasteres. On marquoit ceux qui devoient célébrer les trois Messes de Noël, qui étoient dites par differens Prêtres [avec une Prophetie à chacune avant l'Epître]. On prévoioit les Leçons de Matines, & on les faisoit recorder à ceux qui les devoient chanter, comme à la Cathedrale ; & nous le verrons encore ailleurs. *Ut autem spatiatim & diligenter cuncta compleantur, statim post Capitulum Lectiones audiantur.* [Le Rituel de Rouen y est formel : mais qui sont ceux qui l'observent ?]

On chantoit la Messe de la nuit d'un ton plus bas que celle d'après Tierces : *Ad hanc Missam submissius quàm in crastino cantatur.* Et il est certain qu'elle étoit par tout moins solennelle, comme je l'ai remarqué ci-devant. On allumoit tous les cierges de l'Eglise ce jour-là ; les sept du grand chandelier à sept branches qui étoit proche des degrez du Chœur, sept lampes entre le Chœur & l'Autel, trois cierges dans les bassins devant le grand Autel, quatre cierges auprès du Crucifix, & un à chaque Autel. Tout l'Office s'y faisoit comme dans l'Eglise Cathedrale, avec les mêmes prieres & les mêmes rites ; & ces Chanoines étoient trop réguliers pour ne pas observer les regles de l'Eglise qui l'a ordonné ainsi dans tant de Conciles ; ils auroient cru n'être pas Réguliers s'ils avoient agi autrement.

Jamais le Prieur n'encensoit les Autels, & ne chantoit soit l'Evangile & l'Homelie, soit le Capitule, soit l'Oraison aux grandes Fêtes, qu'il n'eût deux Portechandeliers pour lui éclairer. C'étoit le Chantre qui lui préfentoit ou lui tenoit le Collectaire, *Cantore sibi de libro ministrante*.

Aux grandes Fêtes il y avoit neume à toutes les Antiennes, on chantoit à la Messe trois fois l'Introït, & on répétoit le corps du Graduel après le Verset, comme on faifoit à Rouen il n'y a pas plus d'un siecle, & comme on fait encore aujourd'hui à Lyon, à Auxerre, dans la Congregation de Cluny, & encore ailleurs; & le *Kyrie* avec les tropes. Durant le *Credo* le Soûdiacre portoit le livre des Evangiles à baifer au Clergé, que le Thuriferaire encenfoit immédiatement auparavant, comme on fait encore aujourd'hui à Rouen.

Après les Laudes de Noël ils allumoient les lanternes & s'en alloient coucher au Dortoir, s'ils vouloient, tout habillez, mais feulement pour cette fois.

Au premier point du jour, *fummo diluculo*, ils fe levoient pour dire la Messe de l'Aurore: laquelle étant finie ils venoient dans le Cloître, ils s'y lavoient les mains; puis ayant pris chacun un livre, ils s'afsſeïoient & lifoient: & ceux qui étoient Prêtres difoient cependant leurs basses Messes ou Messes privées.

Après Primes on tenoit Chapitre; mais on n'y parloit que de l'amour de Dieu, & de la folennité de la Fête.

Quand cette Fête ou une autre folennelle arrivoit au Dimanche, le Semainier faifoit la bénédiction de l'eau, & il commençoit Tierces; & durant qu'on chantoit cette Heure il alloit afperfer d'eau benite les Offices de la Maifon à la maniere accoutumée, puis il revenoit au Chœur achever l'Office de Tierces. Ils communioient tous à la Messe, [comme aussi tous les Dimanches] excepté ceux qui s'en abstenoient pour quelque sujet raisonnable après en avoir consulté le Superieur. Quand ces Fêtes solennelles tomboient au Dimanche, alors le Lecteur de table demandoit la bénédiction à la fin de la Messe du matin.

Ils jeûnoient les Vendredis de l'année : mais depuis Noël jusqu'à la Purification ils mangeoient tous les jours deux fois, même le Vendredi ; *Per idem tempus quotidie bis comeditur, etiam Feriâ sextâ de consuetudine approbatâ.*

Ils terminoient l'*Alleluia* à la fin de Nones, & ne le chantoient plus à Vêpres du Samedi devant la Septuagésime, comme on fait encore à Angers, & cela me paroît de bon sens. Pour la premiere Leçon des Matines du Dimanche de la Septuagesime on lisoit le Prologue de S. Jerôme avec le commencement de la Genese, comme on fait encore aujourd'hui à Paris.

Ils faisoient aussi autrefois Procession tous les Mercredis & les Vendredis de Carême, & en ces jours-là ils gardoient le silence dans le Cloître.

Le Mercredi des Cendres après Nones ils se déchaussoient dans le Chœur, à moins que le Prieur ne les en dispensât lorsque le froid étoit trop rigoureux. [On voit de même que S. Godefroy * Évêque d'Amiens n'assistoit à cette cérémonie que pieds nuds & revêtu du cilice.] Ils étoient tous prosternez durant les sept Pseaumes Pénitentiaux. Après cela le Prieur étant debout devant l'Autel, & prenant une étole, donnoit l'absolution : puis le Sacristain lui ayant apporté des cendres qu'il avoit faites des rameaux de l'année précédente, il les be-

* *Apud Sur. to. 6. l. 3. c. 12.*

nissoit & les aspersoit. Il donnoit son étole au Soû-prieur, & il recevoit de lui des cendres & de l'eau benite : puis il reprenoit son étole, & il imposoit des cendres au Soûprieur & à tous les autres, que le Soûprieur aspersoit d'eau benite un à un dès qu'il avoit reçu des cendres du Prieur, comme on faisoit à l'Eglise Cathedrale de Rouen & encore ailleurs.

Le Mercredi des Cendres [& durant tout le Carême tant aux Dimanches qu'aux Feries] le Diacre & le Soûdiacre se servoient de chasubles pliées. Durant l'Epître les Chanoines se chaussoient. A moins qu'il ne fût le lendemain Fête solemnelle ou Dimanche, le Célebrant à la fin de la Messe commençoit les Vêpres à l'Autel. Après Vêpres on donnoit un petit espace de tems, puis on sonnoit le timbre ou la cloche du Refectoir, & on alloit soûper. *Post Vesperas facto brevi intervallo pulsetur cymbalum, &* EANT CŒNATUM. Remarquez qu'il dit *souper*, & non pas *dîner*; car on ne dînoit point aux jours de jeûne.

Le premier Dimanche de Carême après Complies le Sacriste mettoit un grand rideau entre l'Autel & le Chœur, & couvroit les images. La même chose est marquée dans les Statuts de Lanfranc pour l'Ordre de S. Benoît, & dans l'Ordinaire des Carmes d'environ 150. ans.

Depuis le premier Lundi de Carême au commencement des grandes Heures ils baisoient chacun leur banc. Ils en faisoient autant à toutes les Heures, tant petites que grandes, le Jeudi, le Vendredi & le Samedi-saint : & à toutes les Feries de Carême durant le Canon ils étoient aussi prosternez ou courbez sur leurs bancs, *prostrati super formas.*

Le Dimanche des Rameaux à cause de la fatigue

de l'Office, & depuis Pâques jusqu'au premier jour d'Octobre, ils dormoient à midi après dîner, à la reserve des jours de jeûne qu'ils ne mangeoient & ne dormoient qu'après Nones. Après leur réveil ils se lavoient les mains au Lavoir qui étoit dans le Cloître. Durant ces six mois pendant qu'on étoit assis dans le Cloître on étoit obligé d'y garder le silence.

Le Jeudi-saint & les deux jours suivans, il y avoit devant l'Autel une herse avec vingt-quatre cierges. On gardoit durant ces trois jours-là un silence encore plus exact qu'à l'ordinaire.

Le Jeudi-saint à midi l'Aumônier menoit dans le Cloître les pauvres ausquels on devoit laver les pieds, & à la sortie de Sextes le Prieur & tous les Chanoines quittoient leurs chappes de laine & venoient dans le Cloître laver les pieds aux pauvres, sçavoir le Prieur à quatre pauvres, & chacun des autres Chanoines à un. [On voit par là que le nombre n'en étoit pas alors fixé à douze.] Après leur avoir lavé les pieds, ils les essuyoient avec des linges & les baisoient. Puis ils leur versoient pareillement de l'eau sur les mains, & après les avoir essuyées avec des linges que le Chambrier leur présentoit, & avoir aussi essuyé leurs mains, ils recevoient de la main de l'Aumônier deux pieces de monnoie pour chaque pauvre, & le Prieur quatre pour chacun de ses quatre pauvres; & tant lui que les autres Chanoines en les présentant aux pauvres, baisoient la main qui les recevoit. Ils alloient ensuite au Lavoir laver leurs mains, & reprendre leurs chappes. On conduisoit les pauvres à l'Aumônerie, où ayant donné à chacun d'eux *leur Prébende*, c'est-à-dire une portion, il leur étoit libre de la manger là ou de l'emporter chez eux. *Pauperes du-*

cantur in Eleemosynariam, ubi datâ unicuique PRÆ-
BENDA, *in eorum arbitrio relinquitur vel ibi come-
dere, vel secum deportare.*

Après Nones les Chanoines de Saint-Lô alloient recevoir l'Absolution de l'Archevêque ou de l'Evêque qui officioit ce jour-là au lieu de lui.[Marque qu'ils étoient soumis à l'Archevêque.] S'il n'y avoit ni l'un ni l'autre, le Prieur de Saint-Lô la donnoit chez lui à ses Religieux après avoir récité les sept Pseaumes Pénitentiaux. Enfin on sonnoit la Messe, que le Prieur célebroit. Le Diacre avoit soin d'y mettre autant d'Hosties qu'il en faloit pour les communier tous ce jour-là & le lendemain Vendredi-saint. J'ai déja dit ci-devant que le Clergé & le peuple communioit à Rouen le Vendredi-saint il n'y a pas plus de cent ans. Et cette pratique étoit non-seulement établie dans l'ancien Ordinaire de Rouen de 630. ans & dans celui-ci, mais encore dans Beleth *chap. 99.* & dans les Capitulaires de Theodulphe Evêque d'Orleans, qui vivoit au neuviéme siecle, *chap. 41.*

Il n'étoit pas même permis de s'en dispenser au moins pour les Ecclesiastiques & les Réguliers. Outre ce qu'en dit Beleth au lieu cité ci-dessus, l'Ordinaire de nos Chanoines Reguliers de S. Lô y est formel. *His quatuor diebus nullus se, nisi rationabili causâ, à Communione debet subtrahere.* La même chose se lit dans les Statuts de Lanfranc pour l'Ordre de saint Benoît. Et cela pour mieux annoncer la mort du Seigneur le jour qu'elle est arrivée.

Après la Messe le Célebrant donnoit au Diacre les saintes Hosties reservées pour le lendemain dans des corporaux à porter sur le Calice au lieu préparé, & le Prieur encensoit le tabernacle avant que de les y mettre, & après les y avoir mises. Ensuite ils revenoient à l'Autel achever les Vêpres par l'Oraison de la Postcommunion, & le Diacre disoit *Benedicamus Domino*, & non pas *Ite, missa est*, parce qu'aussitôt après que le Célebrant avoit quitté ses ornemens on lavoit les Autels d'abord avec de l'eau, puis on y versoit du vin en forme de croix.

Un peu après le Soûprieur à la porte du Refectoir sonnoit la tablette pour le repas. Après avoir rendu graces, pendant que les serviteurs de table & de la Maison mangeoient, on préparoit dans le Chapitre toutes les choses necessaires pour laver les pieds des Chanoines. Dès que les serviteurs étoient levez de table, le Chantre sonnoit la tablette, & tous s'assembloient dans le Chapitre. Le Prieur quittoit son camail & sa chappe, se ceignoit d'un tablier, ou (comme dit le petit peuple) d'un devanteau; mettoit de l'eau dans un bassin, & lavoit les pieds à tous les Chanoines, il les essuyoit & les baisoit, comme il avoit fait à ceux des pauvres. Aussitôt que chaque Religieux avoit les pieds lavez, il se prosternoit & baisoit humblement la terre. Le Soûprieur lavoit ensuite les pieds du Prieur, & un autre ancien lavoit les pieds du Semainier qui avoit aidé au Prieur. Après cela le Prieur prenoit le bassin & leur versoit de l'eau à tous sur les mains, & le Semainier leur présentoit l'essuyemains, & le Prieur leur baisoit la main; & ensuite le Soûprieur & son assistant en faisoient autant au Prieur & au Semainier. Après que l'on avoit chanté l'Antienne *Dominus Jesus*, le Verset & l'Oraison, le Diacre revêtu de dalmatique, accompagné du Soûdiacre en tunique & de deux Portechandeliers, venoit du Revestiaire dans le Chapitre. Dès qu'il y entroit, tout le Couvent se levoit: alors le Diacre ayant fait benir l'encens au Prieur,

& ayant reçu de lui la bénédiction alloit au lutrin, & y lisoit au ton d'une Leçon l'Evangile *Ante diem festum Paschæ*, ou le discours que notre Seigneur fit à ses disciples à sa derniere Céne ; & quand il en étoit venu à ces paroles, *Surgite, eamus hinc*, ils se levoient tous, & alloient deux à deux au Refectoir, où étant arrivez, le Prieur ayant donné le signal, ils disoient *Benedicite*, & le Prieur disoit: POTUM CARITATIS *benedicat dextera Dei Patris*. Alors le Diacre commençoit, *Ego sum vitis vera* & le reste, jusqu'à ce que le Prieur lui fist signe de cesser. Et cependant le Prieur présentoit à boire à un chacun d'eux tous en leur baisant la main, étant aidé du Refectorier qui versoit du vin dans les tasses, *singulis manus osculans, potum caritatis offerat*; & ensuite le Soûprieur en présentoit au Prieur. Le Prieur ayant donné le signal, & ayant dit le Verset *Benedictus Deus in donis suis*, ils s'en retournoient tous à l'Eglise, & y disoient Complies, pendant que le Diacre & ses ministres alloient dans le Revestiaire plier leurs ornemens & y boire un coup : après quoi ils disoient Complies. Après Complies on aspersoit d'eau benite les Religieux, & ils s'en alloient coucher.

Le Vendredi-saint l'Office de Matines étoit comme hier, après quoi ils alloient se recoucher. Après s'être relevez le matin, ils étoient nuds pieds jusqu'à ce que tout l'Office fût fini, c'est-à-dire jusque vers les quatre ou cinq heures d'après midi. Quand le froid étoit par trop rigoureux, le Prieur les en dispensoit en partie, de sorte qu'ils n'étoient alors nuds pieds que durant les Offices. Ce jour-là ils récitoient tout le Pseautier dans le Cloître.

Les Heures de Tierces, de Sextes & de Nones ne se disoient point de suite ce jour-là non plus
qu'aux

qu'aux autres jours, mais séparément ; *non continuatim, sed ut pridie divisim dicantur.* [A quoi j'ajouterai que le Rituel de Rouen dit que *pour se conformer à l'esprit & à l'intention de l'Eglise, on ne doit jamais dire plus d'une des Heures Canoniales à la fois, & chacune au tems prescrit par l'Eglise, ou à peu près.*

Après Nones le Prieur revêtu d'aube & de chasuble de pourpre, venoit avec le Diacre & le Soûdiacre en aubes, nuds pieds à l'Autel ; où ayant dit le *Pater* avec le signe de la croix, il alloit s'asseoir, & le Lecteur commençoit la premiere Leçon ou Prophetie. *Prælatus casulâ purpureâ induatur ; qui cum Diacono & Subdiacono ... nudis pedibus ad altare venerit ... dicto tantùm* Pater noster*, & signans se ; mox Lectore incipiente primam Lectionem, sessum eat.* Je ne vois ni ici ni ailleurs qu'on obligeât le Célébrant à lire aux grandes Messes ni Prophetie, ni Epître, ni Evangile ; il écoutoit comme les autres. Presque toutes les cérémonies de la Messe & de l'adoration de la Croix sont comme à la Cathedrale. Le Prieur officiant s'étant chauffé, & ayant repris la chasuble qu'il avoit quittée pour l'adoration de la Croix ; alloit avec le Diacre & le Soûdiacre revêtus d'aubes, d'étole & de manipules, précedez des Portechandeliers & du Thuriferaire au lieu où l'on avoit mis le Corps de notre Seigneur le jour précedent. Le Prieur l'ayant encensé le donnoit au Diacre à reporter au grand Autel, où le Diacre le présentoit au Célébrant. Aussitôt le Diacre mettoit dans le Calice du vin & de l'eau : & après que le Célébrant avoit encensé, & avoit lavé ses mains, il disoit le *Confiteor* avec ses Ministres, puis disoit le *Pater noster* & *Libera nos quæsumus Domine,* &c. Enfin il prenoit une parcelle de l'Hoſtie & la mettoit dans le Calice, & ſe communioit lui & les autres en ſilence. *Sumat de Sancto* (dit l'Ordinaire) *& ponat in Calice, nihil dicens, ſicque ſe & cæteros cum ſilentio communicet; ſanctificatur enim vinum non conſecratum per Corpus Domini immiſſum.*

Après la Meſſe on diſoit Vêpres: après leſquelles ils alloient tous ſe laver les pieds & ſe chauſſer; & après un petit eſpace de tems on ſonnoit la tablette pour aller ſouper au Refectoir, & y manger du pain & des herbes crues, & y boire de l'eau. *In menſa nonniſi panis & aqua, & herbæ crudæ apponantur.* [Nous avons vû ci-devant dans les Chanoines de la Cathedrale deux cens ans auparavant une auſterité encore plus grande, puiſqu'en ce jour ils ne mangeoient que du pain & ne bûvoient que de l'eau, *ad refectionem panis & aquæ pergant.*] On ne laiſſoit pas de cuire ce jour-là les mets ordinaires des Chanoines de S. Lô; mais on les portoit de la Cuiſine à l'Aumônerie, & on les donnoit aux pauvres avec leur boiſſon ordinaire.

Parce que l'Office du lendemain [Samedi-ſaint], comme je l'ai dit à la Cathedrale, ſe devoit dire plus tard que les autres jours & à cauſe de la fatigue, on leur permettoit le Vendredi au ſoir de boire un coup au Refectoir. *Quia verò Officium in craſtino ſolito tardiùs agendum eſt, propter laborem poſt collationem in Refectorio* POTUM CARITATIS *omnes accipiant.* [M. de Vert a expliqué ces deux mots dans ſon Traité des mots de *Meſſe* & de *Communion.*] On diſoit Complies tout comme au jour précedent.

Le Samedi-ſaint tout l'Office de la nuit s'y faiſoit comme aux deux jours précedens. Auſſitôt après le Chapitre ils ſe faiſoient raſer, *& in lectis* *interim singulorum munda & nova mutatoria ponantur à Camerario.* On ornoit toute l'Eglise. Après Sextes on prévoioit les Leçons ou Propheties, afin de n'y point faire de fautes, & on couvroit les Autels. Après Nones ils quittoient leurs chappes, & prenoient des surplis blancs avec leur capuchon ou camail, s'il en étoit besoin. Le Prieur revêtu d'une chappe de soye benissoit le feu nouveau au lieu ordinaire, l'aspersant d'eau benite. Alors on emplissoit l'encensoir de charbons du feu nouveau, le Sacristain en allumoit le cierge qui étoit au bout de sa canne, & encore une bougie dans une lanterne, afin d'en rallumer son cierge s'il venoit à s'éteindre. On éteignoit le feu dans tous les Offices de la Maison, & on y en portoit de nouveau. *In omnibus quoque officinis, extincto veteri igne, novus ab aliquibus deportetur.* Enfin la Procession étant retournée dans le Chœur, l'Officiant y benissoit l'encens. Le Prieur officiant étoit en sa place au Chœur, le Soudiacre y occupoit la derniere, & le Diacre chantoit l'*Exultet* pour la bénédiction du Cierge Pascal, où le Sacristain avoit mis les cinq grains d'encens dès avant qu'on commençât l'Office.

La bénédiction du Cierge étant achevée, le Célebrant revêtu d'une médiocre chasuble venoit avec le Diacre & le Soûdiacre à l'Autel, & ayant dit le *Pater noster*, & ayant baisé l'Autel il alloit s'asseoir, & en même tems on lisoit les Propheties. *Statim prima Lectio incipiatur, In principio fecit Deus: tunc & Prælatus indutus unâ de mediocribus planetis cum Diacono & Subdiacono ad Altare procedens, præmisso Pater noster, & osculato Altari, cum suis ministris sedeat.* Par où l'on voit encore qu'il écoutoit comme les autres, & qu'il ne lisoit point à l'Autel ce qui se chantoit au Chœur. Enfin les trois Litanies étoient chantées, & la bénédiction des Fonts se faisoit comme à la Cathedrale. Le Diacre portoit aux Fonts le saint Chrême. Avant que de mettre du saint Chrême dans les Fonts baptismaux, on en retiroit de l'eau benite tant pour faire le lendemain l'aspersion des Autels, du Clergé & des Offices de la Maison, que pour donner moyen aux Fideles d'en porter chez eux tant pour en asperser leurs maisons, [qu'afin de s'en servir en cas d'une extrême necessité à baptiser quelque enfant nouveau né, soit à la maison, soit en chemin quand on le porte à l'Eglise : & c'est de cette eau qu'on devroit porter à l'Eglise dans l'aiguére aux cérémonies du Baptême, ou du moins de l'eau naturelle, au lieu d'y porter de l'eau rose, qui étant alambiquée & n'étant point naturelle, ne pouroit servir à baptiser l'enfant en chemin en cas de necessité. C'est de quoi j'ai cru devoir avertir ici en passant, voyant que peu de Curez instruisent de cela leurs Paroissiens.]

Enfin les Fonts baptismaux étoient couverts d'un linge blanc [en forme de pavillon]; & ils le sont encore dans beaucoup de nos Paroisses de campagne. Sur la fin de la troisiéme Litanie le Sacristain allumoit du feu nouveau tous les cierges de l'Eglise, *quia omnis anterior ignis debet esse extinctus.*

A la Messe le Chantre venoit annoncer au Prieur le *Gloria in excelsis*, durant lequel on sonnoit toutes les cloches. Ils communioient tous à la Messe.

Au *Sanctus* on sonnoit Vêpres. La Messe & Vêpres se terminoient par l'*Ite, missa est.* *Dicto Ite, missa est à Diacono, Missa & Vespera pariter finiantur. Post hæc egressus de Ecclesia.* Dès que l'*Ite, missa est* étoit dit, on sortoit de l'Eglise. On ne disoit point l'Evangile *In principio.*

Après un petit intervale de tems on fonnoit le timbre ou la cloche pour le Refectoir.

Après Complies on les afperfoit d'eau benite, & ils alloient coucher. Ils ne s'avifoient pas alors de dire Matines immédiatement avant que de se coucher ; c'étoit l'Office de Complies qui finiſſoit la journée, & c'eſt pour cela qu'il eſt ainſi appellé ; outre que ce font les prieres pour ſe mettre au lit : ceux qui entendent le latin le voyent bien.

Tout l'Office de Pâques s'y fait comme à la Cathedrale.

Le Dimanche que nous appellons *in albis*, fous-entendant *depoſitis*, y eſt appellé *Dominica poſt albas*, auſſi-bien que dans l'Ordre Romain & chez le nommé Alcuin : & c'eſt là le mot le plus propre.

Aux jours des Rogations ils ſe revétoient tous de leurs chappes noires de laine pour la Proceſſion, excepté ceux qui y devoient porter quelque choſe. Après Sextes le Prieur afperfoit le grand Autel & tout le Clergé avant la Proceſſion, qui alloit à l'Egliſe Cathedrale, où ils prenoient place au côté gauche du Chœur, comme ils font encore aujourd'hui.

La Veille de l'Aſcenſion auſſi-bien que la Veille de la Pentecôte, de l'Annonciation, de S. Auguſtin & de S. Lô leurs Patrons, ils diſoient à Vêpres les Pſeaumes de la Ferie : & c'étoit de même à Rouen & preſque par tout ailleurs il y a ſix-vingts ans.

Il n'y eſt point parlé de la Fête du ſaint Sacrement, parce qu'elle n'étoit pas encore établie lorſque cet Ordinaire fut compoſé.

Ils ne jeûnoient jamais aux jours de Fêtes, à moins que ce ne fût en Avent ou en Carême. Quand même le Jour de S. Lô (qui eſt le même que celui de S. Matthieu) arrivoit le Mercredi, ou le Vendredi, ou le Samedi des Quatre-tems, alors à cause de la Fête ils ne jeûnoient point, mais ils devançoient ces trois jours de jeûne à la semaine precedente. *Notandum* (dit l'Ordinaire) *si Festum sancti Laudi Feriâ* IV. *vel* V. *vel Sabbato venerit, fiat jejunium Quatuor-temporum in hebdomadâ præcedenti.* Ces gens-là sçavoient la discipline de l'Eglise qui ne pouvoit accorder les jeûnes avec les Fêtes. Les Réformez qui sont présentement à S. Lô, ne jeûnent point aussi les Vendredis de l'année quand il y échet une Fête chommée ; alors ils rejettent le jeûne au lendemain. [Par le même esprit les habitans de la ville de Saint-Quentin en Vermandois ne jeûnent point le jour de S. Quentin leur Patron, qui est la veille de la Toussaints, mais ils anticipent le jeûne d'un jour, & alors ils jeûnent & pour la Fête de leur Patron & pour celle de tous les Saints ; & cela avec l'approbation du saint Siege.

Notre-Dame de la Ronde.

L'Eglise de Notre-Dame de la Ronde, *Sancta Maria de Rotunda*, est occupée par des Chanoines, dont le Doyen est chef du Chapitre & Curé de la Paroisse. Dans les grandes Fêtes & dans de certains Dimanches privilegiez il n'y a qu'une grande Messe célébrée par le Doyen tant pour les Paroissiens, que pour Messieurs du Chapitre qui y assistent ; & aux Dimanches & Fêtes il y a encore dix ou douze Prêtres de la Paroisse qui se joignent aux Chanoines pour chanter l'Office. Il y a au milieu de leur Chœur un Ange de cuivre de hauteur humaine qui est le mieux travaillé qu'on puisse voir, & qui sert de double Lutrin devant & derriere. Il mérite d'être vû, aussi-bien que l'image de la Vierge qui est au grand portail de cette Eglise, laquelle est estimée des Sculpteurs, qui ne manquent pas de la faire voir aux Sculpteurs étrangers, tant pour la beauté que pour la grandeur de la pierre ne faisant qu'un corps avec le pilier.

Cette Eglise a changé de forme au moins trois ou quatre fois, soit pour le corps du vaisseau, soit pour le grand Autel : ce n'est pas ce que je veux m'amuser à décrire. Je dirai seulement que d'abord le saint Sacrement étoit gardé autrefois pour le Viatique des mourans, (comme encore aujourd'hui à S. Cande le vieil), dans une petite armoire pratiquée dans un pilier du côté de l'Evangile sous une image de la Vierge ; [& on l'y met encore le Jeudi & le Vendredi-saint, parce qu'il y étoit autrefois pendant toute l'année.] Depuis on le mit tout au haut de la contretable dans une lanterne de verre & de menuiserie dorée. Enfin quand on n'a plus eu de goût pour l'antiquité, on l'a mis dans un tabernacle sur l'Autel.

Les Chanoines & autres Ecclesiastiques font une agape dans une des Chapelles le Jeudi-saint après midi, & on leur sert à boire dans d'anciennes coupes d'argent. En Carême il y a un grand rideau violet au travers du Chœur ; & à Pâques une grande colonne de cire ou grand Cierge Pascal comme à la Cathedrale.

Aux grandes Fêtes on met sur l'Autel la Croix processionnelle au retour de la Procession, comme dans l'onziéme Ordre Romain*. De là vient qu'en beaucoup d'Eglises on la met encore à côté de l'Autel.

Il y a une pratique particuliere & fort ancienne

*Mus. Ital. Mabill. p. 124.

dans cette Eglife. C'eſt qu'aux Enterremens le grand pain blanc rond qu'on porte à l'Offrande dans un grand baſſin d'argent auſſi-bien que le vin qui eſt dans l'aiguére ou vaſe d'argent, ſont mis ſur l'Autel aux deux côtez*, parce qu'ils étoient autrefois matiere du Sacrifice ; & on devroit s'y ſervir de ce vin comme on fait ailleurs.

Saint Georges.

Dans l'Egliſe Collegiale de S. Georges il n'y a que quatre Chanoines, qui gagent quatre Chapelains pour chanter l'Office. Il n'y a rien de ſingulier, ſinon qu'ils diſent en Carême Vêpres l'après midi à la même heure qu'ils ont accoutumé de les dire aux autres jours, ne dérangeant rien, & par ce moyen ils ne font point deux fautes pour une.

Les Filles-Dieu.

Les Filles-Dieu qui ſont aujourd'hui des Religieuſes Chanoineſſes Régulieres de S. Auguſtin, n'étoient d'abord que de bonnes filles qui vivoient enſemble du travail de leurs mains, obſervant quelques petites regles qu'elles s'étoient preſcrites. Elles alloient les Dimanches & les Fêtes à la grande Meſſe à S. Eloy leur Paroiſſe, & y recevoient les Sacremens de la main de leur Curé, ainſi que les autres Paroiſſiens. Telle fut leur maniere de vie juſqu'en 1345. qu'elles obtinrent de Clement VI. de prendre le voile de la Religion ſous la Regle de S. Auguſtin. Elles reçurent du Grand-Vicaire de Rouen l'habit blanc & le voile noir. S'étant miſes il y a bien ſoixante ans ſous la direction de quel-

*Je l'y ai toujours vû mettre. J'ai appris qu'on ne l'y met plus depuis quelques années.

ques Religieux de S. Benoît, elles quitterent l'habit blanc pour prendre le noir qu'elles portent encore aujourd'hui, & pardessus, un long manteau noir bordé d'hermines. Mais enfin si elles ont quitté leur premier habit, elles n'ont pas quitté leur premier esprit. Accoutumées qu'elles étoient à chanter à leur Paroisse l'Office divin à l'usage de Rouen, elles l'ont toujours retenu depuis; de sorte que ces Religieuses se servent des mêmes livres que les autres Ecclesiastiques du Diocese.

Saint-Vincent.

Dans l'Eglise de S. Vincent j'ai vû dans ma jeunesse le saint Sacrement reservé pour les malades dans une armoire pratiquée dans un pilier du côté de l'Evangile, comme ci-dessus pag. 407. Depuis ce tems-là on a laissé là l'antiquité, & pour suivre la mode on l'a mis dans un tabernacle sur l'Autel. Aux Enterremens on met sur l'Autel aux deux côtez le grand pain blanc & le vin qu'on a portez à l'Offrande.

Saint André.

Un peu plus haut est l'Eglise Paroissiale de saint André, où le jour de Pâques non seulement la sainte Table, qui est de la largeur du Chœur, est toute couverte d'un dais blanc de la même longueur, (comme j'ai vû aussi à quelques Paroisses de nos campagnes de Normandie) mais encore un Acolythe [au défaut d'un Diacre] tenant une coupe avec du vin dedans, & marchant immédiatement après le Prêtre qui donne la Communion, présente du vin aussitôt qu'on a communié, apparemment à la place de l'espece du Sang. Voyez ce qu'en dit M. de Vert p. 292. sur les mots de *Messe*

& de *Communion*. [C'eſt ce qui s'obſerve encore préſentement à la Meſſe de l'Ordination, & dans la Cathedrale de Paris aux Meſſes Pontificales à ceux du Clergé & du peuple qui y communient.] Dans cette Egliſe de S. André de Rouen aux Enterremens on prend du vin offert dans l'aiguére ou autre vaſe pour mettre dans le Calice*, & cela eſt de fort bon ſens ; car enfin il n'eſt offert que pour cela.

Saint Etienne des Tonneliers.

L'Egliſe Paroiſſiale de S. Etienne des Tonneliers eſt une des plus propres de la ville, avec cinq Autels où il y a des piſcines à côté. On y fait fort bien l'Office divin. Jamais on ne vit de Clergé plus deſintereſſé ; on n'y exige jamais rien ni pour les Enterremens, ni pour l'adminiſtration des Sacremens. J'y ai vû enterrer depuis plus de trente-cinq ans les pauvres conme les riches, avec la croix, les chandeliers & le benitier d'argent, & les chappes, avec les trois Nocturnes & les Laudes de l'Office des Morts chantez en plein-chant, & la grande Meſſe que le Curé célebroit *gratis* pour le défunt, quand même il auroit été un étranger ou un paſſant.

Aux Enterremens ſi on n'y porte pas le pain & le vin ſur l'Autel après l'Offrande, du moins les laiſſe-t-on ſur les baluſtres de l'Autel juſqu'après la Communion ; & j'y ai vû quelquefois s'y ſervir du vin préſenté à l'Offrande, & en mettre dans le calice pour le ſacrifice. Il y a bon nombre d'Obits fondez en cette Egliſe, auſquels par une ancienne devotion on fait toujours diſtribution de 20. 30. ou 40. ſols de pain pour les pauvres de la

---

* On a négligé cela depuis quelques années.

S. Etienne des Tonneliers. 411

paroisse, qui y assistent à genoux sur la tombe du défunt, & qui prient Dieu pour lui. Je trouve dans une ancienne Fondation de cette Eglise de l'an 1374. qu'une Peronelle veuve de feu Mathieu Cherisier a donné vingt-deux sols * de rente fonciere *pour avoir part aux prieres de l'Eglise.* C'étoit ainsi qu'on faisoit toutes les anciennes Fondations. Nous verrons cela encore ailleurs.

Dans cette Eglise le Soûdiacre porte à côté du Corporal le bassin où est l'argent des Offrandes. On n'y chante rien à l'élevation de l'Hostie & du Calice; on adore Jesus-Christ en silence, selon l'ancienne pratique de l'Eglise. Durant la Communion du peuple qui se fait immédiatement après celle du Prêtre, on chante un Pseaume sur l'Antienne de la Communion aux grandes Fêtes qu'il y a plus de communians. On voit cet usage dans l'Eglise d'Afrique au rapport de S. Augustin *lib.* 2. *Retractation. cap.* 11. Et apparemment aussi dans l'Eglise Gallicane; du moins S. Aurelien Evêque d'Arles l'ordonne à la fin de sa Regle.

Il y a aux côtez du grand Autel deux grands rideaux comme à la Cathedrale; & de même entre le Chœur & l'Autel il y a en Carême un grand rideau violet de la largeur du Chœur. Toutes les chasubles qui servent au grand Autel sont les plus amples qu'il y ait à Rouen après celles de la Cathedrale. Le couvercle intérieur des Fonts baptismaux est un des ouvrages de sculpture le plus délicat qu'on puisse voir. Durant l'Octave de Pâques il est exposé à découvert. A la voûte qui est audessus du Baptistere est représenté en peinture le baptême de l'Empereur Constantin. Il ne faut pas oublier que le saint Sacrement reservé pour les malades y

---
* C'étoit en ce tems-là une bien plus grosse somme.

étoit autrefois non à l'Autel, mais dans une petite armoire du côté de l'Evangile proche l'image de S. Etienne, où l'on en voit encore les gonds.

Saint Cande le vieil.

Dans l'Eglise Collegiale & Paroissiale de Saint Cande le vieil il n'y a que quatre Chanoines, qui sont Curez, & qui en font les fonctions alternativement chacun leur semaine, aidez de dix ou douze Prêtres habituez. Ces quatre Chanoines étoient autrefois Aumôniers du Duc de Normandie, lequel venoit de son Palais de la Vieille-Tour en cette Eglise, qui étoit anciennement sa Chapelle, par une galerie qui traversoit la rue, & qui ne fut abattue que l'an 1508. par l'Ordonnance de l'Echiquier. Ces quatre Chanoines-Curez ont l'honneur d'avoir pour Doyen perpetuel l'Evêque de Lysieux, qui a droit d'exemption pour cette Paroisse & quatre autres, dont il y en a trois à une demie lieue ou une lieue de la ville de l'autre côté de la riviere, à la reserve de la connoissance du crime d'heresie & de la prestation du serment d'obéissance des Abbez & Abbesses, qui appartiennent de droit à l'Archevêque de Rouen. Ce qu'il y a de singulier dans cette Eglise, c'est que le saint Sacrement * suivant l'ancienne pratique n'est point au grand Autel, mais à côté dans une armoire pratiquée dans un pilier du côté de l'Evangile. Ce qui fait voir que ces Messieurs ont de l'attachement & de l'amour pour l'ancienne discipline de l'Eglise, & ils seront toujours louables d'avoir tenu bon eux seuls contre l'usage moderne. [A Rome le saint Sacrement n'est

* Selon l'Ordinaire ou Cérémonial des Carmes il doit être encensé avant le grand Autel.

point aussi à l'Autel.] Qu'on se souvienne que dans les sept Eglises Collegiales d'Angers le saint Sacrement à l'usage des malades & pour les Paroissiens est pareillement dans une armoire (qu'ils appellent le *Sacraire*) pratiquée dans la muraille du côté de l'Evangile. Il est au même endroit dans plusieurs Eglises d'Orient, comme nous l'apprenons de diverses Relations; & ce que j'en ai dit à l'Eglise Cathedrale de Rouen, & aux Eglises de la Ronde, de S. Vincent & de S. Etienne des Tonneliers, aussi-bien que dans celle-ci, me fait croire que c'étoit autrefois la pratique generale de l'Eglise.

La Vieille-Tour où le Prisonnier leve la Fierte.

De là en passant au milieu de la Harangerie où sont les marchands de poisson salé, on passe par-dessous une arcade au milieu des Halles, qui sont toutes ouvertes le Vendredi. Proche de ces Halles au lieu nommé *la Vieille-Tour*, est une espece de tour quarrée percée à jour sur un perron fort élevé, où le Prisonnier au jour de l'Ascension leve la Châsse ou Fierte de S. Romain, & reçoit l'absolution de ses crimes. On peut voir cette cérémonié dans une tres-grande place autour de laquelle regnent toutes les Halles de tous côtez. Les Halles étoient autrefois les grandes salles & autres appartemens du Palais des Ducs de Normandie. Au milieu de cette place de la Vieille-Tour il y a une fontaine qui jette l'eau par trois tuyaux dans un bassin de pierre en forme de triangle équilateral: aussi cette fontaine est-elle faite en pyramide triangulaire, au haut de laquelle est la figure d'Alexandre le Grand avec ses ornemens.

Saint Maclou.

L'Eglife Paroiffiale de S. Maclou eft d'une ſtructure ſi belle par dedans & par dehors, que les étrangers en ont pris le modele qu'ils ont fait graver en taille douce, dont les copies ſe vendent à Rome. La Nef eſt longue de ſoixante & dix pieds, le Chœur de quarante, & la Chapelle de la Vierge de trente. Ainſi l'Egliſe eſt longue de cent quarante pieds, & large de ſoixante-ſeize. La hauteur de la lanterne qui eſt audeſſus du Crucifix eſt de 124. pieds. Il y en a encore quinze de ce lieu juſqu'aux cloches, qui étant toutes d'accord au nombre de huit forment le plus agreable carillon qu'il y ait à Rouen, ſonnant au premier coup des grands Offices des Fêtes ſolennelles l'hymne toute entiere qui y doit être chantée. Le reſte du clocher qui finit en pointe eſt encore de cent pieds ou environ : ce qui fait la hauteur de 240. pieds. On y peut monter par dehors juſqu'à la croix ſans échelles & ſans établies, tant il eſt artiſtement travaillé. Il y a des galeries tout autour de la Nef & du Chœur qui eſt fermé par un Jubé & par une haute baluſtrade.

Cette Paroiſſe eſt d'une grande étenduë & fort peuplée; on y a compté juſqu'à dix-huit mille communians. Il y a un Curé qui comme celui de S. Vivien a ſon ſiege dans le Sanctuaire; un Vicaire & quatre Soûvicaires, qui ont chacun leur quartier où ils adminiſtrent les Sacremens. Il y a outre cela près de cent Eccleſiaſtiques. Il y avoit Muſique il n'y a pas longtems, ainſi qu'à deux autres Paroiſſes de la ville. Cette Egliſe eſt celle qui conduit tout le Clergé des Paroiſſes de la ville aux Proceſſions generales. Elle eſt auſſi la gardienne des ſaintes Huiles, qu'elle diſtribuë à toutes les autres Paroisses du Diocese. On dit que c'est pour cela qu'aux deux côtez d'une croix qui fait le couronnement de son grand portail, on voit deux vases portez sur deux barres de fer. Les portes de cette Eglise sont des chefs-d'œuvres pour la structure & pour la sculpture, qui représente divers mysteres de notre Religion. Au grand portail il y a un fort beau porche. Il y a dans cette Eglise deux Fondations qui en valent bien d'autres, & qui ayant quelque chose de singulier méritent de trouver place ici. L'une est une donation d'une maison *pour avoir part à toutes les prieres de l'Eglise*. Voyez ce que j'en ai rapporté d'une semblable dans l'Eglise de S. Etienne des Tonneliers pag. 411. C'est ainsi qu'on faisoit autrefois des Fondations. La seconde Fondation est pour le pain & le vin qui sera necessaire à jamais pour la célebration de toutes les Messes qui se diront en cette Eglise de S. Maclou : & pour cela Jean Donchin & Agnès sa femme donnerent une maison où pend pour enseigne *La Couppe*, dans la rue des Savetiers ; & il est fourni tous les jours par les locataires de cette maison, qui payent encore outre cela une somme aux Tresoriers de l'Eglise de S. Maclou. Voici encore une troisiéme Fondation de cette Eglise qui a quelque chose de particulier : c'est une Chapelle titulaire de saint Jean-Baptiste fondée l'an 1248. par François Montauberger Chevalier, pour reconnoissance d'avoir été baptisé en ce lieu.

Saint Godard.

L'Eglise de S. Godard, dont le Clergé est composé environ de cent Ecclesiastiques, est à peu près grande comme celle de S. Maclou. Elle étoit autrefois hors la ville, & s'appelloit *Notre-Dame*. Mais depuis que S. Godard [en latin *S. Gildardus*] Archevêque de Rouen y a été enterré, & y a fait beaucoup de miracles, on lui a donné le nom de ce saint Prélat. S. Romain Archevêque de Rouen & Patron de la Ville & du Diocese, fut aussi enterré en cette Eglise dans une crypte soûterraine qu'on trouve dans l'aîle gauche à côté du Chœur. Son corps fut transferé de là vers la fin de l'onziéme siecle ; mais son tombeau y resta, & par un bonheur tout singulier il échappa à la fureur des Calvinistes lorsqu'ils pillerent nos Eglises. Il est d'une seule pierre de jaspe qui a sept pieds & demi de longueur (comme l'assure un Prêtre Sacristain de cette Eglise), deux pieds deux pouces de largeur, & de hauteur deux pieds & quatre pouces. Il est posé sur deux pierres qui l'élevent de terre de deux pieds. C'est dans cette Eglise qu'on fait la Procession du *Corps saint* le Dimanche des Rameaux, dont j'ai parlé ci-devant.

On fait grand cas de ses vitres tant pour l'art, que pour ses couleurs qui sont tout-à-fait vives & éclattantes. La premiere vitre de la Chapelle de S. Nicolas donnée par Richard le Catou sieur du Fossey, est estimée par les habiles Peintres la plus belle de Rouen.

Dans le territoire de cette Paroisse, proche du College des Jesuites est le *Seminaire de Joyeuse* fondé par le Cardinal de Joyeuse Archevêque de Rouen, pour trente pauvres Ecoliers clercs vêtus de soutannes violettes, parce qu'au tems de leur fondation les Ecclesiastiques portoient le violet.

Saint Laurent.

En sortant par la porte du côté du midi, & tra-
versant

versant le Cimetiere, on entre dans l'Eglise de S. Laurent, où est enterré le savant Emery Bigot dans le Chœur à main gauche au pied du balustre du Sanctuaire devant la Chapelle de M. le Président Bigot.

S. Gervais.

L'Eglise Paroissiale de S. Gervais est hors la porte Cauchoise. Devant le Crucifix on trouve un escalier qu'il faut descendre pour entrer dans une crypte où saint Mellon premier Archevêque de Rouen a été enterré. C'étoit autrefois un Cimetiere, sur lequel on a bâti cette Eglise dans la suite: & on ne doit pas s'en étonner; car les Loix Romaines, sous lesquelles on vivoit alors à Rouen, ne permettoient pas d'enterrer personne dans les villes. Outre la tradition constante que ç'a été là l'ancien Cimetiere commun de la ville, c'est que derriere cette Eglise du côté de la montagne en fouillant pour faire un mur afin de clorre le Cimetiere de ce côté-là, on trouva sous terre des voutes & des caves entieres; & qu'en faisant des fosses pour enterrer des morts, on y trouva il y a bien trente-cinq ou quarante ans trois cercueils de pierre tres anciens que j'y ai vûs; à l'un desquels il y avoit une inscription de quatre ou cinq mots latins en lettres onciales, & environ de la même grandeur que celles de l'urne qui est dans le Cimetiere de S. Julien d'Angers. Enfin il est situé sur le bord de deux grands chemins, comme étoient les anciens Cimetieres.

Saint Sauveur.

Dans l'Eglise Paroissiale de Saint Sauveur il y a en Carême un grand rideau violet au travers du

Chœur proche des baluſtres de l'Autel, & à Pâques une grande colonne de cire avec le Cierge Paſcal comme à la Cathedrale. Le Vendredi-ſaint à la Paſſion il y a un petit Chœur de muſique qui chante les paroles des Juifs comme à l'Egliſe Cathedrale d'Angers.

S. Herbland.

Dans l'Egliſe Paroiſſiale de S. Herbland, proche le Parvis de l'Egliſe Cathedrale, aux Fêtes ſolennelles les Chappiers ſe promenent non ſeulement dans le Chœur, mais encore dans la Nef, tant pour gouverner & maintenir le chant, que pour faire taire les cauſeurs; & j'y ai vû encenſer auſſibien tout le peuple que le Clergé, c'eſt-à-dire parfumer toute l'Egliſe.

Prône, adminiſtration du Baptême.

Dans tout le Dioceſe de Rouen on fait le Prône & la lecture de l'Evangile en françois avec l'explication immédiatement après que le Diacre l'a chanté, & c'eſt-là ſa place naturelle. Dans le Prône le Curé recommande à ſes Paroiſſiens tous les beſoins de l'Egliſe. On y recommande de prier pour toutes ſortes d'états, pour le Pape, pour l'Evêque Dioceſain, pour le Roi, pour la Maiſon Royale, pour tous ceux de la Paroiſſe, & enfin pour tous les Chrétiens orthodoxes tant vivans que trépaſſez, & pour cela on dit deux Pſeaumes & quelques Oraiſons dans le Prône: ce qui n'a pas toujours été ainſi. On y recommandoit ces choſes, mais c'étoit dans le Canon de la Meſſe au *Te igitur*, & dans les deux *Memento*, qu'on prioit pour cela;

& c'est là leur place naturelle, où le Prêtre & le Diacre le font encore aujourd'hui. Aussi un Prêtre de Rouen fort âgé m'a assuré d'avoir vû de tres-anciens Rituels où il n'y avoit aucunes prieres dans le Prône. J'en ai deux anciens où l'on trouve toutes ces choses dans le *Memento*.

Il est recommandé par le Rituel de Rouen de garder les enfans nez dans la Semaine-sainte, s'ils ne sont pas en danger, pour être solennellement baptisez le Samedi-saint immediatement après la benediction des Fonts. [Je l'ai vû faire plusieurs fois à Orleans, comme il est ordonné dans le Rituel de cette Eglise.]

On porte au grand Autel les petits enfans aussi-tôt qu'on a achevé les ceremonies du Baptême, parce qu'ils y recevoient l'Eucharistie *; & il n'y a pas plus d'un siecle ou deux qu'on les communioit encore de quelques goutes de vin beni dans plusieurs Dioceses. [Puis le Prêtre dit l'Evangile *In principio erat Verbum.*] Et ce qui peut confirmer ce que je viens de dire, c'est que dans le Rituel de Rouen, dont on se sert aujourd'hui, il est dit à la fin du Baptême des adultes, *Que si M. l'Archevêque est présent, le Neophyte sera aussitôt confirmé, & qu'ensuite s'il est heure de dire la Messe, on la dira, que le Neophyte y assistera & y communiera.* Voyez ce que j'ay dit sur cela à Vienne ci-devant page 22.

Mariage. Agapes dans les Eglises de Rouen.

A la fin de la Messe de mariage, le Prêtre (selon l'ordonnance du Missel & du Rituel de Rouen)

---

* S. Ambros. lib. de initiandis, c. 8. S. Paulin. Nol. Epist. 32.

fait une exhortation aux nouveaux mariez sur la fidelité qu'ils se doivent l'un à l'autre, & sur la continence qu'ils doivent garder aux jours de prieres, de jeûnes & des grandes Fêtes. Delà vient qu'on ne marie point en Carême ni en Avent qui étoit autrefois jeûné, ni aux Fêtes de Noël, ni de l'Epiphanie, ni de Pâques, (ni même depuis le cinquiéme Dimanche d'après Pâques jusqu'après l'Octave de la Pentecôte dans quelques Dioceses, comme on le voit dans quelques Rituels); & cela conformément à ce que que dit S. Paul en sa premiere Epitre aux Corinthiens, chap. 7. Et ceci n'est pas autrement particulier à l'Eglise de Rouen; j'ai vû beaucoup de Missels & de Rituels de differentes Eglises, & de Romains tant du siecle passé que d'à present; il n'y en a pas un où cela ne soit marqué.

Après cette exhortation à Rouen & dans le Diocese le Curé benit un pain blanc & du vin; puis il présente (ou fait présenter par le Prêtre Sacristain) au mari & à la femme qui viennent de s'épouser, du pain trempé dans le vin, en temoignage de leur union, & comme un symbole de l'amour & de la vie conjugale; *conjugalis convictus symbolum* (dit le Rituel de Rouen) *sponso & sponsæ panem distribuat vino intinctum*. Ensuite de quoi les parens & principalement les enfans mangent aussi de ce pain beni trempé au vin : ce qui est encore un reste d'Agapes de charité & d'union.

C'est aussi un saint usage de ce Diocese d'aller l'après-midi ou sur le soir benir le lit nuptial en presence des nouveaux mariez. Le Prêtre revêtu de surplis & d'étole, & accompagné de son Sacristain, asperse d'eau benite le lit nuptial & les mariez, en disant l'*Asperges me*, puis l'Oraison *Visita*

Mariage, Agapes.

Dominus habitationem istam des Complies en troisiéme personne; le Pseaume 127. *Beati omnes qui timent Dominum*, qui est si propre à cette cérémonie ; puis le *Kyrie eleison* & le *Pater* avec deux Oraisons, dont voici la derniere : *Benedicat Deus corpora vestra & animas vestras, & det super vos benedictionem suam, sicut benedixit Abraham, Isaac & Jacob : manus Domini sancta sit super vos, mittatque Angelum suum qui custodiat vos omnibus diebus vitæ vestræ : Per Christum Dominum nostrum.* ℟. *Amen.* Ensuite il benit du pain & du vin, & présente du pain trempé dans le vin aux nouveaux mariez, comme à la fin de la Messe.

Dans toutes les Paroisses de Rouen le jour de Pâques à la sortie de la Messe on distribue aux Fideles au milieu ou vers le bas de la nef des Eglises une Agape d'oublies grandes comme les deux mains & épaisses environ comme un liard, & du vin dans une couppe, avec une serviette pour s'essuyer la bouche après avoir bû. Mais comme on n'est pas accoutumé à boire du vin à Rouen, peu de gens en boivent. Cette Agape qui nous est restée au jour de Pâques, se pratiquoit autrefois à Rouen à toutes les grandes Fêtes, comme nous lisons dans la Vie de S. Ansbert Archevêque de Rouen, qu'*il faisoit une Agape au peuple dans son Eglise après la Communion des jours solennels, & servoit lui-même à table particulierement les pauvres.* Depuis qu'on a restreint l'obligation de communier au seul jour de Pâques, on n'a plus retenu les Agapes que ce jour-là. C'est apparemment ce que Jean Beleth appelle *parvum prandiolum*, un petit dîner qui précedoit le repas ou le grand dîner.

On fait gras à Rouen les six Samedis d'après Noël ; ce qui est un reste de l'ancien usage de manger en ces pays-ci de la viande les Samedis. On sçait qu'en Espagne ils mangent les pieds & les issues des bêtes tous les Samedis de l'année. Dans la Regle du venerable Pierre des Honnests, les Samedis du Tems Pascal sont gras : ils l'étoient de même à Mets au huitiéme siecle, comme l'assure M. Châtelain.

QUELQUES PRATIQUES
de l'Eglise de Rouen.

Il est aussi ordonné dans le Missel de Rouen, p. cix. que l'aspersion de l'eau benite sur le peuple sera faite à la Procession des Dimanches, tant dans la nef qu'autour de l'Eglise, par un ou deux Acolythes précedant immédiatement la Croix processionale. *Sacerdos celebraturus aspergit in Choro tantùm; deinde unus vel duo Acolythi præcedentes Crucem processionalem, hinc inde aspergunt populum in navi & per circuitum Ecclesiæ.* Marque que cette Procession se fait pour l'aspersion.

Les Dimanches on mange à Rouen dans l'Eglise le pain beni, comme supplément de la Communion, & on en porte quelques petits morceaux en eulogie à la maison pour ceux qui n'ont pû assister à la Messe. Il est ordonné dans le Rituel & dans le Missel que le pain beni sera distribué par des Ecclesiastiques, & non par des laïques, encore moins par des femmes.

Quand les Prêtres sont malades, ils reçoivent toutes leurs distributions comme s'ils disoient la Messe, & comme s'ils étoient presens aux Offices divins, ainsi que les Chanoines & autres Beneficiers. S'ils n'offrent pas le sacrifice de la Messe, ils offrent à Dieu celui des maux qu'ils souffrent dans un état qui est agreable à Dieu, puisque c'est celui dans lequel il veut qu'ils soient. Et c'est une chose tout-à-fait louable de leur faire part des distributions; autrement le sort des oints du Seigneur seroit pire que celui des valets, dont les gens du monde prennent ordinairement soin dans leurs maladies, & leur fournissent tous leurs besoins. Sans cela après avoir longtems servi l'Eglise, ils se trouveroient reduits à aller finir leurs jours dans un Hôtel-Dieu avec les pauvres. Les Prelats qui aiment l'honneur de l'Eglise & du Clergé, n'ont garde de le souffrir.

Extreme-onction. Pain & argent distribuez aux Enterremens.

On observe encore à Rouen selon le dernier Rituel de Rouen de 1640. dans l'administration du Sacrement de l'Extreme-onction, de mettre de la cendre en forme de croix sur la poitrine du malade avant que de lui faire les onctions des saintes Huiles, pag. 163. *Deinde Sacerdos faciat crucem ex cinere in pectore infirmi*, *dicendo :* Memento homo quia pulvis es †, & in pulverem reverteris.

Il y a une autre pratique à Rouen qui est aussi ancienne qu'elle est louable, puisqu'elle étoit en usage dès le quatriéme siecle au moins, comme on en peut juger de la lettre 13. de S. Paulin à Pammaque. Aux Enterremens on donne un grand pain blanc de huit, dix ou douze livres, à chacun des pauvres de l'Hôpital general tant garçons que filles qui assistent aux Enterremens au nombre de trente, ou quarante, ou de soixante, ou de six-vingts, selon la volonté des parens des défunts. Voilà pour ce qui regarde les pauvres de l'Hôpital

D d iiij

general. A l'égard de ceux de la Paroisse & des autres Paroisses voisines, ils s'assemblent devant la porte de la maison du défunt, & on leur distribue de l'argent, comme on faisoit du tems de S. Augustin, & comme on le peut voir dans sa lettre 22. à Aurele. Il est à souhaiter qu'on ne neglige point de si bonnes & de si anciennes coutumes, qui sont en même tems (comme disent ces deux Saints) & utiles aux défunts, & avantageuses aux pauvres.

Dans le Rituel de Rouen de l'an 1586. on trouve l'absolution pour un défunt après qu'il avoit été mis en terre, comme je l'ai vû pratiquer à Paris. Le Clergé chantoit les quatre Pseaumes d'aujourd'hui accompagnant le corps au tombeau; & on retournoit dans l'Eglise en chantant le Pseaume 50. *Miserere*, avec l'Oraison *Fidelium*.

Enfin, on n'enterre point à Rouen aux Fêtes principales de l'année, ni le Vendredi-saint, pas même après le Service. Pour les autres Fêtes & Dimanches, il est permis d'enterrer après l'Office; & en cas qu'on ne puisse garder le corps si longtems, & qu'on soit obligé de l'enterrer le matin, le Rituel ordonne qu'on prenne son tems, de sorte qu'on n'avance ni retarde la Messe de Paroisse, & qu'on ne trouble pas la solennité de la Resurrection du Seigneur; *ne symbolica Dominicæ Resurrectionis aut æterna festivitatis gloriæ solemnitas, & ordo canonici Officii perturbetur.*

Je finis, comme vous voyez, cette Relation de Voyages par la mort, qui est un passage à ce grand & dernier voyage de l'Eternité qui nous reste à faire, & qui assurément merite bien qu'on y pense & qu'on s'en occupe.

F I N.

SUPPLEMENT.

A La page 19. *ligne* 31. *après* chaque Heure, *ajoutez* :

Pendant tout le Carême avant la Collecte on dit *Flectamus genua* ; & après un petit intervalle, *Levate* ; *& facto brevi intervallo*, *Levate*.

Page 30. *ligne avant la derniere*, *après* & au Bec, *ajoutez*, & encore à present à Milan.

Page 35. *ligne* 17. *ajoutez*, On trouve dans le Missel de Vienne la benediction des noix le 25. Juillet, & des raisins le 6. Août au *Per quem hæc omnia*.

Page 66. *ligne* 18. *ajoutez*, Le Cantique *Magnificat* est triomphé à Saint-Jean de Lyon le 17. Decembre & les six jours suivans ; de sorte que les Antiennes qui commencent par *O* sont entremêlées en trois parties, dont l'une est chantée alternativement par l'un des deux chœurs après chaque verset du *Magnificat*, jusqu'au verset *Deposuit*, après lequel elle est chantée entiere après les autres versets du Cantique. On entonne & on chante *submissa voce* le Cantique *Magnificat*, c'est-à-dire moins haut qu'à l'ordinaire ; & cela sans doute afin de faire paroître davantage le ℣. *Sicut locutus est ad patres nostros, Abraham & semini ejus in sæcula* : Comme il a parlé à nos peres, à Abraham & à sa race pour jamais, qu'on chante plus haut selon cette rubrique du dernier Breviaire de Lyon, partie d'Hyver au 17. Decembre pag. 223. & suivantes : *In choro submissâ voce intonat Canticum Magnificat : & sic canitur usque ad versum* Sicut locutus est *exclusivè*. Et plus bas, *Hic vox elevatur*: Sicut locutus est ad patres nostros, &c.

Le Samedi avant la Septuagésime on triomphe le *Magnificat*, le lendemain Dimanche de la Septuagesime, le Pseaume *Cœli enarrant* au troisiéme Nocturne, jusqu'au verset, *Et erunt ut complaceam* exclusivement, le dernier Pseaume des Laudes *Laudate Dominum de cœlis*, &c. & le Cantique *Benedictus* jusqu'au verset *Illuminare*, après lequel on chante l'Antienne toute entiere. Depuis la fin des Laudes de ce jour jusqu'au Samedi-saint on ne chante plus l'*Alleluia*.

On y chante le *Te Deum laudamus* tous les Dimanches, sans en excepter ceux de Carême & du Dimanche des Rameaux même après la neuviéme leçon, qui est la Passion entiere de notre Seigneur selon S. Marc.

Quelque Fête qui arrive en Carême, même celle du Patron de l'Eglise, n'a point d'Octave.

Aux Feries du Carême depuis le lendemain du premier Dimanche, dans l'Eglise de S. Jean de Lyon les deux premiers Prêtres (un de chaque côté du chœur) offrent le pain & le vin dont on se sert pour la consecration.

Lorsqu'il y a Communion generale, on donne du vin après la Communion à tous les Ecclesiastiques qui communient.

Page 75. avant la derniere ligne mettez : On sonne pendant la Prose la Messe des Fideles, comme on fait ordinairement pour la Messe.

Page 124. ligne 7. ajoutez, Il y a des burettes d'une pinte.

Et cinq lignes plus bas, ajoutez : Les Chappiers n'observent point en cette Eglise de se promener de symmetrie ; mais ils s'arrêtent l'un ou l'autre où ils jugent à propos, quand on détonne, ou quand on chante trop vîte, &c.

Page 147. *ligne* 21. *à la fin ajoutez* : Ce baiser de paix se fait de même dans l'Eglise Cathedrale d'Ausch non seulement aux Ministres de l'Autel ; mais encore tous ceux du chœur s'entrembrassent.

Page 155. *ligne* 4. *après* singulier, *lisez*, qu'on y dit aussi le Mercredi-saint toutes ces grandes Oraisons du Vendredi-saint comme à Vienne : *& ligne* 10. *au lieu de l'Article qui commence par* Le jour des Morts, *mettez*,

Le jour de la Commemoration des Fideles Trépassez, à la Messe les Chanoines ayant la chappe traînante & un manipule de couleur noire au bras gauche, portent tous à l'Offrande des hosties & du vin dans des calices & des patenes. Ce jour a des secondes Vêpres des Morts, quoiqu'il y en ait pour eux le jour de la Toussaints.

Ligne 14. *à la fin du chapitre qui regarde Besançon, ajoutez* : Les Chanoines portent la soutanne violette.

Page 177. *ligne* 3. *au commencement ajoutez* : Dans l'Eglise Cathedrale de Reims aux Messes solennelles le Prêtre dit dans la Sacristie le Pseaume *Judica* & le *Confiteor* : ensuite étant arrivé au milieu de la grande place [appellée par les uns *Solea*, par d'autres *Peribolum*] qui est entre le Chœur & l'Autel, il fait d'abord la reverence vers l'Autel ; puis se retournant vers le chœur, il se recommande aux prieres des assistans en disant, *Orate pro me, fratres, & ego pro vobis. Pax vobis*. Aussitôt après il va droit à l'Autel, & s'inclinant profondément au premier degré, il dit la priere *Aufer à nobis &c.* puis il monte à l'Autel & le baise. Après quoi il va près de l'Autel à son siege lire sur un petit pupitre le commencement de la Messe jusqu'à la Secrette [car il se tient là jusqu'à l'Offertoire]; & il lit aussi comme à Laon la Postcommunion sur le même pupitre.

Les Diacres & Soûdiacres se lavent les mains pendant la Préface.

Le Prêtre récite à la fin de la Messe l'Evangile *In principio* en retournant à la Sacristie.

Page 178. *avant* MEAUX, *mettez ce qui suit.*

LAON.

LAon, en latin *Laudunum*, & anciennement *Lugdunum Clavatum*, & quelquefois *Lugdunum* seulement, ville de Picardie, dont l'Evêque est Duc & Pair de France. L'Eglise Cathedrale de Notre-Dame a quatrevingt-quatre Chanoines & quatre Dignitez. Voici les rites particuliers de cette Eglise.

Les Semainiers commencent leur semaine à l'eau benite, qui se fait au milieu du chœur par le Prêtre ayant le visage tourné au Septentrion, comme à Rouen.

A la Procession on porte devant la croix le vase d'eau benite, dont on asperse ceux qui se rencontrent en chemin pour les purifier ; *ut ejus aspersione* (dit l'Ordinaire) *obvius quisque purificetur, dum se per viam supplicantibus voluerit adjungere.*

[L'Introït est repeté trois fois dans les Fêtes solennelles, comme autrefois à Rouen, pour donner le tems à l'entrée & assemblée du peuple dans l'Eglise, de l'Evêque & de tous ses assistans à l'Autel, &c.]

Le Prêtre celebrant lit l'Epître, le Graduel, l'Evangile & la Postcommunion dans le Presbytere ou place qui est auprès de l'Autel, & non à l'Autel même.

L'Epître est chantée au milieu du Jubé vers l'Autel, comme à Paris, à Rouen, à Orleans, &c.

L'Offertoire a quelquefois plusieurs versets, comme à Lyon.

Après les encensemens de l'Autel par le Célebrant, & des autres lieux par le Diacre, le Thuriferaire encense le chœur.

A l'élevation de l'Hostie on tinte quelques cloches pour avertir les Fideles absens qu'ils adorent Dieu en esprit & en vérité.

Le Diacre se tourne au Septentrion en chantant l'*Ite, missa est*.

L'Evêque en sa prise de possession marche nuds pieds depuis l'Eglise de S. Michel jusqu'à la Cathedrale, accompagné & précedé des Religieux & des Chanoines. A la fin on le mene dans le Chapitre, où on le fait jurer qu'il gardera les privileges & exemptions du Chapitre, & ensuite il prend seance au chœur.

Aux Fêtes solennelles il y a sept Diacres, sept Soûdiacres, deux Prêtres, deux Thuriferaires & deux Portechandeliers à la grand'Messe.

L'Evêque baise les Ministres après le *Confiteor*; il baise aussi l'Autel & le livre des Evangiles.

L'Evêque donne de l'argent à ceux qui chantent le *Christus vincit &c.* le Graduel, l'Epitre & l'Evangile, aussitôt qu'ils ont chanté.

La benediction solennelle de l'Evêque se donne entre l'Evangile & le *Credo*, c'étoit après la Prédication.

Ce sont des Acolythes qui portent les Ampoules des saintes Huiles le Jeudi-saint. Il y a douze Prêtres en cette consecration des Huiles.

Le *Mandatum* se fait le Jeudi-saint dans le Chapitre de l'Eglise Cathedrale ; il y a encens, chandeliers & croix, & le Diacre encense l'Evangile comme à la Messe. L'Evangile chanté, le Doyen ou un autre prêche ; & pendant cela le Diacre, le Soûdiacre & les autres Ministres avec la croix & les chandeliers retournent par le milieu du chœur dans la Sacristie pour se dévêtir ; & après avoir mis bas leurs ornemens, ils retournent dans le Chapitre pour le *Mandatum*. Mais il faut remarquer qu'on verse seulement sur le dehors de la main droite de l'eau, le Semainier ensuite l'essuye & la baise, & le Curé de S. Remi présente à chacun du vin dans une coupe ; ensuite après avoir dit le Verset & l'Oraison, on va au chœur dire Complies *subm:ssa voce*.

Le Samedi-saint les Propheties se lisent au pupitre. Ce sont deux Acolythes revêtus d'aubes & de chappes blanches, qui portent les saintes Huiles couvertes d'un voile pendu à leur cou, & deux Thuriferaires les encensent continuellement.

Deux Prêtres, deux Diacres & deux Soûdiacres Chanoines sont revêtus de chappes de la même couleur. Ces six revêtus de chappes chantent l'un après l'autre, un Prêtre commençant un verset de la Litanie, que chacun d'eux repete ; & après que tous six l'ont chanté, le chœur le repete encore ; de sorte qu'elle s'appelle *Litania septena*, parce que tous les versets se disent sept fois. Ensuite on chante *Litania quina*, & au verset *Sancta Dei Genitrix* celui qui porte le benitier va devant, suivent deux Thuriferaires, deux Portechandeliers, le Portecroix, les deux Acolythes portans les Ampoulles de l'Huile & du Chrême ; suivent les deux Diacres, deux Soûdiacres & deux Chantres : les autres du chœur suivent, & le Célebrant va le dernier entre deux Acolythes qui portent deux cierges pascaux. Tous ceux qui portent sont tournez vers l'Orient, & le Célebrant, le Diacre & le Soûdiacre aussi pendant la benediction des Fonts.

Le jour de Pâques personne ne quitte la chappe qu'il a prise à la Procession, qu'après l'Evangile.

En la Procession des Fonts à Vêpres, qui se fait en mémoire du baptême & des baptisez, le Célebrant & les autres Ministres y sont tournez vers l'Orient. En allant on chante le Pseaume *Laudate pueri Dominum*, & *In exitu* en revenant.

Aux Processions de S. Marc & des Rogations, on porte deux bannieres (qu'on a coutume de porter aux Processions de tout le tems pascal) un dragon, & un aigle ou coq, comme autrefois à Orleans. On ne sait là pourquoi. Ne seroit-ce point deux figures hieroglyphiques, dont l'une represente le serpent que la sainte Vierge Patronne de l'Eglise Cathedrale a écrasé, suivant ce passage de la Genese c. 3. v. 15. *Ipsa conteret caput tuum* ; & le coq ou pour quelque Eglise de Chanoines de saint Pierre, ou pour le Clergé, dont S. Pierre est le chef ? &c. *Voyez* Orleans. En ces Processions on fait des stations à sept Eglises differentes, où l'on dit à chacune un Pseaume penitenciel & les *Preces* ou longues prieres qui sont après les Litanies des Saints.

La Procession de la Fête-Dieu est generale des Prêtres du Clergé. On y porte des torches & des flambeaux devant la croix ; & les Confreres marchent les premiers de tous.

Le jour de la Purification de la sainte Vierge à la Procession on porte dixsept gros cierges feudataires devant le Clergé.

Aux Enterremens tout le Clergé va conduire le corps au tombeau.

Le *Confiteor* à Primes & à Complies se dit vers l'Evêque, ou en son absence vers le Doyen; & s'ils sont absens, vers le Célebrant.

Le Pape Urbain IV. Instituteur de la Fête du saint Sacrement, avoit été auparavant Chanoine & Archidiacre en l'Eglise Cathedrale de Laon.

Page 178. au bas de la page à l'article de MEAUX *ajoutez,*

Les deux chœurs chantent ensemble le *Credo*.

Le Célebrant récite le dernier Evangile en allant à la Sacristie.

Page 182. l. 2. ajoutez, En certaines Fêtes Doubles majeures on met devant le Sanctuaire une herse appellée *Ratelier* & *Onzaine*, parce qu'on y met onze cierges qui brûlent pendant les Nocturnes & les Laudes, & non aux autres Offices.

12. lignes plus bas après l'encensement qui s'y faisoit pendant le Répons & l'Hymne, *ajoutez,* enfin immédiatement après le Capitule, comme il est aussi marqué dans l'ancien Ordinaire de Bayeux.

P. 184. l. 24. après Clergé *ajoutez,*

Le Diacre allant au Jubé pour chanter l'Evangile, le Thuriferaire qui marche le premier encense continuellement, soit en allant au Jubé, soit en retournant à l'Autel.

Le Diacre étant monté au Jubé se place dans le côté meridional, & ayant le visage tourné vers le Septentrion, chante l'Evangile sur le pupitre qui est au milieu du Jubé, après avoir encensé de trois coups le livre pendant que le chœur chante *Gloria tibi Domine.*

Aux Fêtes solennelles après *Et incarnatus est* du *Credo,* le Thuriferaire encense le chœur pendant que le Soûdiacre présente le livre des Evangiles fermé, à baiser aux Chanoines.

Immédiatement avant que le Soûdiacre se mette à genoux pour l'élevation de l'Hostie, il tire un petit rideau noir qu'il fait venir au milieu de l'Autel comme à Chartres. Le Diacre le retire au coin de l'Autel au *Per omnia* avant le *Pater*. *Voyez* Chartres.

Page 199. *ligne* 1. *après* pour benir les raisins, *ajoutez* : On trouve cette Benediction non seulement dans ce Rituel, mais encore dans le Sacramentaire de S. Gregoire le Grand au 6. Août, & dans Amalaire à l'endroit du Canon, dans un Missel manuscrit d'Auxerre de 400 ans, dans les anciens Ordinaires de S. Agnan d'Orleans & de S. Vrain de Jargeau d'environ cinq cens ans, dans les anciennes Coutumes de Cluny, dans le Cérémonial de la Congrégation de S. Vennes, dans les Missels d'Orleans de l'an 1504. de Lyon de 1530. d'Amiens de 1607. en celui de Toul de 1686. comme aussi dans le Pontifical d'Arles, dans l'Ordinaire de S. Vincent de Mets, dans le Missel manuscrit de Montmajour, dans un ancien de Moissac & de Vienne en Dauphiné de 1519. par lesquels on voit distinctement & positivement que l'*Infra actionem* & le *Per quem hæc omnia* sont pour & sur les dons : car en ces cinq derniers la Benediction des raisins & fruits est intitulée *Infra actionem* ; & en ce dernier à la Messe de S. Sixte Pape & Martyr, *fol.* ccxxxj *verso*, il y a *Infra actionem non dicitur nisi in Benedictione Racemorum*, Intra quorum nos consortium, non æstimator meriti, sed veniæ quæsumus largitor admitte. Per Christum. *Benedictio uvæ*. Benedic, Domine, & hos fructus novos uvæ, quos tu Domine rore cœli & inundan-

E

tia pluviarum & temporum serenitate atque tranquillitate ad maturitatem perducere dignatus es ; & dedisti eos ad usus nostros cum gratiarum actione percipere in nomine Domini nostri Jesu Christi, per quem hæc omnia Domine semper &c. Et le Missel d'Orleans de l'an 1504. au 6. d'Août, *fol.* xxiij *verso* : *Ante* Per quem omnia Domine, *dicatur Benedictio uvæ.* Oremus. *Oratio.* Benedic, Domine, & hos fructus novos uvæ .... percipere in nomine Domini nostri Jesu Christi, Per quem omnia &c. La Benediction des raisins est aussi marquée dans le Rational des divins Offices de Guillaume Durand Evêque de Mande, dans le Rituel de Lyon de l'an 1692. & même dans les derniers Missels de Tours & d'Orleans avec l'*In nomine Domini nostri Jesu Christi* à la fin. Cette Benediction se faisoit, & elle se fait encore aujourd'hui à Reims & à S. Martin de Tours*, &c.

Ligne 8. *après* S. Martin de Tours, *mettez un* * *& au bas de la page en note,*

* On la faisoit aussi dans l'Eglise-Cathedrale de saint Gatien de Tours, comme je l'ai marqué page 119. mais j'ai appris depuis peu d'un Ecclesiastique de Tours qu'on a cessé depuis cinq ans de benir des raisins à S. Gatien, parce que le Sacristain ne put trouver ce jour-là des raisins meurs. Je l'ai vû faire encore à Orlean, en cette année 1717. le jour de l'Exaltation de sainte Croix immédiatement avant le *Per quem hæc omnia*, par M. Chereau ancien Chanoine de la Cathedrale, parfaitement instruit des rites & des usages de son Eglise.

A Orleans deux Ecclesiastiques distribuent ces raisins aux Chanoines &c. à l'*Agnus Dei*, comme à Chartres, à Toul, à Angers.

Page 215. *ligne* 20. *après* grandes Fêtes *ajoutez*, & aux Dimanches. *Et à la fin de l'article ajoutez,*

Dans l'Eglise Paroissiale de S. Michel on donne toujours la Communion au peuple tant aux basses

SUPPLEMENT.

Messes qu'aux hautes, après la Communion du Prêtre.

Page 216. avant JARGEAU *mettez*,

Il y a à Orléans un Monastere de Benedictins de Notre-Dame de Bonne-nouvelle, auxquels feu M. Guillaume Prousteau Docteur & Professeur en Droit a confié sa Bibliotheque pour être publique. Elle est assez nombreuse, & remplie de tres-bons livres. On l'ouvre tous les Lundis, Mercredis & Vendredis. Elle est fort frequentée, & le savant Bibliothecaire Dom Jacques-Philippe Billouet de Rouen, que les Superieurs y ont envoyé, ne manque pas d'y attirer par son érudition & par ses manieres honnêtes ce qu'il y a de gens de lettres à Orléans, étant *paratus ad satisfactionem omni poscenti se.*

Page 226. l. 32. après componatur *mettez*: Aux grandes Fêtes l'Introït de la Messe se chante dès la nef en entrant au Chœur.

Page 227. l. 11. ajoutez, comme en celui de Reims dans le tems qu'on ne mettoit point encore de croix au milieu de l'Autel. Le Diacre le retire au coin de l'Autel après l'élévation du Calice.

Page 230. l. 10. après l'élévation, *ajoutez*, de l'Hostie & du Calice.

Page 244. l. 27. ajoutez, *à la Messe solennelle.*

Page 245. l. 15. après Catecumenes, *ajoutez*:
Le Diacre après avoir dit, *Sequentia sancti Evangelii secundùm N.* est encensé de trois coups par le Thuriferaire, & non pas le livre des Evangiles.

Le *Credo* y est chanté par les deux chœurs ensemble, comme à Lyon, à Sens, à Meaux & chez les Chartreux.

P. 259. l. 22. ajoutez, Les Religieux qui doivent communier, & qui seuls vont à l'Offrande,

E e ij

comme aussi ceux de S. Martin des champs du même ordre, présentent au Prêtre une hostie qu'ils mettent sur la patene, & ensuite le Chantre présente & met le vin dans le calice qui est tenu par le Diacre.

P. 262. *tout au bas ajoutez*, On y conserve encore de grandes chasubles à l'antique, amples & fermées de tous côtez, sans échancrure.

Page 276. *ligne* 6. *après* Ciboire suspendu, *ajoutez*, *sub titulo crucis.*

Page 352. *ligne* 32. *après* lexive, *ajoutez*; Le jour de la Purification on porte à la Procession devant la croix trois gros cierges benis, dont l'un est dû par l'Abbesse de Fontaine-Guerard, Ordre de Cîteaux.

Page 369. *ligne* 30. *après* la Messe, *ajoutez*, témoin la Messe du Vendredi-saint où il n'y a point de Postcommunion.

Page 386. *après* Ciboire, *ajoutez*, au pied de la croix.

QUESTIONS
SUR
LA LITURGIE
DE L'EGLISE D'ORIENT,

Proposées les 23. & 24. Mars 1704.

PAR LE SIEUR DE MOLEON,
à M. PHILIPPE GUAILAN,

Prêtre Syrien, Religieux de S. Basile, & Archidiacre d'Antioche, autrefois Schismatique, & depuis trente ans Catholique Romain, persecuté par les Schismatiques Orientaux de Damas, & emprisonné pendant deux ans dans un cachot, pour avoir ramené deux Evêques, six Prêtres & deux cens personnes à la Communion de l'Eglise Catholique, Apostolique & Romaine.

QUESTIONS
SUR
LA LITURGIE
DE L'EGLISE D'ORIENT.

CHAPITRE I.
Des Evêques, Prêtres & autres Ecclesiastiques.

OMMENT les Orientaux font-ils le signe de la croix ?

℞. Ils le font du front à l'estomach, & de l'épaule droite à la gauche.

Les Evêques Orientaux gardent-ils la continence ?

℞. Oui ; & ils font toujours maigre même le jour de Pâques ; car ils sont tous Moines de S. Basile, aussi-bien que ceux d'entre les Prêtres qui sont Religieux. Ils célebrent les Offices divins & la Messe en Arabe qui est la langue du pays, & ils disent le Canon en Grec.

Les Prêtres Missionnaires d'Occident qui se sont établis en Orient gardent aussi la continence, étant tous Religieux. Ils célebrent en latin, usent du pain azyme dans la Messe; & ils ont tous la barbe longue, même les Jesuites & les Recollets.

Les Diacres & les Soûdiacres gardent-ils aussi la continence?

℟. Non; mais ils ne peuvent se remarier après la mort de leur premiere femme.

Les Soûdiacres touchent-ils les vases sacrez?

℟. Non.

Ne se rasent-ils jamais la barbe?

℟. Non.

CHAPITRE II.
Des Fêtes.

Quelles sont les principales Fêtes de l'Eglise d'Orient?

℟. Pâques, Noël & l'Epiphanie. On dit la Messe ces Fêtes-là la nuit à la fin de l'Office nocturne, & point dans le jour. Il n'y a que cette seule Messe.

La Pentecôte est égale à Pâques; mais la Messe se dit le matin, parce que le saint Esprit descendit sur les Apôtres vers l'heure de Tierces.

Combien y a-t-il de jours fêtez à Pâques, à la Pentecôte & à Noël?

℟. Trois jours.

Et combien à l'Epiphanie?

℟. Aussi trois jours. La Vigile de cette Fête est jeûnée.

Et combien à l'Ascension?

℟. Un jour. Cette Fête est moins solennelle que

les autres, & on n'y dit pas la Messe la nuit.

Y a-t-il beaucoup de Fêtes chommées ?

℟. Toutes les Fêtes de la Vierge & des Apôtres.

A toutes les Fêtes chommées & aux Dimanches de l'année il y a premieres & secondes Vêpres ; & dès les premieres Vêpres, c'est-à-dire deux heures avant le coucher du soleil, on quitte le travail, & on ferme les boutiques.

CHAPITRE III.

Des Jeûnes.

LE Vendredi y a-t-il abstinence de viande pour tous les Chrétiens ?

℟. Oui, & le Mercredi aussi ; mais les Samedis (hors ceux de Carême) on mange de la viande.

Y chomme-t-on le Samedi ?

℟. Non : mais il n'y a jamais de jeûne le Samedi, pas même les Samedis de Carême : mais abstinence simplement. Il n'y a que le Samedi-saint qui est jeûné.

Y jeûne-t-on le jour de l'Annonciation en Carême ?

℟. Non.

Quand y commence le Carême ?

℟. Le Lundi, & il dure sept semaines, qui ne font cependant que trente-six jours, parce qu'on en retranche les Dimanches & les Samedis qui ne point jeûnez, excepté le Samedi-saint, comme nous avons déja dit.

Quelles en sont les pratiques ?

℟. Tous n'y mangent ni viande ni poisson, mais seulement du poisson le Dimanche des Rameaux & le jour de l'Annonciation, quand il arrive en Carême, à quelque jour que ce soit. Parmi les Religieux il y a abstinence de vin. *Voyez* Goar. pag. 207.

Les prieres y sont-elles plus longues que les autres jours ?

℞. Oui, plus de quatre fois.

CHAPITRE IV.
Des Offices divins.

A Quelle heure dit-on les Offices divins ?
℞. Dans les villes on dit Vêpres & Complies tout de suite ; mais dans les Convents on sepáre ces deux Offices.

Dans les Convents on dit Matines à Minuit.

Les Seculiers disent Matines de grand matin ; il n'est pas permis de les avancer dès le soir, cela est bien défendu.

On ne recite Complies dans l'Eglise qu'en Carême seulement ; le reste de l'année on les dit dans sa chambre avant que de se coucher.

On s'assemble à l'Eglise trois fois le jour, mais sans y être appellé, car il n'y a point de cloches ; on sçait le tems qu'il y faut venir.

On dit la Messe tous les jours à soleil levant.

Aux Dimanches & Fêtes chommées on la dit trois heures après le soleil levé. *Voyez* Goar. page 109. Les femmes, hors quelques vieilles, n'assistent guere à la Messe ; au moins on ne les y oblige point.

CHAPITRE V.

Des Cierges, de l'Eau benite, & du Pain beni.

AUx trois derniers jours de la Semaine-sainte y éteint-on les cierges comme en Occident ?

℞. Le Samedi-saint seulement avant la Messe on fait trois Processions, & à la troisiéme on allume les cierges à une lampe cachée sous l'Autel.

Et les lampes ?

℞. Le Samedi-saint seulement.

L'Eau benite y est-elle en usage ?

℞. On ne la benit que le jour de l'Epiphanie, (ce qui se fait fort solennellement) *Voyez* Goar. pag. 453. 467. & on en reserve pour toute l'année, afin d'en asperser les puits & autres choses, quand il y est tombé quelque rat ou quelqu'autre chose impure.

Par qui est-elle benite ?

℞. Par l'Evêque ou le Prêtre. *Voyez* Goar. pag. 453. 467.

S'en sert-on pour benir tout ce qui se benit ?

℞. Non.

En prend-on en entrant à l'Eglise ? ℞. Non.

Le Prêtre ne benit-il pas des eulogies ou petits morceaux de pain pour distribuer dans les Messes solennelles ?

℞. Oui. *Voyez* Goar. pag. 154.

En quelle posture sont les fideles quand ils les reçoivent ?

℞. Ils sont debout.

Ceux qui ont communié à la Messe en reçoivent-ils aussi ?

℞. Oui, & on les mange dans l'Eglise.

Donne-t-on de ce pain pour en porter dans les maisons aux absens ?

℞. Non de celui qui est béni à la Messe ; mais les Samedis & veilles de Fêtes au soir on en benit, & on emporte de celui-là dans les maisons: on benit aussi du bled, de l'huile & du vin.

CHAPITRE VI.
Des Eglises & des Autels.

LAve-t-on les Autels & les pieds à douze pauvres le Jeudi saint ?

℞. Le Jeudi-saint on lave les Autels & les pieds à douze Prêtres avec des parfums & des senteurs dans l'eau. C'est l'Evêque qui lave l'Autel, & non le Curé à qui il n'est pas permis de le faire. Si l'Evêque n'y est point, on ne lave ni l'Autel ni les pieds. *Voyez* Goar. p. 623. *& suiv.*

Comment sont faites les Eglises en Orient ?

℞. Elles sont quarrées. *Voyez* Goar. p. 21. 22.

Y a-t-il des sieges pour le Clergé ? ℞. Oui.

Et comment sont-ils faits ?

℞. Comme ceux des Chanoines de France. *Voyez* Goar. p. 21.

Comment est fait celui de l'Evêque ?

℞. Elevé comme ceux des Evêques de France.

Le peuple s'assied-il à l'Eglise ?

℞ Oui, & les femmes sont séparement des hommes. *Voyez* Goar. p. 21. 22.

Comment sont faits les Autels ?

℞. Parfaitement quarrez.

Et de quelle matiere ?

℞. Ils sont de pierre, & creux pour y mettre des Reliques ; & ne sont point attachez à la muraille, *de l'Eglise d'Orient.*

Ils ont quatre colonnes, & un dôme audessus, que l'on appelloit chez les anciens *Ciboire*.

Y a-t-il plusieurs Autels dans une Eglise ?

℟. Il y en a toujours deux ; un petit Autel attaché à côté de la muraille, où le Prêtre commence & dit la Messe des Catecumenes ; puis le grand Autel où il dit la Messe des Fideles, qui est separé de la muraille. Tous les Autels & le chef de l'Eglise sont tournez à l'Orient. Il y a toujours quelques Reliques dans l'Autel.

Y a-t-il plusieurs nappes sur l'Autel ?

℟. Deux, & le Corporal. Elles sont de soye.

Y restent-elles toujours ?

℟. Oui. On ôte le Corporal de lin, qui ne se lave jamais, parce qu'il est consacré. Quand il est vieux ou sale, on le brûle.

Y a-t-il des paremens ou ornemens devant & audessus ?

℟. Oui, comme dans l'Eglise Cathedrale de Rouen, & dans plusieurs autres Cathedrales de France.

Y a-t-il des rideaux aux côtez de l'Autel ?

℟. Oui, deux aux deux côtez de l'Autel, un troisiéme devant l'Autel, comme dans les Eglises Cathedrales de France en Carême, & un quatriéme derriere l'Autel comme devant. On tire le rideau qui est devant seulement à l'Evangile, & depuis il est fermé jusqu'après la Communion du Prêtre : alors on invite à la Communion.

Est-il environné de quelques balustrades ou treillis ?

℟. Oui, & les Prêtres mêmes n'y entrent point dans le *Sancta Sanctorum* sans étole, & à moins qu'ils ne disent la Messe.

Les Croix sont-elles faites comme les nôtres ?

℞. Oui ; mais il n'y a point de Chrift en boffe ; le Chrift n'eft que fur des tableaux.

Adore-t-on la Croix le Vendredi-faint ?

℞. Oui, on l'adore debout en faifant une inclination profonde.

Cette Croix eft-elle de bois ?

℞. Non, elle eft feulement en image ou reprélentation.

CHAPITRE VII.

De la Meffe & des Proceffions.

LEs Grecs difent-ils le Vendredi-faint la Meffe des Préfantificz, comme nous ?

℞. Non ; mais ils la difent les Lundis, Mardis, Mercredis, Jeudis & Vendredis de Carême, qui font des jours de jeûne : car ils tiennent la Meffe incompatible avec le jeûne.

En quoi confifte cette Meffe :

℞. En quelque Prophetie, la Communion & l'Oraifon Dominicale : il n'y a point d'Evangile.

Y a-t-il en la Meffe du Vendredi-faint Epître & Evangile ; & eft-ce la Paffion qu'on y lit ?

℞. Il n'y a ce jour-là aucune Meffe ; rien du tout, pas même de Communion du Prêtre. On lit ce jour-là la nuit la Paffion felon S. Jean.

Lit-on dans l'Eglife d'Orient les quatre Paffions?

℞. Oui, le Dimanche des Rameaux on lit celle felon S. Matthieu, le Mardi felon S. Marc, le Mercredi felon S. Luc, & cela au foir. Celle felon S. Jean fe lit la nuit du Vendredi-faint.

Y dit-on une Meffe feche fans Canon pour la benediction des Rameaux?

de l'Eglise d'Orient. 447.

℟. Oui comme en France.

Y porte-t-on des rameaux à quelque Procession ? ℟. Oui, des Palmes.

Qui est ce qui représente notre Seigneur Jesus-Christ faisant son entrée solemnelle à Jerusalem?

℟. C'est le principal Prêtre monté sur un âne.

N'y fait-on aucune représentation dans l'Eglise aux jours des principaux Mysteres ?

℟. Oui, avec personnages.

Benit-on dans l'Eglise les fruits nouveaux ?

℟. Oui, le jour de la Transfiguration on benit les raisins après la Messe ; & on en donne quelques grains au peuple. *Voyez* Goar. p. 694. 695. 696. A Pâques la nuit après la Messe on benit les œufs, la viande & le sel pour le Curé, & en même tems pour sa Paroisse.

Dans la célébration de la Messe se sert-on de vin blanc ?

℟. Non, on se sert toujours de rouge.

Combien met on d'eau dans le vin ?

℟. Environ un tiers.

Le Prêtre prononce-t-il les paroles de la Consecration à voix haute ?

℟. Oui. *Voyez* Goar. p. 138.

Prononce-t-il le Canon de même ?

℟ Non, mais d'une voix mediocre.

Le peuple répond-il *Amen* à la fin des paroles de la Consecration ?

℟. Oui. *Voyez* Goar. p. 138.

Eleve-t-on l'Hostie & le Calice séparément ?

℟. Non.

En quelle posture adore-t-on la sainte Hostie ?

℟. Debout.

L'Hostie est-elle de pain levé chez les Catholiques ?

℟. Ceux qui sont Occidentaux, comme les Jesuites, les Cordeliers, les Capucins de France, qui sont à Damas & en d'autres villes d'Orient, se servent d'hosties de pain azyme comme en Occident. Ceux-là communient le peuple sous une seule espece, & font tout comme en Occident, sinon qu'ils ont une grande barbe, & qu'ils observent l'abstinence du Carême comme les Orientaux.

Recite-t-on à la Messe l'Oraison Dominicale ?

℟. Oui, on la recite après la Consecration.

Comment les Schismatiques ou Catholiques Orientaux originaires communient-ils le peuple ?

℟. Sous les deux especes.

Les Fideles vont-ils à l'Offrande, & qu'y portent-ils ?

℟. Oui ; ils y offrent du pain, du vin, des cierges & de l'argent.

Quelles sont les retributions ordinaires pour une Messe ?

℟. Trente sols au moins, quelquefois un demi Louis, ou même un Louis d'or, selon les moyens & la bonne volonté des particuliers ; cela n'est point taxé.

Quelle est la matiere & la forme des vases sacrez ?

℟. Les Calices sont d'argent ou d'or ; ils sont couverts & fort grands. On y met dedans au moins une chopine ou une pinte de vin à cause de la Communion sous les deux especes. Les patenes sont grandes comme un grand bassin, avec un couvercle d'argent ou d'or.

De quoi se sert-on pour purifier le calice ?

℟. D'une éponge d'abord, & ensuite d'un Purificatoire.

Comment sont faits les encensoirs ?

℞. A peu près comme ceux de France.

Comment sont faits les chandeliers ?

℞. Ils sont tout bas, hauts seulement de quatre ou cinq doigts pour éclairer le Prêtre.

Les porte-t-on devant l'Evêque ?

℞. Oui, & non devant le Prêtre célebrant.

Les porte-t-on devant le Diacre à l'Evangile ?

℞. On en porte deux avec la Croix à l'Ambon ou à la Tribune ?

Y en a-t-il sur l'Autel en tout tems ? ℞. Oui.

Y a-t-il aussi une Croix ?

℞. Non sur l'Autel, mais plusieurs audessus, comme autrefois à Lyon.

Où garde-t-on le saint Viatique pour les malades ?

℞. Dans la Sacristie. Et s'il n'y a pas de Sacristie, dans un sac suspendu dans le *Sancta Sanctorum*.

Dans quel vase ?

℞. Dans une boëte d'argent.

Comment le porte-t-on aux malades ?

℞. Dans le sein.

Le garde-t-on sous les deux especes ?

℞. Oui, & l'on communie les malades sous les deux especes en trempant l'Hostie dans du vin.

CHAPITRE VIII.
Des Ornemens Ecclesiastiques.

Comment sont faites les chasubles dans l'Eglise d'Orient ?

℞. Elles sont amples comme un manteau cousu de toute parts avec une seule ouverture pour passer la tête. *Voyez* Goar. p. 114.

Comment sont faites les étoles ?

R. C'est une bande large environ d'un pied, qui va seulement pardevant jusqu'aux pieds, comme le devant d'un scapulaire. Celle du Diacre est plus étroite ; il la porte sur l'épaule gauche, entortillée & pendante jusqu'aux pieds.

Comment sont faits les manipules ?

R. Comme un bout de manche, de la largeur d'environ un pied. Et ils en ont un à chaque bras. Quand ils célebrent en Occident, ils mettent deux de nos manipules. Les Diacres & les Soûdiacres en ont aussi deux.

De quelle étoffe sont-ils ?

R. Souvent de differente couleur ; & tous ces ornemens sont chargez de croix.

Les Diacres ont-ils des dalmatiques, & les Soûdiacres des tuniques ?

R. Oui, mais differentes des nôtres. Elles sont à peu près comme celles de l'Eglise Cathedrale de Rouen ; elles descendent presque jusqu'aux talons, & elles ont les côtez cousus presque jusqu'au bas, aussi-bien que les manches closes. Mais la tunique du Soûdiacre n'a point de manches.

On ne se sert jamais dans l'Eglise d'Orient de couleur noire en quelque Office que ce soit, pas même pour les morts. Toutes les autres couleurs leur sont indifferentes. Les plus beaux & les plus riches ornemens servent aux Fêtes les plus solennelles.

Les Prêtres font-ils quelquefois l'office de Diacre ?

R. Il n'est pas permis, mais inoui qu'un Prêtre fasse les fonctions de Diacre à l'Autel; & les Orientaux trouvent fort étrange [aussi-bien que feu M. l'Abbé de S. Siran] que nos Prêtres se rabaissent à faire l'office de Diacre. Ils regardent cela

de l'Eglise d'Orient. 451

comme une espece de dégradation.

La chappe est-elle en usage dans l'Eglise d'Orient ? *R.* Non.

Quels sont les habits d'Eglise de tous les Ecclesiastiques aux Offices divins hors la Messe?

R. C'est l'habit ordinaire.

CHAPITRE IX.

Des Habits.

LEs Ecclesiastiques ont-ils la tête couverte dans l'Eglise ?

R. Oui, d'un bonnet ou calotte de laine à deux oreilles. Celui de l'Evêque est un peu plus épais & plus haut, & pardessus il a un voile dans l'Eglise.

De quoi se couvrent-ils ordinairement ?

R. De ce bonnet, qui leur sert aussi de calotte.

Peuvent-ils porter des perruques ?

R. Non ; les laïques sont tous rasez. Les Prêtres seuls portent des cheveux & des tonsures aussi-bien que les Diacres & Soûdiacres dans l'Eglise seulement : mais les Diacres & les Soûdiacres cachent leurs cheveux hors l'Eglise.

¶ Les Mahometans sont aussi rasez ; mais ils gardent tous la barbe grande comme les Chrétiens, & la laissent croître tant qu'elle peut.

Les Mahometans ont le turban blanc tout à fait. Ceux d'entre eux qui sont nobles l'ont verd.

Les Juifs portent le turban rouge & blanc rayé. Les Chrétiens portent le turban blanc & bleu rayé.

Les Prêtres Religieux [qui ne sont point mariez], ont le bonnet noir, & un petit turban noir pardessus.

Ff ij

Les autres simples Prêtres qui sont mariez, portent le turban bleu.

Les simples Clercs ou Ecclesiastiques prennent le turban bleu au Soûdiaconat.

Quel est l'habillement des Religieux à l'Eglise?

R. Les Cordeliers, les Capucins, les Carmes déchaussez y sont habillez comme en France, mais ils portent la barbe longue sans la faire raser.

Les Jesuites comme les Prêtres seculiers, la portent de même avec le turban bleu, la soutanne noire, la ceinture, & le manteau en robe de chambre avec les deux manches. Ils ne vont point dans les rues avec un compagnon, mais toujours seuls.

Quel est leur habillement ordinaire dans la ville & hors l'Eglise?

R. C'est le même qu'à l'Eglise; mais les Moines de S. Basile ont dans l'Eglise pardessus, un grand manteau sans manches, attaché par le haut & par le bas; & sur la tête ils ont une espece de voile fait à peu près en capuchon large. *Voyez vers la fin, Chap.* XXVI.

Quel est l'habillement ordinaire des Evêques, & de quelle couleur?

R. C'est le même, & de la même couleur que celui des Prêtres ou des Jesuites, comme nous avons dit ci-dessus. Ils ont seulement le bonnet plus haut, avec un petit turban noir.

Celui des Prêtres, des Diacres & des Soûdiacres?

R. Il est comme celui des Jesuites; & celui des moindres Ecclesiastiques, comme celui des seculiers.

CHAPITRE X.

Des places dans les Eglises, & de la subsistance des Ecclesiastiques.

LEs femmes dans les Eglises sont-elles séparées des hommes ?

R. Oui, & elles ne voyent qu'à travers d'une grille, comme les Religieuses en France.

Et le Clergé est-il separé du peuple ?

R. Oui, le Clergé est dans le Chœur, où le peuple n'entre que pour l'Offrande & la Communion.

Ne se fait-il plus d'agapes ou festins de charité dans l'Eglise ?

R. Beaucoup de personnes accommodées, dont on a les noms marquez selon leur ordre, portent tous les jours de Carême, & encore en d'autres tems, & principalement aux Enterremens, du pain & des marmitées de potage & de légumes, & hors le Carême de la viande, pour distribuer aux pauvres au porche, ou dans la cour, ou au parvis de l'Eglise.

N'y mange t on jamais dans l'Eglise quoi que ce soit ?

R. Rien que le pain beni, & des raisins le jour de la Transfiguration ; & la veille de l'Epiphanie le soir on boit de l'eau benite, & encore à la fin de la Messe de minuit après avoir mangé le pain beni.

N'y mange-t-on pas même le jour de la Cene dans l'Eglise ?

R. Non.

Ni le jour de Pâques même ?

R. Non ; mais ce jour-là, tous les Dimanches & toutes les Fêtes chommées le Clergé va déjeûner chez l'Evêque, où l'on mange du pain, & on boit du caffé.

De quoi vivent les Prêtres & autres Ecclesiastiques ?

R. Des Offrandes & des retributions qu'ils reçoivent pour l'administration des Sacremens, & pour les enterremens.

L'Eglise a-t-elle quelques revenus ?

R. Point d'autres que ceux ci-dessus, hors dans l'Archipel, où elle a encore quelques revenus.

L'Archidiacre a son droit de visite selon les richesses du pays : il y en a deux parts pour lui, trois parts pour l'Evêque, une part pour le Curé, une part pour le Prêtre, une demie part pour le Diacre Evangeliste. Ce Diacre a aussi quelque part à l'Offrande du pain.

CHAPITRE XI.

Des Prieres & Cérémonies de la Messe.

Dit-on à la Messe le *Kyrie eleison*, & combien de fois ?

R. Oui, quantité de fois, tant le Prêtre que le Ministre répondant.

En quelle posture se tient-on pendant la Messe ?

R. Toujours debout.

Et pendant l'Evangile ?

R. Debout & découverts, un peu courbez & appuiez sur leur bâton en forme de potence, tant le Clergé que les laïques, hommes & femmes: mais les enfans garçons & filles ne portent point de bâtons;

de l'Eglise d'Orient. 455

[sans doute parce qu'ils sont jeunes, & peuvent fort bien se soutenir.]

Les Maronites du Mont Liban ?

R. A l'Evangile comme cidessus au ℣. précedent.

L'Evêque dit-il quelquefois tout seul la Messe ?

R. Non ; il a toujours avec lui au moins un Curé ou un Prêtre avec un Diacre, & même quatre ou cinq Prêtres qui l'assistent, & disent seulement tour à tour une oraison. (*Voyez Goar.* p. 299.)

Un de ces Prêtres (s'il n'y a point de Diacre) lit l'Evangile en Grec dans l'Ambon ou Tribune, [& ensuite le même Evangile en Arabe dans le *Sancta Sanctorum*] avec les chandeliers portez par les Anagnostes ou Lecteurs, & la Croix par un Soûdiacre, & à son defaut par un Anagnoste ou autre garçon.

Le Soûdiacre porte la crosse de l'Evêque.

Prêche-t-on après l'Evangile ?

R. Oui, l'Evêque ou le Prêtre Curé prêche immediatement après l'Evangile en cette sorte. Il lit deux ou trois lignes de l'Evangile, & l'explique ensuite, puis encore après il lit deux ou trois lignes du même Evangile, & l'explique ; & ainsi jusqu'à la fin.

Recommande-t-on à la Messe de prier pour le Pape ?

R. Non ; mais bien pour le Patriarche. C'est le Diacre qui le recommande au commencement de la Messe, & après les paroles de la Consecration. On y prie aussi pour l'Evêque, pour le Curé, & jamais pour l'Empereur Turc, mais bien pour les Rois Orthodoxes.

Y dit-on souvent ces Prieres ou Oraisons solennelles pour toutes sortes d'états, comme on fait en France le Vendredi-saint ?

R. On les dit tous le jours.

Le Prêtre célebrant la Messe se découvre-t-il quelquefois ?

R. Il se découvre à l'Evangile, pour la Consécration, & toujours depuis. Mais l'Evêque remet sa thiare après la Consecration, & l'ôte à la Communion : encore y a t-il quelques Evêques qui ont la thiare en tête quand ils communient, comme le Pape en disant solennellement la Messe.

En quelle posture est-on pendant les paroles de la Consecration ?

R. Tous sont découverts, sans bâton & debout, sans s'incliner. Ils répondent *Amen* tout haut aux deux Consecrations qui se prononcent aussi à voix haute.

Et à l'élevation du Corps & du Sang de Jesus-Christ ?

Il n'y a point d'élevation de l'Eucaristie, si ce n'est chez les Religieux François, Jesuites, Capucins, Récollets. Ceux qui s'y trouvent se mettent à genoux. Chez les Maronites on fait l'élevation ; mais ils adorent Jesus-Christ appuyez sur leurs bâtons ou potences.

Et à la Communion ?

R. Tous sont debout & découverts.

Ceux qui communient, le font debout. Le Prêtre leur présente les deux especes dans une cuillere. Le Diacre ou un Prêtre tient un purificatoire dessous. *Voyez Goar.* p. 152.

Quand il y a beaucoup de Communians, le Diacre Evangeliste communie aussi sous les deux especes les laïques pour aider au Prêtre.

Le peuple qui veut communier, y communie-t-il immédiatement après le Prêtre ?

R. Oui, mais sous les deux especes après avoir

de l'Eglise d'Orient. 457

fait beaucoup de prosternemens dans le Chœur en allant, & plusieurs inclinations profondes, & après avoir fait baiser la main droite à terre.

Ne communie-t-on jamais hors la Messe?
R. Non.

Donne-t-on quelque bénédiction à la fin de la Messe?
R. Oui, le Clergé la reçoit debout, & le peuple un peu incliné.

Y a-t-il quelquefois plusieurs Prêtres qui célebrent ensemble aux Messes solennelles?
R. Non, mais ils assistent comme on a dit ci-dessus. Et sur tout avec l'Evêque comme ci-devant.

Font-ils les mêmes gestes ou cérémonies?
R. Oui, ils baisent l'Autel toutes les fois que l'Evêque le baise, aussibien que le Diacre Evangeliste, & ils s'entrembrassent.

Disent-ils les mêmes paroles? *R.* Non.
Et même celles de la Consecration? *R.* Non.
Sont-elles les mêmes qu'en Occident?
R. A peu près.

A quel mot & quand croyent-ils qu'est faite la consecration du Corps de Jesus-Christ?
R. Après ces paroles, *Ceci est mon Corps.*
Et du Sang? *R.* De même.
Comment les Prêtres donnent-ils la bénédiction?
R. C'est avec trois doigts.

Y dit-on en un seul jour plusieurs Messes sur un même Autel?
R. Non.

Y a-t-il des basses Messes?
R. On n'y en dit point à voix basse.

CHAPITRE XII.

De Noël, Pâques & Pentecôte.

AU jour de Noël les Prêtres y disent-ils trois Messes?

R. Non, ils en disent seulement une la nuit, comme aussi à l'Epiphanie & à Pâques; & point le jour.

A la Pentecôte ce n'est point la nuit, mais le jour qu'on dit la Messe, à cause de l'heure de Tierces à laquelle le saint Esprit est descendu.

La veille de Pâques & celle de la Pentecôte on commence la Messe à trois heures après midi; elle est extrémement longue, avec quinze Propheties tirées de la Genese & des autres Livres de l'Ecriture.

CHAPITRE XIII.

Des Sacremens. Du Baptême.

COmbien les Orientaux croyent-ils de Sacremens?

R. Tant les Schismatiques que les Catholiques, ils en admettent sept.

Le Baptême se donne-t-il en tout tems?

R. Oui. Aux adultes en tout tems, quand un adulte est préparé ou disposé. Quelquefois on differe au Lundi de Pâques & de la Pentecôte & au lendemain de l'Epiphanie à le donner aux adultes, afin qu'ils puissent se réjouir ce jour-là avec leurs parens: ce qu'ils ne pourroient faire les veilles de Pâques & de l'Epiphanie, qui sont jeûnées.

de l'Eglise d'Orient. 459

Jamais Turc ne se convertit en ces pays-là à la Religion Chrétienne. Il est rigoureusement défendu aux Catholiques de les admettre à leur Religion ; mais il leur est permis d'y admettre des gentils ou payens d'autres nations.

En quel tems administre-t-on le baptême aux petits enfans ?

R. En tout tems : mais sans necessité on ne baptise l'enfant mâle que le quarantiéme jour, & la fille le quatrevingtiéme jour. C'est la mere qui apporte elle-même son enfant, & on les purifie tous deux à la porte de l'Eglise par quelques prieres.

Quel est le Ministre du baptême ?

R. Le Prêtre seul.

Les Diacres baptisent-ils quelquefois dans l'Eglise ?

R. Non, jamais, pas même le Diacre Evangeliste, ni dans les Eglises, ni ailleurs, même en cas de necessité. L'enfant mourroit plûtôt sans baptême.

Quand l'enfant est en peril de sa vie en venant au monde, le premier laïque présent ne le peut donc baptiser à la maison ?

R. Non. On court vite querir un Prêtre qui le vient baptiser à la maison en le plongeant dans une cuve pleine d'eau.

Quelle est la forme du baptême ?

R. Comme celle dont on se sert dans l'Eglise d'Occident, excepté qu'on dit, *Baptizatur N.* au lieu d'*Ego te baptizo.*

Avant que de baptiser l'enfant, employe-t-on des Exorcismes contre le démon ?

R. Oui. Pendant les Exorcismes le Prêtre est tourné vers l'Occident, & après il se tourne vers l'Orient.

Met-on du sel dans la bouche de l'enfant ? *R.* Non.

Quand un enfant a été baptifé à la maifon en péril de mort, eft-il enfuite porté à l'Eglife pour y fuppléer les cérémonies du baptême?

R. Non ; & on n'y récite point les Exorcifmes, comme s'il n'étoit point baptifé.

Y a-t-il Parrein & Marreine au baptême ?

R. Oui pour les garçons ; mais pour les filles il n'y a que la Marreine feule.

Le Prêtre a-t-il l'étole quand il baptife ?

R. Oui dans l'Eglife, tout comme quand il célebre la Meffe avec la chafuble blanche, &c. Et il benit de l'eau pour chaque baptême. On plonge trois fois l'enfant ; & on chauffe l'eau en hyver foit à l'Eglife, foit à la maifon en cas de neceffité. L'eau eft dans une cuve ou grand baffin de pierre au milieu de l'Eglife, & quelquefois vers la porte.

Quand l'enfant eft dans un péril extrême de mort, le plonge-t-on toujours dans l'eau trois fois ?

R. Oui, toujours.

Et le peuple ne s'en plaint-il pas, en difant que c'eft avancer la mort de l'enfant ?

R. Non ; jamais ; au contraire.

Le Prêtre a-t-il quelque Eccléfiaftique affiftant qui l'aide dans fes fonctions, & qui lui réponde ?

R. Oui.

Les enfans reçoivent-ils la Confirmation auffi-tôt après le Baptême ?

R. Oui, quelques petits qu'ils foient. C'eft le Prêtre qui la leur adminiftre.

Reçoivent-ils auffi l'Eucariftie dans la Meffe ?

R. Ce n'eft pas dans la Meffe : mais on adminiftre le baptême immédiatement après la Meffe ; & après le Baptême & la Confirmation, le Prêtre communie l'enfant nouveau baptifé fous les deux

de l'Eglise d'Orient. 461

espèces consacrées le Jeudi-saint, en lui donnant avec une cuillete quelques miettes de l'Eucaristie trempées dans de simple vin. *Voyez* Goar. page 362. *& suiv.*

Les nouveaux baptisez portent-ils un habit blanc ou une aube pendant huit jours après leur baptême?

R. Oui, pendant huit jours, avec une ceinture benite, & la mere n'y peut pas toucher pendant ces huit jours ; mais la Marreine seule qui le change de langes &c. L'enfant revient au bout de huit jours à l'Eglise, où on lui lave le corps ; & si c'est une fille, c'est la Marreine qui fait cela. *Voyez* Goar. p. 362.

On fait ensuite dans l'Eglise un grand festin de soupe, viandes, fruits, &c. entre les parens, amis & voisins.

Les femmes pendant les quarante ou quatrevingt jours de leurs couches sortent-elles de leurs maisons ?

R. Oui, elles peuvent aller dans les rues & au bain, mais non à l'Eglise.

¶ Les hommes se baignent depuis le matin jusqu'à midi, & les femmes depuis midi jusqu'au soir. Les femmes ne vont jamais avec leurs maris, ni un frere avec sa sœur dans les rues ; ce seroit un scandale.

CHAPITRE XIV.

De l'Eucaristie.

Donne-t-on quelquefois l'Eucaristie hors la Messe ?

R. Non, si ce n'est aux malades.

Dit-on les paroles du Centenier avant que de la donner ?

℞. Non, mais celles-ci : *Pierre*, ou *N. recevez le Corps & le Sang de notre Seigneur pour la vie éternelle* : & le Communiant répond *Amen*.

Combien de fois par an les Fideles sont-ils obligez de communier ?

℞. Ils n'ont en Orient aucune regle qui y oblige, pas même à Pâques. Chacun le fait selon sa dévotion ; mais principalement aux trois ou quatre plus grandes Fêtes de l'année. *Voyez Goar*. p. 207.

CHAPITRE XV.

De la Confirmation.

Vers quel âge reçoit-on la Confirmation ?

℞. Immédiatement après le Baptême. *Voyez* Goar. p. 362.

Qui en est le ministre ?

℞. L'Evêque ou le Prêtre. *V.* Goar. p. 362. 363.

Donne-t-il un soufflet (ou sa main à baiser) à celui qu'il confirme ?

℞. Non, il ne présente pas même sa main.

Le Prêtre lui fait-il sur le front une onction avec de l'huile benite ?

℞. Oui, sur le front & sur beaucoup de parties du corps, au ventre, aux épaules, aux bras, aux cuisses, avec une spatule d'or ou d'argent.

Le Prêtre fait-il aussi l'imposition des mains sur celui qu'il confirme ?

℞. Oui, de la main droite sur la tête.

CHAPITRE XVI.

De la Pénitence.

Combien de fois par an les Fideles sont-ils obligez de se confesser ?

℞. Il n'y a point de regle qui le détermine. Cela est volontaire & selon le besoin.

Et en quel tems ?

℞. Il n'y en a point de reglé ; c'est selon le besoin.

Lui est-il libre d'aller à celui qu'il voudra choisir d'entre les Prêtres ?

℞. Oui, il peut aller aux Prêtres, ou aux Jesuites, ou aux Recollets.

Tous les Prêtres sont-ils approuvez pour absoudre les pécheurs ?

℞. Oui.

Y a-t-il des Curez ?

℞. Oui.

Y a-t-il des Confessionnaux ou Tribunaux de pénitence à peu près comme en France ?

℞. Non. Le Confesseur vêtu de son habit ordinaire, sans étole ni rien de singulier, se met dans un coin de l'Eglise avec son pénitent, qui lui fait sa confession, étant tous deux debout.

En quelle posture se met le pénitent quand le Confesseur lui impose la pénitence, ou qu'il lui donne l'absolution ?

℞. Il est toujours debout.

Lui impose-t-il la pénitence selon les Canons ?

℞. Non, mais elle est fort rigoureuse.

Le pénitent fait-il la pénitence imposée avant

que de recevoir l'absolution ?

℟. Non ; cela se pratique comme on fait communément en France.

Est-elle absolue ?

℟. Oui, & non pas deprecatoire.

Y fait-on faire quelquefois pénitence publique ?

℟. Non dans l'Eglise, mais bien à la maison pour de grands crimes ; de sorte que les domestiques sont témoins de cette pénitence.

Y a-t-il des cas reservez ?

℟. Non ; les Prêtres ont toute autorité.

Y a-t-il des Pénitenciers ?

℟. Non, ce sont les Evêques, dont quelques-uns confessent quelquefois.

Ne garde-t-on pas un secret inviolable au Pénitent ?

℟. Oui.

Y a-t-il quelque peine ou supplice pour un Prêtre qui violeroit le sceau ou secret de la Confession ?

℟. Il seroit interdit toute sa vie de dire la Messe.

Et qui est le juge de cela ?

℟. Son Confesseur, ou quelquefois l'assemblée d'Evêques & de Curez.

Et qui est le juge de la mauvaise conduite des Prêtres en ce qui regarde leur ministere ?

℟. C'est l'Evêque.

Y a-t-il en Orient des Juges Ecclesiastiques [comme les Officiaux] déleguez par l'Evêque pour en connoître ?

℟. Non ; c'est l'Evêque lui-même qui en connoît.

CHAP.

CHAPITRE XVII.

Des Indulgences, Excommunications, Interdits.

N'Y a-t-il point en Orient des Indulgences qu'on gagne en visitant certaines Eglises en certains jours, après s'être confessez & communiez?

℟. Non.

Les simples Prêtres ont-ils le pouvoir de donner des Indulgences?

℟. Non ; mais les Evêques en donnent à la fin de leur Messe.

L'Evêque donne à la Messe plusieurs benedictions au peuple ; mais il donne la plus solennelle immédiatement avant la Communion.

Y publie-t-on des Censures & des Excommunications?

℟. Oui à la fin de la Messe, en éteignant la bougie ou chandelle. L'Excommunication se fait publiquement ; & c'est l'Evêque, ou en son absence le Curé qui excommunie.

Y publie-t-on des Interdits sur les Prêtres?

℟. Oui, & aussi sur le peuple.

CHAPITRE XVIII.

Des saintes Huiles & du saint Viatique.

QUand & par qui sont consacrées les saintes Huiles?

℟. Ce n'est que tous les trente ou quarante ans ; & c'est le Patriarche accompagné de quantité d'Evêques & de Curez, qui les confacre ou benit.

Le Jeudi-faint on confacre un grand pain pour le faint Viatique des malades, & auffi le Sang de Jefus-Chrift fous l'efpece du vin : on met l'un avec l'autre, & ils fe fechent : & quand on en veut donner aux malades, on en prend un peu, & on le met dans une cuillerée de vin non confacré.

Dans les Eglifes où il n'y a point d'Evêque, on n'y lave point les Autels, parce qu'il n'y a que l'Evêque qui ait le pouvoir de les laver en Orient. *Voyez Goar. Eucologe des Grecs, p. 623. & fuiv.*

Quelle diverfité de croyance y a-t-il entre les Orientaux Schifmatiques & les Catholiques ?

℟. A la referve des Neftoriens qui font heretiques, tous les autres Schifmatiques ne different qu'en ce qu'ils font feparez, & ne croyent point que le faint Efprit procede du Fils, mais feulement du Pere ; ils ne croyent point le Purgatoire au moins dans le fond de la terre, & ils ne veulent point reconnoître le Pape pour le chef vifible de toute l'Eglife.

CHAPITRE XIX.

De l'Extrême-onction.

Donne-t-on l'Extrême-onction avant le faint Viatique aux malades ?

℟. Oui, tant chez les Catholiques que chez les Schifmatiques.

Attend-on qu'on foit extrémement malade pour la donner ?

℟. Non.

Ne fait-on pas des onctions d'huile d'olive benite aux endroits des cinq sens ?

℞. Seulement sur le front, sur les joues, à la gorge, & aux mains des deux côtez. On n'en fait point aux narines, ni à la bouche, ni aux pieds.

Quand il y a plusieurs Prêtres presens, font-ils les onctions, & disent-ils les prieres tous ensemble?

℞. Ils s'assemblent pour cela ordinairement sept, au moins trois ; mais un seul suffit.

Quand on l'administre à un Prêtre, fait-on aux mains les onctions en dehors ?

℞. On les lui fait des deux côtez comme aux laïques.

Que dit-on en entrant dans la chambre du malade ?

℞. *Que la paix soit ceans, & sur tous ceux qui y demeurent* ; ou quelqu'autre chose de semblable.

CHAPITRE XX.

Des Enterremens.

QUe fait-on avant que d'ensevelir les morts ?
℞. On lave leurs corps, principalement ceux des Évêques, des Prêtres, des Religieux & des Religieuses. Ils sont lavez par leurs confreres, & non par des laïques ; sous la chemise, & sans rien voir.

On ne lave point ceux des Diacres, des Soûdiacres & de tous les laïques.

¶ Les corps des Juifs & des Mahometans de l'un & de l'autre sexe sont tous lavez.

Les revêt-on ensuite ?

℞. Oui, on les revêt d'une chemise blanche, de leurs plus beaux habits & bagues, & quand on est prêt de les porter en terre, on les coud dans un fnaire ou voile de toile.

Depuis la mort d'une personne jusqu'à son enterrement, tant aux grandes personnes qu'aux enfans, les Prêtres vont tour à tour à la maison du défunt faire des prieres, & encenser plusieurs fois autour du corps. De même le Prêtre encense la fosse avant que d'enterrer le défunt, & le corps aussi après qu'il y est enterré : & on prie Dieu que le défunt jouisse du même repos que son pere ou ses ancêtres qui sont enterrez dans la même sepulture.

On ne porte point le corps à l'Eglise à moins qu'il n'en soit proche. Et quand même on l'y porte, on n'y dit point la Messe pour lui que le lendemain.

Comment les porte-t-on en terre ?

℞. Quatre hommes portent le cercueil ou coffre sur les épaules. Il n'y a point de poile sur le cercueil.

Les enterre-t-on dans les Eglises ?

℞. On les y enterroit autrefois ; à present c'est dans un Cimetiere hors la ville, où on les porte tout droit. Il y a un Cimetiere pour les Chrétiens, un autre pour les Juifs, & un autre pour les Turcs.

Y met-on des tombes ou inscriptions sur les morts ? ℞. Oui.

Les Prêtres sont-ils tournez autrement que les laïques ?

℞. Ils sont tous tournez vers l'Orient, tant les uns que les autres ; les Autels & le Chœur de même.

Que chante-t-on en les enterrant ?

℞. Les sept Pseaumes pénitentiaux, des hymnes & beaucoup d'*Alleluia*, avec des Oraisons & Recommendations.

Enterre-t-on sans dire la Messe le corps présent ?

℞. On n'y dit point de Messe le corps présent.

de l'Eglise d'Orient.

Chante-t-on l'*Alleluia* aux Enterremens & dans l'Office des Morts ?

℟. Oui, beaucoup. *Voyez* Goar. p. 205. & 541.

Chante-t-on l'*Alleluia* en Carême ?

℟. Oui. *Voyez* Goar. pag. 205. & 541. On le chante même le Vendredi-saint.

Porte-t-on des cierges aux Enterremens ?

℟. Oui, beaucoup selon les moyens du défunt : ils y sont portez par le Clergé & par le peuple. On n'y porte point de Croix.

Les Orientaux croient-ils un Jugement particulier aussitôt après la mort ?

℟. Les Schismatiques ne le croient pas ; mais les Catholiques Romains le croient.

Aussi les Prieres de l'Enterrement [& non de la Messe] chez les Schismatiques sont assez conformes à l'Offertoire de la Messe des Morts qu'on dit en France.

Ne croient-ils pas qu'il y a un Purgatoire ?

℟. Les Schismatiques ne le croient pas communément.

Et ceux qui croient le Purgatoire, où le placent-ils ?

℟. Ils disent qu'il n'y a que Dieu qui en sçait l'endroit.

En quel état disent-ils qu'y sont les ames ?

℟. Ils sont selon les Schismatiques comme dans une espece d'impassibilité jusqu'au jour du Jugement general de la fin du monde, pour les méchans ; & les bons sont dans le sein d'Abraham, comme dans un Paradis terrestre.

Croient-ils qu'il y a des Lymbes ?

℟. Les Catholiques & les Schismatiques le croient ; & les Schismatiques disent que c'est-là où sont les bons, & ce sein d'Abraham où étoient les

Justes de l'ancien Testament, que Jesus-Christ a menez dans le Ciel à son Ascension.

Que croient-ils des enfans morts sans avoir reçu le baptême ?

℞. Les Catholiques & les Schismatiques croient qu'ils sont aux Lymbes en tristesse sans la peine du dam.

Fait-on dans l'Eglise d'Orient des Services au lendemain, au troisiéme, au neuviéme & au quarantiéme jour après la mort d'un défunt ?

℞. Oui ; & on y offre ces quatre jours-là à chaque Messe dix pains, du vin & des cierges. On dit la Messe pour le défunt quarante jours de suite.

Fait-on encore quelqu'autre Service pour lui ?

℞. Oui, au bout de six mois, & au jour de l'Anniversaire ou bout de l'an.

CHAPITRE XXI.

De l'Ordre.

Quand on consacre un Evêque, y a-t-il plusieurs Evêques ?

℞. Oui, il y en a trois.

Imposent-ils tous trois les mains sur le nouvel Evêque ?

℞. Oui, tous trois.

Fait-on de même aux Prêtres, s'il y a plusieurs Prêtres présens à l'Ordination ?

℞. Non, il n'y a que l'Evêque qui le fait.

Fait-on des onctions sur le nouvel Evêque ?

℞. Non.

En fait-on en ordonnant les Prêtres ?

℞. Non. On se contente de l'imposition des

mains; & on se sert pour cela du *Pallium* en les ordonnant.

En ordonnant les Diacres, les Soûdiacres & les autres moindres Clercs, leur met-on entre les mains les vases sacrez, le livre de l'Evangile, un chandelier, les burettes ? &c.

℞. Non : on ne fait que des prieres sur eux, qui sont à genoux, & l'imposition avec le *Pallium*.

Reçoit-on les quatre Ordres mineurs tout à la fois ?

℞. Non. Il n'y a chez les Orientaux que les Anagnostes ou Lecteurs & les Clercs tonsurez, à qui l'Evêque coupe les cheveux comme en France.

N'est-on point quelquefois ordonné Prêtre tout d'un coup comme autrefois, sans passer par tous les autres Ordres inferieurs ?

℞. Non.

Combien met-on de distance entre chaque Ordre ?

℞. Selon la volonté de l'Evêque.

On donne à tous le Soûdiaconat & le Diaconat tout en un jour.

Y a-t-il en Orient des Seminaires pour y élever ceux qui aspirent aux Ordres sacrez ?

℞. Non.

On n'ordonne point de Prêtre qui ne soit marié auparavant, à moins qu'il ne soit Religieux.

L'âge pour l'Ordination n'est point determiné. On fait quelquefois un Evêque ou un Prêtre dès l'âge de dix-neuf ans, selon qu'on en a besoin.

Quelle est la cérémonie de la tonsure ?

℞. Comme en France ; & il n'y a que l'Evêque qui la donne.

N'y a-t-il point aussi d'illustres Abbez ou Superieurs d'Eglise qui conferent la tonsure & l'Ordre de Lecteurs ? ℞. Non.

Est-ce l'Archidiacre qui les présente à l'Evêque de la part de l'Eglise ?

℞. Oui; & l'Evêque lui demande s'il a connoissance qu'ils en soient dignes, ou autre chose semblable.

N'est-ce pas dans la Messe qu'on fait l'Ordination ?

℞. Oui.

L'Evêque ne donne-t-il pas une benediction solennelle dans la Messe aux grandes Fêtes ?

℞. Oui, avant la Communion.

Qui sont ceux qui sont obligez à la récitation du Breviaire ?

℞. Le Prêtre, le Diacre & le Soûdiacre.

Les Ecclesiastiques jouissent-ils en Orient de quelques privileges ?

℞. Les Prêtres ne payent point l'entrée du vin. Ils n'ont aucun autre privilege, car ils plaident devant les Turcs.

CHAPITRE XXII.

Du Mariage.

Avant la célebration du mariage fait-on une ou plusieurs publications des deux personnes qui prétendent se marier ensemble ?

℞. Non.

N'a-t-on pas égard aux degrez de parenté ?

℞. Il est défendu de se marier jusqu'au septiéme degré inclusivement.

Fait-on des fiançailles un ou plusieurs jours avant le mariage ?

℞. Quelquefois plusieurs années auparavant.

de l'Eglife d'Orient.

Marie-t-on quelquefois hors la Meffe?

℞. Oui, on marie à toute heure.

Y a-t-il une benediction particuliere fur les ma-riez?

℞. Oui. Le Prêtre ou Curé n'étend point fur eux les deux bouts de fon étole, ou un voile; mais il leur met feulement à l'un & à l'autre une couronne d'argent qui eft à l'Eglife. *Voyez* Goar. p. 397.

Quand ils ont eu avant le mariage quelque enfant, le met-on entre eux pendant cette benediction pour le legitimer?

R. Jamais. Car quand une fille eft groffe, on la fait mourir; ou fi elle eft riche, elle fe rachette la vie par une groffe amende; & tout le quartier eft en prifon jufqu'au payement de cette amende. Ce qui fait que la fornication eft tres-rare parmi les Chrétiens & parmi les Turcs.

Ne donne-t-on point aux nouveaux mariez à la fin de la Meffe des agapes, comme du pain & du vin beni, ou des eulogies, auffi-bien qu'aux parens qui y affiftent?

R. Le Prêtre préfente feulement dans le Calice du vin fimple aux nouveaux mariez: & après la cérémonie, ils retournent à la maifon, où il y a toujours grand feftin.

Ne va-t-on point vers le foir benir chez eux le lit nuptial & leurs perfonnes?

R. Non.

CHAPITRE XXIII.
Des Exorcifmes & de l'Eau benite.

N'Ufe t-on pas d'exorcifmes fur les poffedez par les démons? R. Oui.

Sont-ce les Exorciftes qui font cela ?

R. Non : il n'y en a point. Ce font les Evêques, les Curez, ou les Prêtres les plus vertueux.

Celui qui fait les exorcifmes n'a-t-il pas la tête couverte en les faifant ?

R. Oui.

En la benediction de l'eau, fait-on des exorcifmes fur le fel & fur l'eau ?

R. Non, ni fur l'un ni fur l'autre; & il n'y a point de fel. On benit l'eau folennellement la veille de l'Epiphanie feulement pour les ufages ci-deffus.

On benit encore fimplement l'eau à chaque fois qu'il y a quelqu'un à baptifer.

Chez les Orientaux y a-t-il des Grands-Vicaires ou Vicaires generaux, comme en France, qui agiffent pour les Evêques en leur abfence ?

R. Non, c'eft le Curé qui agit pour l'Evêque en fon abfence.

Y a-t-il un Préchantre ?

R. Oui, à Conftantinople, & aux environs; mais non pas à Damas, ni aux environs.

Y a-t il des Chantres pour chanter à l'Eglife ?

R. Non, c'eft tout le Clergé.

Y a-t-il un Tréforier de l'Eglife ?

R. Oui ; il eft le gardien de toute l'argenterie, & il a du revenu pour cela.

Y a-t-il plufieurs Archidiacres ?

R. Il n'y en a qu'un, lequel accompagne toujours l'Evêque, le revêt, le fert à l'Autel, & eft obligé de communier à fa Meffe ; autrement on en feroit fcandalifé. S'il n'étoit pas difpofé pour communier, il prieroit un Diacre de revêtir l'Evêque, & de fervir pour lui à l'Autel. *Voyez* Goar. p. 149.

S'il arrive à un Prêtre quelque accident la nuit, comme *profluvium feminis*, il eft hors d'état de dire la Messe, ni de communier, ni d'entrer dans le *Sancta Sanctorum* durant vingt-quatre heures. *Voyez* Goar. p. 664. & 892.

Qui est-ce qui fournit le luminaire de l'Eglise ?

R. C'est le Sacristain, qui est Moine de S. Basile, & qui prend une certaine somme sur les mariages, enterremens, &c.

Y tient-on en certains tems des Conciles ?

R. Non. On tient seulement un Concile ou Assemblée d'Evêques quand il y a quelque besoin considerable, le Patriarche y présidant avec les Curez du Patriarcat. Il n'y a point de Synode de l'Evêque particulier avec ses Curez.

CHAPITRE XXIV.

Des Patriarches d'Orient.

LEs Maronites ne nomment-ils pas un Patriarche d'Antioche Catholique Romain ?

R. Oui parmi eux.

Et où est-il ?

R. Au Mont Liban au Couvent de Conobion.

De Constantinople de même ? *R.* Oui.

D'Alexandrie de même ?

R. Oui. La ville d'Alexandrie est petite aujourd'hui, aussibien que l'Eglise.

De Jerusalem de même ?

R. Oui. La ville de Jerusalem est aujourd'hui peu de chose, & n'est pas peuplée. Le Temple est environ grand comme dix arpens, sans y comprendre les cours & autres appartemens.

Combien y a-t-il de distance de Jerusalem à Bethléem ?

R. Deux heures & demie ou trois heures de chemin.

Les Evêques Grecs portent-ils une petite croix d'or ou d'argent sur leur poitrine ?

R. Non : mais en allant à l'Autel ils portent trois cierges à la main droite, pour marquer (disent-ils) la Trinité, & ils donnent la benediction avec ce triple cierge. Et le Patriarche outre cela en a encore deux à la main gauche, pour marquer (disent-ils (les deux natures en Jesus-Christ.

Porte-t-on une Croix devant eux à l'Eglise ?

R. Non ; mais le Diacre porte un cierge devant l'Evêque, qui a non une mitre, mais une thiare à un étage.

Et devant le Patriarche porte-t-on une Croix à double ou triple croisillon ?

R. Non. Le Patriarche célebrant a une thiare à deux étages, comme le Pape de Rome en a une à trois étages.

Les Diacres prêchent-ils quelquefois ?

R. Jamais.

Cathechisent-ils ?

R. Non. Ils le peuvent faire dans les maisons; mais non à l'Eglise. C'est le Curé ou le Prêtre : les Diacres & les Soûdiacres y font seulement faire silence.

CHAPITRE XXV.

De la Communion.

LEs Prêtres communient-ils à la Messe de la main du Prêtre celebrant ?

R. Non : mais dans les grandes Fêtes s'il y a plusieurs Prêtres autres que le Célebrant, ils vont dans le *Sancta Sanctorum* à l'Autel, & s'y communient eux-mêmes de l'Hostie & du Calice au moment de la Communion du Prêtre.

En quel tems ?

R. Ce n'est d'ordinaire qu'aux grandes Fêtes.

Le Diacre est toujours obligé de communier toutes les fois qu'il est ministre de l'Autel, c'est-à-dire, les Dimanches & les Fêtes chommées. *Voyez Goar.* p. 149.

Et les autres Ecclesiastiques de même ?

R. Ils communient à la porte du *Sancta Sanctorum*, comme le peuple.

Et le peuple ?

R. De même que les simples Ecclesiastiques. Mais aux grandes Fêtes on ouvre trois ou quatre fenêtres du *Sancta Sanctorum*, où il y a des Prêtres & le Diacre Evangeliste, qui les communient aussibien que le Célebrant.

Outre les quatre grandes Fêtes, les Religieuses communient environ tous les quarante jours, après sept ou huit jours de pénitence. Les femmes grosses avant leurs couches.

Et les petits enfans qui ont déja reçu le baptême, sont tous communiez tous les ans le Jeudi-saint depuis quatre heures du matin jusqu'à trois heures après midi ; & encore quelques-uns aux grandes Fêtes. Et quand ces petits sont malades, on les apporte à l'Eglise pour recevoir le Viatique.

Quand les grandes personnes sont malades, on leur porte le saint Viatique à leurs maisons.

Le Prêtre célebrant ne consacre-t-il pas aux grandes Fêtes du pain & du vin à la Messe pour communier les fideles ?

R. Oui, davantage & en plusieurs morceaux.

Les femmes ont une Chapelle & un Autel proche leur grille, & dans les quatre ou cinq principales Fêtes de l'année on y dit la Messe pour elles, & on les y communie. Que si quelqu'une d'elles veut communier en d'autres tems, elle envoye en avertir le Prêtre qu'il garde de la sainte Hostie & du Calice ; & après que les hommes sont sortis, elle approche du *Sancta Sanctorum*, & le Prêtre la communie.

CHAPITRE XXVI.

Des Religieux & des Religieuses.

DE quelle couleur sont vêtus les Moines de saint Basile ?

R. De noir.

Ont-ils un capuchon comme les Cordeliers ?

R. Non ; ils ont un bonnet noir à oreilles, & une espece de voile sur la tête un peu en capuchon, les grandes Fêtes qu'ils communient ; le reste du tems ils ont le turban noir sur le bonnet. Ainsi la figure des Moines de S. Basile, qui est au commencement des Ascetiques de ce Saint, traduits en François par M. Hermant, n'est pas conforme à leur maniere de s'habiller aujourd'hui, sur tout pour le capuchon.

Y a-t-il des Religieuses en Orient ?

R. Oui, à Jerusalem, à Damas, au Mont Liban. Elles sortent dans les rues, & elles pouroient sortir du Monastere pour se marier. Elles vivent de quelques revenus & de leur travail.

Quels sont leurs habits ordinaires ?

R. Ils sont de couleur noire, & à peu près comme ceux des Religieuses de France. Elles n'ont point de voile blanc, mais un noir, dont elles s'environnent la tête. Elles ont le même habit à l'Eglise qu'au Couvent.

CHAPITRE XXVII.

Du Trône de l'Evêque, de l'Ambon, du Crucifix.

Quand il n'y a point de Sacristie, & que la sainte Eucaristie est dans le *Sancta Sanctorum*, en quel endroit est-elle?

R. Elle est d'ordinaire au fond de la conque ou side audessus de la chaire de l'Evêque, qui est placée comme à Lyon, & où le seul Evêque du lieu peut monter. Et en cas qu'il vînt d'autres Evêques, on leur donneroit à chacun un siege aux deux côtez, & l'Evêque propre ne monteroit point à son Trône. Le Curé est placé à côté de l'Evêque, & les autres Prêtres des deux côtez de la conque, & le Diacre Evangeliste ensuite.

Y a-t-il quelque différence entre les Curez & les Prêtres?

R. Un Curé à la différence des autres Prêtres a à son côté un sac quarré* à la ceinture. C'est toujours le Prêtre Semainier qui fait toutes les fonctions, & au bout de la semaine il porte toutes les retributions au Curé qui lui en fait part.

De quel côté lit-on l'Evangile? le Diacre n'a-t-il pas le visage tourné au Septentrion?

R. Non, mais vers le Chœur, c'est-à-dire vers le peuple & le Clergé: car l'Ambon, que nous ap-

* Pour marque sans doute qu'il est chargé des aumônes des pauvres.

pellons Tribune ou Jubé, est au bout de l'Eglise, comme à S. Benoît d'Orleans, lieu où sont d'ordinaire les Orgues dans la plûpart des Eglises de France. Dans quelques Eglises il est de côté comme la chaire du Prédicateur, & comme il est à Cluni.

N'y a-t-il point de Crucifix entre le Chœur & la Nef où est le peuple?

R. Il y a un grand Crucifix, c'est-à-dire la Croix de bois, & le Christ en peinture seulement.

Qui est-ce qui consacre les Eglises & les Autels?
R. C'est l'Evêque.

CHAPITRE XXVIII.

Des Jeûnes.

COmbien dure le Jeûne de l'Avent?
R. Quarante jours.

En quoi consiste-t-il?
R. Il n'est proprement qu'abstinence de viande.

Qui sont les deux autres Carêmes? & combien durent-ils de jours?

R. Celui de la Vierge dure depuis le premier jour d'Août jusqu'à l'Assomption.

Celui des Apôtres dure quelquefois huit ou dix jours, & quelquefois quarante jours, selon la Pâque; c'est-à-dire depuis douze jours après la Pentecôte jusqu'à la Fête des saints Apôtres Pierre & Paul.

Dans tous les jours de jeûne de l'Avent & des deux petits Carêmes dit-on la Messe comme en Carême, avec des Hosties consacrées le Dimanche précedent.

R. Non. En ces trois petits Carêmes il n'y a que abstinence

abstinence de viande ; & on y fait plusieurs repas.

Et enfin les autres Vigiles de l'année ?

R. Non.

Y a-t-il quatre fois par an trois jours de jeûne en une semaine, que nous appellons pour ce sujet *Les Quatre-tems* ?

R. Non. [Il y a apparence que les Quatre-tems de l'Eglise d'Occident sont à l'imitation & un reste de ces quatre Carêmes.]

La Croix qu'on adore le Vendredi-saint est-elle de bois ?

C'est sur une planche de bois que le Christ est en peinture les deux mains sur la poitrine, en *Ecce homo*.

Le Samedi-saint en faisant les trois Processions les Grecs chantent-ils à chaque une Litanie des Saints ?

R. Non, ils n'en chantent point ; mais bien l'*Allelouia*, l'*Agios ô Theos*, &c.

Qui est-ce qui chante les quinze Propheties des Samedis veilles de Pâques & de Pentecôte ?

R. C'est le Clergé.

CHAPITRE XXIX.

Des Quatre Fêtes principales.

Y A-t-il quelque chose de singulier le jour de Pâques ?

R. Oui ; si le Patriarche y est, tous sont dehors l'Eglise, & le Patriarche frappe à la porte avec le bâton de la Croix ; & le Diacre audedans de l'Eglise répond (comme en France le Dimanche des Rameaux) trois fois, *Quis est iste* &c. l'*Attollite portas* : & tout le peuple entre en chantant Χριϛὸϛ ανεϛη, *Chriſtos aneſti*.

Depuis Pâques juſqu'à l'Aſcenſion de Jeſus-Chriſt on ne ſe ſalue point autrement les uns les autres, tant le matin que le ſoir, qu'en diſant *Chriſtos aneſti*, *Jeſus-Chriſt eſt reſſuſcité*.

Quand finit l'Office court du jour & de la ſemaine de Pâques ?

R. Le Samedi au ſoir à Vêpres incluſivement.

En ces huit jours-là n'y a-t-il pas des Pſeaumes & des Leçons ?

R. Non, il eſt fort court comme les petites Heures. L'Office ordinaire recommence le lendemain Dimanche à Matines.

Depuis le jour de Pâques il y a douze jours continuels de viande, ſans aucune abſtinence ni le Mercredi ni le Vendredi.

De même à la Pentecôte.

De même depuis Noël juſqu'à la Vigile de l'Epiphanie, qui eſt jeûnée, & en laquelle on ne mange ni viande ni poiſſon.

Quand la Veille de l'Epiphanie tombe au Dimanche, alors il y a ſeulement abſtinence, & on ne rejette point le jeûne au Samedi.

Les Juifs chomment-ils le Samedi ?

R. Oui ; mais non pas le Dimanche.

Et les Turcs quel jour chomment-ils ?

R. C'eſt le Vendredi, & non le Dimanche.

Les jours de Dimanches & de Fêtes chommées, les boutiques ne ſont-elles pas fermées ?

R. Chacun les ferme ſuivant ſa Religion : mais les Turcs ne les ferment d'ordinaire qu'une demie heure avant midi les Vendredis ; & après la prière ils les rouvrent : quelques-uns les laiſſent fermées tout le reſte du jour.

Les Juifs ont-ils leur quartier dans les villes ?

Oui, ils ont plusieurs rues qui leur sont affectées; mais il ne laisse pas d'y avoir quelques maisons de Turcs mêlées parmi eux.

Et les Chrétiens ?

R. De même. Il ne laisse pas d'y en avoir quelques-uns mêlez dans les autres rues.

CHAPITRE XXX.

Des habits & de la vie des Orientaux.

Est-il vrai que les Orientaux vont nuds pieds ?
R. Non.

Ont-ils des bas ?

R. Oui, ils ont des bas & des pantoufles, mais qui n'ont presque point de talon.

Leurs pantoufles sont-elles entierement couvertes pardessus comme en France ?

R. Oui.

Les paysans ont-ils aussi des pantoufles ?

R. Non, ils ont des souliers.

Les Orientaux vivent-ils longtems ?

R. Oui; si ce n'étoit la peste qui y fait mourir bien du monde tous les huit, douze ou quinze ans; ce qui arrive quand le Nil ne se deborde point.

S'en trouve-t-il beaucoup qui aillent audelà de cent ans ?

R. Il y en a plusieurs qui vont audelà de cent ans, & même jusqu'à six-vingts ans.

Les femmes Chrétiennes, les Juifves & les Mahometanes nourrissent-elles elles mêmes leurs enfans ?

R. Oui, elles s'en font toutes un grand honneur,

& plaisir, & pas une n'y manque. Quand une femme meurt, on donne son enfant à une nourrice qui n'ose vendre son lait. Elle rend ce service par charité. Les riches lui font quelque présent qu'elle peut recevoir ; mais elle ne peut rien exiger d'eux.

Les femmes veuves font le deuil en habit bleu, & ont un voile noir.

Fin des Questions sur la Liturgie.

TABLE
DES MATIERES.

On a mis entre deux ( ) les chiffres qui ne rempliſſent pas toutes les circonſtances, mais ſeulement quelques-unes.

A

ABBAYE de S. Pierre de Vienne en Daufiné, *page* 37. à preſent ſecularisée & occupée par des Chanoines, là même.

Abbaye des Religieuſes de S. Pierre de Lyon, 72.

 des Religieuſes de Sainte Croix de Poitiers, 78.

 de S. Nicolas d'Angers, 102. le ſaint Sacrement y eſt gardé dans la Sacriſtie, 102.

 des Religieuſes du Ronceray, 102. *voyez* Religieuſes du Ronceray.

 de Fontevrauld, 208. *voyez* Religieuſes de Fontevrauld.

 de S. Siran, 135. *voyez* S. Siran.

 de Cluny, 148. *voyez* Cluny.

 de S. Seine, 157.

 de S. Euverte à Orleans, 211.

 de S. Mêmin, ou de Micy, 219.

 de la Trappe, 225.

 de Port-Royal des champs entre Verſailles & Chevreuſe, 234.

 de S. Germain des Prez à Paris, 255.

 de S. Victor à Paris, 257.

 de Sainte-Genevieve, 258.

 de S. Denys en France, 262.

 de S. Ouen à Rouen, 386.

 de S. Amand à Rouen, 382.

Abbé de S. Pierre de Vienne en l'absence de l'Evêque officioit dans l'Eglise Cathedrale aux jours solennels avec la mitre & la crosse, 33. y benissoit les cierges le jour de la Purification, 33. benissoit & donnoit les cendres, 18. & les rameaux, 20. Abbez & Moines ne doivent pas être parreins, 160.

Abbesse de S. Amand assiste à la grand'Messe de la Cathedrale de Rouen avec douze de ses Religieuses, 311. 313. Abbesses de l'Ordre de Citeaux ne se servoient point anciennement de crosse, 234.

Ablution, *voyez* Calice avec du vin. Il n'y avoit point d'ablution du Prêtre autrefois, 200. 291. Ablution ou lavement des doigts après la communion, jettée dans la piscine, 230, ou se faisoit à la piscine même proche de l'autel, 315. Paroles de l'ablution *de corpore & de sanguine Domini nostri Jesu Christi*, changées en *de munere temporali*, 65. 315.

Absconse pour voir à Matines s'il y a quelqu'un endormi, 110. pour éclairer à l'autel, 233. au chœur, 358. au Jubé, même en été, 358.

Abside de l'Eglise Cathedrale de Lyon plus basse que le chœur & la nef, 41. au fond de l'abside la chaire ou le thrône de l'Evêque aux jours solennels, 11. 16. 39. 45. 176. 275. 316. Dans l'abside la poele au feu pour les encensemens à Lyon & à Rouen, 46. 275. à côté de cette poele on voit à Rouen à un pilier un tableau enduit de cire où sont écrits avec un poinçon les noms des officians, &c. 275.

Absolution pour les transgresseurs des statuts du Chapitre, 36. pour un défunt, 424.

Abstinence de viande aux jours de S. Marc & des Rogations, 39. 210. 307. des Mercredis & Vendredis dans l'Orient, 441. des Lundi & Mardi gras dans plusieurs Couvents, d'où peut être provenue? 35.

Accendite chanté pour faire allumer les cierges, 26. 67. 87. 129. 161.

Acclamations, *voyez* Louanges.

Acolythes, sept aux grandes Fêtes à la Messe, 16. 45. 310. Acolythe, *voyez* Religieuse de Sainte-Croix de Poitiers.

Actes des Apôtres lûs depuis l'Ascension jusqu'au premier Dimanche d'après la Pentecôte, 309: Actes des Martyrs lûs à la Messe même après le Graduel, 34. *deux fois*.

S. Adon Archevêque de Vienne auteur d'un Martyrologe &

DES MATIERES.

d'une Chronique, 38. fait construire dans l'Eglise Cathedrale de Vienne une chappelle en l'honneur du Sepulcre de notre Seigneur Jesus-Christ, 5. 6.

Adoration de Jesus-Christ debout, 230. 289. 447. en silence selon l'ancienne pratique de l'Eglise, 142. 147. 202. 351. 411. Adoration perpetuelle du saint Sacrement, 239. de la Croix le Vendredi-saint, tous étant prosternez à platte terre, 302. le jour de l'Exaltation après l'Offertoire à Orleans, 186 à Jargeau, 219. dans l'Eglise Cathedrale de Paris, 248.

Affranchis prenoient d'ordinaire le nom de celui qui leur avoit donné la liberté, 104.

Affranchissement d'un esclave, 180. 188.

Agapes, 129. 130. 131. 255. 407. 420 421. 453.

Agnus Dei dit seulement une fois à la Messe, 64. 65.

Ais, *grand Ais*, hors de la balustrade du grand autel à Lyon, 52. sur lequel ais le Celebrant & le Diacre disent le *Confiteor* au commencement de la Messe, *là même*. place des Diacres pendant la plus grande partie de la Messe, 53. *& suiv.*

S. Alcime Avite, sçavant Archevêque de Vienne, 38.

S. Alexandre Martyr de Lyon, *voyez* S. Irenée.

Alexandrie, ville peu considerable à present, 475.

Alleluia d'après le *Deus in adjutorium* sert d'antienne pour les petites Heures à Vienne, 10. à Lyon, 65. à S. Martin de Tours, 123. finit à la fin de Nones du Samedi avant la Septuagesime à Angers, 100. & à Saint-Lô de Rouen, 395. se chante jusqu'à la fin des Laudes de la Septuagesime, 65. se chantoit autrefois encore le premier Dimanche de Carême, 66. se chante beaucoup de fois aux enterremens dans l'Orient, 469. & aussi le Vendredi-saint, *là même*.

S. Altin inconnu à Orleans avant l'an 1542. p. 192. encore n'étoit-il connu alors que comme un simple Prêtre, 192.

S. Amand, Abbaye de Religieuses Benedictines à Rouen, 388. autrefois consacrées ou benites par l'Evêque, *là même*; sortoient il n'y a pas cent ans pour aller aux Processions generales des Rogations, & encore en d'autres occasions, *là même*. faisoient maigre tous les jours, & chantoient à deux heures de nuit les Matines à notes, 389. vivant dans un silence fort rigoureux, 389.

Ambassadeurs saluant le Roi de France, font la reverence à la mode des Dames, 50.

Amboise [Georges d'I.] Ministre sans orgueil & sans avarice, & Cardinal avec un seul benefice, 270. Archevêque de Rouen, 269. 270. y est enterré dans la Chapelle de la Vierge derriere le grand autel de l'Eglise Cathedrale, 270. son mausolée & celui de son frere aussi Cardinal & Archevêque de Rouen, *là-même*.

Amen, répondu à la fin de l'Evangile, 110. à la fin des paroles de la Consecration, 447. & quand le Prêtre presente la sainte Hostie, 216. 246.

Amict paré, 87. 141. sur la tête à la Messe, excepté depuis le *Sanctus* jusqu'après la Communion, 87.

Amphitheatres à Vienne, 2. 40. à Lyon, 71. à Doué en Anjou, entier, 106. 107. à Nîmes en Languedoc, 107.

Ampoulles. *voyez* Vases du saint Chrême.

Anagnostes ou Lecteurs dans l'Eglise d'Orient, 455. 471.

Sainte Anastasie, station à sa Chapelle à Noël à la Messe de l'aurore, d'où est venu ce jour-là sa memoire, *là-même*.

Anciens Chanoines marchent les premiers, & les jeunes les derniers, à Angers à la Procession des Rogations, 100.

S. André le bas, Abbaye de Moines, 3.

Ange de cuivre de grandeur humaine d'une tres-grande beauté, qui sert de pupitre au milieu du chœur de Notre-Dame de la Ronde à Rouen, 406.

Angers sur la Mayenne, *Andegavum ad Meduanam*, tout couvert d'ardoises, 79. a une Université composée des quatre Facultez, 79.

Anniversaire de la consecration de l'Evêque celebré tous les ans par une Messe, 222. Anniversaire pour un defunt, *voyez* Service.

Annonce de Pâques le jour de l'Epiphanie, 79. 184. 246. Annonce de la Resurrection par l'Evêque ou le Superieur de l'Eglise le jour de Pâques en s'embrassant à Vienne, 27. à S. Vulfran d'Abbeville, *là-même*, autrefois aussi à Rouen, *là-même*; & à Orleans, 195. chez les Grecs, 27. 482.

Annonciation tombant en Carême, il n'est point jeune ce jour-là en Orient, 441.

S. Ansbert Archevêque de Rouen tint l'an 693. un Concile National, 377. faisoit une Agape au peuple dans son Eglise aux jours solennels, 421. & servoit lui-même à table particulierement les pauvres, *là-même*.

Ante-Evangelium, ce que c'est, 88.

DES MATIERES.

Anticiper, n'est pas dans l'ordre, 158.

Antiennes imposées de sorte que cela fasse un sens, 62. mal imposées, on est obligé de sortir du chœur à S. Just de Lyon, 70. point d'Antiennes aux Pseaumes qui ne sont point chantez à notes, 122. 207. Antiennes triomphées, 13. 65. 66. 72. 112 dites trois fois aux Cantiques *Benedictus* & *Magnificat* aux Fêtes triples, 305. Antiennes des Laudes & des petites Heures avec verfets à certaines Fêtes, 192. 194. Antienne de Primes prise d'un Pseaume tous les jours comme celle de Complies, 282.

Sainte Apolline Patronne de l'Eglise des Carmes de Rouen, 359.

Aqueducs à Vienne, 2. 40. à Lyon, 71.

Archevêques de Vienne en Dauphiné où enterrez, 38. Saints au nombre de trente-huit, 5. L'Archevêque de Rouen est Chanoine, 278. & en cette qualité a voix & preside en Chapitre, 278. fait lui-même l'expulsion & la réconciliation des pénitens publics, 331. 334.

Archidiacre portant la croix devant l'Evêque à la Procession des grandes Fêtes, 16. la crosse de l'Archevêque officiant, 143. lui sert de Diacre, 16. 88. & même de Soudiacre à Angers, 88. fait la benediction du Cierge Pascal, 23. L'Archidiacre qui sert de Diacre à l'Evêque en Orient, est obligé de communier à sa Messe, 474.

Arenes, 71. 107. 176.

Argent casuel, & des enterremens & des legs testamentaires pour l'entretien de la fabrique & des ornemens de l'Eglise, 253. distribué aux pauvres aux enterremens, 424.

Armoire dans les Eglises Collegiales d'Angers, nommée Sacraire, où est gardé le saint Sacrement pour la Paroisse, 103. 105 à Rouen à S. Cande le vieil, 412. & encore en d'autres Eglises autrefois, 407. 409. 411. 412. 413.

Ascension de même classe que Pâques, la Pentecôte & Noël à Angers, 100. à Rouen, 308. où cette Fête avoit neuf leçons, *là-même*; moindre dans l'Eglise d'Orient, 440.

Aspersion de l'eau benite, où & comment faite, 12. 30. 50. 90. tous les jours de l'année au Clergé après Complies à Angers, 92. à S. Martin de Tours, 123. à Rouen en Carême seulement, 314. 355. à S. Siran, 136. & pourquoi, 123. 136. 400. avant la Messe aux jours de Dimanche, 12. 50. 90. 163 *& suiv.* 228. 422. 428. & aux Fêtes solennelles, 86. 184. 222. pour asperser les Autels, les lieux dépendans de l'Eglise ou du Monastere, les tombeaux, le cloître, &c. le Clergé, les assistans, 12. 50. 90. 101. 109. 123. 211. 221. 228. 362. 391. 394. 412. 428 en allant aux Processions des Rogations, 30. le jour de la Commemoration des Morts, 101. 211 Aspersion de l'eau benite reçue à la grille par lesReligieuses, 238. Sonner l'Aspersion, 12.

Assistans, *voyez* Prêtres, Diacres & Soudiacres assistans.

Asyles de Vienne en Dauphiné, 3. de Lyon, 75. de Rouen, 385. refuges des personnes & des biens, 3.

Attollite portas chanté en ceremonie en frappant à la porte de l'Eglise, 206. 217. 481. cette ceremonie ne se pratique point à Vienne, 20.

Avalon, ville de Bourgogne; dans l'Eglise Collegiale d'Avalon on donne les cendres à la porte de l'Eglise aux penitens publics, 172. 255.

Aube, ancien habit de chœur, 125. 249. conservée par presque tous les Enfans de chœur, 141. 249. & par les Chanoines qui sont en office les grandes Fêtes à S. Martin de Tours, 125. & par les Chappiers de N. D. de Paris pendant l'Octave de Pâques, 249. Aubes parées, *Alba parata*, du Celebrant, du Diacre & du Soudiacre, 87. 202. 236. Aube du Soudiacre portecroix à S. Jean de Lyon couverte d'orfrois, 63.

Audura, Riviere d'Eure, qu'on prononce d'Ure, 225.

Aumonerie, 31.

Aumôniers ou Chapelains de l'Evêque, 16. 45. 47. Aumônier ou Chapelain de l'Officiant, 63. Aumôniers, 129. Grand-Aumônier de l'Eglise de S. Martin de Tours, 131. a l'administration de trois Hôpitaux avec l'aide de trois Clercs d'aumône, 131. Six Prêtres Aumôniers en l'Eglise de S Martin de Tours, 133. quelles étoient autrefois leurs fonctions, *là même*; quelles à present, 134.

Aumusse portée autrefois sur la tête, 16. 48. 140. 264. 363. portée sur les épaules, 8. 48 257. va jusqu'à la ceinture, 48. comment tombée sur le bras presque par tout, 49. 114. portée même par les Chanoines bas-formiers à Angers, 82. à Bourges, 141. à Rouen, 277. mais non à Orleans, & pourquoi, 188. & par les Chantres ou Choristes à Lyon, 49. à Angers, 82. à Tours 114 à Bourges, 141. à Rouen, 277. gardée pendant toute la Messe par le Diacre & le Soudiacre sur le bras gauche à S. Gatien & à S. Martin de Tours, 119. 123 & à Bourges, 119 141.

Aumusse ou Camail fourré sur la tête, 16. 48. 140. 264.

DES MATIERES.

363. porté seul sous la chappe de soye pour gouverner le chœur, & pourquoi, 277. 278. porté sur les autres ornemens, 278. pardessus la chasuble, 6. 16. petit aumusson ou bonnet fourré sur la tête, 49. le capuchon de l'aumusse autrefois sur la tête, 16. 48 à present derriere le cou, 48.

Austeritez des Religieuses de Port-Royal des champs, 239. 240.

Autel dont la table est un peu creusée à l'Eglise Cathedrale de Vienne, 5. à S. Pierre de Vienne. 39. à S. Jean de Lyon, 44 à S. Etienne de Lyon, 60. trois à l'Abbaye de Cluny, 148. 150. l'Autel encensé entierement à S. Jean de Lyon à *Benedictus* de Laudes & à *Magnificat* de Vêpres, comme à l'Offertoire de la Messe, 62. Autel de S. Sperat [à S. Jean de Lyon contigu au grand Autel] pour les Semiprebendez, 46. 60 Grand Autel de l'Eglise Cathedrale de Paris, 144 celui de Bourges est fort large, 140. de Rouen un des plus grands qu'on puisse voir, 275. On porte au grand Autel les enfans aussitôt qu'ils sont baptisez, & pourquoi, 27. Autel baisé au coin par le Diacre de Lyon, 53. par celui de Chartres, 229. encensé avant que de chanter l'Evangile ; 285. encensé tout autour par le Diacre à l'Offertoire, 141. à Chartres, 228. à Rouen, 286. 367. encensé aux Vêpres du Samedi-saint, 305.

Autels isolez, c'est-à dire, qui ne touchent à rien, 45. 154. 144. 256. 287. petit Autel au haut du Chœur, où l'on dit la Messe presque tous les jours à la fin de Matines dans les Eglises Cathedrales de Bourges, 140. de Mâcon, 147. de Paris, 244. Autels fort reguliers, 44. 45. 121. 122. 126. 154.

Autels nuds ; où l'on ne met la nappe qu'immédiatement avant la Messe, 51. 80. [petit Autel de la communion sous les deux especes, 149. appellé *la Prothese*, là-même] lavez le Jeudi-saint à Angers, à Rouen, &c. 93 301. 399. 444. à S. Martin de Tours & à Chartres le Vendredi-saint, 128. 231. à S. Agnan d'Orleans, 108. essuyez seulement à Milan, 231. Autels des Eglises d'Orient, 444. 445. ne peuvent être lavez que par l'Evêque, 466. Dans l'enclos de l'Autel jamais le Celebrant, ni le Diacre, ni le Soudiacre à Angers ne couvrent leur tête du bonnet quarré, 88.

Autel, *voyez* Ministres de l'Autel.

Auxerre sur Yône, *Autissiodorum ad Icaunam*, 157. Son

Eglife Cathedrale de S. Etienne, & fes ceremonies, 157. *& fuiv.*

Azymes, *voyez* Pains azymes.

B

BAguettes blanches (ou bâtons) portées par les Religieux de Marmoutier allans tous les ans à S. Martin de Tours le 11. May, & pourquoi, 131. quittées en entrant à l'Eglife, & reprifes en fortant, 131. Baguettes blanches portées aux Proceffions, 131. 231. 442. *voyez* Bâtons.

Bains à Vienne, 40. de Julien l'Apoftat à Paris, 260. en Orient pour les hommes le matin, & pour les femmes l'après midi, 461.

Baifer la terre au commencement de chaque Office en Carême, 19. ou fon fiege, 19. 109. 205. 314. 396. Baifer de l'Evêque ou du Superieur aux penitens publics à leur reconciliation le jeudi-faint, 335. aux Chanoines en leur annonçant la Refurrection le jour de Pâques à Matines ou à Laudes, 27. Baifer la main des pauvres qui reçoivent l'aumône, 397. Baifer le Prêtre aux épaules, 59. 62. Baifer de paix à la Meffe, 17. 59. 72. 73. 147. 225. 239. 290. 427. 457. donné de differentes manieres, *là-même.* Baifers chaftes & faints avant la Communion, 290.

Baluftrade au grand Autel de Lyon, 44. d'Angers, 81. de S Gatien & de S. Martin de Tours, 115. 121 de Rouen, *voyez Omiffions & fautes*: des Eglifes d'Orient, 445.

Banc pour le Celebrant, les Diacres & Soudiacres, dont le premier fiege plus elevé que les autres, eft pour le Celebrant à Auxerre, à Sens, 161. 168.

Banniere portée aux Proceffions par un Diacre, 30. 68. ou par d'autres, 99. 341. 342. Deux Bannieres dans les Eglifes Cathedrales de Rouen & de Lâon, 341. 342. 431. Une tres-ancienne banniere expofée audeffus du grand portail de l'Eglife Cathedrale de Rouen les trois jours des Rogations & le jour de l'Afcenfion, 382.

Baptême folennel donné la veille de Pâques & de la Pentecôte, 22. *& fuiv.* 419. donné par immerfion, 25. 199. 212. 460. Baptême quand, à qui, & par qui adminiftré en Orient, 459.

Baptiftere de Vienne dans la Chapelle de S. Jean-Baptifte, 7. à Rouen en forme d'un grand tombeau de fept ou huit pieds devant la Chapelle de S. Jean-Baptiste, 273. de S. Estienne-la-grand'Eglise, dans la tour hors de l'Eglise ; *Voyez Omissions & fautes à corriger.* En Orient c'est la mere qui allant se purifier à l'Eglise porte d'ordinaire elle-même son enfant au baptême, 459.

Baptisez [hors la necessité], les enfans mâles le quarantiéme jour, les filles le quatre-vingtiéme en Orient, 459. confirmez aussitôt, & communiez sous les deux especes, 460. revêtus d'une robe blanche, 25. 461. portez sur le grand Autel, & pourquoi, 419. menez en cet habit aux Fonts baptismaux pendant l'Octave de Pâques ou de la Pentecôte à Vêpres, 29. 32. *voyez* Catecumenes. Baptisé à la maison en peril de mort, 172. *voyez* Exorcismes, & Supplement des ceremonies du Baptême.

Batards exclus du Clergé de S. Jean de Lyon, 68. Batards, même fils de Rois, ne sont point admis à être Chanoines de Rouen, 371.

Bâton pastoral des Evêques & Abbez, 29. autrefois n'étoit point courbé, 271. porté par le Soudiacre dans l'Eglise d'Orient, 455. Bâton des Chantres, 6. 29. 84. 156. 165. 263. 360. avec un mouchoir qui y est pendu, 263. du Scholastique & du Maître d'école ou du chœur, en forme de bourdons, 6. 29. 165. 184. Bâtons, cannes, baguettes, pour maintenir la marche de la Procession, pour faire faire place, portées par des Curez, des Maîtres du chœur, & par des Bedeaux, 74. 75. 206. 342. Bâtons aux Processions pour se soutenir & s'aider à marcher, 343. *voyez* Baguettes. Bâton de la Croix présenté dans le Chapitre au Prédicateur pour s'appuyer dessus, s'il vouloit, 207.

Baudes, ce que c'est, 12.

Beauvais, Ville Episcopale. L'Eglise de Beauvais est une de celles qui ont gardé plus longtems l'usage de communier les enfans nouveaux baptisez, 27. On y benit & on donne les cendres tous les Mercredis de Carême, 172.

Belier aux cornes dorées &c. avec deux écussons aux armes de S. Pierre, dû & présenté au Doyen de S. Pierre en pont d'Orleans au *Magnificat* veille de l'Ascension, 214.

Benedicamus Domino chanté par tous les enfans de chœur de Lyon en troupe à la fin de Laudes & de Vêpres, 63. *Benedicamus Domino, alleluia, alleluia*, chanté par le Diacre à la fin de la Messe la nuit de Noël, 14.

Benedictins prennent place au chœur parmi les Chanoines

de l'Eglise Cathedrale, 341.

Benediction du saint Sacrement sans rien dire, à moins que ce ne soit l'Evêque, 349. 351. Benediction donnée avec une Relique d'un Saint, 87.

Benediction de l'eau où & comment se fait, 12. 50. 90. 123. 163. 228. 361. faite le jour des Morts avant la Procession, 211.

Benediction simple donnée par l'Evêque à ceux qui viennent de chanter le Graduel, &c. 17. solennelle avant l'*Agnus Dei*, 59. 76. 89. 118. à Sens, 171. à Orleans, 181. 197. 198. à Blois, 220. au Mans, 222. à Chartres, 231. à Paris, 246. autrefois à Rouen, 322. (465. 472.) à Laon entre l'Evangile & le *Credo*, à la fin du Sermon, 429.

Benediction du feu nouveau, des fruits nouveaux, des noix, des raisins, du pain, du vin, de l'huile, 211. 255. 299. 304. 425. 444. des œufs, de la viande, du sel, 447. *voyez* Raisins. Benediction donnée à la fin de la Messe par le Prêtre en Orient, 457. avec trois doigts, *là-même*; avec *Adjutorium*, *Sit nomen &c.* comme la donnent plusieurs Evêques, 200. Benediction point donnée à la fin de la grand'Messe à Auxerre, 159. ni à Sens, 169. donnée à Rouen, 315.

Benediction du Cierge Pascal, de l'encens & du feu nouveau, 23. Benediction des cierges le jour de la Purification, 33. attachée au 2. Fevrier, & non à la Fête; *voyez Omissions & fautes à corriger*. Benediction nuptiale se doit faire immediatement avant le *Pax Domini*, 161. 198. 255. Benediction du pain & du vin pour agape, 255. 420. du lit nuptial, du pain & du vin, 223. 255. 420.

Benediction singuliere à table quand on y servoit du poisson, des fruits nouveaux, du vin nouveau, 109. Benediction du Lecteur du Refectoir reçue le Dimanche après Sextes pour toute la semaine, 135. [392.] Benediction de la Table aux jours de jeûne est celle du souper, parce qu'on ne dîne pas ces jours-là, 294.

Benitier hors la porte de l'Eglise, (& c'est-là la veritable place des Benitiers), 179. *on a mal marqué au haut de la page* 199. p. 224. 225. 258. 384. Benitiers à la porte des Eglises ont succedé aux fontaines qui étoient proche des Eglises, 484. Benitier au bas de la nef, où l'on benit l'eau les Dimanches, 12. 50. 123. 201. Benitier porté devant la croix par un Prêtre à S. Martin de Tours, quand on sort hors de l'Eglise, 123. par un Soudiacre, 13. 28.

par un Acolythe ou enfant de chœur, 50. 86.

Berenger Archidiacre d'Angers, 130. & depuis Maître d'école de l'Eglise de S. Martin de Tours, *là-même.* après avoir abjuré ses erreurs, se retire au Monastere de S. Côme à Tours pour y faire penitence, *là-même*; & y est enterré, *là-même*. Le Clergé de S. Martin chante un *De profundis* sur son tombeau le Mardi de Pâques, *là-même.*

Besançon, Ville Archiepiscopale sur le Doux, *Vesuntio ad Dubim*, 154. son Eglise tournée à l'Occident, 155. l'Autel au milieu de l'Eglise, 155. ce qu'il y a de ceremonies particulieres, *là même.* le Clergé s'agenouille à ce mot *supplici* de la Préface de la Messe, & ne se releve qu'au *Pater*, 155. Le jour des Morts a des premieres & des secondes vêpres, *là-même.*

Bethléem, combien distant de Jerusalem, 476.

Beurre, *voyez* Dispense pour manger du beurre en Carême.

Bibliotheque de l'Eglise Cathedrale de S. Gatien de Tours, 119. remplie de quantité de bons Manuscrits, 119. Bibliotheques publiques de l'Eglise Cathedrale de Rouen, 268. de S. Victor de Paris, 257. à Orleans donnée par M. Guillaume Prousteau, 435.

Biens donnez autrefois aux Eglises à cause de la grande pieté des Ecclesiastiques, 253.

Bigot, le sçavant Emery Bigot enterré à S. Laurent de Rouen, 435.

Billouet (Jacques-Philippe) sçavant Benedictin, 435.

Blanche Reine de France, mere de S. Louis, fonde l'Abbaye de Maubuisson près Pontoise l'an 1241. p. 263. avant que de mourir prend l'habit & le voile de Religieuse, 236. 263. & y est enterrée ayant la couronne pardessus le voile au milieu du chœur, 263.

Sainte Blandine Vierge & Martyre, 33.

Bled beni, 444.

Blois, Ville Episcopale sur la Loire, 220.

Boire au Refectoir les jours de Carême après la lecture avant Complies, 19. 20. Boire, *voyez* Vin.

Bonne-ame [Guillaume] Archevêque de Rouen, fait construire le Chapitre, 272. y est enterré au milieu, 272.

Bonne-nouvelle d'Orleans, Monastere de Benedictins, où il y a une Bibliotheque publique, 435.

Bonnet quarré, & son origine, 49. 50. 387. autrefois presque rond, 276. toujours à la main du Diacre à Chartres, excepté lorsqu'il va chanter l'Evangile.

Bougeoir tenu aux Abbez mitrez comme aux Evêques lorsqu'ils lisent les Oraisons, &c. 256.

Bougie allumée & portée par le Sacristain de S. Etienne de Bourges à la fin du *Magnificat*, avec le Collectaire pour chanter l'Oraison de Vêpres, 143. necessaire pour chanter la Messe d'après Tierces, 233. pour chanter Sextes, 227. par le Sacristain d'Orleans aux versets *Illuminaro du Benedictus*, & *Lumen ad revelationem* du *Nunc dimittis* pour chanter l'Oraison, 183. *On a mal mis au haut de la page* 203.

Bourdeaux, Ville capitale de Guyenne, 77.

Bourges, *Biturica* & *Avaricum Biturigum*, 139. *& suiv.* ses ceremonies, *là-même*.

Bourrault Soûdoyen de l'Eglise de S. Martin de Tours, 135. sçavant & zelé pour la discipline & les rites de l'Eglise, 135.

Bourreau d'Angers sert de Bedeau à la ceremonie du Lavement des pieds le Jeudi-saint, 94.

Bouttehors de la Messe sonné à l'*Agnus Dei*, 369.

Brancard sur lequel deux Prêtres portent le Corps de Jesus-Christ le Dimanche des Rameaux & le jour de la Fête-Dieu, 337. 340. 350. à la fin de la Procession tout le Clergé & le peuple passe pardessous le saint Sacrement, 340. 350. 351.

Bras du Prêtre étendus en forme de croix, 198. 200. croisez au *Supplices te rogamus*, 200.

Bref annoncé dans le Synode, 18.

Breviaires propres des Eglises Collegiales de S. Martin de Tours & de S. Quentin en Vermandois, 122. Nouveau Breviaire de Cluny est d'une grande beauté, 160.

Brezé [Louis de] premier Chambellan du Roi, & grand Senechal de Normandie, 270. enterré dans la Chapelle de la Vierge dans la Cathedrale de Roüen, 270.

Bruit, trois coups frappez à la fin des Tenebres par l'Officiant, ou quelque Dignitaire, 206. 316. & par d'autres encore, 316.

Burettes d'argent de la mesure d'une pinte à S. Gatien & à S. Martin de Tours, 116. 366. 426.

Buvette simple [sans manger] tous les jours de Carême après la lecture avant Complies, 20. le Jeudi-saint, le Samedi-saint & le Dimanche de Pâques à Angers, 94. 97. le Lundi de Pâques à Vienne, 30. autrefois à S. Agnan d'Orleans chez le Chantre à Pâques & à la Pentecôte, 202.

C

Calice avec la patene porté avec ceremonie & encensement, 126. posé sur l'autel du côté de l'Epitre, 123. 124. c'est pour lui faire place qu'on porte alors le Missel du côté de l'Evangile, 124. Calice presenté au Diacre par le Soudiacre, 58. 286. au Celebrant par des Chanoines aux enterremens, 134. offert à Dieu avec l'Hostie *per unum*, ou sous une seule formule ou oraison par le Celebrant, 57 élevé par le Celebrant à l'aide du Diacre, & pourquoi ? 288. 366. posé non au milieu de l'autel, mais à côté de l'Hostie, 186. & couvert du corporal & non de la palle, 57. 198. 200. 286. 288. purifié à la fin de la Messe par le Celebrant même, 59. 60. ou par le Diacre, 291. avec une éponge en Orient, 448. où les Calices sont fort grands & couverts, 448.

Calice avec du vin présenté à ceux qui viennent de communier, 127. 246.

Calicem salutaris, Antienne chantée par le Prêtre en tenant le calice, pour servir d'Antienne aux Vêpres du Jeudi-saint, 300.

Calotte, 49. 276. retenue par les enfans de chœur en hyver, 49. devenue bonnet quarré, ne s'ôte pas même à l'élevation de l'Hostie à Lyon, *là même*.

S. Cande ou Candre, *Candidus*, appellé le vieil (par rapport à une autre Eglise plus nouvelle appellée S. Cande le jeune), 412. c'est une Eglise Collegiale de quatre Chanoines-Curez, autrefois Aumôniers du Duc de Normandie, 412. ils ont pour Doyen perpetuel l'Evêque de Lysieux avec droit d'exemption de l'Archevêque de Rouen, 412.

Canon de la Messe prononcé à voix mediocre en Orient, 447.

Cantiques & Pseaumes triomphez, 13. 65. 66. 204. 425. 426.

Capellus, aumusse ou capuchon il y a 500 ans, 16.

Capes & capuchons de Moines, ancien habit en usage autrefois pour tous les hommes, 154. que ceux de Quillebœuf en Normandie, & les paysans de l'Auragais ont gardé jusqu'à present, 154.

Capiscol, 23.

Capitule autrefois à Vêpres & à Laudes de la Commemoration des Morts à Orleans avec *Deo gratias*, 194. Capitule de Laudes & de Vêpres chanté à Orleans à la carne de l'autel du côté de l'Epître, & pourquoi ? 182. *On a mal mis au haut de la page* 202.

Capuchon de l'aumuſſe pour couvrir la tête, 6. 48.

Cardinaux ſaluent le Pape en faiſant la reverence à la mode des Dames, quand il tient chapelle, 50. *voyez* Curez-Cardinaux.

Cardo, gond ; d'où vient gond, nommé en latin *cardo*, 170.

Carême, quand commençoit, 35. 66. 441. Pratiques & ceremonies du Carême dans l'Egliſe, 19. *& ſuiv.* 111. 395. 441.

Carmes offrent l'Hoſtie & le Calice enſemble *per unum*, par une ſeule Oraiſon, 57.

Carne, ce que c'eſt, 170. Carnes de l'autel où ſont les Prêtres aſſiſtans juſqu'à la fin de la Meſſe, 55. 57. 170. où le Diacre, 158. 166. & le Soûdiacre, 166.

Cas reſervez, il n'y en a point en Orient ; les Prêtres y ont toute l'autorité, 464.

Caſaque anciennement ſur les deux épaules, puis ſur la gauche ſeulement, & enfin tombée ſur le bras gauche, 49.

Caſtor & Pollux adorez autrefois comme des Dieux à Vienne en Daufiné, 4.

Catechiſme, c'eſt le Curé ou le Prêtre qui le fait en Orient, 476.

Catecumenes interrogez & examinez le Mercredi de la quatriéme ſemaine de Carême, 36. 297. apprenoient l'Oraiſon Dominicale & le Symbole des Apôtres, pour le reciter le Samedi-ſaint, 298. l'examen & l'Office des Catecumenes ſe fait encore à Vienne le Mercredi de la quatriéme ſemaine de Carême ; 20. 21. 36. & le Jeudi-ſaint, 22. 23. ils avoient un nom auparavant, 23. comment baptiſez, 24. *& ſuiv.* revêtus d'une robe blanche, 25 menez en cet habit blanc à la Proceſſion aux Fonts pendant l'Octave de Pâques ou de la Pentecôte, 29. 32.

Celebrant revêtu d'une dalmatique & d'une chaſuble, 209. Celebrant à S. Gatien de Tours étant à cinq ou ſix pas de l'autel au retour de la Proceſſion quitte la chappe, 115 & s'étant revêtu de la chaſuble commence auſſitôt la Meſſe, 115. Celebrant ou Officiant baiſé à l'épaule, 59 62. 289. baiſoit le Diacre & le Soûdiacre après le *Confiteor*, 289. ne liſoit à l'autel ni l'Epître, ni l'Evangile, ni rien de ce qui ſe chante au chœur, 75. 126. 283. 401. 403. ne les lit ni à Clermont, ni à S. Martin de Tours à la haute Meſſe, mais il les écoute, 75. 126. à Paris il les écoute ou il les lit, ſelon le Ceremonial, *aut legit, aut audit*, 75. comme auſſi à Lyon, à Lâon, à Reims, 75. 427. 428. & chez les Chartreux, 75. & autrefois à Rouen, 183. 284. 401. après la Communion il lave ſes mains dans un vaſe avec de l'eau qu'on jette dans la piſcine, 230. 292.

Celebratio ou Celebritas S. Pauli, pour Commemoratio, le 30. Juin, 34.

Cellules, point de cellules à S. Siran, mais un dortoir commun pour tous, 136.

Cendres apportées à Sens par le Curé de S. Martin à demie lieue de la ville pour la Proceſſion des penitens publics, 172. & y ſont benites & diſtribuées par le Theologal auprès de la chaire du Prédicateur, 172. portées en Proceſſion le Mercredi des Cendres à l'Egliſe de la ſtation à Angers, 101. & de même autrefois à Orleans, 185. données à la porte de l'Egliſe, 172. 211. 217. 254. ſur la tête des penitens publics, 67. à la porte du chœur à Vienne, 19. reçues pieds nuds, 395. avec aſperſion de l'eau benite, 297. 396. benites & données tous les Mercredis de Carême à Beauvais, 172. il n'eſt point dit que l'Evêque ou le Celebrant en prît ou en reçût, 19. (205.) 294. 297. Cendres ſur la tête des Chanoines portecroix & portebanniere aux Rogations, 30. 74. ſur la poitrine du malade en donnant l'Extrême-onction, 423. on mouroit ſur la cendre, 146. 153. 213. 225. 429. ce qui a fait ceſſer cette ſainte pratique, 153.

Cens de gouttieres de cire dûes à l'Evêque d'Orleans, 181. de dix-ſept gros cierges à l'Egliſe Cathedrale de Lâon, 431. de trois gros cierges à celles de Rouen, 436. d'un belier aux cornes dorées avec les armes de S. Pierre, au Doyen de S. Pierre en pont à Orleans la veille de l'Aſcenſion pendant le *Magnificat* de veſpres, 214.

Cercueils ou tombeaux anciens, 71. 81. non en terre, 81. 82. 105.

Ceremonies & pratiques de l'Egliſe de Vienne, 10. *& ſuiv*. de Lyon, 45. 72. *& ſuiv*. de Clermont en Auvergne, 75. de Poitiers, 78. de Nantes, 79. d'Angers, 80. *& ſuiv*. de Fontevrauld, 108. *& ſuiv*. de S. Gatien de Tours, 115. *& ſuiv*. de S. Martin de Tours, 122. *& ſuiv*. de Mâcon, 147. de Cluny, 149. de Châlons ſur Saône, 153. 154. de Béſançon, 154. 155. & *Supplement*, 427. d'Auxerre, 157.

de Sens, 161. de Reims, 177. & *Supplement*, 427. de la Cathedrale d'Orleans, 180. de S. Agnan d'Orleans 201. *& suiv.* de Jargeau, 216. du Mans, 220. de Chartres, 225. *& suiv.* de Port-Royal des champs, 2, 4. 238. *& suiv* de Paris, 244. du College de Cluny, 259. de l'Abbaye de S. Denys en France, 263. de Rouen, 266. 279. *& suiv.*

Cerf (Emmanuel ou Noël le) Prestre Curé quitte sa Cure pour faire pénitence, 237. se retire à Port-Royal des champs, y meurt, & y est enterré, *là-même*. son Epitaphe des plus belles, 237.

Chaires de l'Evesque ou de l'Abbé au fond de l'abside aux jours solennels, 11. 16. 39. 45. 479. deux chaires quarres au bout des stalles des Chanoines de N. D. de Paris, à quoi servent, 244.

Chaise du Doyen à Lyon où placée, 44 cedée à l'Archevesque aux jours non-pontificaux, *là même*.

Châlons sur Saône, *Cabilo ad Ararim*, 153. son Eglise Cathedrale & ses ceremonies, 153. les Chappiers ne s'y promenent point de symmetrie, 153. l'Eglise Paroissiale est au dessous du Jubé, 154.

Chalumeau d'argent, dont les Ministres de l'autel se servent pour tirer & boire le précieux Sang de notre Seigneur Jesus-Christ, 149.

Chambre commune pour coucher à S. Siran, 136.

Chancelier de l'Eglise Cathedrale est Intendant ou Maître des Ecoles, 356.

Chandelier à sept branches de differentes sortes, 17. 44. 52. 105. 140. 157. 276. 393. *Voyez-en les Figures p.* 44. 105. 140.

Chandeliers, un, deux, trois, cinq, sept, neuf, portez par des enfans de chœur, 10. 52. 97. 111. 118. 119. 124. 126. 132. 238. 284. par des Soudiacres, 13. 14. par des Prestres, 13. 14 [par des Religieuses, 78. 110.] où posez, 16. 52. 53. 115. un devant la Croix & l'autre après la croix à Sens, 165. un chandelier porté devant le Soudiacre pour chanter l'Epître, & l'autre pour l'Evangile en l'Eglise Cathedrale de S. Pierre de Poitiers, 78. dans la Collegiale de S. Hilaire de Poitiers, *là même*, & à Savigny Abbaye du Diocese de Lyon, *là-même*; disparoissent depuis la fin de l'Evangile jusqu'à la fin du *Pater*, & pourquoi? 142. 283. un seul chandelier à la Messe aux Simples & aux Feries, 119. 186. 247. 283. On n'en portoit point pour

DES MATIERES.

chanter l'Evangile le Samedi-saint ni la veille de la Pentecôte, & pourquoi, 129. Chandeliers de bois à Lyon pendant le Carême, 73. hauts seulement de quatre ou cinq doigts en Orient, 449.

Chanoines reçus par l'attouchement du livre des Evangiles pour le spirituel, & des pains pour le temporel, 371. (249.) par l'attouchement du Psautier, 215. Serment à leur reception, 227. Chanoines en aumusse, 16. 48. 49. sur la tête, 16. 48. 140. 264. sur les épaules, 8. 48. 141. ceux de Lyon n'en portent point depuis la Pentecôte jusqu'à la S. Michel, & pourquoi, 48. 49. Chanoines de Rouen Conseillers de Parlement & les Dignitez portent la robe rouge sous leurs surpelis aux grandes Festes, 277. Chanoines d'Angers portoient la soutanne violette les grandes Festes, 82. Chanoines bas-formiers d'Angers, de Sens, de Rouen portent l'aumusse, 82. 162. 277. mais non ceux d'Orleans, & pourquoi, 188. Chanoines bas-formiers, même Comtes de Lyon, vont à l'Eglise tête nue, y sont, & en reviennent de même, 48. Chanoines étudians dans la ville doivent assister Dimanches & Festes, sinon ils perdent un muids de bled, 191. Chanoines-Comtes de S. Jean de Lyon gagnent les distributions dans une des six Eglises, 61. ne peuvent faire l'un pour l'autre, 69. celui qui manque, interdit pour quinze jours, 70. ils sont obligez de faire leur office en personne; autrement ils sont en perte du jour & en amende, 191. 251. grands Chanoines de Lyon & de Rouen font tous les jours l'office de Diacre & de Soudiacre à la Messe du chœur, 51. il n'y a point de Chanoines honoraires à Vienne, si ce n'est ceux qui ont été nourris & élevez *in gremio Ecclesiæ*, 35 difference de ceux-là & des autres, *là-même*. Les Chanoines demeuroient en cloître, 253 n'osoient découcher sans permission du Doyen, 259. vivoient autrefois en commun, & s'appelloient *Freres*, 250. obligez à la residence, 250. & de chanter au chœur, 188. perdent la distribution du jour entier, s'ils manquent à Matines, ou sortent de la ville un jour de Feste, 69. ne peuvent quitter Matines pour aller entendre la Messe, 190. n'osoient sortir du chœur sans la permission du Doyen, & les autres Ecclesiastiques sans celle du Chantre, 283. les Chanoines ne font qu'un corps avec l'Evêque, 253 Chanoines Prestres assistans & concelebrans avec l'Evêque, 196. 231. 247. Chanoines & Chapelains; il y en devoit avoir un certain nombre de

Prestres, de Diacres & de Soudiacres, 250. 279. 370. & même toujours à Paris, 250. Chanoines Prestres & Diacres, & Prestres perpetuels ou Semiprebendez assis aux hautes chaises, 68. Chanoines Diacres & Soudiacres d'Orleans ne pouvoient entrer par le bas du chœur qu'en tenant la manche du surpelis d'un Chanoine Prestre, 191. *on a mal mis* 211. Chanoines Prestres d'Angers demeurans dans la cité ont droit d'avoir chez eux un Clerc qui gagne les distributions des fondations, 83. sont avertis pendant Complies des Leçons ou Répons qu'ils doivent chanter le lendemain à Matines, 84. Chanoines d'Angers se proclament aux quatre Chapitres generaux, 83. Sept Chanoines Prestres revêtus de chasubles pardessus leur surpelis encensent à genoux l'autel en chantant l'Hymne *Veni creator* à Tierce le jour de la Pentecôte à Rouen, 327. 328. un grand Chanoine & un Chapelain encore à jeun tous les ans à cinq heures du soir le jour de l'Ascension, 308. Huit petits Chanoines des quinze marcs & des quinze livres à Rouen, 277. 314. 361. revêtus de chappes à la Procession & pendant la grand'Messe aux grandes Festes, 16. vont à l'offrande, 89. 134. 171. Chanoine en surpelis & en aumusse gouverne le chœur aux Semidoubles, 145. Chanoines aux enterremens de leurs confreres offrent pain, vin & argent, 134. 173.

Chanoines Reguliers faisoient leur épreuve en habit seculier, 390. étoient stables dans le lieu de leur profession, *là-même.* leur habit, *là-même.* Ils prennent place au chœur parmi les Chanoines de l'Eglise Cathedrale, 341. alloient le Jeudi-saint aprés Nones recevoir l'absolution de l'Evêque, *398.*

Trente Chanoinesses de l'Eglise Cathedrale de Rouen, 374. ont comme les Chanoines droit de resigner & de *Committimus* aux Requestes du Palais, 375. vont à l'offrande à trois Obits par an, 374.

Chant plus grave, plus fort & plus haut à certains mots, pour mieux exprimer la lettre, 61. 174.

Chanter par cœur à Lyon, 43. à Rouen, 279. & autrefois à Vienne, 9. & à S. Ouen de Rouen, 356.

Chantre obligé d'assister jusqu'à la fin de l'Office ; autrement mis en perte, 191. *on a mal mis* 211. p. 192. 259. a droit de correction legere jusqu'à un soufflet sur le Clergé, 356. & de tenir ou faire tenir école de chant, *là-même.* Chantre de N. D. de Paris venu tard à l'Office peut tou-

DES MATIERES.

jours entrer au chœur, 252. Chantres mitrez, 29. 84. 147. ayant des bâtons en main, 6. 9. 84. 156. 165.

Chantres Semiprébendez ou Choristes qui portent l'aumusse à Lyon, 49. à Angers, 82. à Bourges, 141. à Rouen, 277. quatre colleges de Chantres à Rouen, 278.

Chapeau à l'usage des villageoises, 146. & comment fait, *là-même*.

Chapelains & Chantres debout au chœur le jour de Pâques & l'Octave, & pourquoi, 196.

Chapelles pour prier & mediter en particulier, 266. & pour enterrer des personnes de marque & de piété, 269. *& suiv.* Chapelle taberniere du Saint-Esprit fournit le vin pour le sacrifice à Vienne en Daufiné, 5. du saint Sepulcre, 5. 6 de S. Jean-Baptiste ou des Fonts baptismaux, 7. où la Reine Ermengarde femme du Roi Raoul est enterrée, 7. de Notre Dame au même endroit où est enterrée la Reine Matilde femme du Roi Conrad, 7. Chapelle de S. Jean-Baptiste prédicateur de la pénitence, destinée aux pénitens publics, 333. fondée en reconnoissance du baptême, 415. *voyez* Sainte-Chapelle.

Chapelle, faire la Chapelle pendant le *Credo*, contre l'ordre, 158.

Chaperon ou Capuchon pointu encore à deux chappes de N. D. de Rouen, 379. à S. Martin de Tours, 125.

Chapitre tenu tous les jours après Primes, en Carême après Tierces, 282. 294. on y examinoit les fautes, & on les y punissoit, 69. 253. Chapitre general des Chanoines de l'Eglise Cathedrale de Lyon, & ce qui s'y passe, 371.

Chappes avec chaperon tout-à-fait pointu à S. Martin de Tours, 125. à Notre-Dame de Rouen, 379. un peu pointu à S. Maurice d'Angers, 80. à S. Estienne de Sens, 162. à Notre-Dame de Rouen, 379. tout le Clergé restoit en chappes à la Messe des Festes solennelles, 203. 294. 329. il y avoit neuf Chanoines en chappes sur une même ligne, à present cinq, 229 Chappe présentée à l'Officiant par le Chanoine-Comte de Lyon à *Magnificat* & à *Benedictus*, 46. Chappe de soye verte en benissant les rameaux par rapport à leur couleur, 20. de soye noire à la benediction des cendres, 19 & à la Messe du Vendredi-saint, 22.

Chappe ou manteau de S. Martin, qu'on portoit à la teste de l'armée, 121.

Chappiers apprennent à Rouen du Souchantre l'antienne & le ton du Pseaume, 359. en l'imposant ils se tournent du

Ii iiij

côté du chœur dont ils sont, 359. se promenent dans le chœur & dans une partie de la nef, pour maintenir le chant, &c. faire taire les causeurs, 156. 418. ne se promenent point pendant l'Hymne ni le *Magnificat* à Bourges, 143. ni à Châlons sur Saône, 153 154. ni à S. Martin de Tours, 426. ne se promenent point de symmetrie dans ces deux dernieres Eglises, 153. 426.

Charles le Chauve a fait de beaux reglemens pour la discipline du Clergé & les mœurs du Christianisme, 262. est enterré à S. Denys en France, *là même*.

Charles V. Roi de France; son cœur est enterré au milieu du chœur de l'Eglise Cathedrale de Rouen, 274. on prie pour lui tous les jours à l'Hôtel-Dieu de Rouen, 385.

Chartres sur l'Eure, *Carnutum* ou *Carnotum ad Auduram*, ville Episcopale, 225. son Eglise Cathedrale de Notre-Dame de Chartres, 225. 226. ses ceremonies, 228.

Chartreux celebrent la Messe presque tout comme à Lyon, 56. 57.

Chasubles antiques toutes rondes & toutes fermées, 95. 96. 173. 236 378. 436. 449. dites en latin *Planeta*, 247. telle est celle de S. Thomas de Cantorbery, dont on se sert le jour de sa Feste à Sens, 173. d'autres tres-amples & fort peu échancrées à S. Maurice d'Angers, 80. à Sens, 165. à Notre-Dame de Rouen, 378. à S. Estienne des Tonneliers, 411. dont le bas est en pointe, 80. 165. soutenues par le Diacre, 10. & aussi par le Soudiacre, 367. à S. Martin de Tours par le Bedeau en allant de la sacristie à l'autel, & pourquoi, 126. portées en Procession, 6.

Chasuble & Dalmatique pour la benediction du Cierge Pascal, 208. pour la benediction des Fonts, 209. pour chanter la Genealogie de notre Seigneur Jesus-Christ la nuit de Noël & de l'Epiphanie, 293. 378. Chasubles sur le surpelis à sept Chanoines de Rouen le jour de la Pentecôte à Tierces, 317. Chasubles du Diacre & du Soudiacre à S. Jean de Lyon en Carême semblables à celle du Célebrant, 66. pliées & relevées pardevant, 92. 205. 284. 392. mises de travers à Paris, 247.

Châsse du saint Sacrement & de Reliques, portée aux Processions, 99. 340. 341. 342. baisée aux Processions, 87. sous laquelle tout le Clergé & le peuple passe, 100. 111. 340.

M. Chereau Chanoine de l'Eglise Cathedrale d'Orleans, 434.

DES MATIERES. 505

Chefcier avoit soin du grand autel & de l'abside, 135.

Chevet de l'Eglise, ce que c'est, 135.

Chœur des Eglises de Vienne, 8. & de Lyon, 43. de Tours, parfumé aux grandes Festes, 116. encensé à rebours des autres à Mâcon, 147.

Chrême porté le Samedi-saint aux Fonts baptismaux par un Curé dans l'Eglise Cathedrale de vienne, 24. point mêlé dans l'eau, à moins qu'il n'y eût quelqu'un prest à baptiser, 209. *voyez* Huile.

Χ. υσος ανες, salut des Chrétiens en Orient depuis Pâques jusqu'à l'Ascension, 482.

Christus vincit, *Christus regnat*, *&c.* quand chanté, 17. 205. 323. 419.

Cierges pour éclairer, 141. 142. 259. 393. 394. necessaires même en plein jour, 143. 227. Cierges aux enterremens, 134. 469. Cierges éteints tous les jours vers la fin des Laudes à Lyon, 44. 73. & presque par tout aux trois derniers jours de la Semaine-sainte, ne sont point un mystere, 44. éteints mal à propos aux Tenebres le soir des trois derniers jours de la Semaine sainte dans presque toutes les Eglises, 298. Cierge brûlant devant le saint Sacrement étoit éteint à la fin des Laudes ces trois jours-là, 301. Cierges des portechandeliers éteints après la lecture de l'Evangile, 142. 285. & pourquoi, 142. rallumez au premier *Agnus Dei*, 290. Cierge détaché du Ratelier de S. Jean de Lyon, pour éclairer à l'Officiant à dire les Collectes de Laudes & de Vêpres, 62. *voyez* Bougie : éteints à l'expulsion des pénitens publics le Mercredi des Cendres, 333. rallumez à leur reconciliation le Jeudi saint, 335. Cierges dans l'Eglise d'Orient 443 à l'Evangile, 455.

Cierge Pascal pour éclairer durant la nuit, 321. benediction du Cierge Pascal, 23. il est porté aux Fonts, 209. degoutte en forme de croix dans l'eau du Baptistere, 198. 223. est posé à Angers sur une colonne haute de douze à quinze pieds pendant toute l'année, 80. 105. à Rouen jusqu'au jour de la Pentecôte, 321. 386. 407. demeure allumé depuis la benediction jusqu'après le Salut du jour de Pâques, 96. 321. Gros Cierges, *voyez* Cens.

Cierge allumé au feu nouveau le Samedi-saint, 304. mis au bout d'une longue baguette, au bout de laquelle il y avoit la figure d'un serpent, 304. Cierge donné au nouveau baptisé, 305. on alloit le jour de la Purification benir les cierges à une autre Eglise ou Chapelle, 299. Gros Cierges feudataires portez le jour de la Purification à la Procession de Rouen & de Lâon devant le Clergé, 431. 436. *voyez* Chandeliers, Portechandeliers, Tenebres.

Cilice apporté à la Cathedrale de Sens par un Curé du voisinage pour la Procession des pénitens publics, 171. porté au bout d'une canne par le Diacre à Rouen en la Procession pour l'expulsion des pénitens publics le Mercredi des Cendres, 67. 331. & pourquoi, *là-même*. Cilice & la cendre sur lesquels on mettoit le mourant, 146. 213. ou le mort, 213.

Cimetieres au bord des grands chemins, 2. 37. 417.

Cimetiere lieu de la sepulture des Chrétiens, 215. on y enterre presque tout le monde, & même les plus riches bourgeois & marchands à Orleans, *là même*.

Cire jaune à S. Jean de Lyon, 44. à S. Martin de Tours, 125. à Rouen, 352. est la cire vierge, qui n'a point passé par la lexive, 352.

Cirerie de l'Eglise Cathedrale de Rouen, où est l'ancien Lavatoire pour laver les corps des Chanoines defunts 379.

Clameur de Haro ce que c'est, 265.

Clementines, *voyez* Salle.

Clergé reste en chappes à la grand'Messe des Festes solennelles, 203. 294. 329. 431. Clergez de deux Eglises vont à S. Jean de Lyon, & y assistent à la grand'Messe aux Festes solennelles, 61 72. un Clergé assiste seulement à la Messe des Catecumenes jusqu'à l'Offertoire, 61. l'autre jusqu'à la Communion, *là même*.

Clergé des Eglises d'Orient, 470. *& suiv.* 474. *& suiv.*

Clergeons ou enfans de chœur, 17. *voyez* Enfans de chœur.

Clery, *Clariacum* & *Cleriacus*, 219.

Clermont en Auvergne. 75.

Cloche fameuse de Georges d'Amboise à Notre-Dame de Rouen, 380. grosses cloches sonnées à l'elevation de l'Hostie & du Calice, 368. 429. & pourquoi, *là-même*. à l'*Agnus Dei*, & pourquoi, 369. *voyez* Messe. Petite cloche sonnée par l'Abbé au Refectoir pour faire finir la lecture, 153.

Cloître des Eglises de S. Maurice de Vienne en Dausiné, 4. 6. de S. Jean de Lyon, 50. de S. Maurice d'Angers, 82. de S. Gatien de Tours, 119. de S. Martin de Tours, 120. de S. Vincent de Mâcon, 146. autrefois aussi à la Cathedrale de Rouen, 272. 280. marques de la vie commune, 4. 6. 50. 280. Cloîtres, lieux deſtinez ordinairement à enterrer les Chanoines & les Religieux, 6. 101. 135. 153.

Sainte Clotilde Reine de France, femme de Clovis I. enterrée à Sainte Genevieve de Paris, 258.

Clovis I. Roi de France, fondateur de l'Abbaye de Sainte Genevieve de Paris, 259 y eſt enterré, là-même.

Cluny, petite ville ſur la Grône, *Cluniacum ad Graunam*, 145. & Abbaye des plus celebres & des plus grandes de France, *là même*. ſon Egliſe bâtie par S. Hugues ſixiéme Abbé de Cluny, & ſes ceremonies, 148. il y a au milieu du chœur deux Jubez, l'un pour l'Epître, & l'autre pour l'Evangile, *là-même*. comment l'offrande s'y fait, 149. il y a les Dimanches & Feſtes chommées Communion ſous les deux eſpeces à l'égard de quelques Miniſtres de l'autel, *là même*. & un petit autel [appellé *la Protheſe*] pour cette Communion, *là même*. comment elle s'y fait, *là même*. ſa premiere Egliſe, *S. Pierre le vieux*, 150. La couche de cendres ſur laquelle on mettoit les mourans, 183. le lavatoire pour les morts, 152. l'ancien habit des Moines de Cluny, & ſa couleur, 150. College de Cluny à Paris, 259. ſes ceremonies, *là même*. Hôtel de Cluny, & ce qu'il y a de remarquable, 260.

Collation en Carême; on y bûvoit ſeulement, on n'y mangeoit point, 19. 20 (314) 400. 402.

Collectaire, ou livre d'Oraiſons, 62. préſenté à l'Officiant, & tenu à Lyon par le Soudiacre Chanoine-Comte, 62. à S. Lô de Rouen par le Chantre, 394.

Colombes dans leſquelles le ſaint Sacrement eſt gardé, 103. 179. *on a mal mis au haut de la page 199*.

S. Côme à Tours, Monaſtere où l'Archidiacre Beranger eſt enterré, 130.

Commemorations des Saints faites en Proceſſion à des Chapelles à Lyon, 63. à Jargeau Dioceſe d'Orleans, 217. La Commemoration des Morts ou Feſte des Trépaſſez a des ſecondes Vêpres, 150. 155.

Communians ſeuls vont à l'Offrande, 220. 435. répondent *Amen* pour profeſſion de foi après *Corpus Domini noſtri Jeſu Chriſti*, 216. 246. communient par dévotion & non par precepte, 462. Religieuſes comment s'y préparent, 477. ſont debout & découverts en Orient, 456.

Communion de l'Hoſtie & du Calice *per unum*, ſous une ſeule formule ou oraiſon, 59. 65. Communion ſous les deux especes à Cluny, 149 à S. Denys en France, 149. 233. 263. (& autrefois à Rouen, 291.) comment se fait, 149. Communion du peuple sous les deux especes en Orient, 448. 456. Communion du peuple immédiatement après le Prestre aux Messes tant basses que hautes, 254. 434. 456. Communion à toutes les basses Messes aussi-bien qu'aux hautes à Port-Royal des champs immédiatement après le Prestre, 239 Communion generale les trois derniers jours de la Semaine-sainte & le jour de Pâques, 111. 207. 300. 303. 305. 398. (des petits enfans en Orient le Jeudi-saint, 477.) des Ministres de l'autel le Vendredisaint, 133. des Religieuses les Dimanches & Fêtes chommées, 239. l'Antienne de Communion chantée aux Festes solennelles selon le rit de l'Introït de la Messe, 59. aussitôt qu'elle est chantée, les enfans de chœur de Rouen s'en vont, 369. la Messe finissoit anciennement par là, 369.

Complies dites à l'Eglise ou dans son Oratoire, 251. de là les deux oraisons *Illumina* pour l'Eglise, & *Visita* pour la chambre ou Oratoire, 251. dites le Jeudi-saint au milieu du chœur par le Clergé attroupé, 128. ne se disent point dans l'Eglise de S. Jean de Lyon les grandes Festes, 61. 62. [80.] ni jamais chez les Chartreux, mais dans leurs cellules avant que de se coucher, 231. 232. ni le 10. Novembre, ni après les premieres Vêpres de la Translation de S Martin, & pourquoi, 133. Complies la derniere priere du jour, 405.

Concile d'Auxerre de l'an 578. can. 25. 36. sur les parreins au Baptême, & la reception de l'Eucaristie, 160. dernier Concile de Tours de l'an 1583. transferé à Angers à cause de la peste, 97.

Conference spirituelle, 240.

Confession selon sa necessité seulement en Orient, 463. faite debout, *là même*.

Confiteor récité dans le Revestiaire ou la Sacristie avant que d'aller à l'autel 22. au commencement de la Messe après le Prestre par les Religieuses de Fontevrauld, avant que de chanter l'Introït, 109. 110. avant que de porter les Châsses des Reliques, 99. récité par le Célebrant au tombeau de S. Martin de Tours, & pourquoi, 126. *voyez* Doyen.

Confirmation, quand, à qui & par qui donnée en Orient, 462. (25.)

DES MATIERES.

Conque ou Coquille, *voyez* Abside.

Conrad Roi de Bourgogne & d'Arles, 3 7. Fondateur ou Bienfacteur de l'Abbaye de S. André le bas à Vienne en Daufiné, *là même*. épouse Mathilde, qui est enterrée en la Chapelle de Notre-Dame au Cloître de S. Maurice, 7.

Consecration de l'Hostie & du Calice prononcée à voix haute dans les Eglises d'Orient, 447.

Consessus, ce que c'est, 45. 156. & qui sont ceux qui s'y asseyent, 45. 46.

Convers de l'Ordre de Cluny, de Cîteaux, des Celestins, ont gardé la couleur tannée ou le noir naturel, 150.

Convoy des défunts, beaucoup de personnes y assistent à Orleans, & conduisent avec le Clergé après la Messe le corps du défunt à la sepulture, 215. & le Clergé aussi à Laon, 432.

Coq porté en Procession, & pourquoi, 196. 431.

Coquille ou Conque, *voyez* Abside.

Corbelier, *Corbicularius* ou *Cubicularius*, ce que ce peut estre, 83.

Corporal, dont une partie sert à couvrir le Calice, 57. 198. 200. 286.

Corps morts lavez avant que de les ensevelir, 60. 113. 151. 152. 213. 467. revêtus de leurs plus beaux habits en Orient, 467. Corps tant d'Ecclesiastiques que de laïques doivent estre enterrez tournez à l'Orient, 176. 198. 468. descendus dans la fosse à ces mots, *Hæc requies mea*, 213.

Correction des Chanoines & autres du Clergé des Eglises Cathedrales à qui appartient, & où doit estre faite, 69.

Couche de cendres où on mettoit le mourant, 153. *voyez* Cendres.

Couleurs : on se sert de rouge pendant la quinzaine de la Passion à Bourges & à Milan, 144. à Nevers, 146. à Sens, 172. au Mans, 222. & le jour de la Circoncision de notre Seigneur, de S. Julien patron, à la Feste-Dieu & à la Toussaints, 222. à Paris aux Festes de la Pentecôte, Saint-Sacrement, Toussaints, le Jeudi-saint, & les Dimanches après la Pentecôte jusqu'à l'Avent, 247. de pourpre le Vendredi-saint à S. Lô de Rouen, 401. à Rouen à la Pentecôte, mais du blanc à toutes les Festes de notre Seigneur & de la Vierge, & presque par tout, de verd la vigile & le jour de l'Epiphanie & aux Pontifes au Mans, 222. aux Pontifes à Paris, 247. le Dimanche des Rameaux à Vienne, 37. de violet le Vendredi-faint à Angers, 101. tous les Dimanches de l'année au Mans, 222. pour les faints Abbez & les faintes Veuves à Paris, 247. de cendré les quatre premieres femaines de Carême jufqu'au Dimanche de la Paffion, 247. de noir pendant l'Avent & depuis la Septuagefime jufqu'à Pâques à Vienne, 37. autrefois à S. Agnan d'Orleans, 205. durant la quinzaine de la Paffion avec des orfrois rouges à Paris, 247. jamais de noir en Orient, où les autres couleurs font indifferentes, 450.

Couronnes d'argent ou de cuivre chargées de cierges, 44. 180.

Couvrefeu, *Ignitegium*, fonnerie du Couvrefeu, fignal de fe retirer, 214. 380. 381. à quelle heure fe fonne, 380. & fe fonnoit autrefois, 381.

Credo chanté entierement par les deux chœurs enfemble, 56. 167. 432. 435. & pourquoi, 167.

Criminel délivré par les Chanoines de Rouen le jour de l'Afcenfion, 346. *voyez* Délivrance d'un criminel.

Croifée de l'Eglife de S. Jean de Lyon où fituée, 41.

Croix le Vendredi-faint élevée fort haut en chantant *Super omnia &c.* & pofée fur l'autel en un lieu élevé, 218. Croix proceffionnale portée par le Diacre, 13. 30. nue en Carême, 20. quatre Croix portées à la Proceffion de S. Agnan d'Orleans le Dimanche des Rameaux, 206. point portée en Carême, & pourquoi, 205. petites Croix point voilées en Carême à Auxerre, 159. il n'y en a à Tours au grand autel qu'au tems de la Meffe, 115. & à Rouen de même il n'y a pas longtems; il n'y en avoit point au grand autel de S. Jean de Lyon du tems de Scaliger, 44. depuis il y en a eu deux de bois aux deux côtez, 44. [449.] changées en deux croix de cuivre le 25. Juin 1696. p. 44. 45. ôtées à Fontevrauld le premier Dimanche de Carême, 111. *voyez* Crucifix. Croix proceffionnale afperfée les Dimanches, 164. 362. remife au milieu de l'autel au retour de la Proceffion, 407. aux Croix dans les Eglifes d'Orient le Chrift eft en image, & non en boffe, 446. 480.

Sainte-Croix d'Orleans, Eglife Cathedrale fort belle, & fes ceremonies, 180. *& fuiv.* a au jambage de la Tour des cloches à huit pieds de terre une Infcription d'un affranchiffement d'efclave, 180. le Clergé de Sainte-Croix alloit à la Fefte du principal Patron de la plûpart des

DES MATIERES.

Eglises d'Orleans chanter les Matines & la grand'Messe, 187. *on a mal mis au haut de la page* 107. *Premiere pierre de cette Eglise posée l'an* 1287. *& non pas* 287. *pag.* 188.

Croix de cire posée sur le cercueil, & d'où vient, 113.

Croix des Décollez à Lyon, 72.

Croyance des Orientaux Schismatiques, 466.

Crosse des Evêques. *voyez* Bâton pastoral des Evêques. Les premieres Abbesses de l'Ordre de Citeaux ne portoient point de crosses, 234. 235.

Crucifix habillé, couvert ou à demi couvert en plusieurs Eglises, 260. grand Crucifix du Jubé voilé à Angers après Vêpres le premier Dimanche de Carême 101. encensé tous les jours à S. Jean de Lyon, 62. Crucifix lavé le Vendredi-saint avec du vin & de l'eau qu'on donnoit à boire au Clergé & au peuple, 303.

Cryptes à S. Irenée de Lyon, 71. à S. Pierre d'Angers, 105. à Rouen, 416 lieux où s'assembloient les premiers Chretiens pour prier & offrir le sacrifice, 105.

Curez placez dans le Sanctuaire, 182. ils devroient instruire le jour de Pâques les Chretiens sur la Procession qui se fait aux Fonts, & sur les voeux du Baptême, 161. Les douze ou treize Curez ou Prestres Cardinaux revêtus de chasubles assistent l'Evêque d'Angers le Jeudi-saint à la benediction des saintes Huiles, 93. & aux Festes de S. Maurice, de S. Maurile Evêque & Patron d'Angers, & de S. André Apôtre, autrefois à Pâques, à la S. Maurice & à Noël, 93. de Sens aux deux Festes de S. Etienne Patron de la Cathedrale, à sa Dédicace, & le Jeudi-saint, 170. autrefois toutes les fois que l'Archevêque célebroit pontificalement, 170. 173. d'Orleans de même, 196. mais à present seulement aux deux Fêtes de Sainte-Croix & le Jeudi-saint, 181 ils chantoient les douze Oraisons, chacun la sienne, après les douze Propheties à Vienne en Dauphiné le Samedi-saint, 23. [à present ce sont deux Prestres qui les représentent, qui en chantent alternativement chacun six, 2 .] font tous douze la benediction des Fonts baptismaux avec l'Evêque, 24. parce qu'ils menoient à la Cathedrale les enfans de leurs Paroisses qui étoient à baptiser, 24. Curé de S. Jean portant le vase du saint Chrême à la benediction des Fonts dans l'Eglise Cathedrale de Vienne, 24. Curez de S. Denys & de S. Vigor de Rouen avec des baguettes au milieu du Clergé de

la Cathedrale, pour faire obferver la marche aux Proceſſions des Rogations, 342.
Curez d'Orient en quoi different des Prêtres, 479.

D

Dagobert, fondateur de l'Abbaye de S. Denys, y eſt enterré, 262.
Dais au deſſus du ſaint Sacrement, *voyez* Suſpenſion. Dais blanc qui couvre à la Pâque toute la Table de la Communion, qui eſt de la largeur du chœur, 409.
Dalmatique ſous la chaſuble du Diacre qui chante la Genealogie, 208. du Célebrant, 209. du Prêtre chantant à Matines l'Evangile & l'Homelie le Mercredi des Quatretems de Decembre, 216. du Diacre qui chante l'*Exultet*, 208. 218.
Dalmatiques & tuniques à manches clôſes & couſues par les côtez, 379. 450. deſcendent preſque juſqu'aux talons, *là-même*.
Dames ſe font revêtir dans leur derniere maladie ou après leur mort de l'habit de Religieuſe, 236.
Debout au *Gloria Patri*, 51. 182. Debout & non appuyez ſur les ſtalles à Angers pendant les trois Cantiques Evangeliques, 91. à Rouen le jour de la Fête-Dieu pendant que le ſaint Sacrement eſt expoſé, 348. Chapelains & Chantres debout au chœur le jour & l'Octave de Pâques, & pourquoi, 196. Debout en Orient à la Conſecration & à la Communion, 455. 456. & quand on éleve la ſainte Hoſtie à Chartres aux grandes Meſſes, où l'on ne chante point O *ſalutaris Hoſtia*, 230. & en Orient, 456.
Dejeuner du Clergé chez l'Evêque en Orient tous les Dimanches & Fêtes chommées, 454.
Délivrance de la ville d'Orleans des mains des Anglois par la Pucelle d'Orleans l'an 1428. p. 179. de tous les criminels priſonniers à la premiere entrée ſolemnelle de l'Evêque d'Orleans, 179. 189. d'un criminel & de ſes complices par les Chanoines de l'Egliſe Cathedrale de Rouen le jour de l'Aſcenſion, 346. *& ſuiv.* en conſideration de S. Romain Archevêque de Rouen, *là-même*. & les ceremonies, 347. *on a mal mis* 349
Demi-cercle, appellé en grec *Synthronos*, & en latin *Conſeſſus*, pour aſſeoir les Prêtres & Diacres aſſiſtans l'Evêque à la Meſſe les grandes Fêtes, dans l'Abſide, 17. 45. 176.

Deux

DES MATIERES.

Deux saints Denys, l'Areopagite, & l'Evêque de Paris, distinguez dans un Breviaire manuscrit d'Orleans, 192.

S. Denys de la Chartre à Paris, & ses ceremonies & pratiques, 259.

Saint-Denys en France, ville & tres-célebre Abbaye de Benedictins, 262. fondée par Dagobert Roi de France, *là-même*. sepulture de nos Rois, *là-même*. ceremonies particulieres de cette Eglise, 262. il y avoit autrefois tous les jours de l'année *Laus perennis*, comme à Marmoutier, 263. les jours les plus solennels la Messe y est chantée en grec & en latin, comme aussi autrefois à Rome, 263. il y a encore tous les Dimanches & grandes Fêtes la Communion sous les deux especes, *là-même*.

Descendit, mot qui détermine à se mettre à genoux, 77. 127.

De Vert [Dom Claude] Trésorier & Vicaire general de Cluny, 77. tres-savant dans les rites & pratiques de l'Eglise, 77.

Deus in adjutorium, préparation pour l'Office, 122. & l'ancien commencement pour les Solitaires, 325. ne se dit point les trois derniers jours de la Semaine-sainte, & pourquoi, 317.

Diacres & Soudiacres plus que de Prêtres, 370. le Diacre & le Soudiacre préparent l'autel immédiatement avant la grand'Messe à Sens, 166. saluent le chœur par une inclination au commencement de la Messe, 283. lavent leurs mains après l'*Orate fratres*, 233. communient de l'Hostie du Prêtre & du Calice aussi, *là-même*. sous les deux especes, 263. 290. 291. devroient communier tous les Dimanches, 369. 477. le Diacre porte sa croix à la Procession, 13. la banniere, 30. en quelle place il est à la grand-Messe à Vienne, 10. à Lyon, 52. *& suiv.* revêtu de chasuble en Avent & en Carême, 92. 201. 284. sept Diacres aux Messes des grandes Fêtes, 11. 28. 45. 73. 118. 310. derriere le Célebrant sur une même ligne, 53. 54. 287. six Diacres assistans ont le pas audessus du Chanoine Soudiacre à la Messe, 11. cinq Diacres à la Messe, 304. trois Diacres à la Messe, 52. 87. 88. 147. leurs postures & leurs demarches, 10. 52. *& suiv.* Diacres à la carne de l'autel regardant de profil le Célebrant, 158. 167. le Diacre seulement incliné demande la benediction avant que de chanter l'Evangile, 55. porte le livre d'Evangiles au Jubé, 55. 89. n'encense le livre, ni n'est encensé, mais seulement le Crucifix du Jubé à Lyon, 55. le chante tourné vers le chœur, 89 le chante en surpelis & en étole aux Processions des Stations, 202. soutient le Calice à l'*Offerimus tibi Domine*, 169 encense tout le tour de l'autel à l'Offertoire, 57. 129. purifie le Calice dans l'Eglise Cathedrale de Rouen, 369. & le donne envelopé du voile au Soudiacre, 370. chante l'*Ite, missa est*, tourné avec le Celebrant & le Soudiacre vers le Septentrion, 169. vers le Clergé & le peuple, 370. porte à Vienne & à Chartres le Jeudi-saint le saint Sacrement, & le Vendredi-saint il le rapporte à l'autel pour la Messe *ex præsanctificatis*, 21. 231. donne le Jeudi-saint la benediction avec la sainte Hostie, lorsqu'il va la porter dans le Trésor, 231. [398.] & la reporte le lendemain, *là même*, a la dalmatique & la chasuble pardessus en chantant l'*Exultet* le Samedi saint, 208. 218. Fête des Diacres le jour de S. Etienne, 33. Diacre Evangeliste communie aussi sous les deux especes le peuple en Orient aux grandes Fêtes, 456.

Diacres & Soudiacres Orientaux ne gardent pas la continence, mais après la mort de leur premiere femme ne peuvent se remarier, 475. ne prêchent jamais, 476. ils ne font pas même le Catechisme à l'Eglise, c'est le Curé ou le Prêtre, 476.

Dieta, ce que c'est, 192.

Dietarius, Journeyeur, ce que c'est, 328.

Dignitaires ont des robes rouges sous le surpelis aux Fêtes Episcopales, 83. 277. de violettes à Orleans, 181. 182. leurs honneurs, droits & devoirs, 355. 456.

Dignitez & honneurs de l'Eglise appellées Obediences à S. Jean de Lyon, 69.

Dijon, *Divio*, ville capitale & Parlement du Duché de Bourgogne, 155.

Dimanche Fête du Seigneur exclud les Fêtes des Saints, 184. 306. Dimanches de toute l'année doubles à Bourges, 144. où en fait toujours l'office à Bourges & à Orleans, à moins d'une Fête solennelle, 144. 184. 306. Dimanche de *Quasi-modo* dit *Dominica in albis*, 30. 405. & *Cominica post albas*, 405.

Dîner [selon S. Benoît] c'est ne point jeûner, 240. 294. 396.

Discipline de l'Eglise de Lyon, 68. *& suiv.* de l'Eglise d'Orleans, 187. 188. de Rouen, 362. 371. *& suiv.* on prenoit la discipline à la fin de Tenebres dans les Couvents, 416.

DES MATIERES.

Dispense de l'Archevêque de Sens pour manger du lait, beurre & fromage pendant le Carême, publiée en chaire le Mercredi des Cendres, 172. du Pape Innocent VIII. pour le lait & le beurre à Rouen, 382. & de l'Archevêque pour manger du fromage, 383. & on publie l'une & l'autre en chaire le Dimanche de la Quinquagesime, là-même.

Distributions, 61. 69. privation de distributions, 69.

Domine labia mea aperies, préparation pour l'Office, 122.

Dominica post albas ; Dimanche de *Quasimodo*, 233.

Dominical, linge pour recevoir dans la main des femmes la sainte Eucaristie, 160. depuis quand, *là même*.

Donations faites aux Eglises & aux Monasteres, 7. 180. 188. 241. 242.

Dortoir sans cellules selon la Regle de S. Benoît à S. Siran, se voit encore à Jumieges, 136. & chez des Religieuses Benedictines de sainte Agnès dans un fauxbourg de Rome *viâ Nomentanâ*, *là-même*. une lampe y brûle toute la nuit. *là-même*.

Double portion au Doyen & au Chantre de Paris, 253.

Doué, *Theoduadum* & *Thedoadum*, ville d'Anjou, 106. où il y a un Amphitheatre encore entier, 106. 107.

Doyen ou Evêque present à Primes & à Complies fait & reçoit la Confession, 92. 114. 314. 355. 432.

Doyen de S. Pierre en ponct harangue pour le Clergé d'Orleans les Papes, les Legats, &c. 215. Doyen de la Chrétienté à Rouen, 266. Doyens ruraux, *là-même*.

Doyennes ou Dixenieres dans l'Abbaye de saint Amand à Rouen, 389.

Dragons portez en Procession, & pourquoi, 196. 342. 431.

Drap blanc de toile couvre l'Autel à Lyon durant le Carême, 73. presque par tout le Vendredi-saint, *là-même*. & encore le Samedi saint vers le soir jusqu'à la fin du troisiéme Répons des Matines de Pâques, 97. 98.

Droit de past, *jus pastûs*, ce que c'est, 311.

Droit de visite de l'Archidiacre ; partagé avec l'Evêque & autres Ecclesiastiques d'Orient, 454.

E

EAu benite des Fonts baptismaux les veilles de Pâques & de Pentecôte emportée par les Fideles dans leurs maisons, & pourquoi. 464. bûe dans l'Eglise d'Orient deux fois l'année, 455.

Eau benite, où, quand & comment faite les Dimanches, 12. 50. 90. 443. 474. faite au benitier proche la porte de l'Eglise, 12. 50. 123. 201. les enfans de chœur des Eglises Cathedrales de Sens & de Paris en prennent en entrant à l'Eglise, mais non en sortant, 170. 248. *voye*, Aspersion de l'Eau benite.

Eau portée les grandes Fêtes par le Chantre à Angers à l'Offrande, 89. autrefois aussi à Rouen, 186. on en peut mettre jusqu'à un tiers dans le Calice, 366. 447. Eau de l'ablution des doigts jettée dans la piscine, même après la Communion, 256. Eau de toute la maison jettée en Beausse après la mort d'un défunt, & d'où cette pratique peut être provenue, 151.

Ecce completa sunt, &c, chanté par le Diacre à la Messe de minuit au lieu d'*Ite, missa est,* parce qu'on ne donnoit pas encore congé, 159. 217.

Ecclesiastiques en Orient subsistent des Offrandes, 454.

Eglises Cathedrales, de Vienne en Daufiné, 5. de Lyon, 41. de Clermont, 75. de Poitiers, 78. de Nantes, 78. d'Angers, 79. de Tours 114. de Bourges, 139. de Nevers, 145. de Mâcon, 146. de Châlons sur Saône, 153. de Besançon, 154. d'Auxerre, 157. de Sens, 161. de Reims 176. de Meaux, 178. d'Orleans, 180. de Blois, 220. du Mans, 220. de Chartres, 225. de Paris, 243. de Rouen, 266. de Lâon, 428. les ceremonies de ces Eglises, *là même.* l'Eglise de Paris chante encore à present Matines à minuit, 248. l'Eglise Cathedrale de Rouen magnifique en ornemens & en luminaires, 352. ses ceremonies, 358. *& suiv.* il est sorti de son corps trois Papes, vingt-sept Cardinaux & près de quatre-vingt Archevêques ou Evêques, 376. entr'autres Georges I. d'Amboise, Cardinal & Archevêque de Rouen, 376. & entre les hommes illustres par leur science & leur pieté, Pierre de Blois & Jean Prevost Chanoines, 376. l'Eglise de S. Etienne qu'on dit être l'ancienne Cathedrale de Lyon ; 60. S. Remy Archevêque de Lyon donna l'Autel de marbre de S. Etienne, 60. creusé pardessus, *là-même.* Eglises de S. Jean de Lyon, de S. Etienne & de Sainte-Croix, contiguës, 61. disent l'Office au son des mêmes cloches, 61. reputées une même Eglise, *là même.* toutes les Eglises d'un même Diocese & d'une même Province doivent faire le même Office & les mêmes ceremonies, 390. 393. Eglise Paroissiale dans les Eglises Cathedrales de Vienne, 8. de Lyon, 60.

DES MATIERES.

75. d'Angers, 96. de Sens, 162. de Rouen, 299. &c, dans la plûpart des Eglises Collegiales & même Abbatiales, 102. 104 155. 212. 406. 412.

Eglises Collegiales, de S. Pierre de Vienne combien respectée, 38. sepulture des Archevêques de Vienne & des Abbez, 38 les Chanoines n'y sont pas enterrez, 38. Dans son porche sont enterrez une Reine, un Abbé & un Girard nommé *Pere de la Ville de Vienne*, 38.

de S. Just de Lyon, 70. & pratiques rigoureuses de cette Eglise, *là-même*.

de S. Julien d'Angers, 103. Urne où avoient été mises les cendres d'une payenne, sert de pied à la croix du Cimetiere, 103.

de S. Maurile d'Angers, 104. le saint Ciboire y est en suspension à découvert sans pavillon *sub titulo crucis*, *là-même*. les Fonts baptismaux sont proche la porte, 104.

de S. Pierre d'Angers, 104. tres-ancienne, 105. situation de S. Pierre & de S. Paul, *là-même*. son chandelier extraordinaire à sept branches, 105. ses deux cryptes, 105.

de S. Martin de Tours, 120. fort grande, mais obscure, *là même*. illustre par le tombeau de S. Martin, 120. desservie par des Moines jusqu'au neuviéme siecle 120. par deux cens Chanoines sous Charles le Chauve, *là même*. à present par cinquante Chanoines, cinquante Vicaires perpetuels, & cinquante Chapelains, Chantres, Musiciens, & dix enfans de chœur, 120. il y a encore en cette Eglise près de trois cens Prébendes, 120. tous ces Ecclesiastiques étoient distribuez en quatre rangs, *là-même*. dont le quatriéme étoit des Clercs & des enfans de chœur, 120. 121 qui étoient debout *in plano*. Disposition de cette Eglise, 121. ses principales ceremonies, 122. tout le Clergé de S. Martin va le Lundi de Pâques au matin faire station à l'Eglise de l'Abbaye des Religieuses de Beaumont, dont il est le fondateur, 129. & à midi en robes de ceremonie à la grotte de S. Martin à Marmoutier, où ils font une petite agape dans le Monastere, 129. le Mardi de Pâques ils vont le matin faire station au Monastere de S. Côme, où on leur ouvre exprès par honneur les portes, 130. & où ayant fait une agape, ils chantent le *De profundis* avec les Versets & Oraisons sur le tombeau de Beranger Archidiacre d'Angers, & depuis Maître d'Ecole de l'Eglise de S. Martin, *là même.* l'Eglise de S. Martin parfumée le jour de S. Michel, & pourquoi, 132. elle est fondatrice des deux Eglises de Chanoines de S. Venant & de S. Pierre Puellier, & du Monastere des Religieuses de Beaumont, 134. 135. respect qu'on avoit pour l'Eglise de S. Martin, où l'on n'enterroit pas même le Doyen, 135.

de S. Pierre de Mâcon, 147. le Célebrant, le Diacre & le Soudiacre y ont l'usage de la mître comme à Lyon, 147.

de S. Etienne de Dijon, autrefois Abbaye, puis Collegiale & Paroissiale, est parfaitement belle, 155. le grand autel est isolé au milieu du chœur, *là-même.* dans l'abside est le Siege de l'Abbé crossé & mitré, qui a à ses côtez les Chanoines avec les deux tiers des stalles, 156. ce qui s'appelloit anciennement *Presbyterium* ou *consessus Presbyterorum* 156. l'autre tiers des stalles est audessous de l'autel au lieu nommé par les anciens *Peribolum*, où étoit anciennement *Schola Cantorum*, *là-même.*

de S. Agnan d'Orleans, 201. célebre dès le tems de Clotaire II. *la même.* beaucoup enrichie par le Roi Robert, *la même.* ses ceremonies, 201. *& suiv.* il y a une Eglise sous terre, 201.

de S. Vrain de Jargeau, 216. ses ceremonies, 216. *& suiv.*

de Notre-Dame de la Ronde à Rouen, 406. les Chanoines & autres Ecclesiastiques font une agape le Jeudi saint dans l'Eglise, 407 le saint Sacrement pour le Viatique des mourans, y étoit gardé autrefois dans une petite armoire pratiquée dans un pilier du côté de l'Evangile sous l'image de la Vierge, 407. & on l'y met encore le Jeudi & le Vendredi-saint, *la même.*

de S. Cande le vieil à Rouen, 412. le saint Sacrement pour le Viatique des mourans y est gardé dans une armoire du côté de l'Evangile, 412.

Eglises fort obscures où l'on a besoin de lumieres en plein jour, 140. 142. Eglises sous terre, 201. Eglise parfumée les grandes Festes, 125.

Elévation de l'Hostie & du Calice séparément n'étoit point point en usage avant le douziéme siecle, 109. 230. 287. se fait à Tours sans chant, sans encens, sans son de cloche, 117. à Bourdeaux on l'adore en silence suivant l'ancienne pratique de l'Eglise, 142. à Mâcon, 147. on ne s'agenouille point à Chartres à moins qu'on n'y chante *O salutaris Hostia*, 230. Elévation de l'Hostie & du Calice ensemble à Vienne & à Lyon à *sicut in cœlo*, & abaissement à *& in terra*, 11. 58. à Langres c'est à *panem nostrum*, 58.

Encens brûlé pour chasser la mauvaise odeur, 134 brûlé en plusieurs endroits de l'Eglise de S. Martin de Tours le jour de saint Michel, & pourquoi. 132. 133. grains d'encens donnez en même jour aux Chanoines pour le même sujet, 133 trois coups d'encens au commencement & au bout des stalles, pourquoi, 183. *on a mal mis au haut de la page* 203.

Encensemens à Angers comment faits, 85. 86. 89. à Tours, 116 125. à Mâcon, 147. à Rouen, 184 Encensemens à chaque Nocturne des grandes Festes, 14. 85. 125. 193. 203. 292. aux Festes solennelles à Rouen avant que de lire l'Evangile & l'Homelie à Matines, 293. & au *Te Deum*, 14. 292. au commencement de la Messe, 16. 363. en allant au Jubé & en revenant, 432. & du chœur pendant le *Credo*, 363. 432. Encensement des Offrandes du pain & du vin en portant l'Hostie & le Calice à l'Autel, 158. 159. 168. 286. Encensement de l'autel à l'Offertoire à Rouen, & par tout, 10. 57. 286. 366. Encensement autour de l'autel après l'Offertoire par le Célébrant à Vienne, 10. par le Diacre à Lyon, 10. 57. à Rouen, 10. 274. 286. à Auxerre, 159. Encensement de Laudes & de Vêpres à Orleans comment se fait, 182. *on a mal mis au haut de la page* 202. p. 188. 203. dès que le Capitule est chanté, 203. 432. comment à Rouen, 293. Encensement à Vêpres à S. Jean de Lyon, 46. dès le premier Pseaume à S. Martin de Tours, 125. le Verset *Dirigatur ... sicut incensum* l'aura attiré en ce tems-ci ailleurs, 281. Encensement à rebours des autres en l'Eglise Cathedrale de Mâcon, 147.

Encensoir, 448. accroché à Lyon au Ratelier ou Chandelier à sept branches, 46.

Enfans nez dans la Semaine-sainte reservez pour le Baptême solennel du Samedi-saint, 419. *voyez* Baptême. Baptisez. Enfans nouvellement baptisez recevoient une robe blanche, 25. 461. & l'Eucaristie sous l'espece du Sang il n'y a que trois cens ans, pourquoi ils sont encore portez à l'autel, 26. 27. Enfans qui étoient au cou de leurs meres pareillement en Afrique sous la même espece, 26. & chez les Grecs aussi sous les deux especes, 27. 460. Enfans offerts & engagez par leurs parens dans les Monasteres, & comment, 112. élevez dans l'Eglise pour les former dans l'esprit de la Clericature, 120. sont encore installez comme les Beneficiers à S. Martin de Tours, *la même.*

Enfans de chœur à Vienne vêtus de noir avec le Surpelis, 8. de tanné ou noir naturel à Cluny, à Bourdeaux, 77. 150. vingt-quatre à Lyon de rouge avec le Surpelis, [dont douze sont nourris *in gremio & ex sumptibus Ecclesiæ*, là-même.] mais servans à l'autel sont revêtus d'aubes, 62. à Sens, à Bourges & à Rouen, de rouge avec l'aube, 141. 162. 276. de violet à Orleans & ailleurs, *voyez Omissions & fautes.* à Angers de blanc avec le bonnet violet, & rasez, 83. sont ceux de tout le Clergé qui retiennent le plus les anciens usages, 48. vont à l'Eglise, y sont & reviennent sans bonnet, & pourquoi, 48. 162. 248. ne prennent point d'eau benite en sortant de l'Eglise à Sens, 170. ni à Paris, 248. font la reverence à la mode des Dames, 49. & *in ambitu*, en rond, immédiatement après avoir chanté les Versets au milieu du chœur, 359. ont conservé l'aube comme l'ancien habit de chœur presque par tous, & même des tuniques aux grandes Festes, 150. Enfans de chœur en aubes, ayant le manipule au bras gauche à Cluny, 150. le Samedi-saint à S. Jean de Lyon à la main gauche entre leurs doigts en chantant les Propheties, & pourquoi, 63. 150. y mettent tous les jours les nappes sur l'autel immédiatement avant la grand'Messe, 51. chantent en peloton *O salutaris Hostia* à la Messe, & *Benedicamus Domino*, à la fin de Laudes & de Vêpres, 58. 63. viennent à Primes & à Complies se mettre à genoux devant l'Evêque ou Semainier au *Confiteor*, & sont courbez presque le visage à terre, 92. prosternez aux prieres les jours de jeûne la tête nue contre terre à Lyon, 63. à Angers les trois derniers jours de la Semaine-sainte pendant les *Kyrie eleison* à la fin de Laudes, 91. vont avec leurs chandeliers querir l'Evêque en son Hôtel Episcopal, 27. 29 32. & l'y reconduisent, 45. leur Feste étoit le jour des saints Innocens, 33. & ils y avoient l'un d'entre eux pour Evêque, qui faisoit tout l'Office, excepté la Messe, 33.

Engagemens des filles au Monastere, enveloppant leurs mains dans la nappe de l'autel, 112.

DES MATIERES.

Enterremens ne devroient se faire dans l'Eglise, mais dans le Cimetiere, 215. ni sans célébrer la Messe pour le défunt *corpore præsente*, 77. 410. on y offre pain, vin & cierges 215. 408. 427. 470. presque tous faits dans les Cimetieres à Orleans, 215. le Clergé d'Orleans & celui de Lâon conduisent le corps au tombeau, 215. 432. en Orient c'est avec des *Alleluia*, des Pseaumes & des Hymnes, 468. Enterremens des Chanoines & Obits, 373. 410. Enterremens des Chanoines & autres Ecclesiastiques des Cathedrales faits par les Chanoines sans la participation des Curez, 84. faits aux Dimanches ne doivent ni avancer ni retarder le Service divin, 424. on n'en fait point à Rouen les principales Fêtes de l'année, 424. Enterremens des pauvres solennellement faits en certaines Eglises, 35. 36. 410. pains & argent donnés aux pauvres aux Enterremens, 423. 424. 453.

S. Epagathe de Vienne en Daufiné, Avocat des premiers Chrétiens, martyrisé à Lyon, 3.

Epaules de l'Officiant baisées, 59. 62.

Epiphanie appellée Apparition du Seigneur, 112. [plus solennelle en plusieurs Eglises que Noël, 193.] on y célébroit les trois Mysteres de l'Adoration des Mages, du Baptême de Jesus-Christ, & de son premier miracle aux nôces de Cana, 193.

Epiphanie & Ascension de même classe que Pâque, la Pentecôte & Noël à Angers, 100.

Epitaphes, 2, 3. 6. 7. 104. 235. 236. 237. *voyez* Inscriptions.

Epîtres & Evangiles propres pour les Mercredis & Vendredis à la Messe, 18. [*voyez Omissions & fautes.*] & autrefois à Rouen, 364. Epître où & comment chantée à Saint Jean de Lyon, 43. 54. Epître à Paris lûe par un Lecteur & non par le Diacre, au defaut du Soûdiacre, 246.

Epoux & Epouse à la bénédiction nuptiale ceints & entourez de l'étole du Prêtre, pour marquer la jonction des deux, 177.

Ermengarde femme du Roi Raoul, enterrée dans la Chapelle de S. Jean-Baptiste au Cloître de S. Maurice de Vienne, 7.

Escalier à vis se à Marmoutier, 114.

Essay du vin & de l'eau pour la Messe autrefois à Paris, 255. encore à present de l'hostie, du vin & de l'eau à Narbonne, *là-même*. & à S. Pierre du Vatican quand

TABLE

le Pape ou son député célebre la Messe aux grandes Festes, là-même.

Esclaves autrefois en France donnez aux Eglises & Monasteres, 7 180 188. affranchis, là même.

Estampes ville sur la Juine, *Stampa ad Junnam*, 179. on a mal mis au haut de la page 199. à l'Eglise des Cordeliers le Benitier est au dehors de la porte, là-même.

Estouteville [Guillaume d'] Archevêque de Rouen & Cardinal, 274. son cœur est enterré dans la nef de la Cathedrale sous la tombe de S. Maurile, 274.

S. Etienne, Eglise Cathedrale de Bourges, & ses ceremonies, 139. *& suiv.* l'Eglise est belle & grande & le grand portail fort beau, 139.

S. Etienne des Tonneliers de Rouen, Eglise Paroissiale; le pain & le vin posez aux Enterremens sur les balustres de l'autel depuis l'Offertoire jusqu'à la Communion, 410. autrefois le saint Ciboire y étoit gardé dans une armoire du côté de l'Evangile proche l'image de S. Etienne, 411. les Fonts baptismaux meritent d'être vûs, là-même.

Etienne de Tournay Chantre, puis Abbé de S. Euverte d'Orleans, 211.

Etole point croisée aux Prêtres, 236. pas plus large en bas qu'en haut, *la même*. mise pardessus le surpelis pour chanter l'Evangile aux Processions des Stations, 202. Etole comment faite chez les Grecs, 450.

Evangile & Homelie chantez solennellement à Matines le Mercredi des Quatre-tems de Decembre, 144. 232. Trois Evangiles & trois Homelies avec la Genealogie & les mêmes ceremonies à l'Epiphanie qu'à Noël, 294. on y porte les chandeliers & l'encens, comme à la septiéme Leçon de l'Evangile & Homelie des grandes Fêtes, 360. Evangile & Homelie dits à Matines le Jeudi & le Samedi-saint, 207.

Evangile à la Messe comment & où chanté, 55. 89. 158. 168. 432. chanté à Angers au Jubé par le Diacre tourné à l'Orient vers le Clergé, 89. & dans l'Eglise d'Orient aussi, 4-9. à S. Etienne de Bourges au milieu du Jubé sur un pupitre nud, 142. pourquoi donc en faire un mystere le Vendredi-saint ? 142. chanté en Grec & en Arabe dans les Eglises d'Orient, 455. le dernier Evangile ne se dit point à l'autel à la fin des grand'Messes, 60. 118. 119. 124. 127. 159. 169. 222. 230. 246. 292. 404. 428. 432. pas même marqué pour les Messes basses en 1504.

DES MATIERES. 523

& 1581. p. 200. dit pour action de graces par le Prêtre en quittant sa chasuble, 115. les quatre Evangiles écrits il y a mille ans à S. Gatien de Tours, 119.

Eucaristie, où conservée dans les Eglises Cathedrales de Vienne, 7. de Lyon, 60. dans les Eglises d'Orient, 449. 461. 462. dans une armoire nommée Sacraire, 103. 405. 407. 409. presque par tout dans un tabernacle sur l'autel, 409. donnée aux petits enfans nouvellement baptisez sous l'espece du Sang de Jesus-Christ, 26. & sous les deux especes en Orient, 460. donnée autrefois aux femmes [comme aux hommes] dans la main nue, puis sur un voile ou linge appellé Dominical, 160. en quelle année cela a commencé, là même. de là sont venues les nappes de Communion, 160. voyez Hostie.

Evêque, comment, quand & par qui consacré, 310. 470. est conduit avec les chandeliers à l'Eglise, 11. 27. 28. 29. & reconduit chez lui avec les chandeliers, 29. célébrant la Messe aux grandes Festes a avec lui six Prestres assistans, sept Diacres, sept Soudiacres, 11. 15. 16. 28. 47. 73. & sept portechandeliers, 11. 15. 16. 28. 73. salue d'abord l'autel, puis les deux chœurs, 16. monte à l'autel, & l'encense, 16. il baise les Prestres & les Diacres assistans, 16. 429. puis il monte à son trône ou chaire élevée au fond de l'abside, 16. d'où il est vû du Clergé & du peuple, 16. donne une simple bénédiction, ou de l'argent à tous ceux qui viennent de chanter l'Epitre, le Graduel, &c. 17. 429. la bénédiction solennelle avant l'*Agnus Dei* quand il celebre aux grandes Festes, 59. 76. 89. 118. 171. 181. 197. 198. 220. 222. 231 & le baiser de paix à tous ceux du grand chœur après l'*Agnus Dei*, 17.

Evêque & le Clergé nuds pieds au *Mandatum* le Jeudi-saint, 21. & le Vendredi-saint à la Messe, en chappe de soye noire, 21. 22. fait avec les douze ou treize Curez la bénédiction du saint Chrême, 93. & la bénédiction des Fonts baptismaux la veille de Pâques & de la Pentecôte, 24. le jour de Pâques hors la grand'Messe l'Evêque de Vienne étoit toute la journée en aube, étole, manipule & chappe, ayant la mitre en tête même durant son dîner, 29.

Evêque ou Doyen present à Primes & à Complies fait & reçoit la confession, 72. 124.

Evêque d'Orleans est porté par quatre Barons feudataires de l'Evêché, à l'aide de leurs serviteurs, 180. 189. délivre tous les prisonniers criminels à sa premiere entrée solennelle & prise de possession, 180. Evêques suffragans obligez de prêter le serment d'obéissance à leur Archevêque, 173. 310. Evêques & Prêtres tous enterrez ayant le regard vers l'Orient, comme les laïques avant le seizième siecle, 273. & plusieurs Rituels d'Eglises celebres l'ordonnent encore, 273.

Evêques d'Orient gardent la continence, sont Moines de S. Basile, & font toujours maigre, 459. jugent eux-mêmes, & non par des Officiaux, 464. en allant à l'autel portent trois cierges à la main droite, & pourquoi, 476. & le Patriarche encore deux cierges à la main gauche, avec une thiare à deux étages sur la tête, là-même. se découvrent seulement à l'Evangile & à la Consecration, & depuis, 456. donnent la bénédiction avec ce triple cierge, 476.

Eulger Evêque d'Angers, 82. avec sa mitre de côté, là-même. son cercueil, là-même. son épitaphe restitué, 82.

Eulogie de petits gâteaux donnez par les Chanoines de Saint Martin de Tours aux Religieux de Marmoutier, 131.

Sainte Euphemie, son nom mis dans le Canon d'un Missel manuscrit de S. Martin de Tours de l'an 1157. p. 124.

Eure riviere, *Audura*. 225.

S. Euverte Evêque d'Orleans, Abbaye de Chanoines Reguliers, lieu de la sepulture des anciens Evêques d'Orleans, 211. ses ceremonies, 211. *& suiv.* Etienne de Tournay en a été Chantre & Abbé, 211.

Excommunication en éteignant la bougie, 465.

Exorcismes qui précedent le Baptême, faits hors la porte de l'Eglise, 199. 212. sur les Catécumenes le Samedi saint avant la bénédiction du Cierge Pascal, 23. ne doivent point être faits sur un enfant ondoyé, 174. 175. 199. ne se font point au Baptême en Orient, 459. Exorcismes sur les possedez du démon, 473. Exorcismes du sel & de l'eau faits par le Célébrant la tête couverte, 50.

Exposition du saint Sacrement pour le Roi en l'Eglise Cathedrale de Rouen, 349. les ceremonies qu'on y observe, 350. point de Sermon, & pourquoi, *là-même.*

Extreme-onction donnée avant le Viatique, 212. 213. 224. 225. 254. 466. comment administrée, 467. ils s'assemblent ordinairement pour cela sept Prêtres en Orient, 467. & autrefois aussi à S. Martin de Tours en France, 133. 134.

Exultet chanté non seulement le Samedi-saint, mais encore

DES MATIERES. 525

la veille de la Pentecôte à Besançon, 155. chanté par un Archidiacre à Vienne, 22. par un Diacre revêtu d'aube, d'une dalmatique & d'une chasuble, 208. 218.

F

F*Aber*, ou le Fevre (Jean) Archevêque de Tarse, enterré à Vienne, 4.

Femmes recevoient autrefois l'Eucaristie (comme les hommes) dans la main nue, puis sur un voile ou linge appellé Dominical, 160. femmes de la campagne des environs de Mâcon portent des chapeaux quand elles vont dehors, 146. celles des environs de Châlons sur Saône des serviettes à peu près comme les voiles des Religieuses, 154.

Femmes dans l'Eglise d'Orient separées des hommes par une grille, 435. 478. ont proche de là un autel où l'on dit la Messe les quatre ou cinq principales Festes, & on les y communie, 478. ne vont jamais dans les rues avec les hommes, non pas même avec leurs maris ni avec leurs freres, 461. Chrétiennes, Juives, Mahometanes, toutes allaittent elles-mêmes leurs enfans, 483. les veuves font le deuil en habit bleu avec un voile noir, 484.

Feretrum, Fierte ou Châsse de Reliques des Saints, 342.

Feria IV. in Scrutiniis, 36. quel jour? *là-même.* on y fait encore l'examen des Catécumenes à Vienne, 36.

Festes, il ne doit y en avoir ni peu ni trop, 312. autrefois commençoient dès la veille sur le soir, 279. & duroient d'un soir à l'autre, 279. après les secondes vêpres il étoit permis de reprendre les œuvres serviles, 276 Festes principales de l'année, Noël, Pâques, Pentecôte, 64. 73. ausquelles il étoit anciennement ordonné à tous les Fideles de communier, 64. 73. ils sont invitez en ces jours-là par une Antienne de venir à la sainte Table recevoir Jesus-Christ, 64 73. la solennité en commence la veille dès Tierces ou à la grand'Messe, & pourquoi, 124. Feste des Miracles le jour de sainte Blandine à Vienne, combien étoit célebre autrefois, 33. Festes triples à Rouen, ainsi nommées parce qu'on chante trois fois l'Antienne aux Cantiques *Benedictus* & *Magnificat*, 292. Festes à neuf leçons en ont quelquefois douze, 36 & celles à trois quelquefois cinq, 36. Festes à sept, à cinq, à trois chandeliers, ce que c'est, 10. 115. 118. 119. 124. 177. Festes exclues du Dimanche, 144. 184 306. Festes à Orleans ne se font point en Carême selon le Concile de Laodicée, 184. 297. excepté celle de l'Annonciation & la principale du premier Patron, 184. incompatibles & inalliables avec le jeûne, 184. Feste de S. Estienne le lendemain de Noel appellée *Commemoratio S. Stephani* dans un ancien manuscrit de la Cathedrale d'Orleans de six cens ans, 197.

Festes principales de l'Eglise d'Orient, Pâques, Pentecôte, Noel & l'Epiphanie, 440. 458. 481. & les deux jours suivans fêtez, 440. celles de la Vierge & des Apôtres y sont chommées, 441. ont des premieres & des secondes Vépres, 441 Festes des Prestres, des Diacres, des Enfans de chœur, 33.

Festes des Turcs, 482.

Feu nouveau beni dans la Cathedrale pour en allumer un cierge, emporté par les Fideles chez eux à Vienne, 23. 36. à Lyon, 67. à Rouen les trois derniers jours de la Semaine-sainte, 304. 299. porté dans les offices des Monasteres, 241. 403.

Feu & étouppes brûlantes jettez dans l'Eglise le jour de la Pentecôte au *Veni sancte Spiritus* de la Messe, 210.

Fiançailles faites à Auxerre & à Chartres avant la publication des bans, 160. (472.)

Fiancez s'entrembrassoient dans l'Eglise, *osculentur se in signum matrimonii futuri*, 223.

Fiertes, du mot *Feretrum*, Chasse de Reliques des Saints, 342.

Figures I. 40. II. 44. III. 45. IV. 48. V. 71. VI. 104. VII. 105. VIII. 107. IX. 140. X. 146. XI. 151. XII. 153. XIII. 226. XIV. 235. XV. 264.

Figures hieroglyphiques, dragons, coq, &c. 196 342.

Filles engagées par leurs parens dans les Monasteres pour être Religieuses, 112. en leur envelopant la main droite dans la nappe de l'autel en presence de l'Abbesse, 112. sans qu'il leur fût permis de quitter jamais l'habit ni le Monastere dans la suite, 112.

Filles-Dieu à Rouen, Religieuses qui font l'Office du Diocese, 408. 409.

Flavacour [Guillaume de] Archevêque de Rouen fort charitable envers les pauvres, 270. fondateur du College du Saint-Esprit pour six Chantres, 270.

Flectamus genua. Levate. En quelle posture il faut être alors, 128. 425. le Diacre de S. Martin de Tours l'observe encore à present, 128. & tout le Clergé & le peuple autrefois, 128. l'un & l'autre doivent être dits par le Diacre, 205.

Fondations anciennes pour avoir part aux prieres de l'Eglise, 411. 415 Fondation de vin pour le Sacrifice dans l'Eglise Cathedrale de Vienne, 5. de pain & de vin pour toutes les Messes qui se disent toute l'année à S. Maclou de Rouen, 415. d'une Chapelle titulaire de S. Jean-Baptiste par un Gentilhomme, en reconnoissance d'avoir été baptisé dans la même Eglise, 415.

Fontaines auprès des Eglises, 41. 254. 383. & à quel usage, 383. 384. dans l'Eglise même proche de la Sacristie, 379. les Benitiers leur ont succedé, 384.

Fontevrauld ou Frontevauld, *Fons Ebraldi*, Abbaye chef d'Ordre, 108. dont l'Abbesse est Superieure des Religieux comme des Religieuses, 108. leurs pratiques & ceremonies, 108. *& suiv.*

Fonts baptismaux de l'Eglise Cathedrale autrefois seuls pour toute la ville, 24. & encore à present dans plusieurs villes, 24. 25. Fonts baptismaux hors l'Eglise 24. *Voyez Omissions & fautes.* Fonts baptismaux des Paroisses benits par les Chanoines ou Curez primitifs, 96. 404. on mene aux Fonts pendant l'Octave de Pâques les nouveaux baptisez, 32. Procession aux Fonts baptismaux à Pâques & à la Pentecôte, & comment elle se fait, 96. 97. 101. 305.

Formule des Vœux d'un Chanoine Regulier, 390. d'une Religieuse de Fontevrauld, 113.

Fornication punie de mort ou d'une tres-grosse amende en Orient, 473.

Fosse encensée avant que d'y descendre le corps, 212. 213.

Foulques Comte d'Angers, fondateur de l'Abbaye du Ronceray à Angers, 102. 103. fonde quatre Prestres pour desservir l'Eglise, 103 & en 1028. donne des esclaves de l'un & de l'autre sexe pour servir le Monastere, 103.

Frange du parement tout au haut sur le bord de la table d'autel, 226. 232. à quoi servoit, 232.

Froc *Subpellicium, quasi sub pellibus*, 47. 50.

Frochon ou Rochet. 49

Fromage, *voyez* Dispense pour manger du fromage en Carême, 172.

G

Galardon, petite ville de Beauſſe, ce qu'il y a de ſingulier dans ſon Egliſe, 232.

Gargouilles [ou Dragons] portées en proceſſion aux Rogations & au jour de l'Aſcenſion, 346.

Gâteaux donnez par les Chanoines de S. Martin de Tours aux Religieux de Marmoutier, 131.

Gauche, autrefois le côté gauche étoit plus honorable que le droit, 85. 105 176. 363.

Gelaſe II. Pape, enterré au côté droit du chœur de Cluny, 148.

Genealogie de notre Seigneur chantée la nuit de Noel *cum cantu* par l'Archidiacre, 14. appellée *Generatio*, 216.

Sainte Geneviéve Patronne de Paris, 258.

S. Germain des prez à Paris, Abbaye, 255. ſepulture des Rois de France de la premiere Race, 256. il y a de tres-ſavans Religieux qui rendent de tres-grands ſervices à l'Egliſe par les Editions des Peres fort correctes, 256.

Gerſon [autrement jean Charlier] Chancelier de l'Univerſité de Paris, 75. en revenant du Concile general de Conſtance, meurt à Lyon, *là-même*. & y eſt enterré dans l'Egliſe Paroiſſiale de S. Laurent, *là-même*.

S. Gervais de Rouen, Paroiſſe où fut enterré dans une crypte S. Mellon premier Archevêque de Rouen, 417.

Gloria in excelſis chanté tout entier par les deux chœurs, ou par le Clergé & le peuple enſemble, 53. 56. 157. 167. par les deux chœurs alternativement, preſque par tout; à trois chœurs, dont l'Evêque & ſes aſſiſtans en faiſoient un, 17. chanté à Vienne, à Lyon, à S. Martin de Tours, &c. le jour des Saints Innocens, 33. 123. & non ailleurs, & pourquoi, 3².

Gloria, *laus*, le Dimanche des Rameaux chanté dans un lieu élevé, & pourquoi, 128. 206. 339.

Gloria Patri pourquoi ne ſe chante point les trois derniers jours de la Semaine-ſainte, & dans l'Office des Morts, 299. 317.

Gloria Patri de l'Introït de la Meſſe pourquoi chanté plus haut, 29. ſignal pour faire venir le Célebrant & ſes Miniſtres à l'autel, 29. 103. 283. quand on chante *Gloria Patri*, tous ſont debout, 51. inclinez, 51 282. *Patri, Filio, & Spiritui*, chantez d'un ton égal à Lyon, 51.

S. Godard

S. Godard, *Gildardus*, Archevêque de Rouen, 338. 415. 416. son tombeau & son Eglise, 416. S. Romain Archevêque de Rouen y a été enterré, 416. ses belles vitres, 416.

S. Godefroi Evêque d'Amiens, ayant le cilice & les pieds nuds assiste à la ceremonie des Cendres, 395. travaille à établir dans son Diocese l'abstinence de la viande les six Dimanches de Carême, 315.

S. Gohard, *Gohardus* & *Gunhardus*, Evêque de Nantes, 105. sa Châsse est à S. Pierre d'Angers, 105.

Goutieres de cire presentées à l'Eglise Cathedrale d'Orleans le 2. May aux premieres Vêpres de l'Invention de la Sainte-Croix, 181.

Graduel doublé, chanté comme un Répons, 158. 394. aussi est-il appellé par les anciens *Responsorium*, 158.

Graduel & *Alleluia* chantez *per rotulos*, 54. 284. où chantez à Lyon, 54.

Grands-Vicaires; il n'y en a point en Orient, c'est le Curé qui agit en l'absence de l'Evêque, 474.

Gras; on fait gras les six Samedis d'après Noël, 216. 421. 422.

Grecs; Familles Grecques établies à Vienne en Daufiné, 3. Grecs se saluent le jour de Pâques jusqu'à l'Ascension en disant, Χριϛὸς ἀνέϛη, *Jesus-Christ est ressuscité*, 27. 28.

S. Gregoire de Tours le 17. Novembre, avec Procession & Fête de Chantre, 133.

Guillaume de Vienne Archevêque de Rouen, enterré à Sainte Seine, dont il étoit Abbé, 157.

H

Habit blanc pour les neophytes ou nouveaux baptisez, 305. qu'ils quittoient le Samedi d'après Pâques appellé *in albis depositis*, & en françois *La Desauberie*, 305. 461. après quoi festin dans l'Eglise d'Orient, 461.

Habit ancien de chœur conservé dans les grandes Festes par ceux qui sont officians à S. Martin de Tours, 125. Habit de chœur des Chanoines, 8. 47 & *suiv*. 82. 162. 248. 249. 277. principalement de Bourges, 140. 141. de Rouen, 277. de Besançon, 427. Habit d'hyver pris à Rouen aux premieres Vêpres de la Toussaints, autrefois à Orleans, 210. à Paris le 17. Octobre, 249. Habit de chœur des anciens Chanoines Reguliers de S. Lô de Rouen, 389. &

L l

suiv. Habit de Religion donné immédiatement avant la Profession, 390. Habit de Religieuse, on en revêt des Dames à leur derniere maladie, ou après leur mort, 236. 263. Habits de soye défendu aux Chanoines, 372. Habits d'Eglise chez les Orientaux, 449. *& suiv.* Habits ordinaires des Ecclesiastiques, des Religieux & des laïques en Orient, 451. 452. des Mahometans & des Juifs, *là-même.* Habits & vie des Orientaux, 483. les veuves font le deuil en habit bleu avec un voile noir, 484.

Halles de Rouen fort grandes, en grand nombre, & toutes à couvert, 413.

Hamon (Jean) Docteur en Medecine, donne tout son bien aux pauvres, 237. se retire à Port-Royal, 237. y vit dans une tres-austere pénitence, 237. 138. fait plusieurs lieues tous les jours pour guerir les pauvres malades, 138. y meurt saintement, & y est enterré, 138. son épitaphe des plus belles, 237.

Hanc igitur oblationem, ceremonie & posture du Prestre à cette Oraison, 64.

Haro, clameur de Haro, ce que c'est, 265.

Hercule adoré comme un Dieu à Vienne en Daufiné, 4.

Herse d'onze cierges devant le Sanctuaire en certaines Fêtes doubles-majeures à Sainte-Croix d'Orleans à Matines & non aux autres Offices, 432. de vingt-quatre cierges les trois derniers jours de la Semaine-sainte aux Tenebres, 206. 298. 397.

Heures de l'Office bien reglées à S. Siran selon la Regle de S. Benoît, 136. 137. 138.

Heures; on ne dit point (& on ne doit point dire) de suite deux petites Heures de l'Office divin à Vienne, 9. à Lyon, 65. à Sens, 162. à Port-Royal. 240. à Paris, 251. & 299. 400. comment chantées à Vienne, 10. point chantées les grandes Festes en plusieurs Eglises, 9. 61. 62. 72. & pourquoi, 72. 73. elles se disoient de trois heures en trois heures, 9. 251. 252. & à quelle heure, *là-même.* 9. 65. 251. 252. 294 dites *sub silentio* le Vendredi & le Samedi-saint, 96. en son particulier, 302. 303. récitées par le Clergé attroupé le Vendredi & le Samedi-saint, 128. 316. & pourquoi, 128.

Hieroglyphes, 196. 342. 431.

Hodie si vocem, du Pseaume *Venite* à Matines, pourquoi chanté plus haut que les Versets précedens, 61.

Homme de 87. ans ne mangeant que le soir tous les jours de Carême, mort à 92. ans, 241.

Hommes illustres qui ont été du corps de l'Eglise Cathedrale de Rouen, 375.

Honneurs de l'Eglise de S. Jean de Lyon appellez *Obediences*, 69.

Hôpital de la Salpêtriere à Paris, & ce qu'il y a de singulier, 260.

Hôpitaux, trois proche de S. Martin de Tours pour les pelerins de differens sexes & états, 130. 131.

Horloge de S. Jean de Lyon & sa description, 41.

Horreur qu'on a de la pénitence a fait cesser la pratique chrétienne de mourir sur la cendre, 153.

Hospitale Nobilium, Hôpital pour les Nobles, de S. Martin de Tours, 131. encore un autre là pour les Dames, 130. & un troisiéme pour les pauvres pelerins, 131.

Hosties portées à l'Offrande par cinq ou six Prestres les jours de Communion generale, 64. *voyez* Pain & Vin. par ceux qui doivent communier, & mises sur la patene, dont ils baisent le bord interieur, 149. par des Chanoines sur des patenes, & du vin dans des calices à l'Offrande des Enterremens & Obits solennels, 173. 187. 426. 427. par le Sacristain de l'Hostie, d'un pain & de la burette de vin aux Enterremens, 239. par le Sacristain à chaque grand'Messe, pour être consacrées pour la Communion des Religieuses, 239. Hostie & Calice offerts ensemble *per unum*, ou sous une seule oraison, 57. 198. 200. Hostie & Calice élevez ensemble au *Pater* à *in cœlo*, & baissez à *in terra*, à Vienne & à Lyon, 11. 58. à Langres à *panem nostrum*, 58. Hostie touchoit le calice par les quatre côtez en forme de croix, 288. adorée debout, 230. 289. *voyez* Adoration. Hosties reservées le Jeudi-saint, portées dans une armoire, 207. 231. dans la Sacristie, 217. 449. *voyez* Diacres. Hostie seule élevée le Vendredi-saint à *Panem nostrum*, 173. le Prestre, le Diacre & le Soûdiacre communioient d'une des deux grandes parcelles de l'Hostie, 290. & même le peuple, 290. l'autre grande parcelle étoit le Viatique des mourans, 290. & s'il n'en étoit pas besoin, elle étoit consumée par le Prestre ou par un des Ministres, 290. on baisoit la main du Prestre en la recevant, 292. Hosties dont on communioit le peuple trempées dans le Sang de J. C. 291.

Hôtel de Cluny rue des Maturins à Paris, & ce qu'il y a de remarquable, 260.

Hôtel-Dieu de Rouen pour les malades, servis par des Chanoines Reguliers & des Religieuses, 385.

S. Hugues sixiéme Abbé du Cluny fait bâtir cette grande Eglise, 148. son tombeau est derriere le grand autel, 148.

Hugues Empereur d'Italie, Roi de Bourgogne, Comte de Vienne & d'Arles, 38. épouse Gisele ou Gislete, qui est enterrée dans le porche de l'Eglise de S. Pierre de Vienne, 38.

Huile des Infirmes benite avec douze Curez le Jeudi-saint au *Per quem hac omnia*, 21. 300. 429. Huile des Catecumenes & du Chrême après le *Pax Domini*, 21. 300. consacrées en Orient par le Patriarche accompagné de quantité d'Evêques & de Curez tous les trente ou quarante ans, 466. saintes Huiles portées aux Fonts à Pâques & à la Pentecôte, & comment, 24. 96. 430. portées à baiser à l'*Agnus Dei*, au lieu de Paix aux Chanoines les Vigiles de Pâques & de Pentecôte, 195. 218.

Huisseau, bourg à quatre lieues d'Orleans, proche de l'Abbaye de Voisins, 220. pratiques des Paroissiens dans l'Eglise, *là même*.

Hymne *O lux beata Trinitas*, pour les Dimanches, 193.

Hymnes non en usage à Vienne & à Lyon, excepté à Complies, 10. non en usage par tout autrefois, 10. comme encore à present les trois derniers jours de la Semaine-sainte, 10. on en chante aux Enterremens en Orient, 465. l'Hymne *Christe qui lux es & dies*, dite à Vienne aux Feries de l'Avent, & depuis la Septuagésime jusqu'à Pâques 13. l'Hymne *Jesu dulcis memoria*, n'est point de S. Bernard, 233. mais d'une Religieuse, comme je l'ai découvert il y a longtems dans un Manuscrit des Vaux-de-Cernay, 223.

I

Jacobins ou Dominicains offrent l'Hostie & le Calice ensemble par une seule Oraison, 57.

1. Janvier quand a commencé d'estre le premier jour de l'année, 321.

Jargeau, *Gargogilum* ou *Jargogilum*, ville à quatre lieues d'Orleans, 216. Eglise Collegiale de S. Vrain, 216. ses ceremonies, 216. on y donne les cendres à la porte de

DES MATIERES.

l'Eglise, 172. 217.

Icauna, Iône, riviere qui passe par Auxerre, 157. & par Sens, 161.

S. Jean-Baptiste, en sa Nativité trois Messes, y compris celle de la Vigile, 34.

S. Jean de Lyon, 41. *& suiv.*

Jeanne d'Arc, *voyez* Pucelle d'Orleans.

Jean Charlier, dit autrement Jean Gerson, Chancelier de l'Université de Paris, 75. en revenant du Concile general de Constance meurt à Lyon, 75. & y est enterré en l'Eglise Paroissiale de S. Laurent, 75.

Jére riviere, *Jaira*, passe par Vienne en Daufiné, 1.

Jerusalem peu de chose à present, 475.

Jesu dulcis memoria, Hymne autrefois attribuée à S. Bernard, n'est point de lui, 233. mais d'une Religieuse, comme je l'ai découvert il y a longtems par un Manuscrit des Vaux-de-Cernay, 233.

Jesus-Christ à l'elevation de l'Hostie & du Calice, adoré en silence, 142. 147. 202. 351. 411.

Jeûne de l'Avent d'un seul repas, 138. 392. de Carême d'un seul repas au soir, 137. 240. 241. 3043. 96. observé encore aujourd'hui en plusieurs familles & pays, 307. 308. même par des ouvriers tres-laborieux, 307. 308. celui qui mangeoit avant trois ou quatre heures après midi, n'étoit point censé jeûner en 1072. p. 304. les enfans & les infirmes seuls en étoient exemts, 307. Jeûne doublé, comme de la Vigile de S. André tombant en Avent, plus rigoureux, 216. Jeûne Vigile de l'Assomption il y a plus de six cens ans, 312. Jeûne non observé la Vigile de la Pentecôte à Angers, 101. à Nantes, 109. à Chartres, 232. à Amiens il n'y avoit aucun jeûne dans la cinquantaine de Pâques jusqu'au soir de la Pentecôte, 231. inalliable ou incompatible avec les Dimanches & Festes, 184 405. 406. anticipé ou remis à cause d'une Fête, 405. 406. Jeûne de l'Eglise d'Orient, & comment ils sont observez, 480. Jeûne la veille de l'Epiphanie en Orient, 440.

Illuminare du *Benedictus*, c'est à ce moment qu'on apporte un cierge à Sainte-Croix d'Orleans pour éclairer à l'Officiant à lire l'Oraison de Laudes, 183. *on a mal mis au haut de la page* 203.

Inclination de tête devant soi, dite un *à vobis* à Lyon, 56. Inclination *ante & retro*, devant & derriere, 161. Inclination en demi tour, *semigyrus*, 313. Inclination en rond, ce qui se dit en latin *gyrare in circuitu* ou *in ambitu*, 109. faite par les Religieuses de Fontevrauld, 109. & par les Enfans de chœur de Rouen, 359.

Indulgence accordée par l'Evêque aux auditeurs à la fin du Sermon, 30. 35. ou à la fin de la Messe, 465.

Indulgentiam, *absolutionem*, &c. au commencement de la Messe dit tourné vers le Clergé, 221.

Inhumations, *voyez* Enterremens.

Ingrediente Domino in sanctam civitatem, chanté en entrant dans la ville, 217. 339.

SS. Innocens, le jour de leur Feste on chante le *Te Deum*, le *Gloria in excelsis* & l'*Alleluia* avant l'Evangile à Vienne, à Lyon & à S. Martin de Tours, 33. 123. & non en beaucoup d'autres Eglises, & pourquoi, 33.

Incurvare se super formas, ce que c'est, 109. 336.

Inscriptions & Epitaphes à Vienne, 2. 4. à Lyon, 72. 77. à Angers, 82. 104 à Sainte-Croix d'Orleans, 180. à S. Mémin proche d'Orleans, 219. à Port-Royal des champs, 235. 236. 237. à Notre-Dame de Rouen, 269. 272.

Inscription d'une Table Pascale attachée au Cierge Pascal, 177.

Instrument de Paix substitué au baiser de paix, 59. 117.

Interdit, 465.

Introït de la Messe chanté les grandes Festes à Chartres en entrant au chœur, 435. Introït chanté entier devant le Pseaume, & après *Gloria Patri*, trois fois aux grandes Festes, 165. 394. 428. chanté d'abord *voce submissâ*, d'un ton médiocre jusqu'au *Gloria Patri*, à Vienne, 29. à Lyon, & pourquoi, 52. Introït de la Messe chanté après le *Confiteor*, 109.

Invitatoire pour Matines, 61. Invitatoire pour la Communion aux grandes Festes à Vienne, 17.

Journeyeur, *Dietarius*, ce que c'est, 328.

S. Ipipoy ou Epipoy Martyr de Lyon, *voyez* S. Irenée, ci-dessous.

S. Irenée Archevêque de Lyon, S. Epipoy & S. Alexandre Martyrs 71. Crypte où S. Irenée, S. Epipoy & S. Alexandre Martyrs ont été enterrez, 71. sous des Autels, avec des lampes allumées, *là-même*. c'est là où s'assembloient les premiers Chrétiens, 71.

Ite, *missa est*, chanté par le Diacre à S. Martin de Tours, sans se tourner, & pourquoi, 127. à l'Occident vers le

DES MATIERES.

Clergé & le peuple, 246. 370. tourné au Septentrion, 11. 429. le Célébrant & le Soudiacre aussi tournez au Septentrion, 169. avec *Alleluia* le jour de Noël, 15. changé quelquefois en d'autres paroles, 159. 217. congé de se retirer, 370. aussi tout le monde s'en va à Rouen aussitôt que la benédiction est donnée, 370.

Jubé & Ambon, la même chose, 479. 480. où placé d'ordinaire en Orient, 480. Jubé de S. Maurice de Vienne, 7. de S. Jean de Lyon, 43. deux Jubez à Cluny pour l'Epître & l'Evangile, vers le milieu du chœur, 148. deux à Sens, à S. Gervais de Paris, & à Milan au bas du chœur, 162. 480.

Judica me Deus, *Confiteor*, *Indulgentiam*, dits à Sens & à Reims dans la Sacristie, quand l'Archevesque n'est point au chœur, 165. 427. on disoit aussi autrefois à la Sacristie à Orleans, le Pseaume *Judica* en aube & en étole, mais le *Confiteor* au bas de l'Autel, 186. 204. 321. 322. pourquoi on ne le dit point le Dimanche de la Passion, 316.

S. Julien d'Angers, *voyez* Eglise Collegiale de S. Julien d'Angers.

Jus pastus, ce que c'est, 311.

S. Just de Lyon, & pratiques rigoureuses de cette Eglise, 70.

K

Kyrie eleison, avec les tropes, 16. 167. *Kyrie eleison*, ainsi chanté par les Musiciens de la Cathedrale de Rouen, & dans toutes les Eglises des Pays-bas, 325. & doit estre ainsi prononcé, 325. d'où sont venus les neuf *Kyrie eleison* à la Messe, 24. *Kyrie eleison*, commencement de Vêpres le jour de Pâques & pendant l'Octave, 155. 177. 325. autrefois commencement de l'Office pour le Clergé, 325.

Kyriela, ce que c'est, 216.

L

Lait, *voyez* Dispense pour manger du lait en Carême. Lamentations de Jeremie chantées sans *Aleph*, *Beth*, *Ghimel*, à Vienne, à Lyon, à Orleans, à Cluny, 63.

Lampes qui brûlent devant le saint Sacrement la nuit, éteintes après Laudes des trois derniers jours de la Semaine-sainte, 299. devant les Reliques des Martyrs, 71.

Lampes allumées dans les cryptes, 105. Lampes en maniere de couronnes dans le chœur, 180. au Jubé, 44. dans la nef, 352.

Laôn, *Laudunum*, & anciennement *Lugdunum Clavatum*, & quelquefois *Lugdunum* seulement, ville Episcopale de Picardie, 428. Eglise Cathedrale de Notre-Dame a quatrevingt-quatre Chanoines & quatre Dignitez, *la même*. ses ceremonies, 428. *& suiv.* l'Evêque de Laôn en sa prise de possession marche nuds pieds depuis l'Eglise de S. Michel jusqu'à la Cathedrale, 429.

Lavatoire de l'Eglise Cathedrale de S. Jean de Lyon, où on lavoit les corps des Chanoines après leur mort, 60. de l'Eglise Cathedrale de Rouen, 379. de l'Abbaye de Cluny, 151. (à quoi il sert aujourd'hui, 152.) de l'Hôpital de Cluny au milieu de la Salle des pauvres malades, 151. [d'Orleans, 214.]

Laudes la nuit de Noël enchassées dans la Messe, 14. 75. 246.

Laudes, *voyez* Louanges ou Acclamations.

Laudes Crucis attollamus, Prose de la sainte Croix a pour Auteur Hugues Scholastique de Sainte-Croix d'Orleans, 187, *où a mal mis* 107.

Lavement des pieds, Voyez *Mandatum*. Lavement des Autels, *voyez* Autels.

Laver les mains & le visage avant que d'entrer dans l'Eglise, 384 avant Tierces & la grand'Messe, 109. 110. 394. la nuit de Noël entre les Nocturnes & la Messe de minuit, 110. 293. les Payens mêmes se lavoient avant que d'approcher de leurs Dieux, 384. donner à laver au Prestre à S. Jean de Lyon pour la premiere fois immédiatement après l'*Oremus* de l'Offertoire, avant qu'il touche l'Hostie & le Calice, 56. après les avoir touchez, sçavoir au *Lavabo*, 57. après la Communion du Prêtre sous les deux especes, 230. 291. & l'eau jettée dans la piscine, 230. le Prestre se lave les mains au Mans du côté de l'Evangile, 221. le Diacre & le Soudiacre se lavent aussi les mains après l'*Orate fratres*, 233.

Laver les morts, ancien usage marqué dans les Actes des Apôtres, 151 conservé encore à present dans plusieurs Ordres Monastiques, 151. 213. dans le pays des Basques Diocese de Bayonne, 151. devers Avranches en basse Normandie, *là-même*. & dans tout le Vivarès, 152.

DES MATIERES.

prieres qu'on y disoit, 152. voyez Lavaroire.

S. Laurent de Lyon, où est enterré l'illustre Jean Charlier, autrement Jean Gerson, 75.

Laus perennis, autrefois tous les jours en l'Eglise de saint Martin de Tours, 133. à Marmoutier, 263. à S Denys, 263. encore le jour de S. Martin 11. Novembre depuis les premieres Vêpres jusqu'après Complies du lendemain, 133. en la Cathedrale d'Orleans depuis les premieres Vêpres de l'Invention de Sainte-Croix jusqu'après Complies du lendemain, 181. 187. ou à peu près, 34.

Laus tibi Domine à la place d'*Alleluia* après le *Deus in adjutorium*, sert d'Antiennes aux petites Heures à Vienne, à Lyon, 10. 65. à S. Martin de Tours, 125.

Leçons de Matines laissées quelquefois à la disposition du Doyen, 217. 203. Leçons & Repons chantez en chappes aux Fêtes solennelles, 85. Leçons de Theologie faites par le Theologal dans le chœur de l'Eglise Cathedrale d'Orleans, 190.

Lecture dans le Cloître; 109. Lecture de la Conference avant Complies, 19. 177. 251. 295 314. sonnée aussi tant qu'elle dure, 109. 296. suivie d'un coup à boire aux jours de jeûne, 19. (314.)

S. Leonien reclus à Vienne pendant plus de quarante ans, 38. attire auprès de lui plusieurs Moines, 38. Instituteur d'un Monastere de Religieuses, on le croit le premier Abbé de S. Pierre de Vienne. 38. il y est enterré auprès du grand Autel au côté gauche, 38.

Levi (Marguerite de Levi) femme de Matthieu IV. de Marly de Montmorency, grand Chambellan de France, 236. revêtue de l'habit de Religieuse, & enterrée devant le grand Autel de Port-Royal des champs, 236.

Libera nos est une suite & une extension du *Pater*, & n'en doit point être separé, 178.

Libera nos quæsumus Domine, du Canon de la Messe, chanté tous les jours à Lyon & à Milan *in cantu*, 58. 368. le Vendredi-saint presque par tout, 173. 368.

Limoges; l'Eglise de Limoges conserve encore l'ancien usage de l'Eglise de mettre mourir le malade sur le cilice & sur la cendre, 146.

Linge ou mouchoir aux crosses des Evêques & des Abbez, aux bâtons des Chantres, & aux Croix Processionales, 271.

Litanie chantée en Avent & en Carême avant la Messe, 109.

immédiatement avant la Messe les Mercredis & les Vendredis de Carême & les veilles de Pâques & de Pentecôte, 336. trois Litanies le Samedi-saint, 24. 25. 73. 198. 218. 219. la premiere appellée dans l'ordinaire de Lyon *ad incensum*, 73. la seconde *ad descensum Fontis*, 73. & la troisiéme *ad introïtum*, sousentendant *Ecclesiæ* ou *Chori*, 73. 74. se chantent les trois jours des Rogations, 74. *Litania terna*, ainsi nommée parce qu'on chantoit le nom de chaque Saint trois fois, 24. 224. *Litania quina*, dont chaque Saint étoit chanté cinq fois, 224. 430. *Litania septena*, dont chaque Saint étoit chanté sept fois, 25. 223. 224. 430. Litanie majeure le jour de S. Marc n'est point en usage à Vienne ni à Lyon, 33. 67. comment se pratique à Nantes, 79. à Orleans, 210. à Rouen, 306. 307. à S. Martin de Tours, 130. Litanies des Saints chantées aux trois jours des Rogations, 344. Litanie du Mardi des Rogations composée en vers se termine à Rouen par deux vers grecs, 345. Litanie du Mercredi des Rogations chantée à Angers par huit Dignitez ou anciens Chanoines de l'Eglise Cathedrale, 100. à Rouen par neuf Chapelains, sçavoir trois Prestres, trois Diacres, trois Soudiacres, 307.

Lit. nuptial beni, & pain & vin, 223. 420.

Livre des Evangiles porté à la Procession par le Soudiacre ou par le Diacre, 16. 86. 165. porté à l'Autel par le Célebrant, 221. donné à baiser au Prestre avant que de monter à l'Autel, 88. 166. 221. 244. 283. mis sur l'Autel presque par tout du côté de l'Evangile, mais dans les Eglises Cathedrales de Rouen & de Sens, du côté de l'Epitre, 166 363. posé à Rouen sur la tête du Diacre demandant la bénédiction au Célebrant, 365. porté avec grande pompe au Jubé par le Diacre, 10. 55. 229. salué quand on le porte au Jubé, 229. 365. encensé avant que d'être lû, 365. & pendant qu'on le chante, 148. 229. 365. présenté ouvert au Célebrant à baiser, 229. 365. & au Diacre, 158. 285. présenté fermé au Célebrant à baiser, 56. & à tous ceux des hautes stalles, 55. 365.

Livre des Epitres mis du côté de l'Evangile à Rouen, 363.

Livre autre qu'un Breviaire ne doit estre porté au chœur, sous peine d'amende, 190. [279.]

Longue-épée [Guillaume] fils de Rollon Duc de Normandie, 272. donne aux Chanoines le pain de Chapitre, là-même. sa statue se voit dans la Chapelle de sainte Anne près la porte Septentrionale de l'Eglife Cathedrale, là-même.

Louanges ou Acclamations, *Chriſtus vincit*, quand chantées, 17. 29. 189. les paroles mêmes, 323 autres Louanges ou Acclamations chantées immédiatement après l'Antienne de la Communion, 18. 29.

Louis XI. Roi de France enterré à Clery, 219.

Lucernarium ou *Lucernalis Hora*, Vêpres, 281. ainſi nommées parce qu'on les diſoit quand on allumoit les chandelles, 281.

Lumen ad revelationem gentium, bougie apportée à ce moment au chœur de l'Egliſe Cathedrale d'Orleans pour éclairer à l'Officiant à dire l'Oraiſon de Complies, 183. *on a mal mis au haut de la page* 203.

Lumiere pour chanter Sextes, 228. Vêpres, 143. 223. lumiere réflechie ſur le livre de l'Officiant, 62.

Luminaire; qui le fournit en Orient, 475.

Lymbes, 469. 470.

Lyon, en latin *Lugdunum*, 40. une des principales villes de France, là-même. Egliſe Cathedrale de S. Jean de Lyon, 41. & ſes ceremonies, 43. *& ſuiv.*

M

S. Maclou, Egliſe de Rouen des plus belles, dont le Clocher qui eſt de 240. pieds, eſt ſi artiſtement travaillé, qu'on y peut monter ſans échelle, 414. on y ſonne aux grandes Feſtes les Hymnes en carillon, 414. le Clergé eſt environ de cent Eccleſiaſtiques, dont le Curé, comme celui de S. Vivien, a ſon ſiege dans le Sanctuaire, là-même. cette Egliſe eſt la gardienne & diſtributrice des ſaintes Huiles, 415. ſes portes ſont des chefs-d'œuvres, 415. trois Fondations ſingulieres dans cette Egliſe, 415.

Mâcon ſur Saône, *Matiſco ad Ararim*, ville Epiſcopale de Bourgogne, 146. ſes ceremonies, 146. *& ſuiv.* la mître y eſt en uſage aux jours ſolennels pour le Célebrant, le Diacre, le Soudiacre & les Chappiers, quand ils ſont Chanoines, 147: le baiſer de paix à l'*Agnus Dei* à tous ceux qui font quelque fonction, au nombre de quinze ou vingt, 147. le chœur y eſt encenſé à rebours des autres Egliſes, en commençant auprès de l'Autel, 147.

Magnificat triomphé, *voyez* Cantiques.

Majeſtas, ce que c'eſt, 227.

Maigre dans quelques Communautez les Lundi & Mardi gras, d'où peut être provenu, 35.

Maillet de bois pour frapper aux portes des Chanoines les trois derniers jours de la Semaine-sainte 208. 317.

Main de l'Officiant baisée à travers de sa chappe par le Thuriferaire de l'Eglise Cathedrale d'Orleans, 182. & non 202. & des Dignitaires à S. Agnan, 203. main du Prêtre baisée en recevant l'Hostie, 292. en recevant les cierges, les rameaux, &c. Mains du Prêtre, du Diacre & du Soudiacre lavées à la Messe, *voyez* Laver. Mains du Prêtre croisées l'une sur l'autre au *Supplices te rogamus*, 288.

Maisons des Chanoines ne pouvoient autrefois être louées à des laïques, 190. *on a mal mis* 210. les Chanoines qui n'en occupent point dans le Cloître, payent sept livres dix sols *pro domo non habita*, 190.

Maître d'école ou de grammaire de Sainte-Croix & de S. Agnan d'Orleans, 184. 203.

Malodunum ou *Malodunus*, Maubuisson Abbaye, 263.

S. Mamert Archevêque de Vienne, qui a établi le jeûne des Rogations, 38. 39. enterré à S. Pierre de Vienne, pas loin du grand Autel au côté droit, 39.

Mandatum le Jeudi-saint, ou Lavement des pieds des Chanoines, 21. 128. 301. 399. des Enfans de chœur, 128. & des pauvres, 93. 128. 207. 231. 301. 397. le nombre autrefois n'en étoit pas fixé à douze, 397. l'eau versée sur la tombe du Fondateur du *Mandatum*, 207. sur les mains des Chanoines, 21. 399. 430.

Manipule étoit d'abord le mouchoir, 63. 150. 272. on le met toutes les fois qu'on est en aube, 90. 150. au bras gauche des Enfans de chœur de Cluny, 150. des Religieuses consacrées, 235. deux aux deux bras chez les Grecs, 450. à la main gauche entre les doigts des Enfans de chœur de S. Jean de Lyon le Samedi-saint en chantant les Propheties, & pourquoi, 63.

Le Mans sur la Sarte, *Cenomani ad Sartam*, ville Episcopale, 220. l'Eglise Cathedrale de S. Julien, *là-même*. & ses ceremonies, 221.

Manteau de S. Martin porté autrefois à la tête des armées, 121.

Manumission, *voyez* Affranchissement.

Marantia, marances, défauts, manquemens, 283.

Marche singuliere d'une Procession à Angers, 100.

Mariage ne se célébroit point autrefois depuis le Dimanche

DES MATIERES. 545

de la Septuagéſime juſqu'au Lundi d'après *Quaſimodo*, & depuis le Lundi des Rogations incluſivement, juſqu'au lendemain de la Trinité, 35. 223. comment célebré à Rouen, 419. *& ſuiv.* dans l'Egliſe d'Orient il exclud les ſept premiers degrez de parenté, 472.

Mariez ſe doivent toujours garder la fidelité, & la continence les jours de grandes Feſtes & de jeûnes, 420.

Marmoutier, *Majus-Monaſterium*, un des plus célebres Monaſteres de France, 113. fondé par S. Martin Archevêque de Tours, 113 là eſt la petite Cellule de S. Martin taillée dans le roc, 113. & à côté eſt ſa Chapelle, *là-même.* voyez Subvention de S. Martin, 131.

Maronites ont un Patriarche, 475.

Deux Marreines & un Parrein aux filles, 223.

S. Martin de Tours, *voyez* Egliſe Collegiale de S. Martin de Tours. ſon nom mis dans le Canon d'un Miſſel de cette Egliſe de l'an 1157. p. 124.

Martyrologe lû tous les jours après Primes dans le Chapitre, 282. celui de la Vigile de Noël lû avec grande ſolennité & proſtration, 393.

Martyrs; leurs Actes récitez dans les Offices divins, & à la Meſſe même après le Graduel, 34.

Mathilde Reine, femme du Roi Conrad, enterrée dans la Chapelle de Notre-Dame au Cloître de S. Maurice, 7.

Matines ſonnées pour le premier coup à la premiere Veille avec toutes les cloches aux grandes Feſtes, 292. chantées encore à préſent à minuit à Notre-Dame de Paris, 248. à Rouen autrefois juſqu'à l'an 1324. ou 1325. p. 281. & pourquoi ceſſa cet uſage, 281. 282. commencées par *Domine labia mea aperies*, 122. 282. Matines de Noël ne commencent qu'après minuit à Sens, 171. & autrefois à S. Agnan d'Orleans, 204.

Matrones de Milan nommées *Vetulones*, portent du pain & du vin pour le Sacrifice de la Meſſe, 216.

Maubuiſſon Abbaye proche de Pontoiſe, 263. fondée l'an 1241. par la Reine Blanche mere de S. Louis, qui y eſt enterrée, *la même.*

S. Maur des Foſſez, Egliſe Collegiale de Chanoines, à deux lieues de Paris, 179. *mal marqué au haut de la page* 199. le ſaint Sacrement y eſt ſuſpendu dans une colombe d'or, *là-même.*

S. Maurice de Vienne en Daufiné, ſon Egliſe & ſon portail, 5.

S. Maurice d'Angers, 79. & suiv.

S. Maurile Evêque d'Angers, 81. sa Châsse d'une grandeur extraordinaire est dans l'Eglise Cathedrale, 81. voyez Eglise Collegiale de S. Maurile.

S. Maurile Archevêque de Rouen acheve la construction de l'Eglise Cathedrale de Rouen, 274. meurt la Vigile de S. Laurent, *la même.* il y est enterré dans la nef, 274. son tombeau est encensé en certains jours, *la même.* son inscription ou épitaphe, *là même.*

Mausolées magnifiques de Rois de France à S. Denys, 262. des Rois de France & d'Angleterre à Notre-Dame de Rouen, 274. des Cardinaux d'Amboise, & autres Archevêques, 269. & *suiv.*

S. Maximinus, S. Mêmin, 219. *voyez* Micy.

Meaux, ville Episcopale sur la Marne, *Meldi ad Matronam*, 178. *on a mal marqué au haut de la page* 198. l'Evêque célébrant pontificalement aux grandes Festes donne la bénédiction solennelle avant l'*Agnus Dei*, 178.

S. Mellon Apôtre & premier Evêque de Rouen, 376. enterré dans une crypte à S. Gervais de Rouen hors la porte Cauchoise, 417.

Memento N. dit au Célébrant à des M[...] d'Obits, 195. 374.

S Mêmin, *voyez* Micy.

Memoires des Feries du Tems Pascal, comme de celles de l'Avent & du Carême, 306. Memoires des Saints faites aux Chapelles, 63. 217. point de Memoires à Laudes des Vigiles des Festes Annuelles *propter Festum Annuale*, 203.

Mercure adoré comme un Dieu à Vienne en Dauphiné, 4.

Messe sonnée le Samedi-saint au *Kyrie*, 198. au *Gloria in excelsis*, 322. 404. & la sonnerie de Vêpres au *Sanctus*, 404. Messe des Catecumenes sonnée pendant la Procession ou l'Aspersion de l'eau benite, 12. 363. ou pendant Tierces, s'il n'y a pas de Procession, 363.

Messe des Fideles sonnée pendant le Graduel, la Prose ou l'Evangile, 245. 365. 426. heure de célebrer la Messe, 292. célebrée sur les tombeaux des Saints, 126. comment célebrée à Vienne, 10. & *suiv.* à Lyon, 52. & *suiv.* à Angers, 87. & *suiv.* à Tours, 115. & *suiv.* à S. Martin de Tours, 126. & *suiv.* à Mâcon, 147 à Auxerre, 157 à Sens, 165. & *suiv.* à Reims, 427. 428. autrefois à Orleans, 198. 200. à Rouen, 283. 360. à Laôn, 428. & *suiv.* où finissoit la Messe, 110. 292. 436. les trois Messes de

DES MATIERES.

Noel pourquoi & par qui célébrées, 14. 15. 73. 171. 293. 393. à trois autels differens à Sens, 171. car on ne célebre jamais à Sens deux Messes par jour au grand Autel, 171. suivant la défense d'un Concile d'Auxerre en 578. p 171. 204. ni en Orient, 437. il n'y a point de basses Messes en Orient, 457. Messe de la nuit de Noel célébrée par l'Evêque, 14. 73. 171. moins solennelle que celle d'après Tierces, 15. 171. 393. & chantée plus bas, *submissiùs*, que celle d'après Tierces, 393 Messe de l'aurore ne doit être célébrée avant le point du jour, 204. 394 Messe solennelle des grandes Festes, *voiez* Evêque. Messe des Quatre-tems & de la Vigile de S. André, quand elle est en Avent, célébrée après Nones immédiatement avant Vêpres *propter geminatum jejunium*, 203. 216. Messe des Mercredis & des Vendredis de Carême commence à Rouen par les Litanies des Saints, 336. Messes les jours de jeûne dites après midi & la meridienne. 112 137 246 & en la Cathedrale de Rouen le jour de l'Ascension, 308. 347. Messe *ex præsanctificatis*, le Vendredi-saint, & à Milan tous les Vendredis de Carême, 301. dans les Eglises d'Orient tous les jours de Carême hors les Samedis & Dimanches, 446. Messes des veilles de Pâques & de Pentecôte commencées par les Propheties avec les mêmes ceremonies, 32. dites le soir fort tard, 112. 303. finies à quatre ou cinq heures du soir à Saint-Siran ces deux jours-là, 137. cette Messe a été avancée pour manger plûtôt, 137. 304. Messe du matin le jour de Pâques après Laudes célebrée à l'Autel du Sepulcre par l'Archevêque ou par le Doyen, 28. ayant fait auparavant l'aspersion de l'eau benite sur les Autels & sur le peuple, *là-même*. Messe des Dimanches après Pâques étoit celle du jour de Pâques, 306. Messe chantée entierement en Grec & quelquefois en Grec & en Latin aux grandes Festes à S. Denys en France, 263. & encore à Rome quand le Pape célebre pontificalement, 263. trois Messes pour la Nativité de S. Jean-Baptiste, y compris celle de la Vigile, 197. Messe point célebrée en présence du saint Sacrement exposé sur l'Autel, 239. 350. Messe de l'Anniversaire de la Consecration de l'Evêque, 222. Messe de l'Ordination des Prestres dite le soir, ne s'achevoit que dans la nuit, 309. ce qui l'a fait si fort avancer, *là-même*. le Chantre y tenoit le chœur, *là-même*.

Messe seche pour les morts qu'on enterre l'après-midi au

TABLE

Diocese de Clermont, 76. Messe seche pour la bénédiction des Rameaux, 338. 446. en quoi elle consiste, *là-même*. Messe seche à Reims aux Processions des Rogations, 177. en quoi elle consiste, *là même*.

Messe chez les Orientaux célébrée en Arabe, langue du pays, avec le Canon en Grec, 439. célébrée en Latin par les Missionnaires d'Occident avec le pain azyme, 440. les ceremonies de la Messe en Orient, 454. *& suiv.*

S. Michel de Dijon est une Eglise Paroissiale où les Chappiers se promenent non seulement dans le chœur, mais encore dans une partie de la nef, 156. & pourquoi, 156.

Micy sur Loiret, *Miciacum ad Ligeritum*, ou Abbaye de S. Memin, *S. Maximini*, à deux lieues d'Orleans, 219. pepiniere de saints Abbez & de saints Solitaires, 219. il y a une Inscription grecque au Benitier, qui est la même en retrogradant, 219.

Miel & vin présentez aux Chanoines de Vienne chez l'Archevêque pendant le son des Vêpres du Lundi de Pâques, 30.

Miles, Ecuyer, Gentilhomme, 141.

Ministres de l'Autel doivent être nouvellement rasez, 252. en quel nombre aux grandes Festes, 310.

Misericorde, ce que c'est, 54.

Missa, pris peutêtre pour le Canon de la Messe, 110.

Missel porté du côté de l'Epitre à celui de l'Evangile, & pourquoi, 123. 124. 364. par le Soudiacre de Lyon par derriere l'Autel, 55. rapporté vers la fin de la Messe du côté de l'Evangile au côté de l'Epitre, & pourquoi, 117. à Lyon par derriere l'Autel, 59. Missel manuscrit de S. Martin de Tours de l'an 1157. où les noms de S. Martin & de sainte Euphemie sont dans le Canon, 124. Missels anciens sans Epitres ni Evangiles, 233. 256.

Mitelle ou bonnet rond de M. le Chantre d'Angers les jours solennels, 84. 87. & de deux Corbeliers représentans les Maries, 98.

Mitre portée par les Evêques officians pontificalement, 10. 16. 50. les jours solennels par le Célébrant, le Diacre & le Soudiacre à S. Maurice de Vienne en Dauf iné, 10. en la Cathedrale de Mâcon, même par les Chappiers, quand ils sont Chanoines, 147. à S. Pierre de Mâcon, *là-même*. tous les jours à S. Jean de Lyon, 50. par le Soudiacre même en presence du saint Sacrement exposé, 63. par le Chantre des Eglises Cathedrales de Rhodez & de Puy en Velay, & de la Collegiale de Brioude, 147.

Monasterium, Moncier ou Moutier, pour Eglise, 217. ancienne façon de parler de 800. ans, *là-même*. de là le Proverbe *Mener la brû au Moutier*, c'est à dire *à l'Eglise*, 217.

Sainte Monegonde Superieure d'une Communauté de filles & d'un Hôpital à Tours, 130.

Mont-joyes en forme de pyramides avec les statues de trois Rois, pauses quand on porte leurs corps à S. Denys, 262.

More tua pietatis, à la Bénédiction de l'eau, *par votre bonté ordinaire*, & non pas *rore*, 51. 197.

Morts lavez avant que de les ensevelir, 60. 134. 151. 152. 213. tant Ecclesiastiques que laïques doivent être enterrez tournez à l'Orient, 176. 198. Morts, *voyez* Office des Morts.

Mots chantez plus gravement, plus fort ou plus haut, 61. 174.

Mouchoir au bâton du Chantre de S. Denys, 263. 271. & aux crosses des Evêques & des Abbez, 271. mouchoir attaché sur la manche, 272. d'où vient le moucher sur la manche, ce que font des enfans mal propres, 272.

Mourir sur la cendre, état bien propre à flechir la justice de Dieu, & à obtenir de lui misericorde, 146. 153. 225.

Munda dit par le Diacre du côté de l'Epître à Sens, 167.

Musique d'Angers une des plus amples & des meilleures de France, 84. le chœur de Musique chante au Jubé les paroles des Juifs à la Passion à Angers 96. il n'y en a point en l'Eglise Cathedrale de S. Jean de Lyon, 50.

Saints Mysteres, *voyez* Messe.

Mysteres de notre Seigneur representez avec personnages dans les Eglises d'Orient, 447.

N

Nantes, siege des Ducs de Bretagne, 78. qui y ont leurs mausolées dans l'Eglise des Carmes, 78. a Université, 78.

Nappes de l'Autel mises à Lyon immediatement avant la Messe, 51. à Angers, 80. & autrefois à S. Martin de Tours, 126. qui le couvrent pardessus & de tous côtez, comme autrefois tous les jours, 317. [80.]

Nappes de Communion d'où provenues, 160.

Nativité de notre Seigneur annoncée le jour de S. Thomas à Fontevrauld, 109.

TABLE

Necrologe se lit au Chapitre après Primes ou Tierces, 282. après le Martyrologe, puis la Regle des Chanoines, 282. Necrologe ne se lit point aux Fêtes solennelles, 36.

Neophytes ou nouveaux baptisez habillez de blanc, 305. ils quittoient cet habit le Samedi appellé *in albis depositis*, & en françois *la Desauberie*, 305.

Nevers, *Nivernum*, ville Episcopale sur la Loire, 145. Eglise Cathedrale de S. Cyr, 145. tournée autrefois à l'Occident, où l'on voit encore l'Abside & l'ancienne Sacristie à côté, 145. quelques ceremonies de cette Eglise, 145.

S. Nicolas de Nantes, Eglise Paroissiale, 79. Jesus Christ y est représenté dans une grande vitre en quantité d'endroits avec des cheveux blonds tirans sur le roux, 79.

Nocturnes ; les trois Nocturnes dits autrefois séparement, 125. restes de cet usage à S. Martin de Tours, 125. il y en avoit trois aux Dimanches d'après Pâques jusqu'à la Pentecôte, 305. le jour de l'Ascension à Rouen pareillement, 309. & le jour de l'Invention de Sainte-Croix à Orleans encore à present, 181.

Noël chanté à Angers après Laudes pendant les huit jours qui precedent Noël, 90.

Nom ; on avoit un nom avant que d'être baptisé, 23.

Nones le Samedi-saint dites vers le soir, 112. chantées solennellement à Fontevrauld le jour de l'Ascension au son de toutes les cloches, avec encensement des Autels, & pourquoi, 112.

Notre-Dame de la Vie à Vienne en Daufiné, 4.

Notre-Dame de la Ronde, *voyez* Eglise de Notre-Dame de la Ronde.

Novice faisoit son année d'épreuve en habit seculier, 390.

O

Obedientia ou Obediences, Dignitez de l'Eglise de saint Jean de Lyon ainsi appellées, 69.

Obéissance, *voyez* Prestation du serment d'obéissance.

Obits fondez en 1252. p. 6. 374. avec de l'argent pour les pauvres, 187. avec du pain pour les pauvres, 410. avec un grand pain beni de quatre francs pour le Clergé de l'Eglise Cathedrale d'Orleans 195. trois Obits auxquels assistent trente Chanoinesses, 374.

Oblation du pain & du vin faite *per unum* à la Messe, 57. 198. 200.

DES MATIERES. 547

Occurrunt turba, ces mots executez à la lettre pour baiser la Croix, 217.

Octave, il n'y en a point à la Toussaints à Lyon, 66. 210. 313. ni en Carême, 66. 210. 426. Sixte I V. en institua l'Octave en 1480. p. 313. à Orleans pendant cette Octave on ne faisoit mémoire d'aucun Saint, pour n'en pas faire en gros & en détail, 210. le dernier jour de l'Octave de Pâques & de la Pentecôte célebre comme le premier, 305. 309.

Odon Rigaud d'abord Cordelier, puis vigilant Archevêque de Rouen, 270. se servoit des mots de *frater* & *Ecclesiæ minister indignus*, 271. savoit le nombre des Paroissiens de toutes les Cures de ce grand Diocese, 272.

Odon ou Eudes de Sully Evêque de Paris fort charitable envers les pauvres, 254. n'avoit aucun égard ni à la qualité ni aux prieres dans la collation des Benefices, *là-même*. enterré dans le chœur de Notre Dame de Paris, *là-même*.

Oeufs, deux d'Autruche à S. Maurice d'Angers le jour de Pâques, 98.

Oeuvres serviles reprises après les secondes Vêpres des Dimanches & Fêtes encore à la fin de l'onziéme siecle, 279. 280. & pourquoi, *là-même*.

Offertorium, grand voile du Calice, 233.

Offertoires chantez avec plusieurs versets, 17. 56. 202. 285. 429. il étoit defendu de les omettre, 285. 286. Chanoines d'Angers vont à l'Offrande aux grandes Fêtes, 89. M. le Chantre y présente à l'Autel la burette à l'eau, qu'il donne à un petit Diacre, 89. & autrefois à Rouen, 286. le Préchantre de Cluny y vient mettre le vin dans le Calice, 150. 436.

Offrandes de pain & de vin tous les jours à Milan par de bonnes matrônes nommées *vetulones*, 216. aux Enterremens & au jour de la Commemoration des Morts par les laïques, 215. 408. 427. 470. par la femme ou la plus proche parente du défunt, 216. posées sur l'Autel, 408. 409. de l'hostie sur la patene & du vin dans la burette portées à l'Autel pour le Sacrifice, 239. 436. de l'hostie sur la patene & du vin dans le calice pour le Sacrifice par des Chanoines, 173. 187. 426. 427. de l'hostie sur la patene & du vin dans le calice portées en ceremonie par le Soudiacre à l'Autel, 158. 168. encensées continuellement en chemin, 158. 168. 286. d'argent, c'est le Soudiacre qui le reçoit, 366. & le pose à côté du corporal, 366.

Mm ij

411. les Chanoines de diverses Eglises y vont en certains jours, 89. 134. 171. Offrandes de pain, vin, cierges & argent dans les Eglises d'Orient, 448.

Office divin, pendant qu'on le chante, nul Ecclesiastique ne doit se promener dans ou devant l'Eglise, 252. autrement regardé comme un apostat, 68. 69. 252. ceux qui y venoient tard, restoient à la porte du chœur jusqu'au Capitule, &c. 252. à Vienne & à Lyon fort long, 36. 65. Office *à privat*, ce que c'est, 70. Office du Dimanche tous les Dimanches de l'année, 144. 184. Office chanté d'un ton un peu plus bas que d'ordinaire la quinzaine de la Passion, excepté le Dimanche des Rameaux, 67. Office *de Beata in Sabbato* non encore reçu à S. Jean de Lyon, 66. ne l'étoit point à Paris avant 1608. 66. Office du Sepulcre ou de la Resurrection le jour de Pâques, 28. 98. 209. 218. Office des Morts dit tous les jours de Carême avant la lecture de Complies, 19. Fête des Morts a de secondes Vêpres en quelques Eglises, 150. 155. 313 Office de la Consecration finit à la fin du *Pater*, 289. Office du Diocese fait par des Religieux & Religieuses, 238. 390. 393. Office divin chez les Orientaux à quelle heure ? 442. tres-court la Semaine de Pâques, 432. célebré en Arabe langue du pays, 439. excepté les Missionnaires d'Occident, qui le disent en latin, & usent du pain azyme dans la Messe, 440. Office de la nuit, *voiez* Pseaumes.

Officiant baisé aux épaules, 59. 62. 289. Officiant à la Procession des Rogations a un bâton pour s'appuyer, & un capuchon qui lui couvre toute la tête, 68.

Officiaux, Juges Ecclesiastiques ; il n'y en a point en Orient, c'est l'Evêque qui juge lui-même les affaires ecclesiastiques, 464.

Oiseaux, feu & fleurs jettez dans l'Eglise de S. Agnan au *Veni sancte Spiritus* le jour de la Pentecôte, 210.

Onctions faites aux malades par sept Prêtres dans le Sacrement de l'Extrême-onction à S. Martin de Tours, 134.

Ondoyé, 174. *voiez* Exorcismes. Supplement des ceremonies du Baptême.

Or & argent dans l'Eglise non pour garder, mais pour en subvenir aux necessitez des pauvres, 370.

Oraison en silence, 302. Oraisons de Laudes & de Vêpres dites à S. Martin de Tours par l'Officiant *ad cornu Epistolæ in plano Sanctuarii*, 123. Oraisons préparatoires

DES MATIERES. 549

aux premieres vêpres des grandes Festes, 202.

Oraisons solennelles du Vendredi-saint pour toutes sortes d'états, dites aussi le Mercredi-saint à Vienne en Daufiné, 20. & à Besançon, 427. & tous les jours dans l'Eglise d'Orient, 456. les douze d'après les douze Propheties autrefois chantées à Vienne par les douze Curez, 23. à present alternativement par deux Prêtres qui les représentent, 23.

Orarium porté par le Diacre en Carême à Angers, 92. à Paris, 247. à Rouen 313.

Orceau, d'*urceus* ou *urceolus*, goupillon ou aspersoir, 228.

Ordinaires ou anciens Ceremoniaux manuscrits de Vienne, 11. de S. Paul de Lyon, 72. de S. Maurice d'Angers, 83. *& suiv.* de Fontevrauld, 108. *& suiv.* de S. Martin de Tours écrit l'an 1393. p. 122. *& suiv.* de l'Eglise Cathedrale d'Orleans, 186. de S. Agnan d'Orleans, 202. de S. Vrain de Jargeau, 216.

Ordination des Evêques le Dimanche, & comment faite, 310. 470. Ordination des Prêtres le Samedi au soir achevée dans la nuit du Dimanche, faite *jejunis à jejunantibus*, 309. d'où vient qu'on l'a si fort avancée, 309.

Ordres comment conferez dans l'Eglise d'Orient, 470. *& suiv.*

Orfrois quelquefois sur l'aube du Soudiacre sans tunique, 63.

Orgues, il n'y en a point en l'Eglise de S. Jean de Lyon, 50. pourquoi on ne le touche point au *Credo*, 167.

Orientaux Schismatiques en quoi different des Catholiques, 466.

Oriflamme ou Banniere de l'Eglise de S. Denys, porté sous Louis le Gros Roi de France à la tête de l'armée par le Comte du Vexin François, 262.

Orleans, ville Episcopale sur la Loire, *Aureliani ad Ligerim*, 179. *on a mal marqué au haut de la page* 199. son Eglise Cathedrale de Sainte-Croix, & ses ceremonies, 180. *& suiv.*

Ornemens tres-riches à S. Denys en France, 263. à Notre-Dame de Rouen, 378. ornemens des Grecs tout chargez de croix, 450

O salutaris hostia, chanté par les seuls enfans de chœur de Lyon tous *in turba* ou en peloton à l'élévation de l'Hostie, 58. ce fut Louis XII. qui demanda qu'on le chantât à Notre-Dame de Paris, 116.

M m iij

Ofcharus, Oufche, riviere qui paſſe à Dijon, 155.

S. Ouen Archevêque de Rouen, 377. célebre Abbaye de ſon nom, 386. il y avoit des Chanoines du tems de S. Gregoire le grand, 387. 388. le Palais Abbatial; les Rois & Princes y logent quand ils viennent à Rouen, 388.

P

Paille; mourir ſur la paille & ſur la cendre; 146. 225.

Pain & vin fondez pour toutes les Meſſes qui ſe diſent pendant toute l'année à ſaint Maclou de Rouen, 415. *voiez* Offrande, Oblation.

Pain beni offert dans des Egliſes Abbatiales, 238. & dans les Egliſes Paroiſſiales les Dimanches, 422. doit être diſtribué par des Eccleſiaſtiques, 422. 443. mangé dans l'Egliſe comme ſupplement de la Communion, 422. 443. 453. Pain & vin benits dans l'Egliſe aux mariages, 420. à la maiſon, 223. 421. Pains azymes & vin benits le Jeudi-ſaint après midi, 21. Pain de Chapitre, reſte & marque de la vie commune, 88. 371. comment ſe gagne, 88. 371. Pain beni de quatre francs diſtribué à un Obit au Clergé de la Cathedrale d'Orleans, 195. Pain, vin, eau, feu, marmite pour la vie commune des Clercs, benits le Dimanche à la Proceſſion, 50. diſtribuez aux pauvres en Carême & aux Enterremens dans les porches ou parvis de l'Egliſe en Orient, 453. Pains donnez aux pauvres aux Enterremens, 423. 453. Pain & eau autrefois ſeuls mets des Chanoines de Rouen le Vendredi-ſaint, 303. & des Religieuſes de Fontevrauld, 112.

Paix, *voiez* Baiſer de paix.

Palais ou Parlement de Paris, 261.

Palle ſur le Calice n'eſt point en uſage à S. Jean de Lyon, 60.

Palmes diſtribuées à tous les Chanoines de la Cathedrale de Rouen le Dimanche des Rameaux, 338.

Pape a une thiare à trois étages, 476.

Pâques le premier jour de l'année juſqu'à 1565. p. 320.

Paralipomenes lûs dans l'Egliſe, 33.

Parement d'argent doré au grand Autel de la Cathedrale d'Angers, 80. Parement d'Autel, 445. originairement un rideau, 232. tel eſt encore celui de Galardon petite ville de Beauſſe, 232. à quoi ſervoit, *là-même*. ou de ſimple toile ou draps de toile, *pannis albis*, comme en Carême à Lyon, 73. & encore à préſent le Vendredi-ſaint preſque

DES MATIERES.

par tout, 73. 317. la nuit de Pâques à Angers, 97. 98.

Parfumer toute l'Eglise aux grandes Festes, 125. 418. *Voiez Omissions & fautes.*

Paris sur Seine, *Lutetia Parisiorum ad Sequanam*, ville Archiepiscopale, 243. *& suiv.* son Eglise Cathedrale & ses ceremonies, 243. *& suiv.*

Parlement de Rouen en robes rouges le jour de l'Ascension, &c. 346.

Paroisses, ou Eglises Paroissiales dans les Cathedrales, *voiez* Eglises Paroissiales.

Paroles des Juifs à la Passion chantées par un petit chœur de musique, 96. 418. Paroles de la Consecration à voix haute en Orient, 447. du Canon à voix mediocre, *là-même.*

Deux Parquets de marqueterie ou de pieces de rapport, 149.

Deux Parreins & une marreine aux garçons qu'on baptisoit, 223. aux filles la marreine seule en Orient, 460.

Parvis, nul Chanoine n'y doit causer, ni devant l'Eglise pendant qu'on y chante, 68.

Pascal [Blaise] enterré à S. Etienne du mont à Paris, 256.

Pascal, *voiez* Tems Pascal. Cierge Pascal.

Passion de nôtre Seigneur Jesus-Christ chantée selon les quatre Evangelistes dans l'Eglise d'Orient, 446. sans aucun chant particulier, 63. dans la Cathedrale de Rouen en chant composé, mais par le Diacre seul, autrefois en chant de Leçon & d'Evangile, 302. comment chantée à Angers, 96. & à Saint-Sauveur de Rouen, 418.

Pastourelle ou l'Office des Pasteurs à Clermont, 76. à Angers, 91 autrefois à Jargeau, 217. abrogée par la Faculté de Theologie de Paris, 76. dont les Antiennes sont neanmoins encore restées à Laudes en la plûpart des Egli-ses, *là-même.*

Patene pour recevoir & poser les Hosties pour la Communion, 149. 239. baisée par le bord interieur, 149. 239. le Prêtre l'ayant fait toucher à la sainte Hostie, l'applique à sa bouche & à ses yeux, 198. 200. tenue depuis le *Sanctus* jusqu'au *Pater* par le Soudiacre, 11. 228. 286. 289. 368. à Chartres & à Lyon derriere l'Autel, 58. 228. couverte de la moitié du manipule à Lyon, 58. ou par le Doyen des Enfans de chœur, ou par un Acolythe au milieu du chœur, 117. 245 286. montrée par le Diacre à découvert, comme signal de la Communion, 58. 368.

M m iiij

Pater & *Credo* avant l'Office introduits à S. Martin de Tours dans leur Breviaire de l'an 1635. p. 122.

Patriarches d'Orient, 475. allant à l'Autel portent une thiare à deux étages, trois cierges à la main droite, & deux à la gauche, 476. & ils donnent la bénédiction avec ce triple cierge, *là-même*.

S. Paul de Lyon, Eglise Collegiale de Chanoines, 72. & *suiv.*

Pauvre de S. Martin fondé par Louis XI. à S. Martin de Tours, 121.

Pauvre muni des Sacremens, qui a requis d'être enterré dans le Cimetiere de la Cathedrale, comment enterré, 35.

Payens se lavoient avant que d'approcher de leurs Dieux, 484. se faisoient enterrer sur le bord des grands chemins, 2. 37.

Paysans, Paysannes, *voyez* Villageois, Villageoises.

Pénitence publique encore en usage à Vienne, 19. au Mans, 212. à Chartres, 231. à Paris, 255. à Rouen, 297. & *suiv.* en quoi elle consiste, 330. 342. & *suiv.* ceremonies de la Penitence publique, 331. qui sont ceux qui y sont soumis, 329. restes de la Pénitence publique à Orleans, 185. l'horreur qu'on a de la pénitence a fait cesser presque par tout la pratique chrétienne de mourir sur la cendre, 153.

Pénitencier Curé des domestiques des Chanoines, 190. ne doit ouir les confessions ailleurs qu'en l'Eglise Cathedrale, 191.

Pénitens publics chassez de l'Eglise par l'Evêque à Vienne, & les portes fermées après eux, 19. au Mans, 222. à Chartres, 231. à Paris, 255. à Rouen, 297. elles leur sont ouvertes le Jeudi-saint par l'Evêque, qui les réconcilie, 21. 299 ils entendent la Messe plusieurs Dimanches dans les porches des Eglises, 330. leurs autres pratiques de pénitence, 330. & 332.

Pentateuque de mille ans à S. Gatien de Tours, 119.

Peribolum, quel lieu c'est dans l'Eglise, 156. 427.

Perpetuels de Lyon, 49. & Semiprébendez ou Choristes, Prêtres assis aux hautes chaises avec les Chanoines, 8. 49. 83.

Personats, deux ne peuvent être possedez à S. Jean de Lyon, 68.

Personnes illustres de l'Eglise Cathedrale de Rouen, 375.

DES MATIERES.

S. Petrus virorum, *S. Petrus puellarum*, *S. Petrus lactentium*, à Orleans, ce que c'est, 214.

Pieds nuds, tous les portecroix des Eglises des Chanoines de Lyon & l'Officiant aux Processions des Rogations, 68. 74. les Religieuses de Fontevrauld le Mercredi des Cendres & le Vendredi-saint à la Messe, 111.

S. Pierre au côté gauche [anciennement le plus honorable] & S. Paul au côté droit à S. Pierre d'Angers, 105. & au Portail de l'Eglise Cathedrale de Reims, 176.

S. Pierre, *voyez* Eglise Collegiale de S. Pierre de Vienne & d'Angers.

S. Pierre Puellier à Tours, *à puellis*, 130. originairement une Communauté de filles, dont sainte Monegonde fut Superieure, 130. c'étoit un Hôpital où se retiroient les filles & femmes de distinction qui venoient en pelerinage au tombeau de S. Martin, 130.

S. Pierre Puellier à Orleans apparemment dans l'origine une Communauté de filles ou Religieuses, puis Eglise Collegiale de Chanoines, 214.

S. Pierre le vieux premiere & ancienne Eglise de Cluny, 150.

Pierre de Blois Chanoine de l'Eglise Cathedrale de Rouen, 376.

Pilate relegué à Vienne, selon Adon, 2.

Piscines auprès de l'Autel à quoi servoient, 230. 315. le dernier Rituel de Rouen ordonne qu'il y en aura auprès de tous les Autels, 315.

Place de l'Officiant à S. Jean de Lyon, après qu'il a encensé l'Autel à *Benedictus* de Laudes & à *Magnificat* de Vêpres, 62. places de l'Eglise les plus dignes, 147. 182. places dans les Eglises d'Orient, 453.

Planche appellée le grand ais à S. Jean de Lyon, 52. place des Diacres pendant une bonne partie de la Messe, 53. 57.

Poële pour le feu des encensemens, dans l'abside, 46.

Poippe, M. de la Poippe autrefois Chanoine & Comte de Lyon, 67. à present Evêque de Poitiers, *là même*. sçavant dans les ceremonies & la discipline de l'Eglise, 67.

Poitiers, ville Episcopale sur le Clain, *ad Clanum*, 78.

Pontoise, ville à sept lieues de Paris, 263.

Porches des Eglises ; on y fait les Exorcismes du Baptême, 104. Porche de l'Eglise de S. Pierre de Vienne, 38. Gisele femme de Hugues Empereur d'Italie & Roi de Bourgogne y est enterrée, 38. & autres personnes, 38.

Portail de l'Eglise Cathedrale de Vienne en Daufiné, fort

beau, 5. celui de S. Gatien de Tours pareillement, 114. de Bourges de même, 139. celui de Reims le plus beau de France, 176.

Portes de l'Eglise fermées, puis ouvertes par honneur, 129. fermées aussitôt après avoir chassé les Pénitens publics le Mercredi des Cendres, 19. 221. 297. ouvertes le Jeudi-saint pour les réconcilier, 20.

Portes de la ville fermées, excepté le guichet, aux principales Fêtes, 280.

Portechandeliers pour éclairer, 141. 283. marchent l'un devant la Croix, & l'autre après, 165 tiennent leurs chandeliers levez aux Oraisons de la Messe, 168. 169. 282. ils les éteignent après que l'Evangile est chanté, & pourquoi, 142 285. & les rallument au premier *Agnus Dei*, 290. ils les tiennent levez au Capitule vers l'Officiant, 14. le conduisent à la Sacristie pour prendre une chappe, là-même. & l'éclairent par tout où il va, là-même.

Portechandeliers, & leurs ceremonies à Vienne, 10. 28. 29. deux vont querir l'Evêque chez lui aux grandes Fêtes, 16. 27. 28. 45. & l'y reconduisent, 29. 45. vont querir le Diacre portecroix, 29. sept Portechandeliers à la grande Messe aux principales Fêtes de l'année, 11. 28. 29. 45. 118. 126. 132. 284. Soudiacres, 13. 14. 15. Prestres, 13. 14.

Portecierge de S. Jean de Lyon fait reflechir la lumiere sur le livre de l'Officiant, 62. *voye* Portechandeliers, Cierge.

Trois Portecroix & un Portebanniere aux Processions des Rogations nuds pieds, 30. 68. ayant la tête couverte de cendres, 30.

Portecroix de l'Archevêque, 16. 45. 47.

Portecrosse de l'Evêque, 45. 47. 143.

Port-Royal des champs, Abbaye de Religieuses de l'Ordre de Cîteaux, entre Versailles & Chevreuse, 234. leurs ceremonies & pratiques, 238. *& suiv.*

Potation tous les jours de Carême après la lecture avant Complies, 20. le Jeudi-saint, le Samedi-saint & le jour de Pâques à Angers, 94. 97. le Lundi de Pâques à Vienne, 30. & autrefois à S. Agnan d'Orleans à Pâques & à la Pentecôte chez le Chantre, 209.

Potus caritatis, ce que c'est, 20. 400. 402.

Poulies & crochets pour des lampes dans les cryptes, 105.

Poutre longue du travers du chœur à la Cathedrale de Bourges, sur laquelle il y a trente-deux cierges, 140.

DES MATIERES.

Preau au milieu des Cloîtres, 50. 82. & un puits pour l'usage de la vie commune, là-même.

Prébende, *Prabenda*, ce que c'est proprement, 397. Prébendes de l'Eglise Cathedrale de Rouen ne sont pas égales, 372.

Précenteur & le Chantre, 6. 12. 54. avec leurs bâtons, 156. 165.

Préface commune *per annum* autrefois tous les Dimanches de Carême à Angers, 93. à Orleans, 196. à Paris 255. à Rouen 314. encore à present à Auxerre, 159. à Sens, là-même. & pourquoi, 314.

Préfet du Prétoire des Gaules à Vienne en Daufiné, 1. 4.

Prestation du serment d'obéissance des Evêques, Abbez & Abbesses aux Archevêques, 173. 310. 412. des Abbez & Abbesses aux Evêques, *voyez Omissions & fautes*. comment se fait cette ceremonie, 311. 312. la formule de ce serment, 311.

Prestre revétu de dalmatique & de chasuble, 209. 216. lisoit ainsi à Matines l'Evangile & l'Homelie le Mercredi des Quatre-tems de Decembre, 216. offre l'Hostie & le Calice *per unum*, 57. & communie aussi *per unum*, ou sous une seule formule ou oraison, 59. il ne lisoit ni Epître, ni Graduel, ni Evangile, &c. 77. 233. 256. 284. 291. il les doit écouter, 256. il n'avoit point les mains jointes, mais croisées l'une sur l'autre au *Supplices te rogamus*, 288. les nouveaux Prestres se communioient d'une Hostie pendant les quarante jours depuis leur Ordination, 235. 369. *voyez* Célebrant. Des Prestres portoient les chandeliers devant l'Evêque aux Festes solennelles, 13. 14. six Prestres assistans aux grandes Festes à la Messe revêtus de chasubles, 11. 15. 28. 45. 52. 73. 172. 196. 210. 231. ont le pas audessus du Chanoine Diacre à la Messe, 11. nommez Prestres Cardinaux ou de la carne, *Presbyteri Cardinales*, 170. 173. parce qu'ils sont à la carne de l'Autel, 52. 57. 170. 173. 231. ils le baisent comme le Célebrant, 52. 172. 231. 457. *voyez* Curez Cardinaux; & l'Evêque ou le Doyen étoit le Prestre du milieu, *Presbyter de medio*, 170. ils récitent le Canon avec l'Evêque, & font les mêmes signes que lui, 17. 172. 196. 231. consacrent & communient sous les deux especes comme lui, 231. 247. 476. le Prestre est le seul ministre du Baptême en Orient, même en cas de necessité, 459. administre aussi la Confirmation, 462. un Prestre assistant ou Aumônier en surpelis sert à Chartres le Célebrant à la grand'Messe, 229. sept Prestres faisoient les sept onctions aux malades en administrant le Sacrement d'Extreme onction à Saint-Martin de Tours, 134. en Orient ils s'assemblent aussi ordinairement sept pour cela, 467. Prestres malades reçoivent leurs distributions, &c. 422. 423. Fêtes des Prêtres le jour de S. Jean l'Evangeliste, 33.

Prestres des faux dieux, appellez *Flamines*. 4. 5.
Prêtresses des faux dieux, appellées *Flaminiques*, 5.
Prévoir les Leçons, *voyez* Recordation.
Prevost [Jean] Trésorier de l'Eglise Cathedrale de Rouen, 376.
Prieres pour la paix, pour le Roi & pour le peuple à la grand'Messe, 159. 169. 230. Prieres des Quarante-heures, 350. grandes Prieres dites aux grandes & petites Heures de l'Avent & du Carême, 66. 192. quatre fois plus longues en Carême que le reste de l'année en l'Eglise d'Orient, 142. Prieres en lavant les corps morts, 152.
Prise d'habit suivie aussitôt de la profession du Novice, 390.
Prisons de Vienne en Dausiné, 4.
Privat, faire l'Office *à privat*, ce que c'est, 70.
Procession des Dimanches avant la grand'Messe, pour faire l'aspersion de l'eau benite, 12. 109. 123. 211. 228. 391. 394. 422. 428. des grandes Festes pour aller querir l'Evêque, *in deductione Episcopi*, 14. 15. 18. 28. 29. 45. 97. 171. & pour faire aussi l'aspersion de l'eau benite, 86. 184. Procession pour aller querir le Chantre de S. Agnan d'Orleans, à Pâques & à la Pentecôte avant Vêpres, 209. abolie depuis peu, & comment, *là même*. Procession des jours solennels à Angers comment se fait, 86. Procession solennelle pour les Diacres, Prestres, Enfans de chœur les jours de saint Etienne, de saint Jean l'Evangeliste & des saints Innocens, 33. ne doit sortir de l'Eglise quand le saint Sacrement ou une Relique considerable d'un Saint y est exposé, 13. 132. Procession ou Station à Angers tous les Samedis dans la nef devant le Crucifix, 90. à Sainte-Croix d'Orleans, 186. à S. Agnan d'Orleans, 202. à Rouen, 306. Procession generale tous les premiers Dimanches de chaque mois à Angers, 91. Procession avec Station les Dimanches depuis la Septuagesime jusqu'à Pâques, 18. le Mercredi des Cendres pareillement, 18. 101. 197. les Lundis de Carême & tous les jours de l'Octave de Pâques & de Noël à Orleans. 197. Procession ou Station

DES MATIERES. 557

tous les Mercredis & Vendredis de Carême à Angers, 91.
à Rouen, 297. 395. Procession les Dimanches après
Laudes, 306. Processions où l'on sort pour aller en ville,
ausquelles on porte plusieurs longues cannes pour garder
l'ordre & la marche de la Procession, *ad defendendam
Processionem*, 74. 75. 342. Processions de Rouen, 336.
& suiv. Procession le Dimanche des Rameaux hors la
ville, 127 Procession du Corps-saint à Rouen le Dimanche des Rameaux, 337. Procession aux Fonts le Samedi-saint, 24 le jour de Pâques avant Vêpres, 305. ce
même jour & les cinq suivans à Vêpres, aux Fonts baptismaux, 29. 75. 231. 247. 305. 325. 326. pour les nouveaux baptisez & pour faire ressouvenir les Chrétiens des
vœux du Baptême, 231. 325. 326. 431. en chantant les
quatriéme & cinquiéme Pseaumes de la Ferie à Chartres,
231 & même le Samedi & le Dimanche *in albis* à Vienne,
30. à Rouen tous les Samedis depuis Pâques jusqu'à l'Ascension, sans Croix, & pourquoi, 327. & à la fin des
Laudes du Dimanche aussi devant le Crucifix, *là-même.*
encore le Dimanche de la Pentecôte & les cinq jours suivans à Vienne, 32. & à Bourges, 143. 144.
Procession de S. Marc avec la Litanie majeure & Station,
fixe au 25. d'Avril, 79. 186. 306. 308. remise ailleurs,
210. & comment à Orleans, 210. ne se fait ni à Vienne ni
à Lyon, 33. 67. en station à S. Martin de Tours, & ceremonie singuliere qu'on y observe, & le 12. May, 130. 131.
Processions des Rogations à Vienne, 30. 68. à Lyon autrefois tous nuds pieds comme au Bec, 74. & la tête couverte de cendres, comme encore à present à Milan, *là-
même.* les Chanoines de Lyon portecroix nuds pieds, &
autrefois la tête couverte de cendres, 30. 74 l'Officiant
a en main un bâton pour s'appuyer, & un capuchon qui
lui couvre toute la tête, 68. il est en chasuble à Vienne, 31.
les Chanoines Reguliers de S. Lô y étoient avec leur chappe noire d'hiver, 405. les Religieux & Religieuses y assistoient aussi, & elles chantoient à leur tour une Litanie,
30. 31. on dit la Messe du Dimanche avant la Procession,
159 & la Messe *Exaudivit* avec du violet dans la Procession, 159. & à Reims une Messe seche, 177. Processions
des Rogations à Rouen, 340. à Lâon, 431. à Angers, 99.
100. celle du Mercredi singuliere, 100. où les anciens marchent les premiers, & les jeunes les derniers, *là-même.*
Procession le jour de l'Ascension avec les Châsses des Reli-

ques avant la Messe, 31. 349. à Vienne à l'Offertoire on alloit ce jour-là en Procession à l'Aumônerie, on y benissoit & encensoit les viandes, 32. Procession des Chanoines de l'Eglise Cathedrale de Vienne avec la chasuble & l'aumusse pardessus, des deux Chantres, du Scolastique & du Maître de chœur avec des bourdons, représentée dans une chapelle du Cloitre, 6. Procession du jour de la Fête-Dieu, 348. *on a mal mis* 350. du Clergé de la Cathedrale de Vienne à S. Severe la nuit du 8. Août, 34. Procession generale le jour de l'Assomption à Rouen, 351. Procession de la Dédicace de l'Eglise doit être faite audedans, & non au dehors, 353. Processions aux Chapelles pour faire les Commemorations des Saints à Vêpres à Lyon, 63. à Jargeau, 217.

Procession pour les biens de la terre faite par les payens à leurs Dieux le 25. d'Avril, 307.

Proclamation des Chanoines de S. Maurice d'Angers aux quatre Chapitres generaux, 83. des Religieux & des Religieuses, 240.

Profession des Religieux & Religieuses, & la formule, 113. portée sur l'Autel, 113.

Profluvium feminis exclud de la Communion & de l'entrée du Sanctuaire durant vingt-quatre heures dans l'Eglise d'Orient, 475.

Prolatio bona, *& mensura*, ce que c'est, 174.

Prologues de S. Jerôme lûs avant que de lire la Genese, Isaïe, &c. 248. 391. 395.

Prône entre l'Evangile & le *Credo*, 246. 418. autrefois sans prieres, 418. 419.

Prophetie chantée aux Messes des grandes Fêtes, outre l'Epître, 37. 110. 160. 197. 204. 216. 393. quinze Propheties chantées chez les Grecs les veilles de Pâques & de Pentecôte, 481.

Pro quibus tibi offerimus vel; mots qui ne se trouvent point dans les anciens Missels manuscrits, 233.

Proses, 46. 168. 193. sont de pitoyables rapsodies pour la plûpart, 168. petites Proses à la fin de chaque Nocturne, & pourquoi, 193.

Prosternement ou Prostration des Chanoines Reguliers de S. Lô pendant les sept Pseaumes de pénitence le Mercredi des Cendres, 395. d'un Prestre & de deux Diacres à la station des Rogations jusqu'à la fin des Litanies, 31. de tout le Clergé aux prieres à la fin de chaque Heure en

DES MATIERES.

Avent & en Carême, 205. & aux prieres des Stations des Mercredis & Vendredis de Carême, 336. des Enfans de chœur de Lyon à platte terre aux prieres les jours de jeûne, 63. de même des Enfans de chœur à Angers les trois derniers jours de la Semaine-sainte à la fin des Tenebres pendant les *Kyrie*, 91. des deux Chanoines qui ont apporté la Croix & chanté le *Popule meus*, &c. comme font les Chartreux avant que de célebrer la Messe, 303. de tout le Clergé & de tout le peuple à platte terre, avant l'adoration de la Croix, 302. la plus grande humiliation, *là-même*. des Religieuses de Fontevrauld à la fin de chaque Office en Avent & en Carême, 109. 111. sur des bancs, *prostratio super formas*, 109. 336. 396. Prosternement avant que de recevoir la sainte Communion, 225. 239.

Prousteau [Guillaume] Docteur & Professeur en Droit à Orleans, a donné sa Bibliotheque pour être publique à Bonne-nouvelle, 435.

Pseautier tout entier récité les trois jours des Rogations, à chaque jour cinquante Pseaumes, à S. Agnan d'Orleans, 209. à Jargeau, 218. récité pieds nuds avec les sept Pseaumes pénitenciaux le Vendredi-saint, 112. 225. [302.] 400. Pseautier tout entier doit être dit à l'Office pendant la semaine, 238.

Pseaumes de la Ferie aux premieres Vêpres des plus grandes Festes de l'année, 405. Pseaumes des Nocturnes récitez sans chant & sans Antiennes en esté que les nuits sont courtes, 122. chantés à S. Martin de Tours avec des Antiennes en hyver que les nuits sont longues, 122. afin qu'on pût chanter les Laudes vers l'aurore, *là-même*. Pseaumes & Cantiques triomphez, 13. 65. 66. 204. 326. deux Pseaumes ajoutez à chaque Heure en Carême, 196. Pseaume chanté pendant la Communion du peuple, 215. 411. 434. *Voyez Omissions & fautes.*

Pucelle d'Orleans, nommée Jeanne d'Arc, délivre la ville l'an 1428. en faisant lever le siege aux Anglois, 179. *on a mal marqué au haut de la page* 199. est enfin brûlée à Rouen, & où, 264. 265. sa statue en pierre à Rouen, 264. en bronze à Orleans, étant à genoux les cheveux liez & flottans sur les épaules est à l'entrée du pont à main gauche, *là-même*. en mémoire de cette délivrance on fait tous les ans à Orleans le 8. May une Procession generale pour action de graces, 180.

Puits au milieu du Preau des Cloîtres des Eglises Cathedrales ou des Monasteres pour l'usage de la vie commune, 50. 82. beni les Dimanches à la Procession, 50.

Pupitre, avec les quatre animaux d'Ezechiel, 156. qu'on tourne selon l'Evangile, là-même. au bout du Synthrône afin que le Célebrant y puisse lire l'Epître, &c. 45. 54. 427. Pupitres en grand nombre dans le Cloître de saint Ouen de Rouen à quoi servoient, 487.

Purgatoire, 469.

Purification de la Vierge appellée la Présentation de notre Seigneur, 112. avec Octave, quand la Fête arrive le Dimanche ou Lundi avant la Septuagesime, 210.

Pyramide à Vienne à la porte d'Avignon, 39. à l'Eglise Cathedrale de Rouen, haute de 380. pieds, 269. 384. à l'Asyle de Lyon, 75.

Q

Quasimodo, Dimanche de *Quasimodo* appellé *Dominica in albis*, 30. *Dominica in albis depositis*, 36. & *Dominica post albas*, 405.

Quatre-tems ; ces jours-là la Messe dite après Nones comme en Carême, immédiatement avant Vêpres, 203. 216. 309.

Questions sur la Liturgie de l'Eglise d'Orient, 437.

Quoniam in æternum misericordia ejus, point repeté le Jeudi à Vêpres à chaque Verset du Pseaume 135. p. 9. 124. 174. 193.

R

Raisins nouveaux benis le 6. Août à Tours & à Angers après l'Epître de la Messe, 101. 119. autrefois aussi à Orleans & à Jargeau en ce même jour-là au *Per quem hæc omnia*, 198. 199. 210. 219. marqué au même jour & au *Per quem hæc omnia* dans un Missel d'Auxerre de quatrecens ans, 160. & dans beaucoup d'autres, 433. 434. & c'est encore en ce jour & au *Per quem hæc omnia*, qu'on benit les raisins dans les Eglises de Lorraine, dans celle de Reims, 177. 433. 434. & à S. Martin de Tours aussi au *Per quem hæc omnia*, en pressurant un grain ou deux, & en faisant couler le jus dans le Calice avec le précieux Sang, 132. dont les signes de croix appartiennent aux fruits, 199. à Rouen c'est le jour de l'Exaltation de sainte Croix avant la grand'Messe à l'Autel de la Croix dans la nef ;

DES MATIERES.

nef, 353. à Orleans à present en ce même jour de l'Exaltation à l'Offertoire ou au *Per quem hæc omnia*, à la volonté du Célebrant, 186. 199. 434. diftribuez au Clergé à l'*Agnus Dei*, 101. 186. 434. des grains de raifins donnez au peuple dans les Eglifes d'Orient, 447.

Rangs, quatre rangs d'Ecclefiaftiques, *de 1. 2. 3. 4. ftallo*, à S. Martin de Tours, 120. à Sainte-Croix & à S. Agnan d'Orleans, 202. en quelques Eglifes de Flandres, autrefois aufli d'Ecoffe, 202.

Raoul Roi de Bourgogne, époufe Ermengarde qui eft enterrée dans la Chapelle de S. Jean-Baptifte au Cloître de S. Maurice de Vienne, 7.

Raoul ou Rollon premier Duc de Normandie, 272. fa ftatue dans l'ancienne Chapelle de S. Romain au detour de la petite Sacriftie, 272.

Ratelier, grand chandelier de cuivre avec fept cierges, 17. 44. Voyez-en la figure, 44. Ratelier avec onze cierges à Matines en certaines Feftes à Orleans, 432.

Rebord de pierre en forme de demi-cercle, *voyez* Demi-cercle.

Reception de l'Archevêque de Rouen en fa prife de poffeffion, 354.

Reception d'un Chanoine de Notre-Dame de Chartres, 227. de Notre-Dame de Paris, 249. de S. Pierre en pont d'Orleans, 215. inftallé par le Chantre, 250. 251.

Recordations des Leçons, Propheties & Repons faites autrefois à Vienne, 9. à Rouen, 356. 393. 403. à Fontevrauld, 110.

Recreations parmi les Religieux & Religieufes, 240.

Refectoires benis les Dimanches à la Proceffion avant la Meffe, 12. 50.

Refectoire des Chanoines de l'Eglife Cathedrale d'Angers fert aux Profeffeurs de l'Univerfité à y faire leurs leçons, 82.

Reims, ville Archiepifcopale en Champagne fur la riviere de Vêle, *Remi ad Vidulam*, 176. Eglife Cathedrale de Notre-Dame de Reims, & fes ceremonies, 176. c'eft l'Archevêque qui y facre les Rois de France, 176.

Reines par refpect pour les Eglifes fe font enterrer dans le Porche ou dans le Cloître, 7. 38.

Religieufes reçues *gratis*, 241. 242. 243. faifoient l'Office du Diocefe, 257. alloient autrefois aux Proceffions generales, 4. 30. 34. 38. 72. y chantoient une Litanie à leur tour, 30. 34.

Religieuses de Fontevrauld ou Fontevaud malades étoient portées à l'Eglise pour y être confessées, 108. pour y recevoir l'Extrême-onction & le Viatique, 108. se confessoient de leurs pechez secrets à leur Abbesse, 110. & ensuite à un Prêtre dans l'Eglise devant un Autel, 110. une Religieuse allant à la 4. 8. & 12. Leçon de Matines avec une abfconfe voir s'il n'y a point quelque Religieuse endormie, 110. elles alloient après les Nocturnes la nuit de Noël au Cloître se laver immédiatement avant que de commencer la Messe, 110. leur chœur étoit encensé les grandes Fêtes à *Ben dictus* & à *Magnificat*, deux Religieuses tenant cependant deux chandeliers élevez à la porte du grand Autel, 110. elles alloient communier au grand Autel, 111. les grandes Fêtes l'Abbesse servoit le premier mets aux Religieuses du côté droit du Refectoir à dîner, & la Doyenne au gauche, 111. le Mercredi des Cendres & le Vendredi-saint elles assistoient à la Messe pieds nuds, 111 & à la Procession de saint Marc de même, 112. elles étoient prosternées le visage en terre aux deux Pseaumes & Prieres à la fin de tous les Offices de Carême, 111. elles se lavoient avant que de chanter Nones solennellement le jour de l'Ascension, 112. après leur profession lûe & signée, l'Abbesse leur couvroit le visage d'un voile, qui restoit ainsi deux jours, 113. après la mort d'une Religieuse on lavoit son corps, 113. on le couchoit sur un cilice, 113. elle avoit le visage enveloppé de sorte qu'il ne pût être vû de personne, 113. le corps enveloppé dans un suaire, & cousu depuis les épaules jusqu'aux pieds, 113. & avec le cierge beni l'Abbesse en faisoit degoutter en forme de croix depuis la tête jusqu'au nombril, 113.

Religieuses consacrées par l'Evêque, 102. 109. 235. ayant un manipule au bras, 235. étoient communiées par l'Evêque d'une parcelle d'une grande Hostie, 235. & des sept autres elles se communioient elles-mêmes pendant l'Octave de leur consecration, 109. 235.

Religieuses Benedictines du Ronceray d'Angers, consacrées par l'Evêque, 102. ont des benefices en titre, qu'elles résignent en Cour de Rome, 102. n'ont point encore admis l'étroite clôture, *là-même*. ouvrent tous les jours la grande porte du chœur de leur Eglise aux élévations de l'Hostie & du Calice, *là-même*. les Dimanches pour l'aspersion de l'eau benite, *là-même*. & les Festes solennelles pour les encenſemens, 102. ouvrent & cedent le chœur de leur Egliſe au Clergé de l'Egliſe Cathedrale le jour de S. Marc, 99.

Religieuſe de Sainte Croix de Poitiers en aube & en amit ſervoit d'Acolythe, & éclairoit au Diacre avec le chandelier, 78.

Religieux & Religieuſes ſous la dépendance de l'Evêque, 138. 238. faiſoient l'Office du Dioceſe, 257. Religieux de Fontevrauld ſoumis à l'Abbeſſe Superieure generale de tout l'Ordre, 108. Religieux & Religieuſes d'Orient, & leurs habits, 478. leurs pratiques, 477. 478. Dames ſe faiſoient revêtir de l'habit de Religieuſe en leur derniere maladie ou après leur mort, 136. 263.

Reliques des Saints ſous les Autels, 232. Relique conſiderable expoſée doit être traitée avec reſpect, 13 131. portée aux Proceſſions, 99. baiſée aux Proceſſions, 87. ſous laquelle tout le Clergé & le peuple paſſe, 100.

Renovation des vœux du Baptême faite le jour de Pâques aux Fonts baptiſmaux, 261.

Repas unique à S. Siran depuis la Sainte-Croix 14. Septembre juſqu'à Pâques, 137.

Repréſentation des morts ne ſe met point à Paris, 248.

Reſidence perpetuelle des Chanoines, 250.

Reſpect pour les Egliſes, où les perſonnes les plus illuſtres ne veulent pas être enterrées, 7. 38. 135.

Reſurrexit, mot qui détermine à ſe relever, 77. 127.

Reſurrexit Dominus annoncé par l'Evêque ou le Doyen aux Chanoines le jour de Pâques, 27. 342 par deux Corbeliers ou Semiprébendez ayant deux œufs d'Autruche enveloppez dans une toile de ſoye, 98. ſalut de tous les Chrétiens Orientaux au temps Paſcal, 482.

Retable du grand Autel de S. Jean de Lyon avec deux croix, 44 entierement ôté par M. de Saint-Georges Archevêque de Lyon, 45.

Retribution pour les Meſſes dans l'Egliſe d'Orient, 448.

Revenus d'un Canonicat d'un défunt Comte de Lyon partagez entre les autres Chanoines, 68.

Reverence faite à la mode des Dames par tous les Enfans de chœur des Egliſes Cathedrales, 49. par les Chanoines, les Chantres & les Enfans de chœur de S. Jean de Lyon, 49 par les Cardinaux au Pape quand ils entrent dans la Chapelle, 50. par les Ambaſſadeurs au Roi de France, 50. Reverence *in ambitu*, en rond, 359.

Reveſtiaire ou Revétoire, 60.

Rhône, riviere, *Rhodanus*, paſſe par Lyon, 40. par Vienne, 1.

Richard Roi d'Angleterre & Duc de Normandie pardonne ſa mort à celui qui en étoit l'auteur, 274. eſt enterré dans l'Egliſe Cathedrale de Rouen à côté de l'Autel, 174.

Rideaux aux côtez de l'Autel, 121. 157. 159 169. 275. 386. 411. 445. tirez au *Sanctus* par le Diacre, & refermez au *Pater* par le Diacre & le Soûdiacre, 159. 367. 368 tirez au *Sanctus* par les deux Thuriferaires, 169. Rideau ou voile en Carême entre l'Autel & le chœur, 205. 314 396. 411. 445. petit rideau au coin de l'Autel tiré au milieu pendant le Canon, 226. 227. 433. 435. 435. & pourquoi, là-même.

Rigueur de la diſcipline de l'Egliſe de Lyon, 68. *& ſuiv.* de Rouen, 362 371.

Robe blanche donnée au nouveau baptiſé, 25.

Robe d'étoffe de ſoye jaune au lieu d'aube le Vendredi-ſaint à Angers pour le Célebrant, 95.

Rogations, *voyez* Proceſſions des Rogations.

Rois de France ſacrez dans l'Egliſe Cathedrale de Reims par l'Archevêque, 176. Rois de France de la premiere race enterrez dans l'Egliſe de S. Germain des prez à Paris, 256. Rois de France de la ſeconde race alloient prier au tombeau de S. Martin avant que de commencer la guerre, 121. & faiſoient porter la Chappe ou Manteau de ſaint Martin à la tête des armées, 121.

S. Romain Archevêque & Patron de Rouen, 376. 377. enterré dans l'Egliſe de S. Godard, 416. ſon tombeau de jaſpe dans une crypte frequentée par les Fideles, 416.

Romains établis à Vienne en Dauphiné, 1. y font de beaux ouvrages, 40.

Romeſtang, *Romanorum Stagnum*, quartier de Vienne en Daufiné, 40.

Ronceray, *voyez* Religieuſes du Ronceray.

Rore dans la Benediction de l'eau, mal, il faut lire *pietatis tuæ more*, 51. 197.

Rotuli, rôles, 17. 54. ce que c'eſt que chanter *per rotulos*, 54.

Rouen, ville capitale de la ſeconde Lyonnoiſe, 264. ou de la Province de Neuſtrie dite depuis Normandie, 264. une des plus grandes & des plus peuplées de France, 264 ſur la Seine, *Rotomagus*, quelquefois *Rotomus* & *Rodomus ad Sequanam*, 264. floriſſante en pieté dès le quatriéme siecle, 366. & encore au douziéme, 267. a un fort beau quay & plusieurs belles places, 264. son privilege de Clameur de *Haro*, & ce que c'est, 265. ses Cours souveraines & autres Jurisdictions, 265. 266. son Eglise Cathedrale, &c. 266. ses pratiques & ceremonies, 276. *& suiv.* il y a dans la ville trente-six Paroisses & environ 50 Maisons Religieuses, 266. & dans le Diocese 26. Abbayes, dix Eglises Collegiales, & 1388. Paroisses ou Cures, 266.

Rouleaux, en latin *volumina*, écrits d'un seul côté, & collez bout à bout, 266. c'est ainsi que sont écrites encore à present les Expeditions de la Chancellerie à Rouen, 266.

Roussel (Raoul ou Radulphe) Archevêque de Rouen, 270. enterré dans l'Eglise de Notre-Dame derriere le Chœur, 270.

S

Sac quarré à la ceinture des Curez, & pourquoi, 479.
Sacerdoce; tout le monde y court pour le profit, 370.
Sacre à Angers, pour la Feste du saint Sacrement, 101.
Sacre des Rois de France fait par l'Archevêque de Reims dans l'Eglise Cathedrale 176.
Saint Sacrement exposé ne doit être quitté pour faire la Procession hors l'Eglise, 13. n'est point gardé dans l'Eglise Cathedrale de saint Jean de Lyon, 60. 63. ni autrefois dans celle de Rouen, 276. 317. quand exposé, 60. 63. celui de Lyon resserré dans l'Eglise Paroissiale de Sainte-Croix à côté, 60. 63. dans la Sacristie, 102. 217. 449. 466. 477. *voyez* Suspension. Feste du saint Sacrement appellée à Orleans *Solemnitas Eucharistia Christi*, 193. le Sacre à Angers, 101.
Sacremens administrez aux Chanoines & autres Ecclesiastiques de la Cathedrale malades, en quelque lieu qu'ils demeurent, par un de leur corps, 83. il y a sept Sacremens chez les Orientaux comme chez les Occidentaux, 458.
Sacrifice de la Messe ne se fait point le Vendredi ni le Samedi-saint, 301.
Sainte-Chapelle de Paris, Église de Chanoines, 261. 262. elle est si obscure qu'on y a quelquefois besoin de lumiere à dix heures du matin, *là même*. S. Louis Roi de France l'a fait bâtir, *là même*. riche en Reliques & autres ornemens & pieces fort rares, *là-même*.

Salle des Clementines, 37 où s'est tenu le Concile general de Vienne, 37. auquel Clement V. présida, 37. a bien changé depuis de condition, 37.

Salpêtriere, Hôpital de Paris, & ce qui s'y fait le jour de Pâques, 261.

Salut du saint Sacrement, 351. *on a mal mis* 513.

Salve festa dies, 97.

Salve regina misericordia, c'est ainsi qu'on le lit par tout avant le siecle passé, 194.

Salve regina, *Alma Redemptoris mater*, &c. ces Antiennes ne se disent point à saint Martin de Tours les jours qu'on fait l'Office ou la Memoire de la sainte Vierge, 124.

Samedi en Orient n'est jamais jeûné, excepté le Samedi-saint, 441.

Santeuil (Jean-Baptiste) Chanoine Regulier de S. Victor, excellent poëte, 257. auteur d'excellentes Hymnes qu'on chante dans l'Eglise, 157.

Saône, *Arar*, riviere passe par Châlons, 153. par Mâcon, 146. par Lyon, 40.

Schola Cantorum, où étoit sa place dans l'Eglise, 156. 361.

Scrutins ou Examens des Catecumenes faits encore à present le Mercredi de la quatriéme Semaine de Carême à Vienne, 20. & autrefois à Rouen, 297.

Secret de la Confession inviolable sous de tres-grandes peines, 464.

Secret du Chapitre; les Chanoines juroient de le garder, 390.

Semaine Ecclesiastique commence dans la plûpart des Eglises aux premieres Vêpres du Samedi, 357. commence à saint Martin de Tours aux Matines du Dimanche, 122. à Laôn à l'eau benite du Dimanche 5 428. Semaine faite par differens Journeyeurs ou par journée pendant les trois Octaves de Pâques, Pentecôte & Noel à Rouen, 328.

Semainier toujours en habit d'Eglise [excepté le surpelis] pendant sa semaine à Sens, 173. & ne sortoit point du Cloître, 173. à Rouen étoit retiré dans une chambre proche de la Sacristie, 357. 379. pour être plus uni à Dieu, & pourquoi encore, 174. 357. se prosterne à la fin de la semaine pour demander à Dieu pardon des fautes qu'il y a faites, 357. quel respect on a pour lui à Rouen, 356. allant à la Sacristie afin de s'habiller pour la Messe fait une inclination à son voisin, pour le prier d'achever pour lui l'Office de Tierces, 202. Prestres Semainiers en Orient, 479.

Semidoubles n'avoient point de Matines, on les difoit de la Ferie, 313

Seminariſtes au nombre de trente fondez par le Cardinal de Joyeuſe Archevêque de Rouen, 416. vétus de violet, & pourquoi, 418.

Sentelée, *Semita lata*, ce que c'eſt, 215.

Sentence terrible de faint Gregoire pour les Paſteurs ignorans, 39.

Sepulture des Evêques & des Prêtres comme celle des laïques avant le ſeiziéme ſiecle, 273. & pluſieurs Rituels de célebres Egliſes l'ordonnent encore, 273.

Sepulcre; Office du Sepulcre ou de la Réſurrection le jour de Pâques à Vienne, 28. à Angers, 98 à S. Agnan d'Orleans, 209. à Jargeau, 218. à Rouen, 305.

Sens, ville Archiepiſcopale ſur le confluent des rivieres de Venne & d'Yône, *Senona ad confluentes Venna & Icauna*, 161. ſon Egliſe Cathedrale de faint Etienne, & ſes ceremonies, 161.

S. *Sequanus*, faint Seine, 157.

Serment d'obéiſſance, *voyez* Preſtation du Serment d'obéiſſance.

Serment de l'Archevêque de Rouen en ſa reception, 355. Serment des Chanoines de Chartres à leur reception, 227.

Sermon de l'Archevêque de Vienne aux grandes Fêtes entre la Proſe & l'Evangile, 30. 35. Sermons aux Egliſes ſtationales des Rogations, 344. 345. Sermon ou diſcours latin d'un Theologien le Jeudi-ſaint ſur le lavement des pieds, 94. un autre encore ſur l'Euchariſtie, 95. Sermons Archiepiſcopaux à Rouen, faits au milieu de la Proceſſion, pendant leſquels on ne dit point de Meſſes, dans les Egliſes, 354. point de Sermon dans la Cathedrale de Rouen, quand le faint Sacrement y eſt expoſé, 351. Sermon de faint Sever Evêque d'Avranches, prêché dans la Cathedrale de Rouen le premier jour de Fevrier, au Jubé en aube, en chappe & en bonnet quarré, 353 ayant les Reliques du Saint à côté, 353 comme le furent les Reliques de ſaint Etienne dans l'Egliſe d'Uzale, 353.

Services pour les défunts avec cierges, pain & vin, 215. 408. 427. 470. *voyez* Obits.

Saint Severe ancien Prêtre de Vienne, 2. eſt enterré dans l'Egliſe qui porte ſon nom, *là-même*. l'Egliſe, le Cimetiere, les Epitaphes, 2. 3. ſa Feſte le 8. Août, 34. le Clergé de l'Eglise Cathedrale y alloit la nuit y faire station, 34.

Sextes appellées *Meridies* ou *Hora meridiana*, & pourquoi, 9. 68. dites à midi avant que de dîner, 2. 1.

Sieges de l'Evêque & des Ecclesiastiques d'Orient, 444.

Siege en demi-cercle, *voyez* Demicercle.

Sieges du chœur baisez au commencement de l'Office à Fontevrault en Avent & en Carême, 109. à Rouen en Carême, 19.

Signe de croix comment fait par les Orientaux, 439. Signes de croix du *Per quem hæc omnia*, appartiennent aux fruits nouveaux qu'on benit alors, 199. 433.

Silence exact des Religieux gardien de la discipline monastique, 387. plus exact encore en Carême, & sur tout les trois derniers jours de la Semaine-sainte, 397.

Silence, *voyez* Adoration.

Silenter ou *sub silentio canere*, *legere*, &c. chanter ou lire d'un ton mediocre & plus bas, 96. 111.

Saint-Sirau en Brenne, *S. Sigirannus in Brena*, Monastere de l'Ordre de saint Benoît de la plus haute reforme, 135. 138. où la Regle de saint Benoît est observée entierement & tres-exactement, 135. *& suiv.* les Religieux soumis à l'Archevêque de Bourges suivant le premier esprit, 138. font chacun à leur tour la cuisine pendant une semaine, 135. 136. pendant près de sept mois de l'année ne font qu'un seul repas, 137. chantent tout l'Office en plein chant, excepté Complies, 138. travaillent tous ensemble de plusieurs métiers, 139. seyent eux-mêmes leurs bleds, labourent & façonnent leurs jardins pour en tirer leur subsistance, 39. les femmes n'entrent point dans leur Eglise, 139.

Soc, espece de chappe dont se sert le Spé ou Doyen des Enfans de chœur de Notre Dame de Paris, tenant la patene élevée dans un grand bassin pendant le Canon de la Messe, 245.

Société de Chanoines & de Religieux, 134. ils assistoient aux Enterremens les uns des autres, au moins une partie de la Communauté, 134.

Solea, ce que c'est, 427.

Sonnerie de Matines, le premier coup à dix heures du soir, 292. 293. Sonnerie de la Messe le Jeudi-saint au *Gloria in excelsis*, 300. le Samedi-saint au *Kyrie*, 198. au *Gloria in excelsis*, 322. celle de l'Eglise Cathedrale doit preceder

DES MATIERES.

les autres, 322. Sonnerie de Vêpres du Jeudi-saint à l'*Agnus Dei*, dans la Cathedrale de Rouen, 300. Sonnerie de Sextes à l'*Agnus Dei*, appellée le Bouttehors de la Messe, 369. Sonnerie de midi quand & par qui instituée, 189 encore sonnée à Rouen après la sonnerie de la Messe & des Vêpres du Samedi-saint, & pourquoi; 300. Sonnerie de l'Eglise Cathedrale de Rouen, 300 *& suiv.*

Sorbonne, l'Eglise, la Maison & la Bibliotheque meritent d'estre vûes, 259.

Soudiacre à la Procession porte le benitier, 13. 28. la croix, 30. 50 63. 455. la crosse de l'Evesque en Orient, 455. le texte des Evangiles, 16. 361. 362 est thuriferaire, 14. 15. 19. 62. en quelle place & posture le Soudiacre est à la grand'Messe à Vienne, 10. il est à la carne de l'Autel à Sens, 166. fait baiser pendant le *Credo* aux Chanoines le livre des Evangiles ouvert comme au Célébrant, 10. couvre la patene de la moitié de son manipule; 58. la montre au *Pater* au peuple découverte comme le signal de la Communion, 58. baise le Prestre à l'épaule, 59.

Soudiacres autrefois en grand nombre dans l'Eglise, 15. 250. 279. 370. souvent portoient les chandeliers, 13. 14. 15. sept Soudiacres à la Messe aux grandes Festes l'Evesque officiant, 11. 16. 28. 45. 73. 310. 429. & même lorsqu'il n'officie pas, 73. 118. cinq Soudiacres, 30. trois Soudiacres à la Messe, 52 87. 88. 147. ne sont point assis avec les Prestres & les Diacres à la Messe, 45. 46. assis au chœur pendant une partie de la Messe, 46. 52. 284. derriere l'autel pendant une partie de la Messe, 46. 58. 228. 287.

Soudiacre revêtu d'une chasuble pliée pardevant jusqu'à la poitrine en Avent & en Carême, 92 284. la quitte pour chanter l'Epitre, 284. Soudiacre de l'Eglise Cathedrale de Rouen ne touche point les vases sacrez, 287. 364. 369. 370. Soudiacre Chanoine Comte de Lyon thuriferaire encense en aube & rabat, sans amit, à Laudes & à Vêpres le grand Crucifix au Jubé & les Chanoines, 46. 62. met la chappe sur le dos de l'Officiant, & lui apporte le Collectaire au milieu du chœur, 62.

Souffle sur le sel & sur l'eau en la Bénédiction de l'eau, 50.

Souper immédiatement après Vespres à Paris, 251.

Soutanne ou robe de couleur tannée [ancien noir naturel] de vingt-quatre jeunes Clercs de Bordeaux, 77. des Enfans de chœur de l'Abbaye de Cluny, *là-même.*

Spectacles interdits aux premiers Chrétiens, 108.

Stalles, sieges des Chanoines, & combien il y avoit de rangs de stalles. 54. 120. 195. 202.

Station à la Procession des Dimanches & des Festes solennelles, & pourquoi, 12. 50. 184. à Vienne à quelque Eglise tous les Dimanches à Vêpres, & aux Quatre-tems, 13. Stations, 14. 15. 18. 30. 34 90. 101. 129. 130. 131. 205. 221. 343. à Orleans le Mercredi des Cendres, les Lundis de Carême, & tous les jours de l'Octave de Noël, 186. les Mercredis & les Vendredis de Carême à Rouen, 297.

Statuts Capitulaires des Eglises Cathedrales de Lyon, 68. 69. d'Orleans, 190. de Rouen, 279.

Submissâ voce canere, c'est-à-dire chanter moins haut qu'à l'ordinaire, chanter d'un ton médiocre, 29. 52. 207. 208. 425.

Submissâ voce dicere ou *legere*, dire ou lire d'un ton médiocre, sans chanter, 111 207. 208. 430.

Subpellicium, soupelis comme disoient les anciens, ou *Superpellicium* surpelis, 47.

Subvention de saint Martin le 12. May, ce que c'est, 131. les grandes ceremonies de ce jour à S. Martin de Tours, *là-même*.

Superstition en Beausse, de jetter hors la maison toute l'eau après la mort d'une personne, 151.

Supplément des ceremonies du Baptême sur un ondoyé, quand a commencé, 175.

Surgite, eamus hinc; on se leve à ces mots, & on sort du lieu où l'on est le Jeudi saint après midi, 94. 400.

Surpelis ou Soupelis, 47. 48. est l'aube raccourcie, 125. à manches closes à Vienne, 8. à Lyon, 47. à Paris, 257. à Rouen, *Voyez Omissions & fautes*. à manches fendues à Angers, 82. &c.

Surrexit, mot qui détermine à se lever, 77.

Sursum corda, le mot *sursum* détermine à se lever, 220. le chant monte conformément à la lettre, 220.

Suscipe deprecationem nostram, tous se mettent à genoux à ces mots du *Gloria in excelsis*, à S. Martin de Tours, 127. à Rouen, 363. à Sens le Célébrant, le Diacre & le Soudiacre seulement, 167.

Suspension du saint Sacrement dans une colombe à saint Julien d'Angers, 103. à saint Maur des fossez proche de Paris, 103. à saint Paul de Sens, *là-même*. à saint Liperche Diocese de Chartres, *là-même*. Suspension du saint Sa-

DES MATIERES.

erement dans le Ciboire, 104. 114. 121. 139. 155. 157. 162. 221. 225. 226. 244. 386. 436. Suspension du saint Ciboire avec un grand dais audessus qui couvre tout l'Autel, 81. 105. 115. 276.

Suso, Suson, riviere qui passe à Dijon, 155.

Symmista, Symmases ou Prestres concélébrans avec l'Evêque, 47. 140.

Synode Diocesain d'Orleans autrefois le Jeudi dans l'Octave de la Pentecôte, 197.

Synthronos ou Synthrône, ce que c'est, 45. 47. & qui sont ceux qui s'y asseyent, 45. 46. 54. 479.

T

Tables d'Autel un peu creusées pardessus, 5. 39. 44. 60. 148. 150.

Table de la Communion toute couverte d'un dais blanc, 409.

Table Pascale attachée au Cierge Pascal à Fontevrauld, 112. à Reims, 177. 318. 319. espece de Kalendrier Ecclesiastique, 321.

Tableau enduit de cire, *Tabula cerea*, où ceux qui devoient faire quelque Office à l'Eglise étoient inscrits à S. Martin de Tours, 122. 392.

Tableaux fort beaux à Notre-Dame de Paris, 144.

Tablettes dans lesquelles sont enchassez le Graduel & l'*Alleluia*, écrits sur du vélin, ce qu'on appelle chanter *per rotulos*, 17. 54.

Tablettes, voyez Tartevelles.

Tabula ossea, ce que c'étoit, 284.

Tartevelle ou Tablette, instrument de bois dont on se sert pour convoquer le peuple à l'Office divin les trois derniers jours de la Semaine-sainte, 300. 317.

Te Deum laudamus, dit autrefois le Dimanche des Rameaux à Vienne, 20. encore à present à Lyon & dans tout l'Ordre de saint Benoît les Dimanches de l'Avent & du Carême, 20. 65. 426. & à S. Martin de Tours aussi jusqu'à l'an 1635. p. 122. le Mercredi des Quatre-tems de Decembre à Matines à Bourges, 144. s'y dit à Vienne, à Lyon, à saint Martin de Tours le jour des saints Innocens, 33. 123. comment chanté à saint Maurice d'Angers, 85. on y encense à Rouen le grand Autel aux Festes solennelles, 292. au verset *Te ergo quæsumus*, on s'agenouille à Angers, 91. & à Rouen, *là même*.

Tems de contracter mariage plus restreint autrefois, 223.

Tems Pascal appellé *la sainte Quinquagésime*, 321. n'est pas moindre que l'Avent & le Carême, 306.

Tenebres les trois derniers jours de la Semaine-sainte chantées à l'heure ordinaire de Matines à Lyon, 63. à Rouen, à Rouen, 299. autrefois à Orleans [& par tout], 196. vingt-quatre cierges allumez à la herse, 206. 298. 397. à Orleans on les éteignoit entierement à la fin du troisiéme Nocturne, parce qu'il faisoit jour alors, 196. on ne les éteint à Lyon qu'à Laudes, &c. 73. ainsi ce n'est point un mystere, 44

Terrea, ce que c'est, 192. 205.

Testament de Perpetuus Archevêque de Tours, 120.

Tête couverte aux Exorcismes du sel & de l'eau, &c. 50. à la bénédiction des Fonts, 51.

Thermes ou Bains de Julien l'Apostat à Paris, 260.

Thiare du Pape à trois étages, 476. celle des Patriarches en a deux *là même*.

Thrésor de l'Abbaye de saint Denys est montré par un Religieux tous les jours devant & après Vêpres, 262.

Throne de l'Evêque aux jours solennels au fond de l'abside, 11, 16. 39. 45.

Thuriferaire en quelle place & posture il est à la grande Messe à Vienne, 10. parfume d'encens le chemin par où le Diacre porte le livre d'Evangiles au jubé, 89.

Tierces aux jours solennels chantées solennellement à Angers & à saint Martin de Tours, & comment, 85. 125. fort solennelles à Rouen le jour de la Pentecôte, 309. 327. & pendant l'Octave, 318.

Titus Flavius l'Asiatique, qui il étoit, 104.

Tombeaux & Mausolées, 148. 274. 362. encensez tous les jours [hors les Simples & les Feries] à Laudes, à la Messe & à Vêpres, 275. 367. aspersez d'eau benite, 164. 221. 362. Tombeaux anciens en forme d'auge, 71 *voiez* Cercueils. Tombeau de saint Martin combien célebre & combien frequenté, 121. 131. baisé par respect, 121

Tour de Pilate à Vienne, 2.

Tours, *Turoni*, ville Archiepiscopale sur la Loire & sur le Cher, son Eglise Cathedrale & ses ceremonies, *là même*.

Traits de la Messe comment chantez à Rouen, 361.

Travail manuel exercé par les Chanoines de Rouen tous les jours encore après Vêpres, 281. quitté par les artisans

DES MATIERES.

dès les premieres Vêpres des Dimanches & Festes, 280.
441. & on le reprenoit après les secondes Vêpres, 279.
280. en plusieurs métiers on cesse le travail encore à presentau dernier coup des premieres Vêpres des Festes solennelles, 280. & les vieilles femmes en Normandie ne filent point, non plus que les Samedis après midi, 280.

Triompher des Pseaumes & des Cantiques, 13. 65. 66. 204. 425. 426.

Trinité; la Feste de la Trinité célébrée autrefois à Orleans le dernier Dimanche après la Pentecôte, 194. 197.

Triples; Festes Triples pourquoi ainsi nommées, 292. 305.

Tropes chantez dans les grandes Festes en plusieurs Eglises, 16. 167. 322. 323. 394. ce que c'est, là-même.

Tuniques avec orfrois, habit des Soudiacres à l'Autel, 179. & encore à present des nobles & bourgeois autour de Pau dans le Bearn, 479.

V

Val-de-grace, la plus belle Eglise de Paris, 259.

Vases sacrez non touchez par le Soudiacre dans l'Eglise Cathedrale de Rouen, 364. 370. Vases du saint Chrême & des saintes Huiles portez le Samedi-saint à la bénédiction des Fonts baptismaux, 24. aux Processions aux Fonts à la fin de Vêpres, 24. 96. 326. portez à baiser à l'*Agnus Dei*, au lieu de Paix les Veilles de Pâques & de Pentecôte, 195. 218.

Vaux de-Cernay, *Valles Cernaii*, Abbaye de l'Ordre de Cîteaux Diocese de Paris, 233.

Vêle, *Vidula*, riviere qui passe par Reims en Champagne 176.

S. Venant, Monastere secularisé, 130.

Vendredi-saint Communion au moins pour le Clergé & les Religieux, 111. 107. 300. 303. les Chanoines de Rouen ne vivoient que de pain & d'eau ce jour là, 303. les Chanoines de S. Lô de Rouen de pain, d'eau & d'herbes crues, 402. leur repas ordinaire & leur vin donné aux pauvres, 402. les Chanoines Reguliers jeûnoient les Vendredis, excepté ceux du Tems Pascal, & depuis Noël jusqu'à la Purification, 395. étoient pieds nuds du moins pendant tout l'Office & la récitation du Pseautier, 400.

Venite exultemus Domino, Invitatoire de Matines, 61. 172.

358. on s'y met à genoux en Avent & en Carême à Sens ; 172.

Venite populi, &c. Invitatoire pour la sainte Communion aux grandes Festes à la Messe immédiatement après l'*Agnus Dei*, 17. 29.

venna, Venne, riviere qui passe à Sens, 161.

Vêpres se disoient sur le soir, 143. 259. un peu avant le coucher du soleil, 251. 259. *imminente noête*, 281. appellées *Lucernarium* ou *Lucernalis Hora*, 281. parce qu'on y allumoit un grand nombre de cierges & de lampes pour éclairer au peuple qui y assistoit après son negoce, 251. Vêpres avancées en Carême pour avancer le repas, 295. Vêpres *ante comestionem* ne commencent à Lyon que le Lundi d'après le premier Dimanche de Carême, 66. & s'y disent tous les jours de Carême, excepté les Dimanches & les Festes à neuf Leçons, qu'ils disent Vespres l'après-midi, 66. dites l'après-midi encore à present tous les jours de Carême en quelques Eglises, 215. 259. 408. Vespres du Jeudi-saint enchassées dans la Messe, immédiatement avant la Postcommunion, 21. 207. 300. Vespres du Vendredi-saint en quoi consistent à Vienne, 22. dites *sub silentio*, 36. par chacun en son particulier, 303. Vespres des Veilles de Pâques & de Pentecôte selon le même rite à Vienne, 32. Vespres du Samedi-saint à Lyon composées de trois Antiennes & des trois derniers Pseaumes des Vespres du Samedi, d'un Capitule, d'un Verset, du *Magnificat*, de l'Antienne & Oraison, 74. Vespres de Pâques & de l'Octave, 29. commencées par *Kyrie eleison*, 155. 177. & celles de la Pentecôte & de l'Octave ont le même rite à Vienne, 32. secondes Vespres moins solennelles que les premieres, 127. 279. 293. 359. & pourquoi, 127. 279.

Verges exposées sur un Prie-Dieu à S. Jean de Lyon le Mercredi des Cendres & le Vendredi-saint, 66. & pourquoi, 66. 67.

Deux Vers de saint Paulin écrits en lettres d'or sur la porte de la Bibliotheque de l'Eglise Cathedrale de Rouen, 268.

Versets chantez par les Enfans de chœur ; on y répond *eodem tenore* à Lyon, 65. à Bourges, 143. à Orleans, *là-même*. Verset sacerdotal devant Laudes chanté par l'Officiant aux Festes à neuf Leçons, & par un Enfant de chœur aux Simples & aux Feries, 204.

Veuves en Orient font le deuil en habit bleu avec un voile noir, 484.

DES MATIERES.

Viande mangée en Orient tous les Samedis excepté ceux de l'Avent & du Carême, 441. les six Samedis d'après Noël à Orleans, quoique la sainte Croix soit la patronne de l'Eglise Cathedrale, 216. 421. 422. encore les six Dimanches de Carême au commencement du douxième siecle, 314. 315.

Viaticum morientis, une des deux grandes parcelles de l'Hostie reservée pour le Viatique des mourans, 290. grand pain & vin consacrez le Jeudi-saint pour le Viatique des malades, 466. où gardez en Orient, & comment administrez, 449. 477. 478.

S. Victor, Abbaye de Chanoines Reguliers à Paris, 257. ils jeûnent les Mercredis & les Vendredis, 257. chantent Matines à minuit, 257. portent l'aumusse sur les epaules, & des surpelis à manches closes, 257. il y a chez eux une Bibliotheque publique, là-même.

S. Victrice Confesseur, & depuis Archevesque de Rouen, 376.

Vie austere des Religieuses de Port-Royal des Champs, 139. & suiv. Vie commune autrefois parmi les Chanoines & Chappelains, 6. 279. 280.

Vieille Tour où le Criminel délivré leve la Fierte ou Châsse de saint Romain le jour de l'Ascension, 413.

Vienne, ville en Daufiné, ses particularitez & antiquitez, 1. & suiv. Colonie Romaine, là-même. siege du Préfet du Pretoire des Gaules, 1. nommée avant Lyon, 1. 2. son Eglise Cathedrale & Primatiale, 5. 36.

Vigile de l'Epiphanie jeûnée en Orient, 440. son Office fait le Dimanche quand elle s'y trouve, 193. Vigile de la Pentecôte non jeûnée à Nantes, à Angers, à Chartres, à Amiens & dans tout l'Orient, 79.

Vignes, terres & maisons aumônées pour fournir le pain & le vin matiere du Sacrifice, 5.

Villageoises autour de Mâcon portent sur leurs têtes des chapeaux pour se preserver de la pluye & du soleil quand elles vont dehors, 146. aux environs de Châlons sur Saône ont sur leur tête une serviette mise comme les voiles des Religieuses, 154.

Vin fondé pour fournir aux Messes, 187. 415. Vin mis dans le Calice à l'Offrande par le Préchantre à Cluny, 110. 436. jusqu'à une Chopine ou pinte en Orient, 448. Vin aux Messes des Enterremens présenté à l'Offrande pour le Calice, 239. 410. présenté au Diacre, qui met de ce vin dans le Calice, 239. Vin donné aux Communians dans un Calice consacré, 127. 246. 410. (426.) aux nouveaux mariez dans l'Eglise d'Orient, 473. dans une coupe ou tasse à la Pâque, 409. Vin beni donné aux petits enfans nouveaux baptisez, 419. Vin bû chez l'Evêque le Lundi de Pâques pendant le son des Vêpres, 30. verre de vin bû dans le Chapitre le Jeudi-saint après le *Mandatum*, 301. Vin nouveau beni en l'Eglise Cathédrale de Rouen le jour de l'Exaltation de la sainte Croix, 352. 353.

Visite de l'Archidiacre en Orient, 454. droit de Visite partagé entre les Ecclesiastiques en Orient, 454.

Vitres de l'Eglise Cathédrale de Bourges, de l'Eglise Cathedrale de Chartres, de la Sainte Chapelle de Paris, fort obscures, 140.

Voce submissâ canere, c'est-à-dire, chanter d'un ton mediocre, 29. 52. 207. 208. *Voce submissâ dicere*, ou *legere*, dire ou lire d'un ton mediocre sans chanter, 111. 207. 208.

Vœux du Baptême renouvellez aux Fonts baptismaux à la Procession des Vêpres le jour de Pâques, 261. 327. les Curez en devroient instruire, 261. Vœux d'un Chanoine Regulier, 390.

Voile entre l'Autel & le Chœur en Carême, 205. 314. 396. 407. est séparé en deux quand le Diacre dit le Mercredi-saint à la Passion, *Et velum Templi scissum est*, 314. Voile fort long pour couvrir le Calice, l'epaule & les deux mains du Soudiacre en portant le Calice, 287. Voile étendu sur les nouveaux mariez à la bénédiction nuptiale, & son origine, 177. 178.

Voyage de l'éternité est le dernier, & l'on doit s'en occuper, 424.

Urbain IV. Pape, Instituteur de la Feste du saint Sacrement dans toute l'Eglise d'Occident, 432. avoit été auparavant Chanoine & Archidiacre de Laôn, *là-même*.

Urne, où avoient été mises les cendres d'une payenne, sert de pied à la Croix du Cimetiere de S. Julien d'Angers, 103. qui étoit cette femme, 104.

Fin de la Table.

INDEX
VOCUM LATINARUM.

Andegavum ad Meduanam, Angers sur la Mayenne, 79.
Ante Evangelium, Antienne avant la lecture de l'Evangile, 88.
Arar, Saône riviere, 46. 146.
Apparitio, l'Epiphanie, 112.
Avaricum Biturigum, Bourges, 139.
Augusta Sequanorum, Lyon, 40.
Augustonemetum Arvernorum, Clermont en Auvergne, 75.
A privat. en psalmodiant, en chantant d'une voix mediocre, 70.
Audura, la riviere d'Eure, 215.
A vobis, la moindre inclination de tête, 56.
Aureliani, Orleans sur la Loire, 179.
Autissiodorum ad Icaunam, Auxerre sur l'Yône, 157.
Baudes, grosses cloches, 12.
Biturica, Bourges, ville capitale du Berry, 139.
Blesa, Blois sur Loire, 220.
Brena, Brenne en Touraine, 135.
Cabilo ad Ararim, Châlons sur Saône, 153.
Capellus, Capuchon, aumusson, 16.
Caput Ecclesiæ, Chevet de l'Eglise, 135.
Cardinales Presbyteri, Prestres Cardinaux, 170. 173.
Cardo, Carne, gond, 170.
Carnotum ou *Carnutum*, Chartres, 215.
Catechumeni, Catecumenes, ceux qu'on instruisoit pour estre baptisez, 23.
Cenomanni ad Sartam, le Mans sur la Sarte, 220.
Clanus, Clain, riviere qui passe à Poitiers, 78.
Clariacus ou *Cleriacum*, Clery, 219.
Clarus-mons, Clairmont en Auvergne, 75.
Cluniacum ad Graunam, Cluny sur Graune, 148.
Consecratio Corporis Christi, le Sacre ou Feste Dieu.
Consessus, Siege pour l'Evêque & les Prestres au fond de l'Abside, 45.
Corbicularius, Corbelier, 83.

Lieta, qui est du jour, 192.
Divio ad Oscharum & Susonem, Dijon sur l'Ousche & Suson, 155.
Dubis, le Doux riviere, 154.
Feretrum, Fierte, Châsse de Reliques, 342.
Fons-Ebraldi Fontevrauld, 108
Grauna Graune, riviere qui passe à Cluny,
Gyrare in circuitu ou *in ambitu*, faire l'inclination en rond de toutes parts. 108.
Jaira, Jere riviere, 1.
Icauna, Yône riviere, 157. 161.
Junna, Juine riviere.
Laudes, ce que c'est, 189.
Laudunum, Laôn, ville de Picardie, 428.
Laus perennis, chant perpetuel de l'Office divin jour & nuit, sans discontinuer, 135. 181. 187.
Lemovicum ad Viennam, Limoges sur la Vienne, 146.
Liger, la Loire riviere, 78 114. 145. 179.
Lucernarium ou *Lucernalis Hora*, Vespres, 281.
Lugdunum ou *Augusta Sequanorum ad Rhodanum & Ararim*, Lyon, ville sur le Rhône & la Saône, 57.
Lugdunum Clavatum, Laôn, 428. & quelquefois *Lugdunum* seulement, *là-même*.
Lutetia ad Sequanam, Paris sur Seine, ville capitale du Royaume de France, 243.
Major Capellanus, Maire-Chapelain, 86.
Malodunum ou *Malodumus*, Maubuisson Abbaye, 263.
Mandatum, Lavement des pieds le Jeudi-saint, 301.
Marantia, défauts, manquemens, 283.
Matisco ad Ararim, Mâcon sur Saône, 146.
Matrona, Marne riviere, 178.
Meldi ad Matronam, Meaux sur Marne, 178.
Meridies, Sextes, 9.
Miciacum, Micy ou Saint-Mêmin sur Loire & Loiret, 219.
Mitella, mitelle, ou bonnet rond, calotte brodée, 84. 98.
Monasterium, Moutier ou Eglise, 217.
More tua pietatis, par votre bonté ordinaire, 197.
Nanetes & Nanneta, Nantes, ville Episcopale sur la Loire, 72.
Nivernum, Nevers sur la Loire, 145.
Orarium, bande large d'un pied de la même étoffe que l'étole, 92. 247. 313.
Oscharus, Ousche riviere, 155.

Parisii, Paris sur Seine, 243.
Pastus, past, repas, 311.
Peribolum, quelle place c'est dans l'Eglise, 156. 417.
Pεr unum, par une seule formule ou Oraison, 57. 59.
Potus caritatis, vin meilleur qu'à l'ordinaire, ou outre la mesure ordinaire, 20. 400. 402.
Præconium Paschale, l'*Exultet jam Angelica*, 318.
Præbenda, nourriture du jour, 398.
Præsanctificatum, consacré auparavant, 11. 173.
Presbyter de medio, l'Evêque ou le Prestre célebrant, 170. voyez *Cardinales*.
Presbyterium, siege des Prestres dans l'abside, 156.
Prothesis, Prothese, petit Autel où le Diacre & les autres Ministres de l'Autel vont communier sous l'espece du vin, 149.
Rastrum ou *Rastellarium*, chandelier à sept branches en forme de ratelier, 44.
Remi ad Vidulam, Reims en Champagne sur la Vêle, 176.
Responsorium, Graduel, Répons 158.
Rhodanus, le Rhône riviere, 1. 40.
Rotomagus ou *Rotomus* & *Rodomus ad Sequanam*, Rouen sur Seine, ville capitale de Normandie, 264.
Rotulus, Rôlle, 17. 54.
Sarta, Sarte riviere, 220.
Semigyrus, inclination en demi-tour, 313.
Senona, Sens, ville Archiepiscopale, 161.
Sequana, Seine riviere, 243 264.
Sigirannus in Brena, Saint-Siran en Brenne, 135.
Silenter ou *sub silentio*, d'un ton mediocre & plus bas, 111.
Solea, quelle place c'est dans l'Eglise, 417.
Stampa, Estampes, 179.
Suburbani, les Curez, 17.
Submissa vox, voix plus basse, 29. 207. 218.
Subpellicium, Soupelis, sous l'aumusse, 47.
Suso, Suson riviere, 155.
Symmista, Symmuses ou concélebrans, 47.
Synthronus, siege de l'Evêque & des Prestres au fond de l'abside, 45.
Terrea, Prosternement, prostration, 192.
Theoduadum ou *Thedoadum*, Doué en Anjou, 106.
Transitorium, Invitatoire pour aller à la table de la Communion, 64.
Tropi, ce que c'est, 167.

Turoni ad Ligerim, Tours sur la Loire, 114.
Venna, Venne riviere, 161.
Vesuntio ad Dubim, Besançon sur le Doux riviere, 154.
Vidula, Vêle riviere, 176.
Vienna Allobrogum, Vienne en Daufiné, 1.

F I N I S.

Omissions & Fautes à corriger.

Page 23. ligne 16. effacez ou Scolastique.

P. 24. l. 34. lisez Villes Episcopales.

P. 43. l. 21. après assis, ajoutez sur la misericorde.

P. 79. l. 9. après Beauvais ajoutez: De même la Bénédiction des cierges est attachée au 2. Fevrier, & non à la Feste, témoin la couleur violette dont on se sert à la Bénédiction & à la Procession dans la plupart des Eglises, & de Rome même. Voyez la Rubrique du Missel Romain au jour de la Purification.

P. 85. l. 28. lisez est à la droite, & l'Officiant à la gauche.

P. 90 l. 13. lisez & ceux qui étoient dans les basses chaises.

P. 123 l. 3. après Messe ajoutez comme aussi à Milan.

P. 150. après secondes Vespres, ajoutez comme à Vienne, à Tours & à Besançon.

P. 156 l. 24. lisez qui chantoient mal.

P. 171. l. 12. après fin de la Messe, ajoutez: A Vespres ceux qui ont encensé le Chœur, vont ensuite encenser le peuple & parfumer l'Eglise.

P 181. l. 34. lisez: Les Enfans de chœur de l'Eglise Cathedrale d'Orleans ont sur leur soutanne violette & l'aube en hyver un camail, &c.

P. 193. l. 31. lisez *fabrica*.

P. 197 l. 31. après à present ajoutez: On y voit plusieurs formules de prestation de serment d'obéïssance rendu par des Abbez & Abbesses du Diocese aux Evêques d'Orleans.

P. 215. l. 20. lisez, dans les Eglises de S. Benoit & de S. Victor aux Ferrieres, &c.

P. 382 l. 5. ajoutez: Dans l'Eglise Cathedrale de Rouen il y a proche de la porte Occidentale l'Eglise Paroissiale dite S. Etienne la grand'Eglise, dont les fonts baptismaux sont en dehors dans la Tour même.

PRIVILEGE DU ROY.

LOUIS, PAR LA GRACE DE DIEU ROY DE FRANCE ET DE NAVARRE: A nos amez & feaux Conseillers les Gens tenans nos Cours de Parlement, Maîtres des Requêtes ordinaires de notre Hôtel, Grand-Conseil, Prevôt de Paris, Baillifs, Senechaux, leurs Lieutenans Civils, & autres nos Justiciers qu'il appartiendra, SALUT. Notre bien amé FLORENTIN DELAULNE, Libraire à Paris, Syndic de la Communauté, nous ayant fait remontrer qu'il lui auroit été mis en main un Manuscrit intitulé, *Voiages liturgiques de France*, lequel souhaiteroit faire imprimer, s'il nous plaisoit lui accorder nos Lettres de Privilege sur ce necessaires. A ces Causes, voulant favorablement traiter ledit Delaulne, Nous avons permis & permettons par ces Présentes de faire imprimer lesdits Voyages en telle forme, marge, caractere, conjointement ou separément, & autant de fois que bon lui semblera, & de le faire vendre & débiter par tout notre Royaume pendant le temps de quinze années consecutives, à compter du jour de la date desdites Présentes. Faisons défenses à toutes sortes de personnes, de quelque qualité & condition qu'elles soient, d'en introduire d'impression étrangere dans aucun lieu de notre obéissance; comme aussi à tous Libraires, Imprimeurs, & autres, d'imprimer, faire imprimer, vendre, faire vendre, débiter ni contrefaire lesdits Voyages, en tout ni en partie, ni d'en faire aucuns extraits, sous quelque prétexte que ce soit, d'augmentation, correction, changement de titre ou autrement, sans la permission expresse & par écrit dudit Exposant, ou de ceux qui auront droit de lui: à peine de confiscation des Exemplaires contrefaits, de quinze cent livres d'amende contre chacun des Contrevenans, dont un tiers à Nous, un tiers à l'Hôtel Dieu de Paris, l'autre tiers audit Exposant, & de tous dépens, dommages & interêts: A la charge que ces Présentes seront enregistrées tout au long sur le Registre de la Communauté des Libraires & Imprimeurs de Paris, & ce dans trois mois de la date d'icelles; que l'impression desdits Voyages sera faite dans notre Royaume & non ailleurs, en bon papier & en beaux caracteres, conformément aux Reglemens de la Librairie; & qu'avant que de l'exposer en vente, il enfera mis deux Exemplaires dans notre Bibliotheque publique, un dans celle de notre Château du Louvre, & un dans celle de notre tres-cher & feal Chevalier Chancelier de France le Sieur DAGUESSEAU ; le tout à peine de nullité des Préfentes. DU CONTENU defquelles vous mandons & enjoignons de faire jouir l'Expofant ou ces ayans caufe, pleinement & paifiblement, fans fouffrir qu'il leur foit fait aucun trouble ou empêchement. Voulons que la Copie defdites Préfentes qui fera imprimée au commencement ou à la fin dudit Livre, foit tenue pour dûement fignifiée, & qu'aux Copies collationnées par l'un de nos amez & feaux Confeillers & Secretaires, foy foit ajoûtée comme à l'Original. Commandons au premier notre Huiffier ou Sergent de faire pour l'execution d'icelles tous Actes requis & neceffaires, fans demander autre permiffion, & nonobftant Clameur de Haro, Charte Normande, & Lettres à ce contraires : Car tel eft notre plaifir. DONNE' à Paris le vingt-deuxiéme jour du mois de Juin, l'an de grace mil fept cens dix-fept, & de notre Regne le deuxiéme. Par le Roy en fon Confeil,

FOUQUET.

Regiftré fur le Regiftre IV. de la Communauté des Libraires & Imprimeurs de Paris, page 172. num. 202. conformément aux Reglemens, & notamment à l'Arreft du Confeil du 13. Aouft 1703. A Paris le 25. Juin 1717.

DELAULNE, *Syndic.*

www.ingramcontent.com/pod-product-compliance
Lightning Source LLC
Chambersburg PA
CBHW070403230426
43665CB00012B/1216